Gevallen voor een Masker

Gevallen voor een Masker

Piet Vander Cruyssen

Schrijver: Piet Vander Cruyssen
Coverontwerp: Sam Wall
Eerste Druk
ISBN: 978-90-828163-2-7 (Papier)
ISBN: 978-90-828163-3-4 (ePub)
Uitgever: IngramSpark
Reeks: De Gentse Trilogie
© Piet Vander Cruyssen

INLEIDING

Gorbatsjov.
Met een bedrukt gezicht vouwde Prinses Kathrin de Vissermans de krant op. Dat de Sovjet-Unie een nieuwe secretaris-generaal had, mocht eigenlijk geen belangrijk nieuws voor haar zijn; de mannen die Gorbatsjov voorgegaan waren, hadden immers niets veranderd. In plaats van dynamische winnaars van verkiezingen, waren ze het curieuze product geweest van een oneindig aantal intriges op de trappen van de particratische piramide. Chroesjtsjov, die onder Stalin tienduizenden Russen liet vermoorden, had geconverseerd en onderhandeld als een wispelturig kind. De aan pillen verslaafde Brezjnev werd tot zijn dood als een pop overeind gehouden. De sinistere Andropov had na vier maanden reeds een nierfalen gekregen waaraan hij een jaar later stierf, terwijl Tsjernenko tijdens zijn jaar aan de macht enkel op sterven had gelegen.

De drie kort opeenvolgende overlijdens hadden het Politbureau in snelheid gepakt; er stond deze keer geen opvolger klaar die heel precies wist wat hij moest zeggen en doen, en vooral wat hij niet mocht zeggen en doen, om het delicate plakwerk van compromissen, die de Sovjet-Unie geworden was, overeind te houden. Daarnaast was het zelfs tot de ivoren torens van het Kremlin doorgedrongen dat de Sovjet-Unie iets aan haar imago moest doen; de televisiebeelden van hoe de zieltogende Tsjernenko uit zijn bed gesleurd werd om zijn stem uit te brengen, hadden de Sovjet-Unie immers voor de hele wereld te kijk gezet. Precies om die reden had het Politbureau voor de vlucht vooruit gekozen: drie uur na de dood van Tsjernenko werd de dynamische, relatief jonge Michail Gorbatsjov tot secretaris-generaal van de Sovjet-Unie verkozen.

Prinses Kathrin schudde het hoofd. Ze wist dat de Tweede Wereld, zoals de verzameling van communistische landen soms genoemd werd, niet de onverwoestbare, strak hiërarchisch georganiseerde monoliet was die iedereen dacht. Hij was integendeel een lappendeken van baronieën met heel delicate machtsverhoudingen. Potentaten berekenden hun prestige niet in geld maar in het aantal ondergeschikten. Dat was de inzet. Daarover ging het dagelijkse getouwtrek. En net in die kikkerpoel wou Gorbatsjov nu een steen gooien door efficiëntie na te streven. Prinses Kathrin voorspelde polarisatie, onzekerheid en afrekeningen doorheen het hele apparaat, en des te meer tussen de communistische landen onderling. En precies daar knelde het schoentje: Sylvanië zou wel eens van het Oostblok kunnen afscheuren.

Het kleine, prachtige koninkrijk aan de Oostenrijkse grens was de vreemde eend in de bijt. Net zoals Finland en Oostenrijk was het een staat die sinds de Tweede Wereldoorlog onderhevig was aan tal van compromissen tussen de NAVO en het Warschaupact. Die compromissen hadden veel met de voorgeschiedenis van het land te maken. Dat koning Willem van Sylvanië tijdens de Tweede Wereldoorlog de kant van de Duitsers gekozen had, had hem normaal het koningschap moeten kosten, ware het niet dat hij net voor het einde van de oorlog een strategisch huwelijk aangegaan was met een dochter uit de machtige, internationale Podborsky clan. Omdat Stalin de macht van de Podborsky's in Oost-Europa vreesde, werd na de Tweede Wereldoorlog, in de woelige onderhandelingen tussen de grootmachten, een absurde constructie overeengekomen, als een soort pasmunt: Sylvanië werd een communistisch koninkrijk.

Stalin had zich best kunnen vinden in die schikking. In plaats van de maffiose en voor zijn macht gevaarlijke Podborsky's in hun volle glorie te bekampen in een rist Oostbloklanden, was de organisatie nu de facto onthoofd; de top van de Podborsky organisatie richtte voortaan immers alle pijlen op het in handen krijgen van de staat Sylvanië, wat het liquideren van de clan in de andere landen eenvoudiger maakte. Binnen Sylvanië zelf zou er uiteraard een niet aflatende strijd volgen tussen de communistische administratie en de Podborsky's, maar dat beschouwde Stalin als een storm in een glas water; in het slechtste geval zou hij in een of andere onderhandeling zijn invloed over Sylvanië inwisselen voor iets wat hem nauwer aan het hart lag.

Koning Willem van Sylvanië daarentegen was een ongelukkig man. Hij zag zijn rijk land ten onder gaan aan de rivaliteit tussen de communistische administratie en de Podborsky's. Die laatsten liepen bovendien zijn paleis binnen en buiten alsof het reeds allemaal van hen was. Dat hij en de koningin hun eerste kindje verwachtten, de toekomstige eerste Podborsky op de troon dus, kon hem nauwelijks verheugen; de nieuwe prins of prinses zou veeleer het kind van de Podborsky's zijn dan zijn eigen kind. Hij spendeerde daarom zoveel mogelijk tijd in Gent, waar hij de beste vriend van hertog Bernard Martin was, de vader van Kathrin. Kwatongen beweerden dat Willem toen reeds een relatie met Sylvia had, een vriendin van Kathrin.

Kathrin herinnerde zich Sylvia als een heel verstandig, nieuwsgierig meisje, dat volledig ingenomen was met de exotische verhalen van koning Willem. De twee hadden schouder aan schouder vele boekjes doorsnuffeld en hij had haar het Sylvaans aangeleerd. Willem en Sylvia hadden de conversatie en harmonie van lichaamstaal van een verliefd stel gehad.

Toen stierven koningin en kind in het kraambed. Consternatie alom bij de Podborsky's, die hun grote plannen in duigen zagen vallen, zeker toen koning Willem zes maanden later hertrouwde met Sylvia. Voor de communistische administratie daarentegen kwam dit huwelijk als een godsgeschenk in hun strijd tegen de Podborsky's.

Als steunbetuiging aan de nieuwe — Gentse! — koningin verbroederde de stad Gent zich met het koninkrijk Sylvanië. In zijn laatste dagen deed Stalin daar nog een schep bovenop door van de tandem Sylvanië-Gent een officieel handelskanaal tussen het Oostblok en het Westen te maken.

Toen als orgelpunt het nieuwe koningspaar twee troonopvolgers verwekte, leken de kansen van de Podborsky's om zich in de macht vast te ankeren, definitief voorbij. Als reactie daarop werden ze strijdvaardiger dan ooit; meer nog dan voordien waren ze nu dagelijks terug te vinden op het paleis, waar vanaf dat ogenblik een onbehaaglijke, soms akelige sfeer heerste. Enerzijds immers pakte de leider van de Podborsky clan, Igor, uit met een buitensporig charmeoffensief, terwijl er anderzijds regelmatig kleine en grote ongevallen op het paleis gebeurden. Koning Willem zag zich steeds meer genoodzaakt om in te gaan op Igors duistere zakelijke voorstellen. Dat maakte hem chanteerbaar, waardoor het des te moeilijker werd om verdere voorstellen te weigeren. Hij belandde in een vicieuze cirkel. Het paleis zat in een Griekse tragedie waarvan de ontknoping niet lang meer op zich kon laten wachten.

Die kwam er toen de twee koningskinderen ontvoerd werden. Op een nacht waren ze uit hun bedjes verdwenen. Er was geen spoor van de dader. Iedereen wees met de vinger naar de Podborsky's. Voor de communisten was dit het uitgelezen moment om definitief met de clan af te rekenen. Maar Igor vocht als een duivel in een wijwatervat; hij liet alle leden uit zijn netwerk meehelpen om de kinderen te vinden, op een manier die zelfs de ontroostbare koningin Sylvia overtuigde van zijn onschuld.

De speurtocht naar de kinderen bleef echter vruchteloos. Enkele jaren na de ontvoering overleed de psychologisch afgetakelde Willem in een ongeval. Koningin Sylvia van haar kant, die niet naar Gent terug wou keren zolang haar kinderen niet gevonden waren, nam een praktische beslissing door te hertrouwen met de weliswaar maffiose maar toch charmante Igor Podborsky. Zij kregen samen een zoon, Frank. Het was pas daarna dat een geheimzinnige brief het graf van de twee koningskinderen aanwees. Alles wees erop dat ze omgekomen waren in een brand. Maar op de vraag van wie hen ontvoerd had en waarom, en wat er met de kinderen precies gebeurd was, kwam nooit een antwoord.

Wat prinses Kathrin nu verontrustte, was dat de staat Sylvanië eigenaar was van een belangrijk pak aandelen in de Vissermans, en wat nog veel erger was, van de gronden waarop de fabrieken gebouwd waren. Haar vader had in de jaren twintig op een slordige manier financiële hulp gevraagd aan koning Willem. De resulterende financiële constructie hing vanaf dat moment als het zwaard van Damocles boven het bedrijf. Maar met een onwaarschijnlijk geluk werd de netelige kwestie voor onbepaalde tijd geparkeerd: koning Willem werd door de communistische regering onteigend, terwijl het

Westen het communistische regime verhinderde haar aanspraken op westerse bezittingen te laten gelden. Het was plots alsof Sylvanië de aandelen of gronden niet meer bezat.

Gedurende veertig jaar heerste de status quo in het Oostblok. Protesten in Hongarije, Tsjechoslowakije en Polen werden met tanks grondig in de kiem gesmoord. Maar nu was er dus Gorbatsjov.

Prinses Kathrin haalde het dagboek van haar overleden vader uit de kluis, en las voor de zoveelste keer de passage die reeds vele uren van haar slaap gekost had:

7 juni 1944. Willem is doodongerust; Duitsland is de oorlog aan het verliezen. Wat zal dit betekenen voor hem, koning van Sylvanië, maar ook Gauleiter van Gent? Gelukkig voor hem heeft hij op gevaar voor zijn leven vele Joden gered; ik zal voor hem getuigen. Maar hij wil ook de financiële zekerheid die ik hem niet kan bieden: het geld voor de gronden van de fabrieken. De discussie liep hoog op. Toen deed ik een geniale vondst. Ik gaf hem een garantie: iets waarmee Willem me na de oorlog, en van zodra ik de middelen had, zou kunnen dwingen om te betalen voor de gronden.

Het was de zoveelste onverstandige beslissing van haar vader geweest. Hij had *iets* gegeven waarmee koning Willem de terugkoop van de gronden kon afdwingen. Prinses Kathrin had geen flauw benul van wat dat *iets* kon zijn, of het vandaag nog bestond, en of het intussen niet in de handen van de Podborsky's gevallen was. Met hen moeten onderhandelen over de gronden waar de dure fabrieken op stonden, zou de doodsteek voor het bedrijf betekenen, zoveel was zeker.

Voorlopig, zolang Sylvanië communistisch was, was er echter geen probleem. Maar toch besloot prinses Kathrin het land voortaan in de gaten houden. En ze wist precies wie ze daarvoor op pad zou sturen.

~

In een luxueuze hotelkamer tegenover de Sint-Baafskathedraal lag een studente in bed met een man van tweeëneenhalf maal haar leeftijd. Het meisje was als eerste wakker geworden met een zware arm over haar buik.

Ze was eerstejaarsstudente in de sociale wetenschappen. In haar puberteit was ze rebels geweest, had ze drugs gebruikt, vele vriendjes gehad en vooral weinig gestudeerd. Toen haar puberteit goed en wel voorbij was, had haar geweten haar ingehaald, niet in het minst omdat haar twee grote zussen succesvolle studenten in respectievelijk geneeskunde en chemie waren. Ze had zich schuldig gevoeld en was op zoek gegaan naar de zin van haar leven, tot ze tijdens een betoging Livicki ontmoette. De charismatische jongeman had heel lang met haar gepraat en haar gecomplimenteerd met haar intelligentie. Het was de eerste keer dat iemand zo met haar gesproken had. Ze had zich uit de assen van haar verleden verrezen gevoeld. Hij had haar op een gespreksavond uitgenodigd van een van de vele organisaties die hij uit de grond gestampt had.

Daar had ze andere lieve mensen ontmoet, die met geestdrift luisterden naar wat Livicki te vertellen had, namelijk dat ze met z'n allen slachtoffers van 'het systeem' waren. Hij had de toehoorders aangemoedigd om hun zegje over het onderwerp te doen, waarbij hij elkeen lovende opmerkingen, een goedkeurend knikje of een applausje gaf. De aanwezigen werden vooral geprezen om hun kritische geesten. Een kritische geest was dus iets wat het meisje had en haar twee grote zussen niet. Daar zou ze de wereld mee helpen. Ze had de zin in haar leven gevonden!

Van zodra ze na een resem gezellige bijeenkomsten een enthousiast lid van haar nieuwe familie geworden was, werd ze actief door deel te nemen aan betogingen, spandoeken te maken, affiches te plakken en mensen aan te spreken. Ze had 'Het Rode Boekje Voor Scholieren' gelezen naast andere boeken uit Livicki's leeslijst. Tegelijk had ze ambitie: ze zocht naar manieren om hogerop te klimmen, om iemand zoals Livicki te worden of om in de politiek te gaan.

Livicki had de voorgaande avond een heel charmante burger uit de Sovjet-Unie uitgenodigd, die uitpakte met de grootse verwezenlijkingen van het communisme. Omdat het meisje onmiddellijk begrepen had dat Yuri Bezmenov een heel belangrijke functie had, had ze hem aangeklampt. Met grote ogen had de Rus naar al haar wijsheden geluisterd, alsook naar haar citaten uit Marx en Engels. Het bier had gevloeid. Vervolgens had hij haar in vertrouwen genomen: hij zou haar geheime documenten laten zien, heet van de naald. Op zijn hotelkamer. Ze had niet getwijfeld.

Nu probeerde ze zich te herinneren wat er de avond voordien precies gebeurd was op de kamer. Hij had tweemaal zijn hand tegen haar hoofd gelegd: de eerste keer om haar te doen beloven dat ze het grote geheim zou bewaren, de tweede maal om haar te vertellen dat er niemand was zoals haar, en dat ze het samen ver zouden brengen. Vervolgens had hij haar gevraagd dat te bevestigen, en toen ze dat deed, had hij haar recht op de mond gekust. Even was ze verward geweest: was dit een normale Russische kus zoals ze er Brezjnev eens een zien geven had, of...? Maar nadenken op zoveel alcohol was lastig geweest. Nog voor ze van de kus bekomen was, had hij haar gevraagd zijn manchetknopen los te maken, waarna hij prompt haar bloes losgeknoopt had en haar eens te meer gecomplimenteerd had. Een kortstondig warm gevoel was over haar heen gekomen, voldoende intens echter om de volgende ochtend naakt onder zijn arm te liggen.

Nuchter nu. Haar gedachten lagen als een gebroken spiegel in haar hoofd. Ze gleed vanonder zijn arm uit het bed, kleedde zich in stilte aan en verdween uit de kamer.

~

Yuri Bezmenov was blij dat het meisje hem niet vervoegd had voor het ontbijt. Hij was veranderd. Ooit had hij een hoge borstkas opgezet wanneer de andere gasten getuige waren van zijn laatste verovering. Terwijl ze zich aan het bedienen was, placht hij toen ostentatief zijn arm om haar middel te slaan en een kus af te snoepen.

Wat hem veranderd had, was de flauwe glimlach op het gezicht van de hoteluitbaatster telkens hij met een nieuw meisje zijn opwachting maakte. Waar hij hem vroeger als een geamuseerde, goedkeurende glimlach geïnterpreteerd had, was hij recentelijk beginnen vermoeden dat hij eerder een glimlach van misprijzen was. Maar hij was niet zeker; want hoe dikwijls hij ook met de dame converseerde, de Mona Lisa gaf de betekenis van haar glimlach niet prijs. Voor het eerst in zijn leven bekeek hij zichzelf door de ogen van iemand anders. Het deed hem geen deugd; hij zag niet enkel een vijftiger die zijn gezag misbruikte om naïeve meisjes mee te lokken, maar ook een agent van een systeem dat, hoewel het bijna honderd miljoen mensenlevens opgeofferd had, nog niets bewezen had.

Hij was nog aan het tobben toen hij naar het buffet stapte om versgebakken spiegeleitjes en nog een stukje brood. De uitbaatster bediende hem persoonlijk en met een warme glimlach. Hoewel hij reeds jaren in dit belangrijke hotel te gast was, en het in principe zijn job was precies te weten wie ze was, had hij nooit lang met de dame gesproken. Want ze was zo kort van stof, zo eenvoudig en toegewijd aan haar werk, dat hij nooit bij haar persoon stilgestaan had. Wanneer hij vervolgens met een dampend bord van het buffet naar zijn tafel terugkeerde, stelde hij vast dat hij weinig zou genieten van zijn ontbijt; in het deurgat stond een jonge KGB-agent.

Eens te meer was Bezmenov het slachtoffer van zijn eigen succes: binnen de KGB was hij een superster geworden, iemand die de reputatie had alles voor elkaar te krijgen. Dat maakte dat men hem om de haverklap betrok bij projecten van heel creatieve KGB-officieren. De vorige week nog gaf hij Bulgaarse vrachtwagenchauffeurs de opdracht om de breedte van de bochten van het E17-E40 klaverblad op te meten. Waar haalde men zelfs het idee vandaan?! Als die mensen tijdens hun metingen opgepakt werden, riskeerde hij het land uit te vliegen, met daar bovenop een schandaal in de pers. Alhoewel, de tijd dat de pers nog groot nieuws maakte van de schandalen in het Oostblok, was reeds lang voorbij; de subversie had wat dat betrof, al grondig haar werk gedaan. Bezmenov glimlachte; de subversie van de pers was een van zijn grote successen, veel tastbaarder dan het hopeloze militaire gerommel van zijn collega's!

De uitbaatster dirigeerde de jongeman prompt de weg naar Bezmenov, wat die laatste verontrustte: de dame kende en herkende veel meer mensen dan je van een hoteluitbaatster zou verwachten, en ze leek ook te weten wie met wie zaken deed. Was ze gewoon toegewijd aan haar job, of was ze zoveel intelligenter dan hij vermoedde? Dat bracht hem bij een andere zaak: de vele vreemde dingen die in het hotel gebeurden... De jongeman was intussen echter bij zijn tafel gekomen:

-"Goedemorgen, vanwaar de eer?" vroeg Bezmenov, "hebt u al gegeten?" Hij observeerde hoe de jongeman naar het buffet trok en zich rijkelijk bediende. Die laatste had de smaak van het Westen duidelijk te pakken. Zoveel te beter; met de asceten die geen hand naar Westerse luxe uitstaken, was immers geen land te bezeilen. Die maten zich een morele superioriteit aan die ze nadien uitspeelden wanneer Bezmenov hun plannen weigerde uit te voeren.

De jongeman keerde met een vol dienblad weer. "Smakelijk," zei Bezmenov. De nieuwkomer had enkel aandacht voor zijn ontbijtkoeken, wat Bezmenov alsnog de kans gaf zijn eitjes op te eten. Uit zijn tas haalde de jongeman uiteindelijk een map, waarop met grote letters "совершенно секретно" te lezen stond. Bezmenov was misnoegd; je zwaaide niet met zo'n dingen; het tweede woord was te gemakkelijk vertaalbaar. Toen hij rondom zich keek, zag hij dat enkel de uitbaatster het tafereel aanschouwd had. Weer iets wat ze te weten gekomen was. Bezmenov huiverde; hij mocht er niet aan denken dat de dame een spionne was! Hij griste de map uit de handen van de jongeman en nam de inhoud door: kleine computerschermen... voor militair gebruik. Verdomd, als de politie dat zou ontdekken! Bezmenov keek vragend naar zijn gesprekspartner, die hem met een nog volle mond voor het eerst toesprak:

-"Ze zijn besteld bij Barco. Moeten naar Sylvanië. Worden u een dezer dagen bezorgd."

-"Míj een dezer dagen bezorgd??" vroeg Bezmenov boos, "waar?"

-"Gewoon hier op het hotel; het mag niet opvallen."

-"Het mag niet opvallen?? Besef je wel welk risico ik loop?"

-"Hmm..."

-"Wie heeft dit zelfs bedacht?" Dat wist de jongeman niet te vertellen. De KGB bewaarde goed haar geheimen, vooral die van haar dommigheden. En zo liep Bezmenov weer onnodig risico. Wat wou de Sovjet-Unie met een paar schermen die het niet kon namaken? Er tienduizend kopen voor tanks en vliegtuigen, was in elk geval niet mogelijk.

Zo had hij eens te meer een pad in de korf. De theoretische uitweg was eenvoudig: hij zou de schermen aan de consul van Sylvanië bezorgen, die op haar beurt verondersteld was de goederen via de diplomatieke valies naar Sylvanië te versturen. Maar die dame zou gewoon weigeren. En dat kon ze zich jammer genoeg veroorloven; ze had hem de voorbije jaren zoveel geholpen, en was zo belangrijk in diplomatieke onderhandelingen, dat niemand haar nog een strobreed in de weg legde, zelfs de KGB niet. Zij was trouwens ook diegene die ervoor zorgde dat alle mensen uit het Oostblok in dit vreemde hotel verbleven, netjes in haar web, zo begon Bezmenov de indruk te krijgen. Wat maakte dat die dekselse computerschermen wekenlang op zijn hotelkamer zouden blijven liggen, tot hij een manier vond om ze in het Oostblok te krijgen.

De uitbaatster bracht hem zijn krant. Hij zag de krantenkop: *Gorbatsjov*. Ook dat nog!

~

Gorbatsjov.
Terwijl hij vanop de eerste verdieping over de Kouter keek, vroeg prins Podborsky nog een kop thee aan zijn butler. Hij betrok in Gent het kleine barokke paleis dat ooit als Spaans garnizoensgebouw gediend had, omdat het precies weergaf wat hij was: prins, rijk en vrijgezel. Wat het echter niet vertelde, was dat hij nauwelijks over zijn geld kon beschikken, in zoverre het zelfs zijn geld was, en dat zijn leven op middellange termijn als een kaartenhuisje in elkaar kon klappen. Gespannen wachtte hij de grote dag af, de dag dat hij ofwel koning van Sylvanië zou worden, ofwel alles zou verliezen. Tot vandaag had die dag nog heel ver weg geleken, maar met die dekselse Gorbatsjov kon de Sylvaanse politiek in een stroomversnelling terechtkomen.

De politieke verwikkelingen waren nauwelijks nog te overzien voor Frank Podborsky. Hij was de zoon van de intussen overleden maffiabaas Igor Podborsky en van koningin Sylvia, die op haar beurt ooit getrouwd geweest was met de intussen overleden koning Willem van Sylvanië. Omdat de twee kinderen van Willem en Sylvia ooit ontvoerd werden en jaren later dood teruggevonden, was Frank nu de logische kroonprins.

Althans, dat vond op zijn minst hijzelf. Zijn opportuniteit lag in het feit dat de Sylvaanse bevolking ooit zou moeten kiezen tussen het communisme of de maffia van de Podborsky's. Terwijl het eerste voor hen een uitzicht- en kleurloze toekomst betekende, bood het tweede hen een leven van gevaar en avontuur, en een kans om het iets beter te stellen dan de gemiddelde burger in het Oostblok. Moskou keek met lede ogen naar hoe het feodalisme van de Podborsky's een dagelijkse strijd voerde met de socialistische orde, en vooral naar hoe deze chaos voor de gemiddelde Sylvaniër eigenlijk beter was dan wat Moskou aan haar eigen burgers te bieden had. Om die reden zat Sylvanië reeds lang op de wip; vroeg of laat zou Moskou Sylvanië loslaten.

Maar dat grote kantelmoment wou Frank niet afwachten. Als Sylvanië afsplitste, was de kans immers groot dat het een republiek werd, die zowel met de Podborsky's als met het communisme zou afrekenen. Daarom moest hij voordien een gooi naar het koningschap doen, op het moment dat de bevolking de Podborsky's nog nodig had als tegenpool voor de communisten.

Die ambitie vond echter twee grote hindernissen op haar weg. Om te beginnen was hij geen echte prins maar een bastaard – zelfs niet eens een bastaard – van koning Willem. Het risico dat hij op het moment van de omwenteling te weinig steun zou vinden, was groot. Anderzijds zou een mislukte greep naar de troon dan weer in de kaart van de communisten spelen, die het moment zouden benutten om van Sylvanië een pure communistische republiek te maken, wat de bevolking dan weer niet wilde. De troonopvolging was dus een delicaat schaakspel tussen drie partijen: de Podborsky's, de bevolking en de communisten.

Een veel groter probleem echter, of veeleer een onzekerheid, was de zangeres Anastasiya. Hoe was het zover kunnen komen?

Een tiental jaar eerder was de gemaskerde zangeres uit het niets opgedoken. Aanvankelijk hadden haar optredens een goedkope marketingstunt geleken die geen lang leven beschoren zou zijn. De pers respecteerde haar verlangen anoniem te blijven omdat ze nog zo jong was, omdat het een leuk onderwerp was om een aantal artikelen aan te wijden, en omdat ze toch niet lang zou kunnen wachten om haar identiteit met veel gedruis bekend te maken. Vroeg of laat zou ze gewoon deel uitmaken van de jetset. Maar ze hield haar maskerade vol, en wat nog veel sterker was, ze produceerde de beste melodieën uit de geschiedenis.

Op een gegeven moment achtte de pers het moment gekomen om haar identiteit vrij te geven, haar te ontmaskeren als het ware; het spel had lang genoeg geduurd. Ze wilden precies weten wie ze was en bladen volschrijven met persoonlijke interviews. Journalisten van verschillende media pleegden telefoontjes naar elkaar: "Wie is ze?", gevolgd door "wie zou het weten?", met de uiteindelijke vaststelling dat niemand het wist. Ze besloten vervolgens gewoon op haar af te stappen net vóór of na elk concert, maar het was te laat; Anastasiya had intussen van haar anonimiteit een handelsmerk gemaakt, en in haar entourage een gigantische vaudeville van gemaskerde actrices en bodyguards opgezet. Niemand kwam haar identiteit te weten.

Het enige wat haar manager prijsgaf, was haar Sylvaanse nationaliteit. Toen ze vervolgens voor Sylvanië driemaal na elkaar het Eurosongfestival won, was zij plots de grote en enige heldin van het land. Haar populariteit en invloed was zo onmetelijk groot, dat één woord van haar voldoende was voor een volksopstand. Toen ze zes maand eerder het lied "Sylvania Freedom!" zong, rees een rebellie op, die enkel door een gezamenlijke inspanning van de communistische regering en de handlangers van Podborsky onderdrukt kon worden.

Anastasiya had nog nooit achter het IJzeren Gordijn opgetreden, maar dat zou binnenkort veranderen; voor de Sylvaanse regering werd het steeds moeilijker om een concert in het land te weigeren. De geest was uit de fles.

Frank dacht nu na over zijn handlangers, zijn privémilitie. Ze kwamen uit de Podborsky-maffia en waren bedreven in geweld, intimidatie en afpersing. Die handlangers vormden momenteel zijn politieke hefboom, zijn kans op het koningschap, en waren tevens de reden waarom de communisten hem maar al te graag een mooi leven lieten leiden ver weg buiten Sylvanië.

Hij spendeerde de helft van zijn tijd in Gent, waar zijn fortuin was. Dat fortuin behoorde op papier toe aan de Sylvaanse koninklijke familie maar was theoretisch geconfisqueerd door de Sylvaanse overheid, wat dan weer niet erkend was door het Westen. Het fortuin bestond uit aandelen in de Vissermans. In praktijk mocht Frank over de dividenden beschikken zolang hij eerst de subversieve activiteiten van de KGB sponsorde. Daarnaast probeerde hij zich in principe aan koning Willems engagement te houden om allerlei sociale en culturele doelen te sponsoren. Dat gaf hem iets omhanden. Het maakte hem tezelfdertijd geliefd in Gent; hij was de meest begeerde vrijgezel, met uitzondering van een zekere baron Reinhard Forel.

Gelukkig was die laatste geen concurrentie voor de hand van prinses Anoushka de Vissermans, die wel eens van levensbelang voor hem zou kunnen zijn. Een huwelijk met haar moest hem de adellijke geloofwaardigheid geven die nodig was om koning van Sylvanië te kunnen worden. Zij was voorlopig de oplossing voor zijn eerste probleem.

Maar voor zijn tweede probleem, de zangeres, had hij geen beter plan dan van te gaan praten met haar manager en met de consul van Sylvanië.

~

Gorbatsjov.
Livicki had niet geaarzeld om alle kranten te kopen die hij vond. *Eindelijk een jonge, dynamische secretaris-generaal. Een frisse wind door het Kremlin. De man die het communisme wil doen werken. De man waarvan het Westen niets te vrezen heeft.* Dat was wat Livicki aan zijn volgelingen zou vertellen, maar het enige wat hém interesseerde, was hoe goed de komst van Gorbatsjov voor hemzelf zou zijn.

Zijn hele jonge leven had Livicki opgeofferd aan zijn ultieme ambitie: secretaris-generaal te worden van de Belgische Communistische Partij, welteverstaan, tegen dat het zover was, de enige Belgische partij. In tegenstelling tot zijn volgelingen was hij geen ideoloog; die tijd was reeds lang voorbij. Nog voor zijn vijftiende verjaardag had hij de boeken van Marx en Engels gelezen en gefantaseerd over een betere wereld. Maar het was pas toen hij de publicaties van de Frankfurt School in New York gelezen had, dat hij zijn roeping gevonden had. Wat in die publicaties stond, vertelde hij níet aan zijn volgelingen.

Die gingen over hoe het communisme aan de macht moest komen. De school vertrok van de grote frustratie dat van de spontane klassenstrijd die Marx voorspeld had, niets in huis gekomen was. Nochtans was het einde van de Eerste Wereldoorlog het uitgelezen moment geweest voor een dergelijke klassenstrijd: de grote mogendheden Rusland, Duitsland, Groot-Brittannië, Oostenrijk en Frankrijk waren totaal uitgeput, drie keizers waren verdwenen, een generatie aan jonge mannen was vernietigd, er had hongersnood geheerst en er hadden belangrijke rebelliëen plaatsgevonden. Maar in tegenstelling tot de voorspellingen van Marx, was er dus geen klassenstrijd uitgebroken. In Rusland hadden de Bolsjewieken de politieke februari-revolutie moeten stelen om in oktober aan de macht te komen, terwijl in Berlijn een communistische rebellie tevergeefs geprobeerd had een klassenstrijd uit te lokken.

De analyse van de Frankfurt School was nu dat Marx' klassenstrijd nooit zou plaatsvinden zolang de bevolking andere waarden hoog in het vaandel droeg, zoals familie, vaderland en geloof. Het plan van de school was daarom om simpelweg die waarden te vernietigen. Het was de leidraad geworden van tal van organisaties die het wereldcommunisme als doelstelling hadden, en was tot dusver een overweldigend succes geweest:

families vielen tegenwoordig meer uit elkaar dan niet, en de kerken waren zo goed als leeg. De laatste pijler, de nationale identiteit, zou moeten vallen met de enorme migratiegolven.

Het plan van de Frankfurt School was op haar beurt slechts de eerste stap in het grotere plan van de subversie, waaraan de KGB vijfentachtig procent van haar buitenlandse middelen besteedde. Na de eerste stap van de subversie dus, die de KGB de *demoralisatie* noemde, zou de tweede stap, de *destabilisatie* moeten volgen. Ook daar waren de eerste stappen reeds gezet: gigantische overheidsschulden, massale verspilling van geld aan projecten die de wereld geen meter vooruit hielpen, regelneverij die het de economie steeds moeilijker maakte, en een kolossaal overheidsapparaat. Na de destabilisatie zou de derde stap, de *crisis*, moeten volgen, zoals een complete ineenstorting van de financiële instellingen. De subversie zou afgerond worden met de vierde stap, de *normalisatie*, zoals reeds uitgevoerd in tal van communistische landen in de Tweede en Derde Wereld. De normalisatie bestond uit de militaire inmenging vanwege een communistisch land, gevolgd door de installatie van een communistisch regime. Het cynische woord *normalisatie* werd voor het eerst door de Sovjet-Unie bedacht toen het met tanks de opstand in Praag onderdrukte. Het vergoelijkende woord werd vlotjes overgenomen door sommige van de meest prestigieuze kranten in de wereld; de tentakels van de subversie reikten intussen ver!

Het grote plan had zijn tegenslagen gekend, zoals toen Margareth Thatcher de stakingsgolven fnuikte en Ronald Reagan een einde maakte aan de grote oliecrisis. Maar weerstand was iets wat Lenin ingecalculeerd had: *steek de bajonet. Als je been voelt, trek terug. Als je zwak vlees voelt, steek door!*

Het plan functioneerde dus wel degelijk en Livicki werkte zich te pletter om de subversie te voltooien die hem aan de macht moest brengen. Als een trouwe luitenant had hij zich laten aansturen door de KGB, hoewel hij stilaan aan haar doortastendheid begon te twijfelen en ongeduldig werd. Zo moest hij agitatie voeren voor de onafhankelijkheid van Namibië, waar de KGB de communistische SWAPO aan de macht hoopte te brengen. 'Het zal allemaal wel,' dacht hij. Tegenwoordig stond hij op z'n eentje achter vier infostands op de campus: voor Namibië dus, Amnesty International, Oxfam en Greenpeace. En dat nadat de gewone student hem een maand eerder achter een infostand voor de Belgische Communistische Partij zien staan had. Was dit niet de reinste absurditeit? Kweekte hij in de hoofden van de studenten geen anti-linkse rebellie die zich vroeg of laat in het stemhokje zou uiten?

En dan was er het feit dat de KGB de computers in het Westen probeerde tegen te houden, te beginnen met de Rijkswachtcomputer. Hoe hopeloos en doorzichtig! Een half jaar eerder waren vakbondsmilitanten in het computercentrum van de Vissermans binnengedrongen. Daarbij viel een dode, de computerdeskundige Alex. Het gevolg was een ongeziene aanval op de vakbond.

Maar ondanks alle absurditeiten voerde Livicki zijn taken uit zonder te protesteren, niet omwille van de magere, jaarlijkse snoepreisjes naar Riga, of omwille van de meisjes die hij eigenlijk verfoeide; de KGB gehoorzamen was immers de enige weg naar zijn doel: secretaris-generaal van de enige Belgische partij te worden.

Quid Gorbatsjov? Dat wou hij nu zo snel mogelijk te weten komen via die dekselse Bezmenov. Hij hield niet van die laatste. De man was het beste voorbeeld van het cynisme, de decadentie en de verwestersing onder de huidige potentaten in de Sovjet-Unie. Bezmenov volgde het script van de KGB net voldoende om niet in de problemen te komen. In realiteit leefde hij echter voor de status quo, voor zijn persoonlijke macht en aanzien van vandaag, niet voor de communistische wereld van morgen. Met mensen als Bezmenov schoten Livicki's plannen niet op.

Maar hoewel Livicki hem niet lustte, was hij afhankelijk van die laatste; Bezmenov bepaalde immers aan welke subversieve organisaties de Sylvaanse prins Frank Podborsky geld moest geven. Oh, ironie: de pure revolutionair Livicki was afhankelijk van een cynische apparatsjik en een prins met Westers geld!

Van beneden de grote wenteltrap was de muziek reeds te horen. Kathrin de Vissermans was tegenwoordig nergens meer verlost van de dreunende stem van Anastasiya, in de winkels of de straten niet, op de radio niet en dus ook niet in haar eigen huis. In haar gezwinde en sobere stijl, alsof ze over de trappen zweefde, stormde ze naar boven. Maar toen ze de deur van de gymzaal opende, was ze ingenomen met wat ze zag: haar dochter was, dansend op het stevige ritme van de muziek, harde meppen aan het plaatsen op een boksbal.

Anoushka was haar evenbeeld: even stralend mooi, dynamisch en intelligent. Maar in tegenstelling tot Kathrin had Anoushka geen interesse in zaken. Ze hield eerder van kunst, geschiedenis, lezen, lange intellectuele conversaties, en ook van haar anonimiteit; onder een schuilnaam was de prinses gids in de straten en musea van Gent.

Anoushka zette de muziek stil.

-"Mama?"

-"Anoushka, sorry dat ik je stoor; je was net heel goed bezig. Indrukwekkend!" zei Kathrin met een glimlach. Ze kon echter de ernst niet onderdrukken.

-"Wat scheelt er, mama?"

-"Ik weet dat het een vreemd moment is, maar geen enkel moment lijkt het juiste. Ik las een artikel in de krant..."

-"Waarover?"

-"Over het feit dat de Sovjet-Unie een nieuwe secretaris-generaal heeft."

-"Dát is ver van mijn bed!" zei Anoushka verwonderd.

-"Ik weet het, maar Gorbatsjov is de spreekwoordelijke druppel. Het is tijd om met jou eens alles op een rijtje te zetten."

-"Ok, mama." Anoushka zette zich op de turnplint terwijl Kathrin tegen de rekken leunde. Moeder en dochter hadden het nog nooit over de Vissermans gehad. Het grote bedrijf met dezelfde naam als de hare was voor Anoushka altijd de grote constante geweest, iets wat er altijd geweest was en dat er altijd zou zijn, iets waar papa en mama alle dagen naartoe trokken. Het enige wat ze over het bedrijf kon vertellen, was dat haar ouders het tijdens een romantisch avontuur in de jaren vijftig heropgericht hadden.

-"Het gaat over het bedrijf." Anoushka keek verwonderd; wat viel daarover te vertellen? "Over de jaren is er heel veel veranderd," ging Kathrin verder. "We waren ooit een bedrijf van zestigduizend mensen omdat we alles zelf maakten, tot de motoren van de weefgetouwen toe. Dat was in een tijdperk waar het niet uitmaakte hoe je het maakte, zolang je het maar maakte. Alles verkocht; het was een 'sellers market' zoals de economisten dat tegenwoordig noemen. Toen trad er echter een verzadiging van de markt in, en werden eerst de prijs en vervolgens de kwaliteit heel kritisch. Elk onderdeel van de getouwen moest efficiënter worden en nauwkeuriger werken. Er ontstond een grote diversificatie van materialen en technologieën. Als eerste reactie daarop hebben we het werk aan gespecialiseerde bedrijven uitbesteed..."

-"... en was het probleem opgelost?" probeerde Anoushka, die zich afvroeg waar het gewichtige begin van het verhaal naartoe ging.

-"Dat was zo, tot een tweede probleem zich aandiende: de werkkrachten. In de jaren zestig ontstond een krapte op de arbeidsmarkt en werden ze duur, terwijl in de jaren zeventig en tot recent de oliecrisis heerste en we mensen moesten ontslaan."

-"Nu ga je het over Livicki hebben," raadde Anoushka. Haar ouders hadden dagelijks de frustratie geventileerd met de grote en vooral irrationele stakingen, en de duivel heette Livicki. De man had geen enkel ander doel voor ogen dan het vernietigen van de Vissermans, om vervolgens tienduizenden ontevreden mensen voor zijn zaak te kunnen werven. Hij was de radicale stem binnen de vakbond. In principe vertegenwoordigde hij slechts een kleine minderheid, maar de meerderheid werkte de minderheid niet tegen, zoals dat nogal dikwijls het geval was in ideologische organisaties. Daardoor kon Livicki ongebreideld tekeer gaan met het blokkeren van de toegang naar het bedrijf en het vernietigen van infrastructuur.

-"Het wordt tijd dat je het grotere plaatje ziet," zei Kathrin. "Livicki werkt niet op eigen houtje. Hij is een pion in het subversiespel van de KGB, en wordt gefinancierd door... Frank Podborsky."

-"Frank Podborsky?!" riep Anoushka uit, "en dat terwijl je me vertelt dat ik op al zijn uitnodigingen moet ingaan!" Ze had nooit een uitgesproken opinie over de prins gehad. In de laatste twee jaar werd ze een dozijn keer door hem op allerlei formele aangelegenheden uitgenodigd. Hij was steeds voorkomend geweest, had haar aan alle belangrijke aanwezigen voorgesteld en had voortreffelijk gedanst. Maar hij had koude ogen, die steeds in de verte staarden, alsof hij met een probleem zo groot als de wereld worstelde. Wat was haar rol in zijn leven? En nu dit.

-"De ironie is dat Podborsky een belangrijk pak aandelen van de Vissermans vertegenwoordigt. Door Livicki te financieren, snijdt hij eigenlijk in zijn eigen vel. Die vreemde situatie is het gevolg van een onwezenlijk compromis tussen de Podborsky's, de communisten en het Westen."

-"En waarom zou ik me nog verder laten uitnodigen door hem?"

-"Omdat ons probleem nog groter zou kunnen worden dan louter de vakbond."

-"Door die secretaris... hoe zat het ook alweer?"

-"Door Gorbatsjov inderdaad, de secretaris-generaal van de enige partij van de Sovjet-Unie. Het probleem is dat ofwel de koninklijke familie van Sylvanië, ofwel de staat Sylvanië, afhankelijk van hoe je het bekijkt, eigenaar van de gronden van de fabriek is. Mocht Sylvanië zich afscheiden van het Oostblok, vallen die gronden in de handen van Frank Podborsky. Dat zou voor ons bedrijf, of op zijn minst voor ons aandeel in het bedrijf, de doodsteek betekenen."

-"En je denkt dat dat met die Gorbatsjov zal gebeuren?"

-"De kans bestaat; de secretaris-generaal wil overal schoon schip maken. Ik vrees dat hij vroeg of laat Sylvanië overboord zal kieperen."

-"Overboord?"

-"Naar het Westen zal laten gaan, mogelijks als pasmunt in een onderhandeling."

-"Oei... " Anoushka kwam voor het eerst te weten wat de zorgen van volwassenen waren. Ze keek naar haar mama, die hopelijk raad wist. Ze dacht ook aan Anastasiya's 'Sylvania Freedom!', en besefte dat ze voortaan anders tegen dat liedje aan zou kijken.

-"En hier komt jouw rol, Anoushka. Podborsky is enkel prins omdat zijn mama ooit met koning Willem getrouwd was. Hij heeft jou nodig omdat jij een échte prinses bent, iets wat hem als troonopvolger moet legitimeren."

-"Maar ik trouw niet met hem! Nooit!"

-"Je moet niet met hem trouwen, integendeel. Je moet hem in je greep zien te krijgen, en wel op een dergelijke manier dat hij op het cruciale moment de juiste beslissing neemt."

-"Welk cruciaal moment en welke beslissing?"

-"Dat zien we nog wel. En nog iets: je moet alles over Sylvanië te weten komen en daar zo mogelijk een netwerk uitbouwen."

-"Ik zou niet weten hoe ik daaraan moet beginnen!"

-"Ik wel, en ik weet via wie. Je zal blij zijn hem weer te zien!"

HET WEERZIEN

Het schooltje aan de rand van het bos was een van de vele liefdadigheidswerken van mijn beste vriend Reinhard. Hoewel ik er al tien keer eerder geweest was, beschouwde ik de uitstap van die dag als mogelijk, hopelijk, een van de belangrijkste gebeurtenissen in mijn leven.

Ik was docent in de wiskunde aan de Rijksuniversiteit Gent, maar was door mijn collega's vooral gekend als de lokale pionier in de microcomputers, zoals men die toestellen toen noemde. Op mijn veertiende had ik een Altair computerkit gekregen van een nonkel die hem in Amerika besteld had, maar die uiteindelijk de tijd niet gevonden had om hem zelf in elkaar te steken. Ik was erin geslaagd de computer te bouwen en vervolgens mijn nonkel dermate te fascineren met elementaire computerspelletjes, dat hij mijn vaste leverancier werd van rekenmachientjes, spelconsoles, digital analyzers, en uiteindelijk mijn eerste pc.

Mijn passie was op zijn minst gezegd uit de hand gelopen; door mijn bedrijvigheid met pc's was mijn kantoor de officieuze ontspanningsruimte van de faculteit geworden; ik wist mijn gasten te onderhouden met de laatste nieuwe spelletjes en grafische spektakels. Er werd veel gelachen. Pc's werden noodzakelijk speelgoed; de professoren gooiden al hun academisch gewicht in de schaal om er een te bekomen.

Ironisch genoeg maakten mijn vaardigheden met pc's dat ik de saaiste job aan de universiteit kreeg: in de faculteit geologie moest ik een oneindig aantal bodemkundige onderzoeksresultaten invoeren, om vervolgens conclusies te trekken over aardlagen, mineralen en vervuiling.

~

Sinds mijn eerste uur op de faculteit was Reinhard mijn grootste fan en sponsor. Elk nieuw programma of stuk hardware dat ik in een magazine vond en enigszins mijn interesse opwekte, bestelde hij onmiddellijk. Doorgaans begreep hij niet wat ik ermee deed, maar als ik de indruk gaf dat ik nu iets kon wat ik voordien niet kon, vond hij dat hij de wereld verbeterd had.

De baron was de zoon van baron Didier Forel, een schoolmeester die schatrijk werd met een patent, en markiezin Laetitia. Van jongs af aan had Reinhard er geen geheim van gemaakt dat hij niet zou proberen nog een centiem aan het fortuin van zijn ouders toe te voegen, maar integendeel de stad zou rondtrekken om als een wilde weldoener het geld aan sociale en filantropische projecten uit te geven. Voeg daaraan toe dat hij de meest spectaculaire sportwagens en knapste Italiaanse pakken kocht, en het was evident dat hij Gents meest geliefde persoon en meest begeerde vrijgezel geworden was. Maar tevens de minst grijpbare. Geen enkele jongedame ontsnapte aan zijn uitgebreide attenties en charmes. Zo lang als nodig nam hij haar mee op uitstapjes, plechtige gelegenheden en feestjes. Zorgvuldig hield hij haar lichaamstaal in de gaten voor de zachte ogen, de subtiele beving of de imiterende lichaamshouding die haar liefde voor hem verklikte. Van zodra ze voor hem viel, verloor ze zijn interesse; de jongedame zou nooit nog een telefoontje van hem krijgen.

Dat alle meisjes voor hem vielen, was belangrijk voor zijn zelfvertrouwen. Ooit zou immers het moment komen, althans daarvan was hij overtuigd, dat hij de kans kreeg de vrouw van zijn dromen te ontmoeten. Ze was de vrouw van de dromen van ongeveer alle jonge mannen in de wereld: de zangeres Anastasiya. Wat dat betrof, was hij een puber die het verschil tussen droom en werkelijkheid niet kende, en evenmin tussen de showbizz en de persoon achter het masker. Dat Anastasiya in het echte leven waarschijnlijk een jongedame was die niet in het straatbeeld zou opvallen, of een gezin had, was voor Reinhard uitgesloten. Gedurende vele uren had ik moeten aanhoren hoe hij alle beelden van en roddels over de zangeres tot een theorie gebreid had die zei dat de zangeres op zijn minst van koninklijke bloede was, de vriend of vijand van elke wereldleider, en mogelijk zelfs de machtigste vrouw op aarde. Lyrisch plaatste hij ze in het rijtje van Cleopatra, Boudica, Elisabeth I en Catharina de Grote. Volgens hem zou hoe dan ook ooit het tijdstip komen waarop hij oog in oog zou komen te staan met de meest begeerde vrouw op aarde. Hij zei dat het van cruciaal belang was dat hij haar op dat moment in de ogen kon kijken met de zelfzekerheid van de ongeslagen vrijgezel.

Dat tijdstip was echter zo ver verwijderd als de Apocalyps; vandaag kon Reinhard zelfs geen gesprek met Anastasiya's manager kopen. En zo was er tenminste één ding waarin Reinhard het lot van de gewone sterveling deelde: hij moest met hoop en geduld zijn dagelijkse taak vervullen, in zijn geval de bezoeken van liefdadigheid.

Reinhard was de perfecte man voor de rol die hij zichzelf toebedeeld had. Hij sponsorde projecten niet louter om de gelauwerde man op recepties te zijn, of om straten en instellingen naar hem genoemd te krijgen, maar hij nam er ook heel actief aan deel. Bovendien schakelde hij zijn persoonlijk netwerk in om alles zo snel en efficiënt mogelijk te laten verlopen, en beet hij zich vast in de problemen van de instellingen alsof ze de zijne waren. Om die reden, alhoewel hij geen familie van hen was, werd hij in Gent als de opvolger van de prinsen de Vissermans aanzien, met wie hij het enorme Fleur-de-Lys kasteel deelde.

~

Het schooltje was bedoeld voor hoogbegaafde kinderen die een ononderbroken intellectuele stimulans nodig hadden. Omdat men wou vermijden – onterecht volgens Reinhard en mij – dat die kinderen op hun twaalfde het curriculum zouden verorberen dat normale kinderen pas op hun achttiende voor de kiezen kregen, was het moeilijk om gepaste leerstof voor hen te bedenken. In gelijkaardige scholen buiten Gent verviel men snel in groepswerkjes over vissen, mode en andere onderwerpen die eigenlijk geen enkel nut hadden. De ironie was zelfs dat de hoogbegaafde kinderen nog minder intellectueel uitgedaagd werden dan wanneer ze in een klas met normale leeftijdsgenootjes zaten.

Groot, reusachtig groot zelfs, was daarom Reinhards enthousiasme toen ik hem voorstelde de kinderen aan te leren hoe ze zelf hun computerspelletjes konden bouwen. Daarmee hadden we de pedagogen in snelheid gepakt, want terwijl het nut van computerkennis nauwelijks overschat kon worden, stond het in het curriculum van geen enkele school, en was er dus geen sprake van 'voorafname van de leerstof'. Reinhard zou die dag een hoeveelheid pc's aan het schooltje bezorgen waaraan geen enkele faculteit van de Rijksuniversiteit kon tippen.

Zoals elk jaar was de uitstap naar de school een feest voor ons en voor de kinderen, die met grote fierheid hun laatste projecten aan ons zouden demonstreren. Maar voor mij persoonlijk was er op die dag nog veel meer om naar uit te kijken. Heel veel meer. Om te beginnen zou ik Anja terugzien. Ze was jarenlang de vriendin geweest met wie ik mijn computerkennis had opgebouwd. De knipperende pixels op onze eerste schermen hadden een betovering gehad om nooit te vergeten. Quasi dagelijks hadden we elkaar opgezocht om de laatste nieuwtjes met elkaar te delen en het resultaat van onze programma's te bewonderen. Maar de jarenlange vriendschap had onbewust een onzichtbare lijn tussen ons gecreëerd, alsof we elkaar te goed kenden om verliefd te worden. Onze wegen hadden zich uiteindelijk gescheiden toen zij psychologie ging studeren terwijl ik wiskunde.

-"Ik kijk ernaar uit om Anja weer te zien."

-"Anja... dat is die nieuwe, die lerares die jij aanbevolen hebt..., waar jij verliefd op bent?"

-"Ik ben niet verliefd op haar!" protesteerde ik onmiddellijk. "Ik heb je al uitgelegd hoe..."

-"Ok, doe maar rustig. Maar je bent toch zeker?" Hij grinnikte. Het gemakkelijkste was nu om zijn vraag met 'ja' te beantwoorden, maar dan...

-"Luister Reinhard, met ieder meisje van de stad maar niet met haar!"

-"Hoezo, ik doe toch niets?!"

-"Neen, je doet inderdaad niets," zuchtte ik. Reinhard zou het zich weer niet kunnen laten. Arme Anja!

Reinhard stapte met geestdrift op het gaspedaal. Hoewel de ritjes in de donkerblauwe Lamborghini Countach routine waren, berekende ik keer op keer dat dit geen veilige auto was. Mijn voeten zaten op geen dertig centimeter achter de uiterste voorkant van de wagen, en even dicht bij het wegdek. Bovendien zag Reinhard zo goed als niets in de achteruitkijkspiegels. De frêle cockpit werd voortgestuwd door een motor die groter was dan de rest van de wagen. Tot slot had de Countach geen anti-slipcontrole of airbags, terwijl de banden zó dik waren, dat ze een misleidend gevoel van veiligheid gaven. Maar noblesse oblige; omdat Reinhard de scepter van de nummer één vrijgezel in de stad zwaaide, was hij deze wagen aan zichzelf verplicht. Toegegeven, hij leek te weten wat hij deed... tenminste als hij zo snel reed dat geen enkele andere wagen zich in zijn dode hoek kon positioneren, en dat terwijl alle andere weggebruikers er net op gebrand waren een kijkje te komen nemen! Ik deed mijn best om er even stoer uit te zien als de bolide; er was immers niets zo belachelijk in een wagen zoals deze als je in elke bocht met een groen gezicht aan de zetels vast te klampen.

Na de spannende rit moest de wagen over de niet geasfalteerde toegang naar de school, waar het personeel en de kinderen ons stonden op te wachten. In Reinhards plaats zou ik rond de putten geslalomd hebben, maar dat was beneden zijn waardigheid; hij koos ervoor om traag en majestatisch te rijden, omdat je van ver toch niet kon zien dat we alle spieren moesten opspannen om onze rug niet te breken.

~

De man aan wie de kinderen hun mooie bestaan in dit schooltje te danken hadden, was er net in geslaagd om met perfecte elegantie uit de lage sportwagen te stappen. Voor mij lag dat anders: dat het portier van de Countach in de hoogte opende, betekende dat ik weer iets minder had om me aan recht te trekken. Omdat Anja me gadesloeg, deed ik de turnoefening van mijn leven om uit te stappen zonder met beide handen naar dezelfde vensterstijl te grijpen. Eens rechtgekomen, moest ik echter een aantal keer op mijn rechtervoet huppelen vooraleer ik mijn evenwicht vond.

-"Het is moeilijker dan het lijkt!" zei ik.

-"Wel, je danst al beter dan vroeger!" antwoordde Anja. Ik kuste haar op de wang en schudde de hand van de andere aanwezigen.

-"Blij met je nieuwe job?" vroeg ik haar.

-"Ongelooflijk blij, dank je!" We praatten nog een tijdje verder maar het gesprek werd vlug onpersoonlijk; want hoewel ze het probeerde te verbergen, werd me snel duidelijk dat ze afgeleid werd door iets, of liever, door iemand. Ah neen!

De koffer van de Countach was nauwelijks groot genoeg voor een voetbal en een pomp om hem op te blazen, maar dat was precies wat er deze keer inzat. In geen mum van tijd was Reinhard aan het voetballen; dat was de reden waarom de kinderen naar hem uitgekeken hadden!

Met opgestroopte mouwen speelde hij voor wat hij waard was. Tussendoor moedigde hij de leraren aan om deel te nemen. Zonder aarzelen voerde hij slidings uit of duwde hij schouder aan schouder een andere leraar uit de weg, tot groot jolijt van de kinderen.

-"Even drinken," zei hij op een bepaald moment. De plastieken bekertjes met water stonden op een tafel. Tot mijn grote ontsteltenis zag ik Anja een bekertje nemen en recht naar hem toestappen. 'Niet doen, Anja!' schreeuwde ik in mezelf. 'Niet doen, Reinhard!' smeekte ik stil. Tevergeefs; hij kwam recht voor haar staan, keek haar met zijn diepblauwe ogen indringend aan en glimlachte. Bewust nam hij het bekertje nog niet in ontvangst.

Ik zag het vanop een afstand gebeuren. 'Niet doen, Anja,' prevelde ik opnieuw, 'geef hem gewoon de beker en wandel weg. Herinner je wat ik over Reinhard gezegd heb!' Maar ze was in zijn net gevangen. Terwijl ze nerveuze pasjes ter plaatse maakte, onwennig lachte en haar haar schikte, keek Reinhard haar aan alsof ze de vrouw van zijn dromen was. Ik hoorde niets van wat hij zei, maar het patroon was steeds hetzelfde: verwondering, persoonlijke belangstelling en complimentjes. Zichzelf wijsmakend dat ze misschien de droomprins' assepoester was, begon ze met de armen te zwaaien en water uit het bekertje te morsen. Er werd even gelachen. Vervolgens zag ik hoe Rein-

hard, bij het overnemen van het bekertje, even haar hand vasthield, en hoe ze daarbij beefde en rood aanliep. Het spel was gespeeld. Reinhard dronk het water op, gooide het lege bekertje in de vuilniszak en stapte weer het veld op. Ik ging hem achterna:
-"Was dit echt nodig, Reinhard?"
-"Hoezo, ik heb toch niets gedaan?" En dat was jammer genoeg de waarheid. Reinhard moest 'niets' doen om een eeuwige indruk te maken. Dat Anja geen aandacht meer van hem zou krijgen, had ze zo te zien niet voor mogelijk gehouden; gedurende de rest van de dag hield ze zich subtiel of minder subtiel in zijn buurt op om hem de kans te geven haar opnieuw aan te spreken.

~

Een dag op het schooltje ging altijd gepaard met een etentje waarop we kennissen uitnodigden. Toen mijn vriend Klaus toekwam, stopte Reinhard onmiddellijk met voetballen. Het was niet dat de twee elkaar ooit ontmoet hadden, maar Klaus' rustige, sobere teneur, zijn grote gestalte en de warrige krullen in zijn dun zwart haar vertelden Reinhard dat dit de professor Slavistiek moest zijn waarin hij geïnteresseerd was, de 'via-via-via-man'.

Reinhard had de hopeloze constructie bedacht toen hij te weten gekomen was dat Klaus de broer van de Sylvaanse consul was. Van die laatste werd gezegd dat ze Geller kende, de manager van zangeres Anastasiya, en hem zelfs administratieve en diplomatieke ondersteuning bezorgde. De consul zou diegene zijn die ervoor zorgde dat de zangeres, samen met haar even geheimzinnige genootschap, overal ter wereld kon optreden zonder de identiteiten achter de maskers, hun grootste marketingwapen, te moeten prijsgegeven. Klaus werd de 'via-via-via-man' omdat hij, theoretisch althans, Reinhard in contact kon brengen met de zangeres. Ik stelde ze aan elkaar voor:
-"Klaus, mag ik u voorstellen aan Reinhard?"
-"Aangename kennismaking," zei Klaus, "en uiteraard wist ik reeds wie u was!" Wie kende Reinhard niet?!
-"Aangename kennismaking," antwoordde Reinhard ietwat zenuwachtig. Reinhard zenuwachtig, dat gebeurde niet dikwijls! Ik genoot van het moment. "U bent dus professor Slavistiek…"
-"En vooral de grootste kenner van Sylvanië," gaf ik Reinhard de opening. Klaus bevestigde met een glimlach. Hij had het gevoel dat Reinhard iets van hem wou. Die laatste liet hem niet lang gissen:
-"U bent zelfs de broer van de Sylvaanse consul, heb ik gehoord?"
-"U kent mijn zus?" vroeg Klaus.
-"Neen, maar Reinhard wil haar graag ontmoeten," antwoordde ik. Klaus was verwonderd; hij dacht dat iedereen iedereen kende in de Gentse high society. Reinhard nam blijkbaar geen deel aan de vele zakelijke events waar Nikki aanwezig was. Wat was trouwens de reden waarom Reinhard haar wou leren kennen? Dat zou zichzelf wel uitwijzen. Klaus bedacht nu dat een confrontatie tussen de twee grootste ego's van Gent wel eens amusant kon worden. Hij glimlachte:
-"Wel, dat kunnen we eenvoudig regelen!" Reinhard dankte hem met beide handen. De eerste stap naar de zangeres was gezet. Of zo hoopte hij toch.

~

Tijdens de leuke conversatie die daarop volgde, was ik zowaar vergeten dat mijn groot moment van de dag er stond aan te komen. Reinhard had immers twee van de jongedames uitgenodigd waarmee hij zijn jeugd in het Fleur-de-Lys doorgebracht had: de eerste was prinses Anoushka, dochter van prins Robert en prinses Kathrin de Vissermans. Het ging me echter om de tweede: barones en weduwe Alexandra, dochter van baron Anthony en markiezin Hélène de Hoedemaecker. Ze was meer dan de vrouw die ik bewonderde en waarop ik verliefd was; ze was mijn volledige intieme universum, mijn grootste fantasie en mijn meest duistere geheim. Nu hoopte ik dat ze zich mij zou herinneren… of misschien toch liever niet.

Alexandra en haar latere echtgenoot Alex waren destijds de meest bewonderde studenten van respectievelijk het Nieuwenboschinstituut en het Sint-Barbaracollege. Beiden zagen er als filmsterren uit, speelden in de nationale hockeyploeg en waren excellente studenten. Bovendien organiseerden ze belangrijke feesten en voorstellingen. Op dat moment vormden ze reeds een koppel.

Ondanks hun status waren ze steeds bijzonder toegankelijk en vriendelijk geweest. Niet enkel hadden Alexandra's ogen blijk gegeven van een bijzonder respect voor elk nieuw gezicht, maar haar glimlach was zo lief en persoonlijk geweest, dat elkeen geloofd had dat hij de enige was die hem mocht ontvangen. Elke ontmoeting met Alexandra was om die reden betoverend geweest; telkens was ik twee uur van slag. Elke keer had ik gehoopt dat ze ondanks alles toch... Het was verslavend. Ik had me als technicus opgegeven bij elk van haar evenementen, de man die de lichten bediende of de geluidsinstallatie opzette. Maar zoals ik waren er zovelen geweest. Wat had ik aan het einde van de rit voor haar betekend? Zou ze na al die jaren nog weten wie ik was?

Alex en Alexandra trouwden kort na hun retorica, een huwelijksdag waarop ze nog eens zoveel mooier was dan anders, zo mooi zelfs dat toen ze aan Alex' arm de kerk buiten stapte en een glimlach in mijn richting gooide, ik... Wel, het is beschamend om te vertellen, maar de twee volgende dagen droomde ik van haar zoals nooit voordien.

De herinnering aan haar heeft me nooit losgelaten. Het was mijn groot geheim, of liever, mijn klein geheim als ik het vergelijk met wat er nadien gebeurd is! Had mijn moeder geweten hoe verliefd ik op een getrouwde vrouw was, zou ze het me uiteraard verweten hebben, en gesteld hebben dat mijn onverantwoordelijke fantasie de reden was waarom ik nog vrijgezel was.

Maar toen... serendipiteit! Ik kreeg de meest onwaarschijnlijke kans om voor altijd met haar verbonden te zijn, de meest betekenisvolle verbinding die ik mogelijk achtte. Ik had niet veel tijd om na te denken over iets wat enerzijds volstrekt illegaal en immoreel was, en anderzijds heel gemakkelijk goedgepraat kon worden. Bovendien zou Alexandra dit nooit te weten komen.

Ik nam dus de grote beslissing. Mijn groot geheim zat vanaf dat moment in een soort kluis met gesofisticeerde sleutels, niet zozeer omdat iemand het ooit zou willen stelen, maar omdat men nu eenmaal geneigd was om dit soort dingen in kluizen te steken. Niets of niemand zou in elk geval ooit wakker liggen van wat ik toen deed, tenzij mogelijks mijn geweten.

Welnu, mijn geweten heeft in de jaren nadien geen last van mijn beslissing gehad, maar ik had voortaan wel een ander belangrijk probleem: mijn band met Alexandra was door mijn daad zo sterk geworden, dat ik alle belangstelling voor andere jongedames voorgoed verloor, zoals Anja. Ondanks dat alles had ik gedurende al die jaren geen behoefte gehad om de gehuwde Alexandra op te zoeken, als wou ik niet te dicht bij de zon komen, of omdat ik vreesde dat een contact met haar mijn fantasiebeelden aan diggelen zou slaan. Het was duidelijk dat ik voor mezelf een situatie geschapen had die me uiteindelijk ongelukkig zou maken. Maar toen warempel opnieuw... serendipiteit!

Vier maanden voor de ontmoeting op het schooltje verongelukte Alex. Tijdens een subversieve actie gericht 'tegen de computers' vielen activisten het rekencentrum van de Vissermans binnen. Alex was net op dat moment een systeem aan het testen dat branden kon doven met gas. Tijdens de gewelddadigheden ontsnapte het gas en kreeg Alex een zware klap op het hoofd. Hij ontsnapte niet aan het mengsel van argon en stikstof dat de kamer vulde.

Alexandra bleef achter met de drie kinderen. Haar ontmoeten werd plots een noodzaak voor mij, en, beeldde ik me in, ook voor haar. De euforie van de mogelijkheid, de angst dat het me niet zou lukken, de hopeloosheid een weg te vinden, en de onmogelijkheid haar mijn grootste geheim te verklappen, gooiden mijn gemoedstoestand om de haverklap van het ene uiterste in het andere.

Haar ontmoeten, als ik dat wou, kon ik via Reinhard. Zijn en haar moeder waren zusjes, de markiezinnen Hélène en Laetitia. Tot zover had ik een plan.

Maar hoe kon ik na een eventuele ontmoeting in contact met haar blijven? Onafgezien van het feit dat de rijke, mooie barones veel te hoog gegrepen was, leek het me veel te voortvarend haar op een date te vragen, vooral omdat ze waarschijnlijk nog lang om Alex zou blijven rouwen.

Alexandra en Alex hadden een bedrijf dat IBM mainframes installeerde en onderhield bij de Vissermans, en er ook de programma's voor schreef. Tot zover hadden zij en ik een mogelijk professioneel raakpunt, ware het niet dat zij en de Vissermans niet geïnteresseerd waren in wat als heel duur speelgoed aanzien werd: personal computers. De pc's die in het bedrijf stonden, waren niet veel meer dan een statussymbool voor managers. Dat weinig bedrijven de pc's ernstig namen, lag in grote mate aan IBM zelf, dat het operating systeem voor zijn pc's niet eens zelf probeerde te schrijven maar aankocht bij het piepkleine Microsoft.

Desondanks bestond mijn plan uit het ontmoeten van Alexandra via Reinhard, en haar vervolgens te interesseren in pc's.

Die dag zou ik haar voor het eerst sinds lange tijd weerzien.

~

Zo onvermijdelijk als het was om als meisje voor Reinhard te vallen, zo vanzelfsprekend was het om als man de beste vrienden met hem te worden. Hij had oprechte bewondering voor waar je mee bezig was, luisterde aandachtig naar wat je te vertellen had, en opende op een subtiele manier de weg naar je successen. Terwijl ik nog over Alexandra mijmerde, had hij Klaus reeds volledig ingepalmd.

-"En nu, Klaus," zei hij terwijl hij in de verte tuurde, "ga ik je voorstellen aan prinses Anoushka, het mooiste meisje ter wereld, even mooi als haar moeder."

-"Na de zangeres, als ik het goed begrepen heb..."

-"Uiteraard!"

-"...die je nog niet zonder masker gezien hebt," voegde Klaus daar droog aan toe. Reinhard keek hem perplex aan; hoe durfde iemand te twijfelen aan het gezicht van die majestatische figuur, die machtige stem?!

-"Ik heb een oog voor dat soort dingen, wacht maar!" riposteerde hij.

-"Al goed, Reinhard. Maar als Anoushka zo mooi is, waarom ga je er dan zelf niet achteraan? Ik denk dat niemand in Gent anders verwacht dan dat baron Reinhard Forel met prinses Anoushka de Vissermans eindigt."

-"Omdat ik met Anoushka opgegroeid ben in het Fleur-de-Lys; ze is zowat mijn nichtje!"

-"Wat een zonde!" lachte Klaus.

-"Net zoals Alexandra, de andere dame in de wagen," vervolgde Reinhard, "alhoewel, dat ís mijn nichtje; onze moeders zijn zussen."

-"In elk geval zit ik jammer genoeg niet in de liga van de prinses of de barones, vrees ik." Reinhard keek met ongeloof naar Klaus:

-"Ha, daar zie ik een hardnekkige vrijgezel; steeds een excuus! Je geeft je toch niet op voorhand gewonnen?!"

-"Wel, prinses Anoushka wordt samen gezien met prins Podborsky."

-"Met Frank?! Stelt niets voor, geloof me; enkel een diplomatieke show." Klaus schudde het hoofd. Prinses Anoushka... daar droomde je zelfs niet van! Zijn objectief beperkte zich derhalve tot het maken van een correcte indruk bij haar. Hij gebruikte de resterende seconden om een kam boven te halen en zijn haar te schikken.

De twee dames kwamen aangereden in een grote cabriolet. Het enige wat van hen te zien was, waren de Hermes foulards en Cartier zonnebrillen. De iets oudere Alexandra zat aan het stuur. Klaus blies; wat een hemelse aanblik! 'Een correcte indruk maken,' gemakkelijk gezegd! De auto stond nog niet stil of de foulards en de zonnebrillen waren verdwenen. Onbewust verborg Klaus zich achter een aantal ruggen om niet aan het mondaine gebeuren deel te moeten nemen. Alexandra stapte uit en gaf Reinhard onmiddellijk drie zoenen. Maar wat was er aan de hand met Anoushka?

Die laatste bleef in de wagen zitten en keek recht voor zich uit. Haar mond was opengevallen van verbazing en ze hield zelfs haar handen tegen de kaken. Zonder het object van haar belangstelling een seconde uit het oog te verliezen, opende ze langzaam het portier en stapte ze uit. Ze stapte recht op het groepje mensen af vóór de wagen. Dat groepje opende zich, tot Anoushka oog in oog stond met Klaus. Klaus struikelde in zijn woorden van het schrikken:

-"Aangen... aangename kennismaking, — wat was het nu? — mejuffrouw, de... de prinses." Tot zover zijn correcte indruk; de aanspreektitel was waarschijnlijk volledig fout. Anoushka schudde het hoofd in ongeloof en lachte:

-"Niet zo formeel, neefje!" Ze vloog hem rond de nek, gaf hem een grote kus op de wang en rommelde door zijn haar.

-"Neefje??"

-"Oh, je kent mij toch nog?" vroeg Anoushka, duidelijk teleurgesteld, "ik ben jouw kleine nichtje Anoushka!" Ze keek naar hem met grote ogen van verwachting. Klaus pijnigde zijn hersenen. Zijn grootmoeder was inderdaad een zus van hertog Bernard Martin, de grootvader van Anoushka. Voor het eerst sinds lange tijd gaf hij zich daar rekenschap van.

Over de familieband met de Vissermans sprak zijn moeder nooit meer. Haar breuk met de hele familie was even plotseling als onverwacht geweest; Klaus' jeugd werd bruusk in tweeën gedeeld toen zijn moeder zich van de wereld afzonderde.

Als kinderen van tien en elf hadden hij en zijn zus Nikki aanvankelijk niet in de mot gehad dat er nooit meer naar het Fleur-de-Lys gegaan werd. Tegen de tijd dat ze daarover vragen begonnen te stellen, was het paleis in hun kinderhoofdjes al zo lang geleden, dat een eenvoudige, weliswaar verkeerde uitleg volstond. Klaus en Nikki zijn in elk geval nooit op zoek gegaan naar het ware verhaal, en, wat nog veel merkwaardiger was, evenmin naar de vader die ze nooit gekend hebben.

In het eerste deel van zijn jeugd, het zalige deel, was Klaus dus met regelmaat op het Fleur-de-Lys geweest, dat hij zich herinnerde als een doolhof van deftige vertrekken. Er werd met heel veel kinderen gespeeld, gelachen en gezongen. Van die periode had hij niet veel meer dan een abstracte herinnering, alsof de speelkameraadjes die hij toen ontmoet had, niet echt meer bestonden. Maar hier was er zowaar eentje opgedoken!

Hoe lief haar mooie ogen ook smeekten om herkend te worden, hoe hard hij in die paar seconden elke hersenkronkel uitperste voor al was het maar het vaagste beeld van een lief klein meisje dat er uitzag zoals zij, van de kleine Anoushka herinnerde hij zich niets meer. Er waren zovele kleine meisjes en jongetjes geweest die aan de lippen van hun grote neef gehangen hadden. Dat er daartussen eentje was op wie hij een indruk voor het leven nagelaten had, was hem ontgaan.

En nu?

-"Je moet me echt vergeven, Anoushka — hoe moest hij het goedmaken? — maar je bent intussen zo'n onvoorstelbaar mooi meisje geworden, dat ik je nooit meer zal vergeten." Dat was toch iets wat je als neef mocht zeggen?! Zijn woorden sloegen echter in als een bom; Anoushka had geen mooiere woorden dan deze kunnen verhopen vanwege haar allereerste sprookjesprins. Ze nam hem met beide handen stevig bij de schouders vast en produceerde een stralende glimlach. Na drie seconden die een eeuwigheid leken te duren, nam ze hem bij de hand en liet ze zich aan de andere aanwezigen introduceren.

~

Ik schonk nauwelijks aandacht aan het wonderlijke gebeuren. Als enige richtte ik al mijn aandacht op de andere dame, Alexandra. Een rilling liep door mijn lijf toen ik haar zag en onbewust haar naam prevelde. Er was niets mooier dan de blik van de moedige weduwe die de verantwoordelijkheid voor een gezin en een bedrijf torste. Haar figuur was ontdaan van speelse, meisjesachtige trekken. Wat haar zo aantrekkelijk maakte, was haar grote sereniteit, strelende elegantie en onverbiddelijke efficiëntie. Meer nog dan vroeger wist ze elkeen met één enkele blik en handdruk meteen voor zich te winnen. Ze droeg nog steeds rouwkleding. Waar was ik in aan begonnen?! Hoe groot ook de afstand tussen haar en mij een dozijn jaar geleden reeds was, hij was op dit moment even groot als de afstand tussen de zon en een plaatsje in de schaduw op de bodem van een kloof.

Ik had met Reinhard afgesproken dat hij zijn nicht zo neutraal mogelijk aan mij zou introduceren, omdat ik haar meest eerlijke reactie wou zien. Zou ze me nog herkennen?

-"Alexandra, mag ik u voorstellen aan Dominique Gevaert, docent in de wiskunde en pc specialist aan de faculteit Geologie ... " In haar vriendelijke blik las ik enkel verwondering. Dit werd niets. "... mijn beste vriend," voegde Reinhard daar zonder blikken of blozen aan toe. Dank je, Reinhard! Dat was weliswaar niet neutraal maar wel bijzonder hard nodig op dit moment.

-"De beste vriend van Reinhard?!" riep ze uit. Ze was bijzonder onder de indruk. "Wel, dan is het een grote eer aan u voorgesteld te worden!" Dat bracht me van mijn stuk; hoe kon het een grote eer zijn aan mij voorgesteld te worden?! Ik stak de hand uit en corrigeerde haar meteen:

-"Aangename kennismaking, mevrouw, maar de eer is uiteraard geheel voor mij."

Ze nam mijn hand met beide handen vast terwijl ze de grootste vriend van Reinhard bestudeerde en probeerde te raden waarom ik dat was. Ik smolt. Ik was Reinhard oneindig dankbaar. Nu hoopte ik dat ze de nerd van weleer niet herkende.

Ze hield nog steeds mijn hand vast toen ze haar wenkbrauwen fronste. 'Nu komt het', vreesde ik, 'ze heeft me herkend.'

-"Pc's?" vroeg ze met belangstelling. Of was het met minachting? Ok, dat was te verwachten. Maar dat ze me niet herkend had, was voorlopig het belangrijkste. Ze liet mijn hand weer los.

-"O ja, pc's!" riep Reinhard enthousiast, "je zou versteld staan van hoeveel leuke spelletjes je daar tegenwoordig kan op spelen. Er is het spel 'Colossal Cave Adventure': je krijgt steeds een stukje tekst die de situatie beschrijft, en je mag twee woorden intikken om te zeggen wat je wil doen. Ongelooflijk moeilijk maar ik zit al heel ver. Er is een immens doolhof..." en zo ging Reinhard nog een tijdje verder. Maar dat hielp me niet. Alexandra's vooroordeel was bevestigd: in haar ogen was ik nu iemand die de hele wereld rondom mij verdierf met computerspelletjes. Ik was een stap achteruit.

-"Oh, en is dat waar de pc's op deze school moeten voor dienen?" vroeg ze recht op de man af. Ze hadden immers heel wat geld gekost. Normaal werden pc's enkel voor de directeuren van de Vissermans gekocht, 'om strategische inzichten te verwerven over het potentieel' van die curieuze dingen. Maar veel strategische inzichten waren er nog niet verworven. In het beste geval werden ze aan lawaaierige printers gekoppeld en door de secretaresses voor mailings gebruikt, maar even dikwijls waren ze een toestel voor persoonlijk amusement, waarop managers alle leuke software uitprobeerden waar zij de hand konden op leggen.

Reinhard had haar een week eerder beloofd dat de hoogbegaafde kinderen bijzonder creatieve dingen op de pc's zouden doen, evenwel zonder haar te kunnen uitleggen wat die dingen dan wel waren.

-"Neen, wees gerust," antwoordde Reinhard, "Dominique heeft me verteld dat de kinderen daar..., euh, Dominique, leg jij het zelf eens uit." Daarmee stonden haar ogen op mij gericht. Ik had de kans om te schitteren:

-"Wel," begon ik heel onhandig, "ik heb een aantal stopcontacten mee die kunnen geschakeld worden via een RS-232 seriële interface en een hub. Als ik de kinderen een paar eenvoudige stukjes assembler kan aanleren, dan..." Dan wat? Zover had ik zelfs nog niet nagedacht! Omdat ik niet kon uitleggen waar dit goed voor was, of zelfs waarom dit leuk zou zijn, staarde ik naar de tippen van mijn schoenen en verdronk ik mezelf in meer technische details: "Wel, de kinderen kunnen de stukjes assembler-code compileren samen met een BASIC programma dat ze zelf schrijven, ..." God, wat klonk ik als een nerd! Reinhard was merkelijk ontgoocheld; het had allemaal veel leuker geklonken de eerste keer dat ik het hem uitgelegd had.

Maar Alexandra was een zakenvrouw; ze kon door de nevel van mijn stuntelige woorden de essentie zien: op een of andere manier was het niet enkel mogelijk dat apparaten door pc's bestuurd konden worden, het was zelfs kinderspel. Dat had ze nog geen enkele directeur bij de Vissermans horen concluderen! Een nieuwe wereld van commerciële mogelijkheden opende zich voor haar, maar eerder in abstracte zin: ze zag een oneindig aantal opportuniteiten, maar tezelfdertijd geen enkele.

Geïntrigeerd keek ze nu naar mij met ogen die lichtjes samenknepen. Ik hield de adem in. Ze had me anders getaxeerd; ik was nu niet louter de beste vriend van Reinhard, maar iemand met de sleutel tot een schat aan mogelijkheden. Of misschien ook niet.

~

Terwijl er buiten gevoetbald werd, installeerden Alexandra en ik de nieuwe pc's. Ik was behoorlijk zenuwachtig. Mijn voorbereiding had zich beperkt tot het kunnen tonen van spectaculaire technologische mogelijkheden. Het enthousiasmeren van de kinderen had echter geen deel van die voorbereiding uitgemaakt; ik had geen leuk verhaal klaar.

Maar wel een hoop rommel. Alexandra onderzocht de grote kartonnen doos die Klaus voor mij meegebracht had. Lachend haalde ze daar eerst een aantal gekleurde lampen en een elektrische deurbel uit. Ze keek met ongeloof naar mij.

-"Wat ben jij allemaal van plan,..." gedurende een fractie van een seconde zocht ze naar mijn naam, "...Dominique? Sorry." Dat ze mijn naam nog niet goed kende, was enerzijds heel logisch, maar anderzijds een kleine schok voor mij, die sinds vele jaren aan haar dacht.

-"Wel, ik ga aan de kinderen tonen hoe je dit allemaal op een pc kan aansluiten."
-"Je kan de bel doen rinkelen via de pc?"
-"En de lampen doen branden." Ze ontspande. Op zijn minst zou ze een onwaarschijnlijke show te zien krijgen. Ze haalde verder de doos leeg.
-"Gloeilamp fittings, dat was te verwachten. Een paar elektrische knoppen. Een microfoon! En nu een luidspreker..."
-"Geen luidspreker," zei ik.
-"Geen luidspreker, en ook geen cassetterecorder. Wel, ik ben reusachtig benieuwd naar wat jij met die microfoon zal doen!" Ze leek intussen meer een show van David Copperfield te verwachten dan een demonstratie van pc's.

~

Klaus, die beloofd had met de pc's te komen helpen, was intussen de zaal binnengekomen. Maar van helpen was geen sprake; Anoushka fladderde rond hem en zou hem niet met rust laten tot hij zich alles herinnerde wat ze vroeger samen in het Fleur-de-Lys meegemaakt hadden. Hij was duidelijk gecharmeerd door de intense aandacht van de prachtige prinses en zette zijn beste beentje voor. Hij trok de borstkas hoog op. Telkens ze een anekdote aanhaalde, rakelde hij alle kruimels van herinneringen bij elkaar. Als beloning keek ze hem recht in de ogen, lachte ze en knikte ze. En wanneer hij zich iets niet herinnerde, nam hij haar bij de schouders en sprak hij in het algemeen over hoe mooi die periode geweest was.

Terwijl Alexandra de doos leeghaalde, werd ze afgeleid door het tafereeltje met haar beste vriendin. Ze zag een beeld terug uit haar kindertijd op het Fleur-de-Lys: Anoushka die rond haar grote neef Klaus dartelde. Maar op een dag was die laatste, samen met zijn zus en mama, plots verdwenen en op korte tijd vergeten. Nochtans was het drietal al die jaren in het Gentse blijven wonen, zo blijkt nu. Hoe vreemd. Wat zou er gebeurd zijn? Een familieruzie? En wie was trouwens de vader van Klaus en Nikki? Dat had ze zich als kind nooit afgevraagd.

Ze haalde verder de doos leeg: een lens, een lichtsensor, een warmtesonde, een elektrisch kookplaatje en een aantal metalen dozen met draden aan. Weken had ik gewerkt om al die dingen via het seriële poortje van mijn pc aanstuurbaar te maken. Maar zoals ze nu op de tafel lag, leek de verzameling eerder het resultaat van tien verbouwingen. Alexandra kon een lach niet onderdrukken.

-"Herinner je je nog *De Schat van de Zeerover*? vroeg Anoushka nu met grote anticipatie.
-"Vertel me daar eens alles over!" antwoordde Klaus. Hij gaf er zich rekenschap van dat De Schat van de Zeerover, wat dat ook mocht zijn, heel belangrijk voor haar was, maar hoe hard hij ook zocht...
-"Je herinnert je het zeker!" riep Anoushka, die zich niet kon voorstellen dat hij de gebeurtenis vergeten was.

Alexandra en ik overhoorden de conversatie. Bij elke vraag van Anoushka baden we stilletjes opdat Klaus het juiste antwoord zou vinden. We beseften dat die Schat van de Zeerover de meest gekoesterde herinnering uit Anoushka's jeugd was. Terwijl Klaus zich suf piekerde, keken Alexandra en ik met een gespannen grimas in zijn richting, en vervolgens naar elkaar. We glimlachten omdat we allebei hetzelfde voelden. Het was een eerste intiem moment tussen haar en mij. Althans, dat vertelde ik mezelf. Euforie overviel me veel te vroeg. Ik moest mezelf dwingen tot kalmte.

-"Op een dag heb je voor ons allen De Schat van de Zeerover voorgelezen, van Jommeke," legde Anoushka uit.

-"De Schat...?"

-"Ja, en daarna hebben we allemaal besloten om een schat te verstoppen, elk voor zich."

-"En wat was mijn schat?" vroeg Klaus, "Als ik me dat kan herinneren..."

-"Jij had geen schat omdat je geholpen hebt de mijne te verstoppen! De schat was de verzameling van mijn mooiste schelpjes. We hebben die eerst in een Tupperware doosje gestopt. Voor je het gesloten hebt, heb je er nog een gedichtje bijgestoken, dat je speciaal voor mij geschreven hebt!"

-"En toen hebben we het verstopt?" Klaus hief het hoofd op. Hij herinnerde zich een grimmige gebeurtenis met een klein meisje. Hoe de situatie zich had voorgedaan, wist hij niet meer, maar op een bepaald moment was zijn uitweg uit een gebouw geblokkeerd door een vrijend koppeltje, waarmee hij het meisje niet had willen confronteren.

-"We hebben het doosje in een kastje verstopt, en in plaats van weg te gaan, heb je me eerst nog een verhaal over zeerovers verteld!" Dat was het; hij had een verhaaltje verzonnen om het kleine meisje bezig te houden tot het koppeltje weg was. Ze waren te laat voor het avondmaal weer op het kasteel toegekomen, en hadden iedereen ongerust gemaakt. Hij had er toen flink van langs gekregen.

-"En we waren te laat voor het avondeten?"

-"Ja!! Weet je het nog? Mijn mama was heel boos en ongerust." Dat was de reden waarom hij zich het voorval nog herinnerde. Klaus knikte en glimlachte. Anoushka vloog hem om de hals.

Alexandra en ik keken nu hoofdschuddend naar elkaar en lachten. Ik had nooit durven hopen dat ik het zo snel met haar zou vinden. Ik maakte te veel van dit moment.

-"Weet je nog waar je haar verstopt hebt?" Klaus dacht heel hard na. Zijn geheugen was een collage van flarden van vele vreemde gebouwen. Hoewel hij met momenten heel nieuwsgierig geweest was naar wat er in zijn jeugd gebeurd was, hadden de totale afwezigheid van foto's of andere sporen, alsmede de volledige zwijgzaamheid van zijn mama, hem telkenmale ontmoedigd om de gebeurtenissen op een rijtje te zetten. Zijn enige aanknopingspunt was dat hij geboren was in Seraing. Vragen daarover had zijn mama steeds weggewuifd. De gemeente had hij nooit bezocht. Nu moest hij een prachtige prinses teleurstellen:

-"Neen, vertel het me!"

-"Ik weet het niet meer," zei Anoushka treurig, "je bent kort nadien voor altijd weggegaan. Ik heb mijn schelpjes — en jouw gedichtje! — nooit meer teruggezien. Maar ik weet zeker dat jij ze weervindt!"

-"Heb je al overal gezocht op het Fleur-de-Lys?" vroeg Klaus. Het was een overbodige vraag.

-"Natuurlijk! Alle gebouwtjes van het park, ettelijke keren." Klaus zag de teleurstelling op haar gezicht. Het was duidelijk dat het doosje van enorm emotioneel belang voor haar was, een herinnering aan de grote neef die met de noorderzon verdwenen was. Die grote neef was nu terug, maar zou pas echt terug zijn als hij de schat terugvond.

-"Iemand heeft hem misschien weggenomen," probeerde Klaus. Anoushka schudde categoriek het hoofd:

-"Neen, onmogelijk. We hebben zoveel moeite gedaan om de perfecte plaats te vinden! Je zei dat niemand ooit bij het kastje zou komen."

-"Wel, ik heb zo goed mijn best gedaan om haar te verstoppen, dat…" Klaus onderbrak zijn zin. "Ik vind haar wel!" beloofde hij resoluut. Een grote glimlach verscheen op Anoushka's gezicht. Als haar grote neef dat zei, dan was dat zo. Ze vloog hem andermaal rond de hals.

Maar Klaus had geen enkel idee.

~

Het was moeilijk geweest om de klas stil te krijgen. De kinderen hadden liever blijven voetballen dan in de klas te zitten om naar een grijze bak te kijken en te luisteren naar een saaie leraar die daarover iets zou zeggen.

Ik was die saaie leraar. Ik probeerde er nochtans iets spectaculairs van te maken. Met kleefband had ik op het bord mijn knoppen, lampen, de deurbel, de lichtsensor en de lens gekleefd. Elk van die onderdelen was via draden met de grijze metalen doos op de tafel verbonden, waarop ook de kookplaat en de warmtesonde stonden. De grijze metalen doos was op haar beurt met de pc verbonden.

Behalve de pc en de grijze metalen doos was er voor de hoogbegaafde kinderen niets nieuws; elektrische schakelingen maken om dagelijkse situaties te automatiseren, stond wekelijks op het curriculum. Ik moest daarom minstens kunnen automatiseren wat zij reeds konden, en daar bovenop een fantastisch verhaal over computers vertellen. Er hing veel van af. Om te beginnen was er reeds een belangrijke investering in de pc's gebeurd; het programmeren van computers werd immers als de ultieme nieuwe opportuniteit gezien om deze kinderen te stimuleren in hun creativiteit, en hen een fantastische toekomst te geven. Voor de gewone burger was programmeren iets wat via dure trainingen op grote mainframe computers aangeleerd moest worden, maar voor deze kinderen opende zich nu de mogelijkheid om de volwassenen als een sneltrein voorbij te steken. Maar belangrijker, althans voor mij, zou de reactie van Alexandra zijn. Ik moest haar in die mate in pc's zien te interesseren, dat ze met mij samen wou werken.

-"Beste kinderen, ik dank jullie om tot hier te komen…" Anja deed me streng teken vanop de achterste rij: kinderen mocht je nooit danken omdat ze in de les zaten, want dan dachten ze dat ze de keuze hadden. Vertwijfeld keken ze nu in het rond. Ik herpakte me: "Welnu, ik ga jullie leren hoe jullie met een computer de wereld kunnen controleren." Dat oogstte hun aandacht! "Zoals jullie reeds weten, kunnen jullie met een knopje een deurbel doen rinkelen…" Ik drukte op het knopje en de deurbel rinkelde. "…en hoe jullie met een knopje een lamp kunnen doen branden." Het lampje brandde. "Maar kijk wat er ondertussen op het scherm gebeurt!" Ik nodigde de kleine Marcel uit om op de pc te komen kijken. Het scherm was een luxe-uitvoering; voor dezelfde prijs als een scherm dat enkel witte tekentjes toonde, hadden we er een bekomen dat enkel okerkleurige tekentjes produceerde. Hopelijk was kleine Marcel onder de indruk. "Lees eens wat je ziet, Marcel."

-"Ik zie 'Knop 1 werd ingedrukt.' En op de volgende lijn: 'Deurbel rinkelt.'"

-"Weet je hoe het komt dat je dit ziet, Marcel?" Ik wachtte het antwoord niet af. "Dat is omdat de computer weet dat er op de knop gedrukt werd." De deurbel was intussen zo hard blijven rinkelen, dat niemand nog aandacht voor onze conversatie had. Maar van zodra ik de deurbel deactiveerde, gaf de pc een foutmelding. En toen ik dat probeerde te herstellen, gingen de lampen branden. Vervolgens raakte ik verstrengeld in de draden, waarop de deurbel opnieuw klepperde. Alle kinderen en volwassenen gierden het uit van de pret.

~

De reddende hand — alhoewel! — kwam van Reinhard:

-"Tijd voor een pauze!" riep hij ofschoon ik nauwelijks begonnen was. Ik protesteerde uiteraard niet. Maar terwijl ik aan mijn pc prutste, debiteerde hij een zee van diskettes. "Ík zal jullie eens tonen hoe leuk pc's zijn!" Dat betekende meteen het einde van mijn demo. Als spelletjes kregen we eerst Willem Tell, vervolgens een maanlanding, daarna draken in kerkers…

Ik hielp mee maar probeerde tegelijk afstand van het gebeuren te nemen. Het was immers volledig de verkeerde kant uitgegaan: in plaats van te bewijzen dat pc's een ernstige plaats in het maatschappelijk gebeuren konden innemen, had ik enkel de opinie versterkt dat ze niet veel meer dan speelgoed waren.

Alexandra nam enthousiast deel. Ze was net zoals de kinderen in de ban van de oranje tekentjes, die knipperden om een spannend moment aan te duiden, en bestuurd werden door op de juiste lettertoetsen te duwen. Als je het ridder-blokje op het ladder-blokje plaatste, kwam je een verdieping lager. Naarmate je op je zoektocht dieper in de kerker afdaalde, werden de draken sterker en talrijker. Het gaf een beklijvend gevoel, omdat je wel tachtig verdiepingen afdaalde. Het riddertje verzwakte terwijl je wist dat het uiteindelijk weer naar boven zou moeten om onderweg alle nog levende draken te trotseren. Alexandra ging volledig in de spanning op; ze gaf instructies aan de kinderen en nam bij momenten zelf het klavier over.

~

Ik maakte van de drukte rond Reinhard gebruik om al mijn attributen van het bord en de tafel los te trekken en weer in de doos te stoppen. Niemand zou er nog naar vragen. Wat een desillusie!

-"Dominique, kan je eens uitleggen wat je van plan was?" vroeg een lieve stem. Ik versteende. Alexandra! Ik bleef een seconde naar het bord gericht staan terwijl mijn hersenen aan lichtsnelheid een leuk antwoord zochten. Quod non. Ik won even tijd:

-"Ik denk niet dat ze nog geïnteresseerd zijn."

-"Je laat het beter aan het onderwijzend personeel over om ze te boeien."

-"Je denkt dat ik het beter aan de lesgevers uitleg?" Ze knikte.

Maar ze wou het eigenlijk over iets anders hebben; wat ik eerder gedemonstreerd had, vond ze namelijk ronduit indrukwekkend. Een IBM mainframe laten detecteren dat ergens op een knop gedrukt werd, kostte honderdduizend frank. Diezelfde mainframe processen laten besturen, nog veel meer. Maar hier was ik dat allemaal met een stuk speelgoed aan het doen!

-"Kan je eens uitleggen wat je van plan was," herhaalde ze de vraag. In de achtergrond weerklonk een grote schreeuw van vreugde; Reinhards ridder was uit de kerker geraakt! Maar Alexandra was onbewogen; gespannen wachtte ze op mijn antwoord.

-"Wel, alles wat je hier ziet, kan op een goedkope interface aangesloten worden en vervolgens door een pc bestuurd. Ik kan bijvoorbeeld een proces opzetten waarbij, van zodra een persoon door een lichtstraal loopt, het theewater opwarmt en een belletje gaat rinkelen van zodra het water kookt."

-"Hoelang duurt het om zo'n proces op te zetten?"

-"Wel, dat was toevallig wat ik van plan was te tonen: vijf minuten. Maar in een omgeving waar alles niet zo netjes klaar staat als nu, een uurtje." Alexandra floot; ze was onder de indruk. Vooral omdat er andere mogelijkheden moesten zijn dan het opwarmen van theewater...

~

Terwijl de kinderen de leukste dag van hun leven beleefden, kwam er van mijn plannen om van de pc's een ernstig pedagogisch project te maken, dus niets in huis. Daarom had ik me voorgenomen om tijdens het avondfeest naast Anja te zitten, in de hoop haar te motiveren om met de pc's te doen wat ik ermee van plan geweest was. Het liep echter anders.

Anoushka en Alexandra hadden het avondgebeuren groots opgevat. Om te beginnen hadden ze zowel de ouders, grootouders, als de broertjes en zusjes van elk van de leerlingen uitgenodigd op de meest uitgebreide, professionele barbecue. Daarnaast hadden ze een clown en een goochelaar voorzien. Alsof dat niet voldoende was, draafde Reinhard aan met een rist groepsspelletjes. Wat een feest! De kinderen wisten niet waarheen eerst gelopen.

Terwijl ik bij de barbecue aanschoof, was er voor de tiende keer een *BOEM!!* te horen. Reinhard was een spel aan het spelen waarbij een kind een aantal voorwerpen één voor één probeerde weg te halen tot enkel de 'bom' overbleef. Als het tijdens die poging echter de vooraf aangeduide bom aanraakte, riepen alle kinderen tegelijk dus

BOEM!!. Het spel was zo boeiend dat de kinderen pas bij het buffet aanschoven op het moment dat alle volwassenen reeds aan tafel zaten, behalve Reinhard dus en… Anja.

De hele dag was ze op een paar armlengtes van hem te vinden geweest en had ze op de tippen van de tenen gelopen. Ze had hem hard gesteund in al zijn initiatieven en uitbundig met zijn grapjes gelachen. Reinhard van zijn kant had zich haar hulp en aandacht wel laten vallen, en het niet nagelaten haar regelmatig met een goedkeurende glimlach recht in de ogen te kijken. Arme Anja! Gedurende weken of maanden zou ze zich afvragen of Reinhard misschien toch niet iets voor haar voelde, en aan haar spiegel vragen of ze wel mooi genoeg was voor hem. Net zoals zovele van Reinhards slachtoffers zou ze zich vastklampen aan het gegeven dat Reinhard verliefd was op de gemaskerde zangeres, een onecht persoon, een illusie en een showbizz gimmick. Ze zou de hoop koesteren dat de wijsheid hem uiteindelijk zou inhalen en hem voor haar, Anja, zou doen kiezen.

Omdat Reinhard recht tegenover mij aan tafel zat, was Anja zich naast mij komen zetten. Ik probeerde alsnog mijn pc project aan haar te verkopen. Quod non. Reinhard was de boosdoener:

-"Wat was je van plan, Dominique: een theepot een lichtje laten branden?"
-"Wel, neen, als je door de lichtbundel loopt, begint de kookplaat te warmen, …" Anja had geen oor voor mijn uitleg; ze bestudeerde enkel de reactie van Reinhard. Elk van zijn grappen zette ze met een bulderende lach in de verf.
-"Wat als je koffie wilt in plaats van thee?"
-"Dat is het punt niet…"
-"Je kan misschien twee lichtbundels maken: als je thee wilt, kom je binnen langs de voordeur, maar als je koffie wilt, langs de achterdeur." Hij lachte met zijn eigen grap maar werd overtroffen door een gierende Anja.

Zo ging het een half uur verder. Het werd voor Reinhard steeds makkelijker om grappen in te lassen naarmate ik mijn constructie verder uitbreidde met soms letterlijk toeters en bellen. Ik werd uit mijn lijden verlost door een prachtig danslied. Anastasiya! Reinhard was ogenblikkelijk getroffen; van de ene seconde op de andere zweeg hij om zich te laten meevoeren door het timbre van haar stem. De aanwezigen begonnen spontaan te dansen. Anja schuifelde zenuwachtig op haar stoel; Reinhard zat tegenover haar en zou logischerwijze aan haar vragen om als eerste met hem te dansen, en… misschien wel voor de rest van de avond!

Lang duurde haar droom echter niet, want plots dook een jong meisje op, een leerlinge van de school. Ze vroeg Reinhard om te dansen. Hij was zo oneindig gecharmeerd dat hij meteen naar de dansvloer trok met haar, tot verbijstering van Anja.

Eindelijk kon ik eten. Met een zucht zette ik me aan mijn maal, dat intussen koud geworden was. Anja echter, gefrustreerd, gooide nu al haar energie op mij:

-"Zo, Dominique, leg me nu eens precies uit wat je de leerlingen wilt laten doen op de pc's."
-"Je bent dus toch geïnteresseerd?!" Ze beet op haar lip:
-"Ja, natuurlijk, Dominique, je weet toch dat ik graag de lolbroek uithang!" Ik wist helemaal niet dat zij graag de lolbroek uithing! Het enige wat ik wist, was dat in het gezelschap van Reinhard nieuwe persoonlijkheden boven water kwamen, inclusief lolbroek Anja dus.
-"Ok, natuurlijk, laat me het project eens schetsen." Ik maakte van haar plotselinge aandacht en belangstelling gretig gebruik en liet mijn eten zo mogelijk nog kouder worden.

Reinhard en het meisje dansten op een halve meter van elkaar, de geplogenheid wanneer minstens een der danspartners niet echt kon dansen. Het meisje gooide haar armen in alle richtingen en gebruikte haar benen vooral om haar evenwicht te bewaren.

-"Ken je dit liedje?" vroeg ze. Reinhard trok een sippe lip, en gebaarde dat hij het liedje niet kende. Het meisje was verontwaardigd:
-"Je moet dit kennen! Iedereen kent dit liedje; dit is het beste liedje ooit!" riep ze. Reinhards glimlach verraadde hem. Ze klopte hem op de arm:

-"Je kent het wél, ik wist het! Ik ben slim, hoor; ik zit in een school voor heel slimme kinderen." Reinhard kon het amusement niet op. Ze vertelde hem wat ze allemaal kon: saxofoon, hockey, tekenen, Engels, Griekse mythologie, boeken schrijven... Ze vertelde het allemaal in geuren en kleuren.

Intussen speelde het volgende liedje van Anastasiya reeds.

-"Je kent toch ook de zangeres?!" vroeg het meisje retorisch. De zangeres!

-"Natuurlijk ken ik haar!" zei Reinhard.

-"Haha, ik heb je beet; niemand kent Anastasiya!" riep het meisje triomfantelijk.

-"Ben je wel zeker dat ik haar niet ken?" probeerde Reinhard. Het antwoord was verpulverend:

-"Ik ben zeker; want als je ze zou kennen, dan was je nu bij haar!" De waarheid kwam uit de kindermond. Reinhard had zich nog nooit zo verstomd of melancholisch gevoeld.

Intussen had ik er een stille toehoorder bijgekregen: Alexandra was zich bij Anja en mij komen zetten en volgde de conversatie. Plots was ik me heel erg zelfbewust; ik observeerde mezelf als het ware vanop afstand, en zag hoe ik niet te begrijpen zinnen over technologie brabbelde. Dat moest beter. Daarom probeerde ik het project vanuit het perspectief van Anja te bekijken:

-"Verdeel de kinderen in groepjes. Laat elk groepje een scenario, euh... verhaaltje uitwerken: wanneer moet het water starten met opwarmen, wanneer moet er een belletje rinkelen en hoelang, en moet je het belletje kunnen uitzetten..."

-"Dat is op zichzelf een leuke uitdaging!" zei Anja.

-"Vervolgens programmeer je de pc om een scenario te laten werken dat jij zelf verzonnen hebt."

-"Gaan de kinderen dat wel leuk vinden?" vroeg Anja.

-"Wel, jij bent de pedagoge. Ik had gedacht dat je het scenario in stukjes kon opbouwen en demonstreren, waarbij van alles mis gaat: een lampje dat ongewild brandt, een belletje dat blijft rinkelen, een knop die het verkeerde ding doet. Laat de kinderen raden hoe het programma verbeterd kan worden."

In het midden van de uitleg verdween Alexandra van tafel. Ik was ontgoocheld; ik had haar blijkbaar niet kunnen boeien. Ze keerde echter weer met een warme maaltijd, die ze prompt voor mijn neus zette.

-"Dank je," zei ik van mijn stuk gebracht, "laat me uitleggen wat je gemist hebt."

-"Ik heb genoeg gehoord. Eet jij nu je eten op!"

~

De avond werd afgesloten met het heel late bezoek van Frank Podborsky. Zoals gewoonlijk maakte de prins zijn opwachting met groot vertoon. Gelukkig stuurde hij na de formele introductie zijn handlangers, de groep schimmige figuren die hem overal vergezelden, terug naar de wagens. Nadat hij de obligate cheque ten bate van de school overhandigd had, zocht hij het gezelschap van Anoushka op. Zij was tenslotte de reden waarom hij hierheen gekomen was: hij wou op elk sociaal evenement gezien worden met de prinses.

Dat Anoushka een heel intieme babbel met een andere jongeman had, zinde hem geenszins. Hij deed haar van de tafel opstaan en ging recht tegenover haar staan, haar bij beide handen vastnemend:

-"Dag Anoushka." Hij kuste haar op de wang. "Excuseer me dat ik zo laat ben." Anoushka keek gelaten. Die vervelende Podborsky; nu vergalde hij de leuke conversatie met haar neef! Het advies van haar moeder indachtig, werd ze echter weer vriendelijker:

-"Frank, mag ik je voorstellen aan Klaus?" Ze nam Klaus bij de arm. "Klaus, mag ik je voorstellen aan... "

-"Klaus? Wie is Klaus??" En zich naar Klaus wendend:

-"Wat doet u, als ik vragen mag?"

-"Ik ben professor in de Slavistiek aan de Rijksuniversiteit Gent," antwoordde Klaus heel formeel, "en uiteraard weet ik wie u bent, Koninklijke Hoogheid; ik ben namelijk diegene die verondersteld is alles over Sylvanië te weten."

-"En hij is mijn neefje!" riep Anoushka, terwijl ze haar hoofd tegen zijn schouder drukte.
-"Neefje? Nog nooit van die neef gehoord, terwijl ik dacht dat ik jouw hele familie kende!" antwoordde Podborsky argwanend.
-"Achterneef eigenlijk; zijn grootmoeder was de zus van mijn grootvader Bernard Martin."
-"Van de hertog dus," concludeerde Podborsky. "En welke titel hebt u?"
-"Ik heb nog niet de moed gehad om het op te zoeken," zei Klaus beschaamd, "het zal in elk geval niet veel voorstellen met twee vrouwen in de stamboom tussen mij en de Martins. Mijn moeder heeft zelfs nooit met een woord over die familiebanden gerept, laat staan over adellijke titels. De connectie is pas recent tot me doorgedrongen." Hopelijk vroeg Podborsky nu niet wie Klaus' vader was, want daar had die laatste nog minder een antwoord op. Het bleef echter bij:
-"Hm," zei Podborsky, "en dat voor een historicus!"
-"Niet echt een historicus," antwoordde Klaus, "en het lag vooral aan mijn moeder. Ze heeft ons afgeleerd om in het verleden van de familie te graven. Op een bepaald moment heeft ze zelfs bruusk alle banden met de familie verbroken." Podborsky was echter niet geïnteresseerd in wat waarschijnlijk een familievete zoals een andere was.
-"Maar in zijn prille jeugd was mijn grote neef wel elke zondag op het kasteel! En weet je wie zijn zusje is?" Podborsky was niet in het minst geboeid in wie dat zusje wel kon zijn, tot...
-"Nikki!" De prins reageerde geschokt:
-"Toch niet de consul...?"
-"De Sylvaanse consul, goed geraden!" zei Anoushka. Frank Podborsky keek nors; hij werd niet graag aan Nikki herinnerd. Zij was de spin in het web van alle handelsrelaties tussen het Westen en het Oostblok die via Sylvanië liepen. Tot zijn oneindige frustratie had ze hem steeds buiten de lucratieve overeenkomsten gehouden. Regelmatig immers klopten bedrijven bij hem aan met zakelijke voorstellen, inclusief een riante commissie voor hem. Maar om voor die bedrijven iets te kunnen doen, moest de consul van Sylvanië meewillen. Nikki had echter geen enkele gunst te verlenen aan de kroonprins — althans, zo beschouwde hij zichzelf —, integendeel: ze wou de leider van de Podborsky maffia niet nog rijker en machtiger maken.
-"Broer en zus hebben dus beiden een grote belangstelling voor Sylvanië," observeerde Podborsky droog.
-"Die belangstelling hebben we vanwege mijn moeder," antwoordde Klaus. De interesse van zijn moeder voor Sylvanië was een van de weinige diepgaande dingen die Klaus over zijn moeder wist. Voor het overige werden hij en zijn zus opgevoed met het dictaat dat er geen vragen gesteld mochten worden over familie, over de plaats in Wallonië waar ze geboren waren, of over de vader die ze nooit gekend hadden. "Ze heeft ons van kinds af alles over Sylvanië verteld," vervolgde Klaus, "en ons zelfs de taal aangeleerd. Haast logischerwijze ben ik professor slavistiek geworden en Nikki consul."
-"Klaus zal me aan Nikki introduceren," riep Anoushka, "is dat niet fantastisch? Ik kijk er oneindig naar uit. Mijn grote nicht! Ik ben zeker dat zij zich nog veel meer van het Fleur-de-Lys herinnert dan Klaus; ze is ouder dan hem."
-"Ik had je anders ook bij Nikki kunnen introduceren!" gromde Podborsky.
-"We gaan binnenkort samen naar het consulaat," zei Anoushka.
-"We?" vroeg Podborsky wantrouwig.
-"Klaus en ikzelf uiteraard, en Reinhard, die daar de manager van Anastasiya wil ontmoeten, je weet wel, ..."
-"Uiteraard weet ik wie Anastasiya is!" snauwde Podborsky. Hij haatte het triumviraat, zoals hij het noemde: de staatsgevaarlijke zangeres, de machtige consul en de Joodse manager. Als dat geen onheil tot de derde macht voortbracht! "Het wordt trouwens de hoogste tijd dat Anastasiya zich eens komt voorstellen aan mij, haar toekomstig staatshoofd. Dat de consul daar eens voor zorgt!"

Onder groot applaus kwam Michail Gorbatsjov de muziekhal van Jekaterinburg binnen, een veel te groot applaus voor zijn comfort; voor het eerst besefte hij hoe lastig het was wanneer mensen niet ophielden met in de handen te klappen. Aanvankelijk produceerde hij een spontane glimlach en stak hij de hand op om het publiek te danken. Na een halve minuut echter moest hij de arm weer laten zakken uit vermoeidheid. Maar nog erger was dat wegens gebrek aan ervaring zijn spontane glimlach tot een wijd opengesperde mond verwerd. Noodgedwongen wisselde hij de spontane glimlach in voor een statige glimlach, zoals wanneer hij voor nieuwe postzegels poseerde.

Het verstenen van zijn houding remde echter het enthousiasme van het publiek niet af, integendeel; daar elke aanwezige in de kans geloofde nú de heel persoonlijke aandacht van de leider te krijgen, ging hij als een bezetene te keer om in Gorbatsjovs gratie te vallen. Dat gebeurde weliswaar binnen de strikte normen van het communisme: geen geroep, gezang of gejuich, maar des te meer het schudden van lachende hoofden en het produceren van maximale decibels met de handen. Wie hield het langste vol, het hysterische publiek of de geïmmobiliseerde Gorbatsjov? Die laatste wist intussen niet of hij zich wel vereerd mocht voelen; was het publiek daadwerkelijk zo blij met zijn nieuwe secretaris-generaal, of durfde geen enkele toehoorder als eerste ophouden met applaudisseren?

Gorbatsjov won de slopende wedstrijd toen na een kwartier het geluid van een ouderwets elektrisch belletje weerklonk en de zaal stil werd. Hij kreeg een plaats in het midden van de eerste rij. Aan zijn rechterzijde zat, zoals dat overal het geval was, het regionale hoofd van de communistische partij. Hoe heette de man alweer? De rest van de avond was in elk geval even voorspelbaar als het begin: een inleidende spreker, gevolgd door de man rechts van hem en tot slot Gorbatsjov zelf.

Van zijn obligate rondreis door het land was de nieuwe secretaris-generaal nog niet veel wijzer geworden. Wekenlang was hij omgeven geweest door sycofanten die hem allemaal hetzelfde vertelden: alles gaat goed en alles zal nog beter gaan, dankzij hem en dankzij hen natuurlijk, allemaal handen op één buik. Gorbatsjov had zijn twijfels; terwijl tien procent van de Westerlingen reeds een pc in huis hadden, was de communistische computerindustrie een maanlandschap. 'Ze dienen maar om spelletjes op te spelen,' was de officiële partijlijn, 'de Westerlingen hebben er niets aan, integendeel: door die dingen hebben ze een tekort aan lichaamsbeweging.' Wel, die uitleg paste alvast goed in het plaatje; de economie van de Tweede Wereld was immers gericht op het zo goedkoop mogelijk gezond houden van de bevolking. En die was er op haar beurt een grote stap op vooruit gegaan sinds de Middeleeuwen. Maar zou de bevolking daarmee vrede blijven nemen? Nam ze daar eigenlijk vrede mee?

Gorbatsjovs overpeinzingen werden onderbroken door de eerste spreker. Die begon met het danken van Gorbatsjov voor de veel te grote eer die hij de aanwezigen met zijn bezoek gebracht had. De secretaris-generaal bedacht cynisch dat dat feitelijk wel klopte; hij had dringender dingen te doen dan dit. Vervolgens aanhoorde hij voor de zoveelste keer zijn eigen levensverhaal, woord voor woord zoals dat in Moskou opgesteld was. Zoals bij alle vorige lezingen ergerde hij zich aan de bij het haar getrokken anekdotes, maar goed, als de mensen het leuk vonden en hij daardoor meer van hen gedaan kreeg...

De spreker introduceerde nu de man aan Gorbatsjovs rechterzijde, een zekere Boris Jeltsin. Juist, zo heette die man, herinnerde hij zich nu. Gorbatsjov gooide vluchtig een blik op zijn uurwerk. Deze avond duurde nog twee uur. Hopelijk kon de aangekondigde spreker iets leukers vertellen dan... hijzelf straks. Wat een dof vooruitzicht!

De aankondiging van Jeltsin was echter meteen het moment waarop Gorbatsjovs verveling stopte, want de persoonsbeschrijving die toen volgde, blies hem en alle andere aanwezigen van hun sokken. De man op het spreekgestoelte repte met geen woord over Jeltsins carrière in de partij, noch over zijn onderscheidingen. In plaats daarvan roemde hij de *ingenieur* Jeltsin — hij vernoemde zelfs zijn ambt niet! — voor de onwaarschijnlijke snelheid en efficiëntie waarmee hij grote infrastructuurprojecten verwezenlijkte. De spreker documenteerde al zijn beweringen met precieze termijnen en bedragen, heel cassant maar dodelijk overtuigend. Het was alsof de hele Sovjet-Unie voor schut gezet werd; als deze man het kon, waarom dan niemand anders?! De lofbetuiging duurde vele minuten lang. Als kers op de taart bleek die Jeltsin ook nog eens bijzonder geliefd te zijn bij de mensen die voor hem werkten. Hij betaalde ze niet enkel beter dan alle andere arbeiders in het land, maar het geld bleek in de regio ook meer waard te zijn!

Gorbatsjov draaide zich ongemakkelijk op zijn stoel. Wat moest hij hiermee? Hij observeerde hoe Jeltsin rechtkwam en zich omdraaide naar het publiek, beide handen hoog in de lucht stekend. Net zoals voor Gorbatsjov was er opnieuw een groot applaus, maar deze keer klonk het anders: de handen klapten aan een hogere frequentie, onregelmatiger, doffer, kortom, eerlijker. Het verschil was groot. Omdat het geluid van het vreemde, lange en warme applaus hem een tikkeltje achterdochtig en afgunstig maakte, keek Gorbatsjov achterom. En schrok hij. Want hij zag liefde; deze mensen hielden van Boris Jeltsin!

Die laatste liet de armen zakken om met het publiek mee te klappen, waarbij hij af en toe de handen stil op elkaar hield om ze te schudden in de richting van de mensen die hij herkende. Uiteindelijk begaf hij zich naar het spreekgestoelte.

Het applaus doofde van zodra hij aanstalten maakte om te spreken. Waarover zou hij het hebben? Jeltsin was immers geen ideoloog, staatsman of opschepper. Gewoonlijk wanneer hij iets zei, was dat over wat er moest gebeuren en wie het ging doen. De resultaten die hij op die manier behaalde, spraken voor zich; die moesten niet opgesomd worden in een hoogdravende redevoering.

Na hem zou Gorbatsjov spreken. Hoe kon Jeltsin vermijden het gras van voor de voeten van de secretaris-generaal te maaien, maar tezelfdertijd toch iets zinvols vertellen? Hoe zou hij proberen niet in de schaduw gezet te worden door Gorbatsjovs redekunst? Of was het net de bedoeling van deze avond dat Gorbatsjov hem overtroefde? De toehoorders wachtten gespannen.

Jeltsin maakte de microfoon los, trok even aan de lange draad die eraan vasthing, en ging vlak voor het publiek staan, zonder tekst! Een dergelijke losse, improviserende stijl was ongezien in de Sovjet-Unie. Wat een lef!

"Vorige week," zo begon hij, "kreeg ik een verslag van de studentenraad van de universiteit van Jekaterinburg." Jeltsin zou een onschuldige anekdote vertellen, besloot Gorbatsjov. "Het verslag had het over het eten dat in de refter aangeboden werd. Volgens de studenten was het eten onvoldoende, werd het koud geserveerd en was het verdorven." Dat een wantoestand aan de kaak gesteld werd, was op zich correct in de Sovjet-Unie, zolang er een veroordeling van de betrokkenen op volgde; het mocht in elk geval nooit een aanklacht tegen het systeem zelf zijn. "Welnu," vervolgde Jeltsin, "jullie wisten reeds dat ik heel bezorgd ben om de gezondheid van onze jeugd, en in het bijzonder van de talentvolle studenten waar de toekomst van ons land van afhangt." Tot zover dus had Jeltsin het gewone pad bewandeld. "Daarom besloot ik me *persoonlijk* van het probleem te vergewissen," ging hij verder. Dat was onlogisch! Want hoe kon een hooggeplaatst iemand als Jeltsin zich met succes *persoonlijk* vergewissen?! Gorbatsjov verloor zijn vertrouwen in het vervolg van het betoog. "En dus heb ik persoonlijk naar de rector van de universiteit gebeld, met de boodschap dat ik samen met drie andere mandatarissen in de betreffende refter zou komen eten." Grotesk! Een honderdtal toehoorders beseften nu reeds waar dit naartoe ging en verborgen hun grimas achter de handen; het mocht immers niet zichtbaar zijn dat ze dit leuk vonden. "En zo zaten wij een week later tussen de studenten. Ik bediende me als laatste, zodat ik jullie kan verzekeren dat de voorgeschotelde hoeveelheid toereikend was voor alle studenten!" Daarbij trok Jeltsin grote ogen. "Welnu, toen het eindelijk aan ons was, mochten wij kiezen tussen verse kreeftensoep — op duizend kilometer van de zee! —, een rijkelijk gespijsde bouillonsoep, en tomatensoep met balletjes, met héél veel balletjes!"

De burgers van de Tweede Wereld lachten zo weinig mogelijk in het openbaar. In het straatbeeld en in de publieke gebouwen was lachen enkel weggelegd voor de gelukkige, door rode vlaggen omgeven mensen in de reusachtige muurschilderingen. Daarentegen waren de echte stervelingen verondersteld in ernst te ijveren voor het welslagen van het systeem en het bereiken van het paradijs zoals dat in de taferelen afgebeeld was. Lachen uitte immers relativering, cynisme, spot, of, God beware, kritiek op de partij. Om niet geviseerd te worden, probeerden de burgers zo grauw en grijs te zijn als de straten die wegmarkeringen noch signalisatie hadden. De schreeuwerige propaganda op de betonnen gebouwen maakte het openbare leven enkel ondraaglijker, vooral voor die mensen die zich in de grauwheid koesterden. In Oost-Duitsland had men geprobeerd om de straten op te fleuren met gekleurde TL-lampen, die de burgers achter hun ramen hingen. Het resultaat was enkel het akelige aandoen van een oneindig lange bordeelwijk in plaats van een gezellige buurt. Kortom, in het openbaar werd men nergens vrolijk in de Tweede Wereld.

Maar nu hun geliefde Boris een grappige situatie aan het verwoorden was, was een keurig maar toch oprecht lachje op zijn plaats. Jeltsin vervolgde op dezelfde manier zijn verhaal met het voorgerecht.

Gorbatsjov stond nu voor een dilemma: ofwel moest hij het houden bij een beleefde glimlach, ofwel moest hij tonen dat hij de kolder smaakte. Tijdens de laatste maanden had hij zich duaal geprofileerd; want hoewel hij de frisse wind was die door de Tweede Wereld blies, was hij tegelijk de spil die de hele bureaucratie liet doen wat ze al eeuwig graag gedaan had: bombastische vijfjarenplannen opstellen om die al even snel weer te vergeten. In de Sovjet-Unie was het zelfs verboden om oude plannen op te vragen. Gorbatsjov besefte echter dat zijn geloofwaardigheid in het gedrang kwam als zijn persoonlijkheid in spreidstand bleef.

Nu vertelde Jeltsin over zijn ervaring met het hoofdgerecht. De toehoorders lieten zich gaan; ze waren nu even ontspannen als op een trouwfeest. Ze lachten alsof de vader van de bruidegom de grappigste familieanekdotes aan het debiteren was. Gorbatsjov was ongewild gecharmeerd door zowel de warme sfeer in dit ijskoude oord als door het charisma van Jeltsin. Voor het eerst lichtte zich een stukje van de sluier op die lag over de toekomst van de Sovjet-Unie. Althans, besefte Gorbatsjov, als hijzelf ervoor zorgde dat er overal een vooruitgang zoals hier geboekt werd.

Jeltsin ging verder met het dessert. Hij had zijn toespraak kunnen afsluiten met kritiek op de restaurateur, met het aanklagen van de corruptie, of met lof over zichzelf. Maar omdat die boodschappen intussen duidelijk waren, liet hij ze achterwege. In plaats daarvan prees hij Gorbatsjov de hemel in: "Met deze man zal alles veranderen!"

Het daverende applaus gaf Gorbatsjov een broodnodige minuut om zijn plan aan te passen. Nu hij door Jeltsin ver over het paard getild was, zou hij met een grote smak alle respect verliezen als hij simpelweg het vijfjarenplan voorlas. Maar wat vertelde hij dan wél?! Hoe kon hij Jeltsins retoriek evenaren?

Van zodra het applaus doofde, begaf hij zich met een steen in de maag naar het podium. Daar werd hij opgewacht door Jeltsin, die hem omhelsde met de warmste, meest oprechte glimlach, en die hem een Russische kus recht op de mond gaf. Terwijl de twee secondenlang in elkaars ogen keken, zwol het applaus opnieuw aan. Gorbatsjov verloor hierbij compleet het noorden; hoe hard hij ook het debacle van zijn toespraak vreesde, hij deelde ongewild in de overweldigende euforie. Toen het applaus stopte, nam Jeltsin hem stevig vast bij de schouders: 'Ik weet wat je waard bent; toon het!' Dat gebaar tilde Gorbatsjovs emoties zo ver over de grens van zijn helder denkvermogen, dat hij op dat eigenste moment de belangrijkste beslissing uit zijn leven nam: de vlucht naar voren. Het kwam erop neer dat hij Jeltsin niet zou intomen maar hem voor de kar zou spannen.

Meteen zag hij het volledige potentieel van Jeltsin. Hij werd zelfs euforisch bij de gedachte dat deze man hem zou helpen om het nieuwe vijfjarenplan te verwezenlijken, om van Gorbatsjov een wereldwijd geroemd leider te maken, en om de Sovjet-Unie richting de Westerse welvaart te sturen. Gorbatsjov besefte toen nog niet dat hij meer zou krijgen dan hij verhoopte of zelfs wenselijk vond. Veel meer.

Gorbatsjov bezegelde zijn beslissing door zijn uitgeschreven toespraak links te laten liggen, door, net zoals Jeltsin dat gedaan had, gewoon voor het publiek te gaan staan in plaats van op het spreekgestoelte, en door te improviseren. Hij klaagde de wijdverbreide corruptie aan, de grote inefficiëntie van de economie en de waardeloosheid van het geld. En hoe hij dat allemaal zou veranderen? Met mensen zoals Jeltsin natuurlijk, en als het kon, met Jeltsin zelf!

Journalisten doorheen de hele Sovjet-Unie, na jaren van oneindige frustratie met de censuur, twijfelden geen seconde om de toespraak integraal te publiceren. Daardoor had Gorbatsjov op een etmaal zowel vele vijanden als vrienden gemaakt. De teerling was echter geworpen; Gorbatsjov kon niet meer op zijn stappen terugkeren.

~

-"Hallo, mijn beste vriend!" Reinhard had de gewoonte om vanuit het niets in mijn kantoor op te duiken. Hij ging ervan uit dat het werk op de universiteit iets heel tijdloos was, zonder begin en einde, zonder verplicht op te leveren stukken, termijnen of stress. En dat ik dus steeds tijd voor hem had. We schudden elkaar de hand. "Laat me eens zien waar jij intussen mee bezig bent!" Hij staarde naar mijn pc maar werd gauw teleurgesteld door een zee van nietszeggende cijfers. "Wat is dit? Het lijkt wel alsof je ernstige dingen doet!" Het was moeilijk Reinhard aan het verstand te brengen dat mijn kantoor voor iets anders bedoeld was dan het lunapark van de universiteit.

-"Bodemkunde. Vanuit heel Europa krijgen we hier de resultaten van proefboringen toegestuurd." Ik toonde hem de grote, platte, soepele diskettes met de analyses van bodemstalen. Bij het zien van de floppy's vergat Reinhard onmiddellijk wat ik hem net verteld had:

-"Ha, en welk nieuw spel is dat?"

-"Geen spel, Reinhard; elke floppy bevat duizenden lijnen aan gegevens. Proefboringen worden gewoonlijk gedaan in een roosterpatroon over een oppervlakte van een paar vierkante kilometer. Elke proefboring gaat soms tientallen meters diep, waarbij op elke meter in de diepte een staal genomen wordt. Die stalen worden onderzocht, gewoonlijk op de aanwezigheid van mineralen. De resultaten van dat onderzoek komen op deze floppy's terecht." Reinhard bekeek de floppy's opnieuw, deze maal teleurgesteld.

-"En wat haal jij in 's hemelsnaam uit die cijfertjes?"

-"Nu zijn het slechts cijfertjes, maar als ik op deze knop druk…" Het zwart-witte scherm toverde nu een diagram tevoorschijn dat er uitzag als een modern kunstwerk. Dat vond hij onmiddellijk boeiender:

-"Wauw!"

-"Dat zijn sedimentaire lagen. Zie je hoe ze afhellen naar het noordoosten?" Toegegeven, dat was helemaal niet makkelijk om te zien. Reinhard was het in elk geval direct beu:

-"Weet je waarom ik hier ben vandaag?" Dat was de voorbode van het volgende tekstavontuur van Infocom, dat hij nu binnen de drie seconden tevoorschijn zou toveren.

-"Laat me raden dat ik me de volgende vier uur niet ga vervelen!"

-"Dat heb je goed geraden! Maar het is niet wat je denkt. Straks…" Hij hoorde een gerucht in de gang en keek even buiten. "Daar heb je ze al: uw goede vriend Klaus en mijn nichtje, wel niet helemaal mijn nichtje, Anoushka."

-"Die twee zijn in elk geval wel neef en nicht van elkaar, als ik het op het schoolfeest goed begrepen heb."

-"Achterneef en achternicht, groot verschil!"

-"Hoezo?"

-"Ik ben gespecialiseerd in dat soort dingen. Ik weet zeker dat die twee…" Zoals hij zeker wist dat hij ooit de zangeres zou veroveren. Maar aan de amusante conversatie kwam een abrupt einde toen Klaus aan de deur stond met zijn nichtje. Ik had nooit vermoed dat mijn dof, oud kantoor kon schitteren, maar dat deed het eensklaps toen de bloedmooie prinses binnenkwam. 'Klaus, man, word er niet verliefd op; dit is kilometers te hoog gegrepen!' prevelde ik. Maar op dit meisje niet verliefd worden, zou lastig worden, zelfs voor de stoïcijnse Klaus. Ze waren hand in hand binnengekomen en Anoushka zou die hand niet meer loslaten.

-"Welgekomen in mijn schamel kantoortje…" Wat was de juiste aanspreektitel voor een prinses? Reinhard redde me uit de nood:

-"Ik noem ze gewoon Anoushka." 'Jij wel!' dacht ik.

-"… Anoushka," zei ik voorzichtig. Ze produceerde een stralende glimlach, legde haar hand op mijn schouder en gaf me drie kussen. Daarbij zwaaiden haar lange, goudgele haren over haar scharlaken rood kleed. Wauw, probeer daar eens niet verliefd op te worden!
-"Voor dat schamel kantoor moet je hem excuseren," zei Klaus. "Deze faculteit hangt in grote mate af van sponsoring, die de laatste jaren fel verminderd is." Hij gaf er zich te laat rekenschap van dat hij een gevoelige snaar aangeraakt had.
-"Sponsoring vanwege de Vissermans," vervolledigde de prinses met dezelfde achternaam.
-"Oh, excuseer," sloeg Klaus zich voor het hoofd, "ik besefte niet dat…"
-"Niet erg, neefje," lachte Anoushka. Ze gaf hem een kus op de wang.
-"Het is trouwens niet de schuld van de familie de Vissermans,…" zei Reinhard. Nu pas keek Anoushka sip. Ze luisterde naar het verhaal dat ze reeds kende: Podborsky vertegenwoordigde de aandelen die het koninkrijk Sylvanië bezat in de Vissermans. Of die aandelen nu eigendom waren van de Sylvaanse staat of haar koninklijke familie, was voorwerp van betwisting. In elk geval was het zo dat het Westen niet wou dat de dividenden naar het koninkrijk vloeiden, enerzijds omdat bij de invoering van het communisme in het Oostblok alle Westerse aandeelhouders zonder vergoeding onteigend geweest waren, en anderzijds omdat men het Oostblok de deviezen wou ontzeggen om Westerse militaire technologie te kopen. In een draconisch compromis tussen Oost en West werd overeengekomen dat de Sylvaanse koninklijke familie de dividenden kon innen als ze het geld in het Westen besteedde, en dat voor een stuk deed aan goede doelen. Na de dood van eerst koning Willem, de laatste echte koning van Sylvanië, en vervolgens van Igor Podborsky, de nieuwe gemaal van Willems weduwe koningin Sylvia, werd Frank Podborsky aangeduid als diegene die over het geld mocht beschikken. Dat maakte niet enkel de communistische regering van Sylvanië gelukkig omdat de maffialeider en troonpretendent nu meestal het land uit was om het geld uit te geven, maar eveneens de vele Gentse instellingen die van zijn steun genoten. Evenwel zagen die laatste de steun jaar na jaar dalen, omdat de communisten Podborsky onder druk zetten om enkel subversieve organisaties te steunen, waaronder alle organisaties van Livicki, inclusief de vakbondsmilities die de Vissermans teisterden. Als gevolg van de verschrikkelijke vakbondsacties, maakte de Vissermans minder winst, en had Frank Podborsky ironisch genoeg dus minder geld. Bij één daarvan trouwens stierf Alex, de echtgenoot van Alexandra. Tot slot besteedde Podborsky steeds meer geld aan zichzelf. Het resultaat van zijn verminderde steun was zichtbaar in nobele instellingen zoals de universiteit, en dus ook specifiek in mijn kantoor.
-"Ik heb me al dikwijls afgevraagd hoe ik Podborsky kan overtuigen om de universiteit te steunen in plaats van de vakbond," zei Anoushka.
-"Hij snijdt in zijn eigen vel," zei ik, "hoe meer schade de vakbond aan de Vissermans aanricht, hoe minder geld hij verdient."
-"Dat heb ik hem al duidelijk gemaakt," zei Anoushka, "maar hij heeft meer schrik van de Sylvaanse regering dan hij wil toegeven."
-"We moeten dringend een plan vinden," zei Klaus.
-"Dat zegt mijn mama ook regelmatig," repliceerde Anoushka, "maar welk plan? Telkens ik hem zie, probeer ik het onderwerp aan te kaarten. Maar hij is nooit geïnteresseerd in wat ik te vertellen heb."
-"Macho," zei ik.
-"Of psychopaat," verbeterde Klaus. "Naar ik gehoord heb, …"
-"We moeten ons afvragen waarvoor hij gevoelig is," onderbrak Reinhard. Macho's en zelfs psychopaten hebben minstens één zwakke plek!" Klaus' onderlip duwde de bovenlip naar boven; hij was niet overtuigd.
-"Wel, bij Podborsky draait alles om één doel: koning van Sylvanië worden," zei Anoushka. "Hij vreest dat dat niet lukt omdat zijn moeder geen kind van de dynastie is, laat staan hijzelf."

-"En zijn vader uiteraard nog minder," voegde ik daaraan toe. Professor Klaus was de expert in Sylvanië:
-"Het wordt een dubbeltje op z'n kant. Hij is veel te weinig aanwezig in Sylvanië. Anderzijds is hij de enige persoon die op het moment van algehele chaos kans maakt om de bevolking achter zich te krijgen. Maar mocht een dergelijk moment zich ooit aandienen, moet hij geloofwaardig zijn..."
-"En daarom wil hij met een prinses trouwen," zei ik te snel. "Met alle excuses aan u uiteraard, Anoushka," hakkelde ik, "ik zeg niet dat hij anders niet met u had willen trouwen!"
-"Neen, je hebt volledig gelijk. Dat ís de reden waarom hij met mij wil trouwen. Gelukkig is hij niet gehaast!"
-"De revolutie is immers nog veraf," opperde Klaus.
-"Hm, elke revolutie lijkt veraf voor ze plaatsvindt," repliceerde Reinhard, "terwijl na de revolutie iedereen vindt dat ze er duidelijk zat aan te komen." Het had een interessante discussie kunnen worden. De naïeve Reinhard was immers in de wolken met Gorbatsjov, alsook met een zekere Jeltsin waar niemand buiten hijzelf ooit van gehoord had, terwijl Klaus ervan overtuigd was dat je in het Oostblok absoluut niets kon veranderen.
-"In elk geval trouw ik niet met hem," zei Anoushka kordaat.
-"Maar intussen zijn jullie tot elkaars gezelschap veroordeeld," besloot ik, "jij omdat je hem op betere gedachten moet brengen, en Podborsky omdat hij met jou gezien wil worden."
-"Omwille van zijn geloofwaardigheid dus..." mompelde Reinhard nadenkend.
-"Maar ook prestige helpt," zei Klaus, "evengoed zelfs; stel u voor dat op het moment van de crisis een Nobelprijswinnaar naar voren treedt."
-"Op de Nobelprijs moet hij in elk geval niet rekenen!" lachte ik. Reinhard zag het echter meteen:
-"Waarom geen eredoctoraat van de Rijksuniversiteit Gent?!"
-"Jij denkt dat eredoctoraten hier zomaar..." protesteerde Klaus, maar ik onderbrak hem:
-"Ja, Klaus, eredoctoraten voor baar geld. Laat ons gewoon eens het rijtje van de eredoctoraten aflopen..." Maar Klaus gaf zich onmiddellijk gewonnen.
-"Ok, een eredoctoraat voor baar geld," besloot Anoushka, "wel, dat is taal die hij zal begrijpen!" Klaus blies; als dat plan doorging, moest hij de kastanjes uit het vuur halen. Een eredoctoraat voor Podborsky, wat een onderneming!

Er restte ons geen tijd om verder over dit gek idee na te denken.
-"De consul verwacht ons," zei Reinhard.
-"En wat heb ik daarmee te maken," vroeg ik, "waaraan ben ik de volgende vier uur kwijt?"
-"Jij komt mee; jij moet het grote ogenblik meemaken! Klaus zal namelijk Anoushka aan zijn zus Nikki, haar grote nicht, voorstellen," zei Reinhard terwijl hij zijn arm om Anoushka gooide.
-"Achternicht," corrigeerde Klaus droog.
-"Achternicht, inderdaad, gróót verschil!" accentueerde Reinhard terwijl hij een knipoog naar Klaus gooide. Die laatste draaide onwennig om zijn as. Anoushka lachte geamuseerd. Maar ik vermoedde dat die ontmoeting niet het ultieme doel van het bezoek aan het consulaat was:
-"En om een nog groter ogenblik mee te maken, veronderstel ik?"
-"Inderdaad, mon cher ami. Vandaag wordt de eerste grote stap gezet naar de ultieme ontmoeting!" Het was duidelijk waarover dit ging; aan iedereen die het wilde horen, had Reinhard zijn groot plan verkondigd: dat hij toenadering tot de zangeres Anastasiya zocht via haar manager of via de consul van Sylvanië. Binnen een uur zou hij die twee op hetzelfde moment ontmoeten! Klaus grinnikte:

-"Zie jij maar dat je voorbij mijn zusje geraakt!" Het was dubbelzinnig bedoeld. Reinhard begreep het onmiddellijk en keek met een vragende blik naar Klaus: 'Weet jij wel wie ik ben?!'

Klaus, Anoushka, Reinhard en ik vertrokken naar Nikki. Ik koesterde reeds medelijden met het arme zusje. Voorbarig.

~

Hoewel Yuri Bezmenov officieel handelsattaché was geassocieerd aan de Sovjet ambassade in Brussel, was het telkens alsof hij de grote baas, of liever de bazin, zag wanneer hij zijn opwachting maakte op het Sylvaanse consulaat van Gent. Al zijn grote handelssuccessen had hij immers te danken aan de pientere consul, die heel Europa tot in de puntjes van haar vingers kende en hem de dossiers perfect voorbereid bezorgde. Bezmenov onderhandelde die vervolgens in zijn hotel, waar het zoveel misverstanden en toeval regende, telkens in zijn voordeel, dat alle dwarsliggers in de problemen kwamen en onder druk om toe te geven.

Over de jaren drong het tot hem door dat de gelukkige gebeurtenissen in het hotel opgezet spel moesten zijn. Het maakte hem niet gelukkiger; waar hij zich aanvankelijk zo bekwaam waande dat hij het geluk gewoonweg aantrok, voelde hij zich meer en meer de kwetsbare marionet aan de touwtjes van een onzichtbare hand. Wie moest hij verdenken: de consul die hem in de richting van dit hotel gewezen had, of de stille uitbaatster van het hotel, die alles wist en zag? Zat hij in een web van spionnen? Hij durfde er zelfs niet over na te denken en had zelfs al overwogen om een ander hotel te betrekken. Maar waarom morrelen aan succes?! Want successen boekte hij: hij was de held van de Russische apparatsjiks, de enige die erin slaagde hen karrevrachten aan luxegoederen en hoogtechnologische producten te bezorgen.

Maar het had nooit over wapens gegaan. De consul kon op geen enkele manier ideologisch gemotiveerd, onder druk gezet of omgekocht worden om Westers militair materiaal naar de Sovjet-Unie te smokkelen. Twee hooggeplaatste KGB officieren hadden het geprobeerd, met het directe gevolg dat zij hun laatste dag in het Westen gezien hadden. Nu zat hij in haar wachtkamer, in het bezit van compromitterende tekeningen. Welke idioot was zelfs op het idee gekomen?

De secretaris gebood hem om naar binnen te gaan. Meteen stond hij in het meest stijlvolle en meest luxueuze kantoor denkbaar. Achter het mahoniehouten bureau, dat uit een tweehonderd jaar oud slagschip kwam, manifesteerde zich een grote halve cirkel van hoge en rijkelijk gedrapeerde ramen. De boekenkasten rondom het vertrek stonden vol met indrukwekkende titels. Ooit had hij gedacht dat de jongedame de boeken enkel uitstalde om haar geloofwaardigheid kracht bij te zetten, maar ze had de naslagwerken al zo dikwijls uit de rekken gehaald en in een wip voor zijn ogen op het juiste blad opengeslagen, dat hij intussen beter wist: deze dame wist gewoon alles!

Ze begroette hem gemeend vriendelijk doch even zakelijk. Het grote ogenblik was aangebroken. Terwijl hij rood aanliep, sloeg zijn hart sneller. Hij zweette nog voor hij zijn eerste woord gezegd had. De consul hield haar hoofd schuin en bekeek hem als een moeder die op voorhand wist welk kattenkwaad het jong uitgehaald had. Zoals een betrapte kwajongen grabbelde hij over zijn vest op zoek naar het belastende voorwerp. "Dit zou naar Sylvanië moeten," prevelde hij. Het gesprek was afgelopen nog voor het begonnen was. De dame gunde het papier nauwelijks twee seconden aandacht en gaf het hem zonder commentaar terug. De meest succesvolle KGB-agent werd nimmer zo duidelijk gemaakt wie de touwtjes in handen had.

Alsof er niets aan de hand was, besprak de consul een aantal lopende dossiers. Hij was echter dermate onder de indruk van wat er gebeurd was, dat hij zich onmogelijk kon concentreren. Eindeloos moest hij haar vragen haar zinnen te herhalen, terwijl zijn geheugen en creativiteit hem volledig in de steek lieten. Hoewel ze hem elke seconde martelde, hield de dame er een flauwe, ontspannen, alsof nietsvermoedende glimlach op na.

~

Er kwam een einde aan Bezmenovs lijden toen er ritmisch en uitbundig op de deur geklopt werd. Nikki wist het meteen: Klaus! Zonder aarzelen deed ze open:
-"Dag Nikki, stoor ik?".
-"Neen, natuurlijk niet, Klaus en Dominique, altijd welk…" Tot haar verbazing zag Nikki dat Klaus hand in hand liep met zowaar prinses de Vissermans! Hoewel ze moeilijk van haar stuk te brengen was, viel Nikki's mond open van verbazing. Ze herkende het meisje uit haar jeugd op het Fleur-de-Lys. Dat ze de prinses ooit nog eens zou ontmoeten, daar had ze zich aan verwacht, maar nooit op deze manier: hand in hand met Klaus! Haar verbazing escaleerde in een shock toen het meisje, nadat het gedurende twee seconden met een stralende maar ook hooggespannen glimlach naar haar gekeken had, haar plotseling om de hals vloog:
-"Nikki! Wat ben ik blij je weer te zien!" riep Anoushka, "je kent me toch nog?!"
-"Natuurlijk herkent ze je nog, Anoushka," zei Klaus. "Hoe kan ze vergeten zijn dat ze ooit je schaafwondjes uitgewassen heeft?!" Klaus ratelde vervolgens alle verhaaltjes af waaraan Anoushka hem herinnerd had. Die laatste keek tijdens het relaas met hoge verwachting naar Nikki, die op haar beurt naar adem hapte alvorens ze zei:
-"Natuurlijk ken ik je nog, Anoushka, mijn liefste nichtje!" Ze drukte haar tegen zich aan.
Vanop zijn stoel sloeg Yuri Bezmenov het tafereel gade. Nu nog mooier; de consul was ook nog eens familie van de Vissermans! Terwijl Nikki ons een kus gaf, stond hij recht om iedereen te begroeten.
-"Jullie kennen mijnheer Bezmenov?" vroeg Nikki. "Ah, maar jullie hebben nog iemand meegebracht!" zei ze, zich naar Reinhard richtend. "Met wie heb ik de eer?" Voor het eerst stond die laatste oog in oog met Nikki, een zuiders type zoals hij er nog nooit een gezien had. Omdat haar lang zwart haar streng opgespeld zat, kwam de strakheid van haar getinte, ovalen gelaat extra tot uiting. Haar diepliggende grote ogen keken hem aan vanachter een strenge bril waarin kleine diamanten verwerkt zaten. Hij was zo van z'n stuk gebracht door haar charisma en de pracht van haar figuur, dat hij haar met routinematige charme moest begroeten:
-"Ik ben Reinhard Forel en vereerd Klaus' hooggeprezen zus eindelijk te ontmoeten!" Nikki bracht de baron meteen thuis maar was niet onder de indruk van de lofbetuiging vanwege de Gentse playboy-weldoener. Desondanks fascineerde hij haar zichtbaar. Een milde spot verscheen op haar gezicht. Wat kwam híj hier doen?
-"Hij denkt dat jij hem aan Anastasiya kan voorstellen," zei Klaus. Nikki schudde eerst en knikte vervolgens het hoofd. *Natuurlijk wil hij dat,* dacht ze zichtbaar. Reinhard zat intussen verveeld, maar niet met haar reactie; dat jongedames bij het eerste contact een berm opgooiden, was iets waaraan hij gewend was. Ze deden dat immers instinctief, gewoon om te testen hoe stevig hij in de schoenen stond. Neen, waar hij mee zat, was dat zijn rijk repertoire aan openingszinnen hem op dit moment volledig in de steek liet; hij moest iets zeggen tijdens deze gênante stille seconden maar kon niet bedenken wat. Deze jongedame had hem volledig in de greep. Zoiets kon toch niet gebeuren met Reinhard Forel?!
-"Wel, straks komt Geller langs, wat Klaus je duidelijk aan het oor gehangen heeft!" zei Nikki. Ze keek even speels vermanend naar Klaus. "Je kan het beter aan hem vragen," vervolgde ze nuchter. "Koester echter geen hoop." Ze was onder de indruk van het feit dat dit slechte nieuws geen enkel effect op Reinhard had; de baron kende zo te zien geen obstakels:
-"Hartelijk dank, dat is dan in orde; ik regel het wel met Geller," antwoordde hij kordaat. Zijn zelfverzekerdheid was echter van korte duur, want Nikki's stralende glimlach bracht hem andermaal van zijn stuk. In de gegeven omstandigheden was de glimlach te vlot om oprecht te zijn. Wat dacht ze in werkelijkheid? Was ze in bewondering of spotte ze met hem? Waarom wou hij dat zelfs weten? Was hij verliefd op haar? Dat was uitgesloten! Reinhard was nu boos op zichzelf. Hij beet hard door zijn gevoelens heen: 'prachtige, dynamische Nikki allemaal mooi en wel,' wees hij zichzelf terecht, 'maar ik mik vele mijlen hoger!'

-"Laat me je intussen voorstellen aan de heer Yuri Bezmenov, handelsattaché van de Sovjet-Unie," antwoordde Nikki nuchter. "Yuri, mag ik je voorstellen aan baron Reinhard Forel?"

-"Het is een eer," zei Reinhard, Bezmenov de hand schuddend. De ironie was dat de steenrijke Reinhard een zekere sympathie voor de Sovjet-Unie koesterde. Hoewel hij wist dat het communistische systeem in het slop zat, zag hij het land als een grote verzameling mensen die het goed bedoelden en op zoek waren naar een manier om hun Utopia te verwezenlijken.

-"De eer is geheel voor mij, mijnheer de baron," antwoordde Bezmenov. Hij was meer diplomaat dan communist.

Reinhard nam de tijd om rond te kijken in het indrukwekkend luxueuze kantoor van de dame, die, zo beeldde hij zich in, net duidelijk gemaakt had dat hij ze niet kon veroveren; zij was in elk geval de eerste jongedame in Gent die niet in het minst van hem onder de indruk was. Daar kon hij het niet bij laten; de zekerheid elke jongedame te kunnen veroveren, was namelijk heel belangrijk voor zijn identiteit, persoonlijkheid en zelfvertrouwen. Daarom besloot hij op dat eigenste ogenblik dat Nikki absoluut voor hem zou vallen.

Het eerste wat hij daarvoor nodig had, waren een aantal aanknopingspunten voor een complimentje, een conversatie en uiteindelijk een afspraakje. Ver moest hij niet zoeken: op haar bureau lagen foto's van juwelen en stonden een vijftal modellen van vliegtuigen. Perfect! Maar hij zou beginnen met een nog beter idee, althans zo dacht hij: hij zou haar verrassen met zijn werelds intellect:

-"Hebt u geen prachtige job, mijnheer Bezmenov," vroeg hij retorisch, "is het niet fantastisch hoe de Sovjet-Unie en het Westen met elkaar handel drijven dezer dagen? Bent u niet het grootste voorbeeld van de heerlijke periode van détente – dat klonk intellectueel! – , van ontdooiing," verduidelijkte hij onnodig, "tussen onze twee beschavingen?" Hij dramde nog een tijdje door. Tijdens de hoogdravende monoloog over vrede ontging de ironie aan Yuri Bezmenov niet dat hijzelf met tekeningen van militair materieel in de vestzak zat. Tezelfdertijd was hij echter opgezet met het feit dat zelfs de Gentse aristocratie de terminologie hanteerde die men aan het gewone volk inlepelde. Hij was fier op zichzelf en zijn organisatie. Instemmend knikte hij en beantwoordde hij met hetzelfde automatisme Reinhards opmerkingen als die van Livicki's jongens en meisjes met de Arafatsjaaltjes. Klaus daarentegen verborg het gezicht in de handen, beschaamd in Reinhards plaats.

Nikki van haar kant had waanzinnig veel plezier in Reinhards verhaal. Met grote ogen knikte ze, hem aanmoedigend om nog meer onzin te verkopen. Reinhard wachtte intussen tevergeefs op de lichaamstaal die verraadde dat ze iets in hem zag, want er was noch sprake van zachte ogen, noch van een onbewuste imitatie van zijn lichaamshouding, laat staan van een begerige blik. Maar die zou nog komen! Zonder enige aarzeling gooide hij het over een andere boeg:

-"Ik zie dat je in de luchtvaart geïnteresseerd bent, of op zijn minst in vliegtuigen." Dit zou makkelijk worden! Bij de plotse directe vraag knipperde Nikki een enkele keer de ogen.

-"Ik vlieg," antwoordde ze enthousiast. Ze vloog! Dat betekende dat hij creatiever moest zijn dan haar uit te nodigen op een simpele luchtdoop. Onmiddellijk had hij echter een veel beter plan, het meest schitterende plan zelfs. Want in het maken van plannen, van plannen om indruk te maken in elk geval, was hij de beste. Dat ze vloog, was eigenlijk des te beter!

Maar plots kreeg hij een vreemd, zweverig gevoel, iets wat de spieren opwarmde van zijn hoofd tot in de toppen van zijn tenen. Zijn bewustzijn werd hyper-alert voor de minste beweging van Nikki's ogen, lippen of handen. Hij imiteerde haar elke beweging zonder dat echt te willen. In een dergelijke zweem had hij nooit eerder vertoefd. De wetenschap dat ze vloog, was een schot in de roos geweest, of om meer precies te zijn, in het hart; voor het eerst in zijn leven was hij verliefd. Hij was woedend op zichzelf. 'Zie jij maar dat je voorbij mijn zusje geraakt,' had Klaus hem gewaarschuwd. Nu pas werd de echte betekenis van dat zinnetje duidelijk. Maar het kon en zou niet! Des te beslister nam hij zich voor dat niet hij het zou zijn die voor Nikki viel, maar wel omgekeerd:

-"Prachtig, ik ook," antwoordde hij, "we moeten eens iets samen doen." Nikki stond perplex van het gemak waarmee de nieuwe bekende haar in het bijzijn van andere mensen op een date uitnodigde. Dat was in elk geval de eerste keer; mannen geraakten gewoonlijk niet door hun zin wanneer ze haar uitvroegen, waardoor ze in het verleden slechts zelden toegehapt had. Maar nu stond ze warempel in de agenda van de Gentse Casanova nog voor ze erover nagedacht had! Haar nieuwsgierigheid was te groot om de kans af te wimpelen:

-"Zeker!" antwoordde ze met overtuiging. Ook zij liet zich niet afschrikken door de toehoorders. Wat zou het worden, vroeg ze zich af: een vluchtje waarschijnlijk, maar waarheen? Reinhard liet echter niet in zijn kaarten kijken:

-"Ik bel je op," zei hij enigmatisch. Nikki keek perplex. Hij had alles weer onder controle!

~

Terwijl Nikki nog hoopte op meer informatie, meldde een nieuwe bezoeker zich. Bezmenov nam afscheid. We werden voorgesteld aan Efim Geller, de Joodse manager die zo geheimzinnig deed als de zangeres zelf. Het enige wat zeker was, was dat je met hem kon onderhandelen over de optredens van Anastasiya, en hem daarvoor betalen. Maar daarbuiten was niet geweten welke rol hij precies speelde in haar entourage. En van dat entourage zelf was evenmin iets bekend, behalve dat het bestond uit een honderdtal op het eerste zicht veiligheidsagenten. Die laatsten waren stuk voor stuk wonderbaarlijk mooie vrouwen, die tijdens de optredens van Anastasiya een andere rol speelden dan veiligheidsagent: ze waren technicus, artiest, of... de zangeres zelf. Althans, dat was de enige verklaring voor het feit dat van die laatste geen spoor te bekennen was.

Voor zover de hele maskerade een commerciële kunstgreep was, moet gesteld worden dat ze werkte; elk optreden, dat op zichzelf al een weergaloos en controversieel spektakel was, ging immers gepaard met grote aandacht voor de entourage. De roddelblaadjes schakelden detectives in om het doen en laten van elk van de veiligheidsagentes volledig te reconstrueren, met als ultiem doel de zangeres letterlijk te ontmaskeren. Hoe meer tientallen bladzijden de tabloids aan deze speurtocht wijdden, hoe beter ze verkochten.

De speurders boekten echter geen vooruitgang. De veiligheidsagentes kwamen uit verschillende Oostbloklanden, spraken met geen woord en draaiden de nieuwsgierigen een rad voor ogen: ze logeerden verspreid in de vele kleine hotels in de wijde omtrek van Gent, gebruikten wisselende pseudoniemen, kleurden hun haar, droegen donkere brillen, en maquilleerden alle vlekjes weg. Efim Gellers pantomime was even bekorend als waterdicht.

De consul van Sylvanië zorgde ervoor dat elke vrouw in de entourage enerzijds de uitreisvergunning kreeg in haar thuisland, en anderzijds de visa in de gastlanden. Nikki moest de zangeres dus kennen!

Reinhard was uiteraard niet de eerste die aan Nikki of Geller vroeg om aan Anastasiya voorgesteld te worden, maar wel de eerste die ervan uitging dat men dat aan hem niet kon weigeren:

-"Mijnheer Geller, het is een grote eer u eindelijk te ontmoeten," stak hij van wal. Ze schudden elkaar de hand.

-"De eer is geheel voor mij, mijnheer de baron."

-"U weet al waarvoor ik gekomen ben?"

-"En u weet al wat ik ga zeggen?" antwoordde Geller gevat. *Maar de verkoop begint pas wanneer de klant 'neen' zegt!*

-"Ok," antwoordde Reinhard – hij was voorbereid! – "maar laten we dit in een breder kader bekijken". Klaus en Nikki hielden de adem in; na Reinhards ruimdenkende kijk op de relatie tussen Oost en West, waren ze benieuwd aan welke grote wijsheid ze zich nu mochten verwachten.

-"Ik ben een en al oor," zei Geller met de routinematige woordspeling op zijn reuzegrote oren. Reinhard was even afgeleid maar herpakte zich.

-"Wel, mijnheer Geller, het mysterie van de zangeres is een schitterende marketingtruc..."

-"Waarvan u het mooiste bewijs bent!" grinnikte Geller.

-"Ok, allemaal goed en wel," ging Reinhard verder, niet uit zijn lood te slagen, "maar gaat u dat meisje achter slot en grendel houden tot haar carrière voorbij is? Vroeg of laat wil zij naar buiten komen als de ster die zij is, om de jongen van haar dromen te ontmoeten."

-"En dat bent u?" vroeg Geller geamuseerd.

-"En waarom niet, als ik vragen mag?"

-"In Gent is hij in elk geval de droomprins!" voegde ik tussen om hem te helpen.

-"Genoegzaam bekend," zei Geller, "maar waarom denkt u dat het meisje niet in alle anonimiteit haar geluk kan vinden?"

-"Omdat ze in alle anonimiteit nauwelijks de kans heeft om Reinhards aandacht te trekken," antwoordde Klaus in Reinhards plaats. We beleefden allemaal plezier aan Reinhards logica. Die laatste beaamde met een serene knik.

-"Kent ze me?" vroeg Reinhard met ingehouden adem.

-"Uw reputatie reikt verder dan u denkt! Ze kent u."

-"Ha, dat is alvast iets! En wat vindt ze van mij?"

-"Dat weet ik niet."

-"Echt niet? Ze moet toch iets gezegd hebben!"

-"Echt niet." Hoe kan dat nu? Reinhard dacht even na.

-"Goed. Wilt u haar iets overhandigen van mij?"

-"Dat wil ik best doen; ik zal het zelfs helemaal bovenaan de heel hoge stapel leggen," antwoordde Geller geamuseerd. Stapel?! Met zoiets kon je Reinhard niet ontmoedigen!

-"Dat is dan afgesproken! Ik bezorg het u een dezer dagen."

Nikki stond versteld. Zo-even had Reinhard haar nog op een date gevraagd, terwijl hij nu aankondigde, zonder blikken of blozen in haar aanwezigheid, dat hij een geschenk aan een andere jongedame zou geven. Wat een ego! Ze bekeek hem geïntrigeerd en dacht diep na over hoe ze dit zou aanpakken. Hem langs de kant schuiven was te eenvoudig; ze moest de Gentse halfgod dringend van zijn sokkel laten vallen. Reinhard van zijn kant genoot van een goede dag op kantoor: hij had binnen het uur zowel een afspraakje met de meest notoire jongedame van Gent versierd, als contact met 's werelds meest beroemde artieste gevonden!

~

Geller wendde zich verrassend tot mij:

-"Mijnheer..."

-"Gevaert. Dominique Gevaert," herinnerde ik hem.

-"Juist, Gevaert, excuseert u me."

-"Geen probleem, mijnheer Geller."

-"U had daarnet gezegd dat u werkt als geoloog?"

-"Ik ben momenteel als wiskundige en computerspecialist verbonden aan de faculteit Bodemkunde van de Rijksuniversiteit Gent."

-"Wist u dat mijn vader daar eertijds professor was?"

-"Was dat echt uw vader? Wel, het is me een eer de zoon te ontmoeten; de naam *Geller* staat immers in vele belangrijke dossiers."

-"Welke dossiers?" vroeg hij met licht toegeknepen ogen; ik had het gevoel dat hij in één welbepaald dossier geïnteresseerd was.

-"Teveel om op te noemen. Uw vader was een beroemd analist; van overal ter wereld werden kisten met bodemstalen naar hem verstuurd in de hoop dat hij de aanwezigheid

van een ontginbaar mineraal zou distilleren. Vele van die kisten bleven helaas onaangeroerd."
 -"Dat is helaas niet onlogisch. Weet u, hij werd gedood tijdens de oorlog. De hertog heeft mij en mijn moeder intijds kunnen verstoppen in een klooster, maar mijn vader werd opgepakt op de universiteit."
 -"De hertog?"
 -"Hertog Bernard Martin, de grootvader van mejuffrouw de prinses." Hij knikte vriendelijk naar haar. "Hij was een goed man!" Anoushka glimlachte geflatteerd. Haar grootvader was inderdaad een goed man, had ze gehoord. Te goed om een bedrijf te leiden, had haar moeder daar dikwijls aan toegevoegd.
 -"Dank u," antwoordde Anoushka.
 -"De hertog bezocht mijn vader dikwijls, samen met...," Geller aarzelde, "wel, niet belangrijk." Hij wuifde met zijn handen het idee weg. "In elk geval zou u me een plezier doen met eens in de archieven te zoeken; ik heb in het verleden bij de professoren op uw dienst niet veel succes gehad."
 -"Maar op Dominique kan u altijd rekenen," antwoordde Reinhard in mijn plaats, "nietwaar, Dominique?" Ik knikte. Dekselse Reinhard, besefte hij wel goed wat hij beloofde?! Een hele kelder vol opeengestapelde loodzware kisten! "En wanneer u langs komt, mijnheer Geller, trakteer ik u op het beste etentje dat u ooit gehad hebt!" Het paste allemaal te goed in Reinhards groot plan.
 -"En dan krijgt mijnheer Geller meteen iets mee om persoonlijk aan de zangeres af te geven!" vervolledigde de geamuseerde Klaus. Reinhard hoorde het niet. Hij nam de Joodse manager en mij tezelfdertijd bij de hand en knikte naar ons beiden, vragend om een bevestiging.
 -"Dat is dan afgesproken," besloot Reinhard, "volgende week woensdagmiddag, op tijd voor haar optreden in Gent!" Tegen de volgende week, lieve help! Nikki sloeg het tafereel gade met de handen in de heupen. Haar overdenkingen werden echter onderbroken door alweer een volgende bezoeker.

~

Prins Frank Podborsky kwam met veel herrie het kantoor binnen en nam akte van wie aanwezig was. Nadat hij iedereen vluchtig de hand geschud had, stuurde hij zijn bodyguards weg.
 -"Wat doe jij hier?" vroeg hij onthutst aan Anoushka. Hij probeerde zoveel mogelijk aan haar zijde gezien te worden en was niet opgezet dat ze hier zonder hem was in het gezelschap van drie andere jongemannen. En al zeker niet wanneer een van die drie mannen Gents meest notoire vrijgezel was. Dat Reinhard niet in het minst geïnteresseerd was in het meisje waarmee hij op het Fleur-de-Lys opgegroeid was, maakte daarbij geen enkel verschil.
 -"Wel, ik ben hier met een andere fan van Anastasiya!" antwoordde Anoushka cynisch. Podborsky kon de humor niet smaken; hij háátte de zangeres.
 -"Ik had eigenlijk gehoopt je alleen te zien," zei hij tegen de consul, "maar het is des te beter dat mijnheer Geller hier is."
 -"Wel, aangezien je over Anastasiya wou praten," antwoordde Nikki, "heb ik haar manager uitgenodigd."
 Nikki en Podborsky hadden een merkwaardige relatie. Die eerste was consul van het land waarvan die laatste troonpretendent was. Hoe weinig ze ook met de leider van de Podborsky maffia ingenomen was, ze beschouwde hem als een welkom tegengewicht voor de communisten in Sylvanië, als iemand die die laatsten op de tippen van de tenen kon doen lopen. Daarom was ze hem in het algemeen ter wille, met als grote uitzondering dat ze hem op afstand hield van geld. Podborsky van zijn kant waardeerde het feit dat Nikki ervoor zorgde dat hij in de hoogste diplomatieke netwerken meedraaide, iets wat belangrijk was voor zijn kansen op het koningschap. Anderzijds moest hij met lede ogen toezien hoe ze hem buiten alle zakelijke transacties hield. In het verleden werd hij door menig bedrijfsleider benaderd met een belofte op een grote commissie als hij de

goederen in het Oostblok verkocht, maar zijn smeekbedes bij Nikki om dat te bewerkstelligen, waren telkens op niets uitgedraaid.

-"Omdat je wilt laten geloven dat jij Anastasiya niet persoonlijk kent," repliceerde Podborsky boos. "Maar wanneer kan ik je aan het verstand brengen dat je beter mijn kant kiest?! Besef je wel terdege welk van haar nummers sinds een maand grijsgedraaid wordt: *Sylvania Freedom!* En u," wijzend naar Geller, "u hebt gemaakt dat Radio Free Europe dat liedje uitzendt over het hele Oostblok. We riskeren een revolutie!"

-"Maakt u zich niet zo ongerust, Koninklijke Hoogheid," zei Geller, "misschien wipt het volk de communisten buiten en wordt u des te sneller koning!" Nikki lachte; het was een van de dingen die ze in haar functie niet mocht zeggen, maar het was leuk andere mensen te horen praten over een omwenteling in Sylvanië, of, in de woordenschat van de communisten, een 'contrarevolutie'. Podborsky gromde; omdat hij even weinig geliefd was als de communisten, had hij evenveel schrik van een revolutie als zij, ondanks zijn vele handlangers in het land. In een revolutie zouden die handlangers, die stiekem door de CIA bewapend werden, de macht moeten grijpen. Maar het bleef een dubbeltje op zijn kant; zijn legitimiteit als kroonprins was immers niet waterdicht omdat hij slechts de zoon van de weduwe van de echte koning was. En wat was er trouwens verkeerd met het mooie leven dat hij nu had?!

-"Beseffen jullie eigenlijk wat *Sylvania Freedom* teweeggebracht heeft?" ging Podborsky verder. "Iedereen zingt het, aan één stuk door, zo lijkt het wel. De straten van Sylvanië gonzen van het lied!" Het maakte hem gek maar in deze kamer vond hij geen sympathisanten. "Wat is het volgende dat u voor Anastasiya gepland hebt?" voeg hij aan Geller.

-"Ze treedt binnenkort op in Gent." Gent, dat was de poort naar Sylvanië!

-"Dat weet ik uiteraard; u had me eerst kunnen consulteren!" riep Podborsky. "En vervolgens?"

-"Dat zien we wel."

-"Luister," Podborsky vatte Geller zowaar bij de kraag, "luister, mijnheer Efim Geller, ze treedt *niet* op in Sylvanië, hoort u dat?" Hij ademde hevig. Geller bevrijdde zich uit de greep.

-"We hebben geen plannen voor een optreden in Sylvanië," zei die laatste terwijl hij zijn vest weer strak trok. "De regering staat het niet toe. Nietwaar, mevrouw?"

-"Zo is dat," beaamde Nikki, "op dit moment niet."

Podborsky bedacht dat volgens alle logica de zangeres nooit in Sylvanië zou mogen optreden; de communisten, zijn aartsvijanden, hadden immers nog meer schrik van haar dan hijzelf. Daarbovenop zou de Sovjet-Unie nooit een concert toestaan, want Anastasiya was een ander paar mouwen dan Elton John; haar kon je geen regime-vriendelijke liedjes zoals *Back in the USSR* doen zingen. Maar waarom had hij dan zoveel schrik dat het toch zou gebeuren? *Gorbatsjov*.

~

Wanneer we met z'n allen afscheid namen, herhaalde Reinhard de concrete afspraak om elkaar te ontmoeten op de faculteit bodemkunde. Geller knikte enkel en maakte een zwijgteken, naar Podborsky kijkend. Wat had Podborsky in 's hemelsnaam met mijn faculteit te maken, vroeg ik me af? Of met de dossiers van de hertog? Reinhard zelf stelde zich geen vragen, integendeel: hij keek ernaar uit om de volgende stap te zetten.

PLANNEN

Yuri Bezmenov was op de terugweg van zijn meeting met de hoofdredacteur van MorgenRood, de meest invloedrijke 'kritische' krant, zoals je dat tegenwoordig moest noemen. Bezmenov bedacht echter hoe weinig kritisch de man geweest was met betrekking tot de successen van het communisme in de Sovjet-Unie, meer bepaald tot de afwezigheid daarvan. Had de journalist daarover vragen gesteld, zou Bezmenov geantwoord hebben dat het de schuld van de Amerikanen was. Maar dat was dus niet eens nodig geweest. Als een parochiaan naar de paus had de redacteur naar Bezmenov geluisterd en zich de nieuwe richtlijn van de Komintern laten uitleggen: links moest nog meer dan vroeger de cultuur domineren: kranten zoals MorgenRood moesten progressieve — nog zo'n woord! — schrijvers, filmmakers en muzikanten radicaal de hemel in prijzen. De rol van de artiesten was de argeloze burger nieuwe normen en waarden in te lepelen, die er op hun beurt moesten voor zorgen dat de economie haperde, gezinnen uit elkaar vielen, het niveau van het onderwijs daalde, het land niet meer verdedigd werd, en, als kers op de taart, de Westerse samenleving door een waterstofbom aan overheidsschuld ondermijnd werd. De redacteur was over de nieuwe, wereldwijde en vooral beloftevolle aanpak enthousiast geweest. Voor zijn krant vormde het plan bovendien een mooiere uitdaging dan de productie van doorzichtige agitprop en schreeuwerige riooljournalistiek, die duidelijk haar limieten bereikt had.

-"Een goede dag gehad, mijnheer Bezmenov?" vroeg de hoteluitbaatster.

-"Hij verliep naar wens." Het was zijn vast antwoord, want alles verliep steeds naar wens in deze vreemde stad en vooral in dit vreemde hotel, waar hij betere resultaten boekte dan gelijk welke KGB-agent ter wereld.

-"Hij verliep naar wens," herhaalde de dame terwijl ze zich bukte om iets vanonder de toonbank te halen. "Weet u wat ik wens, mijnheer Bezmenov: een betere wereld. U toch ook?!" De opmerking had onbeduidend moeten zijn, maar omdat ze kwam van iemand die anders nooit iets zei, was ze een voltreffer; voor het eerst in zijn loopbaan werd Yuri Bezmenov door een schuldgevoel getroffen. Plots had hij een dringende behoefte haar gelaatsuitdrukking te zien. Was haar opmerking een verwijt geweest? Was de dame op de hoogte van het feit dat hij net de eerste stap gezet had opdat ze in de toekomst niet meer de literatuur zou lezen die vrij uit de geest van de schrijver kwam? Hoewel zij dat onmogelijk kon weten, was hij behekst door haar opmerking. En het werd enkel erger: de dame haalde nu een pakket ter grootte van een schoendoos boven. "Dit werd voor u afgeleverd." De militaire computerschermen! Gelukkig viel op basis van de ongeschonden verpakking de inhoud van het pakket niet te raden. Maar de eerdere woorden van de dame, die nog leken te weergalmen in de lobby, zetten dit pakketje nu helemaal in z'n blootje. Langer dan normaal keek hij naar de dame, die enkel flauw glimlachte. Voor de allereerste keer keek hij haar diep in de ogen en zag hij de diepte van haar ziel. Ze wist het! Ze wist alles!! Wat maakte hij zich zelfs wijs? Ze was van alles op de hoogte sinds de allereerste keer dat hij, jaren geleden, naar dit hotel kwam! Bezmenov beefde, en dat voor een getrainde KGB-spion! Onbeholpen griste hij het pakketje mee en prevelde hij een automatische dank.

~

Zo klein als het pakje met de militaire computerschermen was, zo groot was het een probleem voor Bezmenov. Hij zat nu tussen twee vuren: enerzijds mocht hij met dit compromitterende materieel niet door de Rijkswacht betrapt worden, maar anderzijds moest hij het in het Oostblok zien te krijgen. Dat de computerschermen voor de Sovjet-Unie nutteloos waren, was de ironische noot die niets aan zijn huidig probleem veranderde; er waren namelijk een dozijn KGB officieren voor wie de verovering van de hoogtechnologische schermen een belangrijke trofee waren. Als het pakje niet tot bij hen kwam, zouden een dozijn vingers naar hem wijzen, wat koren op de molen zou betekenen van zijn vijanden binnen de KGB: de gefrustreerden, de radicale ideologen en de jaloersen. Zij zouden lieden opsturen van de cel die dubbelagenten moest bestrijden, wat in het beste geval voor een aantal gênante vertoningen zou zorgen. Anderzijds, als hij het pakje toch op een of andere manier in het Oostblok zou weten te krijgen, riskeerde hij dat men hem als een permanent doorgeefluik zou beschouwen.

Hij had eens te meer een klein mirakel nodig zoals die er voor hem al zo dikwijls geweest waren in Gent. Iets of iemand of een hele organisatie hield hem de hand boven het hoofd. Althans, dat begon hij steeds meer te geloven. Maar mocht zijn vermoeden correct zijn, dan stonden die beschermengelen nu voor een moeilijkere taak dan ooit tevoren: deze keer ging het niet om gesprekken of versleutelde documenten, maar om een heel tastbaar pakje.

Zijn eigen creativiteit reikte niet verder dan tijd winnen: hij stopte het pakje in zijn lege reiskoffer, waarvan hij het goedkope slotje dicht klikte. Eén van de twee sleuteltjes stopte hij in zijn portefeuille, het andere verstopte hij in de kamer. Qua aanpak was hij dus vervallen tot het niveau van een naïeve toerist. Hij had medelijden met zichzelf.

~

Als wijlen professor Geller in één ding goed was, dan was dat in het verhullen van waar hij mee bezig was. En als de Rijksuniversiteit Gent in één ding goed was, dan was dat in het bewaren van dingen waar niemand kop of staart aan kreeg. Tussen die dingen bevond ik me nu. Hoewel het niet de eerste keer was dat ik me in een archiefruimte bevond, en zeker in deze niet, was ik opnieuw versteld van hoe groot die plekken waren. Het kon toch onmogelijk zo zijn dat iemand deze gigantische ruimtes ontworpen had om er dingen in op te slaan die er vervolgens nooit meer uitgehaald zouden worden?!

Zoals elke keer dat ik in deze vergeetput vertoefde, sloeg mijn fantasie op hol. Ik beeldde me in dat dit typisch Belgisch was, en sterker zelfs, dat de hele Belgische bevolking aan deze ondergrondse gangen ontsproten was. Ik zag voor mijn ogen hoe bij elke nieuwe overheerser alle mensen hun haven en goed, hun lijf en leden onder de grond verstopten, hoe Julius Caesar eigenlijk geen Belg te zien kreeg, hoe de Germanen zich afvroegen van wie al die akkers eigenlijk waren, en hoe de Vikingen met lege handen terug naar huis moesten. De Belgen kropen weliswaar uit hun hol om te feesten met de Bourgondiërs, maar tijdens de godsdienstoorlogen zat alles en iedereen weer netjes in de catacomben. Volgens mij was de beeldenstorm een maat voor niets; het Lam Gods en al de rest zat netjes onder de grond. Tussen de oorlogen van Lodewijk XIV en de Franse Revolutie in konden de Belgen heel eventjes een frisse neus halen in de korte periode van de Oostenrijkers. Maar daarna moesten ze onverbiddelijk weer de kelders in voor de Belgische revolutionairen, de Orangisten en de Duitsers. Maar toen na twee millennia alles eindelijk peis en vree was in dit land, kropen de dappersten onder de Galliërs uit hun hol en kreeg België vanuit het niets een bevolking. En stonden de gigantische kelders leeg, klaar om gebruikt te worden als archief. Het was de enige redelijke uitleg.

Dat iets het archief verliet, was zo uitzonderlijk, dat als het gebeurde, het in het nieuws kwam. Zoals toen een bende het arsenaal plunderde van in beslag genomen wapens. Ze waren gearchiveerd onder het Gentse Justitiepaleis en voldoende voor een staatsgreep. Of zoals toen een culpabiliserend dossier uit datzelfde archief gestolen werd. De dief had de kaft even goed kunnen laten liggen, in de zekerheid dat het proces zou verjaren en het dossier enkel stof zou vergaren.

Ik was nu de volgende uitzondering, enkel omdat Reinhard het bezoek van de zoon van een overleden professor wou krijgen. Verloren stond ik tussen een zee van kisten en archiefdozen, die ondanks hun mogelijke verwijzing naar bodemschatten, zelfs de Duitse bezetter niet hadden kunnen motiveren om ze te onderzoeken. Had de professor zich hier maar verstopt!

~

Mijn overpeinzingen werden onderbroken door het plotse verschijnen van Reinhard. Ik weet niet of hij zich het archief als een spelonk vol mysterieuze technologie had voorgesteld, maar hij was in elk geval teleurgesteld over de totale afwezigheid daarvan.

-"Wel, Dominique, eens echt aan het werken?" probeerde hij sfeer te brengen in de kille gangen met ruwe Bull Eye wandlampen. Ik was dit soort opmerkingen van hem gewoon, maar de ironie was te groot deze keer: ik was 'eens echt aan het werken' voor Reinhard, die in zijn leven zelf nog geen dag gewerkt had en ook niet van plan was dat ooit te doen. Daarenboven kon ik niet eens echt werken omdat hij iets even onmogelijks als nutteloos beloofd had, enkel om de manager van de zangeres weer te zien. Reinhard leefde met een aparte logica, waarvan het meest bizarre onderdeel was dat hij ervan uitging dat iedereen dacht en leefde zoals hem.

-"Juist, echt aan het werken," zuchtte ik gelaten. "Het grootste werk hier is om het werk te vínden van die professor Geller; er is geen enkele kaft met zijn naam op. Weet je, een professor is hetzelfde als chaos. Deze kerker is een chaos van chaotische..."

-"Kom op, Dominique, je moet dit gestructureerd aanpakken!" Lieve hemel!

-"Gestructureerd, hier?! Luister, structuur vereist een absoluut minimum..."

-"Kijk hier, in de eerste kaft van de eerste gang vind ik een datum '1981'. Professor Geller werkte hier tot het begin van de oorlog. Dat is dus veertig jaar achteruit." Ik tuurde honderd meter diep de griezelige, flauw verlichte gang in. Had Reinhard echt de moed? Maar zonder dralen rommelde hij door het archief alsof hij een flesopener in een keukenlade zocht.

-"Kijk hier," riep hij na een kwartier, "Hebreeuws!" Ook dat nog! De professor had zijn resultaten in het Hebreeuws opgesomd. Voor mij betekende die 'gelukkige' vondst nu werk in het kwadraat.

-"Jij bezorgt me alvast een tolk!" riep ik terug.

-"Neen, uiteraard niet, want hier zouden wel eens geheimen in kunnen staan, en ik wil Efim Geller niet teleurstellen. Maar ik bezorg je wel het beste Hebreeuws-Nederlandse woordenboek dat er bestaat!" Jongens, jongens, dat meende hij toch niet?! "Je moet enkel beseffen dat je Hebreeuws van rechts naar links moet lezen," zei hij trots op zijn kennis. Met die éne gouden tip moest ik het in elk geval stellen. "Je ziet, zonder mij kon je je werk niet doen!" voegde hij daar nog onnodig aan toe.

Na zijn heroïsche inspanning vond hij dat hij het meer dan verdiend had om het archief voor altijd vaarwel te zeggen. In de lift naar mijn kantoor stond een studente, die op het moment dat ze Reinhard zag, niet meer wist op welke verdieping ze moest zijn. Nog voor ik het haar een tweede keer kon vragen, keek Reinhard haar diep in de ogen, gaf hij haar de hand en introduceerde hij zich. Het meisje trilde als een rietje, sloeg een paar keer ongecontroleerd de armen op en neer en prutste aan het haar, alvorens ze hem in een alles-of-niets poging rond de nek vloog en op de mond kuste.

-"Dank je," zei Reinhard alsof hij het meende — hij meende het waarschijnlijk! — , "dit maakt mijn hele dag goed!" We lieten het meisje aan de grond genageld in de lift achter.

Reinhard was duidelijk in zijn nopjes:

-"Wat heb jij geluk hier te mogen werken!" observeerde hij. "Jij neemt niet dikwijls de trap, kan ik me inbeelden. En nu weet ik waarom jij nog vrijgezel bent!" Zoals ik al zei, ging Reinhard ervan uit dat iedereen leefde zoals hij.

~

Hoelang Reinhard en ik ook uitgekeken hadden naar het nieuwste tekstavontuur van Infocom, hij deponeerde Starcross achteloos op mijn tafel. Hij zat ergens mee:

-"Hoe ga ik het aanpakken, Dominique? Ik heb maar één kans."

-"De zangeres of... Nikki?" vroeg ik om hem te plagen. Na het werk dat hij me opgesolferd had, hield ik me niet in.

-"Nikki?? Het probleem van Nikki is opgelost! Die laat ik iets meemaken waar ze 't onderste boven zal van zijn. Letterlijk!" Arme Nikki! Moest deze fantastische vrouw echt zijn volgende slachtoffer worden? Niet als ik het kon verhelpen!

-"Deze vrouw krijg je niet klein, Reinhard," daagde ik hem uit, "en al zeker niet met een luchtdoop." Het werkte. Zijn ogen fonkelden en hij deed zijn plan uit de doeken:

-"Luchtdoop, hahaha. Uiteraard geen luchtdoop! Laat mij eens uitleggen, mijn waarde vriend, hoe baron Reinhard Forel de dingen aanpakt." Het was de eerste keer dat hij zijn adellijke titel gebruikte, en, zo te horen aan zijn plannen, niet zonder reden. Ik was behoorlijk onder de indruk.

Maar ze zou verwittigd zijn; dat had ik me voorgenomen!

-"De zangeres dus," zei ik.

-"Wat?" Hij zat met zijn gedachten duidelijk nog bij Nikki.

-"Je vroeg je af hoe je het zou aanpakken, met de zangeres dus," vervolledigde ik.

-"Juist, ja. Wel, ik ben al naar de juwelier geweest, die me vertelde dat binnenkort het meest spectaculaire juweel op de markt komt. Ik hoop dat ik het heb tegen Anastasiya's concert in Gent." Dat miste volledig de spitsvondigheid en finesse die ik van hem gewoon was.

-"Dit slaat nergens op, Reinhard; zo ken ik je niet!"

-"Hoezo niet?"

-"Het is alsof je ze wil kopen, wat trouwens onmogelijk is in haar geval. Vergeet niet dat ze onmetelijk rijk is, onafgezien dan nog van de geschenken die ze van kerels zoals jij krijgt."

-"Zoals mij? Ik kan meer..."

-"Ok, je kan meer geven dan iemand anders, maar dit zijn geen Olympische Spelen, Reinhard; ze kiest niet voor wie het hoogst over de lat gaat."

-"Bekijk het logisch, Dominique. Haar manager wil haar aan niemand introduceren. Dus kan ik enkel haar interesse wekken met een geschenk, als ik Geller tenminste zover krijg om dat geschenk persoonlijk en met de juiste toedracht aan haar te overhandigen."

-"De juiste toedracht moet dan zijn dat enkel zij goed genoeg is voor de rijkste vrijgezel van Gent."

-"Je maakt het nu wel heel weinig romantisch!"

-"Zo zal het in elk geval bij haar overkomen."

-"Hoe zou jij het dan aanpakken?"

-"Door er niet aan te beginnen, maar goed. Je krijgt hooguit één kans om haar Reinhard Forel te doen leren kennen, of tenminste nog beter te leren kennen."

-"Je gaat ervan uit dat ze weet wie ik ben."

-"Dat had Geller toch gezegd. Want wie kent jou niet, Reinhard?! We mogen aannemen dat dat een voordeel is," vervolgde ik.

-"Denk je?" Het was leuk Reinhard te horen twijfelen; dat was de eerste keer!

-"Wel, dat je een kleurrijk figuur bent, kan volgens mij geen minpunt zijn. Maar om verder te gaan, moet je met die éne kans op alle fronten scoren. Ze moet ontdekken dat Reinhard Forel meer is dan een goedlachse wilde weldoener die eigenlijk niemand nodig heeft."

-"Wel, tot voor Anastasiya was dat eigenlijk wel zo. Je kent me nog beter dan ik dacht!" Hij klopte eens stevig op mijn schouder.

-"Je moet iets persoonlijks doen," ging ik verder, "je ziel blootgeven, je kwetsbaar maken. Wat je ook aan haar als geschenk geeft, het moet iets zijn dat enkel van jou kan komen, enkel voor haar bestemd kan zijn en liefst nog specifiek voor de gelegenheid waarop ze het van jou krijgt. Voeg daar op één of andere manier een tekst bij waarin je je bescheiden opstelt, en waarin je stelt dat het een hele eer voor jou zou zijn om haar te ontmoeten, en niet, zoals je te veel gewoon bent, andersom."

-"En niet andersom," herhaalde hij. Hij zweeg even, mijmerend; hij moest wennen aan het idee. "Goed," zei hij uiteindelijk, "wanneer zie je Geller?"

-"Ik bel hem op; ik vraag hem om dat Hebreeuws te vertalen. Ik laat je weten wanneer hij komt."

-"Vóór het concert!"

-"Ik doe mijn best."

-"In orde; goed plan." Hij klopte me nog eens op de schouder.

~

Nergens waren de stakingen grimmiger dan in het grootste bedrijf van Gent. Ze waren niet te vergelijken met de tamme, voorspelbare 'acties' van de reguliere vakbonden. Voor die laatste had een staking veeleer een symbolische betekenis, een bewijs dat de vakbonden nog mensen konden mobiliseren, en was ze vooral een dringend verzoek om deel te blijven uitmaken van 's lands feitelijke macht: de sociale partners. De routinematige betogingen en acties waren dus niet meer dan het product van een systeem dat zichzelf in stand probeerde te houden.

Enerzijds leverden vakbonden diensten waarvoor ze fondsen verwierven. Anderzijds moesten de werknemers bij een vakbond aangesloten zijn om te genieten van de diensten waarvoor ze betaalden, of om meer precies te zijn, moesten betalen. In elk bedrijf met een verplichte ondernemingsraad waren er sociale verkiezingen, waarvan de winnaars een speciaal statuut met een aantal voordelen kregen. In ruil voor de steun bij de sociale verkiezingen moesten ze hand- en spandiensten verlenen aan hun vakbond, zoals het deelnemen aan betogingen, het organiseren van acties, en verkiezingsplakwerk voor de verwante politieke partijen.

Maar het bleef een heel tamme machine, minder gedreven door ideologie dan door opportunisme, of zelfs cynisme, zoals wanneer Georges Debunne, Europees vakbondsleider, zich tien jaar eerder een Rolls Royce aanschafte voor zijn rug.

In de ogen van Livicki reflecteerden de klassieke vakbonden niet de overwinning van het socialisme maar veeleer de dood ervan. De vakbonden waren een winstgevend bedrijf geworden, niet meer of niet minder, met massaal nepotisme. Die wantoestand werd verhuld door een intussen veel te dun laagje symboliek en retoriek. Want wie geloofde nog dat de 'oorlogskassen' zoals de vakbonden hun geheime bankrekeningen noemden, geen vetpotten waren? Hoe schrijnend was het trouwens niet dat die vetpotten pas aan het licht kwamen in een bankschandaal, waar de vakbonden netjes in het rijtje stonden tussen de kapitalisten. Livicki had echter minder een probleem met de corruptie dan met de doelloosheid. Corruptie was immers het tijdelijke probleem dat op het einde opgelost zou worden, terwijl de doelloosheid maakte dat het verhoopte communistische eindpunt er gewoonweg nooit zou komen.

Livicki had het in elk geval helemaal anders aangepakt; de vakbond bij de Vissermans had hij opgevat als een communistisch netwerk. Hij stouwde zoveel mogelijk van zijn volgelingen in het bedrijf door ze elkaar te laten helpen bij de aanwervingen. Hoe meer er binnen waren, hoe beter dat lukte. Vervolgens zorgde hij ervoor dat het leven dat ze als student gekend hadden, verder liep, met vele feestjes, activiteiten en voorlichtingsavonden. Hun leven was zoveel leuker dan dat van de andere werknemers, voor wie het einde van de studententijd een leegloop aan vrienden en een steeds eenzamer leven in de grote stad betekende. Wat op zijn beurt meebracht dat die laatsten ook hun weg naar Livicki vonden.

Het plaatje klopte helemaal. De club was niet enkel een leuk tijdverdrijf maar streelde ook het intellectuele ego van zijn volgelingen; het gaf hen een gevoel van morele superioriteit. Livicki liet hen zoveel mogelijk deelnemen aan stakingen, betogingen en ledenwerving, niet enkel ten bate van hemzelf, maar ook van andere progressieve organisaties. De belangrijkste idee hierachter was dat hoe meer een volgeling zich geïnvesteerd had, hoe kleiner de kans was dat hij vroeg of laat aan zichzelf zou toegeven dat hij helemaal fout zat. Want dat laatste gebeurde steevast met volgelingen die een huis kochten of een gezin stichtten, iets wat gevolgd werd door het besef dat alle progressieve theorieën goed waren zolang het niet over hún kinderen en hún huis ging. Aan dergelijke mensen had Livicki weinig; hooguit leverden ze symbolische steun aan progressieve ideeën die ver van het bed en vaag geformuleerd waren: de natuur, de derde wereld, de vrede, het klimaat.

Voor de reguliere vakbonden was Livicki een doorn in het oog. Het officieuze protocol dicteerde namelijk dat na een paar dagen staking — meer was te duur voor de vakbond — er een heroïsche nachtelijke onderhandeling plaatsvond, bij voorkeur in een hotel aan de andere kant van het land, en dat uit die nachtelijke onderhandeling een 'met bloed bevochten' compromis kwam. De bedrijven van hun kant hadden er geen moeite mee het spel mee te spelen; het was immers zo dat door de band werknemers evenveel verdienden overheen de hele industrie, met of zonder stakingen, en tevens evenveel als in landen waarin niet gestaakt werd. Stakingen hadden dus geen financiële gevolgen; je tolereerde ze omdat alles nu eenmaal zo ging in België. Om het hele systeem extra in de verf te zetten, zaten vakbonden en bedrijven eens per jaar broederlijk naast elkaar aan tafel als sociale partners, waar zij samen beslisten over alles wat in België met geld te maken had.

Maar met Livicki in de buurt liep het dus anders. Bij elke staking gooide hij de steen in de kikkerpoel door ze zo lang mogelijk te laten duren. Hij maakte er evenmin een gemoedelijke actie van; er werd geen vuurtje in een grote metalen ton gestookt, of de dag werd niet doorgebracht met kaarten en kickeren. Hij liet integendeel maximale vernieling aanrichten door zijn ideologisch doorgeslagen volgelingen. De reguliere vakbonden keken met lede ogen toe. Niet enkel moesten zij veel meer stakingsdagen betalen, maar bovendien namen sommige van hun eigen leden deel aan Livicki's vandalisme, waardoor de vakbonden ook nog eens verantwoordelijk waren voor de schade. Niet juridisch verantwoordelijk weliswaar, want vakbonden waren geen rechtspersonen, maar wel moreel verantwoordelijk, wat maakte dat elke nachtelijke onderhandeling begon met een dik negatief bedrag op hun kant van het blad.

Livicki van zijn kant had geen financiële problemen. Zijn groot feest werd betaald door Frank Podborsky, onder druk van de communisten in zijn eigen land, die op hun beurt naar mensen zoals Yuri Bezmenov moesten luisteren. En Podborsky's geld kwam ironisch genoeg van de Vissermans, waarvan hij als toekomstig koning van Sylvanië een groot aandeelhouder was.

-"We kunnen niet veel langer verder op deze manier," zuchtte prinses Kathrin de Vissermans. Samen met haar dochter overschouwde ze de binnenkoer, waar ruiten ingeslagen werden, documenten verbrand en leveranciers geïntimideerd. Dat alles gebeurde onder Livicki's oorverdovend gebrul door slechte luidsprekers. Af en toe werd het geheel onderbroken door een ingeoefend dansje met een makkelijke choreografie.

-"Hoe onnozel," observeerde Anoushka. Ze wou lachen, maar uit de reactie van haar mama leidde ze af dat dit een ernstige situatie was.

-"Het hoort erbij," antwoordde Kathrin. "Mensen samen laten dansen overtuigt hen dat ze eensgezind zijn. Livicki is er één grote familie van aan het maken."

-"Kan je niet met hen onderhandelen?" suggereerde Anoushka.

-"Niets zou gemakkelijker moeten zijn," antwoordde Kathrin. "Om te beginnen slaan ze letterlijk hun eigen ruiten in. Elk jaar maakt de Vissermans minder winst en het is net met die winst dat Livicki's gelag betaald wordt."

Voor Anoushka werden de problemen van de Vissermans voor de eerste keer concreet. Sinds het begin van de oliecrisis had ze haar papa en mama achtereenvolgens horen klagen over de recessie, over de loonkloof met landen zoals Turkije en Indië, en nu dus over de ongebreidelde stakingsacties. Haar papa had gedurende al die tijd de ene technologische vernieuwing na de andere doorgevoerd om de werkgelegenheid in Gent op peil te houden. Dat en de subsidiestroom vanwege het Textielplan hadden gemaakt dat de Vissermans nog niet vervallen was tot een schim van zichzelf.

-"Ik heb gehoord dat de economische crisis officieel achter de rug is," opperde Anoushka. Eigenlijk was dat zo, maar de schade zou een nasleep van minstens een halve eeuw kennen. De crisis was begonnen met de oprichting van OPEC, het kartel van olie-exporterende landen. De resulterende duurdere olieprijzen hadden zowel inflatie als een dalende economie tot gevolg. Daardoor daalde de levensstandaard voor iedereen, en in het bijzonder voor de buik van de samenleving: de middenklasse. Op hetzelfde moment als de oprichting van OPEC kregen die laatsten immers de invoering van de BTW te verwerken, alsook de massale opkomst van grootwarenhuizen. De middenstanders waren niet vertegenwoordigd als sociale partners en genoten derhalve geen enkele bescherming. Velen van hen vervoegden het leger van werklozen.

De overheid verzon oplossingen: ze creëerde werkgelegenheid door tijdens die elfjarige crisis ongeveer alle autosnelwegen te laten aanleggen die België rijk was, riep het Textielplan in het leven en liet kerncentrales bouwen om de afhankelijkheid van olie te verminderen. Schoolverlaters genoten na een korte wachtperiode van een werkloosheidsuitkering onbeperkt in de tijd. De Amerikaanse president Jimmy Carter zorgde ervoor dat de oprichter van OPEC, de sjah van Iran, zijn land uitgejaagd werd ten bate van een Ayatollah. Maar ondank was 's werelds loon: Ayatollah Khomeini verlaagde de olieprijzen gedurende slechts één jaar en keerde zich vervolgens resoluut tegen het Westen.

Al die maatregelen brachten een gigantische staatsschuld met zich mee. De Belgische overheid probeerde die eerst in te dijken met astronomische belastingen, tevergeefs, met een inflatie van de Belgische frank, een maat voor niets, en tenslotte met een regering met bijzondere machten. Intussen moest zij dertien procent interest betalen op haar obligaties.

Internationaal was het plaatje nog veel erger. De Ayatollah voerde een uitputtingsoorlog met Irak, terwijl de Sovjet-Unie Afghanistan innam om buurland Iran als volgende prooi te viseren. Het Midden-Oosten was voor een halve eeuw gedestabiliseerd.

Dankzij een paar van de grootste leiders die het Westen ooit gekend heeft, klom de economie uiteindelijk uit het dal. Maar toen de rook opgeklaard was, stond de Vissermans als een zandkasteel tussen de golven. Als een mastodont stond het boven de restanten van de Belgische textielindustrie, die in essentie verworden was tot een verzameling modehuizen met meer merken dan mensen, die alles in de lageloonlanden lieten produceren.

-"De crisis is officieel voorbij, maar niet voor ons," verduidelijkte Kathrin. Anoushka voelde zich onbeholpen. Problemen waren er over de jaren altijd geweest, en net zoals toen zouden papa en mama de huidige ook wel oplossen. Maar in tegenstelling tot vroeger stond ze nu vlakbij de actie, als volwassene, en had ze het gevoel dat ze zich op zijn minst een beetje moest bewijzen. Maar hoe? "Uw papa denkt dat we de richting van de automatisatie moeten inslaan," vervolgde Kathrin, "hij zou een volledige werkplaats willen besturen met computers, maar die zijn verschrikkelijk duur."

-"Toch niet zo duur; voor honderdduizend frank heb je er al één," probeerde Anoushka.

-"Je bedoelt de veredelde tekstverwerkingsmachientjes waarop je ook een paar spelletjes kan spelen?" glimlachte haar mama. Prinses Kathrin de Vissermans had een neus voor veelbelovende technologie; gedurende meer dan twintig jaar had ze haar man Robert alle middelen gegeven om de gekste dingen te proberen. Het resulteerde in zijn uitvinding van weefgetouwen waar de inslagdraden door lucht voortgestuwd werden en vervolgens door water. Daarna kwamen nog een rist innovaties die maakten dat getouwen op een betrouwbare en economische manier zes honderd inslagen per minuut haalden. Maar aan snelheidsrecords was een einde gekomen omdat het garen brak onder zijn eigen versnelling. Robert had vervolgens zijn oog laten vallen op het volledige beheer van de werkplaats door computers, maar IBM, de enige belangrijke fabrikant van mainframes, vroeg een fortuin voor de benodigde software en interfaces. De 'mini'-computers waren op zich iets kleiner en goedkoper dan de mainframes, maar ongeveer even duur als het over de benodigde uitbreidingen ging. Maar 'micro'-computers, neen, daar geloofde zelfs Kathrin niet in. Ze glimlachte gelaten naar haar dochter.

-"Je gelooft niet in personal computers?" vroeg Anoushka. "Je kan er toch nuttige dingen mee doen?"

-"Heten ze tegenwoordig 'personal computers'?"

-"Wel, we noemen ze eigenlijk pc's. Je kan er toch nuttige dingen mee doen, zoals…" Anoushka moest nu zelf even nadenken.

-"Zoals wat Livicki ermee doet. Hij is bij mijn weten de enige die er iets 'nuttigs' mee doet. Hij beheert er al zijn contactadressen in. Telkens er een grote betoging is, zoals tegen de raketten, laat hij zijn lawaaierig printertje gedurende een week brieven drukken.

-"Is dat niet onvoorzichtig? Vroeg of laat gaat zijn harde schijf kapot…"

-"Jij hebt een harde schijf, hij nog niet. Hij slaat al zijn gegevens in tienvoud op op floppy disks die hij op verschillende plaatsen onderbrengt.

-"Wat gebruikt papa nu om werkplaatsen te automatiseren?" vroeg Anoushka.

-"PLC's."

-"Wat zijn dat?"
-"Wel..." antwoordde Kathrin. Ze stopte even. Ze zag plots in hoe triest die oplossing eigenlijk was. "...wel, dat zijn dingetjes die een snoepautomaat besturen, of verkeerslichten." Anoushka was in elk geval niet onder de indruk.
-"Ik heb een professor in een schooltje bezig gezien!" riep ze enthousiast. Ze vertelde vervolgens over de kookplaat, de lichten, de knoppen en de bellen. Kathrin luisterde met gefronste wenkbrauwen.

~

-"Zo, Dominique, hoever sta je ermee?" vroeg Klaus. Vroeger passeerde hij eens om de twee weken, op een moment dat hij toch in de buurt moest zijn, maar recentelijk stond hij alle dagen in mijn kantoor. Ik beantwoordde zijn vraag niet.
-"Al van Anoushka gehoord?" vroeg ik hem. Want dat was de echte reden waarom hij hier was natuurlijk! Klaus was tot over zijn oren verliefd op zijn achternicht, iets wat hij aan zichzelf niet wou toegeven. In elk geval kreeg hij geen klop werk meer gedaan sinds de oogverblindend mooie prinses voor het eerst rond hem gedarteld had.
-"Wel, ze is gids in de stad. Ze beloofde een rondleiding te organiseren voor ons allemaal..." Daar wachtte hij dus op. Intussen hielp hij mij met de bodemstalen van professor Geller.
-"Mijn gevoel zegt dat dat niet lang op zich zal laten wachten. Wellicht is ze bezig geweest met de nasleep van de staking; ik heb haar op TV naast haar mama zien staan."
-"Ik denk dat het bedrijfsleven niets voor haar is," zei Klaus.
-"Het is niets voor haar maar ze kan niet zomaar naast de problemen van haar ouders kijken. Volgens mij zal ze Podborsky proberen overtuigen dat hij moet ophouden Livicki te steunen."
-"Ik zie je denken," zei Klaus, "en ik weet waaraan." Het eredoctoraat voor Podborsky dus, maar hij durfde het niet te berde brengen. Hij - en ik, maar ik was slechts een kleine garnaal op de universiteit - zou zijn volle academische gewicht in de schaal moeten leggen voor een gigantische koehandel: een doctoraat in ruil voor een bom geld. Als hij het plan echter niet over de streep kon trekken, zou hij voor eeuwig uitgelachen worden.
-"Wel, je zou er Anoushka een groot plezier mee doen."
Maar een eredoctoraat was voor Klaus een brug te ver. In plaats daarvan zette hij zich aan de potjes met bodemstalen uit de jaren dertig. Waar kwamen ze vandaan? Van wie had professor Geller een opdracht aanvaard om ze te onderzoeken? Waarom waren de bodemstalen niet rechtstreeks naar het labo gegaan?

Klaus, zoals hij de voorbije weken bij zijn bezoekjes placht te doen, nam het volgende verroeste potje. Op de wand was een nummer geschilderd, dat verwees naar een rij in een met de hand opgestelde inventaris. Naast het nummer bevatte de inventaris drie coördinaten zonder eenheid, op het eerste zicht twee topografische coördinaten en een diepte, alle drie waarschijnlijk in meters uitgedrukt. De proefboringen die de stalen geproduceerd hadden, hadden op een oppervlakte van een paar hectares plaatsgevonden tot een bescheiden diepte van dertig meter. Hier waren duidelijk niet de grootste middelen voor ingezet.

De coördinaten vertelden ons niets over de locatie; ze waren relatief ten opzichte van een vast punt waarvan we de lengte- en breedtegraad nergens terugvonden. Op dat vast punt zelf waren trouwens ook bodemstalen genomen, die droogweg de coördinaten $0,0,5$, $0,0,10$ enzoverder meegekregen hadden. Klaus snuffelde voor de zoveelste keer door de dossiers. Het was duidelijk dat professor Geller er alles aan gedaan had om de oorsprong van de bodemstalen geheim te houden. Waarom? Wou hij de locatie verborgen houden voor iedereen, of vooral voor de Duitse bezetter? Had hij hun komst zien aankomen? Had hij zijn leven kunnen redden door het geheim te verklappen? En als hij de Duitsers had zien komen, waarom bediende hij zich in godsnaam van het Hebreeuws? In de vele teksten waren de plaatsnamen systematisch overtekend door dikke, pikzwarte rechthoeken. Voor Klaus, die al vele historische puzzels opgelost had, betekende dit enigma een prachtige uitdaging.

-"Is dit het volledige dossier?" vroeg hij.
-"Dit is het volledige dossier," zei ik resoluut. Ik voelde de bui al hangen:
-"Welke dossiers heb je nog van die professor Geller?" Zucht; hij ook al!
-"Is het voldoende dat ik je de sleutel van het archief geef?" Hij raadde wat ik dacht.
-"Ik doe het enkel om jou te helpen," probeerde hij.

~

-"En kijk wie we hier nóg hebben!" hoorde ik iemand in het deurgat zeggen. Reinhard met… Anoushka! De manier waarop ze onmiddellijk op Klaus afvloog en hem zoende, maakte duidelijk dat hij de echte reden was waarom ze naar de universiteit gekomen was. Reinhard had er duidelijk pret in; hij gaf Anoushka ruimschoots de tijd om Klaus bij de handen te nemen, en aan die laatste om zich te verslikken in de antwoorden op haar vragen. "Anoushka wou het met Dominique over de technologische innovatie bij de Vissermans hebben," zei Reinhard droogweg. Anoushka was al helemaal vergeten waarom ze 'mij' komen bezoeken was, en zocht nu naar haar woorden:
-"Mijn vader wil werkplaatsen besturen met PL..," verdorie, hoe heetten die dingen ook weer? Terwijl ze omschreef wat ze bedoelde, keek Klaus smekend naar mij: 'Help haar, alsjeblieft!' Ik was afgeleid door de kleurrijke voorbeelden die haar mama haar gegeven had, zoals verkeerslichten en wasmachines, maar op een gezegend moment zei ik dan toch:
-"PLC's"
-"Juist, PLC's, dat was het!" riep ze. Reinhard, die achter haar rug stond, knipoogde even naar Klaus, die zijn gezicht in de handen verborg. Anoushka vervolledigde: "En ik dacht: volgens wat ik op het schooltje gezien heb, kan Dominique misschien beter dan die PL…C's."
-"Wel, dat is heel pienter van jou," feliciteerde ik de prinses, "je bent heel aandachtig geweest!" Eigenlijk was ik ontgoocheld; ik had gehoopt dat het Alexandra geweest zou zijn die enthousiast over mijn demonstratie was.

Maar dankzij Reinhard was mijn ontgoocheling van korte duur. Hij wist als geen ander te raden hoe mensen zich voelden en hoe ze tegenover elkaar stonden. Ik speculeerde over hoe dat kwam. Ik beeldde me in dat zijn leven zó onbezorgd was, dat hij zelden met zichzelf bezig was en zich daardoor des te beter kon inleven in wat anderen voelden. Of dat hij zo weinig gehinderd was door problemen en deadlines, dat hij objectiever kon nadenken dan iemand anders. Dat Reinhard met andere woorden de luxe had om de wereld te zien zoals hij was, en niet zoals hij zou moeten zijn.

Hij redeneerde bovendien als een diplomaat; lang voor de start van de ontwikkelingen zag hij glashelder hoe alles goed zou aflopen als hij het geheel hier en daar op het juiste moment een duwtje gaf. En zo kwam het dat hij perfect besefte dat Klaus verliefd was op Anoushka en omgekeerd, en… ik op Alexandra. En dat hij klaar stond met de juiste duwtjes:
-"Wel, Anoushka, en wie moeten we aan onze kant hebben om jouw mama te overtuigen? Hij knipoogde naar mij. Het was de eerste keer dat ik besefte dat hij het doorhad. Hij presenteerde Anoushka een schot voor open doel. Had hij gevraagd hoe in plaats van wie, zou ze radeloos geweest zijn.
-"Alexandra!" riep Anoushka. Bij het horen van haar naam kliefde een dolk door mijn hart. Anoushka's beste vriendin was inderdaad de eerste persoon die van het nut van pc's overtuigd moest worden; ze verzorgde reeds de mainframes bij de Vissermans, en weliswaar ook de pc's, maar die laatste beschouwde ze als speelgoed voor de managers. De vraag was of mijn presentatie op het schooltje daar enige verandering in gebracht had. Ik betwijfelde het.
-"Wel, dat is een schitterend idee!" zei Reinhard met een gespeeld verraste en bewonderende toon, "en hoe brengen we Alexandra en Dominique samen?" Die intieme formulering had hij bewust gekozen, zo te zien aan de glunder waarmee hij naar mij keek.
-"Wel, ik zal ze mee op de stadswandeling uitnodigen!" Omdat Reinhard haar op weg naar mijn kantoor herinnerd had aan haar idee om een stadswandeling te organise-

ren, werd die nu heel concreet. Die stadswandeling lag voor de hand; naast haar gewone werk als kunsthistorica in diverse musea, gidste de prinses stadswandelingen. Anoushka nodigde meteen alle aanwezigen uit.

-"Schitterend idee!" beaamde Reinhard weer, "en tegen dan zal Klaus je tot in de puntjes kunnen uitleggen hoe hij Frank Podborsky een eredoctoraat zal bezorgen, tenminste als Podborsky stopt met de steun aan Livicki." Ik dacht dat Klaus op dat eigenste moment zou ontploffen, maar toen Anoushka hem met de grootste bewondering vragend in de ogen keek, werd zijn verstand een blanco blad:

-"Uiteraard zal ik dat." Uiteraard?! De situatie was tragikomisch. Ik sloot even de ogen en schudde het hoofd.

~

Anoushka kon geen moment wachten om Klaus' kantoor te zien. Van zodra ze vertrokken waren, had Reinhard de glimlach op het gelaat van iemand die fier op zichzelf was:

-"Wat heb ik dat weer allemaal schitterend geregeld!" Hij legde de klemtoon op elk individueel woord van de zin.

-"Anoushka en Klaus... je beseft toch dat ze achterneef en -nicht zijn," riposteerde ik.

-"Dat is geen probleem; kijk naar de adel van vroeger: die trouwde met regelmaat binnen dezelfde familie."

-"Tot de meeste van die adellijke families geen kinderen meer konden krijgen en er zelfs een tekort aan huwbare prinsen was. Waarom denk je dat de koningin van Engeland in 1820 de straatarme Leopold Van Saksen-Coburg opgevist heeft? Weet je, de mensheid is intussen slimmer geworden!"

-"Je loopt te hard van stapel, Dominique!"

-"Je beseft toch waarmee je Klaus opgezadeld hebt: een eredoctoraat. Hij zal hier op de universiteit door de hel moeten!"

-"Dat valt allemaal wel mee. Heb je gezien hoe vlot hij instemde?"

-"Ok, ander onderwerp: hoe komt het dat jij in je jeugd Klaus of Nikki niet ontmoet hebt? Je bent toch ook op het Fleur-de-Lys grootgebracht?!"

-"Ik heb ze vast en zeker ontmoet, maar die twee, en hun moeder, zijn op een gegeven ogenblik volledig uit ons leven verdwenen. Als kind vergeet je dan snel, tenminste ik toch."

-"Anoushka duidelijk niet!" merkte ik op. Hij grinnikte enkel. "En van Nikki gesproken..." Het antwoord kwam onmiddellijk:

-"Dat plan gaat nog steeds door!" Hij besteedde er geen verdere woorden aan; hij was namelijk voor iets anders gekomen.

~

-"Hoever sta je met het onderzoek?" vroeg hij op een urgente manier. Terwijl hij naar het antwoord luisterde, snuffelde hij over de merkwaardige dozen met verroeste potjes. Ik legde hem uit dat we beschikten over een mengeling van bodemstalen, resultaten van labo-analyses, tabellen met gegevens en handgeschreven teksten in het Hebreeuws. "En dit is waarin zijn zoon geïnteresseerd zou kunnen zijn?" vroeg hij verwonderd.

-"Wel, in welke zin was Efim Geller eigenlijk geïnteresseerd in het werk van zijn vader?" Dat was de vraag die meer en meer aan de orde was naarmate mijn onderzoek naar professor Gellers werk veel tijd en geld begon te kosten. Reinhard was even van zijn stuk gebracht; hij had zich al die tijd voorgesteld dat de manager van de zangeres bijzonder veel waarde zou hechten aan het ontdekken van het werk van zijn vader, maar die hoop werd nu ondergraven door de banaliteit van de oude potjes en dossiers waar niemand in geen halve eeuw belangstelling voor getoond had.

-"Hmm." Waarschijnlijk was Efim Geller slechts geïnteresseerd in een bezoek aan de vroegere werkstek van zijn vader. Zou hij in ruil voor een bezoekje aan de universiteit Reinhard met Anastasiya in contact brengen? Onwaarschijnlijk. Reinhard moest het

maximum uit de potjes zien te puren. "Kan je hier iets spannends van maken, Dominique, zodat Geller hier regelmatig op bezoek komt en we hem aan onze kant krijgen?"
-"Aan jouw kant krijgen, bedoel je. Wel, Reinhard, ik heb goed nieuws: het ís spannend! Ik moet toegeven dat ik intussen bevangen ben door de geheimzinnigheid van dit dossier."
-"Geheimzinnig, hoezo?"
-"Wel, om te beginnen, maakt de professor gebruik van het Hebreeuws. Zijn andere dossiers, tenminste het enige andere dossier dat ik van hem gevonden heb, is gewoon in het Nederlands. Tel daarbij het feit dat hij al zijn geografische coördinaten relatief gemaakt heeft, en je beseft dat hij iets wou verbergen." Reinhards gezicht klaarde op:
-"Dus kunnen we eigenlijk Gellers hulp vragen voor het opklaren van het grote geheim van zijn vader!" Of dit nu het grote geheim van de vader was, was nog maar de vraag, maar Reinhard zou het in elk geval als dusdanig verkopen. Maar ik had ook iets aan Reinhard te verkopen:
-"Och, stel u daar niet te veel bij voor; dit onderzoek was slechts in een beginstadium. Geller zal eerder gefrustreerd zijn met het feit dat ik het verdere onderzoek niet kan doen."
-"Hoezo, jij kan het verdere onderzoek niet doen?!"
-"Analyses van bodemstalen kosten geld, Reinhard!" En daarmee waren alle rekeningen meteen betaald.
-"Doe jij maar het volledige onderzoek. Ik betaal alles!"

~

Ik was nog aan het mijmeren over het grote project dat me te wachten stond, de vele analyses van bodemstalen, simulaties op mijn pc, en wellicht een kwalitatief onderzoek op basis van andere documenten, tenminste als we ooit te weten kwamen waar de bodem in kwestie precies gelokaliseerd was...
-"En je weet toch wat de volgende maanden je belangrijkste werk wordt?!" Het belángrijkste werk, typisch Reinhard! Hij had de rekeningen betaald en dus was het werk gedaan. Wat wou hij me nu weer opsolferen: het eredoctoraat voor Podborsky... "Alexandra!" vervolledigde hij onmiddellijk. Mijn hart sloeg een slag over. Ik zwalpte even op mijn benen. Reinhard sprak zo ernstig over de mogelijkheden om met mijn pc's een technologische doorbraak bij de Vissermans te creëren, dat ik twijfelde of hij wist dat ik verliefd op haar was. "Anoushka heeft me alles uitgelegd op de weg hierheen," vervolgde hij. Hij herhaalde het verhaal van de besturing van werkplaatsen. Het was waarschijnlijk nog kleurrijker en fantasierijker dan hoe Anoushka het hem uitgelegd had. "Ze slaagt er echter niet in haar mama te overtuigen. Maar die mama zal wel luisteren naar Alexandra!"
-"En dus heb jij ervoor gezorgd dat..."
-"...jij Alexandra opnieuw ontmoet op de wandeling, inderdaad!" Aan de manier waarop hij nu naar mij keek, was het eens te meer duidelijk dat hij het wist. En dat hij fier was op zichzelf en zijn sociaal gepuzzel. "Zorg jij er alvast maar voor dat je haar iets te tonen hebt!"
-"Ik betwijfel of ze op het schooltje onder de indruk was van mijn toeters en bellen."
-"Oh, onderschat jezelf niet, Dominique; ik was alvast onder de indruk!" Hij wel, maar hij leidde geen groot computerbedrijf en had wellicht nog nooit een fabriek van de binnenkant gezien. "Maar het zou wel best zijn dat je haar volgende keer iets anders toont," voegde hij daaraan toe. Onmiddellijk ging me een licht op. Het zou me veel tijd en moeite kosten...
-"Netwerken!" riep ik.
-"Wat zijn netwerken?"

~

Het was een lastige namiddag geweest, maar Bezmenov feliciteerde zichzelf met het resultaat terwijl hij de laatste meters van de tramhalte tot het hotel aflegde. Hij was net terug van de Brusselse ambassade van de Sovjet-Unie. Daar had hij een onderhoud gehad met de ambassadeur, die hem duidelijk gemaakt had dat hijzelf ver van spionageschandalen wou blijven en dat de KGB haar eigen boontjes moest zien te doppen. Toen Bezmenov de computerschermen beschreven had, had de ambassadeur hem zelfs uitgelachen: 'En wat denkt u dat iemand daarmee kan aanvangen?' Het gesprek was dus slecht begonnen maar Bezmenov was een goede onderhandelaar. Na een lange discussie waarin alle mogelijke onderwerpen en mensen als een onontwarbare brei aan elkaar geklit werden, en waarin Bezmenov zich meer als slachtoffer dan als lid van de KGB gepositioneerd had, had de ambassadeur zich bereid verklaard te helpen. Bezmenov bezegelde de deal met de belofte dat hij een kist champagne aan de ambassadeurs persoonlijke adres in Moskou zou laten bezorgen, iets wat niemand anders dan hij hem kon beloven.

Na de lastige onderhandeling had Bezmenov zich ontspannen in het treinstation van Brussel Centraal. Hij had genoten van de magie van de Belgische spoorwegen. De trein van twee na vier, die hij oorspronkelijk had willen nemen, was onderwerp geweest van een aantal meldingen van vertraging. Toen echter de trein van twintig na vier het station binnenreed, was er van de trein van twee na vier helemaal geen sprake meer geweest; die was in rook opgegaan zonder een enkel spoor achter te laten. Hoe wonderlijk! Hoe griezelig! Wat zou er met de reizigers op die trein gebeurd zijn? Hoe regelmatig verdwenen er hele treinen met mensen in dit land? Waarom stonden de kranten niet vol met artikels over verdwenen pendelaars? Maar nog voor hij de magie helemaal doordacht had, werd hij op het gratis fitnessprogramma van de NMBS getrakteerd: een minuut voor het arriveren van de trein van twintig na vier, was er een spoorwijziging. Alle reizigers op het bomvolle perron – want daar stond nu het geaccumuleerd aantal reizigers van beide treinen te wachten! – hadden zestig seconden de tijd gehad om zich door de smalle traphallen naar boven te wurmen en vervolgens weer naar beneden. Niet enkel was dit een race tegen de tijd, maar tevens een gevecht voor de laatste staanplaatsen op een trein die reeds een bomvol perron in Brussel Noord had meegenomen. Het hele gebeuren had iets van sociaal Darwinisme, het einde van de wereld of een parodie op Auschwitz. Het werd allemaal georganiseerd door het enige Belgische bedrijf dat vakbonden in het bestuur had. Hoe onwaarschijnlijk ook, liet men de bevolking bovendien geloven dat de problemen veroorzaakt werden door het feit dat te weinig mensen de trein namen.

En zoals het in een goed menu paste, was er een derde gang geweest: de trein had even later stilgestaan omwille van een defecte bovenleiding. Gedurende twee uur had Bezmenov nog minder bewegingsruimte gehad dan in de Sovjet-Unie: hij mocht niet naar buiten, niet naar het toilet en niet neerzitten, en dat allemaal tussen boze mensen. Maar hoe boos die mensen ook waren, geen enkele politieke partij had ooit zelfs maar beloofd om in te grijpen. Uit politieke veiligheid was de verantwoordelijke trouwens geen minister maar een secretaris. Subversie, wat een triomf!

De glimlach verdween echter snel van zijn gezicht bij het zien van twee heren die hem stonden op te wachten aan de receptie van het hotel. De Rijkswacht!

-"Jullie hebben geluk; hij komt net toe," zei de uitbaatster. Een van de rijkswachters keerde zich naar Bezmenov:

-"De heer Yuri Bezmenov?" De schrik sloeg die laatste om het hart.

-"Jazeker, waaraan dank ik het genoegen?" antwoordde hij met automatische beleefdheid. Nu zou het komen...

-"Wij hebben een huiszoekingsbevel," klonk het brutaal. De computerschermen! Bezmenovs hersenen sloten kort; er waren te veel ideeën om te verwerken: wat zou er met hem gebeuren, zou hij zijn medewerking verlenen, moest hij hulp van de ambassade inroepen...?

-"Waarom? Waar word ik van verdacht?"

-"Militaire spionage." Hij kon niet harder met de neus op de feiten gedrukt worden. Wat moest hij hierop antwoorden zonder zijn schuld nu al toe te geven?

-"U wilt mijn kamer zien?" De rijkswachters knikten enkel. Bezmenov stak de hand uit, waarin de uitbaatster de sleutel drukte. Gedurende een fractie van een seconde hield ze daarbij zijn hand vast, zodat hij naar haar keek. Ze gaf hem een doordringende blik, waarbij ze langzaam het hoofd liet zakken. Het was als een trage knik. Was dit een verwijt, een 'zie nu wat ervan komt'? Bezmenov twijfelde; hij had eerder het gevoel dat ze iets anders bedoelde. Daarom besloot hij de feiten af te wachten terwijl hij met de rijkswachters naar boven ging; geen protest dus, geen vraag naar een advocaat, ... Maar wat zou hij doen als ze hem vroegen de koffer open te maken?

Het ging allemaal snel. Geen vijf minuten nadat de deur van zijn kamer opengemaakt was, hadden de heren elk microscopisch klein volume van zijn kamer gecontroleerd. Bezmenov had met een gelaten houding toegekeken, op een bepaald moment zelfs cynisch genoeg om te beslissen een rapport te maken van hoe goed de Belgische Rijkswacht kamers onderzocht. Daar zou hij in de gevangenis tijd voor hebben, gesteld dat hij daarover mocht schrijven. En in zover de KGB nog van hem wou horen; gearresteerd worden voor spionage betekende gewoonlijk dat men je de rug toekeerde. De KGB was een organisatie waarin iedereen eensgezindheid veinsde, zoals een verzameling bange schapen die elk in het midden van de kudde wilden zitten. Zijn leven was voorbij, zelfs als hij zijn mond zou houden, zelfs als hij zou verklaren dat dit een persoonlijk initiatief was. In het midden van de kamer stond de nog steeds gesloten koffer, zo eminent als een olifant op een dansvloer. Het sleuteltje dat Bezmenov in de kamer zelf verborgen had, hadden ze niet gevonden. Hmm, misschien zou hij ze dan toch geen tien op tien geven, bedacht hij gelaten.

-"Wilt u hem openmaken?" vroeg een van de rijkswachters. Bezmenov probeerde bewust zijn laatste seconden in vrijheid te beleven terwijl hij het tweede sleuteltje uit zijn portefeuille haalde en in het slotje stak. Hij had ooit een goede uitleg voor de computerschermen verzonnen, maar besefte nu pas hoe dom die zou klinken. Op het moment dat het slotje open klikte, voelde hij zich koud worden.

-"Ziezo, nu hoeft u mijn koffer niet onnodig op te blazen!" Met galgenhumor sloot hij zijn mooie leven af. De rijkswachters openden zelf de ritssluitingen. De koffer ging open.

Bezmenov herkende de verpakking van het enige voorwerp dat in zijn koffer zat. De rijkswachters vonden het nodig het pakket eerst op de tafel te leggen en hem uit te nodigen aan te schuiven op een stoel alvorens het te openen. Maar wat was dit?!

Wapens! Maar geen fysieke wapens; wapens in tijdschriften! Tijdschriften over vliegtuigen, schepen, tanks, geweren, het zag er oneindig belachelijk uit. De rijkswachters keken met ongeloof naar Bezmenov; gelooft die nu echt dat in die tijdschriften met één woord over de laatste technologie geschreven wordt?! Hoe laag was de KGB gevallen?! Bezmenov werd nooit eerder zo voor schut gezet. Maar hij was gered! Iemand had de inhoud van het pakket vervangen. Wie en waarom was eens te meer een mysterie. Dat zou hij later uitzoeken. Nu moest hij bij de rijkswachters een betrapte indruk geven. Hij bekeek hen met een gespeeld bange blik.

De rijkswachters wilden evenmin uit hun rol vallen; ze formaliseerden hun bevindingen. Mompelend namen ze afscheid, wat meteen het laatste was dat Bezmenov ooit nog van hen hoorde.

Maar nu resttc de vraag: wie had hem verraden, wie had hem gered, en waarom? Nog belangrijker was de vraag waar de computerschermen heen waren, want daar zat iemand in de KGB op te wachten, iemand met ambitie, een plan en een baas. Die persoon was er reeds prat op gegaan dat hij de schermen bemachtigd had, hoe nutteloos die ook waren. En nu was Bezmenov die schermen kwijtgespeeld en had hij er vijanden bij.

In de lobby bracht de uitbaatster hem een koffie. Ze voerden geen gesprek. Daarna ging hij in zijn kamer op zoek naar het sleuteltje dat hij verborgen had. Het lag nog steeds op dezelfde plaats maar in omgekeerde richting. Bezmenov glimlachte; dat had zijn dief, of helper, bewust gedaan!

~

-"Wel, wat heb ik je gezegd?" Als Reinhard mijn kantoor bezocht, was dat nooit zonder speciaal nieuws. "Boris Jeltsin burgemeester van Moskou!"

-"Wie is Boris Jeltsin?"

-"Wel, die hervormer, de man waarvan ze dachten dat Gorbatsjov hem niet voor zijn kar zou durven spannen. Maar je ziet, ik heb weer eens gelijk; ik heb Gorbatsjov door!"

-"Duidelijk," zei ik zonder te begrijpen waarover dit ging, "burgemeester van Moskou."

-"Wel, in de Sovjet-Unie noemt dat natuurlijk niet zo, want in het communisme zijn er geen meesters, en dus ook geen burgemeesters; je hebt daar enkel kameraden. Zijn officiële titel is..." Reinhard hief nu het hoofd op om het heel plechtig te laten klinken: "Eerste Secretaris van het Stadscomité van Moskou van de Communistische Partij van de Sovjet-Unie."

-"Klinkt inderdaad een heel stuk kameraadschappelijker," zei ik met opgeheven vinger. We lachten.

-"Jij hebt intussen alles op orde voor de komst van Efim Geller, zie ik." Hij keek met zekere bewondering door de stapel laboanalyses en naar de uitstalling van de kratten met potjes bodemstalen. "Voor al het geld dat ik je gegeven heb, had ik gehoopt dat je je lokaaltje intussen tot het meest chique kantoor van de universiteit omgetoverd zou hebben. Dat lijkt me trouwens niet moeilijk als ik hier zo rondloop."

-"Jij weet direct waarmee ik me hier ontzettend populair kan maken!" zei ik ironisch.

-"Wel, jij wordt hier in elk geval populair op het ogenblik dat Podborsky weer de kraan opendraait." Hij begon weer over het eredoctoraat. Zucht.

-"Klaus is daarmee bezig." Aan een slakkengang en op kousenvoeten, vertelde ik er niet bij.

-"Ha, die Klaus, bel hem op; ik heb goed nieuws voor hem, en voor jou ook!" Goed nieuws, ik hield me vast. Fier draaide ik Klaus' nummer; niet iedereen op de universiteit had immers een telefoontoestel. Ik dus wel, zij het zonder buitenlijn. Maar Klaus kon ik opbellen!

-"Klaus komt meteen."

-"Schitterend, dan hebben we nog even de tijd voor Geller toekomt." Reinhard leek bijzonder in zijn nopjes zo vlak voor de 'cruciale' ontmoeting met de manager van de zangeres. Het was de Reinhard die ik kende: hij had alles onder controle. Klaus verscheen.

-"Dag Reinhard."

-"Dag Klaus. Dank je dat je zo snel gekomen bent."

-"Wel," zei de snode Klaus, "ik dacht: voor die éne keer dat Dominique zijn telefoon zonder buitenlijn kan gebruiken, moet het zeker tellen!" Want Klaus had natuurlijk wel een buitenlijn. Gelukkig wist Reinhard in het geheel niet waarover we het hadden. Hijzelf kende maar twee soorten telefoons: die waarmee je overal naartoe kon bellen, en die van vijf kilogram, zoals er een in zijn auto stak. Klaus vertelde vervolgens spontaan over zijn vooruitgang met het eredoctoraat, of meer precies de afwezigheid daarvan.

-"Maar Klaus," onderbrak Reinhard hem, "ik weet dat dat allemaal perfect in orde komt, net zoals je aan Anoushka beloofd hebt." Klaus slikte even. "Oh, en van Anoushka gesproken, weet je waarom ik hier ben vandaag?"

-"Om die Efim Geller te ontvangen," heb ik gehoord. Maar wat heeft Anoushka daarmee te maken?!

-"Jaja, natuurlijk, maar weet je waarom ik jou en Dominique samen wil spreken?" Reinhard was nooit zonder verrassingen. "Nu komende zaterdag stadswandeling, professioneel gegidst door niemand minder dan Hare Majesteit prinses Anoushka!" Hij had plezier aan de schok die zichtbaar door Klaus ging. "Je bent toch vrij zaterdag?"

-"Spreekt vanzelf," dikte ik de situatie nog wat aan. Klaus gaf geen antwoord; die wist op dat moment niet meer wat zaterdag in zijn agenda stond.

-"Schitterend!" ging Reinhard verder, "En haar beste vriendin komt ook!" Die beste vriendin was Alexandra, ja toch?! Reinhard bestudeerde mijn reactie; zou ik hem vragen het te expliciteren? Ik beet op mijn lip en vroeg het hem niet. Onverdraagbaar! Nu zou ik tot zaterdag wakker liggen van de nul komma nul nul één procent kans dat zij het niet was. Intussen stond Klaus echter weer op zijn voeten:

-"Mag ik Nikki meevragen?" Dát was een voltreffer: geraakt en gezonken! Reinhard verslikte zich. Neen, neen, geen Nikki; die wou hij slechts terugzien op een door hem gekozen moment, in een door hem gekozen situatie, en wat voor een situatie trouwens! Hij brabbelde:
-"Wel, dat is een goed idee, Klaus, maar ik ben zeker dat Anoushka daar zelf reeds aan gedacht heeft, en neen, om een of andere reden komt ze niet." Ik was zeker dat hij bij Anoushka op zijn twee knieën gesmeekt had om Nikki niet uit te nodigen.

~

Het plotse verschijnen van Efim Geller redde Reinhard van een verder spervuur. Een belangrijk moment was aangebroken:
-"Oef, ik heb jullie kantoor gevonden!" zei Geller, "het is hier niet eenvoudig: geen receptie, geen grondplan, geen wegwijzers en geen studenten die van iets weten. Volgens mij liep dat in de tijd van mijn vader beter. De universiteit mag dringend eens investeren…" Reinhard schudde hem meteen de hand en nam hem bij de arm:
-"Hartelijk dank om tot hier te komen, mijnheer Geller, en uiteraard hebt u volledig gelijk: de universiteit heeft op alle domeinen geld tekort…, maar mag ik u eerst opnieuw introduceren aan Klaus en Dominique? Klaus is de broer van Nikki zoals u zich vast nog herrinnert, en is professor Slavistiek aan de universiteit hier, terwijl Dominique als docent werkt aan de faculteit Geologie."
-"Bodemkunde," corrigeerde Geller hem. "Wist u, mijnheer de baron, dat mijn vader het moment gekend heeft dat de universiteit opnieuw Nederlandstalig geworden is? Dat heeft veel moeite gekost. Mijn vader was bij de eersten om onmiddellijk de correcte Nederlandse woorden te gebruiken."
-"En groot gelijk had hij, mijnheer Geller." Reinhard slikte even. "Maar om het onmiddellijk over datgene te hebben waarvoor u gekomen bent, mijnheer Geller: de universiteit heeft wel het geld gevonden om het belangrijke werk van uw vader verder te zetten." Ik wist niet wat ik nu moest zeggen. Het was potverdorie Reinhard zelf die het hele onderzoek betaalde! Verwachtte Reinhard nu dat ik hem corrigeerde opdat hij op een extra goed blaadje bij Geller zou komen te staan? Omdat hij me geen teken gaf, besloot ik mijn mond te houden. Efim Geller was in elk geval onder de indruk; hij snuffelde door de kratten met potjes en door de laborapporten.
-"Waar was men naar op zoek?" vroeg Geller.
-"Wel, mijn eerste gok is dat men de structuur van de bodem wou begrijpen," antwoordde ik. "Uit het zeer beperkt aantal resultaten waarover we beschikken, blijkt dat de bodem uit heel verkreukelde sedimentaire lagen bestaat."
-"Dat klinkt vaag," zei Geller, "ik ben nieuwsgierig naar waarom dit onderzoek u of de universiteit interesseert." Het eerlijke antwoord was de universiteit helemaal niet in het onderzoek geïnteresseerd was, en dat ik dit enkel deed om Reinhard een kans te geven Geller regelmatig te ontmoeten. Reinhard keek dringend naar mij: vind iets!
-"Wel, mijnheer Geller, het is de geheimzinnigheid," antwoordde ik, "in tegenstelling tot het andere werk van uw vader, of dat van zijn collega's, werd hier met relatieve coördinaten gewerkt."
-"Relatieve coördinaten?"
-"Alle afstanden en dieptes zijn uitgedrukt relatief aan een arbitrair gekozen beginlocatie aan de oppervlakte; maar de absolute coördinaten van die beginlocatie zijn nergens vermeld. We beschikken over geen enkele plaatsnaam."
-"Althans voorlopig niet," vulde Reinhard aan, "want ziet u, mijnheer Geller, de teksten in de dossiers zijn in het Hebreeuws…"
-"…wat een tweede reden is waarom dit dossier zo geheimzinnig is," onderbrak ik. Klaus was sinds mijn laatste ontmoeting ook reeds in het archief geweest, en vervolledigde:
-"Want uw vader heeft in geen enkel ander van zijn dossiers het Hebreeuws gebruikt." Op deze manier hadden Klaus en ik aan Reinhard de perfecte voorzet gegeven:
-"En dus, mijnheer Geller, vrees ik dat we uw hulp nodig zullen hebben als we de verborgen schatten in dit voor uw vader zeer belangrijke werk naar boven willen halen."

Bij de lyrische verwoording bekeek Geller Reinhard met een kleine glimlach. Maar hij ging volledig mee in het verhaal; het ging tenslotte over zijn vader, en welke mens geloofde niet graag dat z'n vader met iets heel belangrijks bezig geweest was?!

-"Natuurlijk! Natuurlijk kan u op mij rekenen," zei Geller, "waar zijn die dossiers?" Klaus opende meteen een kaft voor hem. Ze bevatte handgeschreven notities. Geller haalde zijn bril boven en concentreerde zich hard.

-"Uw vader is er zelfs in geslaagd de scheikundige symbolen te coderen." Ik wees ze aan met mijn potlood. Enig idee welke elementen dit zouden kunnen zijn?"

-"Mag ik daar eens een namiddag voor inplannen?" vroeg Geller. "Ik heb het de eerstkomende tijd nogal druk, ziet u."

-"Met het concert van Anastasiya natuurlijk," zei ik. Daarmee had ik de deur open gezet voor Reinhard. Ik keek onmiddellijk naar hem: graag gedaan!

~

Geller trok een bedenkelijke blik; dit zat er natuurlijk aan te komen! Reinhard liet er in elk geval geen gras over groeien:

-"Wel, en wat een gelukkig toeval, mijnheer Geller, dat net vandaag de juwelier mijn geschenk voor Anastasiya klaar had! U herinnert zich nog dat ik het u *beloofd* had vorige keer?"

-"En wat hebt u voor haar gekocht, mijnheer de baron?"

-"Wel, iets heel persoonlijks, smaakvol uiteraard, en toch een beetje bescheiden." Reinhard bescheiden, ik was benieuwd! Hij haalde een rood lederen doosje uit, dat versierd was met gouddraad. Het doosje op zich was reeds een geschenk! Daaruit haalde hij een donkergrijs hangertje aan een halssnoer. Het donkergrijs was wat het geheel bescheiden moest maken. Platina! Het hangertje was een verweven, heel gedetailleerde sculptuur, een verstrengeling van lichamen en de letters "A" en "R". Er bevond zich een op het eerste zicht niet op te merken deurtje in. Maar als je de arm van het vrouwenlichaam bewoog, klapte het deurtje met een sprong open en was een compartimentje zichtbaar. Daarin zat een heel klein rolletje zijdepapier.

-"Wat is dat?" vroeg Geller, die bijzonder geïntrigeerd was door het geheel. Dát was nog eens iets om aan de zangeres te geven! Hij kon een museum maken met alle geschenken die hij reeds ontvangen had en nooit aan Anastasiya getoond. En een bibliotheek met alle brieven.

-"Ik zal het haar zeker bezorgen, mijnheer de baron, en ik dank u alvast in haar plaats. Maar ik kan niet beloven dat u enig persoonlijk antwoord van haar zal krijgen; die eer heeft helaas nooit iemand gehad."

-"Wel, mijnheer Geller, dat risico moet Reinhard nemen. Want als hij het niet aan Anastasiya geeft, moet hij een ander lief met de letter 'A' zoeken!" Het was Klaus op zijn droogst. "Trouwens, Reinhard, je kan maar hopen dat haar echte naam ook met een 'A' begint!" Reinhard was een seconde van zijn stuk gebracht maar herpakte zich onmiddellijk:

-"Oh, maar mij zal ze wel antwoorden!" zei hij met stellige zekerheid.

-"En wat staat er op dat rolletje papier, mijnheer de baron?"

-"Ha, zorg maar dat u een vergrootglas meeneemt als u het haar afgeeft," antwoordde Reinhard.

-"In orde, mijnheer de baron, dat doe ik ook voor u. Maar vandaag heb ik geen vergrootglas bij."

-"Geen enkel probleem, mijnheer Geller, want ik ken de tekst van buiten." Als een groot orator die het meest sublieme gedicht ging voordragen, positioneerde Reinhard zich in het midden van de kamer. Hij had het zelf geschreven. Dit zou amusant worden! Hij hief aan:

Sommigen zeggen dat je een gewoon meisje bent,
Dat weliswaar goed kan zingen,
Maar naar school gaat zoals iedereen.
Sommigen zeggen dat je een spionne bent,

Die weliswaar goed kan acteren,
Maar in de pas loopt zoals iedereen.
Sommigen zeggen dat je een straatkind bent,
Dat weliswaar goed kan manipuleren,
Maar geld nodig heeft zoals iedereen.

Ik, Reinhard Forel daarentegen,
Weet wat echte klasse is,
Meer dan iedereen.
Ik weet dat zich achter dat masker,
Een gelaat bevindt dat de sterren doet zingen,
Mooier dan iedereen.

Omdat jijzelf ook een ster bent,
Even schitterend
en even onbereikbaar voor iedereen.
Maar mocht de tijd ooit komen,
Dat de ster niet meer alleen wil zijn,
Dan hoop ik dat ze mag vallen
Recht in mijn hart,
Enkel voor mij alleen.

We applaudisseerden. Het was een kinderlijk gedicht, maar tezelfdertijd zo oprecht als van een kind. Het paste bij Reinhard.

-"Ik zal het haar zeker bezorgen, mijnheer de baron, en ik neem dus ook een vergrootglas mee!" Reinhard dankte Efim Geller.

~

Omdat we onze gedachten onmogelijk bij iets anders konden houden, dronken Klaus en ik op de bewuste zaterdagnamiddag eerst nog een biertje. We speculeerden over wat Anoushka ons zou laten zien. In Gent had elke buurt z'n boeiende verhalen; zo had ik ooit een gegidste wandeling langs de Coupure gedaan, waar naast het relaas van wat zich achter de imposante gevels van de herenhuizen afspeelde, de gids vertelde over de oprichting van grote ziekenhuizen, over het café van de oud-strijders van Napoleon en over Victor Horta, zowaar een geboren Gentenaar! Ik had me sindsdien voorgenomen om ooit alle buurten van Gent te bezoeken.

Maar hoe boeiend ook, deze namiddag zouden de prachtige verhalen op de tweede plaats komen. Nadat Klaus en ik gedurende anderhalf uur het uurwerk in de gaten gehouden hadden — een nauwkeurig uurwerk; ik moet de eerste Gentenaar met een kwartsuurwerk geweest zijn! —, konden we het niet laten om veel te vroeg te vertrekken. *Le beau monde se fait attendre*; we hadden gevreesd dat we nu wel echt lang op het Sint-Pietersplein zouden staan schilderen. Maar toen we het plein opwandelden, stond het drietal reeds aan de Sint-Pieterskerk. Anoushka had actief uitgekeken naar onze komst en kwam ons als eerste begroeten. Reinhard kwam achter met zijn nichtje aan de hand. Alexandra! Omdat ik haar sinds het bezoek aan het schooltje niet meer teruggezien had, voelde ik me onwennig. Maar Reinhard, in de nopjes met zijn organisatie, leidde de conversatie tot Alexandra en ik de draad weer opgepikt hadden.

Anoushka had de Gentse zoo als onderwerp voor de wandeling uitgekozen. Die werd opgericht in 1851 en was gelegen tussen de Sint-Pieterskerk en wat vandaag het Zuidpark heette. In die tijd lag in dat park de spoorlijn naar het Zuidstation, dat in 1905 het einde van de zoo betekende; in dat jaar immers verloor de zoo de concurrentie met de trein omdat burgers uitstapjes met de trein naar zee verkozen boven het abonnement om een jaar tussen de dieren rond te wandelen.

Want zo werkte het toen: enkel de burgers die zich een jaarabonnement konden veroorloven, kwamen ooit in de zoo. Daar kwamen ze trouwens verrassend dikwijls, en niet enkel om de dieren te zien; in de zoo kwam de burgerij haar huwbare dochters tonen in de hoop een geschikte partij te vinden. Anoushka vertelde het verhaal met veel plezier. Zou ze omwille van dit verhaal de zoo voor de wandeling uitgekozen hebben? Toen Reinhard even knipoogde naar Klaus, kuchte die nerveus in de hand.

Nadat Anoushka de dierentuin weer tot leven gebracht had, althans het kleine stukje dat er nog van overbleef en intussen het Muinkpark heette, toonde ze ons de woonwijken die gebouwd werden op de andere percelen van de vroegere zoo.

Terwijl de intellectuele Klaus Anoushka honderduit uitvroeg en Reinhard zich moeide in het gesprek, stond Alexandra in mijn buurt. Ik was me heel bewust van alles wat ze zei en deed. Ze was nog steeds mijn ultieme fantasie, het enige meisje waarop ik ooit verliefd was. *Vergeet het, Dominique, je verliest gewoon je tijd,* hadden mijn schoolmakkers me gezegd. Ze waren even verliefd op haar geweest als ik, maar hadden in tegenstelling tot mij hun mond gehouden. Dat Alexandra intussen weduwe en moeder van drie kinderen was, had haar pracht niet verminderd, integendeel: het was alsof de verantwoordelijkheid en maturiteit aan haar uitstraling een extra dimensie toegevoegd hadden. En dan was er mijn groot geheim... als ze dat ooit te weten zou komen... Het idee deed me huiveren.

Ik vroeg me nu af hoe ik de conversatie over computers kon openen. Eigenlijk had ik op het schooltje reeds getoond wat ik te tonen had. Ze had haar gedacht opgemaakt. Het zou enkel zielig geweest zijn om om een tweede kans te vragen. Ik was gespannen. Alexandra van haar kant luisterde geamuseerd naar wat Anoushka te vertellen had. Intussen waren we in de woonwijk gekomen die gebouwd was op het gedeelte van de zoo dat het dichtste bij het vroegere Zuidstation gelegen had. Anoushka liep van huis tot huis en wees op de art deco elementen; in de korte periode waarin de hele buurt gebouwd werd, was er een architecturale mode in voege geweest die maakte dat metsers hun bakstenen met een beetje fantasie mochten plaatsen. Het was iets waar je argeloos aan voorbij liep, tot je je er bewust van werd. Geamuseerd liepen wij van gevel tot gevel op zoek naar de bizarre steentjes, die soms recht en soms schuin uit de muur staken.

Het was net op het moment dat ik haar even vergeten was, dat Alexandra het onderwerp aansneed:

-"Anoushka zei dat ik met jou moest praten. Ik had dat al vroeger moeten doen."

-"Je bedoelt..."

-"Ik was inderdaad onder de indruk van wat je op het schooltje toonde." Ik was in de wolken. "Weet je," vervolgde ze, "als je zoiets met een mainframe computer wilt doen, ben je een fortuin kwijt." Ik had me nooit die vraag gesteld; ik had zelfs nooit een mainframe computer gezien, enkel zijn ponskaartmachines. Als je een programma wou laten lopen op de mainframe van de universiteit, moest je per lijntje code een kartonnen kaartje maken. Dat deed je op een soort schrijfmachine, dat gaatjes prikte op de juiste plaatsen op het kaartje. Nadat je op dergelijke manier een dik pak kaartjes gemaakt had, maakte je een kartonnen kaartje voor elk gegeven. Dat leverde opnieuw een pakje kaartjes op. Je voedde vervolgens beide pakjes aan een machine, die de kaartjes las en de inhoud doorgaf aan de mainframe. Die las eerst de code, verwerkte vervolgens de gegevens, en produceerde het resultaat van de berekening in de vorm van nieuwe kaartjes. Grote bedrijven zoals de Vissermans beschikten over schermen, die toestonden de lijntjes code en gegevens onmiddellijk aan de mainframe te voeden. Maar omdat mainframes in essentie niet meer deden dan kaartjes slikken en produceren, waren zij enkel geschikt voor administratieve toepassingen zoals boekhouding. Als je de mainframe een elektromechanische installatie wou laten aansturen, moest je een interface kopen, een schakel tussen de mainframe en een machine. Een bijkomend probleem was dat mainframes niet in real time werkten, waardoor ze niet geschikt waren om lopende processen bij te sturen.

-"Dat kan ik me voorstellen!" lachte ik. We hadden een goed gesprek. Ik voelde nog steeds dubbel over het feit dat ze me zich helemaal niet herinnerde vanuit onze schooltijd. Enerzijds was ik verbijsterd dat ze de technicus niet herkende aan wie ze zovele instructies gegeven had bij de opzet van haar events en spektakels. Was ik zo onbelangrijk geweest, of had ze gewoon teveel mensen gekend om zich iedereen te herinneren?

Maar anderzijds was ik blij dat het beeld dat ze ooit van mij gehad moest hebben, volledig uitgewist was. Ik was wat ze een... nerd noemden, enkel bezig met wiskunde en elektronica, en in het bijzonder met het bouwen van microcomputers, mogelijks zelfs de eerste in Gent. "Maar wat ik op het schooltje laten zien heb," blufte ik, "was slechts klein bier met wat ik recentelijk gebouwd heb." Waarom had ik dit gezegd?! Het was nog te vroeg! Ik had het eerste document ontvangen dat perfect uitlegde hoe... als dat zou kunnen... Maar ik moest het nog bouwen. En het was zo ingewikkeld...

-"Oh ja, en wat zou dat wel kunnen zijn?" vroeg Alexandra. Ze vroeg me uit. Ze had iets gelezen over grafische interfaces en computermuizen. Ik zag aan haar blik dat ze daar niet van onder de indruk was; nog meer speelgoed! Maar ik dacht aan iets anders. Met een glimlach schudde ik het hoofd. "Wil je het me vertellen?" vroeg ze uiteindelijk.

-"Je moet het zien om het te geloven," zei ik. En zo had ik mezelf veroordeeld tot vele dagen en nachten werk, tot de dag dat ze langs zou komen.

~

Anoushka sloot de wandeling af met een diner op het Fleur-de-Lys, het reusachtige kasteel met z'n vele glooiende armen als van een octopus. In een van die armen woonde Reinhard. Hij was de zoon van baron en markiezin Didier en Laetitia Forel. Anoushka woonde in een tweede arm met haar ouders, prins en prinses Robert en Kathrin de Vissermans, terwijl barones Alexandra in een derde arm woonde met haar ouders, baron en markiezin Anthony en Hélène de Hoedemaecker. Hélène en Laetitia waren zussen. Anthony, ooit verkozen na een historische overwinning van Gantoise, was intussen reeds een generatie lang burgemeester van Gent.

Klaus knipperde met de ogen bij het betreden van het immense park rond het Fleur-de-Lys. Hoe vreemd toch was de psychologie van een kind. Want hoewel Klaus hier in zijn jeugd onmetelijk veel tijd doorgebracht had, was door de plotselinge breuk zijn herinnering verworden tot een schim. In plaats van alle prachtige belevenissen als een schat te koesteren, had hij ze onbewust herschikt tot het verhaal van iemand anders. En vooral vergeten.

Reinhard was er intussen in geslaagd de groep in twee te delen zonder dat iemand het doorhad, en vervolgens zelf te verdwijnen. Dat maakte dat bij het avondschemer Klaus met Anoushka door het park wandelde, en ikzelf met Alexandra. Met die laatste tussen dikke oude bomen kuieren, haar belangstelling genieten en alle tijd van de wereld hebben om met haar te praten, was mijn jarenlange fantasie geweest. Maar waren fantasieën niet verondersteld om onhaalbaar te zijn? Nu Reinhard me netjes in deze droomsituatie geparkeerd had, was ik me vooral bewust van mijn nietigheid in het aanschijn van de prachtige en schatrijke barones. Jongens, wat een paleis! En wat een park! Het Fleur-de-Lys had een Engelse tuin, die doelbewust een dergelijk gevarieerde en ingewikkelde structuur had, dat je vanzelf verdwaalde tussen de vijvers, de bossen, de weiden en de stallingen.

Mijn hersenen raceten om een goede conversatie ineen te puzzelen; ik had schrik van de stiltes die duidelijk zouden maken dat wij eigenlijk niets aan elkaar te vertellen hadden, of die Alexandra zouden nopen om te vragen naar welke school ik gegaan was; ik wou het niet hebben over hoe ik als loutere technicus in de coulissen aan haar prachtige spektakels meegewerkt had.

Wellicht was iedereen bang om te converseren met een meer succesvol iemand. Waarover zou de piloot van Airforce One het hebben als hij een uur met de president alleen was? Waarover zou de tuinier het met koningin Elisabeth hebben? Enkel wellicht over bloemen en bloemen en bloemen. Het leek me dat de verantwoordelijkheid voor een vlotte conversatie volledig bij de president of koningin lag. Alexandra was op dit moment de koningin; ze leidde de conversatie. Ze vertelde over de uitdagingen van de enorme technologische evolutie, en over haar moeilijke keuze tussen minicomputers en client-server oplossingen.

-"De microcomputers zijn voor jullie nog een ver van mijn bed show," merkte ik schamper op. "Pc's," voegde ik daaraan toe om ze moderner en aantrekkelijker te laten klinken. Ze merkte mijn ontgoocheling.

-"Wel, Dominique, bedrijven denken momenteel enkel in termen van een lange 'ketting'. Dat is een lang administratief proces dat stap na stap uitgevoerd wordt, waarbij het resultaat van de vorige stap aan de volgende gevoed wordt. De waarde van informatica ligt hem in de automatisering van die ketting; vroeger had je daar een leger bedienden voor nodig, nu slechts een handvol. Voorlopig geven we enkel pc's aan managers om hen een plezier te doen. Ze winnen zogezegd tijd omdat het opstellen van een brief sneller verloopt op een pc dan op een schrijfmachine, maar na het afdrukken moet alles evengoed de omslag in en via de interne post rondgestuurd worden." Ik stelde me de werking van de interne post voor, met haar sorteercentrum, postbodes, briefomslagen, bakjes 'in' en bakjes 'uit'. "Maar jij ziet blijkbaar veel meer in die pc's," stelde ze vast.

-"Wel, je moet je het werk van een ingenieur of een vorser voorstellen; zij hebben een model en willen het resultaat optimaliseren door met de parameters te spelen. Of ze hebben vele statistische gegevens door dewelke ze een lijn willen trekken."

-"Klinkt nogal theoretisch, Dominique. Wat heb jij zoal met pc's gedaan?" Wat ik zoal met pc's deed, had ze al van Reinhard gehoord, die het natuurlijk enkel over de spelletjes gehad had!

-"Wel, ik ben nu een geologisch onderzoek aan het uitvoeren voor Efim Geller. Ik heb een programma dat me toestaat de resultaten van de analyses van boringen in te voeren. Het programma geeft me vervolgens een grafische voorstelling van de bodemstructuur op het scherm. De bedoeling is uiteraard om te bepalen waar je precies moet boren om nog meer van een of andere waardevolle grondstof te vinden."

-"Een grafische voorstelling?" Dat was een van de zwakke punten van een mainframe natuurlijk: enkel cijfers en letters.

-"Ja, en ik kan het programma precies vertellen welke mineralen, of wat dan ook, ik wil zien en welke niet."

-"Heb je ook al toepassingen voor andere instellingen gemaakt?"

-"Jazeker," zei ik fier, "ik heb intussen een pak klanten."

-"Wie zijn de klanten?" Oei, die vraag had ik moeten voorzien; Alexandra ging plots recht af op wat ze absoluut wilde te weten komen en ik absoluut verborgen wou houden.

-"Ziekenhuizen en geneeskundige labo's," antwoordde ik zo vaag mogelijk. Ze fronste de wenkbrauwen:

-"Welke precies?" Hier wou ik echt niet op antwoorden:

-"Te veel om op te noemen." Alexandra drong voorlopig niet aan.

-"Waarom hebben ze die pc's nodig?"

-"Wel, de verschillende instellingen verwerken vele verschillende soorten gegevens. Het is daarom niet aangewezen om gecentraliseerde programma's te schrijven. Bovendien zijn ze geografisch verspreid en hebben ze niet de middelen om elk een mainframe te kopen."

-"Lijkt me logisch," mijmerde Alexandra.

-"Bovendien is geheimhouding van dossiers soms een cruciaal aspect," voegde ik daaraan toe. Waarom begon ik in 's hemelsnaam daarover?! Alexandra stopte in het midden van het pad en bekeek me met een indringende blik.

-"Geheimhouding, hoe doen ze dat?"

-"De gegevens worden versleuteld vooraleer ze op een diskette gezet worden. Je kan van de diskettes meerdere kopieën maken en afzonderlijk bewaren, maar om de inhoud te weten te komen, heb je de sleutel nodig." Ik zag dat ze een vraag wou stellen en vermoedde welke, maar gelukkig durfde ze niet.

We spraken af wanneer ze mijn kantoor zou komen bezoeken voor de demo van een toepassing waarvan ik de aard nog niet verklapt had. Omdat onze relatie reeds te veel in een zweem van geheimzinnigheid gehuld was, gaf ik gewoon toe dat ik heel veel tijd nodig had om de demo op te zetten, liever dan van haar te laten raden waarom ik hem zo lang uitstelde.

~

Klaus en Anoushka waren hand in hand een andere richting ingeslagen.

-"Ik vond het ongelooflijk hoe boeiend je de rondleiding maakte deze namiddag," zei Klaus "je bracht de zoo met zijn chique bezoekers helemaal tot leven!" Anoushka's hart sloeg harder bij het compliment; haar dierbare neef, haar dierbare Klaus, had het werk bewonderd waar ze zo fier op was. Instinctief kroop ze dichter bij hem en legde ze haar arm om zijn middel, waardoor hij geen andere keuze had dan van zijn arm om haar schouder te leggen. 'Dit zou het mooiste moment van mijn leven moeten zijn,' bedacht Klaus, 'behalve dat ze mijn nichtje is, achternichtje eigenlijk. Maakte dat een verschil? Zou Anoushka daar ook over nadenken?'

Een paar keer stonden ze stil omdat ze recht tegenover hem ging staan, hem diep in de ogen keek en hem vervolgens met gesloten ogen heel stil iets vertelde. Keer op keer moest hij naar haar toe leunen om haar te begrijpen. Haar volle, rustig bewegende lippen waren een haast onweerstaanbare uitnodiging om haar te kussen. Een enkele keer had hij haar hoofd in de hand genomen. Even had ze haar zachte ogen geopend, hem aangekeken en ze vervolgens weer gesloten, wachtend op de kus. Zo oneindig mooi, maar tezelfdertijd zo oneindig weerloos. Een koud verantwoordelijkheidsgevoel overviel Klaus; in plaats van haar te kussen, trok hij haar stevig tegen zich aan en drukte hij haar hoofd diep in zijn nek. Ze klemden elkaar vast tot ze er beiden overtuigd van waren dat ze elkaar nooit meer los zouden laten. Anoushka nam op dat eigenste ogenblik het besluit dat ze met haar neef zou trouwen. Maar dat plan had tijd; ze zou hem langzaam laten wennen aan het idee. Zelf zou zij intussen genieten van het feit dat hij voorlopig nog gewoon haar allerliefste neefje was. Tot ze van die vervelende Podborsky af was.

-"Klaus," zei ze vrolijk, "nu we hier in het park rondlopen, herinner jij je misschien waar je mijn schelpjes verstopt hebt." Die dekselse schelpjes!

-"Misschien wel," zei Klaus, "als jij me nog eens het verhaal van 'de Schat van de... Zeerover' kan vertellen." Hij herinnerde het zich nog! Ze gaf hem spontaan een kus. Hij lachte van geluk. Anoushka vertelde hem nogmaals het verhaal zoals ze dat op het schooltje reeds verteld had, over hoe Klaus en zijzelf na het lezen van 'de Schat van de Zeerover' samen een schat verstopt hadden. Maar het zicht op het stille, donkere park bracht hem geen stap verder; hij herinnerde zich niet meer waar. "Je zei dus dat we het in een gebouw verstopt hadden?" verifieerde Klaus.

-"Ja. Ik heb alle gebouwen van het park doorzocht, de opslagruimtes, de paviljoentjes, de stallen..., maar nergens zag ik het kastje."

-"Leek het destijds alsof ik het gebouwtje goed kende?" vroeg hij.

-"Ik denk het wel. Het was een lange wandeling, maar je wist precies waar je de schat kon verstoppen. Nadat je ze verstopt had, vertelde je een heel lang verhaal."

-"Wel, dat is eigenlijk het enige wat ik me herinner," gaf Klaus toe, "we werden ingesloten door een vrijend koppeltje en ik wou je het zicht besparen. Dus vertelde ik een verhaaltje tot het koppeltje weer weg was. We zijn om die reden veel te laat terug op het kasteel gekomen. Iedereen was ongerust. Ik heb ferm onder mijn voeten gekregen." Anoushka luisterde met grote ogen naar het indrukwekkende verhaal van hoe haar grote neef voor haar gezorgd had en toch nog berispt werd.

-"Daar herinner ik me niets van, " zei Anoushka, "maar jij wel! Het blijkt dat we elk een stukje van de puzzel kennen."

-"Maar het belangrijkste puzzelstukje ontbreekt," antwoordde Klaus, "we herinneren ons niet waar het gebouw stond."

-"Het moet een gebouwtje geweest zijn waar je veel kwam, of dat heel belangrijk voor je was." Ze dachten tevergeefs na over wat dat wel geweest had kunnen zijn.

-"Wel, ik geef je tijd om daarover na te denken..." besloot Anoushka. Klaus begreep dat Anoushka impliciet een nieuwe afspraak met hem maakte. Het werd zelfs een heel concrete: " ...tot je me eens komt bezoeken in de Sint-Baafskathedraal!"

-"Je bezoeken in de kathedraal? Wat doe je daar?"

-"Gidsen natuurlijk!"

~

We waren vervolgens te gast op wat je het eeuwige feest zou kunnen noemen. Reeds een generatie lang zaten alle families van het kasteel elke avond samen aan tafel, behalve dat prins Jan de Vissermans en zijn vrouw, de grootouders van Anoushka, intussen overleden waren. Ik moest een eerste keer naar adem happen toen ik door de drie meter hoge dubbele deur in de eetzaal keek. Wat een droom! De zaal had de vorm van een ellips, overspannen door een zacht glooiende koepel. Ik voelde me onmiddellijk opgewekt door de luchtigheid, de majestatische rij boogvensters die uitgaven op een groot terras, en het dozijn kleine ronde vensters rond de koepel. De koepel zelf was volledig versierd met wit rococo half reliëf met klassieke mythologische tafereeltjes, terwijl de achterwand ruimte bood aan een gigantisch bucolisch schilderij van Gust De Smet. Anoushka was ingenomen met hoe Klaus en ikzelf met open mond de zaal bewonderden, en deed meteen de volledige uitleg.

-"Wel, neefje, herken je het nu?" besloot ze.

-"Ik herinner me een grote zaal, maar voor een kind zag dit er helemaal anders uit. Kijk maar," lachte hij. Hij draaide zich om en wees naar de drie kinderen van... Alexandra! Ik hapte naar adem; voor het eerst in mijn leven was ik zo geëmotioneerd dat ik mijn bewegingen nog nauwelijks onder controle had. De voorbije week had ik gefantaseerd over een leven met Alexandra en haar kinderen. Het was op zich reeds een idyllisch plaatje geweest, maar nu ze hier zo piekfijn uitgedost in deze prachtige zaal rondliepen, wist ik met mijn gedachten geen blijf. Alexandra kwam ze voorstellen:

-"Dominique en Klaus, dit zijn mijn drie liefste kinderen. De oudste hier heet Sebastian." Ze nam hem bij de hand. "Sebastian, dit zijn mijnheer Klaus en mijnheer Dominique." Sebastian gaf beleefd een handje aan Klaus en zei flink "dag mijnheer Klaus," vooraleer hij zich naar mij draaide. Ik merkte dat hij een fractie van een seconde van zijn stuk gebracht was zonder dat hij besefte waarom. "Dag mijnheer Dominique." Daarna volgden de twee dochters Miranda en Laetitia, die laatste genoemd naar haar tante en meter, Reinhards moeder.

-"Zie je nu waarom ik me weinig van de zaal herinner," zei Klaus, "als kind was ik zoals zij; zij zijn niet bezig met de zaal. Ze rommelen met hun kinderchampagne, ze willen aan iedereen hun laatste kunstjes tonen, maar ze hebben wellicht nog nooit stilgestaan bij de mooie lay-out van deze zaal, het mooie uitzicht op de tuin of de mooie decoraties."

-"Met een tante zoals ik?!" vroeg Anoushka.

-"Tante?"

-"Wel, niet echt een tante, maar voor hen ben ik een tante." Ze wenkte Sebastian. "Sebastian, grote jongen, vertel eens iets over de mythologische figuren in het plafond." Sebastian had geen aanmoediging nodig. Tot iemand kwam vragen om aan tafel te gaan, wees hij elk tafereeltje aan en vertelde hij het bijhorend verhaal. "Wel, wat denk je," vroeg Anoushka, "niet slecht voor iemand in het derde studiejaar, niet?"

-"En zeker geen slecht werk van de tante," zei Klaus. "En hij lijkt het nog echt leuk te vinden ook!"

-"Natuurlijk vindt hij het leuk!" Ze keerde zich naar Sebastian: "Vertel eens, Sebastian, wat is er leuker dan Griekse mythologie?" Sebastians ogen rolden in zijn kop. Ik merkte dat hij een hoop dingen kon opnoemen, maar ook dat hij besefte dat dat hier niet de bedoeling was.

Ik was nauwelijks bekomen van de pracht van de zaal en van de kennismaking met Alexandra's kinderen, toen Klaus en ik geïntroduceerd werden aan de ouders van Anoushka, prins en prinses Robert en Kathrin de Vissermans. We werden vervoegd door Reinhard.

-"Dit is Dominique, de informaticus waarover ik je sprak," introduceerde Alexandra me aan Kathrin.

-"En waarover ik je reeds lang sprak!" zei Reinhard. "Ik heb toch altijd gezegd dat Dominique de man was die jullie nodig hadden."

-"Niet aantrekken, Reinhard," zei Robert, "mij geloven ze ook nooit." Ik werd meteen aan Robert voorgesteld en vroeg me af of de prins zich mij nog herinnerde.

Robert was de meest geliefde persoon in de stad en iedereen had hem ooit wel eens ontmoet. Dat kwam om te beginnen omdat hij het werk van zijn grootvader en vader had voortgezet: wie in nood was, kon terecht bij Robert, die werkte en onderhandelde tot het probleem opgelost was. Maar daarnaast bracht hij regelmatig een kort bezoek aan de verschillende cafés van Gent, vooral aan de supportersclubs van AA Gent, en bezocht hij vele evenementen.

Ik had ooit de eer gehad hem te mogen verwelkomen op een opendeurdag van onze faculteit. Hij was de meest enthousiaste bezoeker die ik ooit gehad heb. In tegenstelling tot de andere bezoekers, die met zekere afstand naar de magie van de fysica keken, had Robert de show overgenomen. Eerst had hij allerlei extra experimenten verzonnen om zeker te zijn van wat hij gezien had, daarna had hij me de hele theorie laten uitleggen, om tot slot de demonstratie voor de volgende bezoekers te doen. Hij had er een ongelooflijk leuk spektakel van gemaakt, doorspekt met humor.

Hij had zich op de opendeurdag gedragen zoals iedereen hem kende. Overal waar hij kwam, was hij meteen het middelpunt van de belangstelling, iets wat reeds het geval was toen hij destijds als onbekende arme student uit het buitenland kwam. Hij zorgde er steeds voor dat iedereen z'n verhaal kon doen. Nadien herinnerde hij zich de verhalen en de mensen zelf. En dus ook mij vandaag; daar was ik zeker van!

-"Het is me een eer kennis met u te maken..., Uwe Hoogheid," zei ik voorzichtig. Robert lachte:

-"Hier in Gent kent iedereen me als Robert, Dominique. Dat had ik je vorige keer toch al verteld?!" Hij herinnerde zich mij! Kathrin observeerde hoe een traan uit mijn ogen sprong. Ze was eens te meer versteld van het effect dat haar echtgenoot op de Gentenaren had.

We namen plaats aan tafel. Klaus werd uitgenodigd om plaats te nemen naast Kathrin. Hij was er niet gerust in. 'Heeft Anoushka aan haar mama verteld dat ze verliefd op me is?' vroeg hij zich af. Dat was in elk geval niet het gesprek dat hij wou voeren! Anoushka nam plaats aan zijn andere zijde.

-"Zo, Klaus," opende Kathrin, "wat ben ik blij je eindelijk op het kasteel terug te zien!"

-"Het is inderdaad lang geleden," bevestigde Klaus, "ik herinner me nauwelijks iets."

-"Hoe gaat het met je zus en je moeder?"

-"Ik wou Nikki uitnodigen vandaag," giechelde Anoushka, "maar Reinhard was absoluut tegen." Klaus lachte; dus toch!

-"En welke aanvaring heeft Reinhard met Nikki gehad?" vroeg Kathrin nieuwsgierig.

-"De ergste," lachte Anoushka.

-"Ach neen," lachte Kathrin, "ze viel niet voor zijn charmes!" We keken met z'n allen richting Reinhard.

-"Waarover hebben jullie het?" vroeg die.

-"Nikki. Wanneer krijgen we haar te zien?" vroeg Kathrin. Nu Klaus terug is, hadden we ook graag zijn zusje gezien!"

-"Nikki heeft eerst een afspraak met mij tegoed."

-"Een afspraakje!" riep Anoushka verheugd.

-"Geen afspraakje, een afspraak!" corrigeerde Reinhard. Hij kon zijn zenuwachtigheid niet wegsteken.

-"Ik dacht dat hij op die zangeres uit was," zei Kathrin, "hoe noemt ze ook weer..."

-"Anastasiya, mama. Iedereen kent toch Anastasiya!"

-"Reinhard, hoe zit het met Anastasiya?" vroegen we lachend. Met die vraag had hij minder problemen:

-"Volledig op schema; komt in orde!" Hij zei het met zoveel overtuiging dat we geneigd waren het te geloven.

We genoten van de kreeftensoep. Obers liepen de hele avond af en aan met garnaalkroketten, lamsboutjes, veel wijn en water, en allerlei hapjes tussendoor. Alexandra zag mijn verbazing:

-"Wees gerust, we eten hier niet elke avond zo uitgebreid!" We werden beiden onderhouden door Kathrin, die nu over het verleden van Klaus vertelde en vragen stelde:
-"Wat is er precies gebeurd, Klaus? Gedurende jaren woonde je hier vlakbij en kwam je hier alle dagen spelen. Plots was je verdwenen, jij, je mama, en Nikki. We hebben nooit een uitleg gekregen." Het was de eerste keer dat Klaus het verhaal door iemand anders hoorde vertellen. Hij had nooit beseft dat het zo plotseling gebeurd was. Hij, Nikki en zijn mama waren met vakantie gegaan nadat ze een langere tijd dan gewoonlijk niet meer op het kasteel geweest waren. Toen ze uit vakantie terugkeerden, trokken ze naar een nieuw huis in de stad. Alles was netjes verhuisd. Hij en Nikki hadden een leuke kamer gekregen, en gedurende een tijdje had het geleken alsof ze van de ene vakantiebestemming naar de andere verhuisd waren. De uitdagingen van een nieuwe school zorgden voor de nodige afleiding. Af en toe vroegen hij en zijn zusje naar het kasteel, kregen ze de belofte dat ze daar snel weer naartoe zouden keren, maar uiteindelijk gebeurde het nooit meer. Het kasteel met z'n speelkameraadjes verdween in het verwarde geheugen van de twee kinderen.
-"Ik sta er versteld van," antwoordde Klaus, "want ik heb er nooit bij stilgestaan; voor Nikki en mezelf gebeurde het niet brutaal. Mijn mama heeft ons nooit iets verteld."
-"Des te merkwaardiger," observeerde Kathrin. We waren even stil. "Sylvia," zei Kathrin vervolgens, "zij kan volgens mij de enige reden geweest zijn."
-"Sylvia? Welke Sylvia?"
-"De koningin van Sylvanië, eerst de weduwe van koning Willem, intussen ook de weduwe van Igor Podborsky. Ze is de moeder van Frank."
-"Klaus kan volgen," lachte Reinhard, "hij is professor Slavistiek, gespecialiseerd in Sylvanië."
-"En dat is helemaal geen toeval," zei Kathrin. "Zijn moeder was ooit de beste vriendin van Sylvia. Toen Sylvia naar Sylvanië trok om met Willem te trouwen, is Klaus' mama gewoon met haar meegegaan en heeft ze daar een tijdje gewoond. Ze was begeesterd door het land."
-"Maar desondanks is ze weergekeerd," zei Klaus, "ze heeft ons nooit verteld waarom."
-"Jouw moeder houdt van mysteries; ze is op een even zonderlinge manier uit Sylvanië vertrokken als ze hier verdwenen is. Niemand wist waar ze na haar vertrek uit Sylvanië naartoe was, behalve, zo bleek later, mijn vader."
-"De hertog Bernard Martin?" vroeg Klaus verwonderd; zelfs dat wist hij niet!
-"Jouw mama is vervolgens in Seraing gaan wonen, waar Nikki en jij geboren zijn."
-"Dat weet ik," zei Klaus, "ik herinner me nog iets van die periode."
-"En dan volgt het derde grote mysterie van je moeder," zei Kathrin. Het was een delicaat onderwerp maar Kathrin besefte dat de nieuwsgierigheid bij Klaus honderdmaal groter dan de schaamte moest zijn.
-"Mijn vader," zei Klaus.
-"Heeft ze je ooit iets verteld?"
-"Dat het een zachte, lieve en goede man was, dat is alles."
-"Geen naam?"
-"Geen naam, geen beroep, geen leeftijd, niets."
-"Uit Seraing?"
-"Zelfs daar was ze vaag over. Nikki en ik hebben meermaals met mijn mama ruzie gemaakt over dat onderwerp."
-"Tevergeefs dus."
-"Het is eigenlijk het enige wat we haar kunnen verwijten. Ze heeft haar uiterste best gedaan om ons de beste opvoeding te geven, vooral in alles wat met Sylvanië te maken had. Ik werd dus professor slavistiek, en Nikki, ja..."
-"Dat verhaal kennen we," lachte Kathrin, "ze heeft voor de Vissermans al veel verkocht in het Oostblok. Zo moet ik het eigenlijk zeggen, ..."
-"... want zij verkoopt uiteraard niet!" lachte Klaus.

-"Ik heb eens met Nikki over het verleden gesproken," vervolgde Kathrin, "maar ze herinnert zich even weinig als jij. De enige die uiteraard meer weet, alles weet, is jullie mama. Maar zij heeft dus helemaal niets aan jullie verteld?"

-"Neen, mama is zo al zwijgzaam van nature. Dan is het te begrijpen dat ze al helemaal niets zei over wat er in Seraing gebeurd is; het moet heel pijnlijk en gênant voor haar geweest zijn. Maar we hadden wel verwacht dat ze over haar belevenissen in Sylvanië zou spreken, over hoe ze als vriendin van Sylvia in het prachtige koninklijke paleis gaan wonen was."

-"En zelfs daar sprak ze niet over?"

-"...alsof ze daar nooit geweest was! Maar als ik het goed begrijp, is Sylvia hier geweest?"

-"Sylvia was een jeugdvriendin van mij," zei Kathrin, "koning Willem heeft haar zelfs via mijn vader ontmoet. Na de dood van haar tweede man, Igor Podborsky, kwam ze hier dikwijls uithuilen. Er waren eerst de intimidaties vanwege de Podborsky clan geweest, vervolgens de dood van de kinderen die ze met koning Willem had, daarna de dood van Willem zelf, en ten slotte de dood van Igor Podborsky..."

-"Was haar huwelijk met Igor een gedwongen huwelijk of een verstandshuwelijk?" vroeg Klaus.

-"Neen, zo mag je het niet echt noemen. Igor was een charmante man. Je zou het niet echt van een maffialeider verwacht hebben, maar zo was hij gewoon. Na het huwelijk voelde hij zich goed in z'n sas. Zijn belangrijkste doel was Frank als legitiem troonopvolger erkend te krijgen. Maar dat zou hij dus niet meer meemaken."

-"En mijn mama?" vroeg Klaus.

-"Zij is uit Sylvanië vertrokken tijdens de periode van de intimidaties, toen allerlei vreemde dingen op het kasteel gebeurden."

-"Naar Seraing."

-"Zoals blijkt uit alles wat we weten. Maar Sylvia gelooft het niet, denk ik."

-"Heeft ze dat gezegd? Weet ze meer?"

-"Mogelijks; telkens ik het over het vertrek naar Seraing had, sloeg ze haar ogen op, als om te zeggen dat ze daar niet veel van geloofde. Maar ze wou er niet over spreken."

-"Nochtans is het duidelijk dat mijn moeder in Seraing gewoond heeft."

-"Tja, dat is duidelijk; mijn vader heeft haar daar een paar keer bezocht. Maar buiten de melding van de geboortes van jou en Nikki heeft hij nooit iets willen vertellen over wat daar gebeurde."

-"Na een aantal jaren in Seraing is mijn mama dus met ons in de buurt van het Fleur-de-Lys komen wonen..."

-"...en is ze opnieuw vertrokken toen Sylvia hier na vele jaren voor het eerst weer op bezoek kwam."

Niemand kon raden wat er gebeurd was tussen koningin Sylvia en haar beste, tenminste voormalige beste vriendin, Klaus' en Nikki's moeder. Er waren allerlei geruchten, maar geruchten vulden altijd de leemtes in.

MASKERS

Het ging plaatsvinden in de voetbaltempel van AA Gent maar was een onmetelijk grootser en belangrijker spektakel dan wat daar ooit te zien geweest was. Lang op voorhand was een leger technici bezig het podium te bouwen. Dat bestond uit meerdere grotere en kleinere platformen op verschillende verdiepingen, waarop de zangeressen, danseressen en andere artiesten wisselend plaats zouden vatten. Heel hoog boven het podium installeerden de technici een magazijn aan luidsprekers zo volumineus als de grootste vrachtwagen. Het idee was om het geluid vanuit één centrale bron te laten vertrekken om interferenties te vermijden, luid genoeg voor het hele stadium en toch niet te luid voor de artiesten en het publiek vlakbij het podium.

Zelfs de bouw van het podium vond de pers boeiend. Het was een show op zich van een leger in het zwart geklede gemaskerde vrouwen die elkaars zussen konden zijn. Afwisselend waren ze aan het bouwen, apparaten aan het installeren, instructies aan het geven of veiligheidsagente aan het spelen. Tenzij je ze lang genoeg observeerde, leek elk van hen alles te kunnen. De journalisten waren ervan overtuigd dat sommigen onder hen pruiken droegen om het allemaal nog ondoorzichtiger te maken. Onder hen de zangeres dus, mogelijks slechts zelden, maar het kon toch niet anders dan dat ze minstens één keer naar het podium kwam kijken.

Ik ging een uurtje met Reinhard naar het — nu, ja — spektakel kijken. Ik stond verveeld tussen de journalisten langs de zijlijn toen Reinhard zich een weg naar het podium baande. Hoewel hij snel gestopt werd, slaagde hij er toch in de manager te pakken te krijgen.

-"Mijnheer Geller!" riep hij. Geller keek op en wandelde naar Reinhard. Hij riep iets in het Sylvaans naar de veiligheidsagentes.

-"Ach, mijnheer de baron, blij u hier te mogen ontmoeten. Hoe gaat het met u?"

-"Ik wou u net hetzelfde vragen. Is de zangeres hier trouwens?" probeerde Reinhard. Geller glimlachte enkel. "Hebt u haar mijn geschenk gegeven?"

-"Dat heb ik haar zeker gegeven."

-"Wat was haar reactie? Wist ze wie ik was?"

-"Dat heb ik u intussen al een paar keer bevestigd, mijnheer de baron: ze weet wie u bent! Hoewel ze het geschenk niet in mijn bijzijn geopend heeft, ben ik zeker dat ze onder de indruk was."

-"Kunt u het haar nog eens vragen?"

-"Luister, mijnheer de baron, u weet als geen ander dat u zich niet te wanhopig mag opstellen; dat is geen goede strategie." Intussen stelden de journalisten me vragen over Reinhard:

-"Kent u de baron? Waarom is hij hier? Is hij de vriend van de zangeres? Weet hij wie ze is? Wil hij ze veroveren?" En zo ging het nog een tijdje door.

-"Reinhard weet of probeert niets," antwoordde ik, "hij is gewoon bevriend met Geller; hij helpt hem met een dossier van zijn overleden vader." Dat klonk gelukkig saai genoeg.

-"Of is Reinhard bevriend met de consul?"

-"Welke consul?" vroeg ik.

-"Dáár!" Ach neen! Geller zag haar aankomen.

-"Excuseert u me, mijnheer de baron, maar we moeten een paar problemen oplossen: werkvergunningen." Tot zijn ontsteltenis zag Reinhard Nikki aandraven met documenten in de hand; het was te laat om zich uit de voeten te maken. Nikki sprak hem onmiddellijk aan:

-"Wel, Reinhard, ik mag je toch Reinhard noemen? Op zoek naar de zangeres?"

-"Neen, naar u!" zei Reinhard. Dat was gemakkelijk gezegd, maar nu?

-"Naar mij??" vroeg Nikki in ongeloof. "Wel, je hebt geluk; hoe dikwijls ben je hier al geweest de voorbije dagen?" Reinhard stond voor schut.

-"Neen, het is de eerste keer dat ik hier ben," verdedigde hij zich, "ik was in de buurt..."
-"En waar kan ik je mee helpen?" vroeg Nikki terwijl ze Geller de werkvergunningen overhandigde.
-"Wel, ik wou je uitnodigen; dat ben je toch niet vergeten?"
-"Neen, dat ben ik helemaal niet vergeten, geloof me." Klonk dat spottend? Moeilijk te zeggen. "Je hebt me heel nieuwsgierig gemaakt. Vertel eens!" Reinhard had nog geen uitgewerkt plan, enkel een fantasie. Het zou nu een plan moeten worden.
-"Ik organiseer een luchtdoop voor het schooltje van hoogbegaafden dat ik sponsor. Ik nodig je uit om piloot te komen spelen voor de kinderen. Ik zorg wel voor de vliegtuigen." Nikki was extatisch:
-"Wat een fantastisch idee, Reinhard: een luchtdoop voor een schooltje!" Reinhard was in zijn nopjes; dit ging helemaal volgens plan! "Maar ik breng mijn eigen vliegtuig wel." Ok, haar eigen vliegtuig. Reinhard wou weten of het haar eigen vliegtuig was of een gehuurd, maar dat was voorlopig te opdringerig.
-"Prachtig," zei hij, "dat spaart me een hele kost."
-"Waar?" vroeg Nikki enthousiast.
-"Op het vliegveld van Ursel. Ik ben met de school nog de finale datum aan het vastprikken. Wanneer past het voor u?"
-"Voor mij? Alle dagen; daar maak ik tijd voor!"
-"Ik laat het je weten," zei Reinhard. Hij moest nog van nul beginnen. Behalve dat hij Nikki reeds uitgenodigd had.

Intussen sloeg ik een praatje met de journalisten:
-"Gisteren had je hier moeten zijn," vertelden ze me, "Frank Podborsky kwam ons vertellen wat we allemaal in de krant moesten zetten en wat niet. De prins loopt bloednerveus. Hij heeft schrik dat Anastasiya oproer in Sylvanië zal veroorzaken."
-"Wat wil hij dan dat jullie in de kranten zetten?"
-"Oh, we zijn het vergeten, wartaal. Maar wat je echt gemist hebt, is de korte verschijning van Anastasiya! Op een bepaald moment verscheen ze met een rood masker, zwaaide ze, en verdween ze weer." Hoe je de pers kon bezig houden! En hoe de pers het volk kon bezig houden!

~

Van de vele ballen die Podborsky in de lucht moest houden, was de min of meer werkbare verstandhouding met prinses Kathrin de Vissermans er een. De modus vivendi was gebaseerd op een zwaktebod van weerskanten: Kathrin speelde openlijk de rol van toekomstige schoonmoeder, terwijl Podborsky als belangrijke aandeelhouder Kathrins positie in de raad van bestuur versterkte. Maar de ontmoetingen waren in het beste geval houterig en onwennig.

Het was dan ook met een gewrongen maag dat Podborsky naar de fabriek op weg was. Hij had er een punt van gemaakt om minstens eenmaal per week in het gezelschap van Anoushka of haar moeder gezien te worden. Deze keer had hij een bezoek aan de fabriek uitgekozen, waar Kathrin met hem bij de verschillende directeuren langs zou gaan.

Podborsky was niet de man die zich ooit geliefd zou maken. Hij maakte bij iedereen de gehaaste, zenuwachtige indruk van iemand die voor elk gesprek een heel concreet doel had en dat doel zo snel mogelijk wou bereiken. Bovendien werkte de manier waarop hij zich als troonopvolger van Sylvanië geloofwaardig wou maken, averechts. Hij verplaatste zich in een konvooi van drie zwarte wagens. Van zijn twaalf lijfwachten namen er vier in elk van de wagens plaats, en dus ook in de sinistere verlengde limousine van hemzelf. Het geheel zag er niet uit als een koninklijke escorte maar als maffioos machtsvertoon, wat het in feite ook was.

Terwijl Podborsky naar boven begeleid werd, observeerde prinses Kathrin de binnenkoer. Ze vond het jammer dat de ravage van de voorbije staking reeds opgeruimd was; ze had graag Podborsky zich een weg zien banen tussen Livicki's schroot. Ze observeerde de handlangers, met hun zwarte Italiaanse maatpakken, gele hemden, zwarte dassen en zware gouden uurwerken. Hoewel ze van de gangsters uit het grauwe Oostblok sowieso geen klasse verwacht had, liet die bende geen gelegenheid onbenut om haar kwalijke reputatie eer aan te doen: ze gaven luide commentaar op de arbeiders die vrachtwagens uitlaadden, vielen de vrouwen lastig die net hun shift beëindigd hadden, en gingen zowaar in een hoekje urineren!

-"Ah, daar is de toekomstige koning. Dag Frank," verwelkomde ze hem. Het sarcasme ontging hem. Ze gaf hem drie obligate kussen.

-"Wel, dat hopen we tenminste!" Het koningschap was het meest gevoelige onderwerp, maar niet het enige: "Dus je zal een kleiner dividend uitkeren?" vroeg hij. Geld was heel belangrijk voor hem. Hij besteedde het aan alles wat zijn greep naar het koningschap kon versterken: diplomatieke feestjes, dure geschenken en zijn leger handlangers. Hoewel de communisten in Sylvanië Podborsky en zijn geintjes ver buiten het land probeerden te houden, moesten ze met lede ogen toezien hoe hij zich met het geld van de Vissermans een groeiende machtsbasis kocht. Maar de Vissermans maakte steeds minder winst, niet in het minst door het toedoen van Livicki, de man die ironisch genoeg door Podborsky gesponsord werd.

-"Tja, ik hoef je de uitleg niet meer te doen. Ik zal met jou even langs de verschillende afdelingen gaan." En zo bezocht hij de verschillende directeuren. Van de directeur verkoop kreeg hij te horen dat klanten misnoegd waren over te laat geleverde wisselstukken. De directeur aankoop vertelde hem dat tijdens de stakingen leveranciers zo geïntimideerd werden, dat ze niet graag meer langskwamen. En zo ging het een halve dag verder: schade, demoralisatie op de werkvloer, tekorten, ... Podborsky besefte dat hij hiervoor betaalde.

De rondleiding was zo georkestreerd dat Podborsky's verontwaardiging bleef groeien. Op het moment dat het zeker was dat zijn bloed kookte, passeerde men toevallig langs het kantoor van Livicki.

-"Laat me even alleen," zei hij nors. Het kantoor van Livicki bevond zich achter één van een lange rij bruine, dik gevernoste deuren in een gele gang met bruine vierkante tegeltjes. Maar het was niet moeilijk om vinden; zijn deur en het kleine stukje muur ernaast waren volledig met propaganda beklad. Podborsky opende resoluut de deur, ging binnen en sloot die meteen weer achter zich.

Het kantoor van Livicki was wellicht het meest kleurrijke van het hele land. Elke vierkante centimeter van de muren was bedekt met opruiende posters. Het geheel was schreeuwerig door de vele stijlcontrasten: de professioneel gemaakte tekeningen in de neo-expressionistische stijl die de communisten graag hanteerden, werden afgewisseld door amateuristisch getekende cartoons. Vooral die laatste waren aanstootgevend; zo waren er bloederige taferelen te zien waarbij op directieleden geschoten werd. Langs de muren stonden rekken waarin Livicki's pamfletten opgestapeld lagen. Het meest in het oog springende was het "Rode Boekje voor Scholieren", wat verwees naar het Rode Boekje van Mao. Het Rode Boekje voor Scholieren gaf 'praktische' informatie aan studenten, met onder meer zeer uitgebreid seksueel advies en instructies voor druggebruik. Het boekje proclameerde daarnaast dat huiswerk en punten niet nodig waren en nog veel minder de nood om het jaar over te doen. De overheid wou het boekje verbieden wegens subversief, maar zover was het zo te zien nog niet. Naast de rekken stonden Livicki's megafoon en geluidssysteem. Er was een merkwaardige afwezigheid van dossiers. Te midden van dat alles stond een tafel, met daarop Livicki's pronkstuk: een pc. Hij was erin geslaagd om als resultaat van de vele onderhandelingen een pc te bekomen, betaald door de Vissermans dus, waarop hij de activiteiten organiseerde tegen... de Vissermans, en tegen het Westen in het algemeen.

-"Dag mijnheer Livicki," zei Podborsky op strenge toon. Livicki stond onmiddellijk recht van achter zijn pc en maakte een buiging.

-"Majesteit, het is een eer..." Livicki stelde zich minzaam op tegenover zijn broodheer; de kapitalistische prins was nu eenmaal de spijtige tussenpersoon tussen hemzelf en zijn communistische opdrachtgevers.

-"U begrijpt dat u in uw eigen vel aan het snijden bent?!" viel Podborsky met de deur in huis. "Uw politieke activiteiten worden betaald door mij, maar beseft u waar ik mijn geld vandaan haal?"

-"Mijn excuses, majesteit, maar ik heb mijn instructies…"

-"…van die Bezmenov. Beseft u wel dat die Bezmenov het bedrijf gewoon kapot wil?" Livicki trok een scheve mond want dat wou hijzelf eigenlijk ook. "En beseft u trouwens dat u als werknemer van de Vissermans eigenlijk in het belang van het bedrijf moet werken?"

-"Wel, met alle respect, majesteit, maar zo zit het niet helemaal in elkaar."

-"Hoezo niet?"

-"Wel, sinds ik in de sociale verkiezingen verkozen ben, werk ik in de eerste plaats in het belang van de werknemers."

-"En hoe is dít in het belang is van de werknemers?" Podborsky's geduld was ten einde. "En die aandeelhouder waarop in die cartoon geschoten wordt, ben ik dat?"

-"Kan u dat alstublieft opnemen met de heer Bezmenov?" vroeg Livicki. Hij was nog steeds beleefd, want hoewel hij zowel het statuut van beschermd werknemer had, als van Bezmenov de garantie dat hij het geld voor zijn activiteiten zou blijven ontvangen, was het raadzaam om geen grote mond op te zetten tegen deze… maffiabaas. Hij huiverde bij het plotselinge idee dat Podborsky hem kon laten liquideren; zijn clan had, voor zover hij wist, nog geen mensen buiten Sylvanië vermoord, maar binnen Sylvanië des te meer, om te beginnen de twee kinderen van wijlen koning Willem. De legitieme kandidaat-troonopvolgers waren verkoold teruggevonden om plaats te ruimen voor de zoon van de nieuwe echtgenoot van koningin Sylvia. En die zoon stond nu vlak voor hem.

Podborsky overwoog een liquidatie, ware het niet dat als hij betrapt werd, dat het einde van zijn kansen zou betekenen om koning te worden. Van de Belgische politie of justitie had hij veel minder schrik; Wilfried Martens regeerde op dat moment met bijzondere machten om het begrotingstekort in te dijken, wat er onder meer op neerkwam dat er drastisch op politie besnoeid werd. Daardoor was het land door massa's overvallen op bankfilialen en geldtransporten geplaagd. En justitie was al evenmin ernstig te nemen; de situatie rond de Bende van Nijvel zei wat dat betrof, alles. Maar voorlopig was Podborsky dus machteloos tegenover Livicki.

-"Wat doe jij trouwens met zo'n microcomputer?" vervolgde Podborsky, "heel de dag spelletjes spelen waarschijnlijk, want daar dienen die dingen toch voor?! Wérk jij eigenlijk bij de Vissermans?"

-"Wel, ik heb hier wel degelijk een functie, bij de personeelsdienst namelijk. Ik help bij het verwerken van aanvragen en het opstellen van formulieren." Podborsky sloeg de ogen op; daarmee verdiende het bedrijf geen rotte cent. "En in die pc, want zo noemen deze dingen tegenwoordig, met alle respect, beheer ik alle bestanden van mijn activiteiten. Dat is veel veiliger."

-"Veiliger, hoezo?!"

-"Wel, het gaat hier om de privacy van mijn leden. Enkel ik hoef te weten wie ze zijn en waarin ze actief zijn." Dat was het dus: Livicki verhinderde dat er door de Vissermans in zijn dossiers gesnuisterd werd. "De gegevens zijn trouwens netjes met een paswoord beveiligd. Elke avond neem ik een kopie op een diskette die ik vervolgens naar een kluis in de bank breng."

-"En wat heb je aan die gegevens?" vroeg Podborsky verwonderd. Alles had in het verleden zonder pc's gefunctioneerd. Hoe konden die plotseling een verschil maken?

-"Wel, alles gaat sneller dan vroeger. Dankzij mijn pc kan ik onmiddellijk op een of andere gebeurtenis reageren. Op een halve dag kan ik een volledige mailing opstellen en uitdrukken. Daarna heb ik nog eens een halve dag nodig om ze in een omslag te stoppen, te frankeren en persoonlijk in de brievenbus te steken van het postkantoor aan het Sint-Pietersstation. 's Anderendaags 's morgens zijn al mijn leden op de hoogte."

Gedegouteerd nam Podborsky zo snel mogelijk afscheid. Prinses Kathrin zag hem vertrekken. Ze koesterde niet de hoop dat het bezoek onmiddellijk resultaat zou opleveren.

~

Ik kon me niet herinneren of ik mijn kantoor in het verleden ooit opgeruimd had, maar tegen die namiddag had ik het helemaal omgetoverd tot een splinternieuwe toonzaal, alles tot op de vierkante millimeter gepoetst en geschikt. En net zoals in een splinternieuwe toonzaal stond het vol met de planten die ik die ochtend speciaal voor de gelegenheid gekocht had. Dat allemaal tot grote hilariteit van mijn collega's:
-"Wel, Dominique, van plan uw kantoor te verkopen?"
-"Wel, Dominique, tot secretaresse gedegradeerd?"
-"Wel, Dominique, verstand kwijt. Reboot?" Tot er eentje, een vrouwelijke collega, raak was natuurlijk:
-"Wel, Dominique, verliefd? Komt ze op bezoek?"
Ontkennen hielp niet, zeker niet toen Alexandra haar opwachting maakte. In de doffe gangen met lage zolderingen was de verschijning van een knappe jonge zakenvrouw het laatste wat je verwachtte. Gapende monden volgden haar tot ze door de openstaande deur van mijn kantoor wandelde.
Ze was de eerste die niet onmiddellijk commentaar op mijn kantoor had; ze leefde in een wereld waar alles er even keurig en netjes uitzag. Ze gaf me drie zoenen op de wang.
-"Welkom in mijn bescheiden kantoor," zei ik.
-"Op de universiteit is er niet zoiets als een bescheiden kantoor," repliceerde ze, "de grootste uitvindingen komen uit de meest bescheiden lokaaltjes, en vooral rommelige."
-"Wel, dit kantoor is niet rommelig." Was dat nu goed of slecht? "Ik hoop dat ik je niet teleurstel." Ze lachte.
-"Je maakt me meer nieuwsgierig dan ik al was; wat wou je mij tonen?" Het grote moment was aangebroken. Ik had mijn verhaal goed voorbereid:
-"Wel, Alexandra, je wist al dat de wereld van de pc's razendsnel vooruitgaat. Welnu, iemand is op het idee gekomen om een communicatieprotocol van het Amerikaanse leger te doen werken tussen pc's." Dat was waarschijnlijk niet de meest sexy introductie. Alexandra sprak nu langzaam, nadenkend:
-"Ok... ik begrijp dat pc's nu met elkaar zullen kunnen communiceren via... een kabel?" Ik glimlachte.
-"Dat kunnen ze al," zei ik, "ik ben zeker dat je dat wist."
-"Ik heb advertenties gelezen over een kabeltje dat de seriële poorten verbindt, en een stukje software dat... "
-"Je hebt het nog nooit aan het werk gezien?" vroeg ik.
-"Neen. Ik heb gehoord dat het zo traag is, dat je er niet veel mee kan doen. Je kan trouwens slechts twee pc's met elkaar verbinden. Die technologie lijkt me dus niet nuttig. Als mensen berichten naar elkaar willen versturen, doen ze dat met de interne post."
-"En die werkt ongetwijfeld zoals de interne post op de universiteit: iedereen heeft een bakje 'in' en een bakje 'uit'." Alles werd verstuurd in een grote herbruikbare omslag, waarop een honderdtal lege vakjes stonden waarin je de naam van de volgende bestemmeling kon schrijven. De omslag kon op die manier honderd keer hergebruikt worden.
-"En hoe dikwijls komt de interne postbode langs om de vakjes 'uit' leeg te halen en de vakjes 'in' bij te vullen?"
-"Een keer per dag," antwoordde ik.
-"Bij de Vissermans komt de postbode tweemaal per dag langs!"
-"Daar wordt dus kort op de bal gespeeld!" Alexandra merkte mijn ironische toon.
-"Oh, maar daarnaast kunnen wij nog veel meer, Dominique: wij kunnen berichten via de mainframe versturen!"
-"Berichten, dat zijn dan kleine stukjes tekst die je op het moment zelf intikt?" Ze knikte. "Maar geen brieven of formulieren dus."

-"En jij kan er dus voor zorgen dat de brieven en formulieren die de mensen op kun pc's opstellen dus niet meer uitgedrukt hoeven te worden of per interne post verstuurd?"
-"Inderdaad."
-"Van één pc naar een andere pc, wellicht sneller door uw Amerikaans protocol." Ik knikte. Ter verduidelijking voegde ze daaraan toe: "Maar niet van gelijk welke pc naar gelijk welke andere pc uiteraard."
-"Oh, ik dacht dat het duidelijk was wat ik bedoelde: van gelijk welke pc naar gelijk welke andere pc, uiteraard binnen het bedrijf, alhoewel…"
-"Hoe kan dat zelfs werken, Dominique? Elke pc heeft slechts één seriële poort, en zelfs als je erin slaagt die te vermenigvuldigen, kan je toch geen honderd kabels van elke pc naar alle andere pc's laten vertrekken?!"
-"Neen, van elke pc vertrekt er een kabel naar een centrale router, zo noemt dat, en die zorgt ervoor dat alle berichten juist verdeeld worden."
-"Door elkaar, ik bedoel: iedereen kan op hetzelfde moment berichten versturen?" ik knikte. "Luister, Dominique, als iemand dat in België kon, had die mij als eerste opgebeld; ik heb computers in de grootste bedrijven staan!"
-"Wel, het klopt volledig wat je zegt; ik ben namelijk de eerste die het kan in België, en ik heb jou als eerste opgebeld!" Alexandra gaapte met open mond naar mij.
-"Maar waarom ben jij de eerste, Dominique… Sorry, zo bedoelde ik het niet. Maar je zit ver van de mensen die met zo'n dingen professioneel bezig zijn!"
-"Dat is zo, maar ik heb iets wat die mensen niet hebben: Reinhard."
-"Reinhard?! Wat heeft Reinhard daar…"
-"Reinhard is sinds jaar en dag mijn grote sponsor. Telkens ik iets over een of andere nieuwe technologie lees, koopt hij het onmiddellijk. Onlangs nog een computermuis."
-"Ik heb iets gelezen over computermuizen. Wat doen die precies?"
-"Och, een hebbeding. In plaats van met de pijltjes naar de juist plaats in je document te navigeren, kan je dat doen door een klein bolvormig bakje over de tafel te schuiven. Het is met een draad aan de seriële poort verbonden. Die draad is dus de 'staart' van de 'muis'."
-"Met die pc's is het tegenwoordig de ene gadget na het andere! Je moest eens weten waar de managers me allemaal om vragen. Tegenwoordig krijg ik steeds meer vragen om harde schijven."
-"Reinhard en ik hebben harde schijven in onze pc's. Hij koopt gewoon alles, en niet enkel waar mijn oog op gevallen is. Hij laat zich een pak spullen aansmeren door advertenties in Amerikaanse magazines, die ik vervolgens voor hem moet installeren en configureren. Zijn pc staat het meeste van de tijd hier." Alexandra lachte. "Dat Ethernet netwerk…"
-"Ethernet?" vroeg ze.
-"Dat is waarover ik daarnet sprak: het netwerk om alle pc's met elkaar te laten praten. Het netwerk werd als een bouwdoos geleverd. Het heeft me een pak werk gekost om het te bouwen en te configureren. Voorlopig heb ik het enkel getest tussen de twee pc's van Reinhard en mezelf. Ik kan niet wachten om het op drie pc's te testen." Dat was de voorzet en werd meteen een schitterend doelpunt:
-"Ik heb pc's zat. Wil je het eens bij mij thuis uitproberen? Ik nodig je uit op een lekker diner." Ik moest naar adem happen. Alexandra trok er meteen een hele dag voor uit, kwestie van me voldoende tijd te geven voor de installatie. Nog vóór ik toegezegd had, droomde ik al weg bij het idee van een prachtige dag met haar op het Fleur-de-Lys. "Wel?" vroeg ze.
-"Natuurlijk" lachte ik, "schitterend!"
-"Enne, nog iets, wat bedoelde je met die 'alhoewel', toen je het had over het feit dat het Ethernet enkel binnen het bedrijf werkte?"
-"Het Ethernet werkt enkel binnen het bedrijf maar er is wel degelijk een 'alhoewel'. Dat vertel ik je volgende keer. Alexandra besefte dat ze bespeeld werd maar kon het wel hebben:

-"Hmm, je houdt ervan me nieuwsgierig te maken. Zorg er in elk geval maar voor dat het de moeite waard is!"

~

Niemand wist zich uit te dossen zoals Reinhard. Waar hij in het dagelijkse leven reeds bon chique, bon genre was met de meest prachtig afgewerkte hemden, fijne pulls en schoenen uit paardenleer, kwamen daar op plechtige gelegenheden of feestjes een pak dure accessoires bij, zoals een Hermes das of foulard, een gouden Rolex en manchetknopen met diamanten. Snob was hij per definitie niet aangezien dat stond voor *sine nobilitate* en Reinhard dus wel degelijk van adel was. Dat was de uitleg die Klaus me ooit gegeven had; die dacht na over zo'n dingen.

Maar het niveau waarop Reinhard zich die avond opgesmukt had, overtrof al zijn records. De kapper had volgens mij elk haartje individueel tot op de halve millimeter nauwkeurig afgeknipt. Hij zag eruit als een filmster op een poster. Omdat je vanop twee meter afstand door zijn parfum overweldigd werd, hadden Klaus en ik de raampjes van de S-klasse Mercedes opengedraaid. Reinhard wist ons te vertellen dat Efim Geller het hangertje persoonlijk aan Anastasiya afgegeven had, iets wat hij nog nooit voor iemand anders gedaan had.

-"Dat maakt toch een wereld van verschil met betrekking tot mijn kansen?!" drong Reinhard aan.

-"Luister, Reinhard," probeerde Klaus hem met beide voeten op de grond te zetten, zoals hij dat al zo dikwijls gedaan had, "je weet niets over Anastasiya; ze kan goed zingen, ze kan goed dansen en haar manager heeft met al die vrouwen en maskers de meest onwaarschijnlijke marketing bedacht."

-"En jij trapt daar met beide voeten in!" vervolledigde ik. Maar Reinhard wou het niet horen:

-"Ze schrijft die geniale muziek toch zelf?! Dat staat toch op al haar albums?! Daar kan toch enkel een onmetelijke persoonlijkheid achter zitten?!" We redetwistten nog een tijdje verder.

Reinhard zag er niet enkel als een filmster uit, hij had er ook voor gezorgd dat we als filmsterren toekwamen. De auto stopte aan de rode loper die tot de VIP ruimte toegang gaf. Onze chauffeur opende de deuren. Reinhard stapte uit de wagen alsof hij de ster van de avond was, rondom zich kijkend en zwaaiend naar de vele mensen die hem herkenden.

De loges van AA Gent waren ideaal geweest voor Reinhard, ware het niet dat ze zich achter een glazen wand bevonden. Een voetbalwedstrijd kon je vanachter glas bekijken maar uiteraard niet een concert. Daarom bevonden de ereplaatsen zich net onder de loges, waar wij voor al de moeite en het geld onopgemerkt zaten. Dat een ober ons een glaasje champagne kwam brengen, veranderde daar weinig aan.

Voor het podium lag een houten vloer voor de staande toeschouwers, die straks juichend, springend en dansend mee de sfeer zouden maken.

-"Hallo!" Het waren Anoushka en Alexandra! Na de zoenen nam die eerste helemaal links naast Klaus plaats, terwijl die laatste helemaal rechts naast mij. Het gemak waarmee Alexandra naast mij kwam zitten, deed mijn hart sneller kloppen. Ik zou in haar plaats eerst gedaan hebben alsof ik alle beschikbare plaatsen noteerde, maar niet dus; onmiddellijk verwende ze me met haar warme aanwezigheid, knikte ze instemmend met alles wat ik te vertellen had, en lachte ze met mijn grapjes.

-"Dominique, je bent een knoopje vergeten!" Ze nam me bij de arm en deed het obscure knoopje toe dat zich tussen de eigenlijke manchetknoop en de aansluiting van de manchet met de mouw bevond. Het was zo oneindig lief, te beginnen met het feit dat ze het opgemerkt had! Zonder erbij na te denken, inspecteerde ik mijn andere mouw. Hetzelfde probleem. Alexandra lachte. Ik boog me nu helemaal naar haar toe, waarbij mijn hoofd langs haar dikke lange haren op haar schouder rustte. Ze maakte ook het tweede knoopje dicht. "Ziezo, verstrooide professor!" besloot ze. Ik was voor een kwartier het noorden kwijt.

-"Reinhard, jij maakt straks plaats voor Nikki!" plaagde Anoushka hem.

-"Nikki, hoezo Nikki?!"
 -"Wel, nu je een date met haar hebt, ben je toch niet meer bang om naast haar te zitten?!"
 -"Ik ben nooit bang van Nikki geweest! 't Is alleen…" hoe moest hij dit nu uitleggen. Aan Anoushka kon hij niet om het even wat wijsmaken; daarvoor kende de prinses haar 'neefje' te goed!
 -"We hebben trouwens een extra plaats," zei Klaus.
 -"Waarom? Voor wie?" vroeg Reinhard wantrouwig.
 -"Wel, voor Nikki!" zei Klaus. "Ik ga haar straks halen wanneer ze het wat minder druk heeft."
 -"Waarom heb je daar niets van gezegd?"
 -"Een verrassing," schaterde Anoushka, "straks komt ze naast jou zitten, zodat je haar lief kan vragen wie de zangeres eigenlijk is."
 De sfeer steeg. Zware basnoten dreunden over het stadium. Rode en blauwe spotlichten zwierven over de toeschouwers. Je zag hen de dansjes oefenen. Ik had meer zin in bier dan in champagne; dit zou een zwoele, vette avond worden.
 Beneden zagen we Nikki in een opvallend fluorescerend pak met de journalisten praten om Geller te ontlasten. Ze wist precies hoe ze in het concept moest meespelen, om te beginnen door steevast te beweren dat zij niet wist welke van de vele meisjes met zwart haar, of tenminste met zwarte pruiken, Anastasiya was, iets wat de journalisten niet geloofden. Doelbewust was ze soms slordig in wat ze vertelde, waardoor ze de tabloids het extra stukje van de puzzel gaf waarmee ze de bladen vol konden schrijven.
 -"Ik vraag me af welke zever ze nu weer aan het verkopen is," lachte Klaus.
 -"Sommige mensen nemen het wel ernstig," lachte Anoushka op haar beurt, haar vinger naar Reinhard uitstekend. We keken met z'n allen naar hem. Hij lachte groen:
 -"Wie het laatst lacht, lacht het best. Wacht maar!"
 Anastasiya's concerten begonnen met de heel lang uitgesponnen openingssong "Let Me Entertain You," waarbij op een bombastische manier de ambitie van de hele avond duidelijk gemaakt werd: dit werd het grootste spektakel van de wereld. Elk groepje artiesten, om beurten op de verschillende podia verlicht, nam een stuk van het lied voor zijn rekening. Het startte vanuit de hoger gelegen platformen en daalde af. Langzaam namen meerdere podia deel aan het spektakel, afwisselend groepjes van twee, daarna groepjes van drie. Op het moment dat het hoofdpodium verlicht werd, lag daar een dik rooktapijt. Een spetterende choreografie van in het zwart geklede meisjes bereidde de komst van Anastasiya voor. Iedereen ging recht staan. Klappen of roepen had tijdens dit luide spektakel geen enkele zin. Tijdens de overweldigende concerten van Anastasiya waren toeschouwers letterlijk toeschouwers; je was je van jezelf niet bewust.
 Het lied werkte zich toe naar een climax met steeds meer instrumenten en steeds meer zangeressen. De monden van de toeschouwers vielen open toen die laatsten op het hoofdpodium een gang maakten en de in het rood geklede zangeres naar voren kwam gespurt. Ze droeg een breed barok operamasker. Op het hoogtepunt werd het een fractie van een seconde stil, waarna Anastasiya met haar overdonderende stem het spektakel naar een volgende hoogte tilde. Gedurende een uur bracht ze haar wereldhits. Regelmatig verdween ze, om op een ander podium te verschijnen nadat solisten of danseressen de show overgenomen hadden. Je wist niet waar eerst te kijken.
 Niemand van ons had tijdens dit hele gebeuren door dat Klaus z'n zus gaan zoeken was. Hij bleef lang weg. Reinhard schrok zich te pletter toen ze plots naast hem stond en hem drie zoenen gaf. Praten was uiteraard niet mogelijk. Voor Reinhard was het gebeuren niet meer hetzelfde. Hij was zich nu bewust van haar aanwezigheid. Wat dacht ze van hem? Spotte ze met zijn verliefdheid op de zangeres? Zou ze hem ooit iets over Anastasiya verklappen?
 Zijn lijden was van korte duur, want op het moment van de pauze stormde ze weer naar de trapzalen en vandaar naar beneden. Ondertussen maakte het gedreun van het concert plaats voor massaal gejuich.

-"Tot straks, Reinhard!" Nikki zwaaide nog eens snel naar Anoushka, Alexandra en mezelf. Klaus begeleidde haar naar beneden. Reinhard wou eerst meegaan maar bedacht zich; hij vond het te gênant om op een bepaald moment ergens niet binnen te mogen waar Nikki wel mocht.

Haar plaats werd onmiddellijk ingenomen door... Frank Podborsky!

-"Wat doe jij hier?" vroeg die laatste aan Anoushka.

-"Wat doe ik hier?? Wat doe jij hier; je wou toch niet komen?" Podborsky antwoordde niet op de vraag.

-"Heb je het al gezien: radio Free Europe! En Radio Liberty! Ze zijn hier alle twee! Alle twee, beseffen jullie dat? Dat wil zeggen dat het hele Oostblok met dit concert overspoeld wordt!" De twee Westerse zenders waren tijdens de Koude Oorlog de belangrijkste die richting Oostblok uitzonden. Tevergeefs werd gepoogd de frequenties te verstoren of de bevolking te verbieden om ernaar te luisteren.

-"Luister, ze gaat niet Sylvania Freedom zingen, horen jullie dat?!" Hij boezemde angst in maar wij konden er niets aan doen. "Waar is Nikki? Waar is Klaus?"

-"Frank, je hebt toch al gezien waar Nikki uithangt?" antwoordde Anoushka, "En Klaus is..." De ongelukkige Klaus kwam net op dat moment tevoorschijn en stond nu oog in oog met Podborsky. Anoushka sprong tussenbeide om Klaus te besparen van de furie. Het tafereel eindigde toen de show hernam.

In het aanschijn van de zangeres die onvoorstelbare belangstelling genoot, kraakte Reinhards zelfvertrouwen zienderogen. Welke kans maakte hij eigenlijk? De hele wereld wou haar! Hoeveel geschenken had ze al niet gekregen, dagelijks? Kon Gellers goed woordje echt een verschil maken? Terwijl het spektakel nieuwe hoogten bereikte, zakte de moed hem in de schoenen.

Anastasiya zong nu een aantal rustige nummers met veel timbre. Dit waren de momenten waarop ze harten brak. Ze was nu de super girlfriend, de soulmate, de rots in de branding. Terwijl de schijnwerpers enkel op haar gericht stonden, had elke toeschouwer de behoefte de melodieën mee te zingen. Anastasiya was zich aan het opladen voor...

Sylvania Freedom! Het publiek in de tribunes stond recht. Het lied begon met een speelse synthesizer solo die spontaan mensen deed huppelen, niet enkel in het Gentse stadion maar ook op de pleinen in Sylvanië, waar geen enkele politicus het in z'n hoofd haalde om het te verbieden. Anastasiya verpersoonlijkte de hoop. Haar stem had nu het hippy timbre waarmee je een protestlied zong. En een protestlied was het; met snedige zinnen vol woordspelingen zette ze het hele Oostblok in z'n hemd. Terwijl ze zong, voelden de Sylvaniërs zich vrij. Reinhard keek bedeesd; hoe meer hij zich rekenschap gaf van het feit dat Anastasiya het epicentrum van een geopolitieke schokgolf was, hoe dieper hij in elkaar schrompelde.

Terwijl ze zong, flikkerden en zweefden de spots zo intens over het publiek, dat je er duizelig van werd. De apotheose van het lied, de apotheose van de apotheose van de avond als het ware, zat eraan te komen. De begeleiding had de aanloop ingezet naar het moment waarop Anastasiya de titel van het lied zou uitschreeuwen. Ik kreeg kippenvel. Handen gingen de lucht in en iedereen schreeuwde mee: SYLVANIA FREEDOM! Een stevige drumsolo die raadde hoe onze harten klopten, begeleidde het lied vervolgens naar zijn einde. De handen bleven in de lucht.

En toen... een wonderlijk moment zoals geen ander. Het was alsof alle spots geprogrammeerd waren om op hetzelfde ogenblik onze kleine VIP sectie te belichten, net op het moment dat Anastasiya, bij de laatste noten van de avond, langzaam de nek ver uitstrekte om helemaal in onze richting te kijken en een duidelijke, stevige knipoog te gooien. Anoushka boog zich naar Reinhard.

-"Die was voor jou," zei ze, "ik weet het zeker!" Ik kon in de heisa de kleur van Reinhards huid niet inschatten, maar hij moet lijkbleek geweest zijn. Zijn hersenen konden niet meer dan hem staande te houden en zelfs nauwelijks dat. Hij deinsde een klein stapje achteruit tegen de zit van zijn stoel. Hij zou op zijn achterwerk geploft zijn, had ik hem niet overeind gehouden.

-"Neen," zei hij spontaan, "dat was niet voor mij!" Hij werd zelfs boos. "Dat was niet voor mij!" Hij kon het niet aan; dit kon gewoon niet! Hij klauwde met beide handen in zijn prachtig geknipt haar.
-"Wel, wat krijgen we nu, Reinhard?" vroeg Anoushka. Reinhard begon hevig te ademen. We drongen bij hem aan dat hij zich neer zou zetten, wat hij deed.

We waren nog in de VIP ruimte toen het stadium reeds zo goed als leeg was. Ook Klaus was ervan overtuigd dat de knipoog voor Reinhard was:
-"Je hebt haar toch een mooi geschenk gegeven, Reinhard?!"
-"Ik en de hele wereld!" riep hij. We besloten hem even met rust te laten.

Zelfs later op de avond, toen hij bekomen was, wou hij het er niet meer over hebben. Ik begon me zelfs af te vragen of hij nog iets wou van de zangeres, laat staan van Geller. Enkel om die laatste aan Reinhards kant te krijgen, was ik immers een enorm geologisch onderzoek gestart. Quid?

~

We liepen met Klaus bij Nikki langs. Ze was druk in de weer met burgemeester Anthony en het hoofd van de politie. Die laatste hield de pers op afstand terwijl Geller de vele meisjes op bussen zette. Zij zouden die avond in verschillende kleine hotels en bed&breakfast locaties slapen. Elk meisje zou daar met nieuwsgierigen geconfronteerd worden die haar vragen stelden, te beginnen bij of zij Anastasiya was. De meisjes waren opgeleid om de juiste antwoorden te geven, antwoorden die de heisa aan de gang hielden.

Nu was het moment om te vragen voor wie de knipoog was. In Reinhards plaats stelde ik de vraag aan Nikki.
-"De knipoog was voor prins Podborsky, wat een sensatie!" Het was niet Nikki maar een verslaggever die ons ongevraagd het antwoord gaf. We keken allemaal verstomd. Podborsky?! "Anastasiya helpt Podborsky op de troon," ging de man verder, "ten koste van de communisten. Misschien wil ze zelf koningin worden!" Dat werd het sensationele verhaal dat je 's anderendaags kon kopen, lezen en doorvertellen aan je collega's.

Iedereen had de knipoog gezien behalve Nikki, Geller, en ironisch genoeg, Podborsky. Een knipoog behoorde simpelweg niet tot het soort dingen dat hij zag.
-"Als Anastasiya een knipoog gegooid heeft, was dat in elk geval niet gepland," beweerde Geller. Ik protesteerde:
-"Niet gepland?! Alle spots stonden op hetzelfde moment op de VIP sectie gericht!"
-"Dat zullen jullie vast wel verkeerd gezien hebben," zei Geller.
-"Omdat we verblind waren, bedoelt u," lachte ik. Geller kwam nu met waardeloos advies:
-"Vraag het eens aan de mensen van de belichting." Die 'mensen' waren dus een aantal van die vele meisjes, waarvan je nooit wist of ze actrice, technicus of bodyguard waren, of een combinatie daarvan. En die intussen met de bus vertrokken waren.

~

Onze oren suisden nog toen Reinhard, Alexandra en ikzelf een café opzochten om na te praten. We werden vergezeld door Anoushka en Podborsky, terwijl Klaus zijn vermoeide zus in haar eigen wagen naar huis voerde.

Den Tap en den Tepel lag in een buurt waar weinig andere cafés waren; het had een publiek dat doelbewust dit etablissement opzocht. Sommigen noemden het een café, anderen een restaurant, maar bodega was de naam die het beste de lading dekte. Je ging ernaartoe om lang te babbelen en te filosoferen bij een glas wijn, of om je te laten inspireren door de titels in de boekenrekken, die het etablissement in compartimenten deelden.

Dat was precies de reden waarom Reinhard hier graag kwam. Hij was een idealist en een amateur filosoof geïnspireerd door het communisme. De ironie dat hij het meest kapitalistische product van Gent was, om het in communistische terminologie uit te drukken, ontging hem volledig. In zijn ideale wereld werden we allemaal gedirigeerd door een regering van mensen die het goed met ons voorhadden, en die iedereen zo rijk en gelukkig maakten als Reinhard nu was. Het was niet dat hij niet besefte dat alle pogingen om het communisme te doen werken, een complete fiasco geweest waren, maar zijn directe gevoel daarbij was een van medelijden; hij geloofde dat in landen zoals de Sovjet-Unie wel degelijk geprobeerd werd om het systeem te doen werken.

Den Tap en den Tepel werd uitgebaat door een wijze, zij het eigenzinnige man, en een Gentse legende in wording. Hij zag eruit als een communistische filosoof, en had de unieke gewoonte mensen uit zijn etablissement te gooien wanneer die hem op een of andere manier irriteerden; als je openlijk kritiek op het communisme gaf of je als een snob gedroeg, waren je minuten geteld.

Livicki was vaste klant in dit paleis van gelijkgezinden. Wie zich wou aansluiten bij Livicki of met hem onderhandelen, kon hem hier vinden. Zijn rekeningen werden betaald door Podborsky. Die laatste keek nu met afgrijzen naar het tafeltje waar Livicki met Yuri Bezmenov aan het overleggen was.

-"Zie je dat, Anoushka? Jij die me steeds zegt dat ik Livicki niet mag steunen. Dáár is het waar alles beslist wordt. God weet of ze hun volgende actie aan het bespreken zijn. De Vissermans zal opnieuw het gelag betalen!" Vervolgens richtte hij zich naar Alexandra: "Weet je waarvoor hij die pc en die printer gebruikt die jij hem gegeven hebt? Om mailings te versturen. Om zijn acties te lanceren!"

-"We hebben hem die pc te snel toegezegd," gaf Alexandra toe, "maar nu hij die heeft, is er nog weinig dat we kunnen doen. Tenzij Dominique een idee heeft." Alle blikken richtten zich plots op mij; een nieuwe opdracht! Mijn bakje was nu meer dan vol: een bodemkundig onderzoek voor Efim Geller, een eredoctoraat voor Podborsky en nu 'iets' met de pc van Livicki doen. Ik had niet onmiddellijk een idee maar wou Alexandra uiteraard niet teleurstellen:

-"Ik zal eens kijken wat er zoal mogelijk is." Reinhard wenkte me en zei stilletjes:

-"Jij mag eens een assertiviteitstraining volgen!"

Intussen had Bezmenov ons opgemerkt. De gezapige KGB-agent had een uur geleden een ongerust telefoontje uit Moskou gekregen: dat de zangeres de kant van Podborsky gekozen had. Bezmenov had zijn ontgoocheling voor zich gehouden: de KGB had zich warempel door Westerse roddelkranten laten vangen! Maar uiteraard moest hij het proces nu netjes afronden: de KGB verzekeren dat daar niets van klopte. Met een zucht stond hij op en wandelde hij in onze richting:

-"Goedenavond Hoogheid, Koninklijke Hoogheid, mevrouw de barones, mijnheer de baron, mijnheer." We schudden elkaar de hand. "Wel, wat heb ik gehoord," viel Bezmenov met de deur in huis, "u en Anastasiya blijken elkaar te kennen?" Podborsky viel uit te lucht:

-"Aan wie stelt u de vraag als ik vragen mag?" Met welk duivels idee kwam Bezmenov hem deze keer pesten?

-"Wel, aan u!" antwoordde Bezmenov. "Ik heb gehoord dat de zangeres een duidelijke knipoog in uw richting gegooid heeft."

-"Wij denken dat de knipoog voor Reinhard was," zei Anoushka. Niemand rond de tafel geloofde dat; Anastasiya die voor de camera's van de wereldpers een knipoog naar Reinhard gooit? Daarvoor was hij niet belangrijk genoeg. De kroonprins van Anastasiya's thuisland daarentegen...

-"Zegt u liever eens wie Anastasiya precies is," wierp Podborsky Bezmenov voor de voeten, "dat moet de KGB toch weten?! Ze is staatsgevaarlijk, weet u. En niet allen voor mij!"

-"U hebt mijn vraag beantwoord," zei Bezmenov. Hij stelde nog een paar vragen over het concert, waarop hij niet aanwezig was, en keerde vervolgens terug naar de tafel met Livicki.

Buiten een aantal monologen van Podborsky werd er aan onze tafel niet veel meer gezegd. Podborsky sprak zijn misprijzen voor Livicki uit, waarschuwde ons voor Bezmenov en de subversie, en klaagde over hoe moeilijk het zou worden om koning te worden. Met hem als koning zou alles beter gaan dan met de communisten, vertelde hij ons. We spraken hem niet tegen of stelden hem geen vragen.

Intussen praatte Bezmenov Livicki bij; het was weer een tijdje geleden. Den Tap en den Tepel leende zich voor gesprekken over de toekomst, in hun geval een communistische toekomst.

Livicki was een loyaal maar ongeduldig man; hij vond dat de subversie te langzaam werkte. Volgens de laatste richtlijnen moest hij meewerken aan een strategie rond minderheden. Daarbij moesten zoveel mogelijk slachtoffergroepen gedefinieerd worden op basis van ras, religie, nationaliteit, geslacht en seksuele voorkeur.

-"Ik begrijp echt niet waarom we nu plots deze richting kiezen," protesteerde Livicki, "dit is in het geheel het model van Marx niet!"

-"Leg dat eens uit," moedigde Bezmenov hem aan. Hoewel die laatste zelf zijn bedenkingen had bij het meeste van wat in de Sovjet-Unie beslist werd, geloofde hij wel in de recente strategie van identiteitspolitiek. Tot zijn grote verbazing kon je alle minderheden aan het verstand brengen dat ze slachtoffers waren van een meerderheid die discrimineerde, en die dat zo subtiel deed dat niemand het kon bewijzen. Het ging zelfs verder: de meerderheid discrimineerde *onbewust*, en de politici die deze meerderheid vertegenwoordigden, hoefden zich niet eens aan discriminerende retoriek te wagen; politici en meerderheid verstonden elkaar immers via *hondenfluitjes*, een geluid dat een gewone observator niet kon horen maar er wel degelijk was. De nieuwe strategie van identiteitspolitiek werkte, en zelfs in die mate dat Amerikaanse burgers van Aziatische origine, die het volgens alle sociologische barometers beter dan de andere Amerikanen stelden, zich ook van een discriminerende meerderheid het slachtoffer voelden. Maar Livicki was blijkbaar niet akkoord:

-"Is dit geen fantastische omweg? Zijn we niet aan het toegeven dat Marx helemaal verkeerd zat? Marx had voorspeld dat de geëxploiteerde klasse, met name de arbeiders en de boeren, tegen haar bazen in opstand zou komen."

Wat Livicki aanhaalde, was reeds een probleem in het prille begin van het communisme; op geen enkel moment in de moderne geschiedenis hadden mensen meer reden gehad om massaal in opstand te komen dan vlak na de Eerste Wereldoorlog. In deze oorlog zonder enige reden of zin waren miljoenen jonge mannen gesneuveld, gevolgd door miljoenen mensen die nadien aan de Spaanse griep gestorven waren. In Duitsland was het hele financiële systeem dermate in elkaar geklapt, dat er eigenlijk geen geld meer was. Maar er kwam geen communisme.

-"Waar geloof je dan wel in?" vroeg Bezmenov.

-"In subversie geloof ik wel. Als we de mensen kunnen volblazen met ideeën die hen niet meer toelaten om rationele beslissingen te nemen, kunnen we het hele systeem onderuit halen."

-"Wel, in dat plaatje past identiteitspolitiek," zei Bezmenov, "het is net zoals het ondergraven van het financiële systeem door een massale staatsschuld of zoals het ondergraven van de energievoorziening door de sluiting van kerncentrales." Livicki wou het vervolg niet horen. Met de dag werd hij ongeruster over zijn toekomst.

-"Wat met de militaire optie?" vroeg hij.

-"We gaan inzetten op massale betogingen met oog op een eenzijdige nucleaire ontwapening van het Westen."

-"Geen invasie dus?" vroeg Livicki; eigenlijk was een invasie van West-Europa het enige waar hij echt op hoopte.

-"Geen invasie, althans voorlopig niet. Er zijn binnen het Kremlin evenveel leden die een aanval van de Amerikanen vrezen, als er leden zijn die een invasie van West-Europa zien zitten. Maar iedereen ziet een eenzijdige nucleaire ontwapening van het Westen als een stap vooruit. En dat is hoe we het voorlopig moeten bekijken: stap voor stap." Livicki zuchtte; weer uitstel, weer iets wat weinig slaagkans had. Was het Politbureau niet gewoon lui geworden? Maar zoals steeds zou Livicki het plan loyaal uitvoeren.

-"Je zal wel een beter woord moeten vinden dan 'eenzijdige nucleaire ontwapeningsbeweging'," zuchtte hij, "daar motiveer je niemand mee!"

-"Maak je geen zorgen," lachte Bezmenov, "we zijn goed in dat soort marketing!"

Net op dat moment kwam Reinhard naar hun tafeltje gewandeld. Hij was Podborsky's klaagzangen beu en had zin in een filosofisch gesprek. Na het handen schudden was het Bezmenov die het gesprek opende:
-"Laten we het eens aan de baron vragen: Reinhard, hoe zou u een nucleaire ontwapeningsbeweging noemen?" Reinhard was vereerd met de vraag:
-"De *vredesbeweging*," zei hij. Bezmenov noteerde het met een glimlach.

~

Na het concert volgde een rustige periode, die ik broodnodig had. Hoewel Reinhard me het nodige geld gegeven had om de bodemstalen te laten analyseren, kreeg ik in die weken noch Geller, noch Reinhard te zien. De universiteit was blij met de inkomsten zonder zich de vraag te stellen waar het precies over ging. Misschien goed ook; ik wist niet eens waar op de aardbodem die stalen genomen waren! Ik zou enkel een mal figuur geslagen hebben.

Klaus bracht me regelmatig gezelschap om in de dossiers van wijlen professor Geller te snuffelen, op zoek naar een geografisch aanknopingspunt voor de bodemstalen, of op zijn minst een reden voor het onderzoek. Aanvankelijk had hij enkel in de 'Hebreeuwse' documenten gezocht die rechtstreeks met het dossier te maken hadden. Het Hebreeuws was echter nog niet vertaald; nu we alle moeite gedaan hadden om Efim Geller op zijn wenken te bedienen, en hem zelfs in te schakelen in het onderzoek van zijn vader, was het merkwaardig dat we hem niet meer te zien kregen.

Klaus onderzocht nu de andere dossiers van professor Geller. Ik voelde me schuldig omdat hij er zoveel tijd aan besteedde.

-"Je hebt hier wel veel meer werk aan dan ik geschat had, Klaus!"
-"Ik heb afleiding nodig; ik heb moeite me te verdiepen in mijn normaal werk." Hij vertelde over Anoushka.
-"Luister Klaus, dat ze een achternicht is, mag geen enkel probleem zijn als jullie verliefd zijn." Zijn suffe ogen keken dankbaar naar mij voor de hoop.
-"Weet je," zei Klaus "de beslissing ligt enkel bij mij. Dat is wat het zo zwaar maakt."
-"Geef jezelf gewoon de tijd om te wennen aan het idee, Klaus, en geniet intussen van jullie tijd samen."
-"Wel, dat is in elk geval geen probleem; ze heeft me gevraagd haar te gaan bezoeken in de kathedraal. Ze is daar gids."
-"Gids bij het Lam Gods," heb ik gehoord.
-"Zou je geloven dat ik dat schilderij nog nooit gezien heb?" vroeg Klaus.
-"Hoe je daaraan ontsnapt bent!" antwoordde ik verwonderd, "je bent wellicht de enige Gentenaar. En dat voor een professor!"
-"Het lag te dichtbij, denk ik. In elk geval, ik ga dat nu ruimschoots goedmaken!" Hij lachte.
-"Wat Anoushka zoal niet teweeg brengt!" observeerde ik.
-"Zeg wel, ik ben al met het eredoctoraat bezig!"
-"Je meent het niet! Hoe komt het dat ik daar nog niets over gehoord heb?"
-"Omdat ik daar met nog geen woord over gesproken heb."
-"Je bent er dus niet mee bezig."
-"Toch wel; ik ga met letterlijk iedereen praten over het probleem dat de universiteit met Podborsky heeft. En over het feit dat de steun die Podborsky ons geeft, tot nul zal zakken, tenzij de universiteit *iets* doet. Ik zorg voor de bewustwording. De meeste faculteiten zijn getroffen."
-"Enkel voor de bewustwording?" Hij knikte. "En je hoopt dat ze zelf met het idee van een eredoctoraat voor de dag zullen komen?"
-"Ik heb intussen door dat ze dat niet zullen doen."
-"Jij gaat het niet doen, en zij zullen het niet doen. Wie dan wel?"
-"Wel, je hebt twee zinnen geformuleerd, Dominique, één in de tweede persoon, en één in de derde persoon..." Tweede persoon, derde persoon... die gingen het dus niet doen. Wie dan wel? De eerste persoon: ik! Ik bevroor bij het idee.

-"Waar in godsnaam haal je dát idee vandaan, Klaus?! Je beseft toch dat ik de jongste docent op de hele universiteit ben. Ik ben de allerlaatste naar wie ze zullen luisteren, integendeel: het feit dat iemand zoals ik het voorstel, zal een averechts effect hebben!"
-"Wel, om te beginnen heb je als jongste docent een zitje in de Raad."
-"Mijn functie in die Raad bestaat enkel uit het begrijpen dat jonge profs niets te zeggen hebben. En in die Raad zit jij ook, Klaus!"
-"Net daarom ga jij het doen, Dominique. Nikki kent iets van diplomatie. Ze heeft me van naaldje tot draadje uitgelegd hoe jij dat gaat doen." Zelfs Nikki was met dit absurde idee bezig! Hij legde me het plan uit. Waanzinnig! Dit wou ik absoluut niet doen... behalve dat ondertussen te veel vrouwen op ons rekenden.

~

In professor Gellers dossiers had Klaus intussen iets gevonden dat hem mateloos boeide. Het was niet de eerste keer dat hij gedurende een uur naar het stempelmerk staarde.
-"Nog steeds op zoek, Klaus?" vroeg ik hem. Het stempelmerk stond op een omslag van tweehonderd jaar oud. De omslag zelf en zijn inhoud bevatten geen nuttige informatie voor ons, maar er was dus iets met dat stempeltje. Het beeldde een knielende ridder af, die met zijn handen iets aanbood, een hoopje van iets.
-"Naar het wapenschild," zuchtte hij zoals telkens. Naar de herkomst van dat wapenschild had hij intussen eindeloos gezocht en laten zoeken. Hij had brieven over gans Europa verzonden, naar iedereen die zich met heraldiek bezig hield. In elke brief had hij het wapenschild nagetekend, of tenminste het gedeelte dat door de stempel weergegeven werd. We wisten niet of het lag aan het feit dat het wapenschild onvolledig was, of aan het feit dat er geen kleuren op stonden, maar er kwamen enkel vriendelijke brieven met verontschuldigingen terug.

Maar het was niet het uitblijven van een positief antwoord dat hem tergde. Wat hem slapeloze nachten bezorgde, was dat hij het wapenschild kénde, en naar zijn gevoel heel goed zelfs, maar het niet thuisbrengen kon. Hij geloofde dat als hij regelmatig met een frisse geest naar het schild keek, de herkomst hem vroeg of laat te binnen zou schieten. Beroepshalve had hij uiteraard heel veel wapenschilden gezien, te beginnen met de meeste wapenschilden in en rond Sylvanië. Maar zelfs als hij dit wapenschild ooit in een boek of museum gezien had, hoe kon dit zo belangrijk voor hem zijn? Het was alsof hij het wapenschild gezien had in een stuk van zijn leven dat hij volledig vergeten was.

~

Voor Reinhard was het een ochtend van verrassingen. Hij kocht gewoontegetrouw zijn krant in het krantenwinkeltje recht tegenover het justitiepaleis. Studeren had hij nauwelijks gedaan maar dat maakte hij volgens hem goed door veel kranten en tijdschriften te lezen.

Hij had vooral behoefte aan afleiding; het concert zinderde nog na. Volgens de roddelmagazines had Anastasiya een knipoog richting Podborsky gegooid, en dus was dat zo. Maar anderzijds was volgens Anoushka de knipoog voor Reinhard bedoeld. Zou het kunnen dat de tijdschriften het voor één keer verkeerd voorhadden? Kon het zijn dat Anastasiya onder de indruk van het hangertje was? Omdat ze reeds wist wie hij was? Hij fantaseerde soms dat ze hem als gewoon meisje zonder masker schaduwde. Af en toe keek hij vluchtig rond, hopend op een betrapte blik die zich snel afwendde. Want dat blikken zich niet van baron Reinhard Forel afwendden, was de norm in Gent.

Een eerste grote verrassing diende zich aan wanneer hij de krant vastnam en vaststelde dat de eenzijdige nucleaire ontwapeningsbeweging de *vredesbeweging* genoemd werd. Dat was zijn uitvinding! Trots toonde hij de krant aan de dagbladhandelaar en gaf hij de met stomheid geslagen man de volledige uitleg. Reinhard had het trouwens nooit als een *eenzijdige* nucleaire ontwapeningsbeweging gezien, want hij was ervan overtuigd dat het Oostblok spontaan zou ontwapenen als het Westen dat eerst deed. In elk geval voelde hij zich voortaan peter en meteen de grootste supporter van de vredesbeweging.

Vanuit het krantenwinkeltje keek hij toevallig in de richting van de juwelierswinkel aan de rechterkant van het justitiepaleis. Nikki! Ze gaf hem altijd een schok. Hij observeerde hoe ze samen met de juwelier vanop de straat door het uitstalraam keek. Ze hielden een drukke bespreking terwijl ze naar iets wees. Waar ging dat over?

Van zodra Nikki uit het zicht verdwenen was — wat wandelde ze gracieus! — begaf Reinhard zich naar het uitstalraam. Het gesprek had over eender welk van de honderd geëtaleerde juwelen en uurwerken kunnen gaan, maar centraal in het uitstalraam stond de aankondiging dat een uniek juweel zich gedurende twee weken in de winkel zou bevinden, op zoek naar een koper. Nikki was dus geïnteresseerd!

Voor het eerst vroeg Reinhard zich af hoe rijk Nikki was. Als consul van Sylvanië kreeg ze het salaris van een ambtenaar. Maar haar kantoor was het meest luxueuze dat hij ooit gezien had. Hij kon zich niet voorstellen dat het arme Sylvanië daarvoor betaald had. Maar ze was ook een heel succesvolle handelsattaché natuurlijk; had ze handel voor zichzelf gedreven?

In elk geval was dit een heel duur juweel. Als Nikki echt geïnteresseerd was, zou ze op de eerste dag dat het hier te koop was, aanwezig zijn. Op die dag zou hij weer in het krantenwinkeltje staan om ze te observeren. Maar misschien zou ze intussen nog een keer langskomen net voor ze naar haar kantoor trok, zoals vandaag. Reinhard besloot om elke dag op de uitkijk te staan.

~

Het kostte Yuri Bezmenov steeds meer moeite om zichzelf te overtuigen dat hij voor het juiste kamp aan het werken was. Nog voor hij de kranten raadpleegde die op zijn ontbijttafel lagen, had hij behoefte aan een grondige introspectie.

Hoe kwam het dat hij niet echt meer geloofde in de idealen die hij een heel leven hoog gehouden had? Kwam dat door zijn leven in het Westen? Hij meende van niet. Het was juist dat hij in een beschaving terechtgekomen was die meer succesvol dan de zijne was. Maar dat inzicht moest niet noodzakelijk tot een abjectie van zijn thuisland leiden, integendeel. Het was een gedocumenteerd feit dat mensen van nature de tegenovergestelde reactie hadden van wat je logisch zou vinden: in plaats van de meer succesvolle beschaving te omhelzen en ervan te leren, zetten ze zich net tegen die beschaving af. Ze werden zich heel bewust van hun identiteit en plooiden zich in de mate van het mogelijke terug op de cultuur van hun thuisland, zelfs meer dan de mensen in dat thuisland zelf. Onder meer onderhielden ze een heel sterke band met het thuisland, bekeken of lazen ze enkel zijn media, stuurden ze er geld naartoe, spendeerden ze er al hun vakanties, zochten ze er een echtgenoot en werden ze er zelfs begraven.

En zo was het ook met Bezmenovs collega's, die als tegengif voor de injectie van de Westerse cultuur een heel principiële houding aannamen en hun opdrachten met veel devotie vervulden. De ouderen, die reeds een lang leven in de ideologie geïnvesteerd hadden en allerminst op een avontuur uit waren, pasten het beste in dit plaatje. Zij probeerden zoveel mogelijk eer te oogsten in het thuisland. Hun eenvoudig objectief was om op het einde van hun carrière beloond te worden met het respect van alle mensen die ertoe deden. Hopelijk volgde er een leefbaar pensioen.

Waarom was Bezmenov niet zoals hen, of niet meer zoals hen? Hij had weliswaar vroeger al twijfels gehad, zoals iedereen die wel gehad zal hebben. Maar onder zijn voeten was er altijd een zekerheid geweest: het communistische experiment zou op lange termijn slagen. Recentelijk echter begon hij dat experiment door de ogen van de Westerlingen te bekijken: het communisme heeft nooit gewerkt en het werd enkel slechter en zieliger.

-"Alles in orde met u vandaag, mijnheer Bezmenov?" De uitbaatster! Het was de eerste keer dat ze hem tijdens zijn ontbijt aansprak. Hij had haar altijd als de meest zwijgzame persoon gekend, en wist nog steeds niet wat hij van haar moest denken. Waar hij ooit in haar een brave, ietwat naïeve dame gezien had,... "U bent er niet echt met uw gedachten bij." Ze deponeerde een brief op zijn tafel en ging weg.

Bezmenov greep naar de brief, die dus rechtstreeks aan het hotel geadresseerd was; over de jaren had hij immers evenveel vertrouwen in dit hotel gekregen als in de ambassade van de Sovjet-Unie. De brief kwam, als je de codetaal begreep — in codetalen was de KGB heel goed! —, van de KGB officier die zijn jonge carrière verbonden had aan het succesvol verwerven van de militaire computerschermen. Zucht.

De schrijver had akte genomen van het feit dat Bezmenov een razzia over zich heen gekregen had maar er toch in geslaagd was de computerschermen voor de Rijkswacht verborgen te houden. Droge felicitaties. Maar wat was er met de computerschermen gebeurd? Dat was de urgente vraag waarop Bezmenov een antwoord moest verzinnen.

Want een onbekend iemand had net voor de razzia de computerschermen uit zijn kamer verwijderd, gebruikmakend van het sleuteltje dat hij nochtans goed verstopt had. De persoon had het bezwarende materiaal zelfs vervangen door belachelijke tijdschriften. Het was de meest magische gebeurtenis die hij in dit hotel had mogen beleven. Bezmenov had geen goed antwoord op de brief. Als hij beweerde dat hij de schermen verstopt had, zou hij ze nu tevoorschijn moeten toveren. Mocht hij echter toegeven dat hij gered werd door iemand die hij niet kende, zou de KGB beseffen dat hij… de speelbal van iemand anders geworden was. Was hij daadwerkelijk het instrument van een andere organisatie, vroeg Bezmenov zich eens te meer af. Wie had hem al die jaren beschermd en zelfs op het pad van het succes gestuurd?

-"U bent vandaag echt uzelf niet, mijnheer Bezmenov," observeerde de uitbaatster opnieuw. Wel, zij was evenmin zichzelf vandaag; ze had deze ochtend al meer gezegd dan in al die jaren samen!

-"Wel, ik heb problemen met het thuisfront; ik ben iets belangrijks verloren in mijn kamer," zei hij. Het was de eerste keer dat hij haar confronteerde met de verdwenen computerschermen. Op het moment dat hij met de verdwijning geconfronteerd werd, was hij de 'dief' dankbaar geweest, wie die ook mocht zijn. Dat was zijn reden geweest om niet naar de persoon op zoek te gaan. Maar nu het grotere plaatje tot hem doordrong, wou hij echt wel weten wie hem al die jaren een hand boven het hoofd gehouden had. En waar de schermen heen waren.

-"Hoezo?" Ze ging niet in op zijn suggestie van een diefstal. Ergens was hij opgelucht; hij verklapte liever niet wat er precies gestolen werd, of waarvoor die computerschermen moesten dienen. Of waarom de Sovjet-Unie dat soort dingen niet zelf kon maken.

-"Wel, dit wordt me zwaar aangewreven. Het probleem is dat iemands carrière van die…euh dingen afhangt. Om die reden zal dit dossier niet gesloten worden; ze zullen er een crimineel feit van maken."

-"Een crimineel feit? Ik dacht dat, zoals Dostojewski zei, er in de nieuwe socialistische maatschappij geen misdaad bestond." De dame las Dostojewski! Hij reageerde niet op de ironische vraag.

-"U leest Dostojewski?!"

-"Bij ons is Dostojewski geen verboden literatuur," antwoordde de dame.

Op die manier werd Bezmenov in een paar zinnen twee keer hard met de neus op de feiten gedrukt, op de zieligheid van de machinaties van hem en de rest van de KGB. Hij moest een antwoord op de brief verzinnen.

-"We kijken wel uit voor u," besloot de dame. Bij die woorden hapte Bezmenov naar adem. We? Een organisatie?? Had de dame een tip van de sluier opgelicht? Aan haar gelaatsuitdrukking was het belang van haar uitspraak niet te merken. Alsof er niets gebeurd was, wandelde ze met haar koffiekan naar de volgende tafel.

Yuri Bezmenov had gedacht dat hij alles wist wat er te weten was over haar. Het hotel was van haar ouders geweest, terwijl zijzelf als winkeldochter haar hele leven in de zaak gewerkt had. Waarom was deze dame nooit getrouwd? Ze was mooi, fier, en liep steeds met de schouders naar achter. Dat ze zo zwijgzaam was, paste perfect bij de job waarbij ze diplomaten te gast had. Maar was zij echt wel de onschuldige, ietwat naïeve vrouw die gewoon het werk van haar ouders gekopieerd had en over de jaren nooit aan trouwen toegekomen was?

~

Klaus had voor een bezoek aan de kathedraal bewust geen concrete afspraak met Anoushka gemaakt. 'Hij zou eens langskomen,' had hij beloofd, alsof hij zou wachten tot een gaatje in zijn agenda met zijn toevallige aanwezigheid in de buurt samenviel.

Hij pakte het echter helemaal anders aan: om te beginnen had hij zijn zus meegenomen naar een kledingzaak. Nikki beleefde de pret van haar leven:

-"Je bent toch zeker dat ze enkel je nichtje is?" vroeg ze hem telkens hij voor de spiegel stond.

-"Zeg me liever of dit wel perfect voor mij is!" antwoordde Klaus gespannen.

-"Wel, je ziet eruit als een prins!" proestte Nikki het uit.

-"Weet je, jij en ik zijn misschien ook van adel!" riposteerde Klaus.

-"Kom hier, laat me het knoopje van het onderste knoopsgat voor je dichtdoen," antwoordde Nikki dubbelzinnig. Ze spelde vervolgens een subtiel juweel op de revers van zijn blazer en bevestigde twee manchetknopen. Het waren twee juwelen die ze als hobby ontworpen had. Telkens ze een ideetje had, liet ze dat maandenlang rijpen om het juweel vervolgens te laten vervaardigen en te koop aan te bieden. Ze was blij dat haar broer voor enkele van haar creaties openstond.

Vervolgens bezochten ze een dameskapster die volgens Nikki perfect wist wat ze deed. Klaus voelde zich niets op zijn gemak, vooral niet toen hij rijkelijk met haarlak besproeid werd. Maar toen de dure kapbeurt achter de rug was, zag hij eruit als een profvoetballer. Aanvankelijk keek hij onwennig in de spiegel maar uiteindelijk glunderde hij; hij was er nu helemaal klaar voor!

-"Dank je, Nikki," zei hij ten slotte.

-"Veel geluk!" lachte Nikki.

-"Ze is enkel ons nichtje," antwoordde Klaus. En dat meende hij nog steeds.

Hij had nu de hele namiddag om Anoushka met zijn bezoek te verrassen. Hij was van plan haar eerst vanop een afstand te observeren om zich vervolgens bij een groep toeristen aan te sluiten. Hij vroeg zich af hoelang het zou duren vooraleer ze hem herkende. Het liep echter anders.

Om te beginnen was Anoushka niet zichtbaar; het Lam Gods hing in een kapel die afgesloten was door gordijnen. Hij kon wel horen hoe ze in perfect Spaans, Engels en Duits de volledige uitleg deed. Terwijl hij aanschoof, kwam hij te weten waarom er zoveel volk was: sinds de reisagentschappen te weten gekomen waren dat een prinses de uitleg bij het Lam Gods deed, was zij de eigenlijke attractie die iedereen wou zien. Toen Klaus dat vernam, had hij aanvankelijk een laatdunkende reactie, tot hij besefte dat hij hier om dezelfde reden stond.

Hij had zich aangesloten bij een aantal Russisch sprekende apparatsjiks — wie kwam er anders uit het Oostblok? — . Ironisch genoeg hadden zelfs de communisten een zwak voor de prinses; ze hadden geen enkel benul van wat er te bezichtigen viel. Klaus introduceerde zich als professor Slavistiek en maakte van de gelegenheid gebruik om hen over Gorbatsjov en Jeltsin te ondervragen. Daarmee had hij een gevoelige snaar aangeraakt. Maar hoewel zijn gesprekspartners schrik van hervormingen hadden, formuleerden ze hun kritiek heel voorzichtig. Om de neerwaartse economische spiraal tegen te gaan, had Gorbatsjov de boeren toegestaan om te handelen voor eigen profijt. Maar het stopte de groeiende ontevredenheid niet; de mensen wilden nog meer vrijheden. Waar zou dat allemaal eindigen?

Klaus hield de adem in; zijn groepje was aan de beurt! Hij verstopte zich achter de ruggen van de Russen. Dat lukte tot Anoushka in eenvoudig Engels vroeg of iemand haar kunsthistorische uitleg naar het Russisch kon vertalen. De ruggen draaiden zich nu allemaal om en vormden een halve cirkel rond Klaus; de professor kende perfect Russisch. Omdat de prinses hem onmiddellijk om de hals vloog en hem feliciteerde met zijn mooie kapsel, namen de Russen zich voor aan hun talen te werken.

Anoushka begon haar uitleg. Ze plaatste het Lam Gods in het kader van de Vlaamse Primitieven en de Bourgondische welvaart. Klaus had geen enkele moeite dit naar vloeiend Russisch te vertalen; hij was zelf door kunst en geschiedenis begeesterd. Hoewel hij veel meer had kunnen vertellen, bleef hij netjes binnen de krijtlijnen van

Anoushka's beknopte uitleg. Sowieso waren de Russen niet geïnteresseerd; zij gaapten vooral naar de bloedmooie prinses.

Anoushka liep nu door de panelen, te beginnen met de panelen van de buitenkant, enkel te zien op foto's omdat de triptiek tijdens de uitleg niet gesloten werd. Klaus keek naar Anoushka terwijl hij vertaalde. Het was een absurde dialoog tussen twee verliefde mensen.

Toen gebeurde er iets vreemds: Klaus raakte volledig de kluts kwijt. Met moeite geraakte hij door de uitleg over het gestolen paneel van de Rechtvaardige Rechters. Vroeger was het verhaal van het gestolen paneel de belangrijkste reden waarom men het Lam Gods bezocht. Ironisch genoeg maakte dat fenomeen dat de diefstal van de Rechtvaardige Rechters verantwoordelijk was voor de belangrijkste bron van inkomsten voor de kathedraal. 'Het terugvinden van het paneel zou een ramp zijn,' zei kanunnik Collin altijd. Dat nam niet weg dat duizenden amateur-detectives sinds decennia naar het paneel op zoek waren.

De reden waarom er met passie naar het paneel gezocht werd, was het feit dat de dief heel doordacht te werk gegaan was in zijn aanpak om geld te bekomen voor het gestolen paneel. Zo had hij om te beginnen een tweede paneel gestolen. Dat tweede paneel had hij op een zorgvuldige manier terugbezorgd om te bewijzen dat hij de situatie perfect onder controle had. De dief had zich daarna op een geloofwaardige manier voorgedaan als de tussenpersoon tussen de dief en de rechtmatige eigenaar, een tussenpersoon die zich weliswaar niet kenbaar wou maken. Uit de vele brieven die de dief geschreven had, viel uit te maken dat de dief het paneel op een plaats verborgen had waar het niet per toeval gevonden of beschadigd kon worden, en dat het enkel gerecupereerd kon worden 'op een manier die veel aandacht zou trekken'.

De transactie van het paneel tegen losgeld vond nooit plaats en het paneel werd nooit gevonden, maar ongeveer alles wat met de diefstal te maken had, zoals kluizen, sleuteltjes, een schrijfmachine en brieven, wel. Het geheel overtuigde iedereen dat de dief een lange onderhandeling had aangekund; er was geen kans geweest dat hij betrapt zou worden op het bezit van het paneel of dat het paneel voortijdig gevonden zou worden.

De dief stierf nog voor het duidelijk werd dat hij de dief was. Hij had geen enkel spoor nagelaten dat verklapte waar het paneel van de Rechtvaardige Rechters verborgen was. De meest logische conclusie was dat het paneel op een moeilijk te bereiken plaats verstopt zat en voor onbeperkte tijd in goede toestand zou blijven. Dat gegeven, samen met het feit dat het Lam Gods het belangrijkste werk van de Vlaamse primitieven was, was voor duizenden mensen voldoende motivatie geweest om naar het paneel op zoek te gaan.

Voor een aanknopingspunt hadden de detectives hun hoop gevestigd op hints in de brieven. Ze waren ervan uitgegaan dat de dief, een intelligent man met affiniteit voor raadsels en mysteries, het niet had kunnen nalaten om aanwijzingen in zijn brieven te verstoppen. Anderen vonden dat wishful thinking. De daaropvolgende decennia zouden die laatsten gelijk geven; het werd duidelijk dat de dief heel voorzichtig te werk gegaan was. Het speelsgewijs geven van hints had niet in zijn aanpak gepast. Hoewel op basis van landkaarten met heel veel lijnen en kruisjes her en der verschillende plaatsen opengebroken werden, zoals straten, een waterput en een muur in een kerk, werd het paneel nooit teruggevonden.

Klaus moest zich concentreren om het verhaal zoals door Anoushka verteld, te vertalen. De Russen, net zoals iedereen plots begeesterd door de diefstal, stelden een aantal klassieke vragen, die Klaus vertaalde en waarop Anoushka de even klassieke antwoorden gaf. Omdat Klaus er duidelijk niet meer met zijn gedachten bij was, haspelde Anoushka de resterende panelen van het Lam Gods in versneld tempo af. De Russen dankten droog en verlieten de kathedraal.

Anoushka stapte naar de volgende bezoekers en deelde hen mee dat ze een kwartiertje pauze zou inlassen. Ze nam Klaus terzijde:

-"Klaus, wat een verrassing; je kwam me helpen! En wat zie je er fantastisch uit! Zo te zien had je een heel belangrijke vergadering vandaag, maar wat ik ben blij dat je toch langs gekomen bent!" De enige 'vergadering' die Klaus die dag gehad had, was met zijn zus in de kledingzaak en bij de kapper. Hij veranderde onmiddellijk het onderwerp:

-"Wat is er met de Rechtvaardige Rechters gebeurd?" vroeg hij onthutst.
-"Oh, ik dacht dat je het nog nooit eerder gezien had," zei Anoushka verwonderd.
-"Wel, ik heb het echte paneel nog nooit eerder gezien..."
-"Voor zover dat je dit het echte paneel mag noemen natuurlijk" lachte Anoushka, "maar zeg eens wat je bedoelt. Wat is er volgens jou gebeurd?"
-"De paarden! Vroeger keken ze je alle drie aan, tenminste op de facsimile die ik gezien heb." Anouschka zette zich naast Klaus neer en verloor de tijd uit het oog; dit zou een leuk verhaal worden!
-"Welke facsimile, Klaus, waar en wanneer?"
-"Wel, maakt niet uit eigenlijk. Mijn vraag is: waarom zou iemand de facsimile anders maken dan het echte schilderij?"
-"Ik weet het niet, Klaus; ik weet niet eens waarover je het hebt! Maar waarom kan de facsimile niet gewoon een ontrouwe weergave geweest zijn?"
-"Wel, omdat de facsimile perfecter was!"
-"Ok, Klaus, nu moet je echt wel zeggen waarover dit gaat!"
-"Ok, Victoria, Sylvia en Regina, zo noemen de paarden waarvan je het hoofd ziet. Vanuit mijn kinderbedje heb ik er uren naar gekeken. Victoria is het lichtbruine paard, Sylvia het donkerbruine en Regina het witte. Ik kon ze alle drie netjes zien, ik sprak ermee en verzon er verhaaltjes bij. Ze waren tijdens de vele eenzame uren mijn beste vriendjes."
-"Je kan ze nu toch ook goed zien?"
-"Neen, het donkerbruine paard kijkt niet meer naar mij; je ziet nauwelijks zijn oog!"
-"Klaus, ik weet het al: iemand heeft een plaatje gemaakt en in tienduizend exemplaren verkocht van de drie paarden van de Rechtvaardige Rechters, en heeft om zo te zeggen het donkerbruine paard beter uit de verf laten komen." Anoushka begreep Klaus' reactie; een stukje houvast had zich heel diep in zijn onuitwisbaar geheugen geprent toe hij klein kind was, en het deed nu pijn te moeten vaststellen dat het bedrog was, dat de realiteit anders was.
-"Neen, helemaal niet, het was een facsimile op volledige grootte, want de andere dingen op het schilderij herinner ik me ook!"
-"Ok, Klaus, ik geloof je. Het stond dus in je kinderkamer."
-"Tussen een hoop rommel tegen een groot gordijn. Ik meen me een lampenkap te herinneren en een aantal glinsterende voorwerpen waar ik mijn fantasie op los liet. Maar vooral het gordijn trok mijn aandacht; er stond heel wat op afgebeeld..." Op het moment dat hij dat zei, sloeg hij de handen tegen de wangen. "Goede God!"
-"Wat, Klaus?"
-"Het schild! De knielende ridder die iets aanbiedt! Dat stond op dat gordijn!" Klaus draaide zich met de rug naar Anoushka terwijl hij nadacht. "Het raadsel is opgelost!" riep hij verheugd. Hij moest vervolgens aan Anoushka uitleggen dat hij al die maanden geen enkel aanknopingspunt gevonden had voor de oorsprong van professor Gellers bodemstalen, behalve het schild op de stempel.
-"Wel, Klaus, het is in elk geval een stap vooruit in jouw onderzoek."
-"We moeten het gordijn terugvinden!"

Met dat plan sloot Klaus zijn bezoek aan Anoushka af. Het verhaal was onwaarschijnlijk. Kinderogen hadden een hoop losse afbeeldingen en voorwerpen in de hoeken van een kamer zien staan en er een verhaal van gemaakt. Als hij erover nadacht, kwam Klaus tot de conclusie dat het een zolderkamertje geweest moest zijn. Waarom hadden hij en Nikki zoveel tijd op een zolderkamertje doorgebracht? Wat had hij precies gezien? Stond de facsimile van de Rechtvaardige Rechters ook op dat gordijn, of op een afzonderlijk doek of poster? Waarom had zijn moeder namen aan de paarden gegeven? En vooral... waarom wou ze geen woord kwijt over zijn vroege kindertijd in Seraing?

~

Ik schrompelde in elkaar toen ik met mijn schrale Volkswagen Golf de lange oprit van het Fleur-de-Lys opreed. 'Dominique, wat stel je je wel voor?!' verweet ik mezelf. Door een architecturale trompe-l'oeil leek het kasteel pittoresk en dichtbij als je het vanaf de weg bekeek. Dat kwam om te beginnen door de keuze van de boomsoorten: kleine lieve fruitboompjes dichtbij de weg, berken een beetje verder op, gevolgd door edele boomsoorten, om af te sluiten met de torenhoge sequoia's vlakbij het kasteel. Omdat het groen niet verkleinde, had je geen dieptezicht. Hetzelfde gold voor de gebouwen onderweg, die steeds groter werden, en zelfs de weg waar ik nu op reed: naarmate ik dichter bij het kasteel kwam, stonden bomen en gebouwen verder van de weg, zodat die laatste als het ware breder werd.

De eerste keer dat ik het Fleur-de-Lys bezocht had, was de avond na de stadswandeling, in het donker en in gezelschap. Maar nu was ik alleen. De oprit was eindeloos. Naarmate ik dichterbij kwam, werd alles groter en voelde ik me steeds nietiger. Hoe hoopte ik in dit fenomenale paleis een barones veroveren?!

Alexandra woonde in een van de armen van het Fleur-de-Lys. Nauwelijks had ik mijn auto naast haar Range Rover geparkeerd, of ze stormde naar buiten, vergezeld van haar drie kinderen. Ik had de tijd niet om mijn haar of hemd te inspecteren. Alexandra vloog me om de nek en gaf me drie zoenen. In dezelfde beweging stak ze mijn hemd dieper in de broek.

Als er één constante in mijn relatie met Alexandra was, dan was dat het feit dat ze me het ene moment heel intiem benaderde, om zich vervolgens te herpakken, excuserend te lachen, haar haar goed te leggen en tot de orde van de dag over te gaan. Hoewel ze die gespleten houding zelf niet wou, gebeurde het toch elke keer opnieuw, op gelegenheden zoals deze zelfs meerdere keren op een dag. Ik had meer dan een vermoeden van de oorzaak van haar bizarre gedrag: een oorzaak waarvan ze zich niet bewust was en die voor altijd en voor iedereen mijn groot geheim zou blijven.

-"Dag Sebastian, Miranda en Laetitia!" Ik gaf ze alle drie een handje. De twee meisjes draalden.

-"Willen jullie aan Dominique een zoentje geven?" vroeg Alexandra. De meisjes keken vertwijfeld.

-"Volgende keer zeker en vast," hielp ik hen. Ze giechelden en liepen hard weg.

-"Wel, Dominique, je kende hun namen nog!" Ik trok mijn schouders op maar Alexandra vond dat belangrijk; ze keek me nog even aan: "Niemand onthoudt de namen van kinderen, Dominique. Zeker geen man!"

-"Je verwijt me dat toch niet?!" Alexandra lachte, zich verontschuldigend.

-"Kom, ik help je even met de spullen. God, je hebt meer meegebracht dan ik verwacht had!"

Op een grote ovalen antieken tafel had ze drie pc's uitgestald.

-"Drie pc's," zei ik, "dat moet lukken. Ik had me zelfs voorbereid op vier."

-"Maak je maar niet ongerust," Dominique, "ik weet niet wat je me wilt tonen, maar als het de moeite is, zet ik er volgende keer vijftig voor je klaar!" Slik. Ik begon in mijn hoofd een netwerk voor vijftig pc's op te zetten. "Kom, verstrooide professor, laat ons beginnen met een kop koffie en een stukje taart!"

-"Goed idee," zei ik, "intussen installeer ik een paar spelletjes voor Sebastian, Miranda en Laetitia." Terwijl ik bewust de kinderen nog eens bij naam noemde, glimlachte ik naar Alexandra.

-"Spelletjes?! Nog meer spelletjes?! Reinhard geeft hen reeds alle spelletjes!"

-"Wel, Reinhard heeft spelletjes waar je je slaap voor opoffert."

-"Zeg wel; zelfs ik weet er alles van! Ken je de Colossal Cave Adventure? Wel daar is een doolhof..." Ik wist onmiddellijk waar het over ging: een doolhof waar je niets van zag, waar je je weg moest zoeken door Noord, Oost, Zuid of West te gaan... behalve op die ene unieke plaats waar je Noordoost moest intikken. Wie dacht daar nu aan?! Ik liet Alexandra haar hele frustrerende verhaal vertellen: "Nachten ben ik daaraan verloren!" Reinhard had nog meer slachtoffers gemaakt dan ik dacht.

Ik nam de pracht van het kasteel in me op. Het centrale gedeelte had ik na de stadswandeling gezien. Dat was majestatisch en pompeus. De armen van het kasteel daarentegen, waar de verschillende families eigenlijk in woonden, waren zalige, speelse rococo ruimten waar heel veel licht binnenviel. Tussen het kronkelende asymmetrische stukwerk in wit en goud stonden heel lichtvoetige meubelen op mozaïekvloeren. Deze hemel werd door de hele woning doorgetrokken. Alexandra keek geamuseerd naar mijn verwondering. Ze gaf me even de tijd.

-"Ik heb spelletjes die Reinhard te eenvoudig vindt," zei ik. Een kwartier later waren de kinderen pijltjes naar vallende ballonnetjes aan het schieten, raketten aan het landen en ruimteschepen aan het tegenhouden. Alexandra praatte intussen over haar indrukwekkende computerzaak maar ook over de problemen van de Vissermans:

-"We zijn te kwetsbaar, Dominique. Iedereen verhuist zijn fabrieken naar Turkije, Algerije en Marokko. Wij blijven intussen hogere lonen betalen. We vechten om te overleven. Maar des te meer zijn we de speelbal van Livicki's fanatiekelingen geworden." Livicki!

-"Ik ben aan het zoeken naar iets wat ik met Livicki kan doen, Alexandra. Bezorg me eens alle specificaties van zijn pc, alsook van het operating systeem."

-"Ik zal je die persoonlijk bezorgen!" zei Alexandra. Mijn hart klopte sneller; een volgende date!

-"Als je het niet erg vindt, kom ik liever naar hier," zei ik, in het rond kijkend. Alexandra lachte:

-"Wat een schitterend idee!"

Voor de kinderen had ik een leuke puzzel meegebracht. Van zodra ze van bij de pc's weg waren, opende ik elke pc om er een ethernetkaart in te steken. Nadat ik de pc's weer gesloten had, had elke pc een extra aansluiting. Daarin stak ik een ethernetkabel die ik met een router verbond. Zowel de kaarten als de router had ik in de voorbije weken moeten assembleren met componenten die Reinhard voor mij in de Verenigde Staten gekocht had. Zelfs met het vervaardigen van de ethernetkabels was ik uren zoet geweest.

Waarmee ik nog meer werk gehad had, was met het tunen van de drivers voor de ethernetkaarten. Deze installeerde ik nu op de pc's vanaf een floppy disk zo groot als een uitgestrekte hand, waarop ook de netwerksoftware en een primitieve toepassing stonden. Nadat ik de router aan een twaalf volt voeding gelegd had, was de configuratie van het eerste ethernetnetwerk buiten de Verenigde Staten, althans voor zover ik wist, klaar.

Het zag eruit als hobbywerk en dat was het ook. Zo had ik de IP-adressen hard met dip switches op de kaarten gecodeerd. Sjonge, sjonge! Vijftig pc's had Alexandra gezegd. Bij nader inzien zou ze daar best nog een tijdje mee wachten! Gelukkig hadden de drie pc's harde schijven, weliswaar van slechts tien megabyte, maar ruimschoots voldoende voor wat ik nodig had.

Alexandra keek geamuseerd naar hoe ik de veredelde tekstverwerkers, die die pc's eigenlijk waren, ver boven het paard aan het tillen was. Ik startte ze opnieuw op. De primitieve diagnose door de BIOS gaf geen foutmeldingen. De pc's voerden vervolgens de instructies uit die ik in de "autoexec.bat" file gestoken had, zoals het laden van de drivers. Gelukkig en voldaan vroegen ze daarna naar een volgende instructie door op de bodem van het pikzwarte scherm een witte, saaie 'C:\' te tonen. Ik testte nu de tweede laag van het netwerk: de mogelijkheid van de pc's om de router aan te spreken en omgekeerd. Ik toonde het succesvolle resultaat aan Alexandra, die op mijn woord geloofde dat hier iets heel bijzonders gebeurd was.

Een van de puzzels die ik meegebracht had, was voor Sebastian te hoog gegrepen; hij moest een aantal getallen op dergelijke wijze in een rooster invullen, dat alle rijen en kolommen aan dezelfde som kwamen. Ondanks mijn grote preoccupatie met het netwerk nam ik uitgebreid de tijd om hem enthousiast te maken over de puzzel. Alexandra was vertederd.

Ik keerde weer naar de pc's en testte nu met succes de derde laag van het netwerk: het afleveren van pakketjes data op de juiste bestemming. Aan Alexandra's uitdrukking te zien begreep ze het verschil met de vorige test niet, maar dat was niet erg; het mooiste kwam nu. Ik opende de primitieve toepassing.

-"Ok, Alexandra, het grote moment is aangebroken!" Alexandra keek naar een grotendeels zwart scherm met een aantal primitieve knoppen. Ik liet haar met de pijltjes navigeren naar 'nieuw bericht.'

-"Wat voor bericht?" vroeg Alexandra.

-"Van de ene pc naar de andere," antwoordde ik.

-"Kunnen die pc's dat écht?" vroeg ze lachend. Wat hobbyisten allemaal in elkaar knutselden tegenwoordig!

-"Ga achter één van de andere pc's zitten; ik toon het je." Alexandra ging achter Miranda's pc zitten. Ze keek op een scherm dat eruit zag als het mijne. "Ok, nu wordt voor de eerste keer buiten de Verenigde Staten een bericht over een netwerk verstuurd." Alexandra begreep dat ik iets zou intikken dat op haar scherm zou verschijnen. Dat zou op zijn minst een bravourestuk zijn, dat moest ze toegeven. Nuttig was een andere vraag.

-"Ik wacht nu gewoon op je bericht?" vroeg Alexandra.

-"Wel, eerst moet ik het nog opstellen, en aangezien dit historisch is, heb ik erover nagedacht. Weet je wat de eerste zin was die ooit door een telefoon gezegd werd?"

-"*Come here, Watson.*" Alexandra was fier dat ze dat wist.

-"Gefeliciteerd! Welnu, ik stuur je hetzelfde bericht. Ik typte het in, duidde vervolgens met de pijltjes de knop 'verzenden' aan, en drukte ten slotte op 'enter'.

-"Ik zie niets," zei Alexandra.

-"Het bericht verschijnt niet automatisch," zei ik, "je moet eerst op de knop 'inkomend' klikken." Wat Alexandra deed.

-"Ik zie nog steeds niets," zei ze.

-"Neen? Echt niet?" Verdorie, hoe kan dat nu?! Ik ging naar haar pc en probeerde het zelf. Niets. Na nog een paar keer over en weer lopen, raakte ik behoorlijk gefrustreerd.

De nieuwsgierige Sebastian was aan het meevolgen. Plots zei hij droogweg: "Kom bij mij, Alexandra." Alexandra keek vreemd naar hem.

-"Dat is mijn bericht!" riep ik, "zie je het?" Alexandra zag het niet, want Sebastian had op de knop 'inkomend' gedrukt van... de derde pc! Alexandra ging kijken. De pret kon nu niet op:

-"Het historische bericht werd naar de verkeerde pc gestuurd, hahahahaha. Nu, ik moet toegeven, Dominique, dat je daarmee zeker in alle boekjes komt!" Ik keek beteuterd. "Nu ja," ging ze verder, "een bericht naar de verkeerde pc is beter dan geen bericht!" Ze lachte opnieuw. Maar wat ik erger vond, was dat de dubbele bodem van *kom bij mij, Alexandra* haar door dit tumult vast en zeker ontgaan was.

Na het onhandige begin van mijn uiteenzetting liep alles echter als een droom. Ik toonde Alexandra hoe het mogelijk was om een bericht naar de correcte pc te sturen, al was dat voorlopig nog door het manueel ingeven van het juiste IP-adres. Ze ontdekte hoe inkomende berichtjes opgespaard werden tot ze gelezen werden, of naar de derde pc doorgestuurd konden worden, of naar meerdere pc's tegelijk.

Onmiddellijk werd haar het economische nut duidelijk: geen pogingen meer om iemand aan de lijn te krijgen, geen nodeloos lange telefoongesprekken meer, de mogelijkheid om boodschappen snel naar meerdere personen te verspreiden, en een verkleinde nood om teksten af te drukken en met de interne post te versturen. Ze was behoorlijk onder de indruk. Ik besprak met haar de verdere mogelijkheden van pc-netwerken, zoals netwerken over afgelegen geografische locaties en zelfs publieke netwerken.

-"Ga je die pc's dát allemaal laten doen?" vroeg ze. "Ze worden belangrijker dan mainframes, als ik je zo hoor. Dat kan toch niet, Dominique! Mainframes zijn toch ideaal; je houdt als bedrijf perfecte controle over de processen en de veiligheid."

-"Als je het rationeel bekijkt, heb je gelijk," zei ik, "maar weet je waarom pc's de mainframes desondanks zullen verdringen: omdat iedereen verliefd is op pc's. Ze zijn

als een tuin met een oneindig aantal verstopte paaseieren. Elke dag krijgt iemand wel een floppy mee met spelletjes of leuke hulpprogramma's. Vroeg of laat, wellicht heel laat, geef ik toe, zal je muziek kunnen opslaan en afspelen op die apparaatjes."
-"Nu ben je een beetje te enthousiast, Dominique. Maar gesteld dat ik overstag ga, wat moet ik doen?"
-"Oh, ik zou niet weten waar te beginnen." Ik was duidelijk geen zakenman.
-"Werk eens rustig aan een plan, Dominique!"

~

De chasse à courre, een jacht waarbij honden begeleid door ruiters een wild dier opdreven, was de jaarlijkse grote gebeurtenis op het Fleur-de-Lys. De pers tekende present om kiekjes te schieten van prinsen en hertogen. Het was een spektakel om bij weg te dromen. De ruiters, waar ze ook vandaan kwamen, waren uniform gekleed: zwarte laarzen, witte broek, zwarte tok en een ruitervest met zwarte manchetten. De majestatische paarden waren opgetuigd met geurende lederen zadels en teugels. De deelnemers inspecteerden de honderd foxhonden in hun stallen.

Naast de ruiters was er een tienvoud aan genodigden die niet deelnamen aan de jacht, waaronder Klaus en ik. We hadden het onderste uit de kan gehaald om er beter uit te zien dan de obers, die het in schitterende gewaden geklede en met zware sieraden getooide gezelschap bedienden.

Alle volwassen bewoners van het Fleur-de-Lys namen deel als ruiters. Daaronder prins en prinses Robert en Kathrin de Vissermans met hun dochter Anoushka, baron en markiezin Didier en Laetitia Forel met hun zoon Reinhard, en baron en markiezin Anthony en Hélène de Hoedemaecker met hun dochter Alexandra. Ze hadden de gewoonte om in groep als laatsten uit de stallen te komen. Wat een adembenemend zicht! Als organisator van het jaarlijkse gebeuren was Reinhard de leidende ruiter van deze chasse à courre. Gents meest begeerde vrijgezel reed in zijn rode ruitervest voor de anderen uit. Daarbij groette hij vriendelijk elke genodigde die hij kruiste. De ongehuwde jongedames staarden met open mond naar hem. Voor hen nam hij zijn tok af. Klaus en ik observeerden het met plezier.

Het lachen verging ons wanneer we barones Alexandra en prinses Anoushka achteraan de groep zagen. Zoals alle andere dames droegen zij een groene ruitervest. De volledige groep kreeg een applausje toen ze dichterbij kwamen. Tussen ons en de twee voor ons veel te hoog gegrepen dames stonden wellicht twintig ongehuwde edellieden die hun aandacht zochten. Dit was de echte wereld; wat hadden we wel gedacht?! Klaus en ik wilden niet dat de jongedames ons zagen en zich verplicht zouden voelen medelijden met ons te hebben. We applaudisseerden mee, maar zonder op te vallen, zonder, zoals sommige pretendenten, onze handen in de lucht te steken en te roepen. Het was de beste manier om in de massa op te gaan. Dachten we.

Want ze stegen af. De groep genodigden maakte ruim plaats om de prinses en de barones door te laten, tevergeefs zoekend naar wie de gelukkigen waren die van hun aandacht genoten. Klaus en ik beseften niet wat er gebeurde tot ze vlak voor ons stonden. Anoushka aarzelde niet om Klaus om de hals te vliegen. Ze gaven ons elk drie zoenen en dankten ons dat we gekomen waren. Omdat de omstaanders zich afvroegen welk exotisch mysterie zich achter onze te gewone pakken verborg, namen Klaus en ik onbewust een James Bond houding aan.

Anoushka werd snel vervoegd door prins Frank Podborsky en een aantal Sylvaanse edellieden, met name de directe familieleden van Willem, de laatste echte koning van Sylvanië. Onder hen bevond zich gravin Tatiana, de officiële troonpretendent indien de dynastie van haar nonkel Willem doorgetrokken mocht worden. Ze was regelmatig aan de zijde van Podborsky te zien. Was dat omdat ze van zijn financiële steun genoot of omdat ze alsnog koningin wou worden? Het was een publiek geheim dat zij een van de artiesten van Anastasiya was. De stille, onopvallende en intellectuele Tatiana ontweek steeds de vraag. Volgens Reinhard was Tatiana op hem verliefd. Als dat zo was, was ze heel subtiel in haar aanpak; want ze kwam pas echt tot leven in de buurt van Podborsky. Wat was haar ambitie?

Omdat Reinhard elke kans wou grijpen om indruk op de dekselse Nikki te maken, was hij verheugd dat Anoushka haar uitgenodigd had. Hoog op zijn groot zwart paard keek hij rond; als Nikki tussen ons stond, had ze geen andere keuze dan gedwee naar de koning van de dag te kijken. Maar Reinhard zag haar niet. Aanvankelijk zocht hij haar door op een subtiele manier heel kort en geconcentreerd in een gekozen richting te kijken. Maar dat subtiel zoeken verwerd snel tot een openlijk speuren, waarbij hij zelfs rechtop in de stijgbeugels ging staan.

-"Wie zou hij zoeken?" vroeg ik aan Reinhard.

-"Nikki natuurlijk," zuchtte Klaus, "wanneer zal Reinhard inzien dat het geen enkele zin heeft te proberen indruk op haar te maken?"

-"Waarom heeft het geen zin?" vroeg ik, "en wat is daar eigenlijk verkeerd mee?" Klaus zocht een tijdje naar de juiste woorden en naar wat hij precies wou en mocht zeggen.

-"Luister, Dominique, vertel het niet aan Reinhard, maar Nikki is werkelijk goed in álles. Ze was een hypergetalenteerd kind dat aan een razend tempo door alle mogelijke hobby's en interesses gegaan is."

-"En uw mama had daar de middelen voor?"

-"Wel, ze heeft er nooit een geheim van gemaakt dat hertog Bernard Martin, de grootvader van Anoushka, voor alles betaalde destijds."

-"Waarom heeft hij dat gedaan?"

-"Omdat hij de nonkel van mijn moeder was. Althans, ik hoop dat dat de reden was." Ik hield mijn bedenkingen voor mezelf, want wat de hertog voor Nikki, Klaus en hun mama gedaan had, ging ver boven wat strikt nodig geweest was om hen uit de nood te helpen. Wat zat daarachter? Klaus ging verder: "Als Reinhard op Nikki verliefd is, moet hij ze gewoon uitnemen, er gewone dingen mee doen, gewoon praten. Maar niet proberen haar te overtroeven; dat zal hem nooit lukken."

-"Reinhard is niet op Nikki verliefd, Klaus; zo beweert hij toch. Hij wil enkel dat ze voor hem valt. Het heeft iets met zijn zelfvertrouwen te maken, zijn ego als je wilt."

-"Het is niet leuk om dat als broer te moeten horen, maar ik geloof hem niet; ik denk dat Reinhard wel degelijk verliefd op haar is. In elk geval, als hij dit zo kinderlijk blijft aanpakken, zal hij zijn verdiende loon krijgen." Klaus geraakte opgewonden. "En dat hij eens ophoudt die zangeres achterna te zitten... Kijk nu!"

-"Wat, Klaus?" Klaus antwoordde niet; hij wees enkel naar Reinhard.

Omdat Reinhard intussen alle geduld kwijt was, reed hij dwars door de menigte naar ons toe. Voor de tweede keer in een paar minuten waren we het centrum van de belangstelling.

-"Zo, Klaus, Dominique, welkom! Zijn jullie alleen gekomen?" Klaus gaf met tegenzin antwoord:

-"We zijn met Nikki meegereden." Dat hadden we gedaan om in een mooie auto op het Fleur-de-Lys toe te komen. Het was niet om echt fier over te zijn.

-"Oh ja, waar is ze?" Reinhard keek opnieuw in het rond.

-"Ze is zich aan het omkleden," antwoordde Klaus gelaten.

-"Omkleden?! Hoe? Waar? Waarom?" Reinhard besefte dat er iets mis was. Net op dat moment hoorde hij een 'Oh!!' door het publiek gaan. Uit de stallen was nog een allerlaatste ruiter in groene ruitervest gekomen: een vrouw op een heel grote schimmelkleurige Arabische volbloed. Wat een paard! En wat een snelheid! Aan de frequentie en het volume van het dreunende geluid kon je horen dat het sneller dan zestig kilometer per uur galoppeerde. De ruiter zat helemaal voorover gebogen, het paard opjagend. De kenners hadden het paard herkend. Toen het dichterbij kwam, kwamen ze te weten wie de eigenares was. Klaus keek met medelijden naar Reinhard; hij vond dat die laatste vandaag een beter lot verdiende dan in de schaduw gezet te worden. Maar de ruiter had het spel volgens Reinhards regels gespeeld. Ik keek naar Klaus:

-"Dit meen je niet?!" Klaus trok enkel de schouders op.

Nikki reed meteen op Reinhard af:

-"Dag Reinhard, gefeliciteerd met de prachtige organisatie. Ik excuseer me dat ik te laat kwam; ik begrijp dat het de gewoonte is dat de familie als laatste uit de stallen komt." De fanatieke vrijgezel wankelde op zijn sokkel. Verbluft keek hij naar haar. De rollen waren zich aan het omkeren, maar hij besefte dat als hij verliefd op haar werd, hij de volgende maanden om haar hand zou moeten smeken, hij baron Reinhard Forel. Geen sprake van!

-"Wel, niet erg, en welgekomen," antwoordde Reinhard minzaam, "je bent trouwens familie: een achternichtje."

-"Van Anoushka, maar niet van jou!" zei Nikki uitdagend.

-"Neen, euh... wel," verslikte Reinhard zich, "niet erg in elk geval; we hadden War Admiral in de stallen zien staan, en wisten dus dat er nog een ruiter achter kwam. Gefeliciteerd met dat paard trouwens! Waar heb je dat in 's hemelsnaam vandaan?"

-"Je weet wie de vorige eigenaar was. Welnu, ik heb voor de man een goede overeenkomst geregeld voor Russisch gas."

-"Ah, logisch," was Reinhards flauwe antwoord.

-"Ik heb trouwens goed nieuws voor je, Reinhard."

-"Goed nieuws?" Wat kon er op dit moment goed nieuws zijn?!

-"Ja, je zal heel blij zijn: Anastasiya is zo verheugd met je geschenk, dat ze je persoonlijk zal danken." De zangeres zocht contact met hem! Maar zijn hersenen hadden om een onverklaarbare reden niet de energie voor een triomf; een ogenblik had Reinhard zelfs het gevoel dat de zangeres een vrouw te veel was. Vijf seconden lang verborg hij zijn gezicht in de handen om zijn houvast weer te vinden.

-"Persoonlijk?! Je zegt dat ik ze te zien krijg?!"

-"Dat beslissen zij en Geller, maar denk eerder aan een brief of een telefoongesprek."

-"Wel, dat is een hele grote stap in de goede richting. Ik kijk er bijzonder naar uit," zei Reinhard eerlijk. Een ontmoeting met de zangeres zou immers alle problemen uit de weg ruimen, inclusief zijn gevoelens voor Nikki. "Euh, nog een vraagje, Nikki: was de knipoog van Anastasiya voor Podborsky of voor mij?" Nikki lachte enkel met zijn dwaze verliefdheid. Maar ze was vertederd door zijn oprechtheid:

-"Laat je niet gek maken, Reinhard!" zei ze terwijl ze van hem wegreed.

~

Zoals steeds op grote aangelegenheden, brachten Anoushka en Frank Podborsky de tijd in elkaars gezelschap door. Het publiek zag hoe de prins en de prinses op hun paarden een gemoedelijke conversatie onderhielden, maar ook hoe ze elkaar nooit aanraakten, zoals dat wellicht bij een prinsenkoppel hoorde. Wat het publiek echter niet wist, was dat ze achter de schermen elkaar evenmin aanraakten. Of dat de gemoedelijke conversatie eigenlijk een bittere scheldpartij inhield.

De lieve, onschuldige Anoushka zou van de maffialeider weggevlucht zijn als ze kon. Haar persoonlijkheid veranderde wanneer ze met hem sprak: ze wikte en woog elk woord, en was berekend boos of inschikkelijk. Maar ze was angstig: hoe zou de entente evolueren? Was er een mogelijkheid dat een huwelijk met Podborsky voor die laatste noodzakelijk werd om koning te worden? Wat zou er gebeuren als zij weigerde en hij daardoor geen koning werd? Zouden de communisten hem alles afnemen? Zou hij daarna wraak op haar nemen?

-"Wat doe jij steeds met die Klaus?" vroeg Podborsky. Anoushka probeerde zich te beheersen:

-"Het is mijn neef, Frank; ik heb je dat al zo dikwijls gezegd!"

-"Achterneef!" riposteerde Podborsky, "en het belangrijkste is wat de andere mensen daarvan denken!" Voor de eerste keer vreesde Anoushka voor Klaus. Het maakte haar driest:

-"Wat ga je doen, Frank: hem ook vermoorden?"

-"Wat bedoel je, Anoushka, 'ook vermoorden'? Ik heb nog niemand vermoord!"

-"Koning Willem en zijn twee kinderen."

-"Dat was mijn vader..."

-"Aha, dat is de eerste keer dat ik je dát hoor toegeven!"

-"Ik geef het niet toe; mijn vader heeft ze niet vermoord! Ik bedoelde enkel dat het in de tijd van mijn vader gebeurd is, en dat als je de Podborsky familie wil verdenken, dat enkel mijn vader kan zijn, en niet mij!"
-"Maakt geen verschil wat mij betreft! En begrijp dat als er nog maar een haar van Klaus gekrenkt wordt, ik persoonlijk naar Sylvanië trek. De invloed van een prinses zal je niet teleurstellen!" Podborsky nam zich voor om zijn pijlen nooit meer op Klaus te richten; dit trof Anoushka immers zo diep dat ze haar zelfbeheersing verloor. Maar hij wou toch één ding recht zetten:
-"Koning Willem is in een ongeval gestorven; hij werd niet vermoord. En die twee kinderen werden verkoold teruggevonden. Het is niet eens zeker dat ze vermoord werden!"
-"Pfft, nu ga je discussiëren over punten en komma's, Frank. Jouw vader heeft ze wel ontvoerd!"
-"Luister, Anoushka, op mijn erewoord: mijn vader heeft me op zijn sterfbed toevertrouwd dat hij ze níet laten ontvoeren heeft, net zoals hij z'n hele leven beweerd heeft."
-"Het erewoord van een maffialeider maakt geen indruk, Frank!"
-"Wanneer ga je me eindelijk als een toekomstig koning bekijken, Anoushka?"
-"Van mij mag je koning worden, Frank, van zodra je je als een koning gedraagt in plaats van een vod; je komt geen enkele afspraak na!"
-"Hoezo niet?"
-"Je blijft die Livicki sponsoren..."
-"Wel, Bezmenov..."
-"Zwijg me van die Bezmenov, Frank!"
-"Luister, wie is er het grootste slachtoffer van Livicki? Ik! Ik ben de belangrijkste aandeelhouder van de Vissermans. Denk je dat ik Livicki voor mijn plezier steun?!" Steeds dezelfde ruzie.
-"En de universiteit, Frank. Je kan de schade die Livicki veroorzaakt, niet afwentelen op de universiteit!"
-"En wat heb jij eigenlijk met de universiteit?"
-"Wel, Klaus werkt daar!"
-"Zoals ik dacht. Luister, Anoushka, wees redelijk: ik moet geld uitgeven om een geloofwaardige troonpretendent te zijn; dat is mijn enige betrachting. Je beseft toch dat ik het niet aan persoonlijke luxe uitgeef?!"
De chasse à courre was onderweg. De honden hadden het spoor van een haas geroken en jaagden het dier op. De ruiters namen passief deel; ze volgden de honden.
-"Wel, als je een geloofwaardige troonpretendent wilt zijn, kan je beginnen met je niet met handlangers te omringen!"
-"Luister, Anoushka, de maffia vormt mijn machtsbasis. Het was niet mijn keuze, maar van zodra ik koning ben..."
-"Och, hou toch op, Frank. Luister, ik heb een voorstel voor jou: wij proberen je een eredoctoraat te bezorgen..." Podborsky's ogen fonkelden:
-"Een eredoctoraat?!" Het prestige dat dat met zich zou meebrengen!
-"In ruil voor het nakomen van ál je afspraken, Frank!" Podborsky besloot om niet te protesteren; de kans was te mooi. Een eredoctoraat!

~

Tijdens de chasse à courre bracht Reinhard een beleefdheidsbezoekje aan al zijn gasten, inclusief Podborsky. Die laatste was blij dat meteen een einde kwam aan zijn bittere discussie met Anoushka. Hoewel Reinhard en Podborsky beiden van de winst van de Vissermans leefden, vertoefden ze zelden in elkaars vaarwater. Het gesprek zou snel afgerond zijn, had Nikki hen niet plots vervoegd.
-"Nikki, wat ben ik blij dat je gekomen bent," riep Anoushka, "wat ben jij een schitterende ruiter en wat heb jij een prachtig paard!" Nikki kreeg van Anoushka dezelfde lieve aandacht als haar broer. Ze praatten over koetjes en kalfjes.
-"We zien elkaar binnenkort weer," zei Anoushka. "Heeft Reinhard het je nog niet verteld? Hij organiseert een luchtdoop voor het schooltje op het vliegveld van Ursel!"

-"Wel, hij heeft me reeds uitgenodigd op dat fantastische initiatief maar hij heeft nog niet gezegd wanneer het plaatsvindt." Reinhard moest slikken; hij had het hele initiatief verzonnen om indruk op Nikki te maken, maar na wat hij zonet weer meegemaakt had, begon de operatie 'doe Nikki voor mij vallen' wel heel zwaar te wegen. Nog voor hij kon antwoorden, kwam Podborsky tussen:

-"Een luchtdoop voor kinderen? Dat interesseert me wel!" Podborsky zag het als mooie publiciteit: de toekomstige koning op een luchtdoop voor kinderen. Hij vertelde er niet bij dat hij voor de verrassing van de dag zou zorgen door zelf met een vliegtuig aanwezig te zijn. Anoushka vermande zich: nog eens een dag Podborsky, het weze zo.

-"Ik ben ermee bezig," beloofde Reinhard.

-"Waarom laat je mij dat niet organiseren, Reinhard?" riep Anoushka.

-"In orde, organiseer jij het maar," zei Reinhard met een zuinige lach; hij had eigenlijk wel vertrouwen in de goede afloop van de luchtdoop.

Intussen was de chasse à courre afgelopen; de haas was door de honden gedood. Een poot werd op een plankje gespijkerd en aan de eregenodigde van de dag overhandigd. En die werd door Anoushka gekozen... Toen prins Robert de Vissermans zelf de poot kwam overhandigen, stonden Klaus en ik voor een derde keer in het midden van de belangstelling, deze keer met applaus. Straks kwamen al die mensen vragen wie we precies waren, vreesde ik.

~

Doorheen de eeuwen was een gemaskerd bal een zeldzame aangelegenheid; het vond aanvankelijk plaats in de late Middeleeuwen aan de hoven van de Franse koning en de Bourgondische hertog. Het was in elk geval een dure aangelegenheid voor de deelnemers; het masker werd specifiek voor het thema van het bal gemaakt en werd slechts eenmalig gebruikt. Een enkele keer was het gebeuren nieuws, toen in 1798 de Zweedse koning Gustav III op een gemaskerd bal vermoord werd.

De familie de Vissermans had het gemaskerd bal nieuw leven ingeblazen door er een te organiseren na de jaarlijkse chasse à courre. De deelnemers zagen er verschillende mogelijkheden in: met een duur masker je status of smaak bewijzen, anoniem dansen of anoniem de liefde verklaren.

Dat laatste was in elk geval de eer die Reinhard elk jaar te beurt viel: een, twee of drie dames, verborgen achter een masker, bekenden hun liefde, vroegen naar zijn plannen of naar wat hij zocht in een vrouw. Weken op voorhand had hij met mij over het bal gesproken.

-"Je bent verliefd op maskers, Reinhard!" placht ik hem te zeggen, "is dat de reden waarom je van de zangeres houdt?"

-"Ik moet toegeven dat ik voor het mysterieuze element gevoelig ben." Hij zag er geen kwaad in.

-"Vroeg of laat zal je van een echte vrouw moeten houden!"

-"Sinds wanneer ben jij de grote specialist in de liefde?" lachte hij. Hij had een punt.

-"Ok. Wat ga je doen als de zangeres een gewoon meisje blijkt te zijn? Weet je, er zijn honderden artiesten die kunnen zingen en dansen zoals zij. Het grootste verschil is de marketing. En weet je, het is niet eens een originele marketingtruc: de groep Kiss verbergt zich achter maskers, met hetzelfde effect."

-"Het gaat niet over het masker, Dominique, maar de songs! Wie anders heeft er ooit zovele goede melodieën geschreven?! Niemand komt in de buurt. Neen, zij is geen gewoon meisje." Ik had de discussie eens te meer verloren. Ik vroeg hem niet of hij besefte dat hij ze misschien nooit te zien zou krijgen.

Het gemaskerd bal sloot aan bij het avonddiner. De genodigden kregen kamers toegewezen om zich om te kleden. Ze werden geholpen door ontwerpers en kappers. Zoals steeds werd een thema met een agressief tintje gekozen; het bracht het creatieve of de durf naar boven. Deze keer was het thema 'nachtdieren'.

Voor genodigden zoals Klaus en ik waren standaard verkleedpakken en maskers voorzien. Tijdens het omkleden kwam ik Yuri Bezmenov tegen. De diplomaat herkende me meteen en groette me. We hadden een interessant maar toch ook stroef gesprek over Gorbatsjov en zijn hervormingen, alsook over Boris Jeltsin.

Bezmenov zelf werd zich met de dag meer en meer bewust van zijn gespleten persoonlijkheid. Op momenten zoals deze immers was hij een echte westerling, die zelfs meer dan de gewone westerling de prachtige wijnen, kazen en andere producten uit onze beschaving wist te waarderen. Hij was geraffineerd, gecultiveerd en belezen. Zijn aanwezigheid was fel begeerd door de dames van de bourgeoisie. Je kon hem op aangelegenheden zoals deze geen plezier doen met over communistische ideologie te praten; vandaag was hij eenvoudigweg geen communist.

Net zoals ik had Bezmenov enkel voor een masker gekozen; hij en ik bleven herkenbaar. Bezmenov zag er nu uit als een schattige spitsmuis. Ik vroeg me af hoe hij met die lange snoet zou dansen. Ikzelf had om die reden voor het platte gezicht van een uil gekozen; dansen was al moeilijk genoeg!

De luchters werden voor het bal gedimd; de verlichting kwam nu grotendeels van nachtelijke lichteffecten, zoals van de maan, de sterren en lichtgevende dieren. Rondom de zaal stonden grote ruwe planten. Muziek van Pink Floyd vervolledigde de nachtelijke, geheimzinnige sfeer, die nu klaar was voor intieme dansen en gesprekken.

~

Dansen kon Reinhard natuurlijk als geen ander. Voor hem was het gemaskerd bal het tweede hoogtepunt van de dag. Hij was verkleed als een roofdier en voelde zich als een. Uiteraard bleef hij herkenbaar.

Hij begon met de obligate dansen met de andere familieleden. Het was de ideale start; de dames in de familie waren stuk voor stuk goede dansers en gaven hem de mogelijkheid te schitteren. Mijn mond viel open toen Reinhard en zijn nichtje Alexandra het bal met een acrobatische rockdans openden. Hij gooide haar in de lucht en liet haar door z'n benen glijden. In haar glitterjurk maakte ze pirouettes en salto's. Vele edellieden bewonderden de ster van de avond, net zoals ik vanachter mijn uilenmasker. Wat zag Alexandra in godsnaam in mij, vroeg ik me andermaal af. Zag ze eigenlijk iets in mij?

Reinhard danste met een dergelijk gemak dat hij alle aanwezigen kon bestuderen, in het bijzonder de dames die hun identiteit verhulden. Het waren er veel. Als geen ander kon hij lichaamstaal lezen; wanneer hij in de buurt van een dame kwam, zag hij onmiddellijk of ze onbewust zijn houding imiteerde of de voeten in zijn richting draaide. In zijn hoofd stelde hij het lijstje van danspartners op.

Groot was dan ook zijn verrassing toen hij met een andere dame dan gepland op de dansvloer stond. Hoe was dat kunnen gebeuren? In de donkere rand van de dansvloer was hij uitnodigend op een dame toegestapt, toen een andere uit het niets naar voren stapte en zijn uitnodiging accepteerde. Dat had ze zo vloeiend gedaan dat het heel natuurlijk leek.

Maar Reinhard was in zijn nopjes; het was de eerste keer dat een dame op zo'n elegante manier het initiatief genomen had. Dat was eens iets anders! Bovendien danste ze keurig. Hij verwachtte nu dat de dame op een sensuele manier met hem zou slowen en hem in volle anonimiteit en met fluisterende stem de liefde zou verklaren. Dat eerste gebeurde alvast niet; de dame danste weliswaar op een warme, persoonlijke manier, maar niet op een intieme. Er was geen overgave. En wat evenmin klopte, was dat ze anoniem wou blijven:

-"Dag Reinhard." Zijn adem stokte in de keel.

-"Nikki!" Dit was het laatste wat hij verwacht had: dat Nikki zich opdrong om met hem te dansen, en niet anoniem! Ze legde als het ware zomaar haar kaarten op tafel; dit kon toch niet?!

Maar dat was wel degelijk wat Nikki deed: ze gaf Reinhard te kennen dat ze door zijn persoonlijkheid gecharmeerd was. Maar tegelijk wou ze af van het opbod waarbij hij haar constant probeerde te overtroeven. Om het goede voorbeeld te geven, had ze met hem een normale conversatie tijdens het dansen, het soort lichte conversatie over smaken en voorkeuren die de kans gaf elkaar beter te leren kennen.

Jammer genoeg interpreteerde Reinhard het anders: het was een stoutmoedige zet van Nikki geweest, waarbij ze beslist had met hem te dansen om hem duidelijk te maken dat ze helemaal niet voor hem zou vallen.

~

Intussen was Alexandra recht op me afgestapt; ze wist duidelijk wie er achter het uilenmasker zat.
-"Wat dans je ongelooflijk goed," zei ik. Ik hoopte dat ik daarmee duidelijk gemaakt had dat ik niet kon dansen. Op de dansvloer kon ik immers niets anders dan wat *moves* maken op een halve meter van mijn danspartner. Mijn zielige manier van dansen was echter volledig uit den boze op het Fleur-de-Lys, zoveel had ik begrepen.
-"Je danst niet?" vroeg Alexandra. Ze had het antwoord duidelijk al geraden.
-"Neen," antwoordde ik droogweg.
-"Ik leer je dansen!" zei Alexandra. Oh, wat was ik blij dat ik een masker aanhad! Alexandra leerde me de beginselen van het rock dansen: terwijl mijn linkerhand haar rechterhand vasthield, zette ik eerst mijn linkervoet naar voor, en vervolgens mijn rechtervoet. Bij die laatste beweging duwde ik me met mijn rechterhand af van de linkerhand van Alexandra, om vervolgens eerst de rechtervoet achteruit te zetten, gevolgd door de linkervoet. Dat was de cyclus. Van zodra ik die met een zeker gemak en automatisme kon dansen, leerde Alexandra me de eenvoudige variaties, zoals haar rond haar as laten draaien. "Zie je wel, veel eenvoudiger dan een Ethernet netwerk!" Leren dansen was gelukzalig.
-"Ik moet dit regelmatiger doen!" zei ik.
-"Ja, natuurlijk, wanneer ben je de volgende keer bij me thuis?" Mijn hart sloeg een klop over; mijn relatie met Alexandra werd echt romantisch. Met uitzondering van het feit dat Alexandra met momenten evenmin als ik leek te begrijpen wat ze in mij zag. Zoals nu; ze ging in op de vraag van een andere danspartner. Ik zag ze niet meer voor de rest van de avond.

~

Na zijn dans met Nikki wou Reinhard niet aan zichzelf toegeven dat hij het spannendste moment van de avond achter de rug had. Het kon toch niet dat Nikki, een intelligente, bedrijvige, maar voor de rest gewone jongedame de crème de la crème van de Gentse society en ver daarbuiten overtrof, meisjes in de prachtigste avondjurken, opgevoed met privéleraren, sportief, diep intellectueel en uit families met grote traditie. Dansen en flirten tussen de vele schitterende kleuren en verliefde stemmen was bovendien het hoogtepunt van zijn bestaan... of zou het toch moeten zijn. Waarom stelde hij zich zelfs de vraag? Als Nikki niet meespeelde op dit niveau, waarom dacht hij dan constant aan haar? Waarom liet hij de film van zijn conversatie met haar steeds opnieuw afspelen? Hij keek in haar richting. Hoe dacht zij eigenlijk over hem? Waarom was hij ongerust? Neen, het was niet zo en het kon niet zo zijn dat hij als een hulpeloze broekjongen halsoverkop verliefd op haar geworden was. Niet Reinhard Forel; dat was volstrekt uitgesloten! Want hij was verliefd op de zangeres en had wat dat betrof, reeds diep in zijn kaarten laten kijken. Want Anastasiya overtrof met een mijl iedereen, alle meisjes hier aanwezig, en ook... en zeker, herpakte hij zich, Nikki! Maar waarom wist hij dan elke seconde waar in de zaal die laatste zich bevond? Hij ergerde zich aan zichzelf. 'Maar geduld; de zangeres zal me niet ontsnappen, dat weet ik zeker. Je spookt maar voor korte tijd in mijn hoofd, Nikki!' Terwijl hij danste met de gemaskerde meisjes, dacht hij met een glimlach aan Anastasiya. Háár veroveren was pas echt de grote uitdaging, een uitdaging op maat van Reinhard Forel!

~

Zonder Alexandra riskeerde ik in het decor van de balzaal geparkeerd te raken. Omdat ik haar na de dansles niet teleur wou stellen, haalde ik diep adem en vroeg ik in een soort vlucht naar voren Anoushka om een dans. Ik was de enige in de zaal die niet doorhad dat ik daarmee prins Podborsky de weg afgesneden had. Verbouwereerd zocht hij een andere danspartner. Ik kreeg verwonderde blikken: 'Wie denkt die clown dat hij is; hij kan niet eens dansen!'

Maar niet van Anoushka:

-"Oh, Dominique, zo lief! Ik heb gezien dat Alexandra je net leren dansen heeft. Nu ga je er meteen voor; dat is hoe het moet!"

-"Wel, ik hoop dat ik van jou de tweede les krijg!" Ik rilde even; Anoushka was een heel lief meisje, maar zij was dé prinses op dit schitterende feest en in dit weergaloze paleis. Ik had haar net om een dansles gevraagd voor de ogen van de hele Europese adel. Maar er was geen weg terug.

-"Maar natuurlijk, Dominique, hoe schattig; ik kan je dat aanleren als de beste!" En dat is wat ze deed; tegen het einde van de dans kende ik drie extra rock bewegingen. Reinhard zag me bezig en stak zijn duim op. Hijzelf danste voorlopig met meisjes die hij goed kende en die niet anoniem wensten te blijven. Ik begreep dat de mysterieuze fase van het gemaskerd bal nog moest komen. Van zodra het rocknummer afgelopen was, ruimde ik plaats voor Podborsky.

~

Klaus was een goede danser maar door Nikki's drukke agenda kreeg hij slechts zelden de kans om met zijn zus te dansen. Dat maakte hij vandaag uitgebreid goed.

-"Zo, je dans met Reinhard heb je reeds achter de rug," glimlachte hij.

-"Wel, ik heb Reinhard graag, moet ik toegeven. Het is nog niet dat ik van hem droom, maar ik hoop dat hij het anders aanpakt, volwassener."

-"Dominique en ik proberen hem Anastasiya uit het hoofd te praten."

-"Ik hoop dat het jullie ooit lukt."

-"Jaag hem intussen niet meer op stang dan nodig, Nikki. Ik ben alvast blij dat je hem daarnet niet van z'n sokken gedanst hebt!"

-"Je weet toch dat ik zoiets nooit zou doen, Klaus!" lachte Nikki.

-"Dat weet ik helemaal niet," zuchtte Klaus. "Maar ik wou je over iets anders praten."

-"Vertel eens. Laat me raden: het gaat over Anoushka!"

-"Neen," zei Klaus triomfantelijk, "het gaat lekker niet over Anoushka! Het gaat over ons verleden. Herinner jij je een schild waarop een knielende ridder stond die met beide handen iets aanbood? Je bent een jaar ouder dan ik. Ik meen het als klein kind gezien te hebben." Nikki lachte:

-"Natuurlijk ken ik het schild van de knielende ridder, Klaus. Ik weet niet waar je het schild vandaan hebt, maar je was door dat schild geobsedeerd!"

-"Waar? Wanneer? Daar herinner ik me niets van!"

-"Wel, ik ben zeker dat er nog sporen van zijn. In de tijd dat we hier in de buurt woonden, heb je het een keer op de muur van het pomphuis getekend."

-"Pomphuis?"

-"Het was je geliefkoosde ruimte. Er stonden, als ik me goed herinner, een pomp uiteraard, een watertank, en nog een paar indrukwekkende toestellen die veel lawaai maakten. Ik vond die ruimte eerder griezelig. Maar jij was er constant te vinden."

-"Nu herinner ik me iets… een kastje!"

-"Juist, er stond een kastje in ook."

-"De schelpjes!"

-"Welke schelpjes?"

-"Van… Anoushka!" Nikki lachte:

-"Anoushka! Had ik het niet geraden?!"

~

De meest gegeerde danspartner die avond was Anoushka, maar Klaus' blik in haar richting volstond opdat ze alle andere gegadigden negeerde en recht op hem af liep.

-"Klaus, dat werd tijd!" lachte ze.

-"Wel, ik dacht dat je eerst met jouw hele familie wou dansen."

-"Oh, zijn we geen familie meer, Klaus?" Er ging haar een licht op: "Hmm, heel goed, als jij dat zo wil. Voortaan vergeten we helemaal dat we achterneef en achternichtje zijn!" Klaus wou het echter nog niet in die richting sturen:

-"Luister, achternichtje, als ik je achterneefje niet ben, weet ik niet meer waar je schelpjes zijn." Dat had haar aandacht!
-"Klaus, je meent het niet! Weet je waar ze zijn?"
-"Ik weet waar ze zijn, achternichtje: in het pomphuis."
-"Pomphuis?! Dat weet ik niet zijn; daar heb ik zelfs nooit van gehoord!" Intussen waren ze aan het walsen. Klaus danste als een prins, en met dusdanig gemak dat hij er een vlotte conversatie kon op nahouden.
-"Dat is goed mogelijk, Anoushka; sinds water uit de openbare voorziening komt, zijn die pompen wellicht niet meer nodig. Maar met wat geluk hebben ze die pompen nog niet verwijderd, want daar stond de kast met de schelpjes. Nikki vermoedt dat de pompen in een van de stalgebouwen stonden."
-"Nikki?! Heb je met Nikki over onze schat gesproken?"
-"Wel, dat was niet mijn bedoeling, Anoushka, vergeef me. Ik vertelde Nikki over het schild dat ik in mijn jeugd gezien had. Ze herinnerde zich dat ik het op een muur van het pomphuis getekend had. Toen herinnerde ik me het kastje. Daar moeten je schelpjes zitten."
-"Ik herinner me dat schild nog, Klaus! Je was er heel fier op. Hoe komt het zelfs dat jij je daar niets van herinnert?"
-"Omdat ik niet zo dikwijls aan mijn jeugd terugdenk als jij, Anoushka."
-"In elk geval, Klaus, geloof het of geloof het niet, het verhaal van mijn schelpjes is plotseling minder belangrijk dan dat van het schild."
-"Jij weet ook wat je wilt!" spotte Klaus. Anoushka klopte even met de onderkant van haar vuist op zijn borstkas.
-"Luister, Klaus, ik heb de oude zwartwit foto's van het authentieke doek van de Rechtvaardige Rechters opnieuw bekeken, foto's die genomen werden vóór de diefstal. Welnu, het blijkt dat de paarden op dat oorspronkelijk doek stonden zoals jij ze beschreven hebt!"
-"Dus dat gordijn, of wat de facsimile precies ook was, was gebaseerd op de originele Rechtvaardige Rechters. Wat vind jij daar zo boeiend aan?"
-"Jouw facsimile kan ons waardevolle informatie geven over de kleuren die op het oorspronkelijke doek gebruikt werden. Tot vandaag weten we niet of de kleuren van de reproductie die nu in de kathedraal hangt, kloppen."
-"Je hebt geen andere gordijnen gevonden?" lachte Klaus.
-"Neen; wie maakt er nu gordijnen met de Rechtvaardige Rechters op?!"
-"Ok, Anoushka, maar wat nu?"
-"Je mama."
-"Je weet dat mijn moeder met geen woord over het verleden wil spreken, Anoushka."
-"Zelfs niet in dit geval?"
-"Ik heb het haar al gevraagd, Anoushka, geloof me. Dat schild is mijn enige aanknopingspunt voor dat bodemkundig onderzoek van wijlen professor Geller. Dominique wist me intussen te vertellen dat het over een goudmijn gaat, stel u voor!"
-"Een goudmijn, wel, dat is dan niet in België."
-"Waarom niet?"
-"Omdat er nooit een goudmijn in België geweest is."
-"Zo eenvoudig is het niet, Anoushka. Er is wel degelijk goud in België. De vraag is enkel of er een exploiteerbare goudader in de bodem zit. De Romeinen hebben daar in Wallonië ooit naar gezocht."
-"Wallonië, dat is waar jij een deel van je kindertijd hebt doorgebracht, toch?"
-"Ik ben daar geboren, maar voor de rest herinneren Nikki of ik zich daar niets van. En ik denk dat je het nu toch echt te ver gaat zoeken, hoor," lachte Klaus, "we hebben daar heus niet bovenop een goudmijn gewoond!"
-"Wel, jij was degene die over goud in Wallonië begon!"
-"Ik bedoelde enkel dat je niets mag uitsluiten."

-"Ok. Welke informatie heeft Efim Geller, de zoon van de professor?" vroeg Anoushka.
-"Die man houdt van mysteries, denk ik. Eerst de zangeres, nu dit."
-"Hoezo?"
-"Wel, hij is in mijn bijzijn door de Hebreeuwse teksten gegaan. Hij was behoorlijk zenuwachtig. Vooraleer hij de teksten vertaalde, las hij ze door, hopende dat er niets in stond dat ik niet mocht weten."
-"Hahá, hij wil al het goud voor zich alleen!" lachte Anoushka.
-"Dat is het niet; hij wist niet eens dat het over goud ging, en had er geen enkel probleem mee om de betreffende passages uit het Hebreeuws te vertalen. Hij heeft trouwens alles vertaald, behalve dat, telkens het over concrete personen of plaatsen ging, de tekst met een zwart vlak onleesbaar gemaakt was."
-"Waarom vind je hem dan mysterieus?"
-"Omdat er duidelijk iets is wat hij weet en verborgen wil houden. Hij was opgelucht toen die informatie niet in het dossier stond. Wat nog eigenaardiger is, is dat nu hij het volledige dossier gezien heeft, hij geen enkele interesse meer heeft, integendeel."
-"Integendeel?"
-"Ik heb het gevoel dat hij verlangt dat we alles weer netjes opbergen. Maar nu Reinhard al het geld in het onderzoek geïnvesteerd heeft, gaan we er gewoon mee verder."
-"Maar waarom heeft Geller jullie dan in 's hemelsnaam aan dat onderzoek laten beginnen?"
-"Geller was enkel nieuwsgierig naar het werk van zijn vader en naar wat er nog van bestond in de archieven. Dat is alles. Reinhard dacht ten onrechte dat hij Geller een groot plezier kon doen met het onderzoek verder te zetten."
-"Wat heeft Geller over het schild gezegd, althans het gedeelte dat op de stempel stond?"
-"Het zei hem helemaal niets. Ik geloof hem. Maar het verontrustte hem; ik denk dat hij vreest dat we via dat schild te weten zullen komen waar de goudmijn zich bevindt. Ik heb hem intussen gerustgesteld."
-"Maar we zoeken wel verder, hé Klaus; ik wil die facsimile van de Rechtvaardige Rechters vinden! Heeft Geller helemaal geen informatie gelost?"
-"Toch wel: de opdracht kwam destijds van de hertog Bernard Martin, jouw grootvader."
-"Alweer!" Dat was het juiste woord. De hertog dook op in meer en meer machinaties: zijn afspraken met Willem, zijn hulp aan Klaus' en Nikki's familie in Wallonië, en nu dit onderzoek naar een goudmijn. In diezelfde periode had hij zich ook ingelaten met het jagen op patenten, maar dat was een ander verhaal.
-"Maar jouw overleden grootvader speelde waarschijnlijk geen grote rol in dit dossier; zo niet had Geller hem niet genoemd."
-"Mijn grootvader deed het dus voor iemand anders?"
-"Daar lijkt het op."
-"Ok, Klaus, dan moeten we zonder Geller te weten zien komen waar het schild vandaan komt. Jouw moeder is momenteel ons enige aanknopingspunt. Wat scheelt er eigenlijk met haar? Waarom is ze zo zwijgzaam? Wat heeft ze meegemaakt?"
-"Anoushka, jouw mama heeft je ongeveer alles verteld wat ik over mijn mama's geschiedenis weet," zei Klaus.
-"Ok, laat ons eens opsommen wat we weten: Sylvia was een goede vriendin van mijn mama en is getrouwd met koning Willem van Sylvanië. Jouw mama was de beste vriendin van Sylvia en is meegegaan. Maar nog vóór de tragedie waarbij koningin Sylvia haar man en twee kinderen verloor, is jouw mama uit Sylvanië teruggekeerd en naar Wallonië verhuisd, waar jij en Nikki geboren zijn."
-"En ik kan je ook vertellen dat koningin Sylvia en mijn mama ruzie hadden," voegde Klaus daaraan toe. "Nikki heeft de koningin een keer aan de lijn gehad."
-"Ruzie? Waarover?"
-"Dat wou Sylvia niet zeggen."

-"En jouw mama nog minder uiteraard."
-"Uiteraard."
-"Om welke reden is jouw mama met jullie vanuit Wallonië naar het Fleur-de-Lys gekomen?"
-"Geen enkel idee. Dat weet jouw mama misschien beter," zei Klaus.
-"Mijn mama weet dat haar vader, de hertog, die verhuis geregeld heeft. De reden van de verhuis is duidelijk: jouw mama wou gewoon weer naar huis. Het mysterie is veeleer waarom ze na Sylvanië niet onmiddellijk naar Gent gekomen is."
-"Ze moet in Wallonië een vriend gehad hebben die nadien mijn vader geworden is. Ze is waarschijnlijk naar Gent gekomen nadat er iets met die vriend gebeurd is. Maar waarom vertelt ze daar helemaal niets over, en waarom heeft ze plots alle banden met jouw familie verbroken?"
-"Jullie vertrek van het Fleur-de-Lys werd een vlucht genoemd. Maar een vlucht voor wat of wie? Er is een vage speculatie dat jouw moeder weggevlucht is voor Igor Podborsky, de nieuwe man van Sylvia. Die kwam voor de eerste keer naar het Fleur-de-Lys kort nadat jouw mama is gevlucht."
-"Vreemd. Ik zou niet weten waarom. In elk geval is Igor nu dood. Maar mijn mama blijft zwijgen. Zou ze ook schrik hebben van zijn zoon Frank?"
-"Wel, jouw mama is hier vandaag en Frank ook," antwoordde Anoushka. "Ik heb het grootste gedeelte van de dag in Franks gezelschap doorgebracht, maar Frank wist niet wie zij was."
-"Maar als ze enkel schrik van Igor had, die nu dood is, waarom blijft ze dan zwijgen?"
-"Ik weet het niet, Klaus, maar het ziet ernaar uit dat we zelf naar de facsimile van de Rechtvaardige Rechters op zoek moeten gaan, met als enig aanknopingspunt de plaats waar je geboren bent."
-"En mijn hopelijk goede kopie van het schild op de muur van het pomphuis, dat in het beste geval een vergeten, gesloten kamer is achteraan de stallen. Enkel iemand zoals prins Robert de Vissermans zal zich iets van dat pomphuis herinneren. Maar hij is niet iemand die ik durf lastig vallen met een vraag over een pomphuis."
-"Dat is toch gewoon mijn papa!" lachte Anoushka.
-"Juist, gewoon je papa," mompelde Klaus.

~

Voor Reinhard was de belangrijkste fase van het bal aangebroken. De muziek werd zwoeler en de belichting intiemer. Hij wist precies welke meisjes hij nu op de dansvloer moest vragen: degene die niet te herkennen waren en anoniem wilden blijven, meisjes die hem met hun ogen gevolgd hadden. Wat een feest voor zijn ego!
Met een kleine kniebuiging en gestrekte arm vroeg hij een eerste meisje ten dans. Hij nam zo snel mogelijk akte van welke danspasjes ze graag uitvoerde, en paste de variaties aan opdat ze zich perfect op haar gemak voelde. Nu hoefde hij enkel te wachten tot ze zich gelukkig in zijn armen nestelde. Lang was dat niet, want welk meisje was niet in de wolken na een minuut dansen met Reinhard Forel?! Van zodra het zover was, vertelde ze met fluisterstem in zijn oor over wie ze ongeveer was, wat ze deed en waar ze goed in was. Reinhard sprak zijn bewondering uit. Daarna stelde ze een directe vraag: op welk soort meisje wachtte hij?
Een volgende danspartner wist dat hij de zangeres Anastasiya wou, en vroeg hem of hij dat echt meende. Of dat hij zich enkel aanstelde, vroeg ze er niet bij. Daarna was er een meisje dat hem onomwonden de liefde verklaarde, wat tenslotte de bedoeling was van een gemaskerd bal. Hoewel de meisjes weinig hoop koesterden, hadden ze een zekere voldoening in het kunnen communiceren van hun gevoelens.
Reinhard zelf was zich in elk geval van geen kwaad bewust; het was gewoon leuk voor de meisjes en des te meer voor hem!

~

Omdat dankzij hem verschillende van de gasten goede zaken deden met het Oostblok, was het vanzelfsprekend dat Yuri Bezmenov op dit soort feesten uitgenodigd werd. Achter de façade van zijn mooie leven in Gent echter schuilde een man met zorgen. Want hoewel het Politbureau hem steunde omdat producten uit het Westen binnenstroomden zoals nooit tevoren, had hij ook vijanden in de Sovjet-Unie: enerzijds KGB-agenten die graag in zijn schoenen wilden staan, en anderzijds jonge partijleden die in zijn weelderig bestaan de ultieme corruptie zagen. Dagelijks moest hij wikken en wegen op welke vragen hij inging en op welke niet, schipperend tussen het risico in het Westen gearresteerd te worden en het risico een gebrek aan loyauteit verweten te worden.

Hij kreeg op een mysterieuze manier hulp: op cruciale momenten ontstonden er misverstanden, werden zijn vijanden gearresteerd of gebeurden er onverwachte dingen, telkens in zijn voordeel. Had hij de mooie contracten eigenlijk zelf gerealiseerd, vroeg hij zich af, of waren ze door anderen georkestreerd? Was hij een pop aan de touwtjes van de Westerse veiligheidsdiensten? Hoelang kon hij dit bestaan volhouden zonder in de problemen te komen, zonder naar Rusland teruggestuurd te worden, of zonder geliquideerd te worden?

Even nijpend was de vraag echter hoelang hij dit duaal bestaan mentaal nog kon verteren. Zijn reden van bestaan was het communisme terwijl hij eigenlijk het tegenovergestelde leven leidde. En waarom was het tegenovergesteld: omdat communisten arm moesten leven. Maar als dat de bedoeling van het communisme was, waarom geloofde hij er dan nog in? Het existentiële conflict tergde hem telkens hij van grote luxe genoot, zoals op dit feest.

Terwijl hij op de dansvloer over zijn bestaan mijmerde, liet hij als de meest galante aristocraat de vooral oudere dames van zijn intussen geroemde danskunst genieten. Op de theekransjes in Gent was hij de meest besproken man, de lieveling, de teddybeer. Bezmenov kende alle dames bij naam en nodigde elk van hen uit voor een dans alsof hij ze al uren gezocht had. Op een gemaskerd bal was dat zelfs geloofwaardig.

Toen de verlichting zwakker werd en de sfeer intiemer, viel zijn oog op een volledig gemaskerde dame. Ze viel niet bijzonder op door haar figuur maar danste wel heel keurig, nuchter en bemeten. Tot zijn verwondering kwam ze hem zelf opzoeken. Bezmenov begroette haar met grote anticipatie; volledig gemaskerd betekende immers dat de dame misschien iets spannends wou bekennen, zoals haar liefde voor hem of zelfs een erotische droom. Aangezien hij al vele glaasjes ophad, was hij helemaal klaar om zijn beslommeringen te vergeten en te flirten met de dame achter het masker.

Maar praten deed ze voorlopig niet. Terwijl ze beiden de muziek door verschillende nummers lieten gaan, was Bezmenov onder de indruk van haar danskunst; hij vroeg zich zelfs af of hij dit ooit eerder meegemaakt had. Het was alsof ze beiden op een soort partituur bewogen. Geen enkele maal voelde hij in zijn handen de schok van dissonantie. Ze hield zijn handen nochtans stevig vast, in tegenstelling tot dames die met slappe handen en armen dansten om te verhullen dat het lichaam houterig op zoek was naar de juiste passen. Gecharmeerd door de dame joeg hij alle spoken uit het hoofd, genoot hij van het leven zoals nooit tevoren en vergat hij zelfs dat ze gemaskerd was.

Toen sprak ze hem aan, tot zijn grote ontsteltenis in het Russisch!
-"Ik had gehoord dat je goed danste, Yuri Alexandrovich; het is een eer." Hij schrok zich te pletter. Russisch was de taal van zijn diepste passies: de literatuur, het werk, het gevaar en zijn moeder. De dame had de snelweg naar zijn hart maar meteen ook naar zijn grootste angsten gevonden. Wie was ze, waar kwam ze vandaan en waarom was ze gemaskerd? Hij probeerde de nevels uit zijn hersenpan te verjagen. Was hij in gevaar? Hij dacht even aan vluchten maar ze hield hem stevig vast. Zij was het nu die de dans leidde. "Vrees niet; je bent enkel bang van jezelf." Opnieuw had ze hem diep geraakt: hij was inderdaad bang van zichzelf, van de complotten die hij zich dagelijks inbeeldde, complotten waarbij hij vermoord zou worden door een ricinekogel in een paraplupunt. Maar hoe wist de dame dat? Zo had niemand ooit tegen hem gesproken! "Je bent een kind van jouw land en van jouw tijd, Yuri Alexandrovich. Je bent communist omdat Rusland vandaag communist is. Je hebt je ingezet voor je land en als beloning beleef je nu slapeloze nachten." De dame praatte niet als een KGB-agent... tenzij ze hem bewust misleidde.

-"Ben je Russische?" vroeg hij. De dame had hem getutoyeerd alsof ze elkaar reeds lang kenden. Waar of niet waar, hij besloot hetzelfde te doen. Hij had echter weinig hoop dat ze haar identiteit zou prijsgeven. Ze antwoordde niet op zijn vraag.

-"Maar denk aan waar Rusland vandaag zonder het communisme gestaan zou hebben: graan, goud, olie, diamanten... het rijkste land ter wereld!" Zo sprak niemand van de KGB over Rusland, misleiding of niet. Deze dame probeerde hem regelrecht te doen overlopen! Een dergelijke directe aanpak was echter uiterst onconventioneel; daar hadden noch de KGB, noch de CIA vertrouwen in. Het was namelijk aan de kandidaat-overloper om de eerste stap te zetten; zo niet verhoogde je het risico dat hij dubbelagent werd. Wat hoopte deze dame dus te bereiken? "Denk ook aan de verboden schrijvers, geschiedenis en godsdienst." Ze overliep de gecensureerde meesterwerken, waarmee ze de snaar raakte van de opgekropte liefde voor de geschiedenis van zijn vaderland. Hij werd murw. Ze stelde hem vragen waarop hij eerst gedwee, daarna met passie antwoordde. Hij werd verliefd op het intellect van de dame; het was de conversatie waarvan hij altijd gedroomd had. 'Wat ben ik verduiveld aan het doen?' vroeg hij zich op een gegeven moment af, maar de roes van de alcohol, de heerlijke dans en de meest boeiende dame die hij ooit ontmoet had, deed hem volledig zijn ziel uitgraven. Hij speelde als een gokker zonder limieten; hij was all-in.

-"Denk nu aan de modale Rus die van dit alles verstoken blijft," ging ze verder, "die met neergebogen hoofd zo onopgemerkt mogelijk probeert te leven, die niet eens opkijkt naar de voorbij zoevende Zils, die niet eens meer zou willen opkijken, die zich niet eens de vraag meer stelt." Het revolteerde hem; hij was op dat eigenste moment bekeerd. Misschien was dat slechts tijdelijk, tot hij weer nuchter was. Hij probeerde na te denken. "Wij doen ons best voor jou, Yuri Alexandrovich, maar het moment waarop jij de held voor jouw vaderland moet worden, nadert." Wij?? De dame had als een vertegenwoordiger van een groep gesproken. Welke groep? Wat bedoelde ze met 'wij beschermen jou?' Wat bedoelde ze met 'held van jouw vaderland?' Had ze een concreet plan voor ogen? Hij wou nu snel denken. Zijn hoofd gonsde. Hij ondersteunde het met beide handen terwijl alles voor zijn ogen schemerde. Uiteindelijk tastte hij naar een stoel, zette hij zich neer en hield hij het hoofd naar de grond gebogen tot hij zich beter voelde. Toen hij weer opkeek, was de dame verdwenen. Wat had hij in godsnaam gedaan? Hij ging tevergeefs op zoek naar haar.

~

Nog meer meisjes, anoniem of niet, grepen de kans om Reinhards interesse te wekken. Ze hadden elk hun strategie, de ene al wat geraffineerder of meer volwassen dan de andere. Een meisje haalde eerdere ontmoetingen aan en vroeg om zijn bevestiging dat ze het samen wel heel leuk gehad hadden. Een ander hield het praktisch en nodigde hem meteen uit op een feestje. Nog een ander had haar eerste vlieglessen gevolgd. Zoiets maakte indruk op hem: een meisje dat zoveel moeite deed om dezelfde hobby te delen! Hij sprak elke danspartner aan alsof ze het enige meisje op de wereld was. Hij herinnerde zich alles wat ze ooit samen meegemaakt hadden. Tenminste, als ze niet anoniem wou blijven. In dat laatste geval luisterde hij naar wat ze hem opbiechtte.

Hij genoot van de droom die een anoniem meisje hem influisterde. Zij had voor de moeilijkste strategie gekozen: een poging om Reinhard te betoveren tot het punt dat hij dat zichtbaar zou erkennen, om daarna, bij een volgende ontmoeting, een zachte insinuatie te laten vallen dat zij zijn Assepoester op het bal geweest was. De volledig gemaskerde meisjes hadden van een dergelijke opzet trouwens meestal grondig werk gemaakt, zoals een gedegen vermomming, van buiten geleerde teksten en persoonlijk aangevraagde muziek.

Van muziek gesproken: het was het tijdperk van de Lambada, de meest erotische Zuid-Amerikaanse dans. Er was een gelijknamige film geweest en de radio had het liedje grijs gedraaid. Niettemin werd de Lambada zelden op dit soort deftige feesten gedraaid. Dat was een van de redenen waarom Reinhard de dans slechts oppervlakkig kende. De andere reden was dat hij zich niet verwachtte aan meisjes die deze moeilijke dans aandurfden.

Maar plots was de muziek daar. De verlichting werd gedimd en was nu dieprood. Geen enkele danser waagde zich aan de Lambada; allen zochten ze dralend hun stoelen op. Behalve Reinhard, want een volledig vermomd meisje liep recht naar hem toe. Zij had het liedje aangevraagd. Even hield ze haar hoofd schuin, hem om de dans vragend. Reinhard was versteld; welk meisje had het lef om voor een vol publiek de Lambada met hem te dansen?

Op het moment dat hij toestemde, nam het meisje hem kordaat vast. De Lambada nam geen aanloop; vanaf de eerste seconde was het de bedoeling dat je de danspartner stevig tegen je aantrok. Sierlijk en lenig kronkelde het meisje om hem heen. Reinhards adem stokte. Haast verlamd werd hij gevangen in haar erotische greep. Het meisje verweefde haar benen met de zijne terwijl haar heupen en borsten tegen hem wiegden. Hij werd gek. Hoe kon een dergelijk meisje bestaan? Wie was ze? Waar kwam ze in 's hemelsnaam vandaan?

Intussen had het meisje subtiel de leiding van de dans genomen, zodat Reinhard alle aandacht op haar kon vestigen. Maar ze sprak niet. Dat mocht toch niet zijn?! Hij wou absoluut weten wie ze was, of op zijn minst hoe ze klonk. Haar uitspraak en woordgebruik zou het grote verschil maken: ofwel zou zich als een ordinaire indringster verraden, ofwel zou hij zeker zijn dat dít het meisje van zijn dromen was! "Je danst zoals niemand anders," opende hij de conversatie, maar ze antwoordde niet.

Reinhard probeerde nog een aantal keer de conversatie te openen. Tevergeefs. Hij besloot dat ze een artieste was, wellicht als grap ingehuurd om hem voor schut te zetten. Dat moest het zijn! Maar net op dat moment sprak ze:

-"Luister, Reinhard," fluisterde ze in zijn oor. Het klonk belerend, maar oh zo majestatisch! Er lag een subtiel extra gewicht op de medeklinkers; ze kwam uit het buitenland. Hij keek haar perplex aan:

-"Ja," zei hij enkel.

-"Luister goed, Reinhard," herhaalde ze, "je moet me vergeten. Ik ben slechts een droom die vele mensen een moment van geluk probeert te bezorgen." Lieve hemel, wat was dat? Hij moest haar vergeten! Zoiets had hij nog nooit eerder meegemaakt! Als dit meisje wou bekomen dat hij haar onmiddellijk moest hebben, dan was ze daar met brio in geslaagd, onmiddellijk, al moest hij op zijn knieën smeken, hier in deze volle zaal. Maar wie was ze? Ze meende het toch niet dat hij haar moest vergeten?! Het lied ging verder en in een climax omstrengelde ze hem volledig met armen, benen en hoofd. "Vergeet me nu Reinhard. Neem het niet persoonlijk, en dank je."

-"Dank je waarvoor?" vroeg hij ontsteld. Ze trok een klein stukje van haar pak uit de weg. Toen zag hij het…: het hangertje, het juweel dat hij aan de zangeres gegeven had! Een schok ging door hem heen. Hij wankelde op de benen, sidderde, huiverde zelfs. Hij kon geen woord meer zeggen, niets meer doen, ook niet toen ze hem een afscheidskus op de wang gaf. Toen ze verdween, stond hij hulpeloos alleen op de dansvloer. Omstaanders liepen naar hem toe, feliciteerden hem met de dans en vroegen of alles in orde met hem was. Hij wees in de richting dat hij de zangeres had zien verdwijnen, maar kon geen woord uitbrengen.

CASSANDRA

Die dag had ik liever een tand laten ontzenuwen bij een orthodontist die niet degelijk kon verdoven. Ik moest namelijk iets doen dat zo fundamenteel tegen mijn persoonlijkheid indruiste en dat zo nefast voor mijn loopbaan was, dat ik er een week voor gehuiverd had.

De voorbereiding had eveneens bestaan uit dingen waar ik totaal niet in geloofde, allemaal op instructie van Klaus en zijn zus Nikki. Ik had een rist studentenorganisaties bezocht met mijn plannen, en met de vraag of ze me wilden steunen. Livicki's organisaties had ik bewust niet bezocht; ik wou niet de oorzaak zijn van besmeurde straten en gebouwen, gebroken glas of geweld. Het volstond trouwens dat ik een vijftigtal activisten kon mobiliseren.

Ik was onaangenaam verrast toen er op de dag zelf tweehonderd in de Sint-Pietersnieuwstraat stonden; dat leken er te veel voor een goede afloop. Maar de studenten gedroegen zich netjes; wellicht beseften ze dat ze oog in oog zouden komen te staan met de professoren bij wie ze ooit een mondeling examen zouden moeten afleggen.

De studenten hadden er een ludieke manifestatie van gemaakt: het thema was een ezel met een kroon en een eredoctoraat. Dat Livicki er niet was, was eigenlijk logisch, want hoewel hij het ideologisch eens was met mijn initiatief, wou hij Podborsky niet tegen zich in het harnas jagen. Wellicht dacht Livicki zelfs verder: als mijn opzet zou slagen, ging dit mogelijks ten koste van de financiële steun die hij genoot. Maar of Livicki dat verband legde, betwijfelde ik, want ik had de studenten slechts een halve leugen opgespeld: ik had hen wel gezegd dat Podborsky een doctoraat zou krijgen, maar niet om welke reden.

De professoren hadden geen enkel benul van wat de oorzaak van het protest was. Toen een vrouwelijke professor de studenten hierover bevroeg, was ze versteld. De studenten beschuldigden de professoren er namelijk van een eredoctoraat aan Podborsky te willen uitreiken, iets waarvan de dame nog nooit gehoord had. Maar in plaats van ten stelligste te ontkennen dat de universiteit dit plan had, beschermde ze in een politieke reflex haar collega's die het plan blijkbaar wel hadden: "We zullen dit bespreken in de Raad." Andere professoren deden hetzelfde. De vergadering was nu rijp voor mijn tussenkomst.

Als jongste professor maakte ik automatisch deel uit van de Universitaire Raad. Mijn aanwezigheid moest aan de jongere professoren het gevoel geven dat ze ook vertegenwoordigd waren. En mijn functie was eenvoudig: zwijgen. Als ik mijn carrière niet wou hypothekeren, hield ik het bij een sporadische praktische vraag, vooral een die geen beschuldiging inhield. Heel eenvoudig. Vandaag liep het echter anders: ik zou mijn loopbaan in de weegschaal gooien omwille van enkele belangrijke vrouwen die dat een goed idee vonden.

De voorzitter opende de vergadering met het voorlezen van de agenda. Alle punten gingen over geld, behalve twee ethische kwesties, die op het einde hun plaats zouden krijgen: het respect voor minderheden en het creëren van een vrouwvriendelijk klimaat. Die twee ethische kwesties vormden meteen een punt waarover ik een vraag had kunnen stellen, zoals 'waarom tolereren wij dat een Egyptische gaststudent niet normaal wil samenwerken met het hoofd van de administratie, enkel omdat die laatste een vrouw is?' Maar dat was meteen een voorbeeld van het soort vragen dat de jongste professor nooit stelde. De andere professoren stelden dit soort vragen evenmin; zij hadden geleerd dat je ethische contradicties best niet aankaartte. Want ethische kwesties waren enkel opsmuk; waar het echt om ging, was geld en macht. De hele vergadering zou om uitbreidingen en inkrimpingen van faculteiten gaan, en om budgetten. De winst van de ene was het verlies van de andere. De vergadering moest het resultaat van een machtsstrijd bestendigen die zich vooral in de gangen van de universiteit had afgespeeld. Hoewel de manifesterende studenten tot in de vergaderzaal hoorbaar waren, genoten ze geen aandacht van de professoren.

Tot ik onmiddellijk na het voorlezen van de agenda een gigantische steen in de kikkerpoel gooide; er was geen ander geschikt moment. Ik stond recht en stopte alles wat ik aan strijdlust bijeen kon scharrelen, in de lange volzin die ik honderd keer geoefend had:

-"Waarde collega's professoren, sta me toe me te verontschuldigen voor het verstoren van de agenda van deze vergadering, maar namens het merendeel van de jonge professoren, alsook van de studenten, zoals u daarnet kon zien, wens ik protest aan te tekenen tegen het feit dat de universiteit een eredoctoraat aan prins Frank Podborsky wil toekennen in ruil voor de verdubbeling van zijn financiële steun." Dat was een volledige leugen. Ik zette vervolgens uiteen hoe Klaus alle professoren benaderd had met het probleem van Podborsky's krimpende steun, wat op zich klopte, en hoe quasi alle professoren voorgesteld hadden dit probleem op te lossen met een eredoctoraat, waar helemaal niets van klopte. Het woord eredoctoraat was in Klaus' gesprekken zelfs nooit te berde gekomen. Klaus keek gespeeld boos naar mij.

Elke individuele professor stond versteld; hij of zij kon zich niet herinneren met Klaus over een eredoctoraat gesproken te hebben, maar dat hadden de collega's blijkbaar wel! Op zich was het idee van een eredoctoraat in ruil voor geld niet onlogisch, maar om in het moderne klimaat van de universiteit een eredoctoraat aan een maffialeider toe te kennen, dat had geen enkele professor voor mogelijk gehouden.

De voorzitter wou dit delicate onderwerp zo snel mogelijk achter de rug hebben, hoezeer het ook bleek te leven bij de aanwezigen:

-"Waarde collega professor Dominique Gevaert, ik heb begrip voor uw stellingname in deze materie — dat had hij natuurlijk níet! — , maar ik zou u willen vragen om een dergelijke kwestie in het vervolg te laten agenderen. Niettemin wordt uw opmerking genotuleerd, samen met de hopelijk summiere reactie." Klaus kreeg dus de kans te repliceren:

-"Waarde collega's, het is van oudsher bekend dat de jongere generatie — Klaus was nauwelijks ouder dan ik! — het met de diplomatieke geplogenheden steeds moeilijk gehad heeft." De aanwezigen lachten, behalve ik. Ik bekeek dit schouwspel nu vanuit ogen die zich buiten mijn lichaam in de zoldering bevonden. Ik zag een jonge professor op een figuurlijke brandstapel liggen. Hoe dit ook zou aflopen, ik zou in de wandelgangen het attribuut *Dominique begrijpt het niet helemaal goed* meekrijgen op alle kantelpunten van mijn carrière. Een dergelijk zinnetje was de beleefde manier om iemand te vermoorden bij de overheid. "Ik kan voorlopig enkel bevestigen dat quasi alle professoren het idee genegen zijn om prins Frank Podborsky een eredoctoraat toe te kennen. Ik wil vandaag de namen van de uitzonderingen niet noemen…" Daarmee had Klaus het verhaal impliciet helemaal omgedraaid, want iederéén was de uitzondering! "… want ik heb net iets meer ervaring dan mijn jongere collega in hoe je gevoelige kwesties op onze universiteit aanpakt." Alweer een lach. Ik kromp verder ineen. Klaus besloot: "Ik besef terdege dat het idee verder moet rijpen in de hoofden van zowel zij die voorstander zijn, als van zij die de visie delen van mijn waarde collega en vriend Dominique Gevaert en een aantal andere jonge collega's professoren."

Daarmee had Klaus perfect het kader getekend: ofwel behoorde je tot de wijzen en keurde je het eredoctoraat goed, ofwel was je een onstuimige idealist. En dat was plots een heel ander kader dan de klassieke tegenstelling op de universiteit: de 'tsjeven' tegenover de links-liberalen. In dat laatste kader zou de discussie over het eredoctoraat immers in een politieke veldslag met onzekere uitkomst verzand zijn.

In een onbewaakt ogenblik tijdens het vervolg van de vergadering gooide Klaus mij een knipoog: *Gelukt!*

~

Op datzelfde moment vond de jaarlijkse algemene vergadering van de Vissermans plaats. Naast leden van de familie de Vissermans was Frank Podborsky aanwezig. Hij vertegenwoordigde de Sylvaanse koninklijke familie, die eigenaar was van de gronden waarop de Vissermans gebouwd was. Die wantoestand was het gevolg van het slechte beleid van hertog Bernard Martin, de intussen overleden grootvader van Anoushka. Omdat de Vissermans zich momenteel niet kon permitteren de gronden aan te kopen voor wat ze waard waren, genoot de Sylvaanse koninklijke familie van winstaandelen in de Vissermans.

De vergadering was niet verondersteld over de gronden te gaan maar over de belabberde financiële situatie van de Vissermans. De stakingen hadden voor een slechte relatie gezorgd niet enkel met de leveranciers, die geïntimideerd werden door Livicki's aanhangers, maar ook met de klanten, die te laat beleverd werden. Daarnaast had de Vissermans te kampen met concurrentie van bedrijven die in Marokko, Turkije en het Verre Oosten produceerden. Vroeg of laat zou de Vissermans net zoals zij haar Gentse werknemers moeten loslaten. Prins Robert de Vissermans en baron Didier Forel werkten intussen al jaren aan vernieuwende technologieën zoals automatische werkplaatsbesturing. Werknemers werden omgeschoold. Maar het ging allemaal te traag.

Prinses Kathrin de Vissermans kon vandaag niet anders dan de dividenden met een nooit eerder gezien bedrag terug te schroeven. De aanwezigen reageerden gelaten; ze hadden het sinds lang zien aankomen. Maar Podborsky reageerde als een furie. Hij zei dat hij het geld absoluut nodig had en dat de verschillende instellingen die hij steunde, het eerste slachtoffer zouden worden. Zoals steeds wimpelde hij de kritiek af dat hij Livicki sponsorde. Tot slot zei hij dat hij er alles zou aan doen om de Vissermans te verplichten de gronden van hem te kopen. Het was een ijdele dreiging; Podborsky had geen enkel middel om dat te bewerkstelligen, tenzij... Kathrin de Vissermans was de enige die wist wat haar vader, de hertog, ooit in zijn dagboek geschreven had: hij had aan koning Willem *iets* gegeven waarmee Willem de verkoop van de gronden kon afdwingen. Kathrin had geen enkel idee wat dat 'iets' was. Ze raadde wel dat Podborsky er nog niet de hand op gelegd had. Voorlopig nog niet.

~

Yuri Bezmenov had weer een goede avond in het gezelschap van Livicki en diens jonge volgelingen. Tenminste, de avond verliep zoals alle andere goede avonden. Bezmenov had op zijn typische charmante manier en met veel enthousiasme de hervormingen van Gorbatsjov uitgelegd. De Sovjet-Unie zou onder meer de centraal geplande economie vaarwel zeggen, kleine zelfstandige ondernemingen aanmoedigen en coöperatieven voor hun financieel resultaat verantwoordelijk stellen. Bezmenov kon het met dergelijke overtuiging uitleggen dat het iedereen ontging dat dit het tegenovergestelde verhaal van al die jaren eerder was. Iedereen, behalve Bezmenov zelf en Livicki.

Die laatste kreunde onder het cynisme dat hij aan de dag moest leggen. Het enige waar Livicki in geloofde, was zijn kans om, als hij zich strikt loyaal tegenover de Sovjet-Unie opstelde, ooit de secretaris-generaal van de enige Belgische partij te worden. Niet ten onrechte; in de Sovjet-Unie werd Livicki aanzien als de hebzuchtige, gewetenloze politicus met grote eigendunk die nodig zou zijn voor de laatste stap van de subversie: de normalisatie. Dat in tegenstelling dus tot communistische voormannen die daadwerkelijk in de ideologie geloofden en na de grote desillusie de gevaarlijkste critici werden; zij werden door de KGB vermoord, zoals Maurice Bishop in Granada, of zoals Muhammad Taraki en Hafizullah Amin in Afghanistan.

Livicki besefte tezelfdertijd dat West-Europa veel steviger in de schoenen stond dan Ethiopië, Nicaragua, Afghanistan, Mozambique, Benin, Cambodia, Cuba, Angola, Zuid-Jemen, Vietnam, Noord-Korea, Laos of Granada. Het was niet dat hij aan het potentieel van de subversie twijfelde, maar aan dit tempo zou het minstens een halve eeuw duren vooraleer het Westen zichzelf vernietigde. Bovendien braken figuren zoals Ronald Reagan, Margareth Thatcher en paus Johannes-Paulus II af wat Livicki en de KGB gedurende jaren opgebouwd hadden. En nu schuilde de vijand zelfs in eigen rangen: Michail Gorbatsjov, en nog veel erger, Boris Jeltsin.

Bij Bezmenov daarentegen was het niet eens de grote contradictie die de moraal drukte; het maakte hem immers niet meer uit wat hij de mensen moest wijsmaken. Zijn probleem was dat hij afstand nam van elk woord dat uit z'n mond kwam, waar, wanneer en tegen wie hij ook sprak, alsof hij geen identiteit meer had. Hij had sinds het gemaskerd bal een gespleten persoonlijkheid: op avonden zoals deze was hij een groot sterkhouder voor de KGB in het Westen. Maar als het stil werd, was hij een andere persoon, iemand die het beste met het Westen voorhad en die de eerste Bezmenov verafschuwde. Wie was hij echt?

Op die vraag zou nu snel een antwoord komen. Zoals gewoonlijk werd er na de uiteenzetting stevig nagepraat en gedronken, en was hij omgeven door progressieve meisjes van niet half zijn leeftijd. Ze hingen aan zijn lippen. Onder hen waren er een paar die reeds in zijn kleine zwarte boekje stonden, en een paar nieuwe, waaronder Lieve. Die laatste had een mooi vol lichaam, met een leuk snoetje onder een grote zwarte krullenbol. Ze was constant aan het woord in een poging indruk op hem te maken. Aanvankelijk had hij tijdens zijn korte replieken kortstondig haar hand vastgenomen, maar intussen rustte zijn hand permanent op haar hand en been. Lieve had even naar adem gehapt op het moment dat hij dat voor de eerste maal deed, maar was uiteindelijk nog dichter tegen hem aan gekropen.

Nu moest hij enkel nog de klus afwerken; op zijn hotelkamer lagen de documenten 'van wereldbelang' klaar waarnaar hij Lieve nieuwsgierig gemaakt had. Hij had haar al een grote toekomst voorspeld. Lieve was nieuwsgierig: welke zou haar rol binnen het grote plan zijn? Zou ze nu snel allerlei promoties in progressieve organisaties krijgen? Ze was aangetrokken tot de man met de sleutels in de figuurlijke hand. Terwijl de letterlijke op haar been lag. Het prikkelde haar.

Het moment was aangebroken waarop Bezmenov Lieve gewoon naar het hotel zou meenemen, om ze morgenochtend als een prachtige trofee aan de andere kant van zijn ontbijttafel te zetten, voor iedereen te kijk. Het was de routine van intussen meer dan vijftien jaar, meestal één meisje, soms twee.

Maar de andere Bezmenov wou dit niet meer. Sinds hij de Russische dame op het gemaskerde bal ontmoet had, wou hij een leven van klasse en cultuur. Hij wou dansen in kastelen en discussiëren met prachtige, gecultiveerde dames. Die hem respecteerden. Hij durfde zich niet in te beelden dat die dames wisten hoe hij zijn positie misbruikte om naïeve meisjes mee te graaien.

Hij had gehoopt haar niet tegen te komen, maar toen hij alleen het hotel binnenstapte, bekeek de uitbaatster hem met een zekere verwondering. En met een flauwe glimlach; de Mona Lisa spotte steeds meer met hem. Bezmenov kreeg plotseling een ingeving; hij huiverde zelfs bij het idee. Quasi automatisch vroeg hij haar in het Russisch of hij in de vooravond zijn sleutel afgegeven had. Het was niet alsof hij de dame niet eerder getest had; hij had haar voldoende onderzocht toen hij de eerste keer dit hotel betrok. Het was een KGB protocol. Vijf jaar eerder had de dame gewoon gezegd dat ze hem niet begreep, terwijl ze deze keer enkel het hoofd schudde, nog steeds glimlachend. Wat betekende dat: 'Neen, ik begrijp geen Russisch'? Of: 'Neen, u hebt uw sleutel niet achtergelaten.' Of nog erger: 'Probeer dit trucje niet met mij!' Bezmenov had de verkeerde vraag gesteld, want hij had zijn sleutel effectief niet achtergelaten. Dat maakte dat hij de tweede mogelijkheid niet kon uitsluiten, evenmin uiteraard als de andere twee. Opnieuw een vraag stellen, zou zielig geweest zijn. Hij ging zonder dralen naar zijn kamer. Had hij de dame destijds wel voldoende onderzocht?

~

Klaus en ik kenden intussen de weg naar het Fleur-de-Lys. Met een grote glimlach wachtte Reinhard ons op aan de stallen.

-"Welgekomen, heren vrijgezellen. Ik heb voor jullie zowaar de sleutel naar de harten van de dames gevonden! Zij komen zo dadelijk." Hij had warempel een heel oude verroeste sleutel in de hand. "Wisten jullie, de deur naar het paradijs was versperd door een hele grote kast met trofeeën, maar die is intussen uit de weg. Klaus, hier is de sleutel. Nadien is er een lekker diner gepland bij Alexandra thuis, waar ik niet in jullie weg zal lopen!" Reinhard was duidelijk in zijn schik; het was niet aan hem te zien dat hij minder dividenden van de Vissermans kreeg.

-"Gaat de deur nog open?" wou Klaus absoluut weten, "ben je al naar binnen geweest?"
-"Oh, neen," zei Reinhard, "die eer is geheel voor jou! Ik heb wat olie in het slot gedaan om jullie kansen te verhogen. Het wordt een teleurstelling als het hele gezelschap straks voor een gesloten deur staat, maar geen nood: ik heb er altijd van gedroomd een deur aan stukken te hakken!" Hij toonde ons een indrukwekkende hakbijl.

Omdat Klaus onmiddellijk wou weten waar hij aan toe was, friemelde hij met de sleutel in het sleutelgat.

-"Let op," zei Reinhard gewichtig, "hier is niemand in twaalf jaar naar binnen geweest; daarbinnen is het de hel!"

Net op dat moment maakten Anoushka en Alexandra hun opwachting. Die laatste had de kinderen meegebracht! En had ik dat goed gezien: Anouschka en Klaus gaven elkaar zowaar een kus op de mond! Ik keek verbaasd naar Reinhard, die knipoogde. De kinderen kenden me ondertussen en groetten me spontaan, mét de beloofde kussen. Ik gaf Alexandra meteen ook drie zoenen. Ik had haar veel te vertellen maar dit was het grote moment voor Klaus en Anoushka. De kinderen keken met grote ogen naar hoe nonkel zich schrap zette voor de grote zwaai met de hakbijl. Tot hun ontgoocheling lukte het Klaus om de deur te openen. Zelfs de oude lamp werkte nog!

-"Wow, Reinhard," riep Klaus, "dit moet je zien: spinnenwebben; je kan er op surfen! Mag ik uw hakbijl eens, of liever iets anders?" Zijn woorden waren nog niet koud of Anoushka had zich molenwiekend een weg door de webben gebaand naar het kastje.

-"Kindjes, kom eens hier," zei ze. Er zaten spinnen in haar haar. De kinderen bleven op veilige afstand. "Sebastian, jij bent een flinke jongen. Kom eens hier; Dominique zal je een handje geven." De kleine Sebastian keek met grote verwachting naar mij. Wat die vrouwen mij allemaal lieten doen; ik haatte spinnen! Van mijn hart een steen makend, wandelde ik zonder enig aarzelen de jongen naar het kastje. Ik onderging hetzelfde lot als Anoushka. 'Kom op, Dominique, doorbijten!' prevelde ik in mezelf. "Flink zo, jongen!" zei Anoushka, "nu heb ik een heel groot geschenk voor jou." 'En wat heb je voor mij,' wou ik vragen, 'ik ben toch ook flink?!'

Anoushka opende het deurtje in de kleine dressoir; nu herinnerde ze het zich volledig.

-"Het is er nog! Klaus, het is er nog!" riep ze. Ik wenkte Klaus: 'nu jij!' Terwijl Klaus zich eveneens een weg door de spinnen baande, zei Anoushka: "Neem het doosje maar, Sebastian, en toon het aan je zusjes. Het was ooit mijn grote schat. Nu is ze voor jullie!" De jongen nam met grote ogen het doosje in ontvangst en wandelde er zonder aarzelen mee naar buiten. Van zodra hij het doosje opengemaakt had, hoorden we kreten van verbazing. Het ene schelpje na het andere werd er zorgvuldig uitgehaald, bewonderd en uitgestald. Alexandra bleef bij hen. Intussen hadden Klaus en Anoushka elkaar opnieuw gekust, weer een korte droge kus op de mond omdat Klaus het zo wou. Vroeg of laat moest hij de beslissing nemen of het zo verder kon. Wat een vreselijk vooruitzicht!

Zij beiden waren nu de enigen in het pomphuis want mijn taak zat erop. Klaus moest echter dieper de spinnenzee in; hij leidde de weg voor Anoushka. Aan zijn rechterhand vond hij eerst de oude pompen. Die waren destijds bewaard 'voor het geval dat', en vervolgens vergeten. En voorbij de pompen bevond zich de witgekalkte wand met... het schild! Het was er nog!

-"Hier is je knielende ridder, Klaus!" riep Anoushka. Ze kuste hem spontaan op de wang. De schelpjes waren vergeten; Klaus was haar nieuwe, echte schat!

Wat de knielende ridders op hun handen aanboden, was geel: goud! Ik moest opnieuw naar binnen.

-"Dominique, een goudmijn had je gezegd?"
-"Dat is mijn raden, Klaus," antwoordde ik, "goud is het enige edele metaal dat we gevonden hebben, maar voorlopig heb ik nog geen enkel zicht op de levensvatbaarheid van een goudmijn, ik bedoel: of je het zelfs een goudmijn mag noemen!'

-"Wel, het is ooit een goudmijn geweest, Dominique, want die ridders hebben goud in hun handen!" Klaus was tevreden met zijn tekening van weleer. Het was duidelijk dat hij dit talloze keren getekend had. Hoe goed kwam het overeen met het origineel? De ridders klopten in elk geval volledig met de stempel. "Oh, allemachtig!" riep hij uit.
-"Wat Klaus?" riepen we.
-"Het koninklijk embleem! De goudmijn is van de monarchie!"
-"Laat me lachen, Klaus," riep Reinhard, "hebben we de eerste Belgische goudmijn gevonden?"
-"Niet België, Reinhard," riep Klaus terug, "maar Sylvanië!"
-"Ik geloof u, professor!" riep Reinhard terug. "Tjonge, tjonge, een goudmijn!" zei hij tegen mij.
-"Loop niet te hard van stapel, Reinhard!" zei ik, "ik heb al wat 'goudmijnen' zien passeren op kantoor!"
Mijn meest urgente zorg was trouwens niet de goudmijn.
-"Rij maar met me mee, Dominique," zei Alexandra, "dan kan je bij mij thuis een stortbad nemen. Ik heb nog wel een mannenhemd dat je past." Ik slikte; ze zou me een hemd van haar overleden echtgenoot laten dragen!

~

Het was een hemelse rit vanaf de paardenstallen naar de arm van het Fleur-de-Lys waarin Alexandra woonde, tot één van de kleine meisjes riep: "Eek, mijnheer, een spin in uw haar!" Alexandra nam het beestje bij een poot tussen de vingers en gooide het naar buiten. De aandacht keerde weer naar de schelpjes.
Het was de eerste maal dat ik een stortbad in een paleis nam. De badkamer was de hemel zelf: tussen het glas, marmer en hout bevond zich een weelde aan spiegels, lampjes, en douchekoppen. Alexandra hing met een grote glimlach een hemd klaar.
-"Wat een prachtige badkamer," zei ik, "het is een belevenis!"
-"Probeer het allemaal maar rustig uit!" zei Alexandra voor ze de deur achter zich dicht trok. Ze opende ze weer: "En gooi het vuile hemd maar in de wasmand!" Dat betekende impliciet een nieuwe date!
Ik was na een half uur weer beneden. Een deel van mijn tijd was naar het vermoorden van spinnen gegaan en naar het verwijderen van de sporen daarvan. Ik had alle functies van het stortbad en de verlichting uitgeprobeerd. De jacuzzi en de sauna waren hopelijk voor de toekomst. Het meest bijzondere gevoel was het aantrekken van het hemd van Alexandra's overleden echtgenoot, de briljante Alex. Het was een te grote eer; ik was zeker dat ze hem nog graag zag.
-"Het past je als gegoten, Dominique!" zei Alexandra terwijl ze haar hand over mijn borstkas liet glijden. Het was de typische manier waarop ze duidelijk maakte dat ze me wel mocht maar dat ik vooral geduld moest hebben. Ze moet zich afgevraagd hebben welke vragen ik me daarover stelde. Ik wist echter wat er scheelde en hoopte dat ze zich vroeg of laat neer zou leggen bij de situatie zoals ze was, zonder dat ik ze op moest lossen.
Omdat ik me onwennig bij de intieme situatie voelde, stortte ik me meteen op wat ik gepland had voor de dag... tot ik besefte dat mijn floppy's in Klaus' auto lagen. Ik zette daarom met groot enthousiasme mijn visie uiteen over hoe pc's de wereld zouden veroveren, en hoe Alexandra en de Vissermans in de beste positie zaten om daar maximaal van te profiteren.
-"Je hebt me helemaal overtuigd, Dominique."
-"Dank je, ik had nooit gedacht dat ik je zomaar kon overtuigen zonder proefopstelling of berekeningen."
-"Een typische fout van jonge ingenieurs, Dominique." Ik was wiskundige maar vond het helemaal niet erg dat ze een ingenieur in me zag. "Je moet mensen overtuigen met je enthousiasme," ging ze verder, "de bewijzen komen nadien wel!"
-"Wel, dan is het een goede zaak dat ik mijn floppy's vergeten was."
-"Oh, maar wanneer Klaus en Anoushka straks komen dineren, wil ik wel een stuk zien van wat je me verteld hebt!"

Intussen was Klaus bij Anoushka thuis gaan douchen. Ze had aan haar mama verse kleren voor Klaus gevraagd.

-"Jullie gaan toch niet samen douchen?!" vroeg prinses Kathrin bezorgd.

-"Ik ben groot genoeg!" antwoordde Anoushka. Ze draaide zich onmiddellijk om en liep weg.

Klaus had zich intussen uitgebreid laten fascineren door de badkamer.

-"Ik ben nog aan het uitzoeken hoe je die verschillende douchekoppen..." zei hij toen Anoushka met de kleren binnenkwam.

-"Maak je helemaal geen zorgen, Klaus, ik bedien die wel!"

-"Je bedoelt..." Ze kuste hem; ze hoopte echt dat hij akkoord ging. Klaus was in shock; het was oorlog in zijn hoofd. Hij wou natuurlijk niets liever dan een stortbad met zijn liefste Anoushka nemen, maar oh, die verantwoordelijkheid! Hoe hij op het idee kwam, was een raadsel, maar hij stelde een compromis voor die het enkel erger maakte:

-"Akkoord, Anoushka, op één voorwaarde."

-"Je wilt met mij een douche nemen, Klaus! Alle voorwaarden zijn goed!"

-"In het pikdonker."

-"Oh, Klaus, wat ben jij een romanticus!" Ze kuste hem opnieuw, waarna ze de geluidsinstallatie aanzette en de lichten doofde.

Klaus herkende de Bolero; Anoushka had dit duidelijk voorbereid! Hij wist niet meer in welke richting hij gedraaid stond. Hij en Anoushka moesten elkaar permanent aanraken om niet tegen elkaar te botsen. Tijdens het uitkleden voelde hij hoe ze systematisch naakter werd; hij voelde haar armen, schouders en buik. Hij excuseerde zich toen hij per ongeluk haar borsten aanraakte.

-"Helemaal niet erg, Klaus!" Ze nam zijn linkerhand en legde die op haar rechterborst. Klaus verloor de controle. Hij streelde kortstondig haar borst en trok toen onmiddellijk de hand terug. Wat prijsde hij zich gelukkig dat het stikdonker was! Stuntelig en giechelend vonden ze samen de weg naar de douche.

Daar ontstond een kolderieke situatie toen Anoushka op zoek naar de kranen ging en uit de ene douchekop na de andere eerst koud water liet spuiten. Telkens dat gebeurde, volgde er een gil en sprong het koppel in elkaars armen, de schaamte voorbij. Klaus was gelukkiger dan ooit.

-"Kom, dat ik die spinnenwebben uit je haar was!" zei Anoushka. Ze ging achter hem staan om uitgebreid zijn haar met shampoo te wassen. Onder de zwoele muziek van de Bolero waste ze vervolgens zacht knedend zijn rug. Klaus voelde het bloed door de aderen pompen; waar ging dit heen? Hij ademde hevig toen haar zachte handen vervolgens langs zijn billen en benen streken. "Draai je om!" Meende ze dat? Klaus draaide zich verschrikt om. Hij telde nu elke seconde.

Ze kuste hem terwijl haar zeperige handen langs zijn voorhoofd, wangen, nek en hals gleden. Vervolgens waste ze zijn bevende armen en handen. Daarna de borstkas. Centimeter per centimeter kwamen haar handen lager. Klaus vond dat hij nu moest ingrijpen, maar het genot en de spanning hielden hem in een houdgreep. 'Hopelijk schrikt Anoushka niet wanneer...' Toen ze de streek rond zijn navel waste, raakten haar polsen iets wat ze niet verwacht hadden. Klaus voelde hoe ze even stopte, verrast. Klaus excuseerde zich met een zwakke, beschaamde stem, maar Anoushka hoorde hem niet. Ze nam nu ruimschoots de tijd om zacht en zorgvuldig zijn schaamstreek te wassen. Klaus probeerde zijn gevoelens niet meer te verbergen; Anoushka en hij waren nu helemaal van elkaar. Hij hield zijn hand voor het gezicht en weende haast van vreugde. Met de andere streelde hij haar wang.

-"Nu jij!" gebood ze hem lief. Terwijl ze kortstondig haar lichaam tegen het zijne drukte, gaf ze hem een kus. Klaus was haast vergeten dat Anoushka ook gewassen moest worden! Ze reikte hem de shampoo aan. Hij waste haar haar eerst met te weinig shampoo en vervolgens met te veel. Anoushka's ogen moesten gespoeld worden. Even werd er gelachen.

De achterkant was eenvoudig, had Klaus gedacht, maar zijn vingers trilden terwijl ze langs haar fluweelzachte rug gleden. Ze voelde zo mooi als ze er uitzag. Anoushka streek ondertussen met de wreef van haar rechtervoet langs zijn kuiten. Hoewel hij reeds uitgeput van de spanning was toen hij bij haar billen kwam, dwong hij zichzelf om rustig, traag en zacht door te gaan.

Toen hij haar omdraaide, nam hij eerst haar gezicht in de handen en kuste hij haar.

-"Neem alle tijd in de wereld, Klaus, we hebben oneindig veel warm water!" Nu kwam de klus die hij niet aandurfde. Maar in een soort vlucht naar voor won hij aan zelfvertrouwen. Hij waste de indrukwekkende welvingen van de volledige voorkant van haar lichaam. Anoushka drukte met beide handen zijn hoofd tegen zich aan telkens hij de huid kuste die hij net gewassen had. Klaus verkeerde in een trance, intussen op de Maanlichtsonate. Anoushka's lichaam beantwoordde subtiel zijn kussen en strelingen. Het was de hemel; dit mocht eeuwig duren.

Op het einde van de wasbeurt stonden ze nog lange tijd dicht op elkaar gedrukt, kussend. Uiteindelijk sloot Anoushka de kranen, opnieuw met een paar koude uitspattingen, doelbewust om de spanning te breken. Het aankleden in het donker bleek veel moeilijker dan het uitkleden; welke kleding was zelfs van wie? Uiteindelijk stak Anoushka het licht aan om de klus te klaren. Klaus knipperde met de ogen in het plotse licht. Diep in de nevel zag hij zijn mooiste prinses.

~

Zonder blozen stapte Anoushka met Klaus aan de hand voorbij haar mama. Ze groetten elkaar kort. Prinses Kathrin de Vissermans had er een zorg bij: Klaus was de beste man maar hij was een achterneef. Dat hij niet van adel was, stoorde haar uiteraard niet in het minst; met een glimlach dacht ze terug aan haar eigen verhaal met Robert, de bescheiden zoon van een diplomaat, die pas op het moment van haar huwelijk een prins bleek te zijn. Maar over prinsen gesproken: hoe zou prins Podborsky reageren op de relatie van Anoushka met Klaus? Of nam haar eigenzinnige dochter de verantwoordelijkheid op om haar rol met hem te blijven spelen, vooral nu hij het met kleinere dividenden moest stellen?

~

Alexandra opende de deur voor Anoushka en Klaus. Ze gaf hen elk drie zoenen:

-"Welgekomen, we zijn nog niet aan het diner toe, maar dát moet een lang stortbad geweest zijn!" Ze zag Klaus' vuurrode kop en wist wat ze wou weten. Ze glimlachte: "Kom binnen!"

Anoushka daarentegen was niet van haar stuk gebracht. Ze had het hemd van Alex herkend:

-"Mooi hemd, Dominique!" De eenvoudige opmerking gecombineerd met een indringende blik was zowel voor Alexandra als mij voldoende om te blozen. Er werd wat onhandig gekucht en gelachen. Wat een vervelende situatie! Ik stortte me onmiddellijk op wat ik gepland had voor de dag:

-"Nu ga ik jullie icts laten zien dat jullie tot verslaving toe willen uitproberen, tenminste als ik eerst de floppy's uit Klaus' auto haal."

-"We hebben alles mee naar binnen gebracht," zei Anoushka. De pc was vrij; de kinderen waren nog schelpjes aan het groeperen.

-"Anoushka let op zo'n dingen," gaf Klaus haar een makkelijk compliment. Ik stak de floppy in de grote gleuf van de pc, de 'A-drive'. Vervolgens wijzigde ik de 'C:\' in "A:\' en lanceerde ik het programma Lotus123.

-"Welnu, dit is een rekenblad." Ik toonde wat zo'n rekenblad allemaal kon aan de hand van een concrete budgetoefening voor de Vissermans. De monden van mijn toehoorders vielen open. Ik toonde hoe ze een cijfertje in een cel konden wijzigen, hoe alle andere cijfertjes automatisch opnieuw berekend werden, en ook hoe je zo'n oefening makkelijk kon aanpassen. Alexandra dacht onmiddellijk aan een aantal toepassingen, die ik prompt in het rekenblad opzette; ze was bijzonder onder de indruk.

-"Dit is een revolutie, Dominique. Als ik dit aan de managers geef, ..."

-"Het is zelfs jouw revolutie als je wilt, Alexandra; dit product wordt nog niet in Europa verdeeld!" Ze bekeek me met open mond; wat een goudmijn! "En geloof me, dit product wordt met rasse schreden verbeterd."
-"Nog niet in Europa?? Hoe ken jij dit dan?"
-"Reinhard is geabonneerd op de Amerikaanse tijdschriften."
-"Reinhard uiteraard! Hoe contacteer ik de mensen van... Lotus123? Ik bel ze onmiddellijk!" Ik had alle informatie die ze nodig had. Die avond belde ze nog naar de Verenigde Staten.

Klaus en Anoushka begrepen eigenlijk niet waar we zo wild van waren; het was toch maar een toepassing voor budgetten?! We sloten de avond af met een prachtig diner.

~

Ochtend na ochtend had hij op haar komst gewacht vanuit het krantenwinkeltje, maar tot Reinhards frustratie was Nikki niet meer langs het uitstalraam van de juwelier gepasseerd. Tot grote voldoening van de handelaar had hij intussen wel alle tijdschriften met wijsheden gekocht:

-"Mijnheer de baron, ik heb speciaal voor u nog tien verschillende magazines over paarden besteld, vijftien over auto's en niet te vergeten: twintig met het laatste nieuws over Anastasiya!"

Het was de grote dag. Reinhard was een kwartier vroeger dan anders gekomen en was intussen beladen met een stapel tijdschriften die hij niet eens goed bekeken had. Plots gooide hij alles op de toonbank en ging hij aan de deur staan. "Wat scheelt er, mijnheer de baron? Mag ik afrekenen?" Reinhard deed teken met de hand dat de man dat mocht.

Nikki was er! Ze stond opnieuw met de juwelier voor het uitstalraam, wijzend naar het juweel dat vanaf vandaag te koop was. Ze was er duidelijk door vertederd en er vond een lang gesprek plaats. Na vijf minuten verdween ze echter. Aha, dat was Reinhards gedroomde scenario!

Een begoed echtpaar maakte nu zijn opwachting aan het uitstalraam. Reinhard moest zich haasten. Zonder de tijdschriften en zonder te betalen spurtte hij naar buiten, schuin de straat over langs het justitiepaleis, de juwelierszaak binnen. De dagbladhandelaar legde mopperend de stapel tijdschriften en de rekening aan de kant.

-"Mijnheer de baron, het is een eer. Wat kan ik voor u doen?" vroeg de juwelier.
-"Het juweel is nog steeds te koop?" vroeg Reinhard dringend.
-"Als u het juweel bedoelt dat vanaf vandaag te koop aangeboden wordt, dan jazeker, dat is nog steeds te koop. U bent er wel heel vroeg bij, mijnheer de baron. De grote liefde gevonden?" De juwelier had het zich niet kunnen laten de vraag te stellen die heel wat mensen bezig hield: wanneer en voor wie valt Reinhard Forel?
-"Helemaal niet," corrigeerde Reinhard de man, "neen, dit is voor een goede en belangrijke vriendin die heel veel van dit juweel houdt maar het te duur vindt." De juwelier was geamuseerd; Reinhard Forel wou de dame, wie ze ook was, met een duur juweel voor hem laten vallen; dat had hij nog nooit eerder gedaan! Reinhard keek nu zenuwachtig naar het koppel dat voor hetzelfde juweel binnengekomen was.
-"Ah zo," antwoordde de juwelier, "maar het is toch wel degelijk dit juweel dat ze aan u gesuggereerd heeft?" De man haalde het juweel uit het uitstalraam en toonde het aan Reinhard. Het koppel was ontgoocheld; Reinhard Forel was hen voor. Als die geïnteresseerd was, was het juweel zeker verkocht. De man en zijn echtgenote wachtten vanop een afstand gelaten af.
-"Neen, ze heeft me niets gesuggereerd. Ik zag enkel hoe ze een paar keer voor het uitstalraam stond."
-"Voor dit juweel? U bent toch zeker?"
-"Wel, dat zal u nog beter kunnen bevestigen dan ik," lachte Reinhard, "u stond er immers bij!"
-"Hoezo?"
-"Wel, buiten. U keek met haar door het uitstalraam."
-"Wanneer, als ik vragen mag, mijnheer de baron?"

-"Wel, zonet bijvoorbeeld."
-"U bedoelt: een minuut voor u hier binnenkwam?"
-"Inderdaad." De juwelier reageerde versteld:
-"Mevrouw de consul?"
-"Mevrouw de consul van Sylvanië, precies!" Hoe moest de juwelier dit nu voorzichtig aan Reinhard uitleggen?
-"Mijnheer de baron, excuseert u me dat ik u dit moet vragen, maar bent u reeds bij haar op kantoor geweest?"
-"Jazeker."
-"Hebt u al gezien wat er zoal van juwelen op haar bureau ligt?"
-"Juwelen? U bedoelt foto's, advertenties, schetsen..."
-"Schetsen inderdaad, mijnheer de baron." Reinhard werd bloedrood. "Het is een tijdverdrijf van haar. Ze doet er maanden over om een uniek juweel te ontwerpen, dat ze vervolgens laat maken en verkoopt langs deze weg."
Reinhard wankelde; verduivelde Nikki, nu stond hij hier grandioos voor schut! Eigenlijk wou hij nu alles weten, zoals wie het maken van de juwelen financierde. Maar intussen stonden er al twee koppels in de winkel te wachten. Hopelijk hadden zij niets gehoord; het grappige verhaal zou snel de ronde doen! "Ik denk dat u beter iets anders voor haar koopt, mijnheer de baron. Sta mij toe u…"
-"Neen, dank u, dat is heel vriendelijk" zei Reinhard, "maar ik moet hier eens over nadenken." Hiervan bekomen eigenlijk. Hij knikte minzaam naar de volgende gegadigden terwijl hij naar buiten liep.
Hij keek rond; Nikki had hem toch niet gezien? Snel sprong hij nog even binnen bij de juwelier:
-"Ik kan toch op uw discretie rekenen?"
-"Natuurlijk, mijnheer de baron, maakt u zich geen zorgen; discretie is mijn job!"
Resoluut stapte Reinhard binnen bij de dagbladhandelaar:
-"Vergeet alle magazines die ik zonet wou kopen. Ik wil alle magazines die u kan bemachtigen over vliegtuigen!" De handelaar keek verrast:
-"Vliegtuigen... maar natuurlijk, mijnheer de baron, geen enkel probleem."
Op de luchtdoop zou Nikki wat meemaken!

~

Boris Jeltsin in het Politbureau.

Yuri Bezmenov trok grote ogen toen hij de krant las: Gorbatsjov had de grote hervormer in het Politbureau opgenomen! Dat was olie op het vuur van de grote machtsstrijd tussen de hervormers en de behoudsgezinden. Bezmenov moest nu een kamp kiezen want hij kende zijn geschiedenis: in een revolutie was er geen plaats in het midden. De behoudsgezinden zouden winnen, was zijn eerste conclusie; elke ambtenaar die deel uitmaakte van het gigantische plannings- en controleapparaat, wou immers absoluut zijn verworven stekje behouden. Bovendien ging het slecht met Gorbatsjovs Perestrojka; het land was nog armer dan daarvoor. Tot slot had Gorbatsjov te weinig macht; hoewel de KGB aan zijn zijde stond, ontbrak hem elke steun van het leger.
Niettemin had Bezmenov zijn moedige keuze sinds kort gemaakt, om precies te zijn sinds de dans met de gemaskerde Russische dame op het Fleur-de-Lys. Resoluut stelde hij een brief aan Boris Jeltsin op, hem feliciterend met zijn promotie. Hij prees de verschillende stappen in de mans loopbaan, waarmee Bezmenov duidelijk maakte dat hij Jeltsins kant gekozen had.
Het zou het verschil maken.

~

Prins Frank Podborsky had toegehapt. Anoushka had hem gevraagd haar te begeleiden bij een rondleiding op de universiteit; er zou een perscommuniqué volgen. Dit was wat hij nodig had: gezien worden in het gezelschap van de rector en een aantal decanen van de prestigieuze universiteit, en uiteraard van prinses Anoushka. Was er trouwens ook geen sprake van een eredoctoraat?

Na de Algemene Vergadering bij de Vissermans had hij in principe besloten zijn steun aan de universiteit op te schorten, wat niet volgens de afspraken was; hij mocht in Gent het mooie weer maken met het aandeel van de Sylvaanse koninklijke familie in de Vissermans op een aantal voorwaarden. De steun aan de universiteit was daar een van. Voorlopig zou hij echter met geen woord over zijn nefaste intenties reppen en gewoon genieten van de publiciteit.

Podborsky werd door de rector langs de belangrijkste faculteiten rondgeleid, waar de respectievelijke professoren en decanen hem toonden wat ze dankzij zijn steun verwezenlijkt hadden. Hij besefte dat hij ze met zijn bezoek de Judaskus gaf. Maar iemand zoals hij had daar weinig moeite mee; hij schudde het schuldgevoel van zich af met een nerveuze schouderbeweging. Het viel hem niet op dat alle aandacht naar hem ging, hoewel Anoushka hem verteld had dat de rondleiding voor haar bedoeld was. Dat hadden ze anders moeten aanpakken, vond Anoushka. Maar geen probleem, Podborsky had het niet door.

Opzettelijk had men de bewuste gang nog troostelozer gemaakt dan hij al was. Een paar lampen waren kapot, de planten waren op sterven na dood en er waren vale plekken op de muur waarop ooit kaders gehangen hadden.

-"Excuseert u ons dat we u beiden door dit minder schitterende gedeelte van de universiteit loodsen," zei de rector, "maar weet u, de beste professoren zitten dikwijls onder het dikste stof." Anoushka lachte voor de goede sfeer.

-"Hier zit dan de slimste prof," besloot Podborsky grinnikend.

-"Wel, zo is dat, Koninklijke Hoogheid, en ik zou hem met grote trots aan u willen voorstellen; de professor is immers de grootste kenner van Sylvanië."

-"Ah, terwijl ik dacht dat ik dat was!" zei Podborsky, nog steeds goed gehumeurd.

-"Wel, natuurlijk bent u dat, Koninklijke Hoogheid. Mijn excuses, maar u weet wat ik bedoel."

-"Ik ben in elk geval nieuwsgierig de man te ontmoeten," zei Podborsky.

-"De prins kent de professor uiteraard!" lachte Anoushka, "Is dat niet zo, Frank?" Omdat Podborsky besefte dat het nogal dom zou overkomen als hij de professor niet kende, beaamde hij gewoon. De deur werd geopend. Voor een uitzonderlijke keer sprong Anoushka niet in Klaus' armen. Ze liet de rector iedereen aan elkaar voorstellen.

-"Klaus, jij de grootste kenner van Sylvanië?!" vroeg Podborsky in ongeloof. "Anoushka, waarom heb je me dat niet eerder verteld?"

-"Wel, dit had ik je toch verteld: de mama van Nikki en Klaus heeft een paar jaar met jouw mama doorgebracht en is zo enthousiast uit jouw land teruggekomen, dat ze Nikki en Klaus alles over Sylvanië met de papfles ingelepeld heeft."

-"Juist, nu herinner ik het me weer," gaf Podborsky toe. Maar Anoushka vertelde zoveel! 'Is die Klaus even schrander als zijn zus?' vroeg hij zich af, 'in elk geval heb ik ten onrechte gedacht dat die Klaus tussen Anoushka en mij zou komen; zie hem hier zitten in dit miserabel hok!'

Het was de rector die de conversatie in de goede richting stuurde:

-"Wel, heren, nu ik de eer heb om tussen de twee grootste kenners van Sylvanië te staan, had ik graag in het kort van jullie gehoord wat de toestand daar is. Podborsky's bloeddruk steeg bij de herinnering aan de situatie in Sylvanië, maar voor hij de kans kreeg een scheldtirade af te steken, nam Klaus het woord en schetste hij de volledige politieke en economische situatie. Uiteraard schilderde hij Podborsky's familie niet als de maffia af, maar eerder als een clandestiene economische factor. Daarmee had hij toch het woord *clan* in zijn uitleg verweven, prees hij zichzelf.

In de tweede helft van zijn uiteenzetting had Klaus het over de 'imminente ineenstorting van de communistische regimes in het Oostblok,' en meer in het bijzonder in Sylvanië. Hij bracht zeer overtuigend hoe de Glasnost het mogelijk maakte dat nationalistische gevoelens aangewakkerd werden als gevolg van de ontevredenheid met de Perestrojka. En hoe als gevolg daarvan de macht van Moskou zou wegvloeien naar de verschillende republieken, of, in het geval van Sylvanië, koninkrijk.

-"Wil dat zeggen dat de republieken hun lot in eigen handen zullen nemen?" vroeg de rector.
-"Alles is mogelijk," zei Klaus.
-"Dus ook dat Frank koning wordt?" vroeg Anoushka.
-"Ook dat is zeker mogelijk," zei Klaus minzaam, "maar het wordt een dubbeltje op zijn kant; er zijn namelijk verschillende alternatieven, zoals een koninkrijk met de huidige prins dus als koning, een koninkrijk met gravin Tatiana, de nicht van wijlen koning Willem, als koningin, …"
-"Daar ben ik het niet mee eens," zei Podborsky, "Tatiana heeft zich altijd loyaal tegenover mij opgesteld!"
-"Dat weet ik," zei Klaus, "maar revoluties zijn rare beestjes. Verder is er de mogelijkheid dat Sylvanië een republiek wordt. Maar de belangrijkste mogelijkheid is dat omwille van haar zwakke financiële situatie Sylvanië deel van West-Duitsland wordt."
-"Een deelstaat van West-Duitsland? Nooit!!" riep Podborsky. Aan die mogelijkheid had hij zelfs nooit gedacht. "Ok, mijnheer professor Klaus, en wat moet ík doen? Wilt u me helpen? Hoeveel tijd heb ik nog?" De conversatie ging nu volledig de goede richting uit.
-"Ik wil u zeker helpen," zei Klaus, "maar momenteel weten noch ik, noch de bevolking van Sylvanië wat u precies bent. U zal een keuze moeten maken."
-"Hoezo?"
-"Met alle respect, Koninklijke Hoogheid, maar u kan niet tezelfdertijd de handpop van de communisten zijn, én een schimmige figuur die zich met veel te veel lijfwachten verplaatst, én een sobere, ernstige troonpretendent."
-"Dit gaat over mijn steun aan Livicki!"
-"Het gaat over uw onvoorwaardelijke steun aan Livicki. Geef hem geld maar hou hem onder controle. Wat u nu laat gebeuren, maakt u als troonpretendent ongeloofwaardig."
-"En mijn lijfwachten?"
-"Die hebt u in België niet nodig; u scoort daar geen punten mee. Geef uw geld aan dingen die uw imago sieren."
-"Wel, over geld gesproken," riposteerde Podborsky boos, "mocht uw zus eens constructief aan mijn zaken meewerken, zou ik er financieel veel beter voorstaan en zou ik inderdaad iedereen kunnen helpen!"
-"Uw zus?" vroeg de rector aan Klaus.
-"Nikki is de consul van Sylvanië," zei Anoushka trots. De rector was onder de indruk:
-"De consul van Sylvanië is echt uw zus?" vroeg hij nog eens aan Klaus.
-"Zo is dat," zei Klaus, "en wat Nikki betreft, ziet u meteen, Koninklijke Hoogheid, wat er gebeurt als u uw geloofwaardigheid verliest: deuren openen zich niet. U moet echt een keuze maken."
-"Goed," antwoordde Podborsky, "gesteld dat ik dat doe, wat dan nog?"
-"Wel, daarna moet u uw imago versterken."
-"Daar ben ik mee bezig: ik heb me laten zien op de chasse à courre met gravin Tatiana en de andere familieleden van Willem, op het schooltje voor de liefdadigheid, en binnenkort op de luchtdoop. Daarnaast is prinses Anoushka steeds aan mijn zijde,…" Dat was niet leuk om te horen voor Klaus; hij slikte even. Anoushka van haar kant kneep even de ogen en de lippen samen. "… en tot slot is er het ere-do…" Omdat hij besefte dat hij nu voor zijn beurt aan het spreken was, zweeg hij plots.
-"Inderdaad," zei Klaus onmiddellijk, "ik weet niet van wie u dit vernomen hebt, maar de universiteit overweegt volop om u een eredoctoraat te toe te kennen." Daarmee had Klaus de gang der zaken volledig omgedraaid. Hijzelf had immers Anoushka aan Podborsky een eredoctoraat laten beloven, en vervolgens de professoren gemanipuleerd. Maar dat wisten noch Podborsky, noch de rector uiteraard.
-"Wel, ik…" Podborsky bedacht zich. Hij stond op het punt te zeggen dat Anoushka hem het eredoctoraat beloofd had, maar besefte intijds dat hij die wetenschap niet aan

de rectors oren mocht hangen. "…wel, ik heb het verslag van de betoging tegen mijn eredoctoraat gezien."
-"Ach, Koninklijke Hoogheid, daar hoeft u zich niets van aan te trekken. Een jonge professor, hoe heet hij ook weer…"
-"Professor Dominique Forel," zei Klaus minzaam terwijl hij streng naar Podborsky keek als om te zeggen: 'doe alsof je hem niet kent!' Dominique! Podborsky besefte nu dat Anoushka, Klaus en ik achter de schermen voor zijn eredoctoraat gezorgd hadden. Hoe vriendelijk om een of andere reden! Hij zweeg.
-"Juist, professor Dominique Forel," ging de rector verder, smalend, "jongste en minst belangrijke professor op de universiteit. Speelt hele dagen op pc's en zit in potjes te roeren of zoiets. Hij heeft een aantal studenten opgetrommeld in een poging de wijzen van deze universiteit te beïnvloeden."
-"Dan hoef ik me geen zorgen te maken," besloot Podborsky.
-"Natuurlijk niet, Koninklijke Hoogheid, maar sta me toe te veronderstellen dat u de keuze maakt waarvan daarnet sprake." Podborsky aarzelde.
-"Ik zal het nog eens opsommen, Frank," zei Anoushka, "jij krijgt Livicki onder controle, stuurt jouw handlangers weer naar Sylvanië en leeft waardig en sober zoals dat voor een troonpretendent hoort. Daarnaast geniet je van mijn aanwezigheid op belangrijke gelegenheden en krijg je een eredoctoraat. En tot slot… verdubbel je je bijdrage aan de universiteit."
-"Wablief?" vroeg Podborsky boos.
-"De Vissermans zal een deel van uw dividend rechtstreeks aan de universiteit betalen," verduidelijkte Anoushka.
-"Geen sprake van!"
-"Het is alles of niets, Frank, en je beslist hier en nu," zei Anoushka streng, "ofwel probeer je koning te worden met ónze steun, ofwel zoek je het maar uit met de communisten!'
-"Wat met de zangeres?" vroeg Podborsky.
-"Een toekomstig koning heeft toch geen schrik van een zangeres?!" antwoordde Anoushka. Iedereen zweeg. De drie hadden perfect hun rol gespeeld. Nu was het aan Podborsky. Hij keek naar Klaus, de rector en Anoushka. Kon hij hen vertrouwen? Wat ze vroegen was niet onredelijk. En waarom zouden ze hem eigenlijk niet als koning van Sylvanië willen? Klaus had ook perfect duidelijk gemaakt dat een revolutie snel kon plaatsvinden. Of misschien nooit. Maar dat risico kon hij niet nemen. Welke zet zou zijn moeder, koningin Sylvia, de beste vinden? Plots bedacht hij dat als hij voor Klaus' voorstel koos, hij misschien de consul aan zijn zijde kreeg. Dat gaf de doorslag:
-"Goed, jullie hebben me overtuigd; ik ben mee aan boord."
Podborsky, Anoushka en de rector namen met een handdruk afscheid van Klaus. Tot Klaus' verbazing stopte Anoushka hem stiekem een stukje karton in de hand. Toen de drie vertrokken waren, las hij wat er opstond: "Tel af; nog tweeënveertig dagen!" Klaus rekende snel en liep de gang op:
-"Dat is mijn verjaardag!" riep hij.
-"Wat riep hij?" vroeg de rector.
-"De dag dat Frank zijn eredoctoraat krijgt, valt op Klaus' verjaardag," zei Anoushka. De rector keek verwonderd naar haar maar zweeg; over die datum was immers nog niets gezegd of beslist.
Klaus keek opnieuw naar het stukje karton. Anoushka moest hem toch niet aan zijn verjaardag herinneren?! Hij draaide het kartonnetje om. Het was een stukje van de verpakking van Marvelon. Wat was Marvelon? Had het iets met de boodschap te maken?
-"Pardon, weet iemand van jullie toevallig wat Marvelon is?" vroeg hij aan twee voorbij wandelende vrouwelijke collega's. Hij durfde het kartonnetje niet te tonen. Een van de collega's bloosde, maar aangezien Klaus helemaal niet wist waarover het ging, kon ze hem de vraag moeilijk kwalijk nemen. De andere giechelde:

-"Natuurlijk, Klaus, dat is de anticonceptiepil!" Klaus haalde diep adem en bleef met open mond staan. De vrouwen hadden onmiddellijk geraden wat er aan de hand was en schaterden het uit:
-"Een dikke proficiat, Klaus!" Hij nam zijn spullen, ging naar huis en lag de hele nacht wakker.

~

Wow, dat ging snel: Bezmenov had een week eerder een brief naar Jeltsin verstuurd en hier was het antwoord reeds van de man zelf! Dat was alvast een andere stijl; een briefwisseling met de Sovjet-Unie duurde gewoonlijk langer dan een maand! Bezmenov opende de brief met zijn ontbijtmes. Hij verwachtte zich aan een dankbetuiging of in het beste geval een erkenning van zijn steun aan Jeltsin.

Maar dat was niet de stijl van die laatste; na een korte dankbetuiging gaf hij Bezmenov meteen een instructie: "Zorg ervoor dat Anastasiya in Sylvanië zingt!" Lieve moeder! Er stond een uitleg bij die Jeltsin onmogelijk kon menen, iets met een verband tussen dat zingen en een triomf voor het socialisme; die uitleg diende enkel om Jeltsin en Bezmenov in te dekken indien de brief ooit onderschept mocht worden.

Jeltsins bedoeling was evenwel duidelijk: nationalisme; enkel een verdeeld Oostblok kon het huidige systeem aan stukken trekken. Maar hoe dat proces zou verlopen, daar had niemand een idee van; het was een sprong in het ijle. Maar als Jeltsin het durfde, deed Bezmenov mee; de Tiber was overgestoken!

Bezmenov verborg intijds de brief voor een bezoeker. De KGB!
-"Goedemorgen, kameraad," zei Bezmenov, "ik nodig u uit voor het heerlijkste ontbijt van Gent. Bedient u zich maar!"
-"Ik ben niet hierheen gekomen om te eten, kameraad Bezmenov!" Oei, dat was een slecht teken! De man bracht onmiddellijk zijn boodschap: "Hier is een brief vanwege de hoogste instanties, die stelt dat u zich onmiddellijk in Moskou moet komen verantwoorden." Bezmenov voelde zijn bloed stollen van angst. Hij las de brief door om tijd te winnen. 'De hoogste instanties,' had de man gezegd. Nu ja, ze waren hoog genoeg: slechts twee trappen van de top van de KGB verwijderd. Het zei wel iets over de zieligheid van die afdeling: mensen op dat niveau voerden een interne oorlog over nutteloos materiaal. Daar ging wellicht een lange bedrijfspolitieke geschiedenis aan vooraf, zoals dat meestal met absurde beslissingen het geval was. Maar dat veranderde niets aan de zaak: als hij naar Moskou vertrok, kwam hij nooit meer terug. Met verbaal geweld vocht hij nu voor alles wat hij waard was. Hij beklemtoonde zijn belang, de nutteloosheid van de schermen en de risico's die men met die schermen gelopen had. Maar hij kon evengoed discussiëren met een papegaai. Hoe won hij tijd? Zijn plaatsje was reeds gereserveerd op het eerste vliegtuig van Aeroflot; in dat soort organisatie was de KGB goed.

-"Heren," vroeg de uitbaatster, "is het mogelijk het wat rustiger aan te doen?" Bezmenov greep de laatste strohalm:
-"Verontschuldigt u ons, mevrouw, maar herinnert u zich dat ik een poosje geleden melding maakte van iets wat ik verloren was?"
-"U was toen vaag in uw bewoordingen, mijnheer Bezmenov. Ik had niet begrepen dat u me iets verweet of dat ik u moest helpen zoeken."
-"Wel, het ging over..." Bezmenov zei nu gewoon waarover het ging; het was alles of niets, "...computerschermen. Weet u nog, er was een pakketje voor mij toegekomen."
-"Oh, ik denk dat ik weet wie u kan helpen," zei de dame rustig.
-"Iemand anders?! Wie?" vroeg Bezmenov angstvallig. Dit werd een Griekse tragedie! Ze antwoordde niet op zijn vraag:
-"Hebben de heren even geduld?" De KGB-agent vroeg kordaat:
-"Ik wil weten wie u op ons afstuurt."
-"Dat zal u enkel te weten komen wanneer u blijft zitten; u bent toch geïnteresseerd in wat er met het pakketje gebeurd is?!"

De dame ging weg en pleegde een telefoontje. De KGB-agent was bloednerveus:

-"Wie stuurt ze op ons af, kameraad Bezmenov? De staatsveiligheid? De Rijkswacht? Het leger? De CIA?"
-"Loop niet zo hard van stapel, kameraad; zo werkt het hier niet." Het was nu bang afwachten. Elke uitkomst was slecht: ofwel kwam er iemand van de staatsveiligheid met of zonder schermen, en dan begonnen de problemen in België al, ofwel kwam er iemand zonder schermen, wat niets aan het resultaat veranderde, ofwel kwam er iemand met de schermen, maar dan was het duidelijk dat de spionnen gecompromitteerd waren. De terugvlucht naar Moskou was dus onvermijdelijk. Hij dacht al een stap verder: wie kon hem helpen in Moskou? In zijn paniek had hij evenwel één iemand over het hoofd gezien...

Wanneer ze een kamer binnenkwam, eiste ze met haar présence de hele ruimte op. Als een storm kon ze binnen en buiten waaien en alles in die korte tijd veranderen. Met grote haast kwam ze naar Bezmenovs tafel toegelopen. De consul! Beide Russen schrokken zich te pletter; Bezmenov kon zich niet voorstellen wat zij hiermee te maken had. De KGB-agent van zijn kant had niet verwacht dat in deze kwestie een dergelijk diplomatiek niveau gemobiliseerd zou worden. Nikki sprak beide mannen aan in het Russisch:
-"Heren, ik heb niet veel tijd; ik heb trouwens al veel te veel tijd aan deze nonsens besteed. Ze gooide de verpakte schermen op tafel." De KGB-agent was verbouwereerd:
-"Met alle respect, mevrouw, maar waren die schermen niet in het bezit van kameraad Bezmenov."
-"Wel, ik weet niet wat hij precies aan u verteld heeft, maar ik dank hem voor het weghouden van moeiallen tot ik kon uitzoeken wat er precies met die schermen aan de hand was. U begrijpt toch dat ik de diplomatieke koffer niet misbruik voor nutteloze spionage?" De KGB-er antwoordde aarzelend:
-"Wel, euh..."
-"U hebt het duidelijk nog niet begrepen, zie ik. En u begrijpt evenmin dat mijn tijd voor iets anders dient, is het niet? Welnu, hier is het resultaat: het leger heeft bevestigd dat zij niets aan deze spullen heeft. Hier heb ik de brief die iedereen die Yuri en mezelf met deze rotzooi opgezadeld heeft, op het matje roept. Wanneer kan u naar Moskou vertrekken?" de KGB-agent had de brief nog niet gezien en was bang om ernaar te vragen.
-"Wel, deze namiddag was er een plaats voorzien voor..." Hij wees naar Bezmenov terwijl hij sprak, maar werd onderbroken:
-"Goed, u neemt die vlucht in Yuri's plaats en stelt onderweg het lijstje met alle betrokkenen op, tot de top. En wat moet ik intussen met die schermen? Hebt u daar een antwoord op, slimmerik? Als de staatsveiligheid ze vindt bij één van ons drieën..."
-"Geef die schermen maar aan mij; ik los het wel op," zei iemand in het Russisch. Bezmenov herkende onmiddellijk het Russische accent: de gemaskerde danseres op de chasse à courre! De uitbaatster! Dat was te veel in een keer voor hem. Hij plantte beide ellebogen op de tafel, drukte zijn gezicht in de handen, en duizelde. Hij kon niet tezelfdertijd oneindig verliefd zijn en piekeren over alles wat zij over zijn geheime activiteiten te weten gekomen was. Ze wist álles. Ze had hem ook wekelijks met een nieuw meisje aan de ontbijttafel zien zitten. Hij was zo beschaamd en ontgoocheld in zichzelf. Zijn ego was volledig gekraakt; en wat wist zij van zijn subversieve activiteiten? Hij maakte zich geen illusies; ze wist echt alles. Zijn persoonlijkheid lag als doorzichtig gebroken glas op de grond.
-"Excuseert u me, heren," zei Nikki, "mag ik u voorstellen aan mijn moeder, Cassandra." Dat was de genadeslag; de vernedering was nu totaal. Bezmenov antwoordde niet; zijn lichaam was als een holle schelp. Hij stond op en voelde niets buiten de druk van de grond op de voeten die hem naar zijn kamer wandelden. Wat had hij met zijn leven gedaan? Op zijn kamer besefte hij voor het eerst dat een man van zijn leeftijd nog luid kon wenen. Hij duwde het hoofd in het slaapkussen om het gehuil te smoren van een man die alles verloren had wat telde: zijn trots, zijn zelfvertrouwen en bovenal het

respect vanwege de gemaskerde dame. Voor het eerst in zijn leven wou hij bidden als laatste hulpmiddel. Maar hij wist niet hoe.

Nikki en Cassandra hadden geduldig gewacht tot Bezmenov uit de ontbijtzaal verdwenen was. Nikki sloot kort af:

-"Alstublieft, een kopie voor uw dossier," zei ze aan de KGB-agent, "of hebt u liever het origineel?" De originele brief lag nu op de plaats van het ontbijt dat hij geweigerd had. De brief was echter zwaarder; hij was persoonlijk met pen ondertekend: Gorbatsjov! De KGB-agent durfde de brief zelfs niet aan te raken en maakte een kruis over zijn bestaan:

-"Ik neem de kopie wel."

~

De beslissing was gevallen; nu ging het enkel nog om de praktische uitwerking. Die ochtend werd ik bij de rector uitgenodigd.

-"Zo, collega professor Gevaert," begon de rector, "wat is intussen uw standpunt inzake een mogelijk eredoctoraat voor prins Frank Podborsky?" Ik wist intussen beter dan dat het over een 'mogelijk' eredoctoraat ging. Onze opzet was geslaagd. Nu moest ik enkel het toneelstuk afronden. De vrouwen hadden me voorbereid.

-"Wel, collega professor," antwoordde ik, "het overhandigen van een eredoctoraat aan prins Podborsky is op zich niet het probleem, maar dat gebeuren symboliseert het feit dat, met alle respect, collega professor, de universiteit meer aandacht heeft voor prestige dan voor de ontwikkeling van haar jonge talenten." Dat was de perfecte opening: ik had mijn bezwaar tegen het eredoctoraat laten vallen. Nu zou ik vrede nemen met eender welke vage of ijdele belofte. Of zelfs met geen enkele. De rector nam echter geen risico:

-"Ik begrijp u, collega professor, en zeker in uw geval. De boekhouding heeft me verteld dat wij van buiten de universiteit geld krijgen voor uw belangrijk onderzoek in... wat was het ook weer?"

-"Bodemstalen uit een oude goudmijn."

-"Ach ja, nu herinner ik het me weer: goudzoekers. Die zorgen voor goede business, collega professor Gevaert! We hebben er in het verleden ook al wat aan verdiend, maar u hebt deze keer een heel dikke sponsor om de vinger gewonden."

-"Baron Reinhard Forel."

-"Kijk eens aan, een dikkere vis kan je nauwelijks vangen!" Het zat helemaal anders in elkaar maar ik was niet van plan de rector te corrigeren. "En hoe verloopt het onderzoek?"

-"Wel, ik heb al vele resultaten van de laboratoria binnengekregen maar moet nog vele stalen laten analyseren."

-"En de voorlopige conclusie?"

-"Die heb ik nog niet gemaakt."

-"Verstandig, collega professor Gevaert! Trek de conclusie liefst zo laat mogelijk, zeker in het geval van een oude goudmijn, hahaha!" Ik zat er beteuterd bij; de rector liet uitschijnen dat ik Reinhard voor de gek aan het houden was. De echte reden was dat ik niet gemotiveerd was om het dossier voorrang te geven. En dat had te maken met het feit dat zowel Reinhard als Efim Geller hun belangstelling in het werk van wijlen professor Geller verloren waren, in zover ze die ooit gehad hadden. Want voor Reinhard was het enkel om de zangeres te doen, terwijl Efim Geller om een of andere reden al spijt had dat ik het onderzoek van zijn vader aan het voltooien was. Zucht. "Welnu, collega professor Gevaert, ik heb goed nieuws voor u: er is net een mooi kantoor vrijgekomen door de recente herschikking van het budget."

-"Ik weet het; ik was ook aanwezig op de Raad." Op de Raad had de faculteit Bodemkunde een flinke opdoffer gekregen. Maar zou ik dat prachtige kantoor krijgen? Wow, wat een vooruitzicht!

-"Natuurlijk, want daar gaat ons gesprek toch over," lachte de rector. "Maar om verder te gaan, collega professor Gevaert, aangezien u belangrijke mensen zoals baron

Reinhard Forel moet ontvangen..." – en Alexandra! – "... vinden wij dat u maar beter over een mooi kantoor beschikt. Wat denkt u?"

-"Dat vind ik schitterend!" Wat zouden mijn collega's daarvan vinden, vroeg ik me nu af.

-"Dan hebben wij een goede verstandhouding," was de manier waarop de rector de quid pro quo bezegelde. "En nog iets, collega professor Gevaert: wij zullen het eredoctoraat uitreiken op een avond in de examenperiode. Het is de bedoeling dat de studenten de volgende ochtend hun moeilijkste examen afleggen. U hebt daar toch geen probleem mee?"

-"Natuurlijk niet, waarde collega professor, want wiskunde is altijd moeilijk, en de studenten die het niet moeilijk vinden, zijn niet van het type dat in betogingen gelooft." En die laatsten hadden ongelijk, want ik had net een prachtig kantoor gekregen door van mijn oren te maken!

-"Dan hebben wij elkaar goed begrepen." Alle overeenkomsten rond het eredoctoraat waren nu volledig rond. Nu moest ik enkel nog een uitleg verzinnen voor mijn collega's op de faculteit. Eens aan de vrouwen vragen!

~

Op de middag lag Bezmenov nog steeds in bed. Door het hele gebeuren had hij uiteindelijk niet ontbeten. Maar hoewel hij hoofdpijn van de honger had, was hij niet van plan op te staan vooraleer hij het volledige plaatje bekeken had. Het ergste was dat hij belachelijk gemaakt was door de vrouw op wie hij verliefd was; naar dat feit keerde elke loop van zijn gedachten terug. Haar dochter had hem vijf jaar eerder een ongelooflijke korting bezorgd op het beste hotel van Gent. Vanaf dat moment hadden moeder en dochter als spionnen al zijn documenten gelezen. Op basis van wat ze te weten gekomen waren, hadden ze de correcte zakelijke voorstellen geformuleerd. Dat was de oorzaak van zijn grote successen geweest, besefte hij nu, en niet zijn diplomatisch vermogen; hij was louter de pion geweest die ervoor zorgde dat het Westen luxegoederen aan het Oostblok verkocht in ruil voor aardgas. Zijn successen hadden op zijn persoonlijkheid afgestraald: hij werd een charmante man vol trots, charisma en zelfvertrouwen, de chéri op de theekransjes in Gent. Maar die persoonlijkheid had hij enkel gebruikt om naïeve studentes in zijn bed te lokken. Wat zei dat over hem?

Nu hadden Nikki en haar moeder hem dus duidelijk gemaakt hoe de vork precies aan de steel zat.

Hij werd uit zijn piekeren verlost door een klop op de deur. Hij stond onmiddellijk recht, gooide een handvol water tegen het gezicht, droogde zich af, trok zijn hemd recht en inspecteerde zijn werktafel.

-"Kom binnen!" Cassandra kwam schuchter binnen. Ze stonden nu op twee meter van elkaar.

-"Ik ben bezorgd om u," zei Cassandra in het Russisch, "ik heb je een lunch meegebracht." Ze was nog steeds iemand die niet veel zei.

-"Dat is heel vriendelijk; ik had inderdaad honger." Bezmenov zag haar nu in een volledig ander daglicht: ze was opgegroeid in de meest geraffineerde familie van Gent en had jaren op het paleis van Sylvanië doorgebracht. Hij keek toe hoe ze de tafel voor hem dekte.

-"Op de complimenten van het huis," zei Cassandra alsof ze iets goed te maken had.

-"Hoe bent u ooit in dit hotel terechtgekomen?" vroeg Bezmenov. Hij begon nog niet aan z'n lunch.

-"Het verhaal zoals u het kent, klopt volledig..." Ze kende zelfs het summiere rapport dat hij voor de KGB geschreven had! "...behalve dat ik een periode in Sylvanië en Wallonië doorgebracht heb." Over de Cassandra die met haar vriendin Sylvia naar Sylvanië vertrokken was, bestond eveneens een rapport. Daarin stond dat over Cassandra niets te vertellen viel, behalve dat ze ruzie met koningin Sylvia kreeg en vertrok. Bezmenov noch iemand anders van de KGB had ooit de relatie gelegd tussen de Cassandra van Sylvia en de Cassandra van het hotel. Er volgde een onwennige stilte. "Wel, smakelijk, Yuri Alexandrovich. En maakt u zich vooral geen zorgen." Ze trok de deur achter zich toe.

ALLES OF NIETS

De hemelsblauwe lucht maakte het perfecte weer voor de luchtdoop. Reinhard pikte me 's morgens op. De Countach scheurde aan tweehonderdveertig kilometer per uur naar Kortrijk. Ik besefte dat dit de dag van Reinhards leven moest worden. We vlogen een Porsche van de Rijkswacht voorbij die we vervolgens nooit meer terugzagen. Bij die snelheid was er geen mogelijkheid voor een normaal gesprek maar in een Kortrijks restaurant maakten we dat goed.

-"Oei, Dominique, zie je nu al lijkbleek?" lachte Reinhard toen we uitstapten, "wat ga je straks doen?" Ik wist waarover hij het had: het was de eerste keer dat ik zou vliegen. Maar dat was verre van de volledige toedracht.

-"Prachtig restaurant, Reinhard," zei ik toen we ons aan tafel zetten, "en wat een spijskaart! Hebben we haast? Ik zou hier best wat naar binnen kunnen spelen!"

-"Wel, Dominique, eet vanavond goed. Ik raad je aan om nu een slaatje te nemen; je zal me nog dankbaar zijn."

-"Wat ben je van plan, Reinhard?"

-"Vandaag is het The Battle of Midway!" En dat zou ik geweten hebben! Het ging uiteraard om zijn rivaliteit met Nikki; hij wou haar ego kelderen zoals een Japans vliegdekschip.

We bestelden onze slaatjes.

-"Neem daar een cola bij," zei Reinhard, "dat verteert beter!"

-"Je beseft toch dat Nikki ook vliegt?"

-"Mijn beste vriend, er is vliegen en vliegen. Vandaag is het de dag van de grote raid. Vandaag móet het lukken trouwens, want ik heb weer wat meegemaakt met Nikki." Hij vertelde me over het juweel dat hij wou kopen, maar dat door Nikki zelf ontworpen bleek te zijn. Ik had hem kunnen zeggen dat hij meisjes niet moest proberen kopen, en zeker Nikki niet. Maar dat was nu eenmaal Reinhards stijl: hij kon dure dingen aan je geven alsof het een niemendal was. Hij vroeg er weinig voor in de plaats; wanneer mijn uitdrukking verried dat hij mij net het meest spectaculaire stukje technologie gegeven had, was hij al ruimschoots tevreden. Ik veronderstelde dat een meisjes zachte verliefde ogen voldoende dank waren voor een duur juweel dat hij haar gaf, hoewel ik geen weet had van een instantie waar een duur juweel daarvoor nodig geweest was. Nikki kon wat dat betrof, best de primeur geweest zijn.

-"Was het je niet opgevallen, Reinhard, dat op Nikki's bureau schetsen van juwelen lagen?"

-"Dat was inderdaad een fout van de man die nooit dergelijke fouten maakt; ik heb te snel conclusies getrokken over haar liefde voor juwelen. Ik was afgeleid door de vliegtuigen op haar bureau."

-"Wel, ik hoop dat ze niet te weten komt dat jij dat juweel voor haar wou kopen!"

-"De juwelier heeft me beloofd niets aan Nikki te vertellen. 'Discretie is mijn job!' zei de man." Ik wou Reinhard niet vragen of er andere getuigen waren; het voorval maakte hem reeds zenuwachtig genoeg.

-"Reinhard, ik hoop dat je met dat vliegen niet hetzelfde meemaakt. Het lijkt me trouwens niet verstandig om uw rivaliteit in de lucht uit te vechten." Zijn repliek was kort:

-"Noblesse oblige!"

Voor een keer sprak hij met geen woord over de zangeres.

~

-"Zo, en nu mag jij raden wat ons vliegtuig is vandaag," zei Reinhard, "je zal het niet moeilijk vinden als je ooit naar een film gekeken hebt!" Hoewel ik met de ogen tegen het felle zonlicht knipperde toen we uit de loods kwamen, zag ik het meteen staan:

-"Je meent het nog ook, Reinhard: The Battle of Midway!" Op honderd meter van ons stond een schitterende Dauntless, een zeeblauwe duikbommenwerper. Wat een schitterend vliegtuig..., behalve dat ik nog nooit gevlogen had, en me nu afvroeg of het

verstandig was meteen in een heel oud éénmotorig vliegtuig te kruipen. Reinhard zag mijn vrees:
-"Je moet geen schrik hebben, Dominique, ik vlieg hier al jaren mee." Dat was geruststellend. "Hier is je valscherm." Dat minder. Ik kreeg meteen een heel pilotenpak aangesjord. "Die bril heb je nodig; opstijgen en landen gebeurt met open canopy."
-"Ik verwacht op z'n minst een oorlogsmonument als we sterven," mompelde ik.
-"Enkel als Nikki ons neerhaalt vanuit haar Cessna," lachte hij, "hahahaha!" Hij was duidelijk het omgekeerde van plan. Ik zat in de cockpit van de schutter. Het geschut was geïnstalleerd.

Reinhard ging door de checklist terwijl de twintig liter olie opwarmde: brandstofkiezer op de linker hoofdtank, brandstofpomp aan, kleppen omhoog, trim juist ingesteld, en nog een paar zaken die ik niet begreep. Nadat hij op de landingsbaan het staartwiel vergrendeld en toestemming gekregen had, duwde hij de gashendel naar voren. Tijdens de adembenemende versnelling waarmee je van een vliegdekschip vertrok, stond hij op het rechter roerpedaal om de neus recht te houden. Hoewel het schokkende geluid je vertelde dat het niet harder meer kon, duwde hij het gas nog dieper door. Hij hield de staart laag. Op minder dan driehonderd meter waren we de lucht in. Zijn linkerhand nam de knuppel over opdat zijn rechterhand het landingsgestel kon inplooien.

Er was verrassend weinig wind in mijn gezicht toen het vliegtuig versnelde tot driehonderdvijftig kilometer per uur, maar kleine wervelwinden rukten en snauwden naar mijn hemdsmouwen. Hoewel Reinhard een kleine navigatietafel op de schoot had, kende hij de route naar Ursel als z'n broekzak. Hij toonde alles wat er te zien was onderweg. Hij maakte een kleine omweg langs Gent en het Fleur-de-Lys. Wat was dat allemaal ongelooflijk mooi vanuit de lucht! Ik zag het prachtige domein met het paleis en haar glooiende armen. Daar woonden ze dus allemaal: Reinhard, Anoushka, Alexandra...

Reinhard werd meer zenuwachtig naarmate we Ursel naderden; het grote moment was aangebroken.
-"Zie je dat, Dominique?" schreeuwde hij triomfantelijk door de intercom, "een Cess-na, hahahahaha! Wat heb ik je gezegd?!" Hij wees naar een wit sportvliegtuigje op de grond. "Weet je, Dominique, elk van mijn cilinders heeft zoveel vermogen als de hele Cessna, en ik heb er negen!" Om aandacht te trekken maakte hij eerst een cirkel rond het vliegplein. "Zie je ze staan, Dominique?" Ik zag een pak mensen naar boven kijken maar ze herkennen was moeilijk.

Toen pas begon mijn ellende: hij stuurde het vliegtuig rechtop de hemel in, waarop hij het in een stall liet gaan en het naar beneden dwarrelde. Ik wist niet meer wat onder of boven was.
-"Reinhard, moeten we springen?" riep ik in paniek. Niet dat dat mogelijk was.
-"Hou je vast!" zei hij spreekwoordelijk terwijl hij het vliegtuig vakkundig uit de tol haalde, rechttrok en vervolgens laag boven het terrein liet scheren. De toeschouwers dekten hun oren af. Nu begreep ik waarom ik in Kortrijk niet veel had mogen eten; ik was misselijk. Tegen dat ik weer wist waar de horizon was, stonden we netjes op de grond.

De kinderen waren in alle staten. Wat een vliegtuig! Ze stormden op Reinhard af. De oorlogsheld werd onmiddellijk uitgebreid door persfotografen gefotografeerd, met de Dauntless op de achtergrond.
-"Wat doen die fotografen hier?" vroeg Reinhard.
-"Die zijn besteld door prins Podborsky," antwoordde iemand, "daarnet werden hij en prinses Anoushka gefotografeerd met de kinderen, met de Cessna op de achtergrond. Reinhard begreep het niet goed.
-"En waar is Nikki?" vroeg hij bezorgd; ze had zijn stunts toch bewonderd?!

~

Aan de oppervlakte was er in het leven van Yuri Bezmenov niets veranderd; hij kon perfect het werk blijven doen dat hij altijd gedaan had. Dat door het hele gebeuren van de vorige dag Gorbatsjov de mogelijkheid gekregen had om een aantal apparatsjiks te vervangen, had daar niets aan veranderd. Maar dat was het mysterie van vele depressieve mensen: hun ziel brak op een moment dat er niets aan de hand leek.

Hij was opgestaan voor de lunch die Cassandra hem gebracht had. Zij was uiteraard de oorzaak. Hij had haar ooit leren kennen als een heel gereserveerde zuiderse schone van ongeveer zijn leeftijd. Tijdens de eerste jaren dat hij in het hotel verbleef, was ze de winkeldochter geweest die nooit haar neus buiten de deur stak. De voorbije maanden echter waren haar sobere conversaties gespekt geweest met insinuaties over zijn activiteiten. Hoewel die insinuaties elk op zich niets betekenden, waren ze onder zijn huid gekropen; dagelijks had hij ze aan elkaar geregen om tot de conclusie te komen dat de dame in een fantasiewereld leefde. Tot ze een paar keer citeerde uit grote Russische schrijvers.

Alsof dat hem niet voldoende geraakt had, bleek Cassandra nu ook de Russisch sprekende dame van het gemaskerd bal te zijn. Die fantastische dame, op wie hij de indruk van de wereld had willen maken, had hem dus wekelijks met uitgezakte ogen aan de ontbijttafel zien zitten met een naïef wicht. Hoe verschrikkelijk; waarschijnlijk had ze geen enkel respect meer voor hem.

Zijn ego werd definitief gebroken toen Cassandra een spionne bleek te zijn; zij en haar dochter hadden gedurende vijf jaar al zijn reilen en zeilen uitgepluisd en hem gemanipuleerd als een marionet. Al die tijd had hij respect genoten voor successen waarvan nu bleek dat hij ze aan de twee vrouwen te danken had. Hij durfde niemand meer in de ogen te kijken.

Na de lunch had hij het enige gedaan wat hij absoluut moest doen: Efim Geller vertellen dat de Sovjet-Unie geen bezwaar had tegen een optreden van de zangeres Anastasiya in Sylvanië. Geller had initieel gerepliceerd dat Anastasiya slechts enkele concerten per jaar deed, en dat de aanloop naar een concert veel tijd vergde. Dezelfde namiddag echter had de Joodse manager een persconferentie gehouden om aan te kondigen dat hij bij de Sylvaanse overheid toestemming zou zoeken voor een concert. Geller had dus niet voor de diplomatie maar voor de confrontatie gekozen. Maar dat was niet de zorg van Bezmenov, die in de vooravond snel iets buiten het hotel gaan eten was om daarna naar zijn kamer te sluipen; de slaap was zijn troost.

-"Goedemorgen, mijnheer Bezmenov," zei Cassandra in het Russisch, "hopelijk hebt u goed geslapen. Het was in elk geval lang!" lachte ze, "ik had gehoopt u nog eens te zien gisteravond; ik wou u namelijk nog iets vragen." Hoe moest hij deze vriendelijke bejegening opvatten? Zou ze voortaan al zijn werk openlijk met hem orkestreren alsof hij een overgelopen spion was? Dat was hij niet, vond hij; hij had enkel de zijde van Jeltsin gekozen. Toegegeven, er was weinig verschil tussen de objectieven van het Westen en die van Jeltsin. Bezmenov moest het allemaal laten bezinken. In elk geval had hij geen alternatief dan van in dit hotel te blijven; alles kon enkel slechter gaan indien hij verkaste. De vernedering moest hij er bijnemen.

-"Oh, en wat wou u dan vragen?" vroeg hij gedwee.

-"Wel, of u ons vergezelt naar de luchtdoop vandaag. U weet er toch van?" Die luchtdoop stond inderdaad in zijn rijkelijk gevulde sociale agenda; in essentie was hij op alles uitgenodigd. Maar sociale activiteiten waren nu ver van zijn gedachten. Anderzijds kon hij niet beweren dat hij vandaag iets anders te doen had; Cassandra wist immers alles over hem. Zoals nu: "Och, en voor ik het vergeet, Mijnheer Bezmenov, proficiat met uw vooruitgang inzake het concert in Sylvanië. Het staat reeds op de voorpagina!"

-"Dankjewel," antwoordde hij droog. Hij keek naar de krant: een heel artikel over de aanvraag en de mogelijke gevolgen van het concert. Er stond wat te gebeuren in Sylvanië!

Bezmenov moest nu van het ene moment in het andere leven: "Ik dank u voor de uitnodiging; ik kom mee!" zei hij met geveinsd enthousiasme.

~

Cassandra en Yuri Bezmenov stapten bij Klaus in de wagen naar het vliegveld van Ursel. Net zoals zijn moeder was Klaus nog vriendelijker met Bezmenov dan vroeger.

In het Russisch deed hij zijn inzichten uit de doeken over de politieke situatie in het Oostblok. Bezmenov luisterde verlegen naar de slimme professor.

Doorlopend piekerde hij over zijn relatie met Cassandra. Haar moeder was de zus van hertog Bernard Martin, hogere adel dus. Het maakte meer indruk op de Sovjetburger dan dat zou mogen. Ze was heel vriendelijk. Hopelijk maakte hij nog een kans bij de dame die hij in het verleden enkel geapprecieerd had als iemand die zijn ontbijt opdiende.

Reinhard was niet aanwezig toen de drie uit de wagen stapten; hij was naar Nikki op zoek gegaan. Ze had hem toch zien toekomen?! Intussen was ik de vliegenier die door niemand gezien werd; het was blijkbaar niet voldoende om een magnifiek pak aan te hebben met een valscherm op de rug.

Het deed me oneindig plezier toen Alexandra me kwam opzoeken. Ze maakte me snel duidelijk dat Reinhard en ik een en ander verkeerd begrepen hadden. Ik ging dringend naar hem op zoek. Maar nog voor ik bij het gebouw kwam waarin hij verdwenen was, brak de hel los. Lieve hemel! Reinhard kwam nieuwsgierig naar buiten gelopen.

-"Reinhard!" klampte ik hem aan. Hoe moest ik hem dit vertellen? "Reinhard, welke vliegtuigjes stonden op het bureau van Nikki?"

-"Waarom wil je dit nú weten, Dominique? Ik geloof een sportvliegtuig, uiteraard, en een... "

-"Daar is ie, Reinhard, kijk omhoog, want de Cessna op de grond is niet van Nikki maar van Podborsky!" Reinhard werd bleek. Hij keek angstig de lucht in; dit kon toch niet waar zijn, toch niet opnieuw, en zeker niet vandaag?!

De omgekeerde meeuwenvleugels van het meest succesvolle vliegtuig van de Tweede Wereldoorlog waren uniek en werden door iedereen herkend. Wat de duikbommenwerper nog meer van alle andere vliegtuigen onderscheidde, waren de ijzingwekkende sirenes die loeiden wanneer het vliegtuig op zijn doel af dook, zo angstaanjagend dat iedereen uit het pad van de Stuka vluchtte. Enkel Reinhard bleef staan. Het was een tragisch beeld. Met open armen keek hij omhoog naar het vliegtuig: 'Als het dat is wat je wilt, Nikki, dood me!' Nikki zag Reinhard door het glas tussen haar pedalen en dook precies op hem af. Hij verpinkte niet voor de helse schreeuw van het vliegtuig dat met zeshonderd kilometer per uur aanstormde. Op het laatste ogenblik activeerde Nikki de luchtremmen en scheerde ze op tien meter hoogte over zijn hoofd.

Na een keurige landing en een triomfantelijk onthaal werden zij en Reinhard uitgebreid voor hun vliegtuigen gefotografeerd alsof ze een koppel vormden. De kinderen — inclusief die van Alexandra! — zaten voor hen op de grond. Ik kon me geen mooiere foto indenken. Onmiddellijk werd er over een luchtgevecht gesproken; Nikki had eveneens haar geschut meegebracht. Reinhards laatste kans om te winnen zou na de luchtdoop plaatsvinden.

~

Voor Podborsky was Nikki's en Reinhards vertoning een tegenvaller; hij hoopte nu dat enkel zijn foto's de pers haalden. Hij had zich in elk geval op de vragen voorbereid:

-"Koninklijke Hoogheid, hebt u sinds het concert contact gehad met Anastasiya?" Dat vreemde verhaal! Iedereen behalve hijzelf had gezien hoe de zangeres een knipoog naar hem gegooid had.

-"Wel, ze weet waar ik woon!" lachte hij.

-"Staat ze aan uw kant?"

-"Ik kan me enkel baseren op jullie verstandige analyses, maar mijn leven is te kort om ze allemaal te lezen," lachte hij opnieuw. De humor sloeg aan; iedereen lachte mee.

-"Bent u op de hoogte van het feit dat Efim Geller toestemming voor een concert in Sylvanië zoekt?"

-"Ze heeft mijn steun; ik hou van muziek." Dat was het verstandigste antwoord.

-"U hebt geen schrik van haar?" vroeg een andere journalist.

-"Ik besef dat de Belgische Revolutie destijds met een aria begonnen is, maar we leven in andere tijden; politiek staat vandaag ver van de schouwburg. Tegenwoordig heeft een koning geen schrik van een zangeres!" Dat geloofde hij zelf niet. "Prinses

Anoushka en ik geloven trouwens niet in een onmiddellijke omwenteling. We werken gewoon verder aan ons liefdadigheidswerk, zoals vandaag." Het was de eerste keer dat hij haar naam gebruikte. Dat was nieuws! Anoushka keek gelaten; afspraak is afspraak. Haar ogen keken weg van Klaus. De reporter boomde verder door over de politiek:
-"U denkt dus dat Jeltsin niets zal veranderen?"
-"Jeltsin zit in het Politbureau maar heeft niet de macht om zijn stempel te drukken. Onafgezien daarvan vind ik zijn nieuwe ideeën een verfrissing." Politiek bestond uit niets zeggen en iedereen te vriend houden. En dan nu de grote vraag over Anoushka:
-"Welke zijn de plannen van u en Hare Hoogheid?" Ook op die vraag was Podborsky voorbereid:
-"Wel, in onze kringen loopt het van oudsher altijd zeer traag," lachte Podborsky. *Onze kringen*, dat waren dus koninklijke kringen; Podborsky versterkte het beeld dat hij met de andere koninklijke huizen op gelijke hoogte stond. "Ik ben zeker dat jullie zelf alle oorzaken kennen van hoe dat komt." De reden waarom koninklijke huizen geen haast hadden, had te maken met diplomatie: een ruime kring van instellingen en mensen moesten de kans krijgen om het koppel te ontvangen en de honneurs te geven.
-"Maar er volgt wel degelijk een verloving?"
-"Ik heb het de prinses nog niet durven vragen." Grote hilariteit. Anoushka glimlachte beleefd. Wat een ellende!

~

Tijdens de persconferentie voerde ik een gesprek met Anja en Alexandra. Anja vertelde me over wat de kinderen deden op de weelde van pc's die de school nu had. Ze had lesprogramma's samengesteld op basis van boeken uit de Verenigde Staten. Het waren niet echt lesprogramma's want de kinderen kregen geen les; ze studeerden individueel, door hun nieuwsgierigheid gedreven. De bundels die Anja samengesteld had, hielpen hen enkel verder. Sommige kinderen maakten toepassingen om je leven te organiseren, zoals een agenda, andere maakten spelletjes, terwijl nog andere machtige grafische creaties op het scherm toverden. Bij mijn bezoekjes aan de school had ik een programma gezien dat de stelling van Fermat probeerde te ontkrachten, en een ander dat pi berekende. Je hoefde aan sommige kinderen geen suggestie te geven of ze waren er reeds mee bezig.

Alexandra was duidelijk onder de indruk. Ze had mentaal al volop in pc's geïnvesteerd maar het bleef een braakliggend landschap; alles moest nog opgebouwd worden:
-"Er zal veel water in de zee gelopen zijn vooraleer ik volwassenen zover krijg!" blies Alexandra.
-"Een reden te meer om op ons in te zetten," maakte Anja reclame voor haar school.
-"Binnen een jaar maken ze toepassingen die zo nuttig zijn, dat we ze kunnen verkopen," schatte ik.
-"Oei, dat mag niet; als het nuttig is, is het kinderarbeid!" repliceerde Anja. We lachten om de absurditeit.
-"Het wordt nog een aantal jaren behelpen dus," besloot Alexandra, "maar we kunnen wel computerclubs oprichten, waar kinderen uit andere scholen op woensdagnamiddag of in het weekend naartoe kunnen komen. Je wordt directrice van het eerste informatica instituut voor pc's als je die ambitie hebt."
-"Meteen het eerste van Europa," voegde ik daaraan toe.
-"Die ambitie heb ik zeker!" riep Anja.
-"Ik ben zeker dat Reinhard dit meteen sponsort," zei ik, "zolang hij zich maar amuseert als hij jullie komt bezoeken."
-"Of met mijn voeten kan spelen," kon Anja zich niet laten. We hoefden niet veel bijkomende uitleg om te besluiten dat ze intussen het ene blauwtje na het andere opgelopen had, evenveel als het aantal keer dat hij met materiaal naar het schooltje gekomen was. Vandaag bleef ze uit zijn buurt.
-"Je krijgt straks misschien je kans op weerwraak," zei Alexandra, "maar je moet durven."
-"Durven?! Niets houdt me tegen!" zei ze beslist. Ik wist uiteraard waarover dit ging:

-"Begin met de volgende uren zo weinig mogelijk te eten," gaf ik haar de raad.

Hoe fascinerend de kinderen de vliegtuigen ook vonden, ze aarzelden. De brullende motoren van de oorlogsvliegtuigen waren te intimiderend voor kinderen die nog nooit gevlogen hadden. Nikki had extra uitrustingen meegebracht voor zij die met haar of Reinhard zouden meevliegen; ze had dus perfect geweten dat Reinhard met een Dauntless zou verschijnen. Reinhard onderging de organisatie gelaten.

De eerste die meteen naar voren stapte, was Alexandra's zoon Sebastian.

-"Ik zal ze eens tonen hoe leuk dit is, nonkel Reinhard!" Hij trok het pak aan en liet een paar foto's met Reinhard en het vliegtuig nemen. Alexandra liep naar Reinhard toe:

-"Doe het rustig aan, Reinhard, zo niet durven de andere kinderen niet." Reinhard keek naar Sebastian:

-"Akkoord, Sebastian?"

-"In orde, kapitein!" Het stak Reinhard een hart onder de riem dat Sebastian eerst voor hem gekozen had.

Bij Nikki's Stuka heerste dezelfde situatie; daar stonden de kleine Miranda en Laetitia te wachten:

-"Mogen wij met jou meevliegen, *tante* Nikki?" Tante?! Nikki was van haar stuk gebracht. Weliswaar noemden de kinderen Anoushka 'tante' ofschoon die geen familie was. Maar Anoushka en de kinderen woonden op zijn minst in hetzelfde paleis. Nikki daarentegen was helemaal geen tante, hooguit Anoushka's achternicht.

-"Wie heeft jullie verteld dat ik jullie tante was?"

-"Nonkel Reinhard!" Ze wou de twee meisjes niet corrigeren; ze waren zo schattig dat ze niet liever vroeg dan van hun tante te zijn. Reinhard had zijn eerste vol punt gescoord!

~

Een voorzichtige vlucht met de Cessna zagen de andere kinderen beter zitten. Podborsky had een onwaarschijnlijke copiloot gevonden in Bezmenov, die zijn legeropleiding in de luchtmacht gedaan had. Hij was blij dat hij aan Cassandra kon bewijzen wat hij kon; als derde passagier zat ze schuin achter hem. De drie resterende plaatsen waren voor kinderen van de school.

De luchtdoop werd echter geopend door een valschermspringster. Iedereen was verrast dat de stille, intellectuele gravin Tatiana met een volledige uitrusting arriveerde. De kinderen kregen de volledige uitleg terwijl ze het pak aansnorde. Ze toonde het touwtje waarmee ze het scherm zou opentrekken en vertelde dat, als het hoofdscherm stuk was, een reserve zich automatisch zou openen op een bepaalde hoogte.

-"Hoe weet het op welke hoogte u bent?" vroeg een bezorgd meisje.

-"Er zit een drukmeter in," antwoordde Tatiana, "hoe hoger je bent, hoe lager de luchtdruk. De druk stijgt dus terwijl je valt."

-"Maar de luchtdruk is toch verschillend elke dag?!" vroeg een andere leerling uit de bollebozenschool.

-"Dat heb je heel slim opgemerkt. Daarom moet ik aan de drukmeter vertellen op welke hoogte we nu zitten. Wat raad je?"

-"Ongeveer nul meter," zei een jongen, "Vlaanderen is zo plat als een frank."

-"Daar ben je heel dicht bij!" feliciteerde Tatiana hem terwijl ze de precieze hoogte instelde.

Na een lange klim sprong de nicht van koning Willem uit het vliegtuig van troonpretendent Frank Podborsky. De pers miste de gelegenheid niet; terwijl de angstige kinderen Tatiana gedurende een minuut vrij zagen vallen, zochten de journalisten naar het meest sensationele verhaal: welke was haar relatie met Podborsky? Was zij nu een stil of een heel dynamisch meisje? Was het waar dat zij een artieste van Anastasiya was? Welke was haar rol daar? Wat was de symboliek van de sprong?

Een minuut na het openen van het valscherm stond Tatiana op de grond. Onmiddellijk werd ze omringd door nieuwsgierige kinderen, die onder de indruk waren van de grootte en de prachtige kleuren van het doek.

Podborsky nam vrede met zijn lot. Die lange namiddag stond hij weliswaar in de schaduw van Nikki en Reinhard, maar alle kinderen maakten op z'n minst een vluchtje met hem. Hij kon meer passagiers vervoeren en moest niet bijtanken. Het leverde de publiciteit op die hij nodig had. Tijdens de vluchten stelde Cassandra de kinderen op hun gemak en legde hen uit wat er allemaal te zien was. Bezmenov was verrast door haar spraakzaamheid. Hij nam haar niet kwalijk dat ze zich anders voorgedaan had dan ze was; een hoteluitbaatster moest tenslotte stil op de achtergrond blijven. En een spionne nog veel meer. Hij huiverde even.

-"Mijnheer Bezmenov, ziet u de landing zitten?" vroeg Podborsky. Ook voor de prins heerste nu een nieuwe realiteit: geen handlangers, veel Anoushka en veel publiciteit. Op de foto mocht gerust een hooggeplaatste KGB-er staan, officieel een handelsattaché. Zolang iedereen maar besefte dat Podborsky veel mensen aan zijn kant had. Misschien kon Bezmenov voor hem zelfs een goed woordje bij de consul doen; dan pas zou Podborsky op rozen zitten! Hij observeerde hoe die consul om haar as tolde in de Stuka; het was eens te meer duidelijk dat zij geen katje was om zonder handschoenen aan te pakken. Maar hij moest het proberen, want enkel via haar kon hij vat krijgen op de zangeres, en die was nog steeds de allerbelangrijkste factor. Eerst Bezmenov dus, dan Nikki, en vervolgens de zangeres. Podborsky had een plan.

-"Natuurlijk, Koninklijke Hoogheid," riep Bezmenov, "met de ogen toe!" Hoewel hij nooit eerder met een Cessna gevlogen had, zette hij het toestel keurig aan de grond.

~

De kleine Miranda stapte lachend uit de Stuka, handen in de lucht en gespeeld wankelend gekke bekken trekkend.

-"Nu ik!" riep haar kleine zus Laetitia. Intussen had zich echter een meisje van de school aangediend.

-"Jij zal even moeten wachten," zei Alexandra tegen haar dochter, "voor dit meisje is het de eerste keer." De kleine Laetitia schikte zich flink in haar lot. Welke prachtig opgevoede kinderen!

-"Ik ga even bij nonkel Reinhard proberen," zei ze plots. Ik liep met haar mee. Daar was haar echter hetzelfde lot beschoren.

-"Doe een vluchtje met het sportvliegtuig," stelde ik voor.

-"Daar vlieg ik straks mee naar huis, mijnheer" antwoordde ze. Ze hield vanaf dat moment de twee duikbommenwerpers in het oog, en vooral de wachtrijen.

-"Ik haal je een ijsje en een cola," is dat goed?

-"Heel goed, maar Sebastian en Miranda drinken liever Fanta, mijnheer." Ik had voor die namiddag meteen een nobele taak voor mezelf gevonden! Alexandra hielp me.

De vluchten van de Stuka en de Dauntless werden vanaf het tweede kindje heel rustig en soms heel kort. Reinhard en Nikki polsten continu naar hoe de kinderen zich voelden; de meesten konden het niet aan om de horizon om de haverklap zestig graden te zien draaien. Het was pas toen de kleine Laetitia met de Stuka meevloog, dat we nog eens spektakel te zien kregen.

~

Reinhard had niet op een luchtgevecht gerekend, althans niet op deze manier. Nikki nam op een ernstige manier de spelregels door. Ze had dit reeds eerder gedaan! Reinhard slikte; hij stond op het randje van de ondergang, net zoals de zon, die nog een paar uurtjes tegoed had.

Het belangrijkste onderdeel van de spelregels was dat er enkel door de staartschutter geschoten zou worden, met het geschut vanuit de tweede cockpit dus. De vraag was wie het geschut in elk vliegtuig zou hanteren.

-"Hier is je kans om Reinhard neer te halen," zei Alexandra tegen Anja, "als je het niet ziet zitten, doe ik het wel!" Anja hapte naar adem; zonder ziek te worden was ze die namiddag met beide vliegtuigen meegevlogen. Dit was uiteraard andere koek. Maar de wil om Reinhard neer te halen was zo groot, dat het haar wel zou lukken, vertelde ze zichzelf. Ze had bovendien groot vertrouwen in Nikki, die een overwinning duidelijk even hard wou als zijzelf. Die laatste deed een sjaaltje om het hoofd van het Sylvaanse leger. Tegen de avondzon maakte dat prachtige foto's; de fotografen zaten niet stil.

-"Ik doe het," zei Anja; ze deed haar uitrusting aan.

Reinhard vocht nu tegen de nederlaag; deze twee vrouwen waren erop uit om zijn ego te breken. Dat moest hij te allen prijze voorkomen. Maar hoe? Wie werd zelfs zijn tweede vliegenier? Iemand in het publiek had echter perfect door dat dit heel belangrijk was voor… zijn nonkel; Sebastian diende zich aan!

-"Wij gaan winnen, nonkel Reinhard!"
-"Ben je zeker dat je dit kan, lieve jongen?"
-"Ik weet hoe je een luchtgevecht moet winnen, nonkel Reinhard."
-"Hoezo?"
-"Ik heb het bestudeerd; *noblesse oblige*!" Lieve moeder!

De luidsprekers werden klaargezet. Het was de bedoeling dat de gesprekken tussen de piloten gevolgd konden worden, en vooral de score!

~

Met het begin van de luchtgevecht was het moment van Podborsky voorbij; hij vond dat hij maar beter niet gezien kon worden tussen het voetvolk dat naar de luchthelden aan het kijken was. Hij trok naar de weide een kilometer verderop, waar Livicki en zijn genoten rond een immens kampvuur zaten. Ze waren met velen; zij vormden de kern van alle betogingen en acties. Podborsky had een zeker respect voor wat Livicki verwezenlijkt had, in die zin dat Podborsky zijn handlangers moest betalen. De volgelingen van Livicki daarentegen deden alles vrijwillig, in de overtuiging dat hun leider een nieuwe wereld zou creëren waarin ze het met z'n allen beter zouden stellen.

Het was geen toeval dat Livicki in de buurt was; hij wou zijn volgelingen wijzen op hoe reëel de klassenstrijd was. De luchtdoop met z'n adel en mooie vliegtuigen was daar een stichtende illustratie van. Hij had de kameraden al uitgelegd dat liefdadigheid opsmuk was, een vergoelijking van de kapitalistische maatschappij; volgens Livicki moesten sukkelaars immers door de overheid geholpen worden, op zijn minst tot het paradijs er was, want dan zouden er geen sukkelaars meer zijn. Hij vertelde over Oost-Duitsland met z'n naaktstranden: iedereen gelijk. Dat sprak de aanwezigen aan.

Podborsky observeerde het geïmproviseerde paradijs, waar in reuzegrote ketels vegetarisch eten klaargemaakt werd, naar het toilet gegaan werd op grote houten constructies boven een uitgegraven put, iedereen vrijwilliger was, en in honderden tentjes de jonge lijven elkaar straks zouden knuffelen. De aanwezigen zouden prachtige verhalen kunnen vertellen over hun idealistische jeugd wanneer ze later in een huisje zaten met echtgenoot, twee kinderen, twee jobs, een hypotheek en een levensverzekering. Een paar enkelingen zouden die weg niet inslaan en een carrière zoals die van Livicki proberen. Maar het merendeel zou, trouw aan wat ze ooit gezworen hadden, het laten bij het af en toe iets kopen bij Oxfam, en het dragen van een T-shirt van Greenpeace.

De walmen van de marihuana kwamen Podborsky tegemoet. Livicki zelf rookte niet; hij had trouwens liever gezien dat z'n revolutionairen niet rookten en de rest van de bevolking wel, in plaats van omgekeerd. Hij voerde cynisch het draaiboek van z'n broodheren uit, of liever, van z'n opdrachtgevers, want de eigenlijke broodheer sloeg hen op datzelfde moment gade met een zeker ongeloof: hoe was het mogelijk dat de Vissermans en andere bedrijven zoveel last hadden van dit volkje?

~

-"Vlieg er nu recht op af, nonkel, we hebben de zon in de rug! Vlieg er rechts voorbij, ik heb mijn geschut klaar." Terwijl Nikki en Anja naar Reinhard op zoek waren, hoorden ze hem plots voorbijvliegen. "Tatatatááá, één-nul voor ons!" schreeuwde Sebastian. Terwijl Anja haar geschut richtte, rolde Nikki het vliegtuig om zo snel mogelijk achter Reinhard aan te vliegen.

-"Kom op, Anja," schreeuwde Nikki, "we móeten hem terug hebben!" Omdat het vliegtuig korte tijd onderste boven vloog, was Anja gedesoriënteerd.

-"Duiken nú, nonkel, zes uur, ze rollen! Passeer ze opnieuw rechts! Tatatatatááá, twee-nul voor ons!" Nikki vocht als een furie; ze trok het vliegtuig pijlrecht de hoogte in.
-"Anja, hou je klaar rechts; we gaan ervoor!" Anja lag nu op haar rug, vechtend tegen de luchtziekte. Ze draaide het geweer naar rechts. De Stuka zette de duik in.
-"Duiken, nú, nonkel, ze steken ons voorbij op links. Hou de remmen klaar!" Anja had de Dauntless in het vizier, nog even... "Remmen!" Reinhard gooide de luchtremmen op en Anja reageerde te traag; ze miste haar doel.
-"Niet opgeven, Anja, we proberen dit opnieuw!" schreeuwde Nikki. De Stuka klom weer.

~

-"Moet je nu zien," mompelde Podborsky, "de revolutionairen staan allemaal recht om het luchtgevecht te bewonderen. Wat een grap!" Hij was ondertussen dichterbij gekomen. Niemand merkte hem op.
-"Ooooh, de Stuka vliegt onder de Dauntless," hoorde hij roepen. De jongeren in de wei hadden intussen de kant van het Nazi-vliegtuig gekozen omdat het op achterstand stond. "Nu! Dat hebben ze zeker gescoord." Er volgde gejuich. "Hoeveel zou de stand zijn?"
Livicki keek met afgrijzen naar zijn volgelingen. Hij werd er mistroostig van; de revolutie ging helemaal nergens heen. Podborsky van zijn kant bediende zich van aangelengd citroensap.
-"De Stuka doet het opnieuw!"

~

-"Kom op, nonkel, we hebben nog één punt nodig!"
-"Ik riskeer het niet meer, Sebastian; ik weet nu hoe ik haar uit de buurt moet houden." Nikki daarentegen vocht als bezeten. Nu Anja precies wist wat ze moest doen, kreeg ze verdorie de kans niet meer om de Dauntless in het vizier te krijgen. Ach, maar plots meende Nikki Reinhards maneuver te kunnen voorspellen.
-"Hou je klaar, Anja, ik denk dat ik hem heb!"
-"Nonkel," schreeuwde Sebastian, "opgelet, recht naar de hemel nù en volhouden tot ik het zeg!"
-"Ze zit achter mij. Ze komt onder mij!" antwoordde Reinhard in paniek.
-"Doe wat ik zeg, nonkel!" Achtervolgd door de Stuka schoot de Dauntless recht omhoog. "Volhouden, nonkel!"
Nikki gaf volgas.
-"Dit is het, Anja! Ben je klaar?" riep ze.
-"Waar komt ie?"
-"Recht boven je, zoals daarnet." Maar de Stuka kwam niet dichter.
-"Nog even, nonkel!"
-"Dit gaat niet veel hoger, meer," antwoordde Reinhard, "ik moet opletten van een stall!"
-"Gewoon volhouden; ze loopt in de val!" Want het was Nikki die in de stall ging.
-"We hebben haar!! Nu gewoon een looping naar beneden maken, nonkel!" Nikki had zich te ver geriskeerd; haar Stuka was zwakker dan de Dauntless. Verdomd, dat wist ze! In de bittere rivaliteit had ze haar bedachtzaamheid verloren. Dat was haar nog nooit overkomen! Vanuit de stall dwarrelde ze hulpeloos als een blad naar beneden. Ze moest nu eerst snelheid opbouwen voor ze het vliegtuig weer onder controle kreeg. Anja sloeg met de handen om zich heen. Reinhard zag het zieltogende toestel voor zich. Keuze te over. "Tatatatatááá! We hebben gewonnen, nonkel!"
-"Ik ben je eeuwig dankbaar, jongen," zei een geëmotioneerde Reinhard, "Nikki en Anja in één klap!"

~

In de overwinning was Reinhard een groot man. Hij schepte niet op over zijn prestatie, net zo min als hij dat deed over zijn veroveringen. De kleine Sebastian deed het evenwel in zijn plaats; aan iedereen legde hij graag alle details over het luchtgevecht uit. Het was onwaarschijnlijk hoe hij ten allen tijde geweten had waar elk vliegtuig zich bevond en hoe hij zich dat allemaal herinnerde. Gedurende de hele avond bootste hij zwaaiend met beide handen het luchtgevecht na. Op de momenten dat hij geschoten had, toonde hij hoe hij met beide handen het geschut gegrepen had en in het vizier de Stuka gezocht had. 'Tatatatatááá!' riep hij vervolgens, net zoals hij dat in de microfoon gedaan had.

Nikki luisterde aandachtig; de kleine Sebastian wist precies te vertellen hoe de Dauntless de zwakke punten van de Stuka geëxploiteerd had. Van het nadeel van de Stuka was Nikki precies op de hoogte geweest, maar ze had gerekend op haar ervaring om het goed te maken; ze wist immers dat Reinhard nog nooit in de lucht gevochten had. Maar nu was ze dus vakkundig in het zak gezet door...

-"Sebastian, jongen," sprak ze hem aan.
-"Ja, *tante* Nikki?" Hij ook al!
-"Wie heeft de beslissingen genomen in de Dauntless?" De kleine Sebastian besefte meteen dat hij door de vijand op de rooster gelegd werd en kneep de ogen tot een spleetje.
-"Nonkel Reinhard heeft alles alleen beslist, tante Nikki."
-"Dat is toch de waarheid?" drong Nikki aan. Sebastian legde zijn hand op het hart:
-"Op mijn erewoord, dat is helemaal de waarheid, tante Nikki."
-"Ik geloof je, Sebastian," zei Nikki. Wat een jongen!

~

Reinhard genoot in stilte na. Hij had zich tijdens de barbecue bij de macramé groep gevoegd. De kinderen van de school leerden kleine kunst- en gebruiksvoorwerpen maken met fijne touwen en vooral heel veel knoopjes. Ze vonden het altijd leuk wanneer er een volwassene deelnam. Er lagen heel veel boekjes met voorbeelden. Reinhard vond onmiddellijk wat hij wou maken. Met passie begon hij aan zijn werkje.

Anja zou hij de hele avond niet meer zien. Geen seconde had hij daar bij stilgestaan. De volgende keer dat hij met nieuwe pc's de school zou bezoeken, zou hij haar herkennen en zich haar naam nog herinneren. Maar daar zou het bij blijven; hij zou zich helemaal niet bewust zijn van de oorlog die zich in haar hart en hoofd afspeelde.

Nikki deed het tegenovergestelde. Zij kwam gewoon recht tegenover Reinhard aan de tafel staan. Dat had hij niet verwacht! Goddank dat hij gewonnen had! Kwam ze zijn overwinning aanvechten? Had iedereen door de luidsprekers gehoord hoe Sebastian hem alles gedicteerd had? Reinhard bereidde zijn verdediging voor.

-"Wat haal ik je te eten, Reinhard?" vroeg ze.
-"Oh, dank je, Nikki," zei hij ingetogen, "een beetje van alles. Ik zal straks om de drankjes gaan." Nikki knikte.

~

Alexandra en haar drie kinderen kwamen spontaan bij mij aan tafel zitten. Dat kwam misschien door een van mijn eigenaardige gewoonten; ik zette me dikwijls alleen aan een tafel om te wachten tot iemand naast mij kwam zitten. Gewoonlijk had ik dan een excellent gesprek.

En dat ging vandaag over de luchtdoop. Miranda en Laetitia zwaaiden met hun armen om uit te leggen wat *tante* Nikki en nonkel Reinhard zoal durfden. Alexandra en ik keken verwonderd naar elkaar: 'waar hebben ze die *tante* vandaan?'
-"Dat zou ik niet te ver zoeken," zei ik in Reinhards richting kijkend.
-"Ach zo," zei Alexandra. "Laetitia," vroeg ze, "vind je dat tante Nikki en nonkel Reinhard met elkaar moeten trouwen?"
-"Maar mama toch, je weet toch dat nonkel Reinhard met Anastasiya wil trouwen!" Spontaan begon ze een liedje van de zangeres te zingen.
-"Ja," antwoordde Alexandra, "maar weet Reinhard of de zangeres kan vliegen?" De kleine Laetitia keek versteld. Een idee vormde zich in haar hoofd.

~

Tussen het eten door hielp Nikki de kinderen met de macramé. Reinhard zag hoe ze behendig de mooiste dingen maakte zonder het boekje te raadplegen. De kinderen hoefden slechts te zeggen wat ze wilden maken; Nikki knoopte het in een oogwenk in elkaar. En als een kind geen inspiratie had, knoopte Nikki een goocheltruc in elkaar die het kind bij andere kon uitproberen. Wat een vrouw!

-"Net zo mooi als jouw juwelen!" gooide Reinhard een compliment.

-"Je hebt mijn juwelen gezien?" vroeg Nikki. Van achter haar bril drongen haar ogen diep in hem door. Dit gesprek ging de verkeerde richting uit maar er was geen weg terug.

-"Ik loop elke ochtend bij de dagbladhandelaar langs recht tegenover het Justitiepaleis." Ach neen, hij had te veel informatie prijs gegeven; nu kon ze raden dat hij haar gezien had!

-"Heb je me gezien?" vroeg Nikki.

-"Ik heb je gezien en werd nieuwsgierig," gaf Reinhard toe, "ik ben naar jouw juweel gaan kijken. Het was bijzonder mooi." Daar stopte zijn verhaal. Nikki keek hem doordringend aan. De juwelier had beloofd niets te zeggen. Maar er hadden wel andere mensen in de winkel gestaan. Reinhard zat op het puntje van zijn stoel.

Hij werd gered door het verschijnen van de kleine Laetitia:

-"Tante Nikki, is het waar dat jij Anastasiya kent?" Nikki, overvallen door de vraag, greep naar haar standaard antwoord:

-"Dat zegt iedereen, meisje, maar dat is niet zo. Ik ken enkel de manager…"

-"Wat is een manager, tante Nikki?"

-"Wel dat is de baas, wel niet echt de baas van Anastasiya; hij zorgt ervoor dat er platen gemaakt worden van haar liedjes, en dat ze kan zingen voor heel veel mensen."

-"Wil die… manager niet zeggen wie Anastasiya precies is?" vroeg Laetitia.

-"Ik vraag er ook niet om, meisje. Hoe minder mensen dat weten, hoe beter. Kijk naar uw nonkel Reinhard: zelfs hij weet niet wie de zangeres is!" Laetitia keek met medelijden naar Reinhard.

-"Dat klopt niet helemaal," zei Reinhard, "ik heb eenmaal met Anastasiya gedanst."

-"Echt waar?" riep het meisje, "wie is ze? Wat heeft ze verteld?"

-"Wel ze had een masker aan…"

-"Ze heeft altijd een masker aan!" riep Laetitia,

-"…en daarom weet ik nog steeds niet wie ze is."

-"Heeft ze aan jou verteld of ze kan vliegen?"

-"Jammer genoeg niet, meisje." Laetitia's ogen keken nu schichtig over en weer naar Reinhard en Nikki. Ze zweeg echter. Voor een keer kwam de waarheid niet uit de kindermond maar uit de kinderoogjes.

~

-"Zo, Frank, hier ben je!" zei Anoushka. Podborsky schrok:

-"Hoe komen jullie hier?" vroeg hij aan Klaus en haar.

-"Wij kwamen je zoeken. Wat doe jij hier trouwens?"

-"Nadenken. En die bende observeren die me veel geld kost. Ik heb hun eten opgegeten."

-"Heb je jezelf geïntroduceerd?"

-"Zonder mijn bodyguards?" Zo noemde hij zijn handlangers.

-"Zo doe je dat niet, Frank," protesteerde Anoushka, "kom, we gaan ze gewoon groeten."

Klaus herkende een student:

-"Goeienavond, Geert, wij zijn toevallige wandelaars. Stoort het jullie dat wij kennis met jullie maken?"

-"Neen, professor" zei Geert enthousiast, "hoe meer zielen, hoe meer vreugde. Welgekomen! Willen jullie iets met ons eten?"

-"Wij hebben net gegeten; wij komen van het andere feest vandaan, hier wat verderop."

-"De luchtdoop?" vroeg Geert aarzelend. Klaus knikte:

-"Inderdaad, en wat is bij jullie de gelegenheid?"

-"Wel, wij bereiden de grote vredesmanifestatie voor. Honderden duizenden mensen, je zal wel zien! Jullie komen toch ook?!" vroeg Geert stoutmoedig. Klaus antwoordde niet direct op de vraag:
-"Ik kan je alvast zeggen dat baron Reinhard Forel de uitvinder is van het woord 'vredesbeweging'!"
-"Echt waar? Wow, die zou ik wel eens willen zien!" Het was Geerts ambitie om vrienden te maken onder de hooggeplaatsten van de beweging. En de baron moest hooggeplaatst zijn, dacht Geert, nog hoger dan Livicki!
-"Wel, je hebt hem gezien vandaag; hij vloog met de Dauntless."
-"Dat was dan het blauwe vliegtuig," raadde de man, "want het andere was een Stuka! Heeft hij gewonnen? En wie vloog met het andere vliegtuig?"
-"Hij heeft gewonnen van mijn zus," zei Klaus. Wow, professor Klaus moest belangrijker zijn dan Geert gedacht had!
-"Mag ik jullie aan Livicki voorstellen, onze voorzitter?" vroeg Geert. Net zoals elke mens had hij het verlangen om belangrijke personen aan elkaar voor te stellen.
-"Laat maar," zei Klaus, "we kennen Livicki genoegzaam. Als jullie dat goedvinden, willen wij gewoon met jullie van de sfeer genieten." Intussen hadden een paar andere jongeren hen vervoegd. Geert introduceerde Klaus, die op zijn beurt Podborsky en Anoushka aan hen voorstelde: "Laat mij jullie ook introduceren aan Zijne Koninklijke Hoogheid, prins Frank Podborsky, troonopvolger van Sylvanië, en Hare Hoogheid prinses Anoushka de Vissermans."
-"Noem ons gewoon Frank en Anoushka," zei die laatste. Podborsky slikte zijn hoogmoed in en gaf iedereen de hand.

Een prins en een prinses, wow! Daar wou iedereen bij zijn! Er ontstond een grote kring. Anoushka vroeg hen wat ze deden of studeerden, feliciteerde hen met hun job of hun studies, en vertelde hen over de verschillende mogelijkheden die ze hadden, bij de Vissermans of daarbuiten. De meesten onder hen waren nog nooit in een groot bedrijf geweest, tenzij om dansjes te doen of een stapel paletten in brand te steken. Maar daar werd niet over gesproken; er heerste een leuke, gemoedelijke sfeer.

Een makkelijker aanknopingspunt was Sylvanië. Klaus introduceerde zich als professor in alles wat met Sylvanië te maken had en antwoordde op alle vragen. Blijkbaar was Sylvanië een paradijs.
-"Waarom denken jullie dat?" vroeg Klaus.
-"Wel, iedereen heeft werk!" kreeg hij onmiddellijk als repliek. Werkgelegenheid was een gevoelig thema; de werkloosheid was hoog omdat het Westen nog steeds van de oliecrisis aan het herstellen was.
-"Iedereen heeft werk in Sylvanië, maar niemand werkt!" protesteerde Podborsky. 'Sst," fluisterde Anoushka, "niet op die manier, Frank!"
-"Dat klopt gedeeltelijk," zei Klaus — gedeeltelijk! —, "de olieraffinaderij van Sylvanië doet hetzelfde met zesendertig duizend mensen als wij met negenhonderd in Antwerpen."
-"Maar iedereen krijgt toch geld!" riep iemand.
-"Zo is dat: niemand werkt, maar iedereen krijgt geld," lachte Podborsky, "maar daar kan men niets mee kopen." Anoushka vond de tussenkomsten van Podborsky een troonopvolger onwaardig. Klaus nuanceerde:
-"Wel, je kan uiteraard dingen kopen met geld," zei hij, "maar het werkt anders dan hier. Als er schoenen te koop zijn, schuif je aan. Je mag precies één paar schoenen kopen. Je zoekt vervolgens iemand die die schoenen kan gebruiken, en ruilt de schoenen voor iets wat jij kan gebruiken."
-"Maar uiteindelijk heeft iedereen toch wat hij nodig heeft?!" was de volgende opmerking.
-"Zo is dat," lachte Podborsky, "je kan niets kopen maar iedereen bezit alles. En toch is niemand tevreden."
-"Is dat zo, professor?"

-"Wel, jullie protesteren vandaag. Maar hoeveel slechter zouden jullie zich niet voelen als jullie niet eens mochten protesteren, en als onze regering een hek rond ons land zette opdat jullie niet zouden gaan lopen?"

Er werd nu voluit gediscussieerd. Op het moment dat Livicki in de mot had wat er gebeurde, stond een kwart van zijn aanhang rond Klaus, Anoushka en Podborsky.

Livicki stapte boos door de menigte recht op Podborsky af:

-"Uwe Koninklijke Hoogheid, waaraan heb ik uw bezoek te danken?"

-"Wel, wij houden een manifestatie tegen uw bedrijf," antwoordde Podborsky luid en gevat. Er werd gelachen en hij kreeg zelfs een applausje. Anoushka feliciteerde Podborsky; hij kwam de afspraken na!

~

De rust aan de macramé tafel vertelde het hele verhaal. Nikki en Reinhard waren de kindjes aan het helpen met hun werkjes. Ze wisselden enkel woorden met elkaar over de kleine praktische dingen van zo'n avond. Er werd gelachen, geholpen en bewonderd. Zoals ik ze zag zitten, leken ze vader, moeder en een verzameling kindjes.

In hun hoofden stormde het echter. Terwijl Reinhard zichzelf wijsmaakte dat hij niet op Nikki verliefd was en nu enkel wachtte op een teken dat zij na zijn show en triomf voor hem gevallen was, was Nikki gefrustreerd met Reinhards aanpak. Ze was eerlijk met zichzelf: ze had Reinhard graag. Maar zolang Reinhard op deze competitieve manier met haar bleef omgaan, moest ze dat verbergen. Dat deed ze niet door uit zijn gezichtsveld te blijven, maar integendeel door met hem gewoon leuke dingen te doen, alsof er niets aan de hand was. Ze treiterde hem niet met wat er echt bij de juwelier gebeurd was of tijdens het luchtgevecht. Ze gunde hem graag zijn eer.

Reinhard begreep het echter niet op die manier. Hij had uit macramé een prachtig halssnoer met een hartje gemaakt.

-"Wow, mijnheer Reinhard, wat een prachtig hartje!" riep een van de meisjes, "aan wie wil je het geven?"

-"Aan mevrouw Nikki, natuurlijk!" Enkel Reinhard kon dit op een dergelijk koele manier spelen.

-"Echt waar? Zie je ze graag?"

-"Natuurlijk zie ik ze graag, maar vertel het haar niet!"

Nikki had uiteraard alles gezien en gehoord; dat was ook Reinhards bedoeling geweest. Haar handen trilden toen het meisje haar het hartje gaf. Hopelijk had Reinhard dat niet gezien!

~

Wanneer Klaus of Nikki een bezoekje aan hun mama brachten, deden ze dat veelal 's ochtends. In het privé-gedeelte van het hotel nuttigde Cassandra het ontbijt vóór de gasten. Vandaag waren het Klaus en Anoushka die langskwamen. Ze waren verrast Bezmenov aan tafel te zien zitten.

-"Ik denk dat ik beter snel Russisch leer!" zei Anoushka terwijl ze Cassandra en Bezmenov groette.

-"Wel," kuchte Bezmenov, "ik sta tegenwoordig wat vroeger op om met Klaus' mama te ontbijten." Hij hoopte dat ze dat geloofden, want zo was het. Voor Cassandra van haar kant was het dagelijkse ontbijt met de charmante Bezmenov de mooiste ervaring uit haar leven.

-"Laat me je iets zeggen, Anoushka," zei Cassandra, "jij leert inderdaad beter Russisch." Het klonk ernstig. Klaus en Anoushka begrepen niet waarom die laatste dat zou moeten doen, maar stonden er niet bij stil. "En waaraan hebben wij jullie bezoek te danken?"

-"Wel, mama," zei Klaus, "we weten dat we je geen vragen over het verleden mogen stellen, maar wij zijn op zoek naar een facsimile van de Rechtvaardige Rechters." Uit Cassandra's uitdrukking viel niet af te leiden of hij iets gezegd had waar ze van schrok. Dat wou uiteraard niets zeggen, maakte Klaus zich de reflectie; zijn mama had over de jaren heen heel veel gesprekken in het hotel overhoord zonder de minste reactie. "Ik heb die facsimile gezien toen ik een klein kind was," ging hij verder, "herinner je je nog de

namen van de drie paarden: ...?" Nu echter verscheen een strenge blik op het aangezicht van Cassandra. Klaus begreep dat hij de namen niet mocht noemen.
-"Ik herinner me de namen van de paarden," zei Cassandra. Klaus aarzelde; mocht hij verder vragen?
-"Ik ga even weg," zei Bezmenov toen hij Klaus' aarzeling observeerde.
-"Niet nodig, Yuri," zei Cassandra, "blijf maar zitten. Wat is je vraag Klaus?"
-"Waar bevindt zich die facsimile? Volgens Anoushka zou hij gemaakt geweest zijn vóór de diefstal van de Rechtvaardige Rechters. Anoushka wil hem zien om inzicht te krijgen in de originele kleuren van het schilderij."
-"Die facsimile is op de plaats gebleven waar je als klein kind opgegroeid bent."
-"En dit schild?" vroeg Klaus. Hij toonde een kopie van zijn tekening. "Het bevond zich op het gordijn naast de facsimile. Het schild verwijst naar de koninklijke familie van Sylvanië."
-"Dat zou kunnen," zei Cassandra, "ik heb een pak souvenirs meegekregen toen ik uit Sylvanië vertrokken ben, een hele vrachtwagen vol!"
-"Je had toch ruzie met Sylvia?! Van wie heb je die souvenirs gekregen?"
-"Die ruzie is nadien gekomen, en daar wil ik het helemaal niet over hebben; het is een afgesloten hoofdstuk." Klaus besefte dat het hoofdstuk niet afgesloten was, want zijn mama had koningin Sylvia nooit meer weergezien.
Er restte Klaus en Anoushka geen andere mogelijkheid dan op zoek te gaan naar de woning waar Klaus als klein kind gewoond had, nog vóór hij, Nikki en Cassandra naar de buurt van het Fleur-de-Lys verhuisd waren.

~

Net op dat moment rinkelde de telefoon achter de rug van Anoushka. Ze nam onmiddellijk op:
-"Met het Sylvanië Hotel, goedemorgen, waarmee kan ik u van dienst zijn?"
-"Anoushka," klonk het aan de andere kant van de lijn, "wat doe jij daar?"
-"Luister Frank," zei Anoushka boos, "onze afspraak ging enkel over formele aangelegenheden, niet dat ik je elke minuut zou vertellen waar ik was!"
-"In orde, dan spreken we af op de uitreiking van mijn eredoctoraat. Kan je me Bezmenov eens doorgeven?"
-"Mijnheer Bezmenov, Zijne Koninklijke Hoogheid Frank Podborsky voor u," zei Anoushka.
-"Dank u, Hoogheid," en noem me maar gewoon Yuri. Anoushka lachte instemmend:
-"Van zodra jij me gewoon Anoushka noemt, Yuri."
-"Hallo, met Yuri Bezmenov." Podborsky was in alle staten:
-"Hebt u al naar het nieuws geluisterd? Weet u wat er op dit moment in Sylvanië aan het gebeuren is: een revolutie! Iedereen loopt op straat."
-"Kalm, Koninklijke Hoogheid, waarom lopen ze op straat?"
-"Waarom denk u? De zangeres natuurlijk! Die Geller heeft toestemming gevraagd voor een concert. Het concert mag niet doorgaan, begrijpt u dat? U moet het tegenhouden!"
-"Met alle respect, Koninklijke Hoogheid, maar van de Sovjet-Unie mag het concert doorgaan."
-"Van wie in de Sovjet-Unie? En dat u daar zelfs weet van hebt!"
-"Het was ik die Geller gevraagd heb het concert aan te vragen."
-"U in 's hemelsnaam! Wie zijn tegenwoordig uw vrienden in de Sovjet-Unie?"
-"Ik doe gewoon mijn werk."
-"Gorbatsjov? Jeltsin??" vroeg Podborsky. Bezmenov antwoordde niet. "Luister," zei Podborsky, "het is niet omdat de Sovjet-Unie akkoord is, dat ik akkoord ben. We zijn nog steeds een soeverein land!" Dat sloeg nergens op.
-"Wel, Koninklijke Hoogheid, u belt me net om te vertellen dat dat soeverein land op straat komt omdat het een concert van Anastasiya wil. Maar waar bent u eigenlijk bang van? Zorg er gewoon voor dat iedereen van u houdt als toekomstig koning. U bent

trouwens goed bezig..." ...sinds een heel kort tijdje, voegde Bezmenov daar niet aan toe.

-"U bent een communist!" protesteerde Podborsky, "waarom zou ik erop vertrouwen dat u mij als koning wilt in plaats van een communistische republiek?"

-"Vandaag hebben we een communistische monarchie in Sylvanië. Wie zegt dat dat niet gewoon zo blijft? Wie zegt trouwens dat er een revolutie komt?" Podborsky antwoordde niet. Bezmenov van zijn kant zei niet dat Podborsky bij de pers beweerd had dat hij geen schrik van de zangeres had. "Luister, Koninklijke Hoogheid, laat ons een vergadering beleggen die bepaalt onder welke voorwaarden de zangeres naar Sylvanië mag komen."

-"Zolang ik mijn voorwaarden kan stellen!"

-"Ik heb daar geen probleem mee," zei Bezmenov om het gesprek te beëindigen.

Van zodra hij de telefoon op de haak gelegd had, keek hij naar Cassandra: "En, heb ik het correct gedaan?"

~

De portier had Alexandra en mij binnengelaten. Bij valavond was het grote kantoorlandschap van de Vissermans stemmig. De vijftig bureaus stonden kriskras opgesteld. Ze waren honderd jaar eerder ambachtelijk gemaakt van mooi hout en hadden een prachtig patina. Het centrale oppervlak van elk bureaublad had een lederen bedekking, met daarop een bakje 'in', een bakje 'uit', een telefoon en voor de rest niets. Dat maakte het komisch; ik beeldde me in dat op precies hetzelfde moment alle bedienden zich achter een bureau zetten, iets uit hun bakje 'in' haalden, daarover heftig telefoneerden en het vervolgens in het bakje 'uit' deponeerden. Het geheel was een soort biologische machine die bestond uit vijftig mannetjes met een wit hemd en een das, en uit één mannetje in een blauw pak dat van bureau naar bureau liep om de bakjes 'uit' leeg te maken en de bakjes 'in' te vullen.

-"Ik moet echt even iets proberen," zei ik aan Alexandra. Ik noteerde het driecijferig getal op een der telefoons en draaide dat nummer vanaf een ander toestel. Het werkte. Ik hoorde een eenzame telefoon rinkelen met niemand om hem op te nemen.

-"Alles in orde met jou?" vroeg Alexandra. Wat was ze mooi in deze belichting! Impulsief bewoog ik mijn hoofd naar het hare om haar op de lippen te kussen. Ze glimlachte enkel. Op het laatste moment hield ik me in, ging ik gewoon naast haar staan in en legde ik mijn hand op haar rug.

-"Waar staan de pc's?" vroeg ik.

-"Wel, als proef — de eerste proef in Europa! — zouden we je ethernet willen uitproberen tussen een aantal inkopers op deze verdieping enerzijds, en een aantal voormannen in de productie anderzijds. De pc's staan er, en we hebben de kabels reeds getrokken zoals je wou."

Ik had de pc's voordien reeds van ethernetkaarten en de nodige software voorzien. Nu onderwierp ik het geheel aan een snelle test, een *smoke test* zoals dat in het jargon heette. Morgen zouden de gebruikers elk een blad met eenvoudige instructies krijgen. Iedereen zou met grote ogen rond het nieuwe speelgoed komen staan en te horen krijgen dat boodschappen tussen productie en aankoop vanaf nu ogenblikkelijk gestuurd, beantwoord of doorgestuurd konden worden, en zelfs naar meerdere personen tegelijk. Formulieren of volledige documenten echter nog niet; die zouden nog steeds via de bakjes 'in' en 'uit' gaan. De bedoeling was dat je in plaats van tijdrovende telefoontjes te plegen, je snel berichtjes kon sturen, die netjes in de 'inkomende berichten' bleven wachten tot de ontvanger de tijd had om ze te lezen en te beantwoorden.

Ik gaf Alexandra de lijst met paswoorden.

-"Dank je," zei ze, "morgen ga ik me populair maken hier."

-"Je bent altijd populair geweest," antwoordde ik. Het was mijn eerste flirtende opmerking.

~

-"En dan nu Livicki's pc!" zei Alexandra. We liepen een aantal gangen door naar de personeelsafdeling. Het schreeuwerige kantoor van Livicki kon je van ver zien.

-"Goed, hier is wat ik gedaan heb," zei ik, "uit alles wat hij liet slingeren en waarvan je voor mij een kopie gemaakt hebt, heb ik de structuur van zijn bestanden kunnen distilleren. Ik heb vervolgens twee nieuwe startdiskettes gemaakt. De eerste laat ik hier, terwijl ik de oude wegneem; Livicki merkt niets. De tweede geef ik aan jou. Mocht er ooit een crisis zijn, vervang je de eerste door de tweede. Van zodra Livicki naar het postkantoor gaat, vervang je de tweede opnieuw door de eerste.
-"Zo eenvoudig?"
-"Zo eenvoudig." Alexandra aarzelde even; ze wou nu iets te weten komen dat persoonlijk heel belangrijk voor haar was:
-"Dominique, je hebt me net de paswoorden gegeven, maar jij hebt ze ook nog."
-"Dat is op zich geen probleem; de gebruikers kunnen hun paswoord wijzigen."
-"En als die gebruikers hun paswoord vergeten?"
-"Dan kan ik ze op een of andere manier redden; daar zorg ik altijd voor."
-"En als de gegevens versleuteld zijn?"
-"Ze zijn niet versleuteld." Alexandra aarzelde opnieuw; nu moest ze bekennen dat haar curiositeit met iets anders dan met de Vissermans te maken had.
-"Dat weet ik, maar je hebt al pc programma's gemaakt voor instellingen met gevoelige gegevens. En die heb je versleuteld, heb je mij verteld." Alexandra navigeerde voor de zoveelste keer naar het onderwerp dat ik absoluut wou vermijden.
-"In een dergelijk geval ben ik de enige die de gebruikers nog kan redden, in plaats van eender welke pc specialist." Dat is alles wat Alexandra voorlopig wou weten. Hopelijk vroeg ze me nu niet welke applicaties ik voor welke instellingen gebouwd had. Maar bij nader inzien kon ze die informatie gemakkelijk opvragen. Ze was nu heel dicht bij wat ze wou hebben, veel te dicht; dit zou nog tot heel onwennige gesprekken leiden. Maar ik zou nooit doen wat ze wou; daar was absoluut geen sprake van! Anderzijds zou onze relatie stroef blijven zolang zij met haar vraag zat. Wat een vreselijke situatie!

~

Geboorteplaats en -datum: Seraing, 31 december 1958 was het enige aanknopingspunt dat Klaus had over wat er aan zijn leven in Gent voorafging.

Met de moed in de schoenen vertrokken Anoushka en Klaus naar Seraing.
-"Laat er ons gewoon een mooie dag van maken, Klaus."
-"Dat zal dan niet in Seraing zijn," antwoordde hij. Seraing had een glorievol verleden gekend. In het grote paleis woonden tot de Franse Revolutie de prinsbisschoppen van Luik. Toen België na de revolutie deel van Nederland uitmaakte, stichtte Willem van Oranje de universiteit van Luik en trok hij de Engelse industrieel John Cockerill aan om de Luikse staalindustrie te vernieuwen. De Engelsman betrok het mooie paleis van Seraing en bouwde er zijn fabrieken rond. Hij maakte van België het tweede geïndustrialiseerde land. In een nooit eerder geziene glorieperiode bouwde hij schepen, locomotieven en spoorwegmaterieel voor de hele wereld.

Vandaag bleef van die prachtige tijd niets meer over; Seraing was een notoir centrum van verderf en criminaliteit geworden. De gemeente had zelfs de bijnaam 'het Palermo aan de Maas' gekregen. Het bracht de meest in opspraak gekomen politici voor, zoals Guy Mathot en Alain Van der Biest uit het naburige Grace-Hollogne. Die hadden banden met de Siciliaanse maffia. Guy Mathot werd betrapt met een prostituee in de koffer en beiden waren betrokken bij de moord op politicus André Cools. "Wat was mijn mama in godsnaam in Seraing gaan zoeken? Waarom kwam ze na Sylvanië niet meteen terug naar Gent?"

-"Misschien komt jouw vader uit Seraing," besloot Anoushka. Hoewel Klaus en Nikki in hun kindertijd nooit hun vader gemist hadden, hadden ze in hun puberteit echt verlangd om hem te ontmoeten, of op zijn minst te weten wie hij was. Maar hun mama had nooit met een woord willen reppen over wat er precies in Seraing gebeurd was.

Het kasteel van John Cockerill, ooit het centrum van Belgiës glorie, lag half verdoken, en ontdaan van haar mooie uitzicht, onmiddellijk achter het hoge brugeinde op de rechteroever van de Maas. In de onmiddellijke omtrek stonden de parels van de industriële geschiedenis in totaal verval: je zag ingevallen muren, gebroken glas, de verwaarloosde freesmachines waarmee de reactorvaten van de Belgische kerncentrales gebouwd waren, en oude spoorlijnen. Onmiddellijk naast het kasteel stonden containers die in extra kantoorruimte voorzagen. Het zag er allemaal zo grimmig uit als de vele stakingen die er tijdens de oliecrisis plaatsgevonden hadden.

Op verkenning door de gemeente reden Klaus en Anoushka door de straten met heel veel vitrines; Seraing had de hoogste prostitutiegraad van België. De gemeente nodigde niet uit om aan willekeurige mensen een foto te tonen en te vragen of iemand zich Cassandra en haar twee kinderen herinnerde. Het was nog even wachten tot het gemeentehuis openging.

Ze gingen middageten in een Italiaans restaurant. Het etablissement was groot en piekfijn ingericht. Omdat de prijzen van de gerechten duur waren, beperkte het clienteel zich tot vier management consultants uit Brussel. Ondanks de afwezigheid van klanten liepen er vier mooie Italiaanse meisjes rond die de bestellingen noteerden en opdienden.

-"Hoe vreemd," zei Klaus, "dit restaurant moet onmetelijk verlieslatend zijn."

-"Ik denk het ook," beaamde Anoushka, "wie poot er nu een heel duur restaurant in een buurt zoals deze neer?"

Het werd echter nog vreemder, want hoewel de consultants genoegen genomen hadden met een pizza en een cola, kregen zij een gratis nagerecht aangeboden.

-"Dit slaat toch nergens op!" zei Klaus. Intussen kregen Anoushka en Klaus hun macaroni geserveerd. Die was buitengewoon lekker.

-"Denk liever eens aan het feit dat je straks te weten komt wie jouw vader is!" zei Anoushka. Klaus schrok.

-"Hoezo?"

-"Dat staat toch in het geboorteregister!" Klaus was geschokt; straks zou hij op zijn minst een naam hebben. Wat een aanknopingspunt! Hij droomde over de ontmoeting met zijn vader. Zou de man nog leven? Wat voor leven zou hij hebben in het groezelige Seraing?

De management consultants kregen nu een gratis pousse-café aangeboden! Dat was niet het geval voor Anoushka en Klaus. Wat gebeurde hier toch? Toen de consultants afrekenden en een BTW bonnetje vroegen, kregen ze een blanco BTW bonnetje, zelf in te vullen. Daarbovenop deelden de meisjes met een glimlach een extra half dozijn blanco BTW bonnetjes uit.

De consultants begrepen niet waarom dit scenario zich bij elke maaltijd opnieuw afspeelde; ze kregen namelijk de eenvoudige mogelijkheid aangereikt fictieve onkosten te declareren op massale schaal. Maar meer fictieve onkosten voor hen betekende meer fictieve omzet voor het restaurant. Dat wou het restaurant toch niet?! Klaus legde uit:

-"Dit, Anouschka, is witwassen van geld. Je leest er soms over in de kranten zonder dat je de uitleg krijgt, maar dit is hoe het werkt: de maffia beweert dat haar geld niet uit misdaad komt maar uit dit restaurant, en gebruikt de fictieve omzet als bewijs."

-"Ik zal aan Frank eens vragen of het klopt," lachte Anoushka, "kom, laat ons op zoek gaan naar de naam van jouw vader!"

~

In het gemeentehuis leerden ze de mensen van Seraing kennen: die waren vooral heel vriendelijk, rustig en gelaten. De man achter de balie van de dienst Bevolking bracht Klaus en Anoushka naar een net lokaal, waar hij hen voorzag van koffie en de kriekentaart die zijn moeder gebakken had. Hij gaf hen de hele namiddag zijn tijd. Eerst haalde hij het register boven van het jaar 1956. De lijnen waren chronologisch. De man ging heel rustig door het hele jaar. Klaus at stukjes van de heerlijke taart om zich niet op te winden. Pas op de allerlaatste lijn kraaide de man victorie: Cassandra had zich laten inschrijven in het bevolkingsregister op 31 december 1956. Er was geen sprake van een andere persoon die zich op hetzelfde adres had laten inschrijven. 31 december? Wie liet zich inschrijven op 31 december?? Klaus noteerde alvast het adres waar zijn moeder — en hij en Nikki! — gewoond hadden.

Vervolgens haalde de man een rijsttaart. Anoushka feliciteerde de man met de kriekentaart en liet zich van de rijsttaart bedienen. De man was in z'n nopjes. Nu ging hij

door het geboorteregister van 1957. Klaus trilde van de spanning; nú zou hij de naam van zijn vader te weten komen! Nikki stond met haar geboortedatum van 30 december op de laatste lijn van het register. De naam van de vader stond niet ingevuld. Klaus kon zich de haren uit het hoofd rukken.
 -"Heeft de gemeente enige andere informatie, zoals een attest van een dokter of zo?"
 -"Daar zal ik straks eens naar zoeken," beloofde de man, "geen enkel probleem."
 Het was identiek hetzelfde verhaal voor Klaus' lijn in het geboorteregister van 1958: hij stond met zijn geboortedatum van 31 december op het laatste lijntje, zonder de naam van de vader. Klaus' vreselijke ontgoocheling ontging de man. Die lachte:
 -"Driemaal op de laatste rij. Bingo!" Hetzelfde was Klaus opgevallen:
 -"Kan u de registers eens naast elkaar leggen?" Klaus zag nu de drie lijnen samen. Ze waren in hetzelfde geschrift en, zo leek het, met dezelfde pen geschreven, alsof één bepaalde persoon hen bijzondere aandacht gegeven had. Hij vond het geschrift niet elders terug in het register. "Hebt u hier een verklaring voor, mijnheer?"
 -"Oh, dergelijke zaken gebeuren," zei de man, "in Seraing moet je van niets verrast zijn. Hier worden kinderen geboren die gedurende jaren onbekend zijn bij de overheid. Hetzelfde geldt voor mensen die hier komen wonen zonder zich te registreren. Op een bepaald moment willen ze van diensten genieten, zoals de school, en dan moet meteen alles gecorrigeerd worden." Lieve help, wat had er zich afgespeeld in het verleden van Klaus' moeder??
 -"Over school gesproken," vroeg Klaus, "is het mogelijk na te trekken of Nikki en ik hier naar school geweest zijn?" Klaus herinnerde zich vaag een school en een klasje.
 -"In principe wel," zuchtte de man, "de schoolregisters zouden in het archief moeten liggen."
 Het archief was echter een rotzooi. De man zocht een hele namiddag naar alle sporen van de aanwezigheid van Cassandra, Klaus en Nikki in Seraing. Terwijl hij weg was, aten Klaus en Nikki vijf verschillende soorten taart; het was alsof dat de man motiveerde om verder te zoeken. Tegen het einde van de namiddag had hij echter niets teruggevonden buiten de inschrijving van Nikki op de lagere school, en de uitschrijving van het hele gezin uit de gemeente. Die laatste datum kwam genoegzaam overeen met hun aankomst in Gent in 1963. Klaus en Anoushka dankten de vriendelijke man van ganser harte. Ze waren niet te weten gekomen wie Klaus' vader was, maar hadden wel twee adressen bemachtigd.

~

Het eerste adres bracht hen naar het schooltje, dat Klaus herkende. Hij duidde het kleuterklasje aan dat hij zich herinnerde. Terwijl hij het inspecteerde, vond Anoushka de schooldirecteur. De man herinnerde zich echter niets van Cassandra en haar twee kinderen:
 -"De registers liggen op het gemeentehuis," verontschuldigde de man zich.
 -"Dat weten we," zei Anoushka; "we hebben er heel goede taart gegeten!"
 -"Oh, willen jullie een stukje taart?" vroeg de man. Klaus en Anoushka hapten toe; misschien herinnerde de man zich toch nog iets. Quod non.
 Het tweede adres bracht hen naar het huis waar, mits een mirakel, de gordijnen met het schild zich nog zouden bevinden, samen met de facsimile van de Rechtvaardige Rechters. Klaus verlangde het huis terug te zien waarvan hij hoopte dat hij het nog zou herkennen. Bij het binnenrijden van de straat kwamen een aantal vage herinneringen naar boven, zoals het kruidenierswinkeltje. Maar het huis waar ze gewoond hadden, was verdwenen. Wat een teleurstelling! Hij deed navraag in het winkeltje. De man herinnerde zich inderdaad Klaus' moeder met twee kinderen. Van een echtgenoot of een vriend van Cassandra had hij geen weet, behalve dat zij elke woensdag bezoek kreeg van een heel voorname heer met een paarse Rolls-Royce. De kruidenier bood Klaus en Anoushka een stukje taart aan.
 -"Verdorie," zei Anoushka, "dat moet de auto van mijn grootvader geweest zijn, de hertog Bernard Martin, de nonkel van jouw moeder!" Waarom in godsnaam bezocht hij haar wekelijks? Daar weet niemand in de familie iets van!"

-"Ben je zeker?"
-"Natuurlijk; ik heb intussen alle informatie over jouw moeder verzameld die ik kon vinden, Klaus. Welnu, niemand in de hele familie wist een jota meer dan dat jouw moeder in Wallonië gewoond had. Waarom heeft mijn grootvader zo weinig verteld over wat hier gebeurde?" De taarten wogen plotseling zwaar. Heel grimmige wolken hingen boven het verhaal van Cassandra in Seraing, maar even goed boven het lot van Klaus en Anoushka.

~

Niemand op de universiteit, noch collega's professoren noch studenten, had begrepen dat mijn politiek manoeuvre gediend had om zeker te zijn dat Podborsky een eredoctoraat kreeg en de universiteit meteen een verdubbeling van Podborsky's financiële steun. Met dat laatste waren de professoren heel gelukkig natuurlijk; het eredoctoraat voor Podborsky was snel vergeten. Althans door hen; die dag zouden de studenten Podborsky nog de spitsroeden laten lopen.

Waar mijn collega's professoren minder gelukkig mee waren, en de studenten al zeker niet, was het prachtige kantoor dat ik gekregen had in ruil voor het laten vallen van mijn protest. De ruimte had muur- en plafondschilderingen, een eikenhouten vloer met inleggingen, een kristallen luchter, en twee grote dubbele ramen met zware gordijnen en een balkon. Om de grap volledig te maken, zoals hij dat vond, had Reinhard alles tot in de puntjes laten restaureren en had hij een passende verzameling Charles X meubilair van de zolder van het Fleur-de-Lys gehaald: wandkasten, bureau en stoelen. Alsook een parmantige wereldbol; hij vond dat dat hoorde bij een professor. Gelukkig bleef er nog plaats over voor wat ik eigenlijk nodig had: een verrolbaar bord en een aantal werktafels.

Als mijn kantoor voor één ding geschikt was, dan was dat voor de ontvangst die dag van Reinhard, Klaus, Nikki, Anoushka, Bezmenov, Cassandra, Alexandra en Podborsky, allen piekfijn opgekleed voor de grote gelegenheid: het eredoctoraat voor die laatste. We dronken een aperitief. Ik kreeg rode kaken bij de lof die ik voor mijn nieuwe kantoor kreeg; het was overduidelijk dat ik als jongste professor op de universiteit niets van dit alles verdiend had. We vertrokken samen naar de Volderstraat.

Daar werden we getrakteerd op een protest van studenten. Opnieuw waren er de vele afbeeldingen van een ezel met een kroon en een eredoctoraat. Maar daarnaast was ik de kop van jut, afgebeeld als Judas zittend achter een chique bureau, dertig zilverlingen tellend. Ik schaamde me te pletter, in tegenstelling tot Podborsky, die volgens mij niet eens doorhad waar de studenten boos om waren.

Onder belangstelling van de pers liep Podborsky met Anoushka de trappen van de Aula Academica op. Ze werden verwelkomd door de volledige Raad. De andere professoren van de universiteit zaten in de tribune. Terwijl we wachtten op de start van de ceremonie, bestudeerde ik het prachtige neoclassicistische gebouw. Gent had niet enkel de universiteit maar ook dit gebouw en het kanaal Gent-Terneuzen aan Willem van Oranje te danken. Wat die koning in zijn vijftienjarige hegemonie over België niet klaargespeeld had! De universiteit werd gelukkig niet afgeschaft bij het ontstaan van België, maar wel verfranst; het zou honderd jaar duren vooraleer het Nederlands er weer de voertaal werd.

De ceremonie zelf was pijnlijk. Het meeste van de lof ging immers naar koning Willem van Sylvanië, de eerste echtgenoot van Podborsky's moeder. Frank Podborsky was niet eens een bloedverwant van Willem! Koning Willem werd gelauwerd om zijn goed beleid in Sylvanië ondanks het communistische regime, en om het redden van vele Joden ondanks het feit dat hij de Vlaamse Gauleiter van de Nazi's was. Frank Podborsky zelf werd uiteindelijk geprezen voor zijn steun aan de universiteit.

Vervolgens las de prins een speech af die netjes door Klaus en Nikki voor hem opgesteld was. Ik had op geen enkel moment het gevoel dat Frank Podborsky besefte dat alles wat hij las, in schril contrast stond met dat waarin de maffialeider geloofde. In elk geval toonde hij geen enkele aarzeling of scrupule. Het was grotesk. Het gebeuren werd afgesloten met de uitreiking van het eredoctoraat en een afsluitend diner. Anoushka bleef al die tijd aan Podborsky's zijde. Bezmenov liep met Cassandra aan de arm, en ikzelf met Alexandra. Nikki had verkozen om aan de arm van haar broer te lopen, iets waar Reinhard niet op gerekend had; hij liep er nogal onhandig alleen bij.

~

In de voorbije tien jaar hadden reeds verschillende protestmarsen tegen de kernraketten plaatsgevonden. Het plan was nu dat er op dezelfde dag alles-of-niets betogingen zouden plaatsvinden doorheen heel Europa. Deze keer zouden ze *vredesmarsen* heten. De filosofie hierachter was dat er zonder de raketten vrede in Europa zou zijn, of tenminste nog meer vrede, want in Europa heerste reeds vrede sinds de kernwapens uitgevonden waren.

De vredesmarsen hadden de bedoeling zoveel mogelijk NAVO lidstaten los te weken van een collectieve aanpak en ze te motiveren om op eigen houtje kernwapens te verwijderen. Als dat zou gebeuren, zouden de Amerikanen uit een slechte positie vertrekken in de belangrijke top van Reykjavik, waar met de Sovjet-Unie over de middellange-afstandsraketten onderhandeld zou worden.

Als bedenker van de termen *vredesbeweging* en *vredesmarsen*, bereidde Reinhard zich voor op de mars in België als de missie van zijn leven. Hij was zich zeer bewust van het gevaar van de duizenden kernwapens in en rond Europa, een situatie die vroeg of laat slecht moest aflopen. Reinhards belangrijkste objectief was dat in Reykjavik een eerlijk akkoord uit de bus zou komen dat tot een massale reductie van kernwapens zou leiden.

Ik hielp hem met de voorbereiding. Hoewel Reinhard geen moeite gespaard had om de grootste en meest prachtige spandoeken te maken, had ik de grootste twijfels bij het succes dat hij daarmee zou hebben. Als tegengewicht voor de spandoeken die tegen de West-Europese raketten gericht waren, had hij immers spandoeken tegen de raketten van de Sovjet-Unie gemaakt: *Weg met de SS-20!*

~

Het maken van de spandoeken vormde slechts het begin van een mooie dag op het Fleur-de-Lys; we mochten een ritje maken in de oldtimer van prinses Kathrin de Vissermans, de wagen die ze had toen ze haar man leerde kennen. De witte Ferrari 250 werd vereenzelvigd met de heroprichting van het bedrijf de Vissermans en de landstitel van AA Gent. Het was een grote eer.

Daarna trakteerde Reinhard me op een vluchtje in een Cessna. Het vliegtuigje kon opstijgen en landen op het grasperk voor het Fleur-de-Lys. We maakten een uitgebreide tocht over de stad, de haven, Vinderhoute met z'n kastelen, het schilderachtige Afsnee, het kasteel van Ooidonk, en de villa's van Sint-Martens-Latem en Deurle.

Maar het meest opwindende moment voor mij was het bezoek aan Alexandra. Ik had haar en Reinhard opnieuw iets spectaculairs te tonen.

De kinderen waren uitzinnig van vreugde toen ze hun grote speelkameraad zagen. Reinhard trok onmiddellijk met hen naar buiten. Ik was jaloers. Schoorvoetend liep ik achter hen aan en nam ik deel aan de spelletjes.

-"En, nonkel Reinhard, wanneer gaan we nog eens vliegen?" vroeg de kleine Miranda, "met het blauwe vliegtuig," voegde ze daar voor alle duidelijkheid aan toe. Ze strekte haar armen zijdelings om de acrobatie na te bootsen.

-"Of met het groene!" riep haar jongere zus, "wanneer gaan we nog eens naar tante Nikki?" Reinhard antwoordde niet op de vraag; hij sneed onmiddellijk een nieuw spelletje aan.

Na het vieruurtje kreeg ik de kans om mijn ding te tonen: het laatste technologische wonder dat Reinhard in Amerika gekocht had. Met veel moeite had ik het aan de praat gekregen. Alexandra keek hoofdschuddend naar de vreemde voorwerpen die ik uit mijn tas haalde. Het bleef niet bij draden en doosjes deze keer.

-"Wat hebben we nu weer gekocht, Dominique?" vroeg Reinhard. Hij had het enkel gekocht omdat ik er zo enthousiast over was, maar had geen idee waarover het ging.

-"Wel, deze twee schuimrubberen potjes dienen om de twee uiteinden van een telefoon in te steken." Ik stak het uiteinde waarin je spreekt, in het ene potje, en het uiteinde dat je tegen je oor hield, in het andere. Die potjes werden op hun beurt verbonden met de pc.

-"En nu, Dominique," lachte Alexandra, "je laat de pc toch niet praten met iemand?!"

-"Niet met iemand," zei ik. Ik installeerde de nodige software.

-"Ik geef toe dat dit er spectaculair uitziet," grapte Reinhard, "of het nu iets zinnigs doet of niet."

-"Ok," zei ik, "beeld je in, Alexandra, dat je op jouw pc bij de Vissermans een aantal berichtjes gekregen hebt via het Ethernet netwerk." We moesten eerst aan Reinhard de volledige uitleg doen van wat we bij de Vissermans geïnstalleerd hadden. Alexandra wist me te vertellen dat de gebruikers reeds volop gebruik maakten van elektronische berichten in plaats van de telefoon.

-"Berichten uitwisselen via pc, dat wil ik ook wel!" riep Reinhard enthousiast.

-"In jouw geval is dat niet mogelijk, Reinhard," zei ik, "het lukt voorlopig enkel binnen een lokaal netwerk, zoals een fabriek. Maar wat ik hier toon is de allereerste stap naar berichtenuitwisseling tussen pc's buiten een lokaal netwerk."

-"Je gaat berichten via een gewoon telefoontoestel uitwisselen?" vroeg Alexandra verbaasd.

-"Ik heb mijn pc op de universiteit met een telefoontoestel verbonden, net zoals deze pc hier. Ik heb op mijn pc een aantal berichten klaarstaan die automatisch door deze pc binnengehaald zullen worden." Ik liet het programma lopen. We hoorden hoe het programma het nummer van mijn telefoon aan de universiteit draaide. Vervolgens hoorden we een belsignaal. Mijn pc 'nam de telefoon op'. Daarna hoorden we het snerpende geluid van gegevens die in geluidssignalen omgezet waren. Tot slot werden de binnengehaalde berichten netjes zichtbaar op Alexandra's pc.

-"Wow, dit kan zomaar?!" vroeg Alexandra. Ze was behoorlijk onder de indruk. Mainframes die met elkaar op afstand communiceerden hadden een afzonderlijk en peperduur telecommunicatienetwerk nodig.

-"Het is voorlopig nog bijzonder onpraktisch," antwoordde ik, "omdat je enkel verbindingen kan maken tussen pc's die naar elkaar aan het luisteren zijn. De volgende grote stap mogen we echter niet missen: momenteel wordt aan de technologie gewerkt om centrale inbelpunten te maken, die de berichten die je wilt verzenden, kunnen opslaan en bijhouden tot de bestemmeling eveneens inbelt en ze komt ophalen. Van zodra dat kan, moet je de eerste zijn, Alexandra; als je als eerste deze dienst aanbiedt, wordt je automatisch de grootste, of zelfs de enige." Alexandra hapte naar adem. Deze revolutie was te groot om ze onmiddellijk een plaats te geven; het hele land zou bij wijze van spreken naar één centraal inbelpunt bellen. Iedereen zou naar iedereen berichten willen sturen, wat betekende dat je vele abonnementen kon verkopen.

-"Laat maar weten wat je nodig hebt, Dominique!" zei Reinhard. Dat vond hij nog eens de moeite!

-"En dit is slechts de aanloop van iets oneindig groters," ging ik verder, "maar daar wil ik het nog niet over hebben. We moeten voorlopig zien dat we een groot klantenbestand opbouwen." Ik gebruikte bewust de eerste persoon meervoud; dit was absoluut het avontuur dat ik met Alexandra wou beleven!

-"Nu maak je me echt nieuwsgierig, Dominique!" zei Alexandra.

-"Goed, ik geef je twee woorden waar letterlijk de hele wereld achter schuil zal gaan: servers en internet."

-"Wat zijn dat?"

-"Twee dingen die nog niet bestaan. Ik kan het zelf nog niet vatten."

-"Ik heb daar iets over gelezen," zei Reinhard, "ik bezorg jullie alle tijdschriften!" Hij glunderde. Hij zocht iets waarmee hij zijn stempel op de geschiedenis kon drukken. Het was een psychologisch gegeven dat net zoals mensen in chaos op zoek naar orde gingen, zij voor wie alles op orde was, op avontuur gingen; mensen voelden zich namelijk gelukkig als ze op de fijne lijn tussen de Yin en de Yang leefden. In dat opzicht was Reinhards leven te veel op orde; hij had alles wat hij nodig had en besteedde zijn tijd aan liefdadigheid. Iedereen hield van hem. Daarom juist zocht hij de onzekerheid op: de zangeres, en nu dit. Maar niemand, zelfs Reinhard niet, besefte dat hij heel binnenkort voor een waanzinnig epos zou kiezen dat de wereldgeschiedenis in een andere richting zou duwen.

~

In de samenleving zijn er groepen van mensen, zoals verkopers, politici en headhunters, die hun macht quasi volledig aan hun persoonlijk telefoonboekje ontlenen. Gedurende jaren hebben ze alle evenementen bezocht, feesten bijgewoond en recepties afgeschuimd enkel om de kans te krijgen mensen de hand te schudden, hen te interesseren in de zaak en hun gegevens te noteren. In het geval van Livicki kwam de oogst van de noeste arbeid niet in de vorm van een sneeuwval aan businesskaartjes maar in de vorm van een lange lijst. Van elke persoon in die lijst bezat hij naam en voornaam, het adres, het telefoonnummer als ze een telefoon hadden, en hun interesse in de diverse politieke doelen.

Omdat zijn jongvolwassen volgelingen om de haverklap verhuisden, hield hij voor elk van hen een aantal verwante personen bij. Wanneer Livicki een onbestelbare brief terugkreeg, probeerde hij via die verwante personen aan het nieuwe adres te komen; de hoeveelheid adressen van sympathisanten was immers cruciaal voor Livicki's slagkracht.

Nog ingewikkelder was de administratie van het lidgeld. Hoewel hij over voldoende fondsen beschikte, liet Livicki lidgeld betalen enkel om psychologische redenen: volgelingen waren loyaler als ze eerst geld neergeteld hadden. Het lidgeld van duizenden mensen beheren, was echter een kleine nachtmerrie; Livicki wou vooral zijn volgelingen niet tegen de haren in strijken. Zo gaf hij allerlei koppelkortingen en onderbrekingsmogelijkheden. Hij moest vooraf ingevulde overschrijvingsformulieren maken en verzenden, alsook vriendelijke herinneringen tot betaling. Tot slot moest hij dagelijks de betalingen met de verschuldigde bedragen paren, en een oplossing vinden voor betalingen met ongekende herkomst of foute bedragen. Met geld mocht hij geen fouten maken.

Het meest ingewikkelde was de organisatie van evenementen. Doelbewust had Livicki een hiërarchie gecreëerd; mensen werden met formele titels voor hun inzet beloond. Hij moest echter vermijden een taak toe te wijzen aan een volgeling die een afkeer voor die taak had, zoals het werven van nieuwe abonnees op marktpleinen, of het aan het roepen brengen van manifestanten.

Livicki kon de enorme administratie enkel bolwerken dankzij de grote hoeveelheid tijd die hij daarvoor bij de Vissermans ter beschikking had. Die tijd had hij op zijn beurt te danken aan zijn beschermd statuut als lid van de ondernemingsraad. Naast zijn kantoor, waar niemand hem vragen stelde, kreeg hij naar hartenlust briefpapier, inktpatronen, omslagen en postzegels; alles werd betaald door Podborsky.

Maar de belangrijkste reden waarom Livicki zoveel mensen kon samenhouden, was de pc bij de Vissermans. Deze pc had twee gleuven voor diskettes, respectievelijk de A:\ drive en de B:\ drive. In de A:\ drive stak Livicki de diskette met het Microsoft Disk Operating System. Van zodra het operating systeem in het geheugen geladen was, verving hij de MS-DOS diskette door programma's waarmee je gegevens kon bijhouden en in massa etiketten laten printen. De diskettes die hij in de A:\ drive stak, liet hij op zijn bureau slingeren.

In de B:\ drive stak Livicki de diskette met alle gegevens over zijn volgelingen. Die diskette was zijn goudmijn. Hij had er verschillende kopieën van, die hij roteerde om te testen of ze in goede staat waren. Alle kopieën bewaarde hij zorgvuldig buiten de Vissermans.

Naast het verzorgen van de administratie, organiseerde Livicki vele evenementen, maakte hij brochures, maandbladen en posters, en schreef hij publicaties. Hij was een hardwerkend bedrijfsleider. De Sovjet-Unie had hem opgeleid op de Lumumba Universiteit van Moskou. De universiteit was genoemd naar de jonge intellectuele Congolees die kort na de onafhankelijkheid van Congo het land op weg naar een alliantie met de

Sovjet-Unie gezet had. Lumumba werd vermoord op instructie van de Belgen omdat die zich een andere toekomst voor Congo ingebeeld hadden. De Lumumba Universiteit van Moskou trainde mensen zoals Livicki en gaf hen opdrachten.

Livicki's meest recente opdracht betrof de deelname aan de Belgische vredesmars. De brief met de oproep had hij op een schrijfmachine opgesteld en vervolgens in duizenden kopieën gestencild. Fraai zagen de kopieën er niet uit, maar ze werden wel twintig maal sneller gemaakt dan op een printer. Wat de printer wel afdrukte, waren etiketten met de adressen. De etiketten, omslagen, brieven en postzegels werden bij Livicki thuis door vrijwilligers geassembleerd om uiteindelijk gepost te worden.

~

De regering van Sylvanië weigert haar goedkeuring voor een concert met Anastasiya. Yuri Bezmenov lepelde in zijn koffie terwijl hij nadacht over wat er nu zou volgen. Hoe deze beslissing tot stand gekomen was, was duidelijk: in het Sylvaanse Politbureau zat een secretaris voor media en een voor veiligheid. Beiden hadden een aantal objectieven die in het lopende vijfjarenplan vastgelegd waren.

Met een grimas op het gezicht dacht Bezmenov aan de vijfjarenplannen in het Oostblok. Ze stipuleerden telkens grootse objectieven, die met veel tamtam aan de bevolking verkondigd werden, tot ze mislukten. De mislukkingen waren dermate gênant dat je als burger de vijfjarenplannen uit het verleden niet mocht opvragen.

Het Sylvaanse vijfjarenplan was door de Sovjet-Unie goedgekeurd en hield strak aan de geplogenheden vast. Het bood geen ruimte voor een gigantisch concert. Het Politbureau werkte bovendien niet als een team; elke secretaris was enkel bezorgd over hoe hij zijn hard bevochten plaatsje in het Politbureau kon vasthouden. Als de secretaris voor media een concert toestond, dan was hij verantwoordelijk voor problemen met de bevolking vóór, na en tijdens het concert. Als hij daarentegen het concert weigerde, was de secretaris voor veiligheid verantwoordelijk voor de bevolking die boos was omdat er geen concert kwam. Om die reden was de weigering van het concert quasi automatisch.

Sylvanië kraakte echter in z'n voegen. Niet enkel was er de eindeloze armoede, zoals overal elders achter het IJzeren Gordijn, maar had het land ook met Oost-Duitse toeristen te kampen. Die laatsten bleven rond het Balatonmeer kamperen, waar de faciliteiten intussen volledig ontoereikend waren. Een crisis dreigde.

Bezmenov legde de situatie uit aan Cassandra. Ze had zowaar een oplossing!

~

Vierhonderdduizend Belgen namen deel aan de vredesmars. Er hing veel van af. De Amerikaanse president Reagan wou zo sterk mogelijk aan de start van de top in Reykjavik verschijnen. Hij had de bedoeling om het Strategisch Verdedigingsinitiatief door te drukken, een systeem dat op lange termijn in staat zou zijn raketten van de Sovjet-Unie te onderscheppen. De communisten, samen met hun vrienden in de pers, hadden aan dit systeem de meer passende naam *Star Wars* gegeven.

Maar voor Gorbatsjov was een succes op de top nog belangrijker dan voor Reagan. De vernieuwing die hij in het Oostblok promootte, de Perestrojka, was tot dusver geen succes geweest; de mensen hadden het nog slechter dan voorheen. Dat had de politieke positie van de secretaris-generaal verzwakt, terwijl zijn belangrijkste pion in het Politbureau, Boris Jeltsin, nog op de onderste trede van de hiërarchie stond.

Hoewel de pers Star Wars volledig in het belachelijke getrokken had, geloofde de Sovjet-Unie dat het systeem wel eens zou kunnen werken. In elk geval was het land het op zijn minst aan zijn status van tweede wereldmacht verplicht om ook een soortgelijk systeem te bouwen, een systeem waarvoor het noch de kennis noch het geld had. Het meest fundamentele probleem was dat de Sovjet-Unie geen computerindustrie had.

Livicki was in zijn nopjes met de massale opkomst vanuit Gent, dat alle andere steden overtrof. Het verstevigde enkel zijn positie binnen de Belgische Communistische Partij. Hij had ervoor gezorgd dat zijn groep gemakkelijk identificeerbaar was; de deelnemers uit Gent hadden een blauwwitte ballon met *Gent voor de vrede* in de hand. Hij deelde spandoeken uit met slogans tegen de Amerikaanse raketten. Tot dat moment ging alles goed voor Livicki.

Tot Reinhard de show stal dus. Hij meldde zich aan de start van de manifestatie met een stoet autobussen. Uit die rijkelijk met vredesslogans versierde bussen kwamen de vijfhonderd deelnemers die hij opgepikt had in de verschillende instellingen die hij steunde. Livicki keek geamuseerd naar hoe de baron meestreed voor de goede zaak. Vijfhonderd deelnemers maakten geen slok op de borrel, dacht hij, tot bleek dat per vier van die deelnemers een reusachtig spandoek over de hele breedte van de manifestatie gedragen zou worden, met daarop *Weg met de SS-20!*

De vijfhonderd hadden zich netjes over de hele lengte van de optocht verspreid en overschaduwden de kleinere spandoeken. Op het moment dat de organisatoren het doorhadden, was het te laat. Hun pogingen om de spandoeken te verwijderen, botsten op weerstand van deelnemers die vonden dat de betoging ook tegen de Sovjetraketten bedoeld was.

~

Klaus was met een kater uit Seraing weergekeerd. Wat zijn mama meegemaakt had, was nog erger dan hij gevreesd had; ze had alleen gewoond en er was geen spoor van een vader. Klaus vreesde zelfs dat Nikki en hij verschillende vaders hadden! Wat het verhaal mogelijks nog erger maakte, was het feit dat hertog Bernard Martin Cassandra wekelijks bezocht had zonder dat ooit te vertellen.

In Seraing waren ze in de eerste plaats naar sporen op zoek gegaan van wat Klaus als heel klein kind gezien had: gordijnen met een Sylvaans schild en een facsimile van de Rechtvaardige Rechters. Omdat die facsimile gemaakt geweest moest zijn vóór de verdwijning van het schilderij, was het mogelijk dat hij nieuwe inzichten gaf over de kleuren op het oorspronkelijke doek. Het huis waar ze gewoond hadden, was er echter niet meer. Het spoor was dood.

Om die reden klopten Klaus en Anoushka vandaag bij Efim Geller aan, de manager van Anastasiya en de vader van de professor.

-"Welgekomen, Uwe Hoogheid en professor," zei Geller met een grote glimlach. De man was een Jood zoals Klaus er reeds verschillende ontmoet had. Hij droeg geen schoenen in het huis waarvan zijn ongelooflijk chaotische bureau het epicentrum was. Joden waren zakenlui die doorheen de geschiedenis sneller begrepen hadden wat klanten eigenlijk wilden en waar ze gevoelig voor waren. Dat ze om religieuze kwesties gedurende eeuwen de enigen waren die mensen in geldnood een lening verschaften, was genoegzaam bekend. Maar ook in andere domeinen hadden ze heel kort op de bal gespeeld, zoals supermarkten, reclame, beurzen, media en import.

Efim Geller was actief in nog een andere typisch Joodse bedrijvigheid: manager van professionele atleten en artiesten. De managers gingen tot het uiterste in hun dienstverlening: niet enkel boekten ze optredens of deelnames aan tornooien, ze onderhandelden ook de sponsoring en bewaakten het algemeen welzijn van hun cliënten.

Klaus vertelde het volledige verhaal van Seraing.

-"Dat is een toeval," zei Geller, "ik heb persoonlijk een gelijkaardig verhaal met de Rechtvaardige Rechters." Anoushka en Klaus bekeken hem met grote ogen. Geller vertelde verder: "Zoals u weet werd mijn vader in 1943 opgepakt door de Duitsers. Welnu, de rest van de familie, inclusief ikzelf, werden door uw grootvader, hertog Bernard Martin, in de abdij van Drongen ondergebracht."

-"Door mijn grootvader?" riep Anoushka verrast.

-"Uw grootvader heeft heel wat Joden gered," zei Geller, "wist u dat niet?"

-"Ik heb mijn grootvader nauwelijks persoonlijk gekend," zei Anoushka, "en mijn familie laat de oorlog liever rusten." Geller ging verder:

-"Het verwondert me in elk geval niet dat uw grootvader Cassandra is gaan helpen in Seraing; zo'n man was hij." Helpen?! Was hij daar om haar te helpen?! Een heel vreemde manier om dat te doen in elk geval; hij had Cassandra immers gewoon wat vroeger naar het Fleur-de-Lys kunnen laten komen! Maar Klaus en Anoushka protesteerden niet:

-"U had dus een gelijkaardige ervaring met de Rechtvaardige Rechters," zei Klaus.

-"Zo is dat; als kleine verstekeling verkende ik op het klooster alle ruimten waar ik in kon kruipen. Ik had een zaklamp zonder batterijen; ze gaf enkel licht terwijl je hard aan een hendeltje draaide. Welnu, op mijn tocht kwam ik dat indrukwekkende schilderij tegen, of een kopie daarvan. Ik was gefascineerd door de paarden." De paarden!

-"Vertelt u eens over die paarden," vroegen Klaus en Anoushka als uit één mond. Gellers verhaal was hetzelfde als dat van Klaus. De drie paarden waren zijn vriendjes geweest, en het hoofd van het donkerbruine paard was veel minder verborgen achter het witte paard dan op de kopie die nu in de Sint-Baafskathedraal hing. Tot blijde verrassing van Geller wist Anoushka te vertellen dat zijn herinnering overeenstemde met de foto's van de originele Rechtvaardige Rechters.

-"In elk geval heb ik niet lang plezier aan het schilderij gehad; kort na mijn aankomst op het klooster was het weg."

-"Ergens verwondert me dat niet," zei Anoushka, "er werd nooit zoveel met schilderijen gezeuld als tijdens de oorlog."

-"En met mensen," voegde Klaus daar droog aan toe.

-"Wist u dat tijdens de oorlog de panelen van het Lam Gods eerst naar het zuiden van Frankrijk verhuisd zijn en vervolgens naar het kasteel van Neuschwanstein in Beieren?" vroeg Anoushka. "In elk geval is het zeer onwaarschijnlijk dat u de echte Rechtvaardige Rechters gezien hebt," vervolgde ze.

-"Hoezo?" vroeg Geller.

-"Wie kon enige reden hebben om het schilderij tijdens de oorlog in het klooster te verstoppen, het omwille van de komst van Joden te verhuizen, om er nadien nooit meer over te praten?!"

-"De dief?" probeerde Geller.

-"Zoals met dat schilderij gezeuld is, kan de dief onmogelijk de enige zijn die er weet van had," antwoordde Anoushka. "Neen, volgens mij heb je een onbelangrijke facsimile gezien, net zoals Klaus in Seraing."

Klaus kwam nu even terug op het onderzoek van Gellers vader, de professor:

-"Kan u me meer vertellen over wie het onderzoek aan uw vader toevertrouwd heeft?"

-"U bedoelt natuurlijk..."

-"... het onderzoek waarvan alle plaatsnamen verwijderd zijn."

-"Om eerlijk met jullie te zijn, heb ik spijt dat ik ooit jullie aandacht op dat onderzoek gevestigd heb. Dat werk van mijn vader heeft me altijd gefascineerd. Mijn moeder sprak me vaak over een heel geheim en belangrijk onderzoek. Ook zij wist niet precies hoe de vork aan de steel zat. Een en ander begint me echter stilaan duidelijk te worden."

-"Zoals?" vroeg Klaus.

-"Wel, ik heb niet veel meer informatie dan jullie," zei Geller, "maar een goudmijn met een Sylvaans schild... ik hoef je geen tekeningetje te maken waarom dit geheim moet blijven."

-"Wat weet u nog dat wij niet weten?"

-"Goed, de opdrachtgever was de hertog Bernard Martin." Opnieuw hij!

-"Zoals mijn moeder steeds zei," zuchtte Anoushka, "mijn grootvader was met alles bezig behalve met het correct beheren van de Vissermans."

-"En hoe de hertog aan die opdracht kwam," zei Klaus, "lijkt me niet moeilijk om te raden: hij was goed bevriend met koning Willem van Sylvanië..."

-"...die wellicht om die reden Gauleiter van Vlaanderen geworden is," vervolledigde Anoushka. De cirkel is rond."

De cirkel was rond maar het spoor was opnieuw dood.

-"De pater die ons veertig jaar geleden verborgen hield, leeft nog," besloot Geller. Een nieuw spoor!

~

De wereld keek met spanning naar de uitkomst van de Vredesmars. Als er één NAVO-land was dat zou kraken onder de druk van de manifestanten, dan was dat België. Om te beginnen had het land een quasi onbestaande nationalistische reflex. Enkel tijdens het wereldkampioenschap voetbal en sporadische obligate momenten werd met de vlag gezwaaid. Je zag doorgaans meer vlaggen van mensen die het land wilden splitsen. Bovendien was het Belgische leger een bron van spot, die gevoed werd door de slechte ervaringen van jongeren tijdens hun legerdienst.

Daarnaast was er een historische aversie van het land tegenover alles wat met militaire macht te maken had. Belgen vertelden de geschiedenis van hun land aan de hand van het dozijn volkeren die hen overheerst hadden, in tegenstelling tot landen die hun geschiedenis aan elkaar puzzelden met overwinningen en veroveringen. Het was een van de redenen waarom België relatief gesproken het kleinste leger had. Een andere reden was het feit dat België de hoogste staatsschuld had.

De Amerikanen met hun basissen en raketten werden gewoon aanzien als de zoveelste bezettingsmacht; het feit dat ze Europa bevrijd hadden tijdens de twee wereldoorlogen, maakte wat dat betrof, geen enkel verschil. Want de angst voor alles wat macht had, was groot; volgens een befaamd Nederlands journalist die zich in België kwam vestigen, beschouwden de Belgen hun eigen regering zelfs als een binnenlandse bezettingsmacht; dat lag vooral aan het feit dat België ook nog eens de hoogste belastingdruk had.

Het enige wat België kon motiveren om loyaal aan de NAVO te zijn, was het feit dat de hoofdzetel van de alliantie zowaar in dit nukkige land gevestigd was. Het was een van de vele hoofdzetels die het land met het calimerocomplex toebedeeld gekregen had. De vraag was echter of die hoofdzetel België over de streep kon trekken in de rakettenkwestie.

Yuri Bezmenov ging om die reden met twee van de meest invloedrijke Belgische politici spreken: Jean Lecoque en Gilles Spilté. De eerste was gekend om zijn pragmatisme; hij was de man die een uitweg vond uit de meest complexe politieke situaties. In België waren die veel complexer dan elders: je had niet enkel de klassieke links-rechts tegenstelling, naar tevens de communautaire tweespalt tussen Vlaanderen en Wallonië. Elke strijd moest dus op twee fronten gewonnen worden.

De tweede man droeg de bijnaam 'Dieu Spilté', de god van Wallonië, hoewel hijzelf radicaal atheïst geworden was na zijn opleiding op de Katholieke Universiteit van Leuven. Het enige wat voor Bezmenov echter telde, was dat beide mannen in staat waren voor zichzelf te denken, los van alle normen en waarden die hen door de pers ingeblazen werden. Dat was een grote zeldzaamheid.

-"Goedemorgen, mijnheer Bezmenov," zei Lecoque, "wat een verrassing u hier te zien vandaag!" De dag was immers verondersteld te draaien rond gesprekken met de Amerikanen. Bezmenov daarentegen was de man met wie normaal over aardgas onderhandeld werd, en dat was vandaag niet aan de orde.

-"Goedemorgen, heren Lecoque en Spilté, hartelijk dank voor de ontvangst. Ik ben eerlijk gezegd niet veel minder verrast dan u dat ik hier ben vandaag. Het was pas gisterenmiddag dat ik de moed gevonden heb om me te mengen in de rakettenkwestie." Lecoque en Spilté trokken de grootste ogen van verbazing. Ze hadden niet verwacht dat een apparatsjik buiten de lijntjes zou kleuren.

-"Ik denk dat de positie van de Sovjet-Unie bijzonder duidelijk is," protesteerde Jean Lecoque. Het laatste waaraan hij zijn tijd wou spenderen, was een argumentatie vanwege de vijand waarom de raketten weg moesten. Spilté vond het zelfs vervelend om met een Rus over raketten te praten; mocht dat uitlekken, verloor hij stapels krediet. Zijn achterban rekende er immers op dat hij een duidelijke lijn trok tussen het socialisme en het communisme.

-"Laat mij beginnen met te stellen, mijnheer Lecoque," zei Bezmenov, "dat de politieke situatie in de Sovjet-Unie zo complex aan het worden is als de Belgische…" Dat onttrok een glimlach aan beide Belgen. "…met dat verschil uiteraard dat als er bij ons iets ernstig fout loopt, de hele wereld daarvan het slachtoffer wordt." Het was meteen duidelijk dat dit over een kernaanval ging. Probeerde Bezmenov een soort chantage? "U weet dat er een grote spanning is tussen Gorbatsjov en de behoudsgezinden," ging hij verder, "en het is belangrijk dat die eerste wint." Dat vonden de Belgen ook. Ze zagen nu het eenvoudig betoog van Bezmenov: haal de raketten weg en laat Gorbatsjov een overwinning scoren in Reykjavik. Bezmenov vervolgde echter: "Welnu, het grootste gevaar voor Gorbatsjov is niet een nederlaag in Reykjavik, maar een ideologische nederlaag."

-"Een ideologische nederlaag?" vroeg Spilté verwonderd, "wat heeft dat met die raketten te maken?" Over de ideologische strijd rond de Perestrojka en de Glasnost had hij reeds gehoord.

-"Wel, laat mij u toelichten wat de precieze gedachtengang is onder de behoudsgezinden in de Sovjet-Unie. Er heerst een bijzonder groot pessimisme. Men gelooft steeds minder in de traditionele benadering van de subversie van het Westen, gevolgd door een militaire verovering." Jean Lecoque draaide zich in ongeloof een paar keer in zijn zetel. Een Rus die openlijk kwam toegeven dat de Sovjet-Unie met subversie bezig was! Ook Spilté was de klassieke politieke referenties kwijt; hij krabde aan het voorhoofd.

-"Ga verder, mijnheer Bezmenov," zei Spilté, "zoiets hebben we nog nooit gehoord!"

-"Wel, u mag niet verwonderd zijn. In de jaren zeventig lag de Westerse economie op apegapen, met een enorme werkloosheid en met overheden die op het randje van het faillissement stonden. Toen hadden we hoop. Ik moet mezelf spijtig genoeg rekenen bij degenen die het Westen ten onder zagen gaan," verontschuldigde Bezmenov zich, "maar de manier waarop het Westen uit het dal aan het kruipen is, heeft deze hoop volledig teniet gedaan. Ik kan gerust stellen dat niemand in het Politbureau…"

-"En dat is het enige wat telt," zei Lecoque meesmuilend.

-"…zo is dat," gaf Bezmenov toe, "welnu, om verder te gaan, niemand in het Politbureau heeft nog enige hoop dat een militaire verovering ooit lukt. Weet u dat het Politbureau zelfs geen zin had in de oorlog in Afghanistan?"

-"Dat heb ik nog nooit eerder gehoord!" protesteerde Lecoque.

-"Wel, zo was het. De Sovjet-Unie heeft met tegenzin Afghanistan in de Komintern opgenomen na de revolutie in dat land. De vrees was dat als er in Afghanistan iets mis liep, de Sovjet-Unie verplicht zou zijn om tussen te komen."

-"Hoezo verplicht?" protesteerde Spilté.

-"Omdat dat altijd het grote principe geweest is: als een land deel uitmaakt van de Komintern, mag het onder geen enkel beding weer weg. Zo niet riskeert de Sovjet-Unie dat andere landen het hazenpad kiezen. Officieel heet het dat de Sovjet-Unie de Revolutie beschermt. Maar zoals u nu kan vaststellen, kan de Sovjet-Unie zelfs geen oorlog in Afghanistan winnen!"

-"Ik geloof u, mijnheer Bezmenov, maar als het Politbureau niet meer in een invasie van Europa gelooft, is dat enkel goed nieuws!" besloot Spilté.

-"Met alle respect, mijnheer Spilté," zei Bezmenov, "maar het tegendeel is waar. De gevestigde macht in de Sovjet-Unie heeft heel veel schrik van het Westen, economisch, politiek en zelfs militair. De meest recente opvatting van de behoudsgezinden is daarom dat West-Europa met de grond gelijk gemaakt moet worden. De theorie is dat er ooit een Amerikaanse president zal komen die uit zelfbehoud niet op een vernietiging zal reageren."

-"U bent zeker van wat u vertelt?" vroeg Lecoque. Bezmenov knikte. Spilté kon het vervolg raden:

-"U zegt eigenlijk, mijnheer Bezmenov, dat als België de raketten verwijdert, we die behoudsgezinden waarvan u spreekt, wind in de zeilen geven."

-"Zo is dat," zei Bezmenov, "u zou die groep versterken tegen Gorbatsjov."

Er werd nog wat nagepraat.

-"Om af te sluiten, mijnheer Bezmenov," vroeg Lecoque, "kent u toevallig die clown die al die spandoeken met *Weg met de SS-20*! gemaakt heeft?"

-"Die ken ik heel goed," glimlachte Bezmenov, "u moet hem zeker eens ontmoeten." Geen enkele van de aanwezige heren had enig vermoeden dat Reinhard binnenkort wereldnieuws zou worden.

Bezmenov verliet de vergadering met gemengde gevoelens. Hij had hoogverraad gepleegd, zoveel was duidelijk. Alles waarin hij z'n hele leven geloofd had, had hij in de prullenmand gegooid. Maar de teerling was geworpen; voortaan was hij een dubbelspion aangestuurd door Cassandra. Hij was ervan overtuigd dat hij het bij het rechte eind had.

~

Prinses Kathrin de Vissermans besefte dat er iets scheelde met haar dochter; Anoushka trok zich systematisch terug op haar kamer, verscheen met rode ogen en had geen energie. Kathrin zocht haar op in haar kamer en zette zich neer op een stoel:
-"Zeg eens wat er scheelt, Anoushka. Is er iets mis met Klaus?"
-"Ja en neen, mama." Ze vertelde het verhaal van Seraing.
-"Bezocht mijn papa haar zo dikwijls in Seraing?" vroeg Kathrin verwonderd, "daar heb ik nooit iets over gehoord!"
-"En dat is het probleem nu net, mama. Er is geen enkele reden waarom bompa dit geheim moest houden!"
-"Wou hij het geheim houden?"
-"Natuurlijk! Er was toch veel te vertellen! Waarom heeft hij dat nooit gedaan?"
-"Misschien vertelde hij niet graag droevig nieuws," probeerde Kathrin.
-"Maar zelfs dan, mama, had hij mevrouw Cassandra en haar kinderen toch gewoon meteen naar het Fleur-de-Lys kunnen brengen!"
-"Ok, goed, maar waarom maakt je dat zo buitensporig verdrietig?"
-"Omdat er maar één mogelijke reden kan zijn waarom bompa dit allemaal gedaan en verzwegen heeft!"
-"Wat bedoel je?"
-"Ik zeg niets meer," zei Anoushka. Kathrin raadde waar haar dochter op zinspeelde:
-"Luister naar me, lieve Anoushka. Laat me je iets vertellen over bompa. Hij heeft veel vreemde maar ook veel goede dingen in zijn leven gedaan. Ik heb je al verteld over zijn bizarre patentenjachten, over hoe onkundig hij de Vissermans leidde, en ook over hoe hij er altijd was om iedereen te helpen; hij heeft op gevaar van zijn leven Joden naar de abdij van Drongen overgebracht en er goed voor gezorgd."
-"Klaus en ik zullen de abdij bezoeken. Ik vraag me af wat ons daar te wachten staat!"
-"Luister, Anoushka, ik weet waaraan je denkt, maar besef één ding heel goed: bompa zou nooit zoiets gedaan hebben!"
-"Wees volledig, mama!" Kathrin sprak nu met een bevende stem:
-"Bompa is niet de papa van Klaus of Nikki."
-"Hoe weet jij dat zeker?"
-"Omdat ik bompa veel beter ken dan jij." Het gaf Anoushka een greintje hoop. "Het neemt echter niet weg dat Klaus nog steeds je achterneef is," zei Kathrin, "ben je zeker dat je dat wilt?"
-"Die brug zijn we over, mama!"

~

De volledige naam van de man die Bezmenov en Geller bezochten, was Franz Joseph Otto Maria Anton Karl Max Heinrich Sixtus Xavier Felix Renatus Ludwig Gaetano Pius Ignatius von Habsburg-Lotharingen. Hij was door iedereen gekend als Aartshertog Otto van Oostenrijk. Omdat zijn vader als keizer van Oostenrijk-Hongarije nooit vrijwillig troonafstand gedaan had, beschouwde Otto zich nog steeds als de legitieme kroonprins. Hij was momenteel actief als voorzitter van de Paneuropese Unie, de oudste organisatie die naar een eengemaakt Europa streefde.
-"Waaraan heb ik jullie bezoek te danken?" vroeg de vriendelijke man van zodra ze zich aan elkaar voorgesteld hadden. De onwaarschijnlijke combinatie van een Rus met de manager van Anastasiya had hem nieuwsgierig gemaakt.
-"Volgens wat ik begrijp," antwoordde Bezmenov, "streeft u al langere tijd naar een symbolische opening van het IJzeren Gordijn, een korte ontmoeting tussen burgers uit het Oostblok en het Westen."
-"Dat zou een eerste stap naar de verwijdering van het IJzeren Gordijn betekenen, wat op zich het eerste doel van de Paneuropese Unie is."

-"Een grote ambitie voor een eerste doel!" merkte Bezmenov op. Het IJzeren Gordijn verwijderen was gewoon onmogelijk. Haar functie was het verhinderen dat de Oost-Europeanen het communisme zouden ontvluchten. Wat misschien ook voor West-Europa een goede zaak was, bedacht Bezmenov nu. "Hoever staat u met dat plan voor een korte ontmoeting?"

-"Het plan voor een korte ontmoeting staat officieel op de agenda van de Sylvaanse regering..."

-"...maar ze durven het plan niet uit te voeren," vervolledigde Bezmenov.

-"U weet beter dan ik hoe het daar aan toegaat," zei Otto, "hebt u een oplossing? En waarom bent u eigenlijk geïnteresseerd in een dergelijke ontmoeting?"

-"Wel," antwoordde Bezmenov, "een dergelijke ontmoeting past in het plaatje dat Gorbatsjov en Jeltsin voor ogen hebben. Ze willen dat het vuur van de hervormingen aangewakkerd blijft, want, geloof me, er zijn vele belangrijke mensen die het willen doven."

-"En u hebt een manier om die ontmoeting te laten doorgaan?" vroeg de aartshertog opnieuw.

-"Sylvanië heeft momenteel een levensgroot probleem."

-"Met Anastasiya," raadde de aartshertog. Sinds de Sylvaanse regering het concert geweigerd had, was er een niet-aflatend protest gerezen. De menigte voor het paleis was zo indrukwekkend, dat de ministers zich niet meer lieten zien. De regering had bovendien schrik om het leger in te zetten uit schrik dat ook de militairen zich tegen hen zouden keren.

-"Niet enkel of niet zozeer met Anastasiya," antwoordde Bezmenov, "de regering hoopt immers dat de rellen rond Anastasiya vanzelf uitdoven. Sylvanië heeft echter een veel groter probleem met de Oost-Duitse toeristen. Intussen zijn er bijna honderdduizend die rond het Balatonmeer kamperen. De meesten zijn daar al veel langer dan toegestaan en hebben daarom schrik naar Oost-Duitsland terug te keren. Die mensen beseffen niet dat ze een barkoude winter tegemoet gaan. Er dreigt een humanitaire catastrofe die Sylvanië niet kan oplossen."

-"En hoe moet in 's hemelsnaam het probleem met de Oost-Duitse toeristen de Sylvaanse regering motiveren tot een ontmoeting?" vroeg de aartshertog verwonderd.

-"Het wordt geen gewone ontmoeting maar een concert..."

-"...met Anastasiya?" raadde de aartshertog correct. Hij ging op het puntje van zijn stoel zitten; dit plan was veel grootser dan hij zich kon voorstellen. Geller luisterde intussen minzaam naar het plan dat hij reeds kende.

-"Inderdaad," vervolgde Bezmenov, "we maken er het grootste concert aller tijden van. Naast de Sylvaniërs nodigen we de Oostenrijkers uit, zoals de Paneuropese Unie altijd wenste, en... de Oost-Duitse toeristen."

-"Waarom die laatsten?" vroeg de aartshertog.

-"Dat is net wat de Sylvaanse regering zal motiveren. We motiveren de Oost-Duitsers om naar het concert te komen door hen medische hulp te beloven, die ze tegen dan hard nodig zullen hebben, alsook een pakket geld en Westerse goederen, en ten slotte de mogelijkheid om na het concert veilig naar Oost-Duitsland weer te keren."

-"Dat laatste lijkt me wel regelbaar met de Oost-Duitse regering," zei de aartshertog, "ze zullen blij zijn dat hun burgers vrijwillig terugkeren; het land heeft door de exodus naar Sylvanië immers een groot imagoverlies geleden."

-"Zoals u ziet," besloot Bezmenov, "is de Sylvaanse regering met dat concert driemaal geholpen: haar bevolking heeft Anastasiya gezien, de ontmoeting met het Westen is doorgegaan en ze zijn van de Oost-Duitsers af."

-"En hoe eindigt het concert?" wou Geller precies weten; hij had een aantal bedenkingen bij het concept.

-"De Oostenrijkers stappen te voet weer de grens over, de Sylvaniërs gaan naar huis en de Oost-Duitsers stappen op klaarstaande treinen naar Oost-Duitsland," zei Bezmenov met veel overtuiging. De mond van de aartshertog viel open maar hij zweeg. Het was echter Geller die nu een belangrijk bezwaar had:

-"Ik ben niet zo zeker dat dit avontuur zo netjes zal aflopen als jullie zeggen. Voor mij is het allemaal goed zolang de veiligheid van Anastasiya, de andere artiesten, Nikki en mezelf gewaarborgd zijn!"
-"Dat spreekt vanzelf," beloofde Bezmenov. Hij had te veel beloofd.

~

Het kostte Klaus en Anoushka moed om verder naar informatie over de Rechtvaardige Rechters op zoek te gaan. Hun huidige speurtocht had wat dat betrof, geen enkel resultaat opgeleverd, integendeel: enkel een aantal feiten die ze liever niet geweten hadden. Met ingehouden adem stapten ze de abdij van Drongen binnen.

De grote abdij zoals ze er nu stond, dateerde van de zeventiende eeuw, maar haar oudste voorganger was duizend jaar ouder. Na een turbulente geschiedenis was de abdij vandaag een bezinningsoord en rusthuis voor de paters Jezuïeten. Het koppel werd ontvangen door de abt, een zeventiger die, zoals Geller verteld had, de Tweede Wereldoorlog meegemaakt had. Ze stelden zich aan elkaar voor.

-"Zo, u bent een kleindochter van hertog Bernard Martin," zei de abt tegen Anoushka. Hij kon niet verbergen dat hij de geschiedenis van de hertog liever liet rusten: "Jullie bezoek gaat toch niet over hem?"
-"Niet onmiddellijk," zei Anoushka. Oei, dit was slecht begonnen!
-"Wat had u dan graag geweten?" vroeg de abt, al wat meer gerustgesteld.
-"U herinnert zich uiteraard dat hier Joden verborgen zaten tijdens de oorlog," zei Anoushka. Daar wou de abt het gerust over hebben:
-"Ah, is het dat wat jullie interesseert? Kom maar rustig mee; ik laat jullie zien waar ze verborgen zaten. We hebben die plaatsen min of meer intact gelaten; er komt wel vaker een bezoeker om ze te zien."

Klaus en Anoushka daalden nu af in de schuilplaatsen van de abdij. God, wat moeten er veel mensen gezeten hebben over de eeuwen heen! Zoals Geller gezegd had, waren er meerdere ruimten waarin de verstopten konden rondlopen. Sommige hadden een functioneel nut terwijl andere eerder onbedoeld voor de clandestiene gasten opengestaan hadden. Het was in de meeste plaatsen stikdonker.

De abt vertelde het verhaal zoals hij dat aan alle bezoekers vertelde. Ongewild kwam hij daardoor weer bij de hertog:
-"Wel, Hoogheid, uw grootvader heeft dus Joden hierheen gebracht, maar ook naar andere plaatsen rond de stad. *Op humanitair vlak* was hij een groot man." De nuance ontging Anoushka en Klaus niet.
-"Zijn de Duitsers hier ooit komen zoeken?" vroeg Klaus nieuwsgierig.
-"Ja en neen," lachte de abt, "ze zijn hier wel degelijk geweest, maar ze zijn nooit komen zoeken; ze wísten namelijk dat we Joden verstopten."
-"Oei!" zei Klaus.
-"De Duitser die voor dit gebied verantwoordelijk was, was feitelijk geen Duitser maar de koning van Sylvanië."
-"Willem," zei Klaus.
-"Koning Willem, inderdaad. Nu híj was een waarlijk nobel man!" Opnieuw ontging het verschil met wat de abt van de hertog vond, Klaus en Anoushka niet. "Koning Willem kwam steeds mee als er naar Joden gezocht werd. Hij vertelde de SS dat ze hun bezoek aan de abdij respectvol moesten houden als ze niet de hele bevolking tegen zich in het harnas wilden jagen. De koning had veel gezag. We gaven het hele gezelschap bij elk bezoek eten mee dat lekkerder was dan wat ze ooit gegeten hadden, zeker in Duitsland," lachte de abt.
-"De echte reden waarom we hierheen gekomen zijn," zei Anoushka, "is dat Efim Geller, een van de Joden die hier als kind verstopt was, een facsimile van de Rechtvaardige Rechters gezien heeft die dateert van vóór de diefstal. Ik ben als kunsthistorica geïnteresseerd om het te zien." De abt verschoot van kleur maar herwon zijn houding:
-"De kinderen speelden inderdaad in ruimten waar dingen stonden waarvan we zelfs het bestaan niet wisten," glimlachte de abt, "mijn voorganger heeft na de oorlog schoon schip gemaakt."

-"Geller zei dat de facsimile tijdens de oorlog zelf verwijderd is!" protesteerde Anoushka.

-"Het zou kunnen dat we het op een bepaald moment op een andere plaats gezet hebben; er liepen immers te veel kinderen rond om alles te laten staan." Anoushka had geen enkele reden om te twijfelen aan zijn woorden. Het was weliswaar theoretisch mogelijk dat de echte Rechtvaardige Rechters zich in deze abdij bevonden had, evengoed als in alle andere abdijen en kerken; de wereld van de geestelijkheid was klein. De enige persoon van wie men wist dat hij bij de diefstal betrokken was, had een vriend in Sint-Barbara gehad. De afstand tussen het Gentse Jezuïetencollege en de Drongense Jezuïetenabdij was niet groot. Het had gekund. Maar de reden waarom Anoushka de abt geloofde, was dat de abdij geen enkele reden gehad had om het schilderij te laten verdwijnen. Het spoor was opnieuw dood.

-"We geloven u," zei Anoushka.

-"Maar we hebben nog een andere vraag," zei Klaus.

-"Vraagt u maar," zei de abt.

-"Wij hebben het gevoel dat u meer weet over de hertog."

-"Wat wilt u weten over de hertog," zei de abt behoedzaam. Klaus legde het verhaal van Seraing uit. De abt klemde intussen onbewust de vuist en draaide nerveus op zijn stoel.

-"Dat zegt me helemaal niets," zei de abt op een besliste toon.

-"U bent zeker?" drong Klaus aan.

-"Daar ben ik heel zeker van!" De abt keek op zijn uurwerk. "U moet me excuseren, maar ik moet zo dadelijk vertrekken." Klaus merkte dat de abt niet het achterste van zijn tong liet zien. Hij deed een laatste poging:

-"In Seraing heb ik een gelijkaardige facsimile van de Rechtvaardige Rechters gezien." Van zodra de abt dat hoorde, sloeg hij met de vuist hard op tafel, riep hij een luide *verdoeme!*, stond hij recht uit zijn stoel en draaide hij zich met de rug naar Klaus en Anoushka. Die laatste twee keken verstomd naar hoe de abt heel geagiteerd over en weer wandelde.

-"Dit gesprek is afgelopen!" zei hij. De tranen sprongen uit Anoushka's ogen; ze besefte dat de abt wél wist wat er in Seraing gebeurd was.

-"Wij willen trouwen," zei ze.

-"U met de zoon van Cassandra??" vroeg de abt volledig ontsteld. Cassandra?? Die naam had Klaus tijdens zijn relaas over Seraing niet eens laten vallen!!

-"U kent mijn mama?" vroeg Klaus. De abt was nu bijzonder boos; hoe was dit zelfs mogelijk! Waarom had hij nu deze verantwoordelijkheid? Zou hij het hen vertellen? Hij woog de voor- en nadelen af.

-"Laat me weten als jullie echt willen trouwen," probeerde hij nog.

-"We willen het nu weten!" weende Anoushka. Ook Klaus kon zich nauwelijks bedwingen. Zijn handen beefden. Tranen sprongen uit zijn ogen.

-"Ik zou liever doodvallen dan dit aan een prachtig koppel zoals jullie te moeten vertellen," zei de abt, "maar de hertog is de vader van Klaus en Nikki." Nu was het helemaal zeker! De droom van Anoushka en Klaus vloog aan scherven.

-"Bent u heel zeker?" vroeg Klaus.

-"De hertog heeft me dat zelf verteld. Toen Cassandra nog in Sylvanië woonde, is de hertog regelmatig daarheen gegaan om haar en zijn goede vriend koning Willem te bezoeken. Ze was ongelukkig; het boterde niet meer tussen haar en koningin Sylvia, haar beste vriendin. De hertog heeft haar getroost. Van het een is het ander gekomen, tot Cassandra zwanger werd. De hertog heeft haar in allerijl naar Seraing gebracht, de geschikte gemeente om geheimen te verstoppen. Gedurende jaren heeft ze geleefd als een illegale vluchtelinge, in haar eigen land!"

-"Verschrikkelijk!" Anoushka weende nu hardop; dit was het ergst mogelijke nieuws. Klaus van zijn kant verstopte het gezicht in de handen. Zijn wereld stortte in. Ook hij huilde nu. De abt ging verder:

-"Na zes jaar en twee kinderen besloot de hertog om alles te regulariseren; Nikki moest immers naar de lagere school. Op dat moment heeft hij mij gevraagd om alle administratie in orde te brengen. Ik heb via het brede netwerk van de Kerk valse geboorteattesten bekomen. Vervolgens heb ik met het nodige smeergeld alles kunnen regelen in Seraing."

-"We hebben het gezien," snikte Klaus, in elk register waren we onderaan bijgeschreven.

-"En om dat niet te laten opvallen, hebben we alle data op einde december gezet," zei de abt. Ook dat nog; Klaus en Nikki kenden nu plots hun eigen verjaardag niet meer! "Tot slot," zei de abt, "werd afgesproken dat Cassandra er het stilzwijgen zou toe doen, zodat ze in vrede naar Gent kon terugkeren. Ze droeg alle schaamte voor zich alleen." Er viel een lange pauze; de abt gaf Anoushka en Klaus alle tijd. Tot Klaus nog een vraag had:

-"Nikki en ik hebben wel onze communie mogen doen. Zijn wij in Seraing gedoopt?"

-"Jullie zijn hier in de abdij gedoopt," zei de abt, "door mij op de dag dat jullie naar Gent teruggekomen zijn. Nikki heeft dezelfde dag haar eerste communie gedaan, in stilte en zonder feest. De bedoeling was dat ze het allemaal vergat." Anoushka huilde nog harder. "Ik zal jullie het doopregister tonen." Deze keer stonden de namen van Klaus en Nikki niet helemaal achteraan in december, maar netjes op de dag dat ze effectief gedoopt werden. Alleen waren zij de enigen die ooit in deze abdij gedoopt werden.

-"Is dat alles wat u ons te vertellen hebt?" vroeg Klaus.

-"Dat is alles wat ik jullie jammer genoeg kan vertellen, omdat jullie willen trouwen."

-"Mogen we nog trouwen?" vroeg Anoushka.

-"Neven en nichten mogen trouwen mits toestemming van de Heilige Stoel, maar dat wordt quasi altijd toegestaan tegenwoordig, zeker in een geval zoals dat van jullie. Anderzijds staan jullie theoretisch een klein schakeltje dichter bij elkaar dan neef en nicht; Klaus is immers niet de kleinzoon maar de zoon van de hertog. Maar ik zal het vragen in het geval jullie *toch* willen trouwen." Wat een doffe ellende! Anoushka snikte opnieuw.

-"Tot slot nog één vraagje," zei Klaus, "doet u ons nu ook het echte verhaal van de Rechtvaardige Rechters?"

-"U hebt alles gehoord wat ik daarvan afweet," zei de abt kort. Ze namen afscheid.

Totaal verslagen stapten Klaus en Anoushka naar de wagen. Klaus leunde met de rug tegen de wagen en sloot Anoushka in de armen. "Wat er ook gebeurt, Anoushka, we blijven altijd samen!" Het waren de woorden van twee verliefde mensen die niet beseften welke stormen ze nog moesten overwinnen.

~

Het was niet dat mijn relatie met Alexandra geen vooruitgang maakte. Dat ik de hele woensdagnamiddag bij haar thuis spendeerde, werd stilaan een gewoonte. We praatten over pc's — ze was er intussen in geslaagd de exclusieve importeur van Lotus123 te worden! — . Ik hielp Sebastian, Miranda en Laetitia met hun huiswerk en speelde spelletjes met hen. Alexandra begreep dat ik een plaatsje in haar gezinnetje wou. Ze zei niet neen. We wandelden hand in hand of arm in arm door het park van het Fleur-de-Lys, en ze liet zich gelaten kussen op de mondhoeken. Ze had steeds een lieve glimlach voor mij. Met momenten was ze oprecht verliefd of flirterig, maar onmiddellijk daarna kon ze haar blik zonder expressie op oneindig richten, alsof ze naar iets zocht.

Waar ik vroeger enkel kon vermoeden waarom ze niet met haar volle gedachten bij de relatie was, kreeg ik vandaag zekerheid. Ik overhoorde een telefoongesprek waarin ze smeekte om informatie te krijgen. Er was sprake van een tussenpersoon, vermoedelijk een advocaat of een detective. Als het zover gekomen was, was het quasi zeker dat ze wist dat ik heel dicht bij die informatie stond. Ze kon zelfs vermoeden dat ik zonder het te beseffen de informatie gewoon in handen had. Maar hoe hard ze die informatie ook wilde hebben, hoe cruciaal zelfs voor de gemoedsrust voor de rest van haar leven, ze zou me er nooit durven om vragen uit schrik me te kwetsen. En om een reden die haar verbeelding ver te boven ging, hoopte ik dat ze me de vraag nooit zou stellen.

We kregen die dag het hoge bezoek van prins Robert de Vissermans, de familievader sinds zijn vader Jan gestorven was. Robert was ooit als bescheiden student naar Gent gekomen, om na een spectaculaire technologische uitvinding het bedrijf van zijn voorouders weer uit de as te laten verrijzen. Na zijn huwelijk met 'Kikki', zoals hij ze nog graag noemde, nu dus prinses Kathrin de Vissermans, bleef hij samen met baron Didier Forel, Reinhards vader, en met Dieudonné Butu, een vriend, het speerpunt van technologische vernieuwing voor de Vissermans.

-"Dag Alexandra, dag Dominique," schudde hij ons de hand. Als hij je ooit ontmoet had, vergat hij je nooit meer.

-"Dag... Robert," zei ik aarzelend; hij had me al tweemaal eerder gezegd dat ik hem gewoon Robert moest noemen, maar het bleef wennen.

-"Jij bent de man van de pc's?" vroeg hij. Hij nam een slok van zijn pint; Robert begon geen enkel gesprek zonder dat iedereen een glas in de hand had.

-"Inderdaad," zei ik fier, "ik kan je een en ander laten zien."

-"Wel, Alexandra heeft me uitgelegd dat je zoiets kan maken als flexibele PLC's."

-"Je kan pc's inderdaad gebruiken om het effect van flexibele PLC's te bekomen," zei ik.

-"Dat is nu precies wat we nodig hebben, Dominique, want de tijden zijn snel aan het veranderen. Vroeger stelden we de machines in voor een grote hoeveelheid van hetzelfde product, maar vandaag plaatsen klanten steeds kleinere bestellingen."

-"Kan u een voorbeeld geven?" vroeg ik.

-"Ik zal je een voorbeeld geven dat je onmiddellijk zal begrijpen," zei Robert. "Neem het geval van verkeerslichten op een kruispunt. Die worden vandaag bestuurd door een PLC. Die PLC werkt gewoon een logische schema af van groen-oranje-rood overheen het hele kruispunt, en houdt dat schema permanent aan. Stel nu dat je soepel op dat schema wil ingrijpen om prioritaire voertuigen door te laten, of om in te spelen op een ongewone verkeersstroom. Dat kan met een PLC niet zomaar."

-"En met een pc theoretisch wel," zei ik, "maar pc's zijn niet geschikt om kruispunten te bedienen; ik zie niet in hoe u kruispunten met een centraal gebouw wilt verbinden."

-"In die zin was het een slecht voorbeeld, maar in een fabriek kan je de pc's in de buurt van de machines zetten."

-"Dat is zo," bevestigde ik, "maar hoe komt het dat klanten steeds kleinere bestellingen plaatsen," vroeg ik nieuwsgierig, "want dat lijkt me weinig economisch?"

-"Omdat van alle producten een veel breder assortiment dan vroeger gemaakt wordt; de consument wordt hard verwend. Klanten die grote bestellingen plaatsen, lopen vandaag het risico met veel voorraad te blijven zitten. Het gevolg van de kleine bestellingen is echter dat wij veel kleine werkorders in de fabriek hebben, en het gevolg daarvan is dat wij veel tijd verliezen met het opnieuw instellen van machines. We hebben zoiets nodig als flexibele PLC's."

-"Je bent bij *ons* aan het goede adres," zei Alexandra. Ik hield ervan dat Alexandra het zo formuleerde!

-"Heel goed," zei Robert, "hier heb ik een volledig uitgewerkt schema van een eenvoudige toepassing." Ik bekeek het schema. Het betrof een machine die op verschillende manieren automatisch aangestuurd kon worden. De bedoeling was om die machine via een programma op de pc aan te sturen in plaats van via een PLC, zodat met een eenvoudige druk op de knop een ander programma geïnstalleerd kon worden. Het was inderdaad een eenvoudig geval.

-"Dat kan ik aan Anja geven," zei ik.

-"Wie is Anja?" vroeg Robert.

-"Zij is directeur van een schooltje waar kinderen dit aanleren. Ze is intussen ook cursussen aan het organiseren in andere scholen."

-"Je vertelt me dat kinderen dit kunnen??" vroeg Robert met grote ogen.

-"Die hoogbegaafde kinderen wel, ja." Robert floot. In welke nieuwe wereld was hij terechtgekomen! Hij dacht nu na over waar deze technologie heen kon gaan. Het was echter te overweldigend om te kunnen vatten. Hij schudde even het hoofd.

-"Let wel," zei Alexandra, "kinderarbeid mag niet!"

-"Die kinderen doen dit reeds dagelijks!" protesteerde ik.

-"Ja," probeerde Alexandra me uit te leggen, "maar wat die kinderen nu doen, brengt geen geld op. En dan is het geen kinderarbeid. Van zodra hun werk nuttig is, is het illegaal."

-"Klinkt logisch," zei ik sarcastisch.

-"We zullen een uitzondering aanvragen inzake dit geval van kinderarbeid," zei Alexandra, "maar ondertussen zal iemand anders het moeten doen." Dat kon maar een persoon zijn:

-"Goed, ik zal het doen." Hoelang was mijn situatie nog houdbaar? Ik werkte nu quasi voltijds op technologie voor Alexandra terwijl ik door de universiteit betaald werd vanuit... Reinhards budget voor het bodemkundig onderzoek. Dat onderzoek lag intussen zo goed als stil omdat ik geen tijd had. En dat het stil lag, was feitelijk geen probleem omdat zoon Geller niet meer geïnteresseerd was. Of beter gezegd nooit geïnteresseerd was. "Zolang jullie beseffen dat mijn tijd momenteel door Reinhard betaald wordt," voegde ik daaraan toe.

-"Reinhard," lachte Robert, "wat heeft die op de universiteit te zoeken?"

-"Lang verhaal," lachte Alexandra, "het heeft met die zangeres te maken."

-"Anastasiya?" vroeg Robert. We knikten. "Alle gekheid op een stokje, maar bespaar me de details. Ik zal Reinhard terugbetalen."

-"In orde," zei ik, "ik kan de oplossing binnen een paar dagen komen demonstreren."

-"Binnen een paar dagen??"

-"Zo snel gaat dat op die pc's" zei Alexandra.

-"Ik moet wel interfaces 'stelen' op de school," zei ik, "u bestelt best onmiddellijk een hele voorraad onderdelen in de Verenigde Staten als u meer van deze systemen wilt bouwen."

-"In orde, dat doen we," zei Robert, "maar ik ben hier voor een nog veel belangrijker onderwerp." Hij wist dat hij me kon vertrouwen. "We hebben een gigantische bestelling van Saoedi-Arabië gekregen waar we reeds een jaar aan werken. Het contract voorziet in een winst die van levensbelang is voor ons bedrijf. Echter, er staan belangrijke boeteclausules in. We mogen daarom absoluut niet te laat leveren. De hele fabriek weet dat,..."

-"...inclusief Livicki," voegde Alexandra daaraan toe. Het plaatje was duidelijk: als Livicki de Vissermans wou slopen, moest hij met een goed gemikte actie de tijdige levering verhinderen.

-"We hebben in het verleden reeds wat meegemaakt," zei Robert, "zijn bende gebruikt Alinsky methodes om alle verkeer te beletten." Alinsky was een extremist uit de jaren zeventig die onder meer methoden bedacht waarbij mensen zich aan elkaar vastketenden zonder dat de politie hen kon losmaken. Twee mensen stopten daarbij elk een hand in een buis en boeiden binnen die buis de handen aan elkaar vast. Je kon die mensen enkel van elkaar losmaken als je eerst de buis voorzichtig opensneed, wat niet lukte als de mensen tegenstribbelden. "Hun aantal is intussen nog flink gegroeid."

-"Weet Livicki wanneer die bestelling vertrekt?" vroeg ik.

-"Hem kennende heeft hij zich reeds volledig op de dag voorbereid. Maar hier is nu onze kans: we hebben van de Arabieren de toestemming gekregen om negentig procent van die bestelling voortijdig te leveren. Dat plannen we heel binnenkort te doen."

-"Livicki op snelheid pakken dus."

-"Dat lukt ons niet helemaal. Hij zal het een etmaal eerder doorhebben dat we die eerste levering gaan doen. Op die tijd kan hij iedereen mobiliseren; hij heeft dan nog net de tijd om zijn brieven te versturen." Ik besefte waar Robert op aanstuurde:

-"Wij zijn daarop voorbereid," zei ik, "maar dat heeft Alexandra u al verteld natuurlijk!"

-"Natuurlijk," lachte Robert. "Hoe zit het in elkaar?" Ik legde het uit:
-"Momenteel werkt Livicki met een opstartdiskette die ervoor zorgt dat alle gegevens in zijn bestanden versleuteld zijn. Dat maakt dat hij alvast geen andere pc kan gebruiken mocht hij daarover beschikken.
-"Maar hij kan de pc nog steeds gebruiken zoals hij wil, als ik het goed begrijp."
-"Dat hebben we gedaan om twee redenen: de eerste is dat we veronderstellen dat hij af en toe test of alles nog werkt. De tweede is dat we wilden bekomen dat al zijn kopieën eveneens versleuteld raken vóór hij iets doorheeft. In dat stadium zitten we intussen."
-"Wat is dan het scenario voor de grote dag?" vroeg Robert.
-"Welnu, vóór u de grote verzending bij de werknemers aankondigt, wisselt u de huidige opstartdiskette met een andere die Alexandra heeft klaarliggen." Robert keek naar Alexandra. Ze knikte. "Van zodra Livicki lucht van de verzending heeft, zal hij onmiddellijk etiketten laten printen. Hij zal geen tijd hebben om die te controleren omdat hij de brief nog moet typen en stencilen. Daarnaast moet hij ook nog zijn vrijwilligers opbellen om de mailing bij hem thuis te assembleren."
-"En met die etiketten zal iets aan de hand zijn," raadde Robert. Ik knikte.
-"Van zodra u de kans krijgt, verwisselt u de nieuwe opstartdiskette opnieuw door degene die er vandaag ligt. Als Livicki zich afvraagt wat er gebeurd is, zal hij vaststellen dat er alvast niets aan de hand was met het systeem. Het is uiteraard belangrijk dat de terugkerende brieven onderschept worden, zodat Livicki denkt dat de fout bij De Regie der Posterijen lag."
-"Ik ken daar wel iemand," lachte Robert. Wie kende hij niet?

~

Anoushka en Klaus huilden een poosje uit bij Anoushka's mama. Prinses Kathrin de Vissermans kon nog steeds niet geloven dat haar vader een affaire met de dochter van zijn zus had gehad. Bij de overleden hertog kon ze echter niet meer aankloppen om hem om uitleg te vragen.

In een laatste wanhoopspoging ging Klaus voor de zoveelste keer bij z'n moeder om uitleg vragen. Hoe hard kon hij het haar kwalijk nemen wat er in Seraing gebeurd was? Zonder dit avontuur had hij nooit geboren geweest!

-"Mama, dit is ellendig. Ik weet nu ongeveer alles wat in Seraing gebeurd is," besloot hij, "waarom vertel je me de rest van het verhaal niet?" Cassandra zette zich naast hem en legde haar arm rond hem. "Ik zie Anoushka graag, mama. Mijn hele leven is nu om zeep!"

Cassandra zei echter helemaal niets.

-"En wat met het schilderij van de Rechtvaardige Rechters, mama? Die pater maakte het met zijn lichaamstaal heel duidelijk dat de échte Rechtvaardige Rechters in de abdij verborgen en vervolgens in de handen van de hertog gekomen was, en dat het dus de échte Rechtvaardige Rechters geweest moet zijn die ik in Seraing gezien heb! Waarom ging dat schilderij in godsnaam naar Seraing? Het kon daar makkelijk gestolen worden! En waar is het nu naartoe? Of is het misschien gestolen?"

-"Luister, Klaus, je weet dat ik van jou en Nikki hou," zei Cassandra, "maar je mag me geen vragen over het verleden stellen, dat weet je."

-"Zelfs nu niet, mama? Zelfs niet op het moment dat Anoushka en ik voor een hartverscheurende keuze staan?"

-"Neen, Klaus, zelfs nu niet."

-"Geef me op z'n minst één antwoord mama: is het aangewezen dat Anoushka en ik ooit kinderen krijgen?" Cassandra begon te snikken. Ze sloot haar zoon in de armen.

~

Er heerste een speciale sfeer op mijn kantoor. In de ene helft stond mijn bureau met mijn pc. Daarop was ik momenteel voor prins Robert de Vissermans aan het werken. In de tweede helft stonden de dozen met potjes bodemstalen, die intussen sinds lang onaangeroerd waren, en een wandkast met documenten en analyseresultaten. Tussen dat alles liep Klaus heen en weer, een beetje verloren, zo leek het. Hij haalde een kartonnen doos uit de kast, zette zich aan een tafel en snuffelde door de documenten. Zijn gedachten waren er duidelijk niet bij; hij was enkel in mijn kantoor om niet alleen te zijn.

-"Wat scheelt er, Klaus?" vroeg ik hem andermaal.

-"Ik kan het je niet vertellen," zei hij. Momenteel waren er vijf mensen op de hoogte van wat er in Seraing gebeurd was: Klaus, Anoushka, Cassandra, prinses Kathrin en de abt. Dat was heel veel voor een dergelijk verschrikkelijk geheim. De kans dat het uitlekte, was immers evenredig aan het kwadraat van het aantal mensen die er weet van hadden; dat was de vuistregel. Klaus en Anoushka waren er als de dood voor dat de wetenschap dat Klaus de zoon van de hertog was, zich als een vuurtje door Gent zou verspreiden.

-"Ziet Anoushka je nog graag?" tastte ik af. Dat bracht hem aan het huilen. Hij lag nu met het hoofd op de opengevouwen handen op de tafel. "Is dat het probleem?" vroeg ik onthutst. Dat was helemaal het probleem niet maar hij slaagde er niet in om me dat te zeggen. Ik sloot de deur, ging naast hem zitten en legde mijn hand over zijn schouder.

Iemand klopte op de deur en kwam binnen. Reinhard! Hij bleef staan en keek verwonderd naar Klaus.

-"Wat is er toch aan de hand met Klaus?" vroeg hij.

-"Anoushka ziet hem niet graag meer," zei ik. Klaus schudde enkel het hoofd maar protesteerde niet.

-"Anoushka ziet hem niet graag meer?? Hoe kom je daar in 's hemelsnaam bij? Ik heb haar net gezien en ze ziet hem nog héél graag!" Ik keek naar Klaus. Het nieuws maakte geen enkel verschil.

-"Hoe was Anoushka eraan toe?" vroeg ik aan Reinhard.

-"Hetzelfde probleem, denk ik. Heeft Klaus verteld waarover dit gaat?" Ik schudde het hoofd. "Anoushka wil absoluut niet zeggen wat er scheelt," zei Reinhard, "zelfs niet aan mij! En dat terwijl ze me altijd álles vertelt!" Dit had wel effect op Klaus; hij keek nu naar Reinhard. Die laatste stelde Klaus onmiddellijk gerust: "Geen nood, Klaus," lachte Reinhard, "die *álles* moet je niet zo letterlijk nemen!"

We besloten niet verder bij Klaus aan te dringen; we lieten hem met zijn gedachten rustig aan de tafel zitten. Reinhard vertelde me ronduit over de belangrijke conferentie in Reykjavik:

-"Dit is hét belangrijkste moment in de geschiedenis, Dominique!"

-"Overdrijf je niet een beetje, Reinhard?" vroeg ik.

-"Integendeel Dominique, dit gaat over de eerste grote stap in de ontmanteling van alle kernraketten. Weet je hoe gevaarlijk die dingen zijn? Eén waterstofbom kan ons hele land met de grond gelijk maken!" Wat klopte.

-"En die zullen na de conferentie in IJsland verwijderd worden?"

-"Neen, in IJsland gaat het over het verwijderen van de kleine middellangeafstandsraketten die in Europa opgesteld staan."

-"Ok, lijkt me een goede eerste stap," zei ik.

-"Als de top succesvol is, zullen ze een interview van mij afnemen dat wereldwijd uitgezonden zal worden!"

-"Waarom?"

-"Omdat ik de bedenker van de naam *vredesbeweging* ben."

-"Dat lijkt me inderdaad voldoende reden om iemand een microfoon onder de neus te steken," zei ik.

-"Niet zomaar een microfoon onder de neus steken, Dominique; ze zullen me vragen stellen!"

-"Wil je dat wel? Je riskeert voor de hele wereld af te gaan als een gieter!"

-"Neen, wees gerust; ik krijg de vragen op voorhand. En weet je wat dat betekent, Dominique: dat de zangeres zal zien dat Reinhard Forel gerespecteerd wordt door de hele wereld, net zoals zij!" Zucht.

-"Je blijft voor de zangeres gaan, Reinhard?" vroeg ik verwonderd.

-"Waarom vraag je dat? Natuurlijk blijf ik voor Anastasiya gaan!"

-"Ik vond dat je op de luchtdoop goed met Nikki opschoot."

-"Heel goed!" zei hij enkel. Aan zijn reactie zag ik dat Nikki voor hem gevallen was. Ach neen!

-"Ik vind het vreselijk hoe je met Nikki omgaat, Reinhard; ze is de beste vrouw die je kan dromen!" Ik vond het hartverscheurend maar zo was hij nu eenmaal.

Reinhard vertrok naar IJsland. Over de uitgestalde dozen met potjes en het onderzoek dat hij betaalde, repte hij met geen woord. Hoewel niemand nog geïnteresseerd was, moest ik de rommel laten staan voor zolang ik officieel aan dat dossier aan het werken was.

~

Het witte huis aan zee in Reykjavik was zo hoog als het lang en breed was, maar dankzij overtuigende doch bescheiden stijlelementen was het ook zo warm als het imposant was, de perfecte locatie voor de ontmoeting tussen Michail Gorbatsjov en de Amerikaanse president Ronald Reagan. Om de internationale pers te huisvesten, had de stad moeten improviseren, maar op het moment dat de top begon, waren alle omstandigheden perfect voor een succes.

En een succes leek het ook te zullen worden. Reagan kon rekenen op de loyale steun van alle NAVO lidstaten en onderhandelde met vertrouwen; hij wou ze niet teleur stellen.

Ook Michail Gorbatsjov had enkel te winnen bij een reductie van kernwapens. De Sovjet-Unie had het steeds moeilijker met de informatietechnologie die vereist was voor een goed overzicht van Westerse dreigingen. Een bijkomend probleem was dat kernwapens in die zin onstabiel waren, dat het minste bederf in een kernkop maakte dat ze niet meer kon ontploffen. De voorspelbaarheid van Amerikaanse kernkoppen lukte beter dan de Russische, opnieuw dankzij de computertechnologie. De Sovjets zetten met andere woorden onzekere raketten tegen moeilijk te voorspellen aanvallen in. Een vereenvoudiging was dus welgekomen.

De speltheorie achter een kernoorlog was uiterst complex: wanneer pas gooide je de eerste bom, wetende dat er automatisch een in de omgekeerde richting zou volgen? Hoeveel raketten schoot je af als je niet zeker was van hun stabiliteit? Mikte je op militaire troepen of op installaties van raketten? Wat was het incasseringsvermogen: hoeveel raketinstallaties kon je opofferen, wetende dat je nog voldoende raketten elders had? West-Europa vreesde een conventionele oorlog, die het waarschijnlijk zou verliezen, terwijl de Sovjet-Unie een plotse aanval met kernwapens vreesde.

Omdat beide partijen goed voorbereid waren, was de vooruitgang van de onderhandeling echter snel. De wereld was euforisch, en niet in het minst Reinhard, die een kamer in het mooiste hotel van Reykjavik bemachtigd had. Hij repeteerde de antwoorden op de vragen van het nakende interview; zijn moment van wereldwijde glorie was aangebroken. De reporter die hem de vragen zou stellen, zat op dezelfde verdieping van het hotel. Het akkoord ging over de ontmanteling van tientallen procenten van het kernarsenaal. Er was zelfs een koppeling van het akkoord met een verbetering van de mensenrechten in de Sovjet-Unie. Het was ongezien.

Toen kwam de kink in de kabel: Ronald Reagan wou *Star Wars* verder ontwikkelen. Hoe hard iedereen ook gespot had met de haalbaarheid van het rakettenschild in de ruimte, de Sovjets hadden er plots schrik van. In plaats van de Amerikanen miljarden te laten investeren in iets wat niet werkte, geloofden de Sovjets zelf de twijfels niet meer die ze over de hele wereld rondgestrooid hadden.

Nieuws over een dreigende mislukking van de onderhandelingen ging de wereld rond. Reinhard liep bloednerveus door zijn kamer. Dit kon toch niet waar zijn?! Als compromis stond Gorbatsjov toe dat de Amerikanen onderzoek naar het schild deden, op voorwaarde dat ze het niet binnen de tien jaar testten. De wereld reageerde in ongeloof; *Star Wars* was toch een farce?!

Ronald Reagan hield echter voet bij stuk. Hij geloofde dat de Verenigde Staten heel binnenkort vanuit de ruimte raketten konden neerhalen die veertigduizend kilometer per uur vlogen. De Sovjets geloofden het eveneens. De onderhandeling in Reykjavik mislukte. Er volgde geen interview voor Reinhard. Hij was buiten zichzelf van ontgoocheling en woede.

~

Uit de mislukte onderhandelingen van Reykjavik kwam geen winnaar; de wereld was nog steeds opgezadeld met veel meer kernwapens dan nodig om een oorlog te verhinderen. De politieke schade was echter geheel voor Gorbatsjov; hij had de onderhandelingen opgeblazen over een wapen waarvan hij voordien beweerd had dat het nooit kon werken. Omdat het Sovjet leger uiteindelijk toch geloofde dat Star Wars kon werken, keek het nu tegen een militaire situatie aan die nog veel complexer was. Daarentegen was er geen politieke schade voor Ronald Reagan, die eens te meer bewees dat hij de *teflon* president was: alle kritiek gleed gewoon van hem af.

Voor Livicki was de mislukking heel dramatisch. Hij werd door de apparatsjiks aangeduid als degene die de vredesbeweging de nek omgewrongen had met de *Weg met de SS-20* spandoeken. Hoewel de beschuldiging aan het adres van Livicki onterecht was, lachte iedereen op wie hij kwaad was, in z'n vuistje. Livicki belde onder meer Bezmenov, Podborsky en Reinhard op. Bezmenov vertelde aan Livicki dat de Belgische regering haar beslissing onafhankelijk van de vredesmars genomen had.

-"Hoe weet u dat?" vroeg Livicki.

-"Het is mijn job om zo'n dingen te weten," zei Bezmenov doodnuchter, "maar in elk geval had u die spandoeken nooit mogen toestaan!" Bezmenov beleefde er nog steeds plezier aan om de zelfingenomen apparatsjik te spelen.

-"En wie het zegt;" reageerde Livicki boos, "u kent die baron beter dan ik!"

-"Welke baron?" vroeg Bezmenov met gespeelde verwondering.

-"Baron Reinhard Forel!"

-"Heeft die clown voor de spandoeken gezorgd?" Bezmenov moest opnieuw om het voorval lachen. Hoewel Reinhard sympathie voor de Sovjet-Unie had en heel bezorgd om de wereldvrede was, had hij als een losgeslagen kanon de vredesmars om zeep geholpen. Waarvan hij zelf de naam bedacht had, nota bene!

-"U had die baron aan onze kant moeten krijgen; u kent hem beter dan ik!" verweet Livicki Bezmenov.

-"Wel, hij staat aan onze kant; dat heb je toch gemerkt in den Tap en den Tepel? Het is verdorie daar dat hij het woord *vredesbeweging* voor ons bedacht heeft!"

-"Mijnheer Bezmenov, met alle respect, maar niemand is beter op de hoogte dan uzelf dat we niets aan sympathisanten hebben die niet in de pas lopen! Het tegendeel is zelfs waar: op het moment van de Revolutie zijn dat de mensen waar je het meeste last van hebt!"

-"En die we daarom als eerste opzij zetten," zei Bezmenov. Want zo was het; eens de naïeve ideologen hun werk gedaan hadden en het land in een crisis beland was, werden ze aan de kant gezet. In de normalisatiefase van de subversie werden ze zelfs als eersten vermoord. Overtuigde communisten die veel kritische vragen stelden, waren trouwens niet welkom in de Sovjet-Unie. Aan de Lumumba Universiteit van Moskou bijvoorbeeld ontving men enkel de cynische westerlingen die het communisme voor hun eigen profijt wilden gebruiken. Zoals Livicki dus.

Livicki belde vervolgens Podborsky op, die hem in zijn gezicht uitlachte.

-"Met alle respect, Koninklijke Hoogheid," protesteerde die eerste, "maar is het niet onlogisch dat u mijn activiteiten sponsort om ze nadien niet te steunen?"

-"Ha, goed dat u me daaraan herinnert! Ik vraag me af waarom ik u nog zou steunen. Het aantal leden van het Politbureau dat achter mensen zoals jou staan, is aan het slinken. Ik hoop dat u dat beseft!"

Tot slot belde Livicki Reinhard op, aan wie hij in het verleden ooit gevraagd had om zijn activiteiten te sponsoren. Reinhard had echter nooit enig verband gezien tussen Livicki's activiteiten en het verbeteren van de wereld.

-"Mijnheer de baron, met alle respect, u beseft toch dat door onze mislukte vredesmars de top in Reykjavik mislukt is?!"

-"Waar haalt u dat nu vandaan?!" zei een naïeve en boze Reinhard, "de Belgische vredesmars was net de beste van heel Europa, want wij protesteerden tegen álle raketten!"
-"Met alle respect, mijnheer de baron, maar op de televisie vielen enkel uw spandoeken op."
-"Wel, de kijkers kregen ook de vredesmarsen in de andere landen uitgebreid te zien. Ik zou zelfs zeggen: veel uitgebreider dan onze eigen vredesmars; wat is dat toch met onze nationale televisiezenders tegenwoordig?! En wat de onderhandelingen tussen Reagan en Gorbatsjov betreft, daarvan is het laatste woord nog niet gezegd; daar zal ik persoonlijk voor zorgen!" zei Reinhard op besliste toon.
-"Hoezo?" vroeg Livicki. Livicki besefte niet dat Reinhard op het punt stond wereldnieuws te worden.

~

Dies irae. Vandaag en morgen zou Livicki afrekenen met alles, met de Vissermans en de aandeelhouders die hij haatte, zoals Reinhard en Podborsky. Dat hijzelf en alle andere werknemers hun job zouden verliezen, paste in de visie: op de weg naar de glorie vielen er onvermijdelijk slachtoffers.

Voor het communisme waren intussen honderd miljoen mensenlevens opgeofferd, voor het leeuwendeel door Stalin en Mao. Stalin gaf aan zijn adjudanten, zoals Chroesjtsjov, de opdracht dat ze vijftienduizend mensen moésten vinden. Per grote stad en per jaar. Dat moesten mensen zijn die in meerdere of mindere mate tegen het systeem waren, maar nog liever dan dat, mensen die voldoende respect en gezag genoten om in een eventuele contrarevolutie een leidende rol spelen. De lijsten met namen werden gepresenteerd aan Stalin, die met een eenvoudige handtekening vijftienduizend mensen per keer de dood injoeg. Toen Chroesjtsjov bij Stalin de toestemming vroeg om er achttienduizend te mogen doden, om bij Stalin in de gunst vallen, kreeg hij die prompt. Stalin leerde de Russen met het hoofd naar beneden te lopen, een volledig voorspelbaar leven te leiden en geen enkele ambitie na te streven. Toen de Tweede Wereldoorlog uitbrak, vond hij ironisch genoeg geen officieren meer omdat ze vermoord waren.

Na zijn tegenslag met de vredesmars en de mislukte top in Reykjavik wou Livicki aan zijn broodheren bewijzen wat hij kon: een crisis veroorzaken zoals geen andere. Binnen de kortste tijd zouden tienduizenden mensen om hulp aankloppen bij een regering die reeds zo diep in de schulden zat, dat ze kort daarvoor de Belgische frank had laten devalueren. Met wat geluk gooiden de slachtoffers de stad Gent in complete anarchie en kregen ze de steun van extremisten uit Wallonië. Livicki zou het respect krijgen dat hij verdiende!

Hij had net het bericht gekregen dat het grootste gedeelte van de bestelling voor Saoedi-Arabië morgen geleverd zou worden. Dat was een tegenslag; hij had zich heel lang voorbereid op die levering, die oorspronkelijk pas voor de volgende maand gepland was. Het eerste wat hij deed, was papier met etiketten uit de voorraadkast halen. Het drukken van etiketten was de flessenhals in het proces; de printer was traag en haperde om de haverklap. Hij zou er als een kleuterjuffrouw moeten over waken. Hij had geen seconde te verliezen.

Verduiveld; de klassieke etiketten op een lint waren er niet meer! Wanhopig en tevergeefs ging hij overal rondvragen. Hij moest nu etiketten blad per blad afdrukken. Elk blad bevatte vijftien etiketten, maar de schikking was verschillend van wat voorzien was in de instelling van het programma! Hij was in paniek. Wat was beter: op zoek gaan naar een winkel die de juiste etiketten verkocht, of de instellingen aanpassen en de printer manueel blad per blad voeden? Hij koos voor dat laatste. Na een half uur knoeien met het programma, voedde hij het eerste blad aan de printer. Dat het niet meteen correct zou gebeuren, besefte hij. De printer drukte het eerste adres over vier etiketten heen, te veel naar links en te veel naar beneden dus. Na vijf pogingen wist hij precies hoe hij het blad aan de printer moest voeden. Het zou grote concentratie vergen voor elk blad. Toen echter bleek dat de verticale spatiëring tussen de etiketten niet goed zat. De onderste etiketten stonden slechts gedeeltelijk op het blad. Maar na nogmaals geduldig experimenteren met de instellingen, was alles in orde. Hij stak meteen een nieuwe lint in de printer. Die lint behoorde tot zijn persoonlijke strategische reserve, zijn wapenarsenaal. Twee uren waren intussen in rook opgegaan.

Terwijl het eerste blad geprint werd, telefoneerde hij naar een eerste vrijwilliger. Die antwoordde hem net voor het eerste blad geprint was. Maar het antwoord was neen. Livicki stak heel geconcentreerd een nieuw blad in de printer vooraleer hij naar een tweede vrijwilliger belde. Twee uur later had hij voldoende vrijwilligers om bij hem thuis de brieven te assembleren. Livicki maakte een snelle berekening en besefte dat aan dit tempo de printer pas drie uur voor de deadline alles uitgeprint zou hebben. Dat was laat! Hij zou het papier nog sneller aan de printer moeten voeden.

Van een lunchpauze was geen sprake; Livicki voelde trouwens de honger niet. Nu moest hij nadenken over de oproepingsbrief: hoe motiveer je mensen om met drieste maatregelen een levering te verhinderen? Zeker terwijl er morgen een spannende wedstrijd van Roland-Garros op het programma stond. Hij walgde van de kleinburgerlijkheid waarmee zelfs de grootste wereldverbeteraars besmet waren. Nauwelijks had hij dat bedacht, of de printer vroeg alweer om een blad. Op die manier kon hij zich niet concentreren. Maar er was niets aan te doen. Livicki wurgde de tekst uit zijn brein, een halve zin per blad dat hij in de printer moest steken. Na twee uur had hij een tekst waarmee hij tevreden was. De tijd ging snel en hij had intussen grote honger. Door suikertekort wankelde hij. Hij spurtte naar een koffiemachine en grabbelde een handvol suikerklontjes bijeen. Toen hij terugkwam, had de printer alweer een nieuw blad nodig. Hij zat al aan de letter M. Dat moest ongeveer de helft zijn, schatte hij. Hij zag niets vreemd aan het adres van Danny Moens. Maar dat kende hij niet uit het hoofd.

Hij voedde een stencil aan de schrijfmachine. Nu moest hij zich concentreren. Zijn suikerspiegel ging op en neer als een jojo; een storm raasde door zijn hoofd. De tekst moest letter per letter meteen juist getypt zijn; op een stencil kon je immers geen correcties aanbrengen. Hij typte de tekst met één vinger om zeker te zijn. Elke letter zei hij eerst luidop. Om de haverklap werd hij onderbroken door de printer, die om een nieuw blad vroeg. Een half uur later was zijn stencil klaar.

Hij stak nog snel een nieuw blad in de printer en spurtte naar het naburige lokaal. De elektrische stencilmachine lag open! Daar had hij eerder een bericht van gekregen, herinnerde hij zich nu. Hij zou de handmatige machine moeten gebruiken. Hij installeerde de stencil in de machine en spurtte terug naar de printer voor een nieuw blad.

Opnieuw naar de stencilmachine. Zo snel als hij kon draaide hij de grote hendel met de hand. Een eerste brief was geproduceerd. Plots besefte hij dat aan deze snelheid de stencilmachine de flessenhals werd! Hij spurtte terug naar de printer. Intussen was die aan de letter R gekomen. Dat zou moeten volstaan; zijn volgelingen met een letter verder dan de R zouden geen brief krijgen. Alle aandacht ging nu naar de stencils. Na honderd brieven kreeg zijn rechterarm het moeilijk. De volgende honderd moesten met de linkerarm gedraaid worden. Intussen observeerde hij de kwaliteit van de brieven; bij een stencilmachine verloor je snel kwaliteit. In het beste geval kwamen er zevenhonderd uit, waarvan de laatste nog net leesbaar was.

Hij was volledig uitgeput toen hij met een pak brieven, etiketten, omslagen en postzegels naar huis strompelde. Hoewel hij een half uur later dan voorzien toekwam, stonden de trouwste van zijn volgelingen op de stoep. Hij overhandigde hen het materiaal. Zelf ging hij in de zetel zitten met een boterham.

Danny Moens was een van die volgelingen. De man werkte bij de post en wist precies hoe een brief eruit moest zien. Hij en de anderen vormden een ketting: de eerste plooide de brief, de tweede stopte die in de omslag, de derde kleefde het adres, de vierde kleefde de postzegel en de vijfde sloot de omslag. Er was een zesde persoon om het retouradres op de achterkant van de omslag te stempelen, maar dat was deze keer niet nodig; sinds kort werden de lege omslagen bij de Vissermans voorgestempeld. Merkwaardig maar zoveel te beter.

Tot zijn verbazing merkte Danny dat er een andere Danny Moens verderop in zijn straat woonde. Hoe leuk, maakte hij zich de bedenking. Zijn eigen naam en adres kwam hij niet tegen. Dat kwam omdat Livicki niet naar iedereen een brief had kunnen sturen, dacht hij. Toen alle brieven geassembleerd waren, spurtte hij met zijn dienstfiets naar het postkantoor aan het Sint-Pietersstation; daar mocht je tot acht uur 's avonds de brieven overhandigen die 's anderendaags bij de bestemmeling moesten zijn. Die brieven zouden echter niet door hemzelf bezorgd worden; voor de grote manifestatie bij de Vissermans had Danny Moens immers een dag vrij genomen.

~

Om middernacht slopen Alexandra en ikzelf naar Livicki's kantoor. Op een spannend moment als dit was zelfs het simpelweg verwisselen van twee diskettes een avontuur. Het kantoor zag eruit als een slagveld. Livicki had het licht laten branden. Het laatste blad met geprinte etiketten stak nog in de printer. Hij had slechts de letter R gehaald, stelden we vast. Triomfantelijk kuste ik Alexandra, die zoals steeds met een lieve glimlach antwoordde.

We werden betrapt door prinses Kathrin de Vissermans. Ze was geamuseerd met wat ze zag, maar tezelfdertijd bezorgd:

-"En, het is toch gelukt?"

-"Livicki heeft slechts de letter R gehaald," zei Alexandra, "zelf zal hij geen enkel adres gecontroleerd hebben."

-"En de adressen zijn fout?" vroeg Kathrin.

-"Dat kan je hier zien," zei Alexandra. Ze toonde het laatste blad dat uit de printer kwam. Intussen had ik de pc opgestart met de nieuwe opstartdiskette. De juiste adressen waren opnieuw zichtbaar. Ze verschilden met wat uit de printer gekomen was. Ik was blij dat Alexandra het woord nam; hoe sprak je immers prinses de Vissermans aan? Terwijl Kathrin zich over de adressen boog, kwam haar man binnen met een grote witte zak.

-"Onbestelbaar," zei Robert nuchter. Hij gaf een zoen aan Kathrin en Alexandra, en schudde me de hand. De brieven! Nieuwgierig onderzochten we de omslagen. Iemand bij de Posterijen had de moeite gedaan om alle adressen te controleren op dit nachtelijke uur, en af te stempelen met een rode *onbestelbaar*.

-"Hoe heb je dit van hen gedaan gekregen?" vroeg Alexandra.

-"Ik heb hen persoonlijk gebeld met de boodschap dat er met onze computersystemen iets verkeerd gelopen was en dat de meeste etiketten fout waren. Ik ken die kerels; ze hebben gedrumd om me te helpen."

-"Álle etiketten waren fout!" protesteerde ik.

-"Natuurlijk, Dominique!" lachte Robert. Iedereen wilde vertrekken.

-"We maken nog een foutje," zei ik. Ze keken me verbaasd aan. "We moeten het blad dat nu in de printer zit met de foute adressen, vervangen door een blad met de goede adressen."

-"En om de klus helemaal af te werken," zei Alexandra, "wijzigen we de inhoud van zijn brief." Iedereen bleef in het kantoor tot me dat allemaal gelukt was.

~

De eerste vrachtwagens waren om vijf uur 's ochtends beginnen laden. Het laden zou duren tot drie uur in de namiddag. Omdat Livicki besefte dat hij zijn volgelingen niet vóór zeven uur uit bed kreeg, had hij met lede ogen de ene vrachtwagen na de andere uit de fabriek zien vertrekken. Als hij de vrachtwagens tegen negen uur kon tegenhouden, was dat ruim voldoende om de boeteclausules in werking te laten treden. De rest zou zich vanzelf afwikkelen.

Om acht uur was enkel Danny Moens paraat. Gespannen keken ze beiden in het rond.

-"Alles was toch in orde met de verzending gisteren?" vroeg Livicki.

-"Door mij persoonlijk gecontroleerd," zei Danny fier. Hij werkte al jaren bij de Posterijen. "Ik ben zelfs te weten gekomen dat er een andere Danny Moens verderop in mijn straat woont." Livicki werd lijkbleek.

-"Kom mee!" zei hij. Ze liepen de trappen op naar zijn kantoor. Livicki stortte zich op zijn pc. Hij controleerde het adres van Danny Moens: *Grote Baan, 18*, "dat klopt toch?!"
-"Er was een Danny Moens op *Grote Baan, 118.*"
-"Er bestaat geen tweede Danny Moens!" protesteerde Livicki. Hij controleerde nog een aantal andere adressen die hij uit het hoofd kende. Die waren in orde. Vervolgens controleerde hij de adressen die gisteravond in de printer blijven zitten waren. Maar ook die klopten.
-"Je hebt dat gedroomd, Danny, je hebt die één dubbel gezien!"
-"Neen, helemaal niet, ik zweer het u!"
-"Goed. Laat ons weer naar buiten gaan."
Maar daar was nog steeds niemand, behalve uiteraard de magazijniers en vrachtwagenchauffeurs. Na twee frustrerende uren, riep Livicki:
-"Bel naar uw collega's! Vraag hen of er veel onbestelbare brieven waren vandaag."
Danny belde naar het verdeelcentrum. Niemand kon hem iets zeggen; de postbodes waren nog niet terug van hun ronde.
-"Is er gisteravond nog iets bijzonders gebeurd?" vroeg Danny aan zijn collega's. Het droge antwoord was 'neen', want de postbodes waren met iemand beter bevriend dan met Danny Moens.
-"Misschien was er iets mis met uw brief," probeerde Danny nu bij Livicki. Die laatste werd razend:
-"Wie denk je wel dat ik ben? Kom mee!" Ze renden opnieuw naar boven. Livicki opende de brief op de pc. Alles zag er goed uit, tot: 'niet later dan 19 uur.' "Dat heb ik in mijn leven niet geschreven!" brulde Livicki.
Danny Moens bereikte nu een collega die net van z'n ronde terug was: 'geen abnormaal aantal onbestelbare brieven,' luidde het.
Precies één brief bereikte haar bestemming: toen Danny Moens op de middag weer thuis was, vond hij een brief, correct geadresseerd aan hem, met een oproep om naar de Vissermans te komen *niet later dan 19 uur.* Dat was onze laatste snufje geweest om Livicki een ultiem rad voor ogen te draaien. Hij geloofde nu dat de fout bij hem lag en durfde aan niemand van zijn volgelingen te vragen of ze de brief gevonden hadden. Het belangrijkste was dat Livicki het vertrouwen in zijn pc behouden had. En dat de bestelling naar Saoedi-Arabië vertrokken was uiteraard!

~

In alle geheim had Reinhard de Cessna omgebouwd. De belangrijkste week in zijn leven was aangebroken. Hoewel het bijzonder riskant was wat hij wou doen, had hij geen keuze als hij nog ernstig genomen wilde worden. Na de mislukte top in Reykjavik had de reporter in het hotel zelfs niet naar zijn mening gevraagd. Wat een ontgoocheling en affront voor Reinhard, de bedenker van de naam *vredesbeweging*! Was hij tot het einde van zijn dagen gedoemd om gezien te worden als een vrolijke kerel zonder knappe ideeën, en als iemand die afknapte op een mislukking? Welnu, de wereld zou de echte baron Reinhard Forel leren kennen!

~

Niemand, zeker ik niet, had in de mot wat Reinhard in het schild voerde. Die dagen werkte ik rustig verder in mijn kantoor, dikwijls in het gezelschap van Klaus. Hij wist me te vertellen dat Anoushka met Podborsky naar Sylvanië getrokken was. Toen ik hem vroeg of hij om die reden verdrietig was, trok hij de schouders op:
-"Het lot neemt wraak op het feit dat een eenvoudige burgerjongen zoals ik op Anoushka verliefd is. Vraag me niet wat het lot nog meer in petto heeft."
-"Het lot bestaat niet, Klaus," protesteerde ik, "en je bent geen eenvoudige burgerjongen!"
Ik praatte nog een poosje op hem in, maar het mocht niet baten.
-"Waarom zijn ze naar Sylvanië?" vroeg ik.

-"Podborsky onderhandelt over het concert van Anastasiya." Dat was het eerste wat ik daarvan hoorde; ik had gelezen dat er enorme oproer in Sylvanië was, maar niet dat de Sylvaanse regering overwoog het concert alsnog door te laten gaan!
-"Hoe is dat zelfs mogelijk?" vroeg ik aan Klaus.
-"In het Kremlin vindt een enorme machtsstrijd plaats. Gorbatsjov heeft een aantal tegenslagen gekend: de Perestrojka heeft de economische toestand van de Sovjet-Unie nog slechter gemaakt dan ze al was, wat door de Glasnost bovendien uitvergroot wordt. Uiteraard heeft de mislukte top in Reykjavik hem ook geen deugd gedaan."
-"Wat heeft het concert daarmee te maken?"
-"Jeltsin probeert de communistische landen in de periferie achter zich te krijgen. Hij wil ze nationalistischer en sterker maken, en hoopt dat hij hun kampioen wordt. Het is trouwens een publiek geheim dat hij om dezelfde reden binnen de Sovjet-Unie republieken met een eigen parlement wil creëren."
-"Ik begrijp dat een concert van Anastasiya in dat plaatje past, maar waarom is Anoushka meegegaan?"
-"Voor het imago van Podborsky natuurlijk. In de overeenkomst rond het eredoctoraat heeft Anoushka haar volle medewerking beloofd. In Sylvanië zal de rode loper uitgerold worden voor de 'troonopvolger die uit ballingschap weerkeert'. Belachelijk!" zuchtte Klaus.
-"Zo te horen verwacht hij iets van het concert."
-"Ja en neen," zei Klaus, "enerzijds heeft hij heel veel schrik van Anastasiya, maar anderzijds is zij de enige die de revolutie kan ontketenen die maakt dat hij koning kan worden."
-"Riskeert de zangeres zelf iets?" vroeg ik.
-"Ik vrees dat als de revolutie een feit is, ze niet meer veilig is, want Podborsky zal niet willen dat ze vanaf dat moment nog een rol speelt."
-"Als de revolutie uitbreekt, maakt hij dan meer kans dan de communisten?"
-"Ik denk het wel, maar het is ook mogelijk dat er een soort democratische republiek komt. Vergeet niet dat Podborsky in wezen een maffialeider is, en geen koning!" maakte Klaus zich boos.

De wereld keek gespannen naar Sylvanië. Het land kende momenteel grote opstanden en betogingen. Zou een concert van Anastasiya vrede brengen of revolutie? En kon de regering een concert weigeren?

~

Reinhards Cessna maakte een tussenstop op de Faeröer eilanden alvorens het zich naar Reykjavik begaf; hij wou dat de symboliek van zijn tocht volledig was. De omweg gaf hem ook tijd om na te denken: hoeveel kans maakte hij om dit te overleven? Maar zo mocht een baron niet denken; tallozen hadden zich dapper gedragen op de slagvelden van het verleden. Welnu, dit was een waardig slagveld; er waren voldoende kernkoppen om de wereld honderdmaal te vernietigen.

Alvorens in Reykjavik te landen maakte hij een kleine omweg langs het Hofdi huis. In de Cessna hadden de verwijderde passagierszetels plaatsgemaakt voor extra brandstoftanks, die hem een reikwijdte van twaalf honderd kilometer gaven in plaats van tweehonderdvijftig.

Na zijn landing zocht hij het Hofdi huis op. Het was gewoon gesloten. Toch voelde Reinhard zich verbonden met wat zich daarbinnen tussen Reagan en Gorbatsjov afgespeeld had. Het motiveerde hem om met zijn plan verder te gaan.

~

Frank Podborsky was heel dikwijls in Sylvanië, waar zijn machtsbasis was. Voor de Tweede Wereldoorlog strekte de clan zich uit over Sylvanië, Hongarije, Polen, Tsjechoslowakije en Roemenië. Sinds het huwelijk van koning Willem met de dochter van de toenmalige maffialeider heerste er een informele overeenkomst tussen de communisten en de clanleden: binnen Sylvanië werden die laatsten met rust gelaten, daarbuiten werden ze opgepakt en geëxecuteerd. Om die reden waren de maffiosi vanuit alle landen Sylvanië binnengestroomd, en stond het in de sterren geschreven dat het land een maffiastaat met een Podborsky als koning zou worden; Stalin was van plan geweest om het kleine, vergiftigde land vroeg of laat in te ruilen tegen een toegift van het Westen.

Het was echter helemaal anders gelopen dan de Podborsky's gehoopt hadden: hun koningin stierf in het kraambed samen met het kind. Vooraleer de Podborsky's van de schok bekomen waren, was Koning Willem met de Gentse Sylvia hertrouwd, die hij bij zijn bezoekjes aan de hertog Bernard Martin had leren kennen. Sylvia was op zich geen familie van de hertog, maar wel de beste vriendin van Cassandra, het nichtje van de hertog.

Hoewel na het huwelijk met Sylvia de Podborsky's nog steeds vriendelijk bejegend werden door koning Willem, gebeurden er plots akelige dingen op het paleis, wat zich in de ontvoering van Willems en Sylvia's kinderen culmineerde. Na een lange zoektocht naar de kinderen stierf op korte tijd koning Willem, hertrouwde Sylvia met Igor Podborsky, werden de kinderen dood teruggevonden en werd Frank Podborsky geboren.

In ruil voor het feit dat Frank Podborsky over de dividenden van de Vissermans mocht beschikken, moest hij zich in Gent ophouden als een soort vrijwillige banneling. Dat nam niet weg dat hij regelmatig korte bezoekjes aan Sylvanië bracht om zijn moeder te bezoeken en baas te blijven van de clan. Maar geheel zoals afgesproken, werd aan de bezoekjes van Frank geen enkele ruchtbaarheid gegeven, noch door hemzelf, noch door de Sylvaanse pers. De bevolking wist enkel dat de prins bestond; af en toe verscheen er een kleine foto van hem met sobere commentaar. Hoewel ze konden vermoeden dat die prins op een of andere manier bij de gruwelijke maffia betrokken was, hadden de burgers gedurende jaren geen concreet slechte dingen over hem gehoord.

Vandaag lapte Podborsky de modus vivendi tussen hem en de regering helemaal aan zijn laars. Zijn aankomst op de luchthaven van Sylvanië was door zijn handlangers volledig in scène gezet: het vliegtuig parkeerde zich op een afstand van de terminal, vlak aan de lange rode loper die voor hem uitgerold was. Van zodra de trap naar het vliegtuig gereden was, opende zich de deur en verscheen een zwaaiende prins Frank Podborsky. Hij had prinses Anoushka aan de hand. Ze was zo mooi en elegant dat je automatisch wist dat ze een prinses was. Onder grote belangstelling daalde het koppel de trap af. Zowel Frank als Anoushka hadden een zakelijk pak aan; het viel meteen op dat ze niet om sociale redenen naar het land gekomen waren.

Ze werden niet ontvangen door het officiële staatshoofd, koningin Sylvia, Franks moeder, maar door de eigenlijke leider, de communistische secretaris-generaal. Frank en Anoushka werden in stilte door Bezmenov, Geller en Otto von Habsburg gevolgd. De andere passagiers verlieten het vliegtuig via een andere trap. De vragen van de pers waren georkestreerd:

-"Koninklijke Hoogheid, introduceert u ons?" vroeg een ongeduldige reporter, een blik op Anoushka werpend.

-"Uiteraard," zei Podborsky, "ik dank u voor de eer u te mogen voorstellen aan Hare Hoogheid, prinses Anoushka de Vissermans."

-"Zijn jullie reeds lang samen?"

-"Jullie hebben sinds een paar jaar foto's getrokken bij elk van onze bezoeken aan liefdadigheidsacties. Ik hoop dat dat jullie vraag voldoende beantwoordt," zei Podborsky. Anoushka bevestigde met een hoffelijke glimlach.

-"Wat zijn jullie plannen?" probeerde de reporter. Podborsky herhaalde het antwoord dat hij al zo dikwijls gegeven had:

-"In onze kringen lopen dergelijke dingen veel te langzaam; we hebben wat dat betreft, nog veel van jullie te leren!" Het zinnetje onttrok zoals steeds een lach van het publiek.

-"Koninklijke Hoogheid," zei een andere reporter geheel volgens plan, "wij wensen u proficiat te wensen met het eredoctoraat."

-"Hartelijk dank. De Rijksuniversiteit Gent en ikzelf werken al vele jaren samen. Ik hoop uiteraard ooit mijn volle aandacht te kunnen richten op een universiteit in Sylvanië, te beginnen met er een op te richten!" Dat onttrok een enthousiaste lach en zelfs een

applausje. "Maar zoals u weet, ben ik vandaag om een andere reden naar Sylvanië gekomen."
-"Komt er een concert?" vroegen alle reporters nu met grote anticipatie.
-"Dat zullen de secretaris-generaal en ikzelf vandaag nog bespreken, maar zoals u kan zien, heb ik alvast de heer Yuri Bezmenov meegebracht, die de visie in deze materie namens de Sovjet-Unie, onze belangrijkste vriend en bondgenoot, zal vertolken, alsook de heer Efim Geller, de manager van Anastasiya." De aanwezigen juichten. Niemand stelde vragen over de rol van aartshertog Otto van Oostenrijk.

Podborsky's vertrouwen groeide; hij had zich perfect als toekomstig staatshoofd gepositioneerd.

~

Na een tussenstop in de Noorse stad Bergen, kwam Reinhard in Helsinki aan, waar hij zijn brandstoftanks volledig vulde. Aan de controller van het luchtruim liet hij weten wie hij was, waar hij vandaan kwam, en waar hij heenging: Stockholm. Op het moment dat hij over de Baltische Zee vloog, nam hij de grootste beslissing van zijn leven: hij schakelde de transponder uit, wat maakte dat zijn vliegtuig enkel nog zichtbaar was als metaal dat radargolven weerkaatste. Daarop zette hij koers naar Estland.

Estland was een van de drie Baltische Staten, die, zoals Jeltsin dat wilde, reeds stevig de nationalistische weg opgegaan waren. Dankzij de Perestrojka was politieke activiteit opnieuw mogelijk. Door een protest tegen de Sovjet-Unies intentie om fosfor te ontginnen, werd het onafhankelijkheidsstreven aangewakkerd. Heel specifiek eisten de betogers dat de inhoud van het Molotov-Ribbentrop Verdrag bekendgemaakt en veroordeeld zou worden. Met dat verdrag hadden Duitsland en de Sovjet-Unie Europa onder elkaar verdeeld een week voor Duitsland Polen binnenviel in 1939. De Sovjet-Unie kreeg volgens het verdrag de Baltische Staten, Bessarabië en de helft van Polen. Hoewel het verdrag in 1942 nietig verklaard werd, was de Sovjet aanwezigheid in de Baltische Staten enkel gefundeerd op dat verdrag. Het was de hete brij waar de Sovjet-Unie niet meer rond kon.

Op het moment dat Reinhard het luchtruim van Estland doorkliefde, was Estland echter nog volop lid van het Warschaupact, de verdedigingsalliantie van het Oostblok. Van zodra zijn vliegtuig op de Estse radar verscheen, contacteerde de controller de Cessna via de radio. Omdat er geen antwoord kwam, werden onmiddellijk twee gevechtstoestellen op hem afgestuurd.

Door een gat in de laaghangende wolken zag Reinhard de eerste glimp van een Mig gevechtstoestel. Het drong tot hem door dat het gevaar dat hij met nobele moed naast zich neergelegd had, nu akelig reëel geworden was. Hij was in paniek. Bevroren zoals een spin die zich voor dood hield, hield hij zijn koers aan. Intussen vroegen drie luchtdoelbatterijen de toestemming om hem neer te halen.

~

-"Dominique, waar is Reinhard? Wat heeft hij je verteld?" was het eerste wat ik hoorde toen ik de telefoon opnam. De paniekerige stem van zijn moeder was urgent en beefde. "Wat weet je, Dominique?" vroeg Markiezin Laetitia Forel voor ik de tijd kreeg na te denken.
-"Ik weet niets, mevrouw, euh, hooggeborene..." Voor ik de kans kreeg de aanspreektitel juist te formuleren, vroeg Laetitia:
-"Heeft hij je verteld dat hij ergens naartoe wou vliegen? Lag er iets op zijn gedachten?" Vliegen??
-"Excuseer me, hoogeb..."
-"Laat de aanspreektitels, Dominique, Reinhard is meer dan waarschijnlijk dood!" Ik hoorde haar huilen. Dood?? Ik viel achterover in mijn stoel. De klap was te veel. Het werd zwart voor mijn ogen. "Dominique, ben je daar nog?"
-"Ja," antwoordde ik enkel. Reinhard dood??
-"Vertel me iets over Reinhard," smeekte Laetitia.
-"Wel, hij was compleet overstuur door het mislukken van de top in Reykjavik; het was alsof zijn identiteit geraakt was, alsof hij nooit meer dezelfde zou zijn."

-"Hij is naar Reykjavik gevlogen, Dominique! Hoe je dat met een Cessna doet, weet ik ook niet. Heeft hij je daar iets over verteld?"

-"Neen, helemaal niet, behalve dat Reykjavik zijn absoluut moment van glorie had moeten worden."

-"Dat heeft hij aan ons ook verteld, Dominique. Na Reykjavik is hij naar Bergen gevlogen, en vervolgens naar Helsinki. Hij heeft zijn volledige voorbije route aan de controller doorgegeven, wat in het geheel niet nodig was. Het was als een soort testament." Laetitia huilde heel hard, alsof ze nu pas besefte dat Reinhard het als afscheidsbrief kon bedoeld hebben. "Wat was er met hem gaande, Dominique?"

-"Ik wil het niet erger maken dan het is, maar misschien probeerde hij indruk op de zangeres te maken. Ik zeg maar wat. Maar waarom denkt u dat Reinhard dood is?"

-"Zijn vliegtuig gaf geen signaal meer, Dominique! Kort nadien was er een melding van een olievlek op de Baltische Zee, op de plaats waar hij verdween. Redders zijn op weg. Oh, Dominique, dit is hopeloos!"

-"Waar in de Baltische Zee?" vroeg ik meteen met gekrompen keel.

-"Hij had verteld dat hij naar Stockholm zou vliegen, Dominique. In plaats daarvan is hij recht op Estland afgevlogen. Waarschijnlijk is hij neergeschoten! Finland wacht nu enkel op een bericht vanuit Estland. Wat wou hij in Estland, Dominique, vertel het mij alstublieft!"

Niets was zo erg dan een beste vriend te verliezen en geen antwoord op de vragen van de wanhopige moeder te kunnen geven. Klaus had intussen beseft dat er iets zeer ernstigs aan de hand was. Ik gaf hem de telefoon door. Maar ook hij had geen enkel antwoord. Ik bleef achter met een schuldgevoel: waarom had ik Reinhards beslommeringen niet ernstig genomen? Mijn gedachten lagen aan stukken.

~

Omdat er visueel contact met de Cessna was, hadden de luchtdoelraketten geen toestemming gekregen om hem neer te halen. De piloot die Reinhard door een gat in de wolken gezien had, had de beschrijving van een YAK-12 doorgegeven, een éénmotorig sportvliegtuig met hoge vleugels. Omdat het niet eenvoudig was voor een vliegtuig dat aan Mach 2 kon vliegen, om naast of achter een trage Cessna te blijven, bleef het bij die beschrijving. De kans was groot dat het toestel door een belangrijk individu uit de Sovjet-Unie bestuurd werd. De Cessna kreeg een nummer toegekend; men zou het in het oog houden en hopen dat men op een later tijdstip een betere identificatie kreeg. Reinhard vatte moed uit het plotse verdwijnen van zijn belagers.

Vervolgens vloog hij een poosje heel laag om de wolken en ijsafzetting op de vleugels te vermijden. Toen hij opnieuw op een veilige hoogte van vijfentwintig honderd voet vloog, werd hij opnieuw door een gevechtsvliegtuig onderschept. Hij schrok toen het zwarte puntje in de verte met een onheilspellende dreun over hem scheurde. Terwijl het een bocht maakte, besefte Reinhard dat hij in de situatie beland was waarin hij zou worden neergeschoten. Hij was in blinde paniek maar beschoten werd hij nog niet. De piloot van de Mig ontplooide de vleugels, vouwde het landingsgestel uit en zette de flappen volledig open om op het randje van een gevaarlijke stall naast Reinhard te kunnen vliegen. Er was visueel contact tussen beide piloten. De piloot van de Mig deed teken dat Reinhard zijn radio moest aanzetten, wat die laatste begreep noch deed. Alvorens zijn vliegtuig te versnellen, gaf de gevechtspiloot een haastige beschrijving van Reinhards vliegtuig aan de controller door, waarbij hij de Belgische vlag niet herkende. De controller besloot geen actie te ondernemen.

Reinhard besefte nu dat hij in een hopeloos wespennest beland was. Verlamd door de angst bleef hij echter bij zijn plan. Voorlopig was zijn geluk onder meer te danken aan een incident dat zich een paar jaar eerder voorgedaan had, toen een Sovjet gevechtsvliegtuig een Zuid-Koreaanse Boeing met tweehonderdnegenennegentig passagiers neerhaalde. De diplomatieke schade was zo groot geweest, dat sindsdien de toestemming van de Sovjet legertop nodig was om een burgertoestel neer te halen. Die dag echter was Minister van Defensie Sokolov samen met de legertop in Oost-Berlijn voor een vergadering van het Warschaupact. Sokolov was lid van het Politbureau en tevens het speerpunt van de machtige groep die oppositie voerde tegen de hervormingen van Gorbatsjov. Zonder dat Sokolov het besefte, kampte het grootste leger ter wereld momenteel tegen een sportvliegtuigje. Met zijn job als inzet.

In het gebied van Pskov waren er die dag opleidingen aan de gang. Omwille van de chaos werden alle vliegtuigen die hun transponder niet hadden aanstaan, automatisch als vriend gemarkeerd. Reinhard kon om die reden zijn weg verderzetten naar de spoorlijn tussen Leningrad en Moskou.

~

Omdat de familie uitzinnig in het rond belde, kreeg ik verschillende telefoontjes met de melding dat duikers onder de olievlek aan het zoeken waren. Er was geen spoor van het vliegtuig. Ik maakte mezelf de bedenking dat toch iets moest blijven drijven na een grote klap; het vliegtuig zat immers vol met holle ruimten en materialen die lichter waren dan water. Dat ze niets vonden, was dus goed nieuws! Reinhard was niet neergestort, vertelde ik aan iedereen die het wilde horen. Maar waar was hij dan in godsnaam?

Klaus mompelde op een gegeven moment:

-"Reagan, Gorbatsjov. Hij zal toch zo gek niet geweest zijn om naar..." Het was een huiveringwekkend idee. Klaus maakte zijn zin niet af; hij belde onmiddellijk naar Nikki.

-"Je meent het niet, Klaus, hoe kan hij zo dom zijn; dat overleeft hij nooit!" snikte ze, "heb je enig idee wat zijn bedoeling is?"

-"We vermoeden dat het iets met de mislukte top in Reykjavik te maken heeft." Nikki dacht snel na:

-"Geef me alle details over wat je weet van zijn vlucht, zoals het uur van vertrek uit Helsinki. Ik ken de snelheid van een Cessna. Mocht Reinhard de vlucht overleven, moet voor zijn veiligheid het exploot onmiddellijk de wereld ingezonden worden."

-"Ik bel je terug," beloofde Klaus. Nikki contacteerde onmiddellijk de Amerikaanse ambassade.

~

Halverwege tussen de trainingszone en de spoorlijn van Leningrad naar Moskou werd Reinhard opnieuw opgemerkt ter hoogte van het Seligermeer, een populair vakantieoord. De gevechtsvliegtuigen die uitgestuurd werden, durfden echter niet door de wolken naar het traag vliegende toestel af te dalen. Op die manier bereikte Reinhard de spoorweg, die hij nu enkel hoefde te volgen.

Ter hoogte van Torzhok had hij opnieuw geluk. Zijn vliegtuig werd verkeerdelijk aanzien voor de reddingshelikopter die naar een verongelukt vliegtuig speurde. Neerstortende vliegtuigen waren een groot probleem in de Sovjet-Unie. Het land had tot kort daarvoor enkel de crashes met buitenlandse passagiers gerapporteerd, en dat waren er reeds twee per jaar. Dankzij de Glasnost kwamen de burgers nu te weten dat er in de eerste vijf maanden van dat jaar reeds zeven vliegtuigen neergestort waren.

Reinhard had niet in de mot dat hij sinds zijn laatste treffen met een Mig, reeds viermaal geluk gehad had. Met hernieuwd optimisme zette hij zijn weg verder naar Moskou.

~

Rond de tafel zaten de secretaris-generaal, de minister van Propaganda, prins Frank Podborsky, Efim Geller, Yuri Bezmenov en Aartshertog Otto van Oostenrijk.

Anoushka, eenzaam in haar hotel, zapte door de drie zwartwit televisiekanalen die Sylvanië rijk was. Het was zo saai als zij verwacht had... tot ze zelf in beeld kwam aan de hand van Podborsky. Dat bedroefde haar. Toen de reportage vervolgens beelden toonde van haar en Podborsky op de luchtdoop, zette ze de televisie uit. Ze stemde de radio af op Radio Free Europe. Straks zou ze het meest onwaarschijnlijke bericht horen. Voorlopig echter observeerde ze vanuit haar hotelkamer de chaos in de straten. Tussen het rumoer van de manifestatie door hoorde ze de mensen Anastasiya's *Sylvania Freedom* zingen. De burgers in het Oostblok manifesteerden weliswaar op een meer beschaafde manier dan in het Westen, maar het land kon niet dichter bij een revolutie staan dan dit.

Na de introducties stak de secretaris-generaal van wal:

-"U had een bijzonder merkwaardig voorstel, kameraad Bezmenov. Kan u dat voor iedereen rond de tafel nog eens uit de doeken doen?" Bezmenov formuleerde het positief; hij moest zijn toehoorders niet overtuigen dat Sylvanië grote problemen had en haar leiders onder reusachtige druk stonden:

-"Uw regering heeft de mogelijkheid om in één klap driemaal te schitteren. In plaats van achterop te hinken tegenover Hongarije, Polen en de Baltische Staten, kan u bewijzen dat Sylvanië met vertrouwen de stap voorwaarts durft te zetten. U hebt daarbij de volle steun van Michaïl Gorbatsjov en Boris Jeltsin."

-"Het doet me plezier dat te horen, kameraad Bezmenov," antwoordde de secretaris-generaal, maar u begrijpt dat het Kremlin, als ik recht voor de raap mag zijn, in een paleisrevolutie zit. Als de behoudsgezinden winnen, moeten wij alle toegevingen weer terugdraaien." En verloor hij zijn job, zei de secretaris-generaal er niet bij. Zijn angst zorgde voor de teneur van de vergadering en was meteen het eerste probleem.

-"Een paleisrevolutie is grotesk uitgedrukt, maar misschien is dat het goede woord," lachte Bezmenov, "in elk geval, hoe die paleisrevolutie ook uitdraait, willen wij dat de hele operatie niet enkel politiek veilig is voor jullie, maar bovendien versterkend." Bezmenov had duidelijk overdreven maar dat werd hem in een onderhandeling niet kwalijk genomen.

-"Hoezo, kameraad Bezmenov?" vroeg de Minister van Propaganda kritisch.

-"Om te beginnen," antwoordde Bezmenov, "zal de regering dit initiatief arm in arm dragen met haar toekomstige koning. Het volk houdt van eensgezindheid tussen de enige leiders die het zich kan voorstellen."

-"Dan zal Anastasiya aan dat beeld moeten meewerken," antwoordde de Minister van Propaganda streng. Nu kwam echter haar manager tussen:

-"U begrijp dat na alles wat Anastasiya reeds gezegd en gezongen heeft, zij absoluut zal weigeren om haar ziel te verkopen!"

-"Dan kan u haar concert vergeten!" riep de minister. Bezmenov bedaarde:

-"Heren, kalmte, er is een tussenoplossing: ik stel voor dat Anastasiya het lied Sylvania Freedom niet zingt, waarmee zij jullie impliciet steunt." Zowel Geller als de regeringsleden mopperden. De vergadering zat dus meteen met een tweede probleem. De secretaris-generaal formuleerde het plots hard:

-"U begrijpt dat áls dit concert doorgaat, zowel Anastasiya, mijnheer Geller als mevrouw de consul volledig voor een nette afloop van het concert verantwoordelijk gehouden zullen worden. Wij willen trouwens absoluut weten wie de zangeres is voor het concert doorgaat!"

-"Daar is geen enkele sprake van," riep Geller, "het belang van de anonimiteit van de zangeres is groter dan heel Sylvanië!" Het was het derde twistpunt. Bezmenov matigde opnieuw:

-"Heren, Anastasiya is een gemaskerde artieste zoals alle andere in de show. Ik geloof zelfs niet dat de rol van Anastasiya elke keer door dezelfde artieste gespeeld wordt; er zijn namelijk een pak nummers waar 'Anastasiya' gewoon meezingt. Laat ons daar niet over struikelen." De regeringsleden bonden op dit punt in; ze wisten genoegzaam dat de identiteit van Anastasiya nooit prijsgegeven zou worden.

-"We willen wel de namen van alle artiesten," zei de secretaris-generaal.

-"Die krijgt u, net zoals elk ander gastland," antwoordde Geller. Nu kwam echter Podborsky tussen:

-"U laat ons geloven dat de zangeres geen buitengewone persoonlijkheid heeft, dat zij niet iemand is die het gezag naar zich toe kan trekken in een revolutie?!" De regeringsleden huiverden bij het woord.

-"Zo is dat," zei Geller, "ze is een gewoon meisje met heel veel artistiek talent; als u ze ooit ontmoet, na haar carrière dan, zal u versteld staan van waar u schrik van had."

-"Dat geloof ik niet!" riep Podborsky.

-"Wel, dan ben ik trots op mijn marketing," lachte Geller, "als zelfs u dat gelooft, Koninklijke Hoogheid!" Podborsky bond in; hij wou tenslotte dat het concert doorging waarvoor hij het krediet zou krijgen. Het was een vogel in de hand. Over de toekomst speculeren, was trouwens voorbarig; een revolutie kon even goed zonder de zangeres tot stand komen. In het geval van een revolutie was een democratische monarchie met Podborsky's moeder als koningin trouwens de meest waarschijnlijke uitkomst. Als daarbij Frank Podborsky als legitiem troonopvolger erkend werd, zou zijn moeder plaats voor hem ruimen en naar Gent terugkeren; dat was altijd haar bedoeling geweest.

-"Om terug naar het onderwerp te keren," vroeg de secretaris-generaal, "zijn jullie akkoord dat Anastasiya, mijnheer Geller en mevrouw de consul verantwoordelijk voor de goede afloop zijn?" Bezmenov keek naar Geller. Die knikte, wat moedig was.

Daarmee was het concert echter nog niet goedgekeurd; de regering moest nog overtuigd worden dat er voldoende redenen waren om het risico te nemen.

-"Het concert zal het volk kalmeren," beloofde Bezmenov, "u moet enkel tonen dat u niet in het defensief staat maar integendeel het gebeuren volledig steunt. Beloof meteen een jaarlijks concert!"

-"Brood en spelen," voegde de Aartshertog daar lachend aan toe. Het was zijn eerste tussenkomst. Plots bekeek de Minister van Propaganda het concert vanuit een andere hoek. Hij herkende inderdaad wat hij zijn hele leven geprobeerd had: brood en spelen; de kranten had hij vol laten schrijven met alle mogelijke overwinningen en successen. Een concert was natuurlijk iets anders dan een olympische medaille... Hij twijfelde maar zei niet neen.

-"Dan komen we nu aan de tweede goede reden om het concert te organiseren," zei Bezmenov, "de Duitsers." Dat probleem had de regering al veel te lang voor zich uitgeschoven. Honderdduizend Oost-Duitse toeristen hadden zich intussen rond het Balatonmeer verzameld. Ze kochten hun eten met Oostmarken, waar Sylvanië niets aan had. Omdat ze er zich geen rekenschap van gaven dat hun tentjes de Sylvaanse winter niet konden trotseren, waren de kampeerders bovendien niet van plan om snel naar Oost-Duitsland terug te keren. Sylvanië kon de Oost-Duitsers ook niet manu militari terugsturen; omdat ze bij hun thuiskomst door de Stasi ingerekend zouden worden, zou de weerstand tegen hun deportatie maximaal zijn.

-"En hoe denkt u dat probleem op te lossen, kameraad Bezmenov?"

-"Ik laat de aartshertog aan het woord," zei Bezmenov. Die laatste was geen onbekende; als voorzitter van de Paneuropese Unie had hij de Sylvaanse regering reeds verschillende keren gevraagd om het IJzeren Gordijn symbolisch te openen, waarbij een groep Oostenrijkers te voet de grens zou mogen oversteken. De Sylvaanse regering had haar principieel akkoord gegeven; het initiatief paste in het ruime plaatje van de Perestrojka. Maar ze had de stap nog niet durven zetten.

-"Onze organisatie heeft, zoals u weet, het objectief de Europeanen samen te brengen," zei de aartshertog, "het zou voor ons een droom zijn als dat rond een prachtig concert van Anastasiya kon gebeuren. Wij hebben sinds 1923 veel meer geld verzameld dan uitgegeven." Hij had de aandacht van de secretaris-generaal en de minister; met geld loste je veel problemen op.

-"Wat is uw concreet voorstel?" vroeg de secretaris-generaal benieuwd.

-"Wij zijn bereid al uw problemen met de Oost-Duitsers op te lossen als u een concert toestaat met hen, de Sylvaniërs, en... de Oostenrijkers."

-"De Oostenrijkers??" riep de secretaris-generaal verschrikt. De aartshertog beantwoordde de vraag met een vraag:

-"Sylvanië is toch perfect in staat om tweehonderd Oostenrijkers de grens te laten oversteken, een concert bij te laten wonen en terug naar huis te laten keren?!" De secretaris-generaal gaf toe dat hij dat kon, maar had een bezorgdheid:

-"Welke Oostenrijkers? Wij willen namelijk geen spionnen, subversievelingen of hooligans!"

-"Die willen wij in het Westen eigenlijk ook niet," kon Geller zich niet laten. De communisten hadden het sarcasme niet door. De aartshertog vervolgde:

-"Ik kan zorgen voor tweehonderd progressieve professoren die met een dergelijk bezoek graag hun wijsheid over het Oostblok kracht bijzetten."

-"Dat klinkt goed," zei de secretaris-generaal streng, "maar ze moeten allen een visum aanvragen." De aartshertog knikte instemmend. "Maar wat hebben die Oostenrijkers met de Oost-Duitsers te maken? Hoe wilt u ons probleem met die laatsten oplossen?"

-"Wij willen de Oost-Duitsers erbij; hoe meer nationaliteiten, hoe beter. Hier is hoe wij jullie probleem zullen oplossen: wij beloven vooreerst medische hulp aan de Oost-Duitsers. We beloven hen eveneens dat ze na het concert een mooie koffer met Westerse spullen en Westmarken krijgen, en dat een veilige terugtocht naar huis verzekerd is."

-"Een veilige terugtocht?! Hoe hoopt u dat te bereiken?"

-"Ik heb met de Oost-Duitse regering gesproken. Als deze winter onder de kampeerders een gigantische humanitaire crisis uitbreekt, betekent dat een eindeloos gênante situatie voor Oost-Duitsland. Als integendeel de burgers op een nette manier spontaan terugkeren, betekent dat reclame voor het land."

-"En ze zijn akkoord?" vroeg de secretaris-generaal.

-"Zou u in hun plaats niet akkoord zijn?" vroeg Bezmenov.

-"Kameraad Bezmenov, kan u bevestigen dat Oost-Duitsland de veilige terugtocht garandeert?" vroeg de secretaris-generaal voor alle duidelijkheid. Bezmenov haalde een document boven en overhandigde dat aan de secretaris-generaal. Het was ondertekend door Erich Mielke zelf!

-"Laat me als conclusie de zaken nog even op een rijtje zetten," zei Bezmenov. "Jullie staan een concert van Anastasiya toe waardoor jullie het probleem van de protesten oplossen, de Duitsers weer naar huis krijgen en Sylvanië een modern imago aanmeten."

De secretaris-generaal hapte echter niet toe; de angst om voor het verkeerde kamp gekozen te hebben in het geval Gorbatsjov een paleisrevolutie verloor, zat er te diep in:

-"Wij zullen erover nadenken." De woorden van de secretaris-generaal klonken te vertrouwd in de oren van de aartshertog; ze betekenden nieuw uitstel.

~

De Sovjet-Unie had voor alles zijn feestdagen. Het was een merkwaardig toeval dat een Westers sportvliegtuig het hart van het land binnendrong op 28 mei, de Dag van de Verdediging van de Grenzen. Een dergelijke dubbele vernedering kwam extra hard aan na de recente bekendmaking van intussen vier gezonken duikboten in de jaren tachtig en een waanzinnig aantal neergestorte vliegtuigen. Een jaar eerder was een kernreactor ontploft die haar radioactiviteit tot in Zweden rondgestrooid had.

In de hiërarchie van de communistische partij was geen kennis om goede beslissingen te nemen, en in de economie geen middelen om ze uit te voeren. Voor Gorbatsjov was het echter aartsmoeilijk om aan de verziekte politieke piramide te tornen; de persoonlijke connecties tussen de leidinggevenden vormden de koppige lijm die de blokjes van incompetentie en nutteloosheid stevig op hun plaats hield.

De grootste weerstand tegen verandering, en dus tegen Gorbatsjov, kwam van het leger, en dat om twee redenen: enerzijds werden de generaals minder urgent met de wantoestanden geconfronteerd dan de apparatsjiks die het land draaiende hielden. Anderzijds dreigde het leger aan belang te verliezen met de ontspanning tussen Oost en West.

Maar vandaag had dat leger dus een blunder van formaat begaan: Reinhard vloog ongehinderd rond over de stad waar nooit een vliegtuig te zien was. Het kostte hem verrassend veel moeite om het nochtans gigantische Kremlin te vinden. Pas na een half uur zoeken dook de meer dan twee kilometer lange ommuring op van het zevenentwintig hectaren grote fort dat vijf paleizen en vier kathedralen herbergde.

~

Het had Nikki grote moeite gekost om de Amerikaanse ambassade in Brussel te overtuigen haar een versleutelde communicatie te laten voeren met de Amerikaanse ambassade in Moskou. Daar gaf ze urgente instructies en kreeg ze dezelfde vragen:

-"Goed, maar waarover gáát dit in 's hemelsnaam, mevrouw de consul, als ik vragen mag?"

-"Ik wil de verantwoordelijkheid voor wat in Moskou aan het gebeuren is, op mij nemen mocht ons gesprek ooit uitlekken. Maar als jullie weten waarover dit gaat, zullen jullie zich om diplomatieke redenen verplicht voelen het gebeuren onmiddellijk aan de Russen te melden."

-"En wat is het probleem daarmee?"

-"Dan zal er iemand sterven," stelde Nikki met grotere zekerheid dan ze had.

-"En anders niet?"

-"Neen, tenminste niet op enige manier die momenteel te voorzien is." Dat was een leugen en een gok, maar nu dacht ze enkel aan de veiligheid van Reinhard; hij mocht niet uit de lucht geschoten worden.

-"Luister, wij willen geen weet hebben van een feit dat later een massacre blijkt te zijn."

-"De verantwoordelijkheid is geheel voor mij. Jullie zullen pas in de grote problemen komen als jullie niet doen wat ik zeg."

-"Wij zullen doen wat u vraagt, mevrouw de consul, maar u begrijpt dat hier nadien een hartig woordje over gepraat zal worden; wij laten ons niet gemakkelijk op deze manier bevelen geven!"

-"Hartelijk dank, ik heb begrip voor uw standpunt. En nog iets:"

-"Ja?"

-"Typ onze conversatie niet op een schrijfmachine."

-"Waarom niet?" vroeg de ambassadeur verwonderd.

-"Jullie betrekken een gebouw dat jullie door de Russen hebben laten bouwen. De muren zitten vol afluisterapparatuur die jullie getokkel op klavieren registreert. Via computers, Amerikaanse computers moet ik er ironisch bij vertellen, worden aan de hand van het geluid en de tijdsintervallen op het klavier de teksten gereconstrueerd."

-"Dat geloof ik niet!" riep de ambassadeur, "van wie hebt u dat?"

-"Van een pas overgelopen Sovjet agent. De naam is voor later; dat begrijpt u." De ambassadeur was geschokt:

-"Ik laat dit onmiddellijk controleren; u hebt vandaag waarlijk grote uitspraken gedaan, mevrouw de consul."

-"Ik heb gedaan wat ik moest doen," zei Nikki assertief.

~

Er was plaats genoeg om te landen. De veiligste plaats was binnen het Kremlin zelf. Reinhard besefte echter dat als hij daar zou landen, hij met zijn vliegtuig zou verdwijnen; het avontuur zou toegedekt worden alsof het nooit had plaatsgevonden. De meest evidente plaats om te landen, was daarom het Rode Plein, het hart van het hart van de Sovjet-Unie, de plaats van de grote militaire parades en toespraken. Momenteel liepen er honderden toeristen met fototoestellen rond.

~

De CIA officieren Bill en Derek hadden zich vloekend naar het Rode Plein begeven. In Moskou was het niet evident om zich te verplaatsen zonder gevolgd te worden, laat staan te fotograferen en te filmen op het Rode Plein zonder dat het filmmateriaal geconfisqueerd werd, tenzij je iets onschuldigs filmde. Maar wat vandaag gefilmd moest worden, was niet onschuldig, had de ambassadeur gezegd. De opdracht klonk absurd: de officieren moesten iets spectaculairs filmen waarbij geen slachtoffers zouden vallen. Ze hadden er het raden naar of ze zelfs op de juiste plek stonden. In elk geval hadden ze in deze urgentie situatie hun achtervolgers niet kunnen afschudden. Ze hoopten dat wat dat spektakel ook mocht zijn, het zo spectaculair was dat hun achtervolgers afgeleid werden.

-"Lieve hemel, wat is dat?" riep Bill. Uit de hemel dook een sportvliegtuig recht naar het Rode Plein! Derek hield het hoofd koel:

-"Kom Bill; naar de nieuwe locatie, nu!" terwijl iedereen naar het vliegtuig keek, verplaatsten Bill en Derek zich naar de nieuwe locatie, eerder dan te filmen hoe het toestel vijf meter boven de grond over het plein scheerde.

-"Een Cessna!" riep Bill.

-"Uit België!" voegde Derek daaraan toe. Dit kon toch niet aan het gebeuren zijn?!

Bill en Derek hadden hun achtervolgers afgeschud. Wanneer dit gebeuren voorbij was, zouden ze de film uit hun toestellen moeten halen en afgeven aan een politieagent. Alleen zou de juiste film tegen dan in hun broek zitten.

~

De politiechef op het Rode Plein was woedend. Waarom had niemand hem hiervan verwittigd? Zoiets stond in elk geval niet in de procedures; dit moest een filmopname zijn. Hij zou beginnen met die alvast niet te verstoren, wat hij sowieso niet kon. Maar wat moest hij doen met de mensen op het plein? Was hun reactie deel van de film of moest hij ze wegjagen? Met zijn walkietalkie kon hij enkel ondergeschikten bereiken. Daar had hij niets aan, integendeel: die ondergeschikten stelden nu dezelfde vragen aan hem! Dat hield hem lang bezig. Intussen observeerde hij in complete radeloosheid wat er aan het gebeuren was.

~

Met zijn scheervlucht probeerde Reinhard het volk weg te jagen; hij had ruimte nodig om te landen! Toeristen filmden hoe Reinhard een paar meter boven de hoofden van de mensen scheerde, weer optrok en een bocht maakte. Hoewel de mensen stappen achteruit zetten, stonden ze opnieuw in de weg op het moment dat Reinhard de landing inzette. Reinhard vloog driemaal heel laag over het Rode Plein. Tevergeefs.
-"Kan je dat geloven, Derek, die Belg probeert te landen op het Rode Plein!"
-"Hier is een nieuw rolletje film, Bill. Wat we hebben, hebben we. Ik stuur intussen een bericht naar de ambassade." Dat bericht was een code: *positief*. Wat er precies aan het gebeuren was, kon Derek niet meegeven.

~

Reinhard was hopeloos; voor zijn eigen veiligheid móest hij onder het oog van de camera's landen, maar hij kreeg geen ruimte! Als door een mirakel bood zich een alternatief aan. De Bolshoy Moskoveretsky brug, die grensde aan het Rode Plein, was normaal volledig door elektrische kabels voor trolleybussen overspannen. Toevallig was die dag de middelste sectie van de draden verwijderd voor onderhoud. Dat er zeer weinig verkeer op de brug was, had minder met geluk te maken; de Sovjet-Unie produceerde jaarlijks slechts anderhalf miljoen auto's voor meer dan driehonderd miljoen inwoners. Een kwart van die auto's werd bovendien geëxporteerd.

Reinhard mikte het vliegtuig precies in het gat van de middelste sectie. Bij het landen stak hij een eenzame automobilist in een Lada voorbij. Even was er oogcontact. De chauffeur schrok zich te pletter. Tot opluchting van Reinhard vervolgde de man gewoon zijn weg. Op een parkeerplaats voor touringcars, vlak voor de iconische Basiliuskathedraal met haar kleurrijke geribbelde koepels, het belangrijkste culturele symbool van het land, deed hij drie rondjes om zijn as en bracht hij de Cessna tot stilstand.

~

Bij het ontvangen van de code belde de ambassadeur onmiddellijk Nikki op:
-"Wat u verwacht had, is blijkbaar gebeurd, maar ik weet niet wat het is. Dat mag u nu wel vertellen!"
-"Reinhard leeft nog!" schreeuwde Nikki. Ze huilde luid van ontroering. "Excuseert u me, ik moet eerst naar zijn mama bellen."
-"Kan u op zijn minst vertellen wat er gebeurd is?" vroeg de ambassadeur met cassante stem, maar Nikki was al met Laetitia aan het telefoneren:
-"Hij leeft nog!" riep ze. "Hij is gezond, en…" Ook Laetitia barstte in huilen uit. Nikki gaf haar de tijd.
-"Wat is er gebeurd, Nikki?"
-"Hij is met een Cessna op het Rode Plein geland!"
-"Wat??"
-"Ik heb geen enkel detail, maar ga ervan uit dat hij een paar jaar gevangenisstraf krijgt. Sorry, maar ik moet u nu even laten." Onmiddellijk daarna had Nikki opnieuw de ambassadeur aan de lijn:
-"Excuseert u me, mijnheer de ambassadeur."

-"Ik heb begrip voor de emoties," zei de man, "enfin, eigenlijk niet want ik heb geen enkel idee van wat er gebeurd is!!"
-"Een goede vriend van me is met een Cessna over het IJzeren Gordijn gevlogen en is op het Rode Plein geland."
-"Wat??" de ambassadeur dreigde te hyperventileren; dit was een crisis zonder weerga. "Geef me alle details!" riep hij.
-"Hij heet baron Reinhard Forel, is tweeëndertig jaar oud, Belg, schatrijk, en houdt zich enkel met liefdadigheid bezig. Hij is een zeer goede piloot en is vanuit België via Reykjavik naar Helsinki gevlogen, en vandaar naar Moskou."
-"Wat een risico! Hoe is zoiets zelfs mogelijk! En waarom toch?"
-"Hij is de bedenker van de naam 'vredesbeweging' en nam het mislukken van de top heel persoonlijk. Ik vermoed dat hij met Gorbatsjov wil spreken."
-"Lieve God!" zei de ambassadeur, "hoe moet ik dit oplossen?"
-"Om te beginnen moeten de beelden verspreid worden; de Sovjet-Unie mag niet kunnen ontkennen dat Reinhard effectief op het Rode Plein geland is!"

~

In het zeventigjarig bestaan van de Sovjet-Unie was er niets dat de logheid van haar bureaucratie beter bewees dan dat Reinhard gedurende twee uur ongehinderd met Russen en buitenlandse toeristen mocht praten. Terwijl hij handtekeningen uitdeelde, zelfs boeken tekende, en uitgebreid gefilmd en gefotografeerd werd, was het collectieve apparaat radeloos op zoek naar wat het moest doen. De leiders waren op dat moment in Oost-Berlijn op een vergadering van het Warschaupact.

De enige procedure die door de politie gevolgd werd, was dat als er iets uitzonderlijks gebeurde, dat niet gefilmd of gefotografeerd mocht worden. Ze omsingelden het hele Rode plein en namen met zachte maar assertieve hand alle materiaal in beslag. Behalve dat van Bill en Derek. Nog vóór Reinhards arrestatie waren de eerste beelden in het Westen. Daarmee was de doos van Pandora geopend: de Sovjet-Unie werd onvermijdelijk voor de ogen van de hele wereld belachelijk gemaakt.

~

Heel Gent keek met ongeloof naar de beelden; hún Reinhard Forel! Waarom had hij dit gedaan? Wat zou er met hem gebeuren? De commentatoren hadden geen enkel idee. En evenmin over wat dit betekende voor Gorbatsjov en de Sovjet-Unie.

Voor baron en markiezin Didier en Laetitia Forel was hun zoon verrezen uit de dood. Tezelfdertijd dreigde hij nu te verdwijnen in een Russische kerker. Ze vonden dat hij er goed uitzag, en zelfs gelukkig. Dat was alvast iets.

Bij de Belgische ambassade in Moskou moesten ze voorlopig geen hulp zoeken; die had nog niet eens de beelden gezien.

In Sylvanië stonden Anoushka, Geller, Podborsky, Aartshertog Otto van Oostenrijk en Bezmenov met open mond naar de televisie te kijken.

-"Van het ene probleem naar het andere," zuchtte die laatste. Ook hij kon enkel raden naar de gevolgen.

De enige die niet stilzat, was Nikki. Haar hele leven had ze macht, gezag en krediet verzameld. Als ze Reinhard wou redden, moest ze haar fortuin inzetten op iemand die haar niet meer zag staan sinds de dag dat ze voor hem gevallen was.

Nikki keek naar het macramé hartje dat Reinhard voor haar gemaakt had. Ze had gebeefd op het moment dat het kleine meisje het haar overhandigd had. Dat had Reinhard gezien. Maar het hartje zag er authentiek uit. Ze geloofde dat hij haar echt graag zag.

~

Reinhard werd gearresteerd op het moment dat hij reeds een wereldheld was. De politieagenten hadden de boodschap gekregen dat hem niets mocht overkomen. Aan de manier waarop ze hem vastnamen, dacht je dat ze dat deden voor zijn eigen veiligheid.

Hijzelf zat nog volop onder de adrenaline en besefte niet dat hij naar een cel van nog geen drie vierkante meter vertrok. Hij vroeg niet naar Michail Gorbatsjov; iemand op het Rode Plein had hem verteld dat die in Oost-Berlijn was. Het drong voor het eerst tot hem door dat hij daardoor dom geleken had. Zijn euforie temperde snel.

ANASTASIYA

Als Gorbatsjov één ding geleerd had in zijn ambt, dan was het dat hervormingen snel moesten gebeuren; hij moest de apparatsjiks in snelheid nemen, ze met andere woorden geen kans geven om zich tegen hem te organiseren. Aan dezelfde snelheid waarmee hij ooit tot secretaris-generaal verkozen werd, ontsloeg of degradeerde hij onmiddellijk na Reinhards landing meer dan driehonderd generaals, inclusief de oppergeneraal van de Luchtmacht, Alexander Koldunov. Hij ontsloeg zelfs Minister van Defensie Sergei Sokolov, die lid van het Politbureau was. Gorbatsjovs zet was enkel politiek gemotiveerd; hij decimeerde de tegenstand tegen hem en zijn hervormingen. Voortaan was hij de onbetwiste baas in de Sovjet-Unie.

De directe maatregelen tegen een herhaling van wat op het Rode Plein gebeurd was, beperkten zich tot het invoeren van een extra politiecode 'landing van een vliegtuig'. Zo werkte de bureaucratie in de Sovjet-Unie.

~

Dat Gorbatsjov de absolute baas in de Sovjet-Unie geworden was, bleek onmiddellijk in de tweede vergadering over het concert. De secretaris-generaal van Sylvanië nam het woord:

-"Wij hebben intussen ruimschoots de mogelijkheid gehad te delibereren over het concert, en de beslissing is gevallen: het concert mag van ons doorgaan."

-"Ik dank u namens Gorbatsjov en Jeltsin om de hervormingen te steunen," zei Bezmenov, "uw regering zal het respect krijgen dat het verdient." Geller gaf met een knik zijn akkoord.

-"Ze mag echter niet het Sylvania Freedom zingen," zei de Minister van Propaganda.

-"Dat kan ik u niet beloven," zei Geller, "Anastasiya's ziel is niet te koop."

-"Aha," zei Podborsky, "nu zegt u dat ze een eigenzinnige vrouw is die zelf haar beslissingen neemt. Vorige keer zei u nog dat ze een eenvoudige artieste was."

-"Luister," zei Bezmenov, "jullie hanteren een oude manier van denken. In het Westen werden vroeger ook allerlei liedjes verboden. Dat heeft het tegenovergestelde effect gehad."

-"En wat is de moderne manier, kameraad Bezmenov," vroeg de Minister van Propaganda spottend.

-"U doet net het tegenovergestelde: u zit in de tribunes en klapt mee, waardoor de boodschap van het lied onmiddellijk abstract wordt in plaats van rechtstreeks tegen de regering gekeerd."

-"Dat geloof ik niet!" riep Podborsky.

-"Kijk naar wat men met de Sex Pistols gedaan heeft," zei Bezmenov, "in de jaren zeventig heeft men hun *God Save the Queen* en *Anarchy in the UK* verboden. Het heeft het tegenovergestelde effect gehad; punk is razend populair geworden. Recentelijk echter heeft de Engelse koningin Johnny Rotten geridderd; de man treedt nu op met een wit hemd en een das!"

Podborsky zweeg. Hij zat nog steeds met een heel gespleten gevoel in de maag: enerzijds had hij geen schrik van de revolutie omdat hij zich na de recente PR sterk in de schoenen voelde staan. Wat dat betrof, had hij niets tegen Anastasiya. Maar anderzijds zou zij in een revolutie wellicht meer gezag hebben dan hij. Hij wou absoluut weten wiens kant ze zou kiezen, maar uiteraard kon hij dat nu niet vragen.

-"In orde, kameraad Bezmenov," zei de secretaris-generaal, "maar zoals afgesproken blijven Anastasiya, mijnheer Geller en de consul aansprakelijk voor de gevolgen." Bezmenov keek net zoals in de vorige meeting naar Geller, die opnieuw knikte.

~

Reinhard zat in een kleine cel. Langs de rechterwand stonden achtereenvolgens een toilet, een tafel met een stoel, en een bed. Aan de linkerwand was enkel het gangpad. Hoog op de verste muur was een venster van vijftig centimeter breed en dertig hoog. Hij moest op de stoel staan om in de verte te kunnen kijken. Hoewel daar niets te beleven viel, keek Reinhard lange uren naar de grauwe straat. Hij had zicht op een schoenenwinkel, waar nooit iemand naar binnen of buiten liep, tot die ene dag dat er een heel lange rij mensen geduldig stond aan te schuiven. Elke burger was nauwelijks een minuut binnen, om buiten te komen met precies één paar schoenen. Elk paar zag er vanop afstand identiek uit. Volgens Reinhard werden de schoenen zelfs niet gepast. Het dwong hem na te denken over hoe dat kwam; het klopte niet met het beeld dat hij van een gemoedelijke sociale maatschappij had.

Zelfs de best behandelde gevangene in het Oostblok werd gedwongen te leven van minuut tot minuut, vechtend tegen de wanhoop. De slaap was zijn enige uitweg uit de claustrofobie. Men had hem gezegd dat hij vroeg of laat mentaal zo uitgeput zou raken, dat hij ongeveer de hele dag kon slapen. Dat waren de enige hoopgevende woorden waar hij momenteel iets aan had. Hij had zijn dromen over de wereldvrede en de zangeres laten varen. Niemand behalve zijn familie en vrienden zouden binnen vier jaar nog weten wie hij was. Zijn Russische bewakers hadden hem getoond dat de internationale kranten hem na een week vergeten waren.

De kranten die hij mocht lezen, waren zwaar gecensureerd; hij wist niet eens dat er een nieuwe top tussen Reagan en Gorbatsjov op het programma stond. De gevangenisdirectie vond dat hoe onbeduidender Reinhard zich voelde, hoe beter. Hij las enkel de artikels die iets over de verre toekomst vertelden, over dingen die hij hoopte ooit nog te mogen meemaken.

Tijdens zijn proces had hij zich niet kunnen inbeelden dat dit het resultaat zou zijn. Hij had schuldig gepleit op de aantijgingen van illegale grensoverschrijding en het in gevaar brengen van mensen, en onschuldig op de aantijging van hooliganisme; hij had nooit kwaad opzet gehad. Hij vond dat hij zelfs extra voorzichtig geweest was bij de landing. Dankzij de internationale belangstelling had hij de in het Oostblok mildste straf denkbaar gekregen: vier jaar werkkamp. Voor zijn veiligheid echter werd die straf naar een verblijf in een gewone gevangenis omgezet, waar zijn werk bestond uit het herstellen van boeken. Ook daar was hij alleen; met zijn bewakers had hij slechts occasioneel en vooral zwijgzaam contact. Uit hun blikken kon hij niet afleiden wat hij in de Sovjet-Unie en uiteindelijk in het hele Oostblok aangericht had; de bewakers lieten hun dank en sympathie, die ze daadwerkelijk voor hem hadden, op geen enkele manier blijken.

Had hij geweten dat hij binnen een half uur bezoek van zijn moeder kreeg, zou hij er fris, monter en stralend uitgezien hebben. Met tranen in de ogen echter zat hij op zijn bed. Het herstellen van de boeken had eens te meer zijn moraal gebroken. De enige activiteit die momenteel waarde aan zijn leven gaf, was onmogelijk om tot een goed einde te brengen, soms omdat hij niet wist hoe, maar meestal bij gebrek aan materiaal. Het kon niemand wat schelen. Straks mocht hij twee uur wandelen, wat het hoogtepunt van zijn dag moest zijn. Maar zelfs daarin had hij geen zin vandaag.

~

De aankondiging dat het concert zou doorgaan, had het verhoopte effect: de grimmige manifestaties vertaalden zich in blije. De Sylvaniërs dansten en zongen volop Anastasiya's liedjes. De regering was zich evenwel bewust van het feit dat het aantal mensen in de straten niet daalde. Om het hart van de bevolking te winnen, hadden de ministers de raad van Bezmenov gevolgd; ze deden zich als de grootste supporters van de zangeres voor, en beloofden zelfs een jaarlijks concert. Het concert werd erop of eronder.

~

Reinhard was blij verrast dat hij bezoek kreeg, van wie het ook was. Net zoals dat de vorige keren het geval geweest was, werd de naam van de bezoeker niet aangekondigd. In het verleden waren het telkens apparatsjiks geweest die de kleinste details van zijn vlucht wilden weten, ook van het gedeelte in West-Europa. Aanvankelijk had Reinhard de vraagstellers genomen voor mensen van de pers, die zijn avontuur met extra details in de verf wilden zetten. Geleidelijk echter drong het echter tot hem door dat zijn antwoorden enkel dienden om bestanden te vervolledigen of om het werk van anderen te controleren. Het enthousiasme in zijn antwoorden daalde even snel als de frequentie van de bezoeken.

Maar vandaag was er eindelijk nog eens bezoek, deze keer van… zijn mama! Reinhard vloog Laetitia om de hals en slaagde er niet in zich te vermannen; hij was opnieuw de kleine jongen die troost zocht. Hij huilde luid, wat Laetitia eveneens aan het snikken bracht. Maar ze wist zich snel te bedwingen; ze moest nu de rol spelen die haar zoon van haar verwachtte. Ze gaf hem alle tijd.

-"Mama, dit is verschrikkelijk; ik zit een hele dag in een kooi. Ik heb schrik. De muren plooien zich op me dicht. Ik wil eruit, mama! Haal me eruit!" Laetitia had zich op die vraag voorbereid:

-"We doen ons best, Reinhard. Ik mag niet zeggen met wie we praten, maar je kent hem intussen heel goed." Ze legde meteen de vinger op zijn lippen. Reinhard moest het leven van Bezmenov niet onnodig moeilijk maken; ze werden afgeluisterd. Laetitia vertelde echter niet de volledige waarheid: Gorbatsjov vond het niet verstandig om Reinhard zomaar vrij te laten. "Vertel eens of je voldoende te eten krijgt." Ze durfde hem niet te vragen of het eten lekker was.

-"Dat zal je verbazen, mama," zei Reinhard met een plots herwonnen glimlach, "maar het eten is hier zelfs lekker! Ik heb hen al beloofd dat ik een heel goede recensie zal schrijven van zodra ik weer thuis ben!"

-"Ik betwijfel sterk of dat hun bedoeling is," lachte Laetitia, "zoiets zou de gewone Russen boos maken. Ik denk dat ze voorlopig enkel willen dat je gezond blijft. Wat je over het eten mag zeggen en wat niet, zullen ze je dicteren als voorwaarde voor een eventuele vervroegde vrijlating." Ze gaf Reinhard hoop.

-"Vervroegde vrijlating?" vroeg Reinhard met grote anticipatie.

-"Natuurlijk, Reinhard; denk je dat zij het leuk vinden om gedurende vier jaar privileges aan een Westerse gevangene te moeten geven? Je ziet toch dat je een luis in hun pels bent!"

Laetitia mocht zo lang met Reinhard praten als ze wou. Het maakte voor haar geen verschil of de Russen haar dit toestonden om meer informatie uit het gesprek te puren, of enkel omwille van het welzijn van Reinhard. Op het einde van het gesprek gaf ze hem een koffer vol brieven, van de hele familie, van alle vrienden, waaronder van mij, en van alle mensen die van zijn liefdadigheid genoten." Reinhard besefte voor het eerst dat zovele mensen hem graag zagen. Hij fleurde helemaal op.

-"Tot slot, Reinhard, heb ik iets heel bijzonders van Efim Geller gekregen." Het was een postkaart met een zonnig landschap, met daarop de boodschap: "Hou je sterk, Reinhard, doe het voor mij!" Reinhard beefde:

-"Van wie is dit??"

-"Dat heeft Geller me niet verteld; dat moet je zelf uitzoeken!" lachte Laetitia.

~

Professoren hadden het perfecte profiel: braaf, nuchter, zin om een historisch gebeuren mee te maken, en vooral zin om onmiddellijk nadien weer naar huis te keren. Om precies die reden was Sylvanië akkoord gegaan met de aanwezigheid van professoren op het concert van Anastasiya. De professoren zouden dus te voet de grens tussen Oostenrijk en Sylvanië oversteken om het Westen op de grote gelegenheid te vertegenwoordigen, geheel volgens de droom van de Paneuropese Unie.

Die laatste stond onder leiding van aartshertog Otto van Oostenrijk, een man die nu dus naar tweehonderd professoren op zoek moest. Hoe moeilijk kon het zijn? In elk geval veel moeilijker dan hij gedacht had. Om te vermijden dat honderdduizend Oostenrijkers tijdens dit unieke gebeuren de grens zouden bestormen, mocht er geen ruchtbaarheid gegeven worden aan het feit dat het IJzeren Gordijn voor korte tijd opening; de professoren moesten dus stiekem gecontacteerd worden. Daarna moesten ze nog overtuigd worden om aan het avontuur deel te nemen en de nodige papierwinkel in orde te brengen.

Otto was dan ook verrast dat Bezmenov de klus in een handomdraai voor elkaar kreeg. Net zoals in België beschikte de Sovjet-Unie in Oostenrijk over vele mensen zoals Livicki. In het netwerk zaten een grote hoeveelheid professoren die ooit op de barricades van de revolutie gestaan hadden, en die hun huidig burgerlijke leven met een laagje progressieve ideologie overdekt hadden. Voor deze professoren paste een vreedzame ontmoeting tussen Oost en West perfect in het verhaal dat ze altijd verteld hadden. Ze waren daarom onmiddellijk akkoord. Ze beseften niet dat hun verhaal bijgesteld zou moeten worden.

~

Waarom zocht Reinhard eerst naar een brief van Nikki? Omdat als zij een brief geschreven had, de postkaart van de zangeres gekomen moest zijn? Of omdat hij Nikki graag zag? Er was echter geen brief van haar. Reinhard ging op zijn bed liggen en drukte de kaart tegen de borst; hij liet zijn hart hem vertellen van wie de korte boodschap was.

~

Podborsky deed intussen zijn 'Blijde Intrede' in Sylvanië, waardoor hij het concert onbewust nog belangrijker maakte dan het reeds was; het werd voor iedereen duidelijk dat de leiders zenuwachtig waren. Anoushka volgde hem gelaten van stad tot stad, van interview tot interview. Ze gaf dezelfde antwoorden op dezelfde vragen. Ze nam afstand van het exploot van haar goede vriend Reinhard. Gelukkig was er geen vraag over Klaus, maar had dat het geval geweest, dan had ze ook daar een afgesproken antwoord op gehad. Wat Anoushka betrof, mocht Podborsky zo snel mogelijk koning worden, zodat hij haar niet meer nodig had en zij opnieuw bij Klaus kon zijn. Ze verpinkte een traan telkens ze aan hem dacht.

~

Als één land het niet op Gorbatsjovs hervormingen begrepen had, dan was dat Oost-Duitsland. Zelfs het tirannieke Roemenië deed 'iets': daar werd de Amerikaanse soap *Dallas* uitgezonden, een serie over oliemagnaten in Texas. *Dallas* moest aan de Roemenen bewijzen hoe verschrikkelijk het kapitalisme was. De Roemenen vergaapten zich echter aan de prachtige ranches en mooie auto's.

Maar in Oost-Duitsland was er zelfs geen *Dallas*, integendeel. Het land was na de Tweede Wereldoorlog vlot van het tegen de Joden gerichte socialisme naar het tegen privé-eigendom gerichte socialisme overgegaan. Er was niet zoveel verschil. In Nazi-Duitsland werden de grote bedrijven ingepikt door de staat, terwijl de kleine zelfstandigen volledig gereguleerd werden, inclusief de prijzen waaraan ze moesten verkopen. In Oost-Duitsland was gewoon alles van de staat. In Nazi-Duitsland werd de bevolking door de Schutzstaffel geterroriseerd, in Oost-Duitsland door de Staatssicherheit.

Het apparaat dat de macht volledig in de handen van de Oost-Duitse communistische partij moest houden, stond intussen volledig op punt, inclusief politieke gevangenissen en een honderdvijfenvijftig kilometer lange muur rond Berlijn. Kinderen werden aangezet om hun ouders te verraden als die niet met het regime akkoord gingen. De burgers mochten echter wel naar de andere communistische landen reizen.

Oost-Duitsland keek nu met lede ogen naar hoe honderdduizend van hun burgers naar Sylvanië vertrokken waren zonder de intentie terug te keren. De Oost-Duitse regering rekende erop dat Sylvanië een humanitaire ramp zou vermijden door de Oost-Duitse kampeerders vóór de winter hardhandig terug te sturen. Bij thuiskomst zou de Stasi hen vervolgens een lesje leren. Voor de Oost-Duitsers die zich momenteel in Sylvanië bevonden, stond in alle scenario's een catastrofe te wachten.

Het was intussen echter een uitgemaakte zaak dat Sylvanië de Oost-Duitse toeristen niet zou terugsturen. Toen Yuri Bezmenov namens de Sovjet-Unie het voorstel formuleerde de toeristen na het concert op treinen huiswaarts te zetten, grepen Erich Honecker en Erich Mielke daarom de kans met beide handen. In plaats van een strafexpeditie waren ze akkoord er een triomfantelijke terugtocht van te maken, propaganda voor hun eigen land.

In die wetenschap ging Aartshertog Otto van Oostenrijk persoonlijk de Oost-Duitse kampeerders aan het Balatonmeer opzoeken. Hij beloofde hen medische verzorging, Westmarken en een koffer westerse spullen als ze naar het concert kwamen. Ze zouden nadien een vrijgeleide naar huis krijgen. Eén detail van het gebeuren vertelde hij er bewust niet bij, althans, voorlopig niet.

~

Dat koningin Sylvia momenteel niet in Sylvanië was, kwam Anoushka heel gelegen; ze had geen zin om moeilijke vragen te beantwoorden over de precieze aard van haar relatie met Podborsky, laat staan over een verloving of een huwelijk. Maar Anoushka verbleef wel op het koninklijk paleis, het orgelpunt van het sprookjesachtige Sylvanië. 'Dit land zou zo prachtig kunnen zijn, en de mensen zo gelukkig,' mijmerde ze dikwijls.

In plaats daarvan beleefden de inwoners de gecombineerde griezel van maffia en communisme: managers kregen zowel met onhaalbare doelstellingen als met afpersers af te rekenen. Als individu kon je klussen bij je directe kennissen, maar van zodra je je nek uitstak om dat op grotere schaal te doen, werd je gestenigd. In Sylvanië probeerde elkeen gelukkig te worden zonder iets te presteren.

Sinds het rondje langs de pers was Anoushka meestal alleen; Podborsky regelde overdag zaakjes waar zij beter geen weet van had. Ze wandelde veel door de tuin die zo groot was als die van het Fleur-de-Lys. Net zoals het paleis was de tuin niet van drama gespaard: in een intieme hoek lag het graf van de twee koningskinderen: Victoria en Nicolas, teruggevonden op 22 juli 1962 en begraven op 28 juli.

Anoushka had intussen alles over de tragische gebeurtenis gelezen. Het was begonnen met de geheimzinnige brief die op officieel briefpapier van het koninklijk paleis getypt was. De brief had gezegd waar de verkoolde lichamen lagen. Prins-gemaal Igor Podborsky had in alle toonaarden beweerd dat hij niets met de ontvoering te maken had, en nog minder met de dood van de kinderen. Het hele land had gerouwd omdat de sinds lang vermiste kinderen de laatste hoop geweest waren op een andere dynastie dan de Podborsky's. Er volgde een staatsbegrafenis.

Anoushka was in die gedachten verzonken toen ze het gezelschap kreeg van... Klaus! Ze vloog hem meteen om de hals.

-"Klaus, je had me moeten zeggen dat je vroeger was; ik zou je komen halen zijn!"
-"Juist daarom," lachte hij, "het is helemaal niet veilig in de stad." Ze kusten. Het was er de ideale plaats voor, want overal elders in Sylvanië moest Anoushka een andere rol spelen.
-"Waarom ben je naar Sylvanië gekomen?"
-"Voor jou uiteraard," lachte Klaus, "maar ik zal meteen toegeven dat jouw mama me hierheen gestuurd heeft met een belangrijke boodschap voor Bezmenov."
-"Dat heeft ze enkel gedaan om jou bij mij te krijgen natuurlijk!"
-"Ze is heel bezorgd om jou," zei Klaus, "ik moet bij jou blijven tijdens deze moeilijk periode. Er dreigt een revolutie."
-"Een revolutie, echt waar?" vroeg Anoushka onthutst. Ze wist niet wat ze zich daarbij moest voorstellen. Niemand wist dat. Ze praatten nog een poosje verder, met zoentjes tussendoor, maar vermeden het pijnlijke onderwerp dat op punt stond hen te scheiden.

Ze werden onderbroken door Podborsky:
-"Dáár ben je!" riep hij naar Anoushka. "Klaus, wat doe jij hier?"
-"Frank," antwoordde Anoushka, "Klaus is naar Sylvanië gekomen om me te chaperonneren."
-"Chaperonneren, hij?!" riep Podborsky in ongeloof.
-"Luister Frank, we zijn achternicht en achterneef..."
-"Dat zegt niets! Luister, jij trekt niet op met Klaus in Sylvanië."
-"Ok, Frank, laat me dan de hele waarheid vertellen, op voorwaarde dat jij hierover zwijgt. Zo niet verlaat ik onmiddellijk Sylvanië!" zweerde Anoushka.
-"In orde," zei Podborsky, "ik zwijg. Laat eens horen."
-"De hertog Bernard Martin, mijn grootvader, blijkt de vader van Klaus en Nikki te zijn."
-"Waar haal je dat?"

-"Van de abt in de abdij van Drongen," zei Klaus, "hij heeft Nikki en mij gedoopt, en kent het hele verhaal." Podborsky onderdrukte een glimlach:
-"Dat had ik helemaal niet verwacht. Hoe is dat zelfs mogelijk?" vroeg hij.
-"Geen details, Frank. Bel naar de abt. Naar Klaus' mama mag je ook bellen, maar zoals je weet, zegt ze niets."
-"Ik ben benieuwd wat mijn moeder hierover zal zeggen," zei Frank.
-"Je zwijgt tegen iedereen, Frank, ook tegen de koningin!" waarschuwde Anoushka. Waarover koningin Sylvia en Cassandra ruzie hadden, wist niemand, maar dat Cassandra twee kinderen bij Sylvia's vroegere vertrouwenspersoon had, zou de zaak enkel erger maken. Of was dat zelfs de reden van de ruzie?

~

De gevangenschap van Reinhard en de spannende gebeurtenissen hadden de families en hun kennissen dichter bij elkaar gebracht. Iedereen had gezelschap nodig. Op het Fleur-de-Lys was steeds iets te doen. Er werd vooral veel overlegd. Men praatte met de Belgische ambassadeur in Moskou en met de Sovjet ambassadeur in België. De situatie was uiterst delicaat: enerzijds had Gorbatsjov enorm veel bij het gebeuren gewonnen, maar anderzijds kon hij Reinhard niet zomaar laten gaan. Hij had vooral schrik dat die laatste een triomftocht rond de wereld zou maken, terwijl de Sovjet-Unie al meer dan voldoende in het hemd gezet was. Niemand besefte dat intussen één iemand Reinhard uit de cel aan het halen was.

~

Ik had intussen een meer gebruikersvriendelijke oplossing gevonden voor het verzenden van berichten van pc tot pc over het lokale ethernet: de gebruikers hoefden niet meer het IP-adres van de bestemmeling in te geven, maar konden nu de naam selecteren. Alexandra was gefascineerd door hoe je routers zomaar aan elkaar kon koppelen om het netwerk over de ganse fabriek te verspreiden. Ze verkocht het systeem al aan andere bedrijven.

Hoewel anderen ons reeds als een koppel zagen, was het voor mij duidelijk dat het nog heel lang zou kunnen duren voor het zover was. Ik woonde in elk geval nog niet bij haar. Onze intieme momenten werden steeds onderbroken door haar plots twijfelende ogen, een verontschuldiging en een blik op oneindig. Hoewel mijn voornemen groeide om het probleem in één kort gesprek op te lossen, ontbrak me de moed volledig.

Prins Robert was in de wolken met mijn 'dynamische PLC's,' zoals hij ze nog steeds noemde. Hij en Anja hadden bekomen dat kinderen vanaf veertien mochten werken aan oplossingen die in de industrie bruikbaar waren. Intussen werden er twintig prototypes gebouwd. Zowel in een weverij als in een ververij draaide een proefopstelling die bewees dat het omstellen van machines voortaan ogenblikkelijk kon. Kleine series werden daardoor dertig procent goedkoper.

Op de universiteit haalde ik regelmatig nieuwe bodemstalen uit het archief en stuurde ik die op naar de laboratoria. In mijn kantoor stapelden de rapporten van de analyses zich op. Ik had geen tijd om ze te verwerken; wie zou trouwens ooit nog vragen naar een oude goudmijn op een niet te achterhalen locatie?

~

Reinhard genoot van de brieven; ze lieten zijn gedachten uit de cel ontsnappen en liefde ervaren zoals nooit eerder. Maar bovenal vertelden de brieven het verhaal dat de Russen uit zijn kranten weggeknipt hadden: Reinhard was een internationale held. Hij had Gorbatsjov versterkt, die nu meer armslag dan ooit had om succesvol met Ronald Reagan te onderhandelen. Zovele vliegen in één klap!
Op momenten als deze dacht hij aan de zangeres, de grote sprong voorwaarts. Nu móest ze hem wel ernstig nemen! Reinhard was nu de enige persoon ter wereld die het succes van Anastasiya kon evenaren, zo beeldde hij zich in. Hij droomde van zijn vrijlating. De ene brief na de andere had een vervroegde vrijlating beloofd; het kon niet anders, hadden ze gezegd. De Sovjets hadden toch niet graag een martelaar in hun cel?! Dat was althans de theorie.

Reinhard had echter heel veel tijd om te beseffen dat hij in realiteit eenzaam in zijn cel zat. Niets in de houding van de bewakers wees op een nakende wijziging van zijn lot. Kon hij vier jaar teren op het vooruitzicht van een wereldtournee? Of zou hij piekeren over het leven dat hij miste: de liefdadigheid, de computers, de meisjes die voor hem vielen, het leven op het Fleur-de-Lys en de kinderen van Alexandra. Hij was de meest extroverte persoon denkbaar, iemand die gesprekken nodig had, en ruimte; hij was verdorie een vliegenier!

Wanneer hij zwaarmoedig werd, dacht hij aan iemand anders, iemand die hij bewonderde in alles wat ze kon en deed, die hem van zijn sokken charmeerde, die het spel volgens zijn regels speelde en... verloren had. Maar had ze wel verloren? Want als ze verloren had, waarom zocht hij dan naar manieren om nog meer indruk op haar te maken? Als zijn hart kon telefoneren, dan zou dat naar haar zijn, om met haar te praten, te flirten en te polsen naar wat zij dacht over hem. Hoe hij verlangde om haar terug te zien!

Hij beukte met beide polsen op de muur. Hoe frustrerend in deze cel te zitten! Hij telde de minuten af; wat liep zo'n secondewijzer langzaam! Binnen een paar minuten mocht hij gedurende twee uur wandelen. Het was donderdag vandaag, de dag dat hij zijwaarts huppelde in plaats van te stappen. Hij deed alvast een paar turnoefeningen: met de handen gestrekt voor zich uit hurkte hij en kwam hij weer recht. Nu nog twintig keer pompen...

Er werd op de deur geklopt. Een Russische bewaker wenkte hem. Hij volgde, maar niet naar buiten. Er was bezoek! Nikki!!

-"Dag Reinhard," zei ze met een grote glimlach. Ze kuste hem op de wang.

-"Nikki, je bent toch niet voor mij naar Moskou gekomen?!" Hij kon zich niet voorstellen dat ze hem zo graag zag. Hij betrapte zich erop dat hij haar komst een grotere eer vond dan hij verdiende. Ze had een zakelijk pak aan.

-"Ik heb goed nieuws voor je, Reinhard. Binnenkort komt er een nieuwe top tussen Reagan en Gorbatsjov. Je bent onderdeel van de overeenkomst," vertelde ze er onmiddellijk bij.

-"Onderdeel van welke overeenkomst?" vroeg Reinhard, "wat wil dat zeggen?"

-"De overeenkomst betreft de middellangeafstandsraketten; die wapens worden met meer dan vijftig procent gereduceerd. Achter de schermen zijn een pak zakelijke transacties onderhandeld." Nikki klonk bitter bij die laatste zin. "In elk geval, Reinhard, jouw vrijlating zit in het pakket. Je komt vrij!" Reinhard keek in ongeloof naar haar:

-"Echt waar, Nikki? Wanneer?" De adrenaline racete door zijn lichaam. Hij dacht aan alles en niets tezelfdertijd; hij kon eigenlijk niet meer nadenken.

-"Laat ons zeggen: na Anastasiya's concert in Sylvanië, Reinhard." Ze keek naar hem met een blik die zei: 'Ga je die domme fantasie voortaan achterwege laten en iets ernstigs opbouwen?' Reinhard had haar onmiddellijk begrepen. Haar blik sloeg in als een bliksem die in één klap zijn ego wegveegde. Hij verschrompelde. Voor hem zat een vrouw die veel meer waard was dan hij. Hij voelde zich de hulpeloze speelvogel die enkel in het spel kon winnen. In het echte leven daarentegen maakte hij geen kans tegen haar; ze kwam hem warempel uit een kerker bevrijden in het midden van de Sovjet-Unie! Hoe kon zij zelfs op hem vallen?!

-"Hoe... hoe heb jij dat bekomen, Nikki?" Hij besefte heel goed dat zij meer dan de boodschapper was.

-"Ik ga eerlijk met je zijn, Reinhard. Ik heb gebloed; ik heb al mijn principes overboord moeten gooien. De meest corrupte politici in de Sovjet-Unie heb ik laten profiteren van groteske zakelijke overeenkomsten. Miljarden hebben ze gekregen. Ze hebben gefeest op mijn verloren reputatie, Reinhard, mijn levenswerk!"

-"Ik vind het zo erg, Nikki," snikte Reinhard. Hij voelde zich onmetelijk schuldig. Hoe kon ze hem nog graag zien? Dat deed ze niet meer, daar was hij zeker van; voor de eerste keer dat de liefde geen spel was, had hij meteen verloren. "Wat heb ik in godsnaam aangericht? Ik heb zoveel spijt, Nikki." Hij wou haar vragen of ze hem nog graag zag, maar durfde niet. Hij kon helemaal geen aanspraak op haar liefde meer maken; hij verdiende die gewoonweg niet.

-"Je moet je niet te triestig voelen, Reinhard," troostte Nikki hem, "met je folie heb je onbewust de wereld verbeterd." Maar het bleef een folie, een daad van een naïeveling. Zo keek ze nu naar hem. Reinhard antwoordde niet. Nikki ging verder: "Je moet een en ander ondertekenen, Reinhard."

-"Hoezo?"

-"Wanneer je vrijkomt, mag je met niemand over je vlucht, je arrestatie, je proces of je gevangenisstraf praten. Jouw volledige verhaal wordt door de Sovjet-Unie opgesteld en aan het Duitse blad Stern verkocht alsof jij het zo aan Stern verteld hebt." Reinhard keek verwonderd. Dat betekende... "Dus, Reinhard, wanneer je vrijkomt, doe je geen enkel interview, met niemand. Je reist de wereld niet rond. Akkoord?" Ze overhandigde hem de documenten. Reinhard ondertekende zonder protest. "Je krijgt een pak geld van Stern, mocht je dat troosten," lachte Nikki. Dat was het laatste wat hem kon troosten.

~

Livicki mocht voor het eerst van een telefonische vergadering genieten, een technologie die sinds kort bij de Vissermans ter beschikking was. Vanuit Sylvanië belden Bezmenov en Podborsky in. In de vergaderzaal zaten naast Livicki de personeelsdirecteur en de algemeen directeur prinses Kathrin de Vissermans.

Omdat Livicki besefte dat hij ontslagen werd, stelde hij zich strijdvaardig op. De personeelsdirecteur opende het gesprek:

-"Mijnheer Livicki, u wordt met onmiddellijke ingang ontslagen. U mag na deze vergadering geen voet meer in het bedrijf zetten. In uw kantoor mag u enkel uw persoonlijke spullen ophalen."

-"En waarom?" vroeg Livicki in een eerste reactie.

-"U hebt vanaf de eerste dag dat u hier werkte, niets maar dan ook niets gedaan dat bijdroeg aan de waarde en het voortbestaan van het bedrijf," antwoordde de personeelsdirecteur, "al uw tijd ging integendeel naar de vernieling van het bedrijf of naar zaken die niets met het bedrijf te maken hadden."

-"Ik werd verkozen in de sociale verkiezingen," protesteerde Livicki, "ik mag hier doen wat ik wil. Dat is democratie!"

-"Wij beseffen dat wij u niet zomaar kunnen ontslaan," antwoordde de personeelsdirecteur, "wij zullen alle vergoedingen betalen die aan uw beschermd statuut verbonden zijn."

-"Daar ben ik niet mee akkoord; u moet me gewoon verder in dienst nemen!" riep Livicki.

-"Wat hoopt u daarmee te bereiken?" vroeg Bezmenov door de luidspreker.

-"Het antwoord zou van u moeten komen!" riep Livicki verontwaardigd.

-"Dat zal ik u dan snel geven," zei Bezmenov, "u krijgt van de Sovjet-Unie geen opdrachten meer; wij ontslaan u ook, zo u wilt."

-"Waarom toch, kameraad Bezmenov?"

-"Ik heb een rapport dat stelt dat u een rotzooi gemaakt hebt van een recente manifestatie bij de Vissermans."

-"Ik weet niet hoe dat kunnen gebeuren is," riep Livicki, "ik was er zéker van dat ik het juiste uur in de brief gezet had! Ik heb intussen trouwens vernomen dat niemand de brief ontvangen heeft!"

-"Dat wist ik niet," loog Bezmenov, "maar daarmee maakt u uw dossier nog slechter dan het al was. Een tweede probleem dat we met u hebben, kameraad Livicki, is de mislukte vredesmars in Brussel."

-"Dat is de schuld van baron Forel!" protesteerde Livicki.

-"Het heeft geen zijn te discussiëren," zei Bezmenov, "want de situatie in het Oostblok is veranderd. Steek dat ook maar op baron Forel. In elk geval bent u voor ons van geen nut meer." Voor Livicki was de machtsverschuiving in de Sovjet-Unie plots bikkelharde realiteit geworden. Hij hapte naar adem; de grond zakte weg van onder zijn voeten.

-"Luister," zei Podborsky tegen Livicki, "u gaat weg bij de Vissermans waardoor ik meer verdien. In ruil daarvoor blijf ik u financieel steunen." Bezmenov, die in hetzelfde lokaal als Podborsky zat, bekeek die laatste met verwondering. Maar Podborsky was een maffiabaas: hij was voortdurend op zoek naar iemand die veel mensen rond zich kon verzamelen en meedogenloos op zoek was naar macht, op welke manier dan ook. En dat was het geval bij Livicki, voor wie het communisme enkel een vehikel was. Podborsky had op dat moment nog geen enkel idee wat hij precies met Livicki zou doen, maar tijd bracht raad.

Hoewel hij Podborsky's plannen goed begreep, twijfelde Livicki: binnenkort zou hij bedrijven laten betalen om van stakingen, sabotage of vandalisme gevrijwaard te blijven. Maar hoelang kon dat liedje duren, vroeg hij zich af. Een dergelijke afpersing ondermijnde immers regelrecht de positie van de reguliere vakbonden, die de reële macht in dit land hadden, of op zijn minst deelden met de andere sociale partners.

-"Wij zullen u bij vertrek drie jaar salaris betalen," zei prinses Kathrin de Vissermans. Dat gaf de doorslag.

-"Ik wil ook mijn pc en mijn printer meenemen," zei Livicki. Kathrin stemde in:
-"Die zijn voortaan van u." Iedereen wenste hem veel geluk.

~

Sinds de oprichting van de Berlijnse muur trokken Oost-Duitsers naar het Balatonmeer op vakantie. Hun aantal groeide naarmate Oost-Duitsland toestond dat haar burgers naar andere communistische landen op reis gingen. Ze kwamen niet enkel om in de zon te liggen rond het met zwanen gespikkelde meer, of om te wandelen door de wijngaarden op vulkanische grond, maar ook om West-Duitse vrienden en familieleden te ontmoeten. West-Duitsers huurden rond het meer een pak meer kamers dan ze nodig hadden, om hun vakantie met de Oost-Duitsers door te brengen.

Aan het Balatonmeer heerste een zuiderse, ontspannen sfeer. Er was weinig geld en even weinig om het aan uit te geven. In het water stond om de vijf meter een rudimentair platform van twee op twee meter dat plaats bood aan een gezin. Vanop anderhalve meter hoogte kon je een duik nemen om vervolgens langs het metalen staketsel weer omhoog te klauteren. Rond de ligweide boden handelaars het creatief, kleurrijk en plastieken speelgoed aan dat je telkens in verwondering deed stilstaan en glimlachen. De ligweide zelf was een eindeloze zee tentjes, met daartussen de Wartburgs, Lada's, Trabantjes en de occasionele Mercedes van een West-Duitser. De streek bood de Oost-Duitsers een venster op het Westen maar ook de vertrouwde treurnis van het Oostblok, een treurnis die in Sylvanië romantisch aanvoelde.

Vlak voor die bewuste zomer had Sylvanië te kennen gegeven dat het stopte met investeren in het onderhoud van het IJzeren Gordijn; het land wilde haar schaarse westerse deviezen niet meer aan het benodigde materieel uitgeven. In het voorbije jaar waren er vierduizend valse alarmen geweest. Terwijl de verroeste draad systematisch weggeknipt en door het leger verkocht werd, werd gedecreteerd dat Sylvaniërs vrij naar het Westen mochten reizen. Daarentegen zou Sylvanië haar plicht jegens de andere communistische landen respecteren door burgers uit die landen niet naar het Westen te laten vertrekken.

Sylvanië was echter weinig principieel in dat standpunt. In de West-Duitse ambassade van Sylvanië werd het West-Duitse staatsburgerschap toegekend aan alle Oost-Duitsers die erom vroegen. In plaats van de bewuste mensen naar Oost-Duitsland terug te sturen, bracht Sylvanië ze onder in kerken in afwachting van een oplossing. Tezelfdertijd ontwapende Sylvanië al haar grenswachters; er mocht niet meer op mensen geschoten worden die wilden ontsnappen. Aan de basis van de nieuwe Sylvaanse houding lag de indrukwekkende economische en financiële steun die het land van West-Duitsland genoot.

Omdat Sylvanië een relatief lakse houding aannam inzake de controle van haar grenzen, roken de Oost-Duitsers hun kans. Intussen zaten ze met honderdduizend rond het Balatonmeer. Van vele kampeerders was intussen het uitreisvisum verlopen. Hen wachtte een zware straf bij terugkeer naar Oost-Duitsland... behalve dat ze niet van plan waren terug te keren.

Terwijl de toeristen gelaten genoten van langós brood, maïskolven, ijsjes en Anastasiya's muziek uit een beschilderde Volkswagenbus, hadden zij in feite een reuzegroot probleem. Ze hadden intussen meer waardeloze Marken tegen Forinten omgewisseld dan zij eigenlijk mochten. Sylvanië bloedde om de Oost-Duitsers te eten te geven. Bovendien diende zich een humanitaire ramp aan als deze situatie niet tegen de winter opgelost was. Desondanks hield Sylvanië haar grens met het Westen gesloten voor de Oost-Duitsers; er werd zeer intensief gepatrouilleerd.

Die laatsten hadden intussen de uitnodiging van aartshertog Otto van Oostenrijk gekregen. Het aanbod was aantrekkelijk: een concert van Anastasiya, medische verzorging, een koffer met Westerse spullen en Westmarken. Er zouden ook treinen klaarstaan voor een veilige terugtocht naar Oost-Duitsland. Enkelingen zagen een terugtocht naar huis zitten. De anderen vroegen zich af of ze de geschenken pas op de trein zouden krijgen. Otto had beloofd dat ze de geschenken op voorhand zouden krijgen, en dat het nemen van de trein niet verplicht was.

Tot grote teleurstelling van Sylvanië vertrokken uiteindelijk slechts tweeduizend Oost-Duitsers naar het concert. Op hun gezichten stond te lezen dat ze onzeker waren over wat hen te wachten stond. Het waren voornamelijk gezinnen zonder auto's of kleine kinderen. Onderweg werden ze gefilmd door de Stasi.

~

De roekeloze Sovjetpopulist wiens massale aantrekkingskracht hem het symbool van het groeiend politiek pluralisme maakte, had net een reis in de Verenigde Staten achter de rug. Ze had deel uitgemaakt van zijn ambitie om bij te leren, om de Amerikanen de kans te geven vragen te stellen, en om het Westen de man achter de naam Jeltsin te leren kennen. In acht steden had hij spreekbeurten gegeven en de kans gekregen om met grote kapitalisten te spreken. Het was allemaal verlopen en het had er allemaal uitgezien zoals hij verwacht had; hij was tevreden met zijn kennis van het Westen. Alles klopte met de theorie.

Tot hij een geïmproviseerd bezoek bracht aan een Randall supermarkt in het stadje Clear Lake nabij het Johnson Space Center. Dat klopte helemaal niet meer met de theorie. Zijn eerste reactie was dat de winkel speciaal in elkaar gestoken was om hem te misleiden. Duizenden verschillende producten die iemand zoals hij zelfs niet in Moskou kon krijgen, lagen zomaar binnen het handbereik van de gewone Amerikaan! Hoe kon het zelfs dat hij dat niet wist?

Het laatste beetje communisme verliet op dat ogenblik zijn ziel. Hoe was het mogelijk dat het potentieel rijkste land ter wereld zijn burgers zo verschrikkelijk arm en zijn leiders zo onwetend gemaakt had? Hij voelde zich verantwoordelijk en beschaamd. Vanaf nu zou hij nergens meer doekjes om winden.

~

Hoewel er geen manifestaties meer waren, was de regering van Sylvanië bloednerveus. Werkelijk iedereen was op straat nu, zingend en dansend. Alles wat verkocht of gedaan werd, was in het teken van het grote gebeuren: de artieste die Sylvanië op de kaart gezet had, mocht voor het eerst in haar eigen land optreden.

-"Luister, mijnheer Geller, ze zingt niet het Sylvania Freedom!" probeerde de secretaris-generaal opnieuw. Nog voor Geller kon antwoorden, schudde Bezmenov van neen:

-"We hebben het daar vorige keer al over gehad. Het liedje verbieden is geen goed idee."

-"U mag het concert openen," zei Geller tegen de secretaris-generaal, "de consul en ik zullen u flankeren op het podium terwijl u een toespraak geeft. Zeg gewoon hoe blij u bent dat het u eindelijk gelukt is om toestemming voor het concert te krijgen. Op het einde van het concert kan u ook bloemen aan Anastasiya afgeven."

-"Toestemming gekregen van wie?" vroeg de secretaris-generaal.

-"De mensen zullen begrijpen dat u de toestemming van de Sovjet-Unie nodig had," zei Bezmenov.

-"U bent akkoord dat ik dat zeg?" vroeg de secretaris-generaal, "ik wil jullie geen schop tegen de schenen geven!"
-"Dat mag u gerust zeggen," zei Bezmenov. De secretaris-generaal haalde diep adem; het moest de toespraak van zijn leven worden.
-"De consul en ik hebben de locatie van het concert geïnspecteerd," zei Geller geruststellend, "en het ziet er wat mij betreft, prima uit. De weiden zijn goed gekozen; we zullen geen volk moeten weigeren. Daar hadden we het meeste schrik van."
-"Dank u," zei de secretaris-generaal, "en wie zegt aan de Oost-Duitsers dat ze zich naar de treinen moeten begeven? Hun geringe aantal is trouwens een grote tegenvaller!"
-"Anastasiya zal de Oost-Duitsers op het juiste moment naar de treinen wijzen," zei Geller.
-"Ze kent Duits?" vroeg de secretaris-generaal. Geller knikte.
-"Maakt u zich trouwens geen zorgen over dat aantal," zei Bezmenov, "ik zal aan Mielke en Honecker beloven dat als de eerste lading goed thuiskomt, de rest volgt."
-"Dank u om dat probleem voor ons op te lossen, kameraad Bezmenov. Wij willen absoluut geen ruzie met Oost-Duitsland. Die honderdduizend toeristen moeten allemaal netjes terug. Laten me tot slot nog eens stellen dat de organisatoren van het concert verantwoordelijk zijn voor de goede afloop."
-"Zoals afgesproken," zei Geller.

~

Op de rand van de immense weide stonden torens en tribunes uit stalen gebinten, voornamelijk voor de pers, die klaarstond om zich in de sensatie van een wereldgebeurtenis vast te bijten. Als kanonnen hielden lange lenzen de hele site al dagen in het vizier. Zo populair als de liedjes van Anastasiya waren, zo zeldzaam en speciaal waren haar concerten. Nu kwam daar een zware politieke dimensie bovenop. De journalisten hadden superlatieven tekort om het belang van het gebeuren in de verf te zetten.

Over wie Anastasiya precies was, waren er momenteel drie plausibele theorieën en dus drie verschillende meisjes. Eentje van die drie monteerde momenteel luidsprekers. Omdat ze wist dat de lenzen op haar gericht waren, gooide ze een kus naar de journalisten. Dat was nieuw voer voor kolommen!

De eerste Sylvaniërs zaten reeds lang op voorhand op het plein. Er werd nog veel gegeten en gedronken. Achter het podium stonden talloze batterijen voedseltenten en toiletten. Daar liepen meer mensen. De grootste menigte was evenwel nog in het centrum van de stad of onderweg. Journalisten probeerden te weten te komen wat de Sylvaniërs van het concert verwachtten, maar niemand liet het achterste van zijn tong zien. "Dat vertellen we jullie pas ná het concert!" was het meest voor zich sprekende antwoord.

~

Nietig in aantal waren de tweeduizend Oost-Duitsers. Niettemin vonden ze elkaar terug rond een aantal minibussen beschilderd met brede zwart-rood-gele banden, de kleuren van zowel de Oost- als West-Duitse vlag. Daartussen stonden bussen van het Rode Kruis. Aan een haastig tempo deelde Aartshertog Otto van Oostenrijk persoonlijk de geschenken uit. Niemand was die avond zenuwachtiger dan hij. Op de vraag wat er na het concert zou gebeuren, zei Otto dat de Oost-Duitsers vooral moesten luisteren naar de instructies die in het Duits door de luidsprekers gegeven zouden worden. Hij bevestigde dat het niet verplicht was de klaarstaande treinen te nemen. Evenwel maakten de Oost-Duitsers zich daar intussen nog weinig zorgen over. Ze voelden zich veilig tussen de grote massa Sylvaniërs en waren er gerust in dat ze na het concert ongehinderd naar het Balatonmeer konden terugkeren.

~

Bijna zo zenuwachtig als Otto von Habsburg was Efim Geller. De voorbereiding kostte deze keer veel meer tijd dan anders. De eenvoudige reden was dat Geller besefte dat de avond volledig verkeerd zou aflopen. Hij was een van een handvol mensen die precies wisten wat er te gebeuren stond. De artiesten vernamen wat ze op het einde van het concert moesten doen. Het werd een levensgevaarlijke situatie.

Eerder op de dag had in besloten kring een kleine plechtigheid plaatsgevonden. Vlak achter de grens in Oostenrijk hadden de secretaris-generaal van Sylvanië en de Oostenrijkse president een aantal enthousiaste toespraken gehouden. Onder de aanwezigen hadden zich de tweehonderd Oostenrijkse professoren bevonden en een delegatie van de Paneuropese Unie onder leiding van Aartshertog Otto van Oostenrijk. Hoewel de persmensen talrijk aanwezig waren omdat het gebeuren zich in de buurt van het concert afspeelde, haalde de samenkomst voorlopig niet het nieuws. Na de toespraken werd de verroeste prikkeldraad van het IJzeren Gordijn doorgeknipt. In de plaats kwam een poortje dat niet ingewikkelder was dan een rechthoekig kader van houten balken, versterkt met een diagonale balk. Door dit symbolisch gat in het IJzeren Gordijn stapten de Oostenrijkse professoren naar de site van het concert. In een prachtige tent werden ze getrakteerd op champagne en lekkere hapjes. Tot slot kregen ze als souvenir een prachtige lichtblauwe pet met het logo van de Paneuropese Unie. Otto vroeg hen de pet te dragen voor hun eigen veiligheid. De professoren namen plaats in de tribunes voor de notabelen, op drie kwart afstand tussen het podium en de torens van de pers.

Yuri Bezmenov en Cassandra hadden als twee geliefden elke ochtend een lang telefoongesprek met elkaar. Hoewel ze al hun gezamenlijke plannen en interesses deelden, hield Cassandra nog veel geheim voor hem. "Dat vertel ik je op het gepaste moment wel," zei ze steevast. Bezmenov gaf haar ruimschoots de tijd om hem volledig te vertrouwen. Ze spraken Russisch.

Hij was verrast toen hij een urgente telefoon van haar kreeg net op het punt dat hij klaarstond om naar het concert te vertrekken:
-"Cassandra, liefste, alles in orde met jou?" vroeg hij onmiddellijk.
-"Yuri, wat ben ik blij dat ik je nog kan spreken!" zei Cassandra.
-"Ik red mezelf wel, wees niet ongerust," lachte hij.
-"Luister, Yuri, *we* hebben met Genscher gesproken." Bezmenov huiverde bij die *we*; wie waren dat precies?
-"De vicekanselier van West-Duitsland?" vroeg hij in ongeloof.
-"Juist," zei Cassandra zakelijk, "hij heeft ervoor gezorgd dat de toekomst van Sylvanië deel uitmaakt van het aankomende akkoord tussen Reagan en Gorbatsjov."
-"Jezus Christus!" riep Bezmenov; waar Cassandra zoal in betrokken was! Hij voelde zich een kleine garnaal. Gelukkig was de lijn van de Russische ambassade versleuteld.
-"Luister, Yuri, Anastasiya zal op het einde van het concert zeggen dat jij in naam van de Sovjet-Unie samen met Genscher het congres van de Verenigde Naties zal organiseren waarin de toekomst van Sylvanië uitgeklaard wordt. Het congres moet in Sylvanië zelf plaatsvinden met alle betrokken partijen."
-"Ze zullen me vermoorden!" was Bezmenovs uitzinnige reactie.
-"Neen, integendeel," stelde Cassandra hem gerust, "de Sylvaniërs zullen je deur platlopen om om gunsten te vragen. Moei je tot het congres niet met de interne aangelegenheden van het land."
-"Dat wordt vuurwerk, een hel!"
-"De schade zal meevallen als jij als diplomaat aan iedereen in Sylvanië toekomstperspectieven biedt. Dat congres moet zeker doorgaan! *We* rekenen op jou. Haast je nu naar het concert! Dikke zoen." Bezmenov stapte bevend in de taxi. Hij had een kwartier om de kalmte terug te vinden.

Twee uur voor het begin werd de weide verlicht. De verschillende gekleurde spots werden getest; onder de onregelmatige dreunen vanuit de geluidsinstallatie gooiden ze hun lichtbundels kriskras over de weide. Vroeger dan verwacht liep de weide helemaal vol. Alle technici waren, zoals steeds op Anastasiya's concerten, in het zwart geklede vrouwen met zwart, identiek geknipt haar. Omdat elk van hen de grote hoop voor het land kon betekenen, werden ze door de Sylvaniërs intens geobserveerd. Als een meisje het podium opkwam, werd er zo luid geschreeuwd en gejuicht dat de mensen achter het podium vreesden dat ze het begin van het optreden gemist hadden.

~

Nikki heette alle notabelen welkom; ze wilde iedereen geruststellen en de kans geven vragen te stellen. De professoren hadden geen idee waarom Otto von Habsburg haar aan hen voorstelde.

-"Zij is de organisator," stelde Otto.

-"Kunnen we straks weer veilig naar huis?" vroeg een van de professoren die behoorlijk onder de indruk was van het rusteloze publiek. Net op dat moment begon de massa spontaan het Sylvania Freedom te zingen. Nog vóór de start van het concert zou ze dat nog vier keer doen.

-"Het precieze moment waarop jullie terug kunnen, wordt aangekondigd," antwoordde Nikki, "draag jullie petjes zodat we jullie herkennen!" Verschillende professoren hadden al spijt van hun aanwezigheid op dit 'symbolisch treffen tussen Oost en West'; in plaats van een zalige verzoening tussen volkeren, stonden ze veeleer op het punt alles te leren over een revolutie!

Nikki's aandacht viel nu op Podborsky, die naar het volk zwaaide alsof hij de kersverse koning was. Ongedeerd door het gebrek aan enige respons, stapte hij met Anoushka aan de arm statig naar de tribune. Zijn handlangers maakten door het volk een breed gangpad voor hem vrij. Ze waren bewapend en talrijk. Van zodra Podborsky in de tribune zat, verspreidden de handlangers zich tussen het volk. De Sylvaniërs hielden hen met argwaan in het oog.

Nikki zoende Anoushka en heette Podborsky welkom.

-"Jij bent ook steeds op de juiste plaats!" gromde Podborsky. "Zingt Anastasiya nu het Sylvania Freedom of niet?" vroeg hij met aandrang.

-"Maak je niet ongerust, Frank," antwoordde Nikki sarcastisch, "je hoort het lied zeker nog driemaal vóór het concert begint!" Frank bolde de kaken in spanning. De revolutie was onvermijdelijk maar was het dat niet wat hij wou? Hij was er in elk geval klaar voor; de macht kwam uit de loop van het geweer.

~

De wereld stelde zijn frequenties scherp op de live uitzending. Alexandra en ik zaten met de familie de Vissermans achter de televisie. De bezorgdheid om de veiligheid van vooral Geller, Nikki en Bezmenov was groot. Maar ook Klaus was in Sylvanië. Hoe zou de niet te stoppen revolutie zich aandienen?

~

Cassandra had geen tijd om naar de televisie te kijken; het werk in het hotel ging gewoon verder. Dat zorgde eigenlijk voor de afleiding die ze nodig had. Ze had haar werk gedaan. Op dit moment lag in Bezmenovs handen het lot van iedereen die haar dierbaar was: Nikki, Klaus en uiteraard Bezmenov zelf.

~

Reinhard mocht vanuit zijn cel naar een reportage meeluisteren waar hij geen woord van begreep. Na het bezoek van Nikki gingen zijn gedachten enkel naar haar; niemand was momenteel zo kwetsbaar als zij.

~

In zijn hotel bekeek Klaus het concert op de televisie van de bar. Hij had iemand nodig om mee te praten. De barman stak niet weg dat hij de revolutie wou; weg met de communisten! Klaus vroeg hem wat hij van Podborsky vond. Daar sprak de man eerder gematigd over; je kon niet iedereen op hetzelfde moment wegwillen. Hij hoopte enkel dat koningin Sylvia de eerstvolgende twintig jaar geen troonafstand deed.

Maar een troonafstand was koningin Sylvia wel degelijk van plan eens de communisten weg waren. Op het moment van het concert verbleef ze in het buitenland, zoals door de diplomaten aanbevolen; als niemand de orde in het land kon herstellen, was zij immers de belangrijkste hoop om dat uiteindelijk wel te doen.

Ze vond het vreemd dat het land haar al die jaren als legitiem staatshoofd gerespecteerd had; ze was immers enkel aangetrouwd aan het koningshuis. Gravin Tatiana, de nicht van Willem, woonde in Gent en had nooit de troon van dit miserabel land opgeëist. Bestond er een kans dat ze dat vroeg of laat wel deed, ten koste van Frank?

~

Rond het podium waren geen technici meer te zien; alle artiesten maakten zich klaar. De zon was ondergegaan. De massa had voor een vijfde en finale keer het Sylvania Freedom gezongen. De laatste plaatsen op de tribune werden nu ingenomen door de zwaar geëscorteerde ministers en de secretaris-generaal... onder een hysterisch boegeroep dat gedurende vele seconden lang steeds luider werd. Elkeen die niet tot de gefrustreerde Sylvaniërs behoorde, kromp in elkaar onder het ontzaglijk collectief machtsvertoon. Zelfs Podborsky kleurde wit; hij trok het besluit dat geweld geen optie was vandaag.

De revolutie had op dat moment reeds kunnen uitbreken, maar de eerste noten van de intro kalmeerden de massa; Nikki en Geller hadden besloten in deze omstandigheden de inleidende huldigingen over te slaan. Het was jammer voor de aartshertog en zijn Paneuropese Unie, en het kwam de afspraak met de secretaris-generaal niet na. Maar beide heren waren in deze hel geen vragende partij meer.

De intro werd een kwartier lang uitgesponnen. De gemaskerde artiesten demonstreerden het grote aantal waarmee ze gekomen waren door stapsgewijs het podium op te komen en de wervelende choreografie te vervolledigen. Het kolkende spektakel werd langzaam rustiger, tot de artiesten een golvende Sylvaanse vlag vormden. Het publiek was reeds buiten zichzelf van vreugde toen Anastasiya vanuit de hoogte in het midden van de vlag afdaalde en het eerste lied aanhief met het timbre waaraan je haar onmiddellijk herkende. De jonge meisjes in de massa schreeuwde hun hysterie uit, terwijl de volwassen mannen en vrouwen de handen tegen de kaken drukten en huilden van ontroering.

~

De commentatoren hadden opgemerkt hoe de organisatie het programma aangepast had. "De bevolking is losgeslagen," klonk het. "Wat betekent dit voor Sylvanië? Wat betekent dit voor het IJzeren Gordijn?" vroegen anderen zich af. Iedereen was akkoord dat slechts één persoon vat had op de afloop: de persoon met het scharlakenrode barokmasker in het midden van het podium.

~

Op het einde van het lied stak Anastasiya beide handen de lucht in en riep:
-"Mensen van Sylvanië, — ze richtte zich naar de mensen en niet naar het land — ik hou van jullie!" Had het publiek niet van haar gescheiden geweest door de vele dranghekkens op de weide, het had haar bestormd. Liefde was datgene waaraan het de Sylvaniërs decennia lang ontbroken had; ze waren enkel voorbestemd geweest om radertjes te worden in een gigantisch plan dat nooit werkte. Armoede was hun dank, bittere frustratie hun lot. Hoe slechter het ging, hoe meer zij zelf de schuld kregen. De overheid toonde nooit medeleven, troost of berouw; het kwelde integendeel haar burgers met inlichtingendiensten, heropvoedingskampen en verklikkers, zelfs binnen je eigen familie.

Als om haar macht over dit volk — haar volk! — te bewijzen, hield Anastasiya de handen een volle minuut lang de lucht in, een minuut waarin het geschreeuw op volle sterkte aanhield. Een vingerknip volstond nu om een einde te maken aan dit bestel en deze regering. Door haar masker keek ze naar de tribunes. Met grote macht kwam grote verantwoordelijkheid.

~

In alvast één land kon het concert niet gevolgd worden, althans niet op de gewone manier. In Oost-Duitsland werden slechts korte flarden van de liedjes uitgezonden. Angstvallig werd het enthousiaste publiek uit beeld gehouden en zeker het oorverdovende gejuich op het einde van elk liedje. Daarentegen werden de nummers waaraan Anastasiya niet deelnam, volledig in de ether gebracht.

Wat de Oost-Duitsers tot vervelens toe in beeld kregen, waren de lege treinen die op de toeristen wachtten die straks huiswaarts zouden keren. De staatstelevisie kondigde een triomftocht voor het regime aan: de burgers die zich aan het Balatonmeer misdragen hadden, hadden berouw getoond en zouden als verloren zonen naar het paradijs mogen terugkeren. De reportage suggereerde dat het om alle honderdduizend landgenoten ging.

~

Als een furie ging Anastasiya door haar liedjes. Zo geestdriftig als ze die bracht, zo persoonlijk maakte ze die voor het publiek van deze avond. Op een bepaald moment knielde ze op de rand van het podium om een intiem liedje te brengen:
-"Dit is voor de fan die hier vandaag niet kan zijn, maar die met zijn heldendaad dit concert mogelijk gemaakt heeft." Iedereen wist onmiddellijk wie dat was. "Ik kan jullie alvast één ding over hem vertellen: ik heb met hem gedanst en hij is de beste danser ter wereld!"

~

Onmiddellijk openden zijn bewakers de deur van de cel:
-"Jíj hebt met Anastasiya gedanst?" Reinhard had niet begrepen wat er op de radio verteld werd.
-"Hoezo, heeft ze dat verteld? Heeft ze mijn naam genoemd?" vroeg Reinhard.
-"Ze heeft een liefdesliedje gezongen. Het kon enkel voor jou geweest zijn, zei men."
-"Je meent het niet!" riep Reinhard onthutst. Dit wou hij niet, had hij gezworen, en dit kon trouwens niet; dit was louter showbusiness!
-"En, heb jij nu met haar gedanst of niet?" vroegen de bewakers dringend.
-"Euh, wel, ja, inderdaad," zei Reinhard. En wat voor een dans! "Een Lambada."
-"Een Lambada, wat is dat?" Reinhard legde de dans uit waarbij de benen in elkaar strengelden.
-"Jij hebt zoiets met Anastasiya gedanst?" De bewakers konden hun oren niet geloven. Hoe kon iemand zoveel geluk bij elkaar sprokkelen? "En hoe danste ze?"
-"Om voor naar Moskou te vliegen!" grapte Reinhard. Hij kreeg een wodka.

~

Speciaal voor de gelegenheid had Anastasiya een aantal rocknummers gemaakt die de armoede en het onrecht aan de kaak stelden. De Sylvaniërs waren diep geraakt en keken met hoop naar hun zangeres. "No no no, no more!" schreeuwde ze het uit. Ze vertaalde het protest in cassante zigzag bewegingen over het volledige podium. Het lied eindigde in het opnieuw vormen van de Sylvaanse vlag. Op die manier eindigde de show zoals hij begonnen was, tenzij…

~

Anastasiya verliet het podium terwijl de artiesten verder de wuivende vlag van Sylvanië uitbeeldden. De pauze duurde lang. De spanning steeg naar het hoogtepunt van de avond; het was nu of nooit. Mensen knepen elkaar in de handen terwijl de spots zenuwachtige strepen licht over de weide trokken.
Net voordien had aartshertog Otto von Habsburg blauwe petjes uitgedeeld aan de ministers en de secretaris-generaal: "Sluit jullie straks gewoon bij de professoren aan en vlucht de grens over. Kijk onderweg niemand in de ogen! Jullie krijgen politiek asiel." De ministers keken perplex. Wanhopig en tevergeefs zochten ze naar hun politie. Voorlopig hielden ze de petjes in de hand.

~

Podborsky observeerde de doodsbange ministers. Hij had een instinct voor macht. Straks viel het vacuüm. Dat hij zou innemen. Anastasiya had de hele avond geen woord verkeerd over hem gezegd. Zou het beruchte kushandje op het concert van Gent dan toch voor hem geweest zijn? Als het dat was wat Anastasiya wou, was ze onmiddellijk zijn koningin! De avond verliep zoals hij gedroomd had. Bovendien zat hij naast Bezmenov, de man van de Sovjet-Unie.
-"Wat staat er straks te gebeuren?" vroeg hij aan die laatste.
-"Als u het niet te bont maakt, Koninklijke Hoogheid," antwoordde Bezmenov kort, "mag u straks de macht overnemen tot aan het congres."

-"Congres? Welk congres??" vroeg Podborsky geschokt.
-"Er komt een congres van de Verenigde Naties dat zal georganiseerd worden door mezelf. U hebt tot dan om te bewijzen dat u een waardig koning van dit land kan zijn; zo niet komt er een republiek."
-"O...K," zei Podborsky bevend. Waardig? Hoe moest hij dat redden? Hij klampte Bezmenov vast met beide handen: "Weet echter één ding, mijnheer Bezmenov" zei Podborsky, "ik wil absoluut Anastasiya spreken. Als ik haar steun niet heb, zal het er helemaal anders aan toegaan: dan kan u van mijn part een leger sturen, maar een congres komt er niet!"
-"Ik probeer een ontmoeting met haar te regelen," beloofde Bezmenov, "maar dat zal van haar afhangen natuurlijk."
-"Begin eens met te vertellen wie ze is!"
-"Volgens mij een eenvoudige maar heel goede artieste..."
-"Dat gelooft u nu toch zelf niet meer! Hebt u gezien wat zij hier teweeggebracht heeft vanavond?! Luister, ik ga ze zélf zoeken!"

~

De instrumentale muziek die tijdens de lange pauze speelde, bevatte nu om de haverklap stukjes van de melodie van Sylvania Freedom. Het kwam er! Op het Fleur-de-Lys vergaten we de tijd; wie kreeg ooit de luxe een revolutie live op televisie te mogen meemaken? We zagen Anoushka tussen Podborsky en Otto von Habsburg zitten, veilig dachten we. Maar hoe zat het met Geller en Nikki? We wisten niet meer dan dat ze even in beeld geweest waren. Klaus hadden we gebeld, maar die was niet op zijn kamer.

~

In het hotel in Gent had Cassandra zich geëxcuseerd bij de gasten. Ze zat op een stoel om naar de radio te luisteren; dat maakte het minder dramatisch dan op de televisie, hoopte ze.

Op de tribunes zetten de ministers hun petjes op en keken achter zich. "Nog even geduld," zei Otto, "jullie komen veilig buiten!"

Reinhard had zijn cel mogen verlaten om naar de radio te luisteren. Zijn bewakers klapten in de handen: "Sylvania Freedom!"

~

De Sylvaanse vlag maakte een doorgang langs dewelke Anastasiya zich in een wit kleed en masker naar de spits van het podium waadde. De mensen waren door het dolle heen: er werd geweend, geroepen, gejuicht; niemand had zichzelf nog onder controle. Anastasiya keek rustig rond alsof ze oogcontact zocht met elke individuele Sylvanier. Elk van hen had de verschrikte reactie alsof God zelf hem of haar aankeek: de mond viel open en de borstkas deinsde een centimeter achteruit. Anastasiya strekte de armen nu breed voor zich uit. Het werd stil. De muziek stopte en ze sprak:
-"Lieve mensen van Sylvanië, jullie regering heeft een minuut geleden aan de heer Yuri Bezmenov medegedeeld dat zij afgetreden is. Jullie zijn vrij!"
Onmiddellijk draaiden alle hoofden naar de tribune. De plaatsen van de ministers waren leeg! Een explosie van gejuich donderde over de site. De mensen dansten in het rond, vielen in elkaars armen en huilden hun jarenlange frustraties weg: 'We zijn vrij!!'

~

De schokgolf ging de wereld rond. Een fluwelen revolutie! Met één enkele zin van Anastasiya was de omwenteling zo snel voltooid als ze begonnen was. Overal gingen camera's naar oproer op zoek die er niet was. In de stad kwamen mensen naar buiten en grepen ze elkaar vast. Aan het Balatonmeer vroegen de Oost-Duitsers zich af wat dat nu voor hen betekende.

In Oost-Duitsland zelf was de reportage over het concert gestopt, waardoor de bevolking naar radio Free Europe overschakelde.

~

Na het hoogtepunt van de euforie zochten alle ogen contact met de nieuwe leider. Ze stond vooraan op het podium, stil om iedereen de tijd te geven om tot rust te komen. Pas toen alle spots zich op haar richtten, ging ze verder:

-"De heer Yuri Bezmenov zal het congres van de Verenigde Naties organiseren waarin *wij* een nieuwe grondwet krijgen. Yuri Bezmenov is *onze* hoop." Daarmee had ze intussen al driemaal de naam genoemd van de man die voorheen een volslagen onbekende was. Wat voldoende was; van zodra de schijnwerpers op hem gericht stonden, kreeg hij een daverend applaus. Bezmenov was door dit onverwachte scenario de kluts kwijt.

-"Sta recht!" riep Anoushka. Het applaus zwol aan op het moment dat hij rechtstond. Hij drukte de handen tegen elkaar voor de borstkas en maakte een lichte buiging om te danken voor de eer.

-"Tot het congres wordt het land door koningin Sylvia geleid," vervolgde Anastasiya zonder diens zoon te vernoemen. Dat verontrustte Podborsky enorm; hij wou nú te weten komen wat Anastasiya met hém van plan was. Hij verspreidde het woord naar zijn handlangers.

~

Op het moment dat niemand het nog verwachtte, zette Anastasiya het Sylvania Freedom in. Het was meteen duidelijk dat ze de tekst volledig gewijzigd had en de toon verzacht. Het lied ging over de glorievolle toekomst van het land, over de verzoening tussen de burgers, de apparatsjiks, de politie, de inlichtingendiensten en het leger. Het protest was volledig uit het lied verdwenen. Ze zong over vrijheid, geloof, familie, vertrouwen, rechtszekerheid, interpersoonlijke solidariteit, verantwoordelijkheid, ondernemerschap, ambitie, welvaart en geluk. Het waren woorden die aan de Sylvaniërs stuk voor stuk uitgelegd moesten worden. Anastasiya nam er alle tijd voor. Het lied duurde driemaal zo lang en de massa hing aan haar lippen.

~

Het lied miste z'n effect niet. In de stad verzamelden zich mensen voor het kantoor van de geheime dienst. Ze riepen de agenten naar buiten. Vanachter het venster keken verschrikte ogen naar de menigte. Toen de agenten naar de politie belden, kregen ze van hen hetzelfde verhaal te horen.

Omdat de demonstranten echter vreedzaam waren, kwamen de agenten na vijf minuten naar buiten met een zich verontschuldigende glimlach. Ze kregen een flesje bier toegestopt. Binnen lag het onafgewerkte verslag over de chaos in de straten. Niemand zou er ooit nog om vragen.

~

Het 'Sylvania Freedom!' op het einde van het lied klonk triomfantelijk deze keer. Het zette in de verf dat alles veranderd was. Morgen zouden vele mensen zich afvragen hoe hun dag er moest uitzien. Tot dan zou er enkel gefeest worden. Rond het podium werd wit vuurwerk de lucht ingeschoten; de show van Anastasiya was voorbij... behalve dat ze nu nog de allerbelangrijkste boodschap had.

~

Op de Oost-Duitse televisie toonde men enkel nog de klaarstaande treinen. Daarentegen werd de Sylvaanse revolutie volledig uit de ether gehouden. Voor de zoveelste keer berichtte men over het feit dat de eerste Oost-Duitsers straks op de treinen huiswaarts zouden keren, over hoe dat bevestigde dat ze eigenlijk graag thuis waren, en over hoe hartelijk ze verwelkomd zouden worden. Hun te lange verblijf aan het Balatonmeer was vergeven. Hopelijk zouden alle andere kampeerders snel volgen.

Geen enkele Oost-Duitse burger was nog geïnteresseerd in de treinen, in de nietszeggende interviews met de conducteur of de stewards, laat staan in wat mediaminister Günter Schabowski te vertellen had. Ze luisterden integendeel naar Radio Free Europe, die hen gretig vertelde hoe het regime in Sylvanië gevallen was. Maar zelfs Radio Free Europe kon niet voorspellen wat er nu zou gebeuren.

~

Het vuurwerk was afgelopen. De Oost-Duitsers op het concert waren zich aan het afvragen wat ze nu best deden, toen Anastasiya hen rechtstreeks toesprak in het Duits:

-"Lieve mensen uit Oost-Duitsland, haal de petjes uit de tas die jullie gekregen hebben, en zet die op." De Oost-Duitsers hadden zich reeds eerder afgevraagd waar de blauwe petjes van de Paneuropese Unie goed voor waren. Aarzelend groeven ze er opnieuw naar in de tas. Maar de petjes opzetten, deden ze nog niet; ze hadden schrik. Wat was men met hen van plan?

-"Van zodra jullie de petjes opgezet hebben, sluiten jullie zich aan bij de blauwe petjes die uit de tribunes komen. Ga met hen mee naar... Oostenrijk!" riep Anastasiya triomfantelijk. Ze strekte haar beide handen voor zich uit en wees naar de eenvoudige houten poort in de verte. Terwijl de spots de weg naar de poort verlichtten, vroegen de Oost-Duitsers elkaar om bevestiging. Hadden ze het goed gehoord? "De grens staat open!" riep Anastasiya opnieuw.

Beneden het masker en de twee glanzende gestrekte armen van Anastasiya kwamen de tweeduizend Oost-Duitsers in beweging. Ze hadden de petjes opgezet om zich aan te sluiten bij de andere blauwe petjes. Een volgende, nog veel grotere revolutie was in wording.

~

Waar slechts tweehonderd blauwe petjes Sylvanië binnengekomen waren, drumde nu meer dan een tienvoud in de andere richting. De grenswachters hielden zich aan hun instructie en lieten alle blauwe petjes door. Als eersten wriemelden de professoren zich door het poortje. Ze waren blij dat ze weer in Oostenrijk waren. Tussen hen, met het gezicht naar de grond gewend, liepen de ministers van de afgetreden regering. Zij werden op een bus naar Wenen gezet. Daarachter kwamen de Oost-Duitsers, die angstig en ongeduldig de seconden naar de vrijheid aftelden. Met strakke hand trokken ze hun kinderen dicht tegen zich aan. Hoe zou het paradijs aan de andere kant van de grens zich aandienen?

~

De fototoestellen en camera's op de torens hadden zich intussen omgedraaid en legden nu vast hoe tweeduizend Oost-Duitsers de grens met Oostenrijk overstaken. Het woord verspreidde zich als een vuurtje bij de kampeerders aan het Balatonmeer, voor wie de boodschap duidelijk was: nú naar de grens! Op een mum van tijd hadden ze het nodige ingepakt. Voetgangers begaven zich naar de site van het concert terwijl de Wartburgs, Lada's en Trabants naar een reguliere grensovergang trokken.

De Oost-Duitse televisie had een einde gemaakt aan alle reportages, maar omdat het land de Westerse uitzendingen niet kon tegenhouden, beleefden haar burgers nu met spanning de vlucht van hun landgenoten. Liefst honderdduizend waren naar Oostenrijk en West-Duitsland aan het ontsnappen! Onmiddellijk vertrokken vanuit heel Oost-Duitsland nieuwe colonnes richting Sylvanië.

~

Podborsky's handlangers namen kalm maar assertief alle strategische functies over, zoals de Sylvaanse televisie, de politie en de regering. Er volgde een bericht dat in afwezigheid van koningin Sylvia haar zoon waarnemend leider was. Alles verliep zoals Podborsky het gepland had, behalve dat hij nu absoluut Anastasiya te pakken moest krijgen; hij had er geen enkel vertrouwen in dat ze hem als koning zou dulden. Als ze zich nog in Sylvanië bevond, maakte hij een kans. Hij gaf een dringende boodschap aan zijn handlangers.

~

Nikki werd door Bezmenov gewaarschuwd en haastte zich uit de naad om alle artiesten in veiligheid te brengen. Ook zij zetten de blauwe petjes op om op de grens af te stormen. In Oostenrijk stonden bussen voor hen klaar. Geller wachtte hen op.

Toen Podborsky vanuit de tribunes de artiesten uit hun gebouw zag rennen, liet hij zijn handlangers de grens dichtgooien. Slechts een derde van de artiesten ontsnapten. Degene die zich nog op de wei bevonden, gooiden onmiddellijk hun petjes weg om uit elkaar te stuiven en zich tussen het publiek te mengen. Ook zij ontsnapten.

Op het moment dat de laatste artiesten nog moesten vertrekken, kreeg Nikki het alarmerende bericht dat de handlangers op het gebouw afstormden. De sterke, lenige meisjes gooiden alle meubelen voor de deur en wurmden zich vliegensvlug door een smal venster net onder de zoldering naar buiten. Nikki bleef kabaal maken om de indruk te geven dat ze opgesloten zaten.

-"Kom Nikki!" schreeuwde het laatste meisje dat uit het venster geklommen was. "Grijp mijn hand! Ze zijn rondgekomen!" Een handlanger stampte op dat ogenblik het slot van de deur stuk. Nikki duwde zo hard ze kon tegen de deur.

-"Neen," zei Nikki, "vlucht! Jij mag niet vastgenomen worden! Vlucht!!" Na een korte aarzeling vluchtte het meisje. Ze werd onmiddellijk gegrepen door een belager maar wist zich met een krachtige en behendige draaibeweging los te maken. Na een gezwinde klim over een vijf meter hoge afsluiting ontsnapte ze.

Nikki gaf zich over. Met veel kabaal werd de deur opengeduwd.

-"Wie is de zangeres?" vroegen de mannen met aandrang, "vertel het ons, nu!"
-"Dat weet enkel Geller," zei Nikki.
-"We geloven je niet; Frank zegt dat jij dat ook weet!"
-"Welke Frank?" Nikki wist niet of het zin had om tijd te winnen.
-"Podborsky uiteraard! Prins-regent Podborsky voor u en vanaf nu!"
-"Wel, zeg tegen prins-regent Podborsky dat hij mij met rust laat!"
-"Luister, jij komt niet vrij voor hij Anastasiya gezien heeft!"
-"Jij hebt lef," bezwoer Nikki hen, "weet jij wel wie ik ben? Als jij wilt dat de KGB zich met Podborsky moeit,..."
-"Doe maar rustig," zei de man, "vertel ons gewoon waar Geller is."
-"Die is in Oostenrijk."
-"En de artiesten, en Anastasiya?"
-"Geen flauw idee; ik was hier."
-"Dus je bent niet zeker of Anastasiya ontsnapt is?"
-"Zij is zeker ontsnapt, ik weet alleen niet waar naartoe."
-"Maar het kan dat ze nog in Sylvanië is?"
-"Geen flauw idee."

Nikki werd gevangen genomen. Ze kreeg een streng bewaakte kamer in het koninklijk paleis.

OP ZOEK

Hoewel koningin Sylvia weer in het land was, had haar zoon zich in de macht vast geankerd. Hij had echter geen enkel plan; inderhaast gaf hij aan zijn vertrouwelingen de opdracht het parlementsgebouw te sluiten en met veel machtsvertoon elk departement over te nemen. Dat overnemen bestond uit het innemen van het kantoor van de respectievelijke directeur en die laatste tot assistent-directeur te degraderen. De ambtenaren kregen de raad 'voorlopig alles te laten lopen zoals vroeger'.

~

Dat zorgde voor chaos aan de grens met Oostenrijk in Sopron. De vrouw die absoluut Sylvanië moest zien te ontvluchten, had een lift gekregen in een Trabant. De Oost-Duitse colonne waar de Trabant deel van uitmaakte, was hals over kop naar de grens gereden, aanvankelijk snel en nerveus, maar van zodra de grens in zicht kwam, traag en aarzelend, omdat niemand het als eerste wou wagen.

De auto's stopten reeds vanop grote afstand toen een stevig cordon grenswachters zich manifesteerde, ongewapend maar ordelijk verspreid. Van doorkomen was geen sprake. De Oost-Duitsers zaten verlamd achter het stuur.

Met een onverbiddelijke autoriteit commandeerde de vrouw iedereen om uit de wagens te komen. Duizenden mannen, vrouwen en kinderen wandelden aarzelend op een dozijn grenswachters af. Telelenzen waren hun enige wapen; de pers wachtte op het meest sensationele gevecht dat zich ooit voor hun dure cameratoestellen zou afspelen.

Heldhaftigheid is wanneer jij de enige bent die weet dat je bang bent, dacht de vrouw toen ze het hoofd van de groep nam. Achter haar had zich een hechte kudde gevormd, die geen andere keuze had dan te geloven in haar leiderschap en de sterkte van het getal.

De afstand verminderde tot nul maar ze moest absoluut het tempo aanhouden. Wat aanvankelijk een lachwekkend absurd plan leek, was nu plots het enige: op het laatste moment wendde ze de blik van de grenswachters af en stapte ze simpelweg links rond het grensgebouw.

Op dat moment wou plots niemand in de groep nog de laatste zijn. Voor de ogen van de wereldpers spurtte de immense kleurrijke massa over het groene gras op weg naar de vrijheid. De beelden van Sopron waren nog dramatischer dan die van een immense vechtpartij.

De vluchtelingen hielden verschrikt en ontgoocheld halt toen er in de verte opnieuw politiemensen stonden. Radeloos begonnen ze te overleggen: waren ze omsingeld? Waren ze in de val getrapt? Zouden ze aan de Stasi uitgeleverd worden? Zouden ze niet beter snel terug naar de auto's keren? Ze keken vooruit en achteruit. Toen echter zagen ze dat de agenten vóór hen slechts met twee waren en hen wenkten. Oostenrijk! Met een finale, grote adrenalinestoot en razende hartslag hernam de massa de sprint. Eens in Oostenrijk vielen ze uitgeput in elkaars armen en begonnen ze te schreien. Nooit eerder waren tienduizend straatarme mensen zo gelukkig in het Westen.

~

Het bekijken van West-Duitse zenders werd in Oost-Duitsland als 'vlucht uit de republiek' bestempeld en zwaar bestraft. Aan de jongeren werd ook aangeleerd hoe ze antennes konden ontdekken die op het Westen gericht stonden, om die vervolgens te breken. Niettemin werd er heel veel naar de West-Duitse televisie gekeken. Bij het zien van de beelden van de ontsnappingen, waren nieuwe gelukzoekers naar Sylvanië vertrokken. Maar omdat Sylvanië de Oost-Duitsers liet ontsnappen, had Tsjechoslowakije de grens met Sylvanië gesloten.

Dat maakte dat de problematische situatie van een week eerder aan het Balatonmeer zich nu herhaalde in het centrum van Praag. De wereld zag live hoe Oost-Duitsers over de omheining van de West-Duitse ambassade probeerden te kruipen. Kinderen werden enerzijds omhooggetrokken door hun ouders en anderzijds naar beneden getrokken door Tsjechische politieagenten. Net zoals Sylvanië een week eerder, zocht nu ook Tsjechoslowakije dringend naar een oplossing.

Ofschoon duidelijk geweten was dat ze daar gevangengehouden werd, was Nikki officieel de gast van koningin Sylvia. De telefoongesprekken tussen Cassandra en Bezmenov waren uiterst emotioneel:
-"Yuri, je moet Nikki absoluut uit het paleis halen!" smeekte Cassandra.
-"Liefste, ik zou niets liever willen, maar ik kan op dit moment Sylvia geen strobreed in de weg leggen; Sylvanië staat op de rand van de algehele chaos!"
-"Je beseft toch dat ze daar niet veilig is!" drong Cassandra aan.
-"Kan jij zelf niet naar Sylvia bellen, Cassandra; ze was toch jouw beste vriendin? Ze zal Nikki toch geen kwaad doen?" vroeg Bezmenov.
-"Ik denk niet dat dat goed zou doen," zei Cassandra wanhopig, "Sylvia en ik spreken al twintig jaar niet meer met elkaar. Ik heb trouwens geen schrik van Sylvia maar van Podborsky!"
-"Niet tot het congres," zei Bezmenov, "tot dan moet hij zich schappelijk gedragen."
-"Waarom?"
-"Omdat hij kans maakt koning te worden."
-"Ze gaan hem toch geen koning maken??"
-"Wel, niet onmiddellijk, maar de Sylvaniërs willen de monarchie behouden. Het gaat tussen Sylvia en gravin Tatiana, de nicht van Willem. Als het congres zegt dat Sylvia koningin mag blijven, treedt ze kort daarna af ten voordele van Podborsky; ze wil naar Gent terugkeren."
-"De keuze voor Tatiana zou toch logischer zijn?"
-"Ik heb haar ontmoet op de chasse à courre en de luchtdoop. Het is een voortreffelijke dame maar ze heeft niet veel zin om koningin te worden."
-"Misschien goed ook, in Nikki's belang," zuchtte Cassandra. Het was de verschrikkelijke keuze tussen het belang van haar dochter en dat van een heel land. "Ah, Yuri, in welke situatie zijn we beland! Probeer haar op een of andere manier vóór het congres in veiligheid te brengen. Zeg aan Anoushka en Klaus dat ze ook beter het paleis verlaten!"
-"Dat zal ik zeker doen," beloofde Bezmenov, vooral doelend op dat laatste.
Voor het eerst moest hij Cassandra helpen. Na alles wat zij de voorbije jaren voor hem gedaan had, moest hij absoluut een oplossing vinden. Maar hij had geen idee hoe hij Podborsky kon overtuigen om Nikki vrij te laten.

In Washington kwamen Reagan en Gorbatsjov tot een akkoord waarbij tweeduizend zevenhonderd kernraketten geschrapt werden. Over het ooit belachelijk genoemde *Star Wars* werd niet meer onderhandeld omwille van het feit dat de Sovjet-Unie er nu zelf in investeerde. Het was een investering die zoveel middelen vroeg, dat ze de neerwaartse economische spiraal van de Sovjet-Unie versnelde.
Deel van de onderhandeling betrof het laten vertrekken van het koninkrijk Sylvanië uit de invloedssfeer van de Sovjet-Unie, iets wat sinds de Tweede Wereldoorlog op de agenda van dat laatste land gestaan had. Er was ook beslist om Reinhard vrij te laten; de Sovjet-Unie was blij dat ze verlost waren van de gevangene met privileges, van de held die door de wereld in het oog gehouden werd.

Yuri Bezmenov had nooit eerder een evenement georganiseerd, laat staan een congres van de Verenigde Naties dat over het lot van een land zou beslissen. Het was niet onlogisch dat Jeltsin hem die rol toebedeeld had; Bezmenov gold als een hervormer — hijzelf vroeg zich dikwijls af waaraan hij die reputatie te danken had — en kwam uit de Sovjet-Unie. Want als één land zijn toestemming voor dit congres moest geven, dan was het wel de huidige baas van Sylvanië. Bezmenov had zich afgevraagd hoe hij zich aan de Sylvaanse bevolking kon opdringen, tot Anastasiya driemaal zijn naam noemde en hij 's lands meest geliefde man werd. Overal waar hij kwam, werd de rode loper voor hem uitgerold.
Hoewel hij door een waaier van specialisten en adviseurs geholpen werd, voelde hij zich eenzaam op het moment van de grote beslissingen, te beginnen met de samenstel-

ling van het panel. Het behoud van de monarchie lag heel gevoelig in Sylvanië, wat maakte dat de meeste panelleden uit monarchieën afkomstig moesten zijn. Hij had meteen voor een aantal edellieden gekozen, zoals aartshertog Otto van Oostenrijk en prinses Kathrin de Vissermans. Die eerste was de grootste voortrekker van monarchieën, terwijl die tweede uit de stad kwam die de zakelijke poort naar het Westen was. Kathrin had zich trouwens voor een rol in het panel opgedrongen. Bezmenov vermoedde dat zij daar een speciale reden voor had. Het panel zou verder uit gedelegeerden bestaan van West-Duitsland, Frankrijk, Hongarije en Groot-Brittannië. Daarmee kreeg Otto zijn zin; hij had op een exclusief Europees panel aangedrongen.

De locatie voor het evenement lag even gevoelig. Opnieuw om de Sylvaniërs gerust te stellen dat ze hun monarchie niet zouden kwijtspelen, koos Bezmenov ervoor om het congres in de balzaal van het paleis te laten doorgaan. De zaal was een pronkstuk van de rococo en had de schikking van een operazaal, met een platform vooraan en loges in de hoogte. Die laatste moesten voldoende zijn om de pers te huisvesten, want de vloer was amper groot genoeg voor de talrijke mensen die vanuit rechtstreekse bron akte zouden nemen van de nieuwe grondwet. Prins Podborsky had twintig procent van de plaatsen opgeëist.

~

Op zich was Nikki's kamer heel comfortabel. Ze was hoog en ruim en volledig met geschilderd stukwerk en wandschilderijen bezet. In de barokke kamer stond een groot bed met baldakijn in dezelfde stijl, een bureau, een wandkast met boeken, en tenslotte een zithoek met een canapé, een lage tafel en twee stoelen. Er hing een grote spiegel boven de haard en een prachtige luchter. Op de donkere houten vloer lagen dikke Oosterse tapijten. De kamer had haar eigen badkamer, die in schril contrast met de kamer zelf heel modern was. Het bad en de douche waren uit gitzwarte natuursteen gebouwd.

Nikki vroeg zich af hoe ze zou kunnen ontsnappen als het ooit nodig was. De deur van haar kamer was weliswaar niet gesloten maar werd permanent door twee handlangers bewaakt. Omdat Podborsky schrik had dat ze met de artiesten — met Anastasiya! — zou communiceren, mocht ze geen bezoek ontvangen. Wel mocht ze met koningin Sylvia eten, die heel nieuwsgierig was naar alles wat Cassandra meegemaakt had sinds zij ooit het paleis verliet.

Sylvia zelf zei echter niets, hoe behendig Nikki ook hengelde naar de oorzaak van de ruzie tussen Sylvia en Cassandra. Uit Sylvia's minachtende reactie kon Nikki echter wel opmaken dat de koningin verschillende stukken van het verhaal niet geloofde. Anderzijds was Nikki ervan overtuigd dat Sylvia evenmin de waarheid kende. Wat een vreemde situatie; waarom bleven Cassandra en Sylvia een kwart eeuw na de feiten zwijgen?

De beide dubbele vensters van Nikki's kamer alsook de dubbele vensters van haar badkamer gingen vlot open. Nikki leunde dikwijls naar buiten op zoek naar nieuws. In de verte zag ze oproer maar ze kon niet opmaken wat de precieze eisen van de manifestanten waren.

Ze kreeg correspondentie noch kranten en had geen televisie; Podborsky wou niet dat ze te weten kwam hoe sterk of hoe zwak haar positie was. Ze kreeg echter nieuws op een andere manier: de handlangers aan haar deur praatten aan een stuk door met elkaar. En het waren elke dag andere. Ze waren er zeker van dat Podborsky koning zou worden en verdeelden de buit al. Maar waar ze nog meer over praatten, was de zangeres. Alsof ze de ploeg was die de wereldbeker gewonnen had, was Anastasiya de trots en identiteit van de natie. Er was niemand die dat idee nog kon verbannen, zelfs Podborsky niet bij zijn eigen handlangers. Dat was alvast iets om rekening mee te houden!

Nikki liet de encyclopedie openliggen op het Lam Gods, het beroemde schilderij van Van Eyck. Klaus had haar recentelijk gevraagd of ze zich herinnerde de Rechtvaardige Rechters gezien te hebben toen ze klein was. Uiteraard niet; waar zou het zelfs gehangen hebben? Toch niet in het sobere appartement in Seraing zoals Klaus beweerde; hoe kon het daar zelfs terechtgekomen zijn?! Ze leunde nu over de vensterbank en keek naar beneden: zeven meter schatte ze. Dat was hoog voor een eerste verdieping! Maakte ze een overschatting omdat ze naar beneden keek? In de diepte leken afstanden immers groter dan in de hoogte. De afstand was in elk geval veel te hoog voor een sprong. Ze kon het proberen door lakens aan elkaar te knopen, maar wanneer was het goede moment? Het was trouwens even moeilijk om uit het koninklijke domein te komen als erin. De kans dat ze gevat zou worden, was groot. En als ze gevat werd, zou ze haar resterende tijd op het paleis achter gesloten vensters moeten doorbrengen, in het beste geval. Ze had in elk geval reeds geoefend om snel de lakens aan elkaar te knopen en die aan de radiator te bevestigen.

Terwijl ze zo stond na te denken, klopte men op de deur.

-"Kom binnen," zei Nikki. Podborsky!

-"Zo," lachte Podborsky, "je kan in elk geval niet klagen over de ontvangst; deze kamer is mooier dan de mijne!"

-"Dit is echt niet grappig, Frank — was dit een betere keuze dan *Koninklijke Hoogheid* in de omstandigheden?— , laat me alsjeblieft gaan!"

-"Luister, Nikki," zei Podborsky, "je weet waarom je hier bent."

-"Ik kan je niet helpen, Frank, ik weet niet waar Anastasiya is, of zelfs wie ze is. En waarom ga je zelfs op zoek naar haar?"

-"Wel, ik weet niet wat op Anastasiya's agenda staat, maar zij heeft momenteel de macht in dit land. Met één woord heeft ze een congres in het leven geroepen waaraan ik niet meer onderuit kan. Mijn lot ligt nu volledig in handen van de verdomde Verenigde Naties. Wist jij daar iets van?"

-"Neen, maar ze heeft toch de kant van jouw moeder gekozen?" probeerde Nikki.

-"*Tot aan het congres* heeft ze gezegd! Ze heeft niets gezegd over een koninklijke familie, laat staan welke koninklijke familie. Weet je, de nicht van koning Willem maakt ook nog een kans!"

-"Wat hoop je te bereiken met Anastasiya te zien, Frank? Alles ligt nu in de handen van het congres."

-"Omdat niet het congres de macht heeft, maar zij, begrijp dat nu toch eens! Ze kan op eigen houtje alles beslissen." Hij ademde hevig.

-"Anastasiya is een artieste, Frank. Buiten haar concerten zwijgt ze. En als ze al zou willen spreken, zou niemand weten dat zij werkelijk Anastasiya is. Dagelijks zijn er een dozijn nieuwe mensen over de hele wereld die beweren dat ze Anastasiya zijn. Zonder optreden kan Anastasiya gewoon niet bewijzen wie ze is! Ze heeft niet voor niets voor het masker gekozen, Frank; ze wil een normaal leven kunnen leiden buiten het concert." Dat bracht Podborsky aan het twijfelen:

-"De maskerade is dus geen marketing stunt?"

-"Dat is het ook Frank, maar…"

-"Luister, ik lig wakker van de schrik." Omdat zijn handlangers hem niet hoorden, sprak hij vrijuit. "Ik wil weten wat ze denkt, Nikki, niet meer dan dat. Ik wil gerustgesteld worden. Van zodra ik ze zie, laat ik je vrij."

-"En Anastasiya?"

-"Die laat ik gewoon gaan nadat ik met haar gesproken heb."

-"Overtuig mij *daar* eens van!"

-"Nikki, wees redelijk. Ik word gewoon gelyncht als ik Anastasiya opsluit!"

-"Goed, maar ik weet niet waar ze is." Podborsky werd nu woedend:

-"Luister, Nikki, laat het me heel simpel stellen: als het congres mijn ondergang wordt, dan gaan we er beiden aan. Zoek het maar uit!"

-"Je bedoelt toch niet…"

-"Dat bedoel ik zeker!"

-"Praat dan toch met Geller!"

-"Hij zegt net hetzelfde als jij; hij weet ook niet waar ze is. Het is alsof jullie tegen mij samenspannen!"

-"Je moet niet paranoïde zijn, Frank!"

-"Ik ben niet paranoïde! Waarom is iedereen tegen mij? In elk geval, ik geloof hem niet en ik geloof jou niet."

-"Je zal Anastasiya pas echt tegen jou krijgen als je op deze manier verder doet!"
-"Laat ons dan hopen dat het waar is wat je zegt: zonder concert herkent niemand haar. Zonder concert heeft Anastasiya geen macht!"

~

Met spanning volgden we de gebeurtenissen in Sylvanië. Om de haverklap belden we naar Bezmenov om de toestand van Anoushka, Nikki en Klaus te kennen. We vreesden dat hun lot, en vooral dat van Nikki, van de uitkomst van het congres afhing. Yuri Bezmenov moest zich uiteraard discreet opstellen, zelfs tegen ons, maar sprak niet tegen dat er eigenlijk geen alternatief was voor Sylvia als staatshoofd, en dus voor Podborsky. Wat voor Nikki goed nieuws was, was echter slecht nieuws voor Sylvanië. We vermoedden nu dat Bezmenov de grondwettelijke macht van de koningin of koning zou proberen inperken, wat volgens de kranten dan weer een doodlopend spoor was; de Sylvaniërs hadden meer vertrouwen in hun koningshuis dan in een parlement.

Over Reinhards lot waren we intussen gerust. Zoals afgesproken zou hij vrijkomen. De reportage van zijn vlucht stond reeds in Stern en was geloofwaardig geschreven. Het legde de nadruk op de motivatie en de emoties van de waaghals die met een Cessna naar Moskou gevlogen was. Daarentegen mengde het zich niet in de politieke debatten over de Sovjet-Unie. Geen enkel magazine puurde ooit een grotere oplage uit één enkel verhaal.

Ondertussen ging het werk aan een razend tempo verder. Prinses Kathrin was verheugd met haar aanwezigheid in het panel van de Verenigde Naties en zocht oplossingen voor de economische problemen van Sylvanië. Door haar stempel op het land te drukken, hoopte ze meteen de invloed van dat land op haar bedrijf onder controle te krijgen. Niet enkel had het Sylvaanse koningshuis nog steeds een pak aandelen in de Vissermans, maar bestond er tevens een drukmiddel om de Vissermans te dwingen de gronden van de fabrieken te verkopen. Althans, zo stond het in het dagboek van hertog Bernard Martin, haar vader. Kathrin had nog steeds geen enkel idee van wat dat drukmiddel wel kon zijn en of het nog bestond.

~

Prins Robert de Vissermans en baron Didier Forel hadden een massaal aantal mogelijkheden opgesomd voor de inzet van pc's als slimme PLC's en pakten nu de hele industrie in snelheid. Overal werden presentaties gegeven, prototypes gebouwd en opleidingen verzorgd. Het geld moest niet meer van Reinhard komen, die nog steeds in de cel zat. De Vissermans zag de toekomst met vernieuwd vertrouwen tegemoet.

Van Livicki was het verlost. Die had de ambitie gehad om zijn netwerk verder uit te bouwen, behalve dat de diskettes plots onleesbaar bleken te zijn, ook toen hij ze op andere pc's probeerde. De zes identieke kopieën die hij zorgvuldig bewaard had, waren evenmin leesbaar. Hoe was dat mogelijk? Met hangende poten kwam hij Alexandra vragen om het probleem op te oplossen. Ze gaf de diskette met de bestanden aan mij:
-"Nu hebben we een aantal mogelijkheden," zei ik, "ofwel vragen we hem hoe hij dát in 's hemelsnaam klaargespeeld heeft."
-"Geen slecht idee," antwoordde Alexandra, "dat maakt hem lekker bang van pc's."
-"Na zijn 'blunders' van de laatste mailing zit hij al min of meer in dat stadium, vermoed ik. Ofwel herstellen we zijn gegevens, maar maken we er een warboel van."
-"Ook geen slecht idee, zolang het hem meer tijd kost om het allemaal te corrigeren dan van opnieuw te beginnen."
-"Het zal hem op zijn minst een hele mailing kosten om te ontdekken dat in elke lijn fouten zitten," zei ik.
-"Dan zal hij eens weten wat een mailing kost!"
-"Het beste alternatief lijkt me hem te zeggen dat dit een gekend probleem is," besloot ik, "en hem vervolgens een fortuin aan te rekenen voor 'speciale software' die uit de Verenigde Staten moet komen."
-"Dan moet alles wel opgelost zijn voor die prijs!" zei Alexandra.
-"Hoeveel zou hij willen betalen?" vroeg ik.

-"Dat hangt af van hoeveel de Russen hem daarvoor willen betalen!" lachte Alexandra.
-"Als we dat nu eens aan Bezmenov vroegen," lachte ik.
-"Daar gaan we die arme man nu toch niet mee lastig vallen, hoop ik."
Alexandra en ik hadden vele leuke conversaties zoals deze, maar ditmaal ging het over versleutelde bestanden, het gevaarlijke onderwerp. En deze keer kon ze het zich niet laten om eerlijk te zijn:
-"Dominique, een detective heeft me een versleuteld bestand gegeven." Ik was geschokt; ik wist precies welk bestand ze bedoelde.
-"Een detective?" vroeg ik gespeeld verwonderd.
-"Ja, Dominique, ik moet toegeven dat dit volstrekt illegaal is, zo illegaal zelfs dat ik er in de gevangenis kan voor vliegen."
-"Dank je om mij dit toe te vertrouwen," zei ik. Ik ging voor haar staan en nam haar bij de schouders.
-"Oh, Dominique, ik voel me zo ellendig, maar ik wil absoluut weten wat in dat bestand staat." Haar ogen traanden. Ik zag dat ze me niet manipuleerde; om een begrijpelijke reden lagen de gegevens haar bijzonder nauw aan haar hart.
-"Kan je via de rechtbank geen toegang krijgen?" probeerde ik.
-"Dat heb ik al geprobeerd, Dominique, maar mijn vraag werd afgewezen."
-"Waar over gaat het?" was de enige logische vraag die ik kon stellen.
-"Dat is het meest ellendige, Dominique: ik wil het je niet vertellen." Ik wist waarom. "Maar de detective wist me te vertellen dat jij het bestand versleuteld hebt," voegde ze daaraan toe. Dat klopte. Ik werd bloedrood; ik had geen uitweg meer, behalve:
-"Ik kan je niet helpen als ik niet weet over welk bestand dit gaat." Ik wou haar vroeg of laat wel degelijk helpen. Ik móest haar helpen; het was de enige manier om tot een echte relatie met haar te komen. Maar ik had zo'n duizelingwekkende angst van haar reactie als ze te weten zou komen dat…
-"Maar als je weet over welk bestand het gaat, kan je me wel degelijk helpen?" wou ze zeker weten. Ik kon nu een uitleg geven die haar wanhopig maakte, zoals een berekening door supercomputers die waanzinnig duur was. Dat wou ik echter niet; ik wou haar absoluut hoop geven, maar dan op lange termijn. Geen gemakkelijke opgave:
-"Het is beschamend om te zeggen, maar ik kan aan de meest geheime bestanden die ik zelf ooit beveiligd heb; ik heb een supersleutel die altijd werkt."
-"Hoe doe je dat zelfs?" vroeg Alexandra terloops. Moest ik tijdens deze intieme discussie zoiets droogs uitleggen?!
-"Wel, mijn supersleutel komt overeen met een priemgetal dat vermenigvuldigd wordt met…"
-"Sorry, Dominique, leg me dat later eens uit. Vertel me liever waarom je die supersleutel hebt."
-"Omdat de klanten dat eigenlijk verwachten, ook al doen ze me een document tekenen dat zegt dat ik níet in bezit van zo'n supersleutel mag zijn."
-"Hoezo?"
-"Klanten zijn slordig. Wanneer ze hun wachtwoord vergeten zijn, bellen ze me op in paniek. Het laatste antwoord dat ze willen horen, is dat ik ze niet kan helpen. Ik zeg hen enkel dat ik een systeem heb dat wachtwoorden kan raden of zoiets. Ze vinden de uitleg nooit belangrijk."
-"Is de supersleutel verschillend voor elke klant?" Op die vraag moest ik nu liegen:
-"Neen, hij is telkens verschillend." Nu kon ze er niet om vragen, dacht ik.
-"Kan je me alle supersleutels geven die je ooit gebruikt hebt, Dominique? Ik zal ze enkel voor 'mijn' bestand gebruiken. Je vertrouwt me toch?!" Wow, nu was ik slachtoffer van mijn eigen leugen!
-"Nu vraag je heel veel van mij Alexandra; jij kan in de cel vliegen, maar ik tienmaal langer dan jij. Laat me erover nadenken."
-"Ok, Dominique, ik begrijp het." Ze snikte weer. "Ik zal de persoon die de sleutel heeft, proberen om te kopen."

-"Doe dat vooral niet, Alexandra. Zij zal het je nooit geven; zij kan ook de cel ingaan. Het enige wat jij kan bereiken, is dat je aangeklaagd wordt voor actieve corruptie." Ik had me versproken.
-"*Zij*? Hoe weet jij dat het een *zij* is??"
-"Omdat het bij al mijn klanten een *zij* is," zei ik. Gezien de aard van de instellingen die klant waren, was die uitleg enigszins plausibel. Alexandra keek me aan in ongeloof. Ze zag een glinstering in mijn ogen. Dat was voorlopig voldoende voor haar. Ze zweeg.

~

Na de sluiting van de grens tussen Tsjechoslowakije en Sylvanië, had het probleem van de Oost-Duitsers zich naar dat eerste land verlegd; in Praag zaten intussen vierduizend Oost-Duitsers in de West-Duitse ambassade opgehoopt. De Tsjechische regering was radeloos: enerzijds wou zij hen niet naar Oost-Duitsland terugsturen omwille van het lot dat hen daar te wachten stond, maar anderzijds wou zij hen ook niet naar West-Duitsland laten vertrekken omwille van de afspraken binnen het Oostblok.

Het was stikdonker toen het balkon van de West-Duitse ambassade oplichtte. De wanhopige Oost-Duitsers, opeengepakt in en rond het gebouw, zagen eindelijk Hans-Dietrich Genscher verschijnen, de West-Duitse minister van buitenlandse zaken. Hun leven hing af van wat die man zou zeggen. Enkelen juichten op voorhand maar de meesten klemden elkaar hooggespannen vast. Genscher hield het kort: "Jullie mogen onmiddellijk naar West-Duitsland vertrekken." De menigte ontplofte in een uitzinnige vreugde. Genscher wachtte geduldig tot iedereen weer naar hem luisterde: "De treinen die jullie naar West-Duitsland zullen brengen, zullen via Oost-Duitsland rijden." Hierop reageerde de menigte met een gigantisch awoertgeroep, tot hij daaraan toevoegde dat op elke trein twee vertegenwoordigers van de West-Duitse regering zouden zitten.

Door de reis langs eigen bodem te laten verlopen, probeerde de Oost-Duitse regering de waarheid om te draaien: de vluchtelingen werden door het eigen land naar het Westen verbannen. Vijf treinen vertrokken. Nu pas zat de vlam in de pan.

~

-"Frank, wat denk je wel?! Laat Nikki nu onmiddellijk gaan!" Anoushka was razend.
-"Luister, Anoushka, we zitten in een korte periode waarin iedereen zich redelijk moet opstellen."
-"Redelijk, Frank?! Noem jij dit redelijk: Nikki met de dood bedreigen?!"
-"Anoushka, alles zal goed aflopen als iedereen een beetje meewerkt. Het kan niet anders dan dat Nikki weet wie de zangeres is; zij bezorgt immers alle papieren. Ze hoeft me enkel in contact met Anastasiya te brengen."
-"Frank, Anastasiya of geen Anastasiya, je krenkt geen haar van mijn nichtje! Laat haar onmiddellijk vrij, Frank, of je zal eens wat meemaken: ik stap naar de pers…"
-"Anoushka, als je dat doet breng je de positie van de koningin in gevaar en creëer je algehele chaos. Waarom werkt iedereen me tegen? Waarom praat die Bezmenov nu met gravin Tatiana? Het zal voor iedereen slecht aflopen op die manier, begrijp je dat?!"
-"Bedreig je mij nu ook, Frank? Ga je mij ook vermoorden? Wel, het is schoon genoeg geweest. Ik doe niets meer met jou; ik trek op met Klaus. Zoek het maar uit tot aan het congres!"
Ze vertrok zonder een antwoord af te wachten.

~

In Moskou had markiezin Laetitia een ander beeld verwacht toen zij samen met Boris Jeltsin de gevangenis binnenstapte; Reinhard was immers niet in de cel, waar hij trouwens enkel nog sliep. In de mess van de wachters was hij aan het kaarten met een glas wodka voor zich. Er lag een pak geld op tafel. Bij het zien van Jeltsin schrokken de mannen zich een breuk. Ze stonden onmiddellijk recht. Die laatste nam het luchtig op:
-"Wat jij allemaal niet teweegbrengt!" zei hij tegen Reinhard, "geef mij ook maar een wodka. U ook, mevrouw?" Laetitia wees het aanbod vriendelijk af. Reinhard groette Jeltsin:
-"Het is een eer u te ontmoeten, *kameraad* Jeltsin," zei Reinhard in het Russisch. Dat bracht die laatste aan het lachen:

-"Het stond niet in Stern dat u aan het kaarten was!"
-"Dat houdt hij wel voor zich, nietwaar Reinhard?" zei Laetitia. Dat was immers de grote afspraak.
-"Natuurlijk, mama, maar vooraleer ik hier wegraak, moet jij nog een cheque voor zevenduizend dollar uitschrijven. Verloren met het kaarten," voegde hij daar onnodig aan toe.
-"Ok, Reinhard, dat is het minste," zuchtte Laetitia. Ze nam haar chequeboek. "Aan wie schrijf ik hem uit?" Reinhard vertaalde in het Russisch.
-"Schrijf hem maar aan mij uit," lachte Jeltsin, "zij mogen geen buitenlandse cheques innen."
-"Ze willen wel dollars, hebben ze me verteld," zei Reinhard. De bewakers schrompelden in elkaar. Jeltsin stelde hen gerust:
-"En gelijk hebben ze!" lachte hij. Hij keerde zich naar hen: "Ik breng jullie de dollars persoonlijk!"
Ze namen afscheid van de bewakers. Jeltsin begeleidde hen naar de luchthaven.
-"Reinhard, altijd welkom," besloot hij, "maar neem een lijnvliegtuig volgende keer!"
-"Dat zal ik zeker doen, *kameraad* Jeltsin. Ik dank u om mij te helpen."
-"Ik moet u danken!" lachte Jeltsin bij het afscheid.
In de luchthaven vertelde Laetitia over alles wat er in Sylvanië en de rest van het Oostblok gebeurd was. Reinhard verkleurde bij het nieuws van Nikki's gevangenschap:
-"Mama, ik ga niet mee; ik ga naar Sylvanië."
-"Wat hoop je daar te doen, Reinhard?"
-"Nikki redden!" Laetitia kon hem niet op een beter idee brengen.

~

Waar en hoe het congres zou plaatsvinden, was intussen duidelijk. Het belangrijkste onderwerp werd de nieuwe grondwet voor Sylvanië. Voor die grondwet waren intussen een aantal alternatieven uitgeschreven door een Belg. België was immers gekend om zijn grondwetspecialisten, die gemiddeld een paar keer per jaar met veel cynisme een nieuwe grondwet mochten schrijven op maat van een nieuwe dictator. Binnen de grondwet was het belangrijkste onderwerp het nieuwe staatshoofd: een vorstin, vorst of president. Het leek een uitgemaakte zaak dat het koningin Sylvia zou worden, behalve dat de Verenigde Naties aandrongen om Gravin Tatiana als een van de mogelijke alternatieven voor te stellen.
Een nog groter probleem dan de grondwet was de levensvatbaarheid van een onafhankelijk Sylvanië. Vóór het communisme was het bruisende land een vrijhandelszone zonder belasting op inkomen geweest, een soort combinatie van de dynamiek van Hongkong en de pracht en de welvaart van Monaco. Het enige dat Sylvanië daarvan overhield was haar functie van doorgeefluik tussen het Westen en het Oostblok. Als Sylvanië echter onafhankelijk werd, stond ook dat op de helling. De hele infrastructuur van Sylvanië was volledig uitgeleefd.
Het land had geen geloofwaardige munt en geen economie. Zonder een oplossing voor die problemen dreigde het land in permanente chaos te vervallen, of een maffiastaat te worden, of beide uiteraard.

~

In Frankrijk was sinds enkele jaren het Minitel systeem operationeel. Het gaf gebruikers onder meer de mogelijkheid berichten naar elkaar te versturen, beurskoersen te raadplegen, en online te winkelen. Hoewel een Minitel terminal haar gebruikers geen eigen programma's liet installeren of verbinding met een pc liet maken, was het systeem zo succesvol dat elk bedrijf zijn Minitel-adres op de publiciteitsborden zette.
In België had niemand in het business model van Minitel durven investeren, dat voorzag in het gratis geven van een terminal aan miljoenen particulieren. Daarom greep Alexandra de kans om een landelijk systeem te lanceren dat toestond berichten tussen pc's te versturen zonder dat de ontvangende pc actief op het bericht moest wachten; de

berichten konden met andere woorden opgeslagen worden tot de ontvangende pc inbelde. Bedrijven konden via een modem en een router alle pc's met het systeem verbinden.

Alexandra en ik leefden van de dagelijkse sensatie nieuwe technologieën te ontdekken, uit te proberen en te verkopen. Ik was niet meer te vinden op mijn chique kantoor, waar de potjes met bodemstalen en de brieven met analyseresultaten zich ophoopten. Van 's morgens tot 's avonds was ik bij haar om te werken, lekker te eten, met de kinderen te spelen of hen te helpen, en om samen te wandelen.

Met pijn in het hart stelde ik echter vast dat Alexandra begon te drinken, elke dag een beetje meer. Ik maakte me grote zorgen; zoiets werd gewoonlijk enkel erger. Ik had er haar reeds een aantal keer attent op gemaakt. Ze had geantwoord dat ze het besefte en dat ze ermee zou stoppen. Maar het was de aard van een verslaving dat ze leefde van uitzonderlijke slok naar uitzonderlijke slok, telkens in de overtuiging dat het de laatste was.

Hoewel ze me niet vertelde waarom ze dronk, was me dat volledig duidelijk. Ik kon aan de verantwoordelijkheid niet meer ontsnappen. Tijdens een van onze wandelingen ging ik recht voor haar staan, nam ik haar bij de schouders en keek ik haar recht aan:

-"Luister Alexandra, ik weet waarom je drinkt. Hier is mijn voorstel: als je gedurende twee maand geen druppel alcohol meer aanraakt, krijg je de sleutels van de bestanden die je nodig hebt." Haar gezicht klaarde meteen op:

-"Binnen twee maand heb ik de sleutels?" riep ze. "Beloof je dat echt?"

-"Als je ze de moeite vindt," antwoordde ik.

-"Hoezo?"

-"Als je het gedurende twee maanden kan laten van te drinken."

-"Natuurlijk kan ik dat!" zei ze. Voor het eerst kuste ze me innig en lang op de mond. Ik was dolgelukkig.

-"Sorry voor de alcoholgeur," zei ze onmiddellijk.

-"In deze omstandigheden is hij zalig, moet ik toegeven." We kusten opnieuw.

-"Blijf je slapen vannacht?" vroeg ze zachtjes. Ze zag hoe ik me verslikte. Voor mij was dit een stap waar ik weliswaar regelmatig van droomde maar niet onmiddellijk voor mogelijk had gehouden. Ik knikte enkel. "We hebben kamers genoeg," zei ze, "je wil toch controleren of ik me de klok rond aan onze overeenkomst hou?!"

-"Natuurlijk wil ik dat!" antwoordde ik met een glimlach.

-"Dan zorg ik ervoor dat je dat heel regelmatig kan testen!" zei ze, me opnieuw kussend.

~

Onder internationale belangstelling landde die dag gravin Tatiana in Sylvanië. De nicht van wijlen koning Willem was nauwelijks bekend maar maakte dat nu met rasse schreden goed. Iedereen kwam te weten hoe haar ouders op het einde van de Tweede Wereldoorlog naar Gent gevlucht waren. Tatiana, die net een loopbaan in de advocatuur begonnen was, woonde met haar ouders in een van de vele patriciërswoningen op de Coupure Rechts.

Toen koning Willem stierf, was Tatiana's vader de logische troonopvolger, ware het niet dat op dat moment Willems twee verdwenen kinderen nog niet teruggevonden waren. In afwachting van hun vondst of doodverklaring werd koningin Sylvia als regentes aangeduid. Koningin Sylvia was reeds met Igor Podborsky hertrouwd toen de kinderen verkoold teruggevonden werden.

Tatiana's vader eiste op dat moment de troon niet op die hem toekwam, omdat hij door de Podborsky's onderhouden werd; hij leidde een luxueus en onbezorgd leven in Gent en zag geen heil in een moeilijk koningschap. Anderzijds echter deed hij nooit afstand van zijn recht om koning te worden, iets wat meer dan twintig jaar later leidde tot de vraag van de Verenigde Naties aan Tatiana of zij koningin wou worden.

Ze stond nu voor de ogen van de pers. Op de vragen antwoorden, was niet eenvoudig: de belangrijkste kwaliteit van een koningin was dat zij de wil uitstraalde om het land te leiden, en die had zij niet, tenminste voorlopig niet. Die mijnheer Bezmenov van de Verenigde Naties had echter op haar aanwezigheid aangedrongen, want zonder de aanwezigheid van de theoretische troonopvolger kwam de geloofwaardigheid van het congres in het gedrang.

Op de vraag hoe zij met de Podborsky's zou omgaan — en die vraag kwam van een door de Podborsky's gecontroleerde krant — gaf de gravin het voorbereide antwoord dat zij, net zoals koning Willem destijds, een oplossing zou vinden. Volgens de kranten impliceerde zij daarmee dat zij met Frank Podborsky wou trouwen. Wat een nieuws! De speculatie was echter niet helemaal uit de lucht gegrepen; Tatiana kende Podborsky persoonlijk van de jaarlijkse chasse-à-courre. Ze vond hem zeer charmant.

Het was Bezmenovs idee geweest om Frank op die manier voor een moeilijke keuze te zetten: ofwel moest hij op een of andere manier bewijzen dat hij meer recht op de troon had dan Tatiana, ofwel moest hij toegeven dat zij de eigenlijke troonopvolger was, eventueel nadat ze toestemde om met hem te trouwen. In het eerste geval riskeerde hij te verliezen, in het tweede geval legde hij zijn lot volledig in haar handen.

Na de formele vragen kon men haar de belangrijkste vraag stellen:

-"Kan u bevestigen dat u een van de artiesten van Anastasiya bent?" Hoewel dat geen geheim meer was, zat heel Sylvanië op het puntje van de stoel.

-"Dat klopt; zoals u weet organiseren mijnheer Geller en de consul een paar concerten per jaar. Ik probeer me steeds vrij te maken."

-"Weet u wie Anastasiya is?" De gravin antwoordde niet rechtstreeks op de vraag; de adel liegt niet:

-"U weet dat mijnheer Geller en de consul over heel veel artiesten beschikken omdat niet iedereen zich voor elk concert kan vrijmaken. Net omdat het aantal zo groot is, hebben ze er alles aan gedaan om de identiteit van Anastasiya ook voor de artiesten af te schermen." Uit respect drong men niet verder aan.

-"Was u op het concert?"

-"Ja."

-"Hoe bent u na het concert uit Sylvanië ontsnapt?"

-"Via Sopron in een Trabant."

-"Wie kent u nog in Gent: Bezmenov, baron Forel, prinses Anoushka...?"

-"Ik ken ze minstens van de jaarlijkse chasse-à-courre op het Fleur-de-Lys. Wat mij betreft, is mijnheer Bezmenov de ideale vertegenwoordiger van de Sovjet-Unie. Anoushka is een pracht van een jongedame. Reinhard, wel..." Ze sloeg rood aan.

Anoushka las met plezier het verhaal in de kranten; ze kon niet wachten tot de dag dat Podborsky haar met rust liet. Ze kende Tatiana als een gereserveerde jongedame. Misschien kon de gravin zich neerleggen bij een voorspelbaar leven in het prachtige koninklijke paleis van Sylvanië, in de schaduw van een man in wiens zaakjes zij zich wellicht niet zou interesseren.

~

-"Sebastian, Miranda en Laetitia, nonkel Dominique blijft hier voortaan heel dikwijls slapen. Vinden jullie dat leuk?"

-"Joepie!" riepen ze als uit één mond; mijn hart sloeg een klop over van blijdschap. "Dan kunnen we nog meer spelletjes spelen!" was de eerste reactie. Ze betrokken me onmiddellijk in hun activiteiten.

Het werd allemaal pas heel echt toen de kinderen gaan slapen waren. Alexandra en ik keken naar een film vanuit een diep uitgesneden zetel, waarbij ze met de rug tegen me lag en mijn armen rond haar middel geslagen waren. Ik volgde de film niet; ik dacht enkel aan hoe mijn droomvrouw, mijn droommeisje toen ik met haar op school zat, na al die jaren van mij was en in mijn armen lag. Ze dronk geen alcohol; de klok tikte. Ik had twee maand om een manier te vinden om haar de informatie te geven waar ze sinds de dood van haar man Alex op wachtte.

Na de film wees ze mij de weg naar mijn kamer. Ze zoende me voor ze weer naar buiten ging:

-"Je mag elk uur van de nacht komen onderzoeken of ik geen alcohol gedronken heb," zei ze. Ik was versteld van de uitnodiging.

-"Ik zal af en toe eens een uur overslaan," zei ik schertsend. We kusten alsof we geen seconde zouden overslaan.

~

Het nieuws dat treinen met vluchtelingen door Oost-Duitsland op weg naar het Westen reden, had het averechtse effect: de bevolking beschouwde de vluchtelingen niet als verstotelingen, zoals de Oost-Duitse regering gehoopt had, maar liep in plaats daarvan naar de treinsporen van Dresden om zelf op de trein te springen. Dat werd verhinderd door de politie. Door het gebeuren echter besefte het Oost-Duitse volk plots de macht van het getal; als zij met voldoende waren, had de Staatsveiligheid niet het lef om te schieten. Omwille van de dreigende massa werd zelfs van arrestaties afgezien.

De rechtstreekse bron van de volgende protestacties waren de gebedsavonden georganiseerd door de Lutheraanse priester Christian Führer. Sinds vele jaren had hij in Leipzig vredeswakes georganiseerd. Die manifestaties werden door het regime getolereerd omdat het onderwerp van de gelegenheid doorgaans vermoorde communistische leiders betrof, zoals Olaf Palme, Karel Liebknecht en Rosa Luxemburg.

Toen de deelname aan die vredesmanifestaties met de jaren talrijker werd, probeerde de politie ze te ontmoedigen: straten werden versperd terwijl de kerk zelf met leden van de enige politieke partij gevuld werd. Na het gebeuren in Dresden echter was er geen houden meer aan: elke maandag trokken meer dan honderdduizend Oost-Duitsers voor een vreedzaam protest naar de Sint-Niklaaskerk van Leipzig. Het wekelijkse gebeuren verspreidde zich vervolgens naar de andere steden. De slogan was kort en koud: *Wij zijn het volk!*

Voor een partij die beweerde de belangen van de gewone man te behartigen, kwam die boodschap hard aan. Met al het redenaarstalent dat hij had, probeerde Günter Schabowski, de dappere minister van media, in Berlijn een vijandige massa van zowaar driehonderdduizend te overtuigen. Hij werd uitgelachen.

Niettemin was het regime niet van plan zijn macht uit handen te geven; Erich Mielke, de chef van de meest afschuwelijke geheime dienst, was nog steeds op post. Als men de betogingen kon doen ophouden, zou alles terug naar het bestaande terugkeren. Het regime hoopte nu dat binnen enkele maanden een ijskoude winter een einde aan de betogingen zou maken.

~

Reinhard had duidelijke instructies gekregen: hij mocht met geen woord over zijn vlucht naar Moskou reppen. Als hij een vraag kreeg, moest hij droogweg naar het weekblad Stern verwijzen, dat de exclusieve rechten op zijn avontuur had.

Niettemin werd hij op het vliegveld van Sylvanië als een god onthaald; hij had immers gedaan waar elke inwoner in het Oostblok van droomde: op het Rode Plein de Sovjet-Unie voor de ogen van de hele wereld te kijk zetten.

Hij was evenwel met een andere missie naar Sylvanië gekomen, maar ook daarmee moest hij voorzichtig zijn. Bezmenov had hem op het hart gedrukt dat Nikki niet als een gevangene van koningin Sylvia beschouwd mocht worden; het was van cruciaal belang dat de integriteit van de koningin intact bleef tot aan het congres.

Na de juiste afspraken werd hij uiteindelijk ontvangen als 'de man die met Anastasiya gedanst had'. Dat was nieuws genoeg!

-"Mijnheer de baron, klopt het echt dat u met haar gedanst hebt?"
-"Wie ben ik om haar woorden in twijfel te trekken?" lachte Reinhard.
-"Wel, ze heeft u niet bij naam genoemd."
-"Goed, hier is mijn verhaal: ik heb ooit een juweel voor haar gekocht en aan haar manager gegeven."
-"Dat heeft iedereen intussen geprobeerd! Waarom is het u gelukt?"
-"De heer Efim Geller en de Sylvaanse consul in Gent zijn twee heel goede vrienden van mij. Zij zijn de enigen die weten wie Anastasiya precies is. Als u veel meer over Anastasiya te weten wil komen, moet u beslist een gesprek met de consul aanknopen. Zij verblijft momenteel bij koningin Sylvia." Reinhard had gehoopt dat als de pers om een dringend interview met Nikki vroeg, Podborsky dat niet kon weigeren.

-"Heeft de consul u al meer over Anastasiya verteld dan wij weten?"
-"Euh, neen." Reinhard was in zijn eigen val getrapt.
-"Dan denk ik dat ze aan ons ook niets zal vertellen." De pers was gebriefd dat Nikki met rust gelaten moest worden. "Maar hoe ging het dan verder met dat geschenk?"
-"De consul vertelde me dat Anastasiya me persoonlijk voor het geschenk zou danken."
-"Het was een heel duur geschenk, nemen we aan?"
-"Het was vooral een heel persoonlijk geschenk."
-"Was het dit?" De journalist liet Reinhard een foto van Anastasiya op het recente concert zien. Onder het masker was zijn hangertje zichtbaar. Reinhard barstte in tranen uit, eerst van ontroering, daarna van schuldgevoel; hij was hier niet voor Anastasiya maar voor Nikki!
-"Het hangertje dat ze droeg, kwam niet van u?"
-"Toch wel, u ziet het zelf," zei Reinhard onverschillig.
-"De R en de A, inderdaad." De foto van de ontroerde Reinhard haalde de voorpagina 's anderendaags. 'De man waarop Anastasiya verliefd is!' "En hoe heeft ze u bedankt, mijnheer de baron?"
-"Met een dans op een gemaskerd bal."
-"Droeg ze hetzelfde masker als op haar concerten?"
-"Neen; het was trouwens heel donker."
-"Hoe is het in zijn werk gegaan?"
-"Ik liep naar een andere dame toe om haar uit te nodigen voor de Lambada..." Reinhard kreeg dezelfde reactie als van de gevangenisbewakers:
-"U hebt met Anastasiya de Lambada gedanst? Waar haalt u zelfs het geluk?" Reinhard trok zijn schouders op. "In orde, hoe ging het verder?"
-"Ik liep dus naar een andere dame toe, toen Anastasiya vanuit het niets naar voor sprong en de dans opeiste."
-"Hoe wist u dat zij het was?"
-"Om te beginnen door de manier waarop ze danste. Ik heb nog nooit verloren op de dansvloer, als u begrijpt wat ik bedoel, maar Anastasiya was zo lenig, zo acrobatisch, zo sterk en perfect dat ik volledig murw was op het einde."
-"Dat kunnen we ons goed voorstellen," zei de journalist gretig. Wat een verhaal!
-"Op het einde heeft ze me bedankt en heeft ze me het hangertje getoond." Reinhard zei niets over wat Anastasiya hem nog verteld had: dat hij haar moest vergeten. Waarom droeg ze dan zijn hangertje op het concert in Sylvanië? Hoe onlogisch!
-"Hoe klonk ze?"
-"Heel oprecht en lief."
-"We bedoelen: hoe klonk haar taal; we denken soms dat ook haar uitspraak een masker is."
-"Ik denk het niet; ze klonk zoals op de concerten: hard uitgesproken medeklinkers. Volgens mij spreekt ze altijd zo."
-"Zou u haar herkennen zonder masker?"
-"Als ze met me danste, in elk geval wel!" lachte Reinhard.
-"Bent u naar Moskou gevlogen om indruk op haar te maken?"
-"Dat heeft u in Stern gelezen," was het enige antwoord dat Reinhard mocht geven.
-"Kent u gravin Tatiana?"
-"Ik zie haar een paar keer per jaar; we kruisen elkaar op onze liefdadigheidsacties," antwoordde Reinhard.
-"Hebt u op de chasse-à-courre met haar gedanst?"
-"Niet dat ik weet. Iedereen was gemaskerd, sommigen herkenbaar, anderen onherkenbaar. Maar ik denk dat ik Tatiana zou herkend hebben; ze is de beste danser die ik ken."
-"Na Anastasiya nemen we aan."
-"Ik ga beide dames niet vergelijken vandaag," zei Reinhard, "gravin Tatiana verdient alle eer voor haar danskunst."

-"U weet dat zij artieste is op de concerten van Anastasiya?"
-"Intussen wel," zei Reinhard.
-"Zou gravin Tatiana een goede koningin zijn volgens u?" Op die vraag antwoordde Reinhard niet graag. Moreel was hij verplicht Tatiana te steunen, iemand die een beter staatshoofd als Podborsky zou zijn, maar wat waren de gevolgen voor Nikki, Tatiana en heel Sylvanië als Podborsky verloor?"
-"Waarom niet?" antwoordde hij droog.
-"Tot slot, mijnheer de baron, bent u hier om Anastasiya te zoeken?" Het eenvoudige antwoord was neen.
-"Is Anastasiya in Sylvanië?" vroeg Reinhard verwonderd. Op die vraag hadden de journalisten geen antwoord.

~

In Gent had Bezmenov gravin Tatiana leren kennen als een stille maar zelfzekere en voorname jongedame. Hij had ervoor gekozen om haar in een hotelsuite te ontvangen; hij was er zeker van dat ze in het paleis afgeluisterd zouden worden.
-"Zo, mijnheer Bezmenov, hier ben ik." Tatiana en Yuri Bezmenov hadden de laatste weken enkel met elkaar getelefoneerd.
-"Wel, ik wens u alvast proficiat met hoe u de pers te woord gestaan hebt!"
-"Dank u. Ik ben advocaat," antwoordde ze droog.
-"De commentaren zijn positief; de Sylvaniërs verkiezen u boven Frank Podborsky."
-"Wat verwachten ze eigenlijk van een vijfentwintigjarige, mijnheer Bezmenov?" Ze had gelijk. Hij wist niet wat hij daarop moest antwoorden. Het was te gemakkelijk het beeld te schetsen van een dappere koningin die met doortastende hand haar volk uit het slop leidde.
-"U hebt al meer voor hen gedaan dan u denkt. U bent uit België gekomen en hebt aan de Sylvaniërs getoond dat u trots op het land bent."
-"*Noblesse oblige*, mijnheer Bezmenov; hoe schandelijk zou het niet zijn om een leven lang met de titel van gravin rond te lopen, om op het moment van de waarheid de grote verantwoordelijkheid te ontvluchten!" Er viel een pauze. "Maar ik ga niet de maffia bekampen, mijnheer Bezmenov."
-"Maakt u zich daar voorlopig geen zorgen over; binnen de Verenigde Naties beseffen we dat als we voor u als koningin kiezen, we u moeten helpen."
-"U laat het mij maar weten, mijnheer Bezmenov." Niemand, inclusief Bezmenov, had enig idee van hoe de maffia in het arme Sylvanië bekampt kon worden. Hij sneed een ander onderwerp aan:
-"Als ik zo impertinent mag zijn, mevrouw, houdt u een huwelijk met Frank Podborsky voor mogelijk? Niet dat ik u daarvan probeer te overtuigen."
-"Persoonlijk ben ik altijd goed met hem opgeschoten, mijnheer Bezmenov." Ze liet niet in haar kaarten kijken.
Na nog een lange conversatie over alles wat er tot aan het congres te gebeuren stond, verliet ze de kamer. Bezmenov keek haar verwonderd na; deze jongedame was een stuk assertiever dan ze zich op de chasse-à-courre getoond had. Meer zoals de valschermspringster op de luchtdoop. Wie was ze echt? Hij had ook de beelden van Sopron gezien, waar ze een grote groep Oost-Duitsers over de grens geloodst had. Speelde ze toneel? Ze was in elk geval een actrice die goed kon zingen en dansen. Op de concerten van Anastasiya. Bezmenov huiverde plotseling bij een idee: had gravin Tatiana nog een derde persoonlijkheid?

~

Nikki verveelde zich te pletter. Intussen had ze een hele encyclopedie doorgenomen. Regelmatig ging ze aan het venster staan. Ze merkte van ver hoe de manifestaties toenamen en er steeds luider gescandeerd werd. De naam van Anastasiya viel dikwijls, maar ook die van Tatiana. Wat was er in 's hemelsnaam gebeurd? Buiten het gebabbel van de wachters aan haar deur, beschikte Nikki over geen enkele bron van informatie.
Er was ook een andere reden waarom ze op dit uur naar buiten keek. Elke dag op hetzelfde uur maakte koningin Sylvia een wandeling naar het graf van haar twee gestor-

ven kinderen. Hoeveel mooier had het leven van de koningin niet kunnen zijn met Willem en de twee kinderen, zonder de Podborsky's? De hele tragiek viel af te lezen uit de manier waarop Sylvia naar het graf stapte. Haar strakke houding verraadde dat zij de wandeling als een bedevaart beleefde, niet bewust van haar omgeving. Zelfs de bloeiende magnolia's konden haar niet verleiden om een blik zijwaarts te werpen.

Plots werd er dringend op de deur geklopt:

-"Kom binnen!" riep Nikki. Elk bezoek was beter dan geen, zelfs een van Frank Podborsky.

-"Zo," riep Podborsky, "we weten nu wie Anastasiya is!"

-"Dat is goed nieuws," zei Nikki, "ik pak alvast mijn koffers!" Met Nikki moest je geen poker spelen.

-"Wacht even," repliceerde Podborsky van zijn stuk gebracht, "ben je niet benieuwd naar hoe ik dat te weten gekomen ben?"

-"Ik heb schrik dat ik je van de overtuiging afbreng dat je ze gevonden hebt," antwoordde Nikki stout.

-"En hoe weet jij zo zeker dat ik ze niet gevonden heb?" vroeg Podborsky.

-"Omdat je nog vrij rondloopt, Frank! Welke van jouw handlangers zou een poot naar Anastasiya uitsteken, denk je? Hooguit om haar een handtekening te vragen, ja. De dag dat je haar verplicht zich kenbaar te maken, ben je al jouw handlangers kwijt, Frank. Je mag blij zijn dat je haar nog niet gevonden hebt!"

-"Ik weet wie ze is, Nikki, zonder dat mijn handlangers, zoals je ze noemt, een poot naar haar uitgestoken hebben." Nikki trok enkel haar schouders op. "Je weet toch hoe dat komt?"

-"Frank, ik heb geen flauw idee van wat je daar staat te bazelen en nog minder van wie Anastasiya is. Kan je me alsjeblieft laten gaan?"

-"Wil je op zijn minst niet wéten wie Anastasiya is?"

-"Goed, vertel het me, Frank."

-"Gravin Tatiana. Heb je nog niet gehoord hoe in de straten haar naam gescandeerd wordt?"

-"Wel, Frank, proficiat, je weet me alsnog te verbazen," zei Nikki, "ik wist dat Tatiana goed kon dansen en zingen, maar niet dat Geller haar voor Anastasiya uitgekozen had. Ze zal wel heel veel privéles gehad hebben, Frank. *Op jouw kosten* dan nog wel!" lachte ze. "Als ik me goed herinner, kwamen jij en Tatiana goed overeen op de chasse-à-courre. Waarom vraag je haar niet ten huwelijk? Dan zit je gegarandeerd op de troon, als prins-gemaal weliswaar, maar dat was jouw vader toch ook? Dat volstond toch?!" Nikki was benieuwd naar het antwoord; zou Podborsky het wagen te erkennen dat Tatiana meer recht op de troon had als hij? Podborsky klauwde nu met beide handen in het haar:

-"Stop, Nikki, stop!! Kan je me op zijn minst bevestigen dat Tatiana de zangeres is?"

-"Frank, voor je hier naar buiten stapt, wil ik je nog een kartonnen doos meegeven." Nikki haalde een grote doos boven vanachter haar bureaustoel;

-"Wat zit hierin?"

-"Alle afluisterapparatuur die in deze kamer verborgen zat; je wou toch niet dat iemand dit knettergek gesprek afluisterde?!"

~

De handlangers van Podborsky waren wanhopig naar de actrices op zoek die niet uit Sylvanië ontsnapt waren. Podborsky hoopte dat tenminste één van hen kon bevestigen dat Tatiana Anastasiya was, of kon zeggen wie de zangeres in het andere geval dan wel was. De speurtocht werd delicaat aangepakt; het ergste wat kon gebeuren, was dat Anastasiya gebruuskeerd werd en in de openbaarheid kwam. In dat geval was Podborsky's verhaal afgelopen.

De adressen van de actrices waren bekend. Met een smoes werd overal vriendelijk aangeklopt, maar de actrice in kwestie was er nooit; volgens de huisgenoten was ze naar het Westen gevlucht. Ze toonden het telegram dat Geller naar elk adres gestuurd had, of de actrice nu naar Oostenrijk ontsnapt was of niet.

Het akelige voor Podborsky was dat iedereen zweeg. Waar was de tijd dat Sylvanië schrik van zijn organisatie had, dat men spontaan naar hem toe kwam met alle bruikbare informatie? Plotseling waren de nochtans arme Sylvaniërs met geen geld te koop; alles wat met Anastasiya te maken had, was blijkbaar heilig. Tijdens de hele zoektocht was Podborsky zelfs een aantal handlangers kwijtgespeeld die tot de families van de actrices behoorden. Zijn imperium wankelde.

~

Terwijl de paranoïde prins op spoken joeg, bracht Anoushka de dag met haar dierbare Klaus door. Anoushka sliep op het paleis, terwijl Klaus op hotel verbleef. Dat was echter niet enkel om Podborsky te paaien; onbewust speelde het feit dat sinds bleek dat ze nog veel dichter familie van elkaar waren dan louter achterneef en -nicht, ze zich fysiek onwennig bij elkaar voelden. Regelmatig omhelsden ze elkaar om hun lichamen als het ware rechtstreeks de frustratie, het verdriet en de troost te laten delen.

Voorlopig waren ze nog verbonden door een project: achterhalen waar Klaus de Rechtvaardige Rechters gezien had. Het enig aanknopingspunt was het wapenschild dat Klaus als kind op een gordijn zien staan had, en dat hij nagetekend had in het pomphuis van het Fleur-de-Lys. Dat wapenschild refereerde naar het koningshuis van Sylvanië. Vandaag zouden ze rechtstreeks aan koningin Sylvia vragen of zij iets over dat schild kon vertellen.

Nadat ze op het reusachtige koninklijke domein toegelaten waren, maakten ze een ommetje langs de zijkant van het paleis.

-"Nikki!" riep Klaus in de hoogte. Onmiddellijk stond ze aan het venster.
-"Klaus! Anoushka! Wat ben ik blij jullie te zien! Hoe stellen jullie het?"
-"Zeg ons liever hoe jij het stelt, Nikki!" riep Klaus.
-"Ik heb alles wat ik nodig heb, behalve nieuws. Wat is er aan het gebeuren?"
-"Het volk wil absoluut Anastasiya op het congres."
-"Wat zegt Geller?"
-"Heb je zelfs van hem niet gehoord?" vroeg Klaus verbaasd.
-"Van niemand: mijn mama, Bezmenov, Geller..."
-"Ben je veilig, Nikki?"

Net op dat moment kwamen bewakers Klaus en Anoushka weghalen van bij het venster. Ze werden naar koningin Sylvia gebracht. Nikki bleef achter met haar vele vragen.

~

Hoewel Anoushka sinds enige tijd op het paleis verbleef, had zij nog geen contact met de koningin gehad, omdat die steeds met Nikki aan tafel zat in plaats van met haar. Nikki probeerde via Sylvia haar werk als consul zo goed mogelijk verder te zetten. Ze sprak over dringende contracten die tussen Westerse bedrijven en het Oostblok afgesloten moesten worden. Sylvia was enorm onder de indruk van hoe Nikki al sinds jaren de spil van de Sylvaanse handelseconomie was, en voelde zich met de dag schuldiger dat zij de consul gevangen hield. De belangrijkste reden echter waarom Nikki als familie behandeld werd, zou Anoushka snel duidelijk worden.

Koningin Sylvia heette Klaus en Anoushka welkom, en excuseerde zich vaag bij Anoushka dat zij elkaar niet eerder op het paleis ontmoet hadden.

-"Zo, Anoushka, eindelijk zien we elkaar weer," zei ze.
-"Het is inderdaad weer een poosje geleden," antwoordde Anoushka. Sylvia ging hooguit eens om de twee jaar naar Gent, waar ze vandaan kwam. Omdat ze meer dan dertig jaar eerder koning Willem via de grootvader van Anoushka leren kennen had, hield ze eraan om steeds een bezoekje aan de familie de Vissermans te brengen.
-"Hoe stelt de familie het?"
-"We stellen het heel goed, behalve dat we ons zorgen om Nikki maken," antwoordde Anoushka.
-"De situatie is hooggespannen," excuseerde Sylvia zich, "na het congres komt alles heus wel goed." Ze veranderde meteen het onderwerp:
-"Als ik het goed begrijp," zei Sylvia tegen Klaus, "bent u dus de broer van Nikki." Klaus beaamde.

-"Hij is de professor die alles over Sylvanië weet!" zei Anoushka trots. Sylvia reageerde nauwelijks. Er viel een kilte.

-"Mijn moeder heeft Nikki en mij opgevoed als waren we Sylvaniërs," zei Klaus om de stilte te breken. Anoushka keek versteld naar Klaus; ze hadden afgesproken om niet over Cassandra te spreken. Sylvia pikte in elk geval niet op het onderwerp in.

-"Zo, en is er een bijzondere reden waarom jullie vandaag langskwamen?" vroeg ze.

-"Wij zijn op zoek naar de herkomst van een wapenschild dat Klaus als klein kind gezien heeft," antwoordde Anoushka. "Het wapenschild verwijst naar het koningshuis van Sylvanië, maar zelfs professor Klaus kan het niet thuisbrengen," voegde ze daar lachend aan toe. Sylvia was plots buiten alle proporties geïnteresseerd. Ze vroeg echter niet onmiddellijk naar het schild:

-"Op welke leeftijd heb je dat schild gezien?"

-"Ik heb het bij psychologen laten navragen, en het feit dat ik me het schild voldoende herinnerde om het na te tekenen zonder me precies te herinneren hoe de rest van het huis er toen uitzag, doet hen vermoeden dat ik heel veel tijd in mijn bedje doorbracht op de leeftijd van twee tot drie jaar."

-"Het schijnt typerend te zijn voor een kind dat verwaarloosd of verstopt was gedurende lange tijd," voegde Anoushka daaraan toe.

-"Verwaarloosd was je niet," besloot Sylvia onmiddellijk, "je was dus verstopt. Waar?" Klaus schrok van Sylvia's snelle conclusie:

-"Verstopt? Dat idee heb ik nooit gehad," zei Klaus aarzelend, "mijn moeder is in 1956 in Seraing toegekomen. We zijn daar geboren. Het huis waar ik het schild gezien heb, is intussen afgebroken." Sylvia klopte nu met de vuist op tafel:

-"1956?? Daar klopt niets van!"

-"Hoezo?" vroeg Klaus verwonderd. Sylvia antwoordde niet rechtstreeks op de vraag:

-"Waar halen jullie dat verhaal? En wie is volgens jullie de vader van u en Nikki?" Klaus en Anoushka vertelden het hele verhaal over hoe de abt van de abdij van Drongen alles geregeld had op vraag van de hertog, die ook de vader van Klaus en Nikki bleek te zijn.

-"En dat is de spijtige situatie waarin Klaus en ik ons nu bevinden," besloot Anoushka.

-"Luister," zei koningin Sylvia tegen Klaus, "ik heb me steeds afgevraagd hoe jouw moeder haar geschiedenis verpakt heeft, maar dit gaat mijn verbeelding te boven!"

-"Ze sprak er met niemand over," argumenteerde Klaus, "we hebben het zelf helemaal moeten uitzoeken!" Anoushka had nu een dringende vraag voor Sylvia:

-"Suggereert u dat de hertog niet de vader van Klaus en Nikki is?"

-"Ik wil me er niet verder mee bemoeien, voor de goede vrede," zei Sylvia. Maar van vrede was weinig sprake; zij en Cassandra hadden ruzie gehad sinds die laatste uit Sylvanië vertrokken was in 1956, of wanneer ze ook vertrokken was.

-"Maar dit is heel belangrijk voor Klaus en mij!" protesteerde Anoushka, "is de hertog de vader of niet? Waarom vertelt u het ons niet?"

-"Als je dat echt wilt weten, kan je dat zelf wel te weten komen." Onbewust en tegen haar wil draaide ze haar ogen heel kort naar een groot portret dat op de muur van de kamer hing. Anoushka zag meteen de gelijkenis en sloeg de hand voor de mond van ontzetting. Dit kon toch niet waar zijn?! Sylvia had gelukkig niet opgemerkt dat Anoushka het doorhad. Die laatste zweeg; misschien kwam ze nog meer te weten!

-"Hoe kunnen we dan wel te weten komen wie mijn vader is?" vroeg Klaus nog, maar Sylvia zweeg; ze vreesde dat ze reeds teveel gezegd had. Anoushka gooide een flauwe knipoog naar Klaus: 'ik weet het!'

-"Vertel me liever eens over dat schild," zei Sylvia, "daarvoor waren jullie toch gekomen?!" Klaus was even verward door de knipoog van Anoushka; hoe kon zij plotseling iets te weten gekomen zijn?! Hij haalde het wapenschild boven zoals hij dat in het pomphuis afgetekend had.

-"Bilgund," schreeuwde Sylvia, "dáár zat ze dus!" Geagiteerd stond ze recht en liep ze door de kamer, "al die jaren heb ik me afgevraagd waar ze zich verstopte!"

-"Wie heeft zich verstopt voor wie en waarom? En waar en wat is Bilgund?" vroeg Klaus.

-"Goed, ik zal jullie vertellen wat Bilgund is, maar de rest zoeken jullie zelf uit," zei Sylvia. Ze had reeds teveel gezegd. "Bilgund is een oude goudmijn, de plaats waar de Hunnen hun goud vandaan haalden. Achthonderd jaar later was de mijn nog actief, en was er zelfs een ridderorde die over Bilgund waakte. Welnu, die ridderorde had het wapenschild van een knielende ridder die goud aanbood."

-"Kan het zijn dat koning Willem dacht dat er nog goud in de mijn zat?" vroeg Klaus.

-"Het was zijn obsessie," zei Sylvia, "een wanhoopspoging om Sylvanië een sterke munt te geven. Hij heeft bodemstalen laten nemen en die opgestuurd naar een professor in Gent. Ik weet niet wat er van die stalen geworden is."

-"Professor Geller is opgepakt en vermoord door de Duitsers; hij was Jood," zei Klaus.

-"Geller? Die naam komt me bekend voor," zei Sylvia.

-"Hij was de vader van Efim Geller, de manager van Anastasiya," verduidelijkte Klaus.

-"Wat een kleine wereld!" stelde Sylvia vast. "In elk geval bracht Willem dus veel tijd in Bilgund door," vervolgde ze op wrange toon. Opnieuw knipoogde Anoushka naar Klaus. Subtiel hield ze heel even de vinger voor de lippen: 'zwijgen, Klaus!'

-"Wat is er intussen van Bilgund geworden?" vroeg Anoushka.

-"Het gebouw bevindt zich op een koninklijk domein dat bewaakt wordt. Het staat er nog helemaal zoals …" ze hield zich in. "Jullie mogen het bezoeken van mij," zei ze, de vraag anticiperend.

Ze namen afscheid.

-"Ik hoop dat de inhoud van deze conversatie onder ons blijft," probeerde Sylvia.

-"U hebt ons niets verteld wat wij willen doorvertellen," antwoordde Anoushka. Sylvia was blij met dat antwoord; ze begreep dat Anoushka en Klaus geen belang hadden om te vertellen dat de schande rond Cassandra nog groter was dan ze al was. Anderzijds had Anoushka dingen geraden die Sylvia níet verteld had. En die zou ze wél doorvertellen!

Anoushka wandelde naast Klaus naar de uitgang van het domein. Van zodra ze zeker was dat niemand hen zag, vloog ze hem om de nek:

-"Klaus, we zijn weer gewoon achterneef en -nicht. Ik ben zo gelukkig!"

-"Hoezo, en wie is mijn vader dan wel?"

-"Jij en Nikki zijn de kinderen van koning Willem, prins Klaus!" Ze omhelsde en kuste hem.

-"Hoezo?"

-"Zie je het niet, Klaus: jouw mama had een relatie met koning Willem!"

-"In Seraing?"

-"Niet in Seraing, Klaus, maar op dit paleis hier. Toen jouw mama zwanger werd, heeft hij haar ondergebracht in Bilgund."

-"Waarom denk je dat in godsnaam?" vroeg Klaus.

-"Omdat je sprekend op je vader lijkt! En Nikki ook! Sylvia keek naar het portret van Willem op het moment dat ze zei dat we het zelf moesten uitzoeken."

-"En wat dan met Seraing, jouw grootvader, en de pater?"

-"Zie je het niet Klaus: jouw mama moest vroeg of laat met jullie terug naar België. Mijn grootvader heeft dat voor elkaar gebracht. Hij heeft een tussenstop in Seraing ingelast, zodat het leek alsof jullie daar geboren waren. Hij heeft vervolgens aan de pater verteld dat hij het was, mijn grootvader dus, die een relatie met jouw mama had. De pater heeft vervolgens alle administratie in orde gebracht."

-"Hoe jij dat allemaal kan raden," zei Klaus, "over die puzzel zou ik jaren gedaan hebben!"

-"Vrouwen hebben een neus voor dat soort puzzels!"
-"Dat maakt dat…"
-"…wij opnieuw gewoon achterneef en -nicht zijn, Klaus!" Ze kuste hem opnieuw.
-"Natuurlijk, Anoushka, dat ís het grootste nieuws, maar ik bedoelde de Rechtvaardige Rechters en het wapenschild."
-"Die heb je gewoon in Bilgund gezien, Klaus, en volgens Sylvia staat alles daar nog volledig intact zoals jullie het achtergelaten hebben."
-"Die zin heeft ze niet afgemaakt," protesteerde Klaus.
-"Vrouwen hebben slechts een half woord nodig!"
-"En waarom hebben Sylvia en Cassandra ruzie?" vroeg Klaus.
-"Omdat Sylvia de relatie tussen haar man en Cassandra doorhad natuurlijk. Ze wist enkel niet waar Cassandra zat."
-"En waarom had Sylvia het door?"
-"Vrouwen hebben zo'n dingen snel door!"

~

Mijn leven was reeds hectisch genoeg. Via ons inbelcentrum wisselden de pc's van een dozijn bedrijven reeds berichten uit. Alexandra verkocht ethernet netwerken bij de vleet terwijl prins Robert zijn eerste klanten voor de werkplaatsautomatisering had. Op vijf scholen in Gent leerden kinderen programmeren en waren ook opleidingen voor volwassenen voorzien. Reinhard van zijn kant had de draad weer opgepikt: via de Belgische ambassade in Sylvanië liet hij zich alle tijdschriften bezorgen om verder naar nieuwigheden te snuisteren, die hij met urgentie aan mij presenteerde.

De pc's waren in een ongelooflijk boeiende Far West periode beland. Omdat de belangrijkste leveranciers van componenten en besturingssystemen zelf geen pc's in elkaar staken, gaven ze de mogelijkheid aan een zee van kleine bedrijfjes om met elkaar te concurreren en oplossingen te bedenken. De particulier die zich een pc aanschafte, moest ook knutselaar zijn; om de haverklap ging de pc open om geheugenkaarten bij te steken, disk drives te vervangen, of om een CD-ROM lezer, geluids- of grafische kaart te installeren. Computerprogramma's werden massaal illegaal gekopieerd en doorverkocht; in elk bedrijf was er wel iemand die er een handeltje van maakte. Als oplossing werd de dongle bedacht, een lomp ding dat je op de seriële poort moest aanbrengen als je een bepaald programma wou gebruiken. Het was een systeem dat op zijn beurt door hobbyisten omzeild werd die in de machinecode de referenties naar de dongle onderschepten. Elke week was er wel iets nieuws, zoals kleuren- en laserprinters, computermuizen, databases, presentatieprogramma's, anti-virusoplossingen en een zee van spelletjes. Reinhard bestelde het allemaal in de Verenigde Staten.

Hoewel ik officieel aan mijn goedbetaalde opdracht werkte, had ik dus geen seconde voor het onderzoek van de bodemstalen. Het laatste wat ik nodig had, was het telefoontje dat mijn leven ondersteboven gooide:

-"Klaus, blij je te horen, man! Hoe stel je het?"
-"Dominique, je gelooft dit nooit: ik ben voortaan *prins* Klaus, zoon van koning Willem."
-"Laat me niet lachen, Klaus!"
-"Het is zo; mijn mama had een relatie met Willem." Hij deed het verhaal.
-"Lieve hemel! Dat legt wel een en ander uit natuurlijk."
-"Ik denk het ook; volgens mij was dát de reden waarom mijn moeder nooit iets verklapte."
-"Podborsky mocht het niet te weten komen."
-"God weet wat hij met ons zou doen!"
-"Maar zijn mama weet het dus. Hopelijk zegt ze niets."
-"Ik denk het niet; ze heeft hem al meer dan twintig jaar niet gezegd. Het zou nu het totaal verkeerde moment zijn…"
-"…omdat Nikki nu kandidaat-troonopvolger is." Klaus schrok bij de harde formulering.

-"Ik hoop van niet, Dominique, en ik denk van niet. *Bastaarden* maken eigenlijk nooit en nergens een kans." Hij schrok opnieuw, nu van zijn eigen formulering.
-"En nu?"
-"Geen enkel idee, Dominique, we houden het voorlopig stil. Je bent de zesde die het weet, naast Anoushka, mijn mama, koningin Sylvia, Bezmenov en ikzelf. Hou het nieuws voor jou; zelfs Nikki weet het niet!"
-"Bezmenov?! Die zal niet gelachen hebben!"
-"Zeg wel, Dominique, zijn opdracht was blijkbaar nog niet moeilijk genoeg. Nu heeft hij liefst drie plausibele troonopvolgers!"
-"Podborsky, Tatiana en Nikki dus."
-"Inderdaad. Er is echter een probleem met elk van hen: Nikki is dus een bastaarddochter..."
-"Arme Nikki, wat een vreselijk predicaat!"
-"... terwijl Podborsky geen bloedverwant van Willem is."
-"Tatiana wel!"
-"Dat klopt, maar Podborsky beweert dat de dynastie de facto van Willems familie naar die van Sylvia overgegaan is."
-"Heeft hij gelijk?"
-"Wel, Sylvanië heeft na Willems dood een grote slordigheid begaan. In theorie heeft Frank dus gelijk maar de Sylvaniërs hebben liever Tatiana. Ze denken zelfs dat zij Anastasiya is!"
-"Tatiana Anastasiya?! Arme Bezmenov! Ik begrijp dat het dus tussen haar en Podborsky gaat."
-"Wat mij betreft wel; ik heb aan Bezmenov gezegd dat hij de nieuwe informatie voor zich moet houden voor Nikki's veiligheid, en meteen ook dat Nikki niet in het minst in koningschap geïnteresseerd is."
-"Alhoewel je haar dat niet gevraagd hebt natuurlijk!"
-"Moet ik toegeven, maar ik ken haar."
-"Wat een ongelooflijk verhaal, Klaus!"
-"En het was niet eens waarvoor ik je belde."
-"Het had anders wel de moeite geweest! Vertel eens."
-"Dominique, je moet onmiddellijk de analyses van de goudmijn voltooien."
-"Grapjas!"
-"Ik meen het, Dominique." Wat een bom! "We hebben de mijn gevonden; ze ligt op een koninklijk domein met de naam Bilgund. Ik heb aan Bezmenov verteld dat je goud gezien hebt." Ach neen, wanneer leken het woord *goud* horen!
-"Dat wil niets zeggen, Klaus; zo werkt het niet!"
-"Het is van cruciaal belang voor de onafhankelijkheid van Sylvanië dat daar goud gevonden wordt, Dominique; ze hebben een eigen munt nodig."
-"Klaus, het is niet omdat het nodig is, dat het er is! Alles wat ik heb, bewijst dat het om een uitgeputte goudmijn gaat."
-"Hoeveel analyses heb je bekeken?"
-"Minder dan één procent, moet ik toegeven."
-"Zijn alle stalen geanalyseerd?"
-"Dat wel, maar de verslagen heb ik zelfs niet opengemaakt; ik heb daar helemaal geen tijd voor!"
-"Je moet het doen, Dominique; je hebt echt geen keuze!" Er volgde een heftige discussie.
-"In orde, ik doe het op een of andere manier, *prins* Klaus." Hij lachte:
-"Als het je lukt, word je ridder in de Orde van de Gouden Olifant of zoiets."
Na het gesprek keerde ik me onmiddellijk naar Alexandra met het nieuws:
-"Je zal me niet veel zien de komende tijd." Ik legde het uit.
-"Niet erg, Dominique, zolang je beseft dat ik intussen geen alcohol drink!" Och ja, ook dat nog!

De Oost-Duitse regering kreeg de bevolking niet onder controle. Zelfs op de dag van het veertigjarig jubileum van het land slaagde men er niet in de grote demonstraties uit het straatbeeld te houden. In de hoofdtribune van de militaire parade zat de president van elk communistisch land, alsook Yasser Arafat. De leiders betoonden steun aan het land dat momenteel voor de hele wereld te kijk stond, in de stille hoop dat ze evenveel steun zouden krijgen op de dag dat hen hetzelfde overkwam. Koningin Sylvia was niet aanwezig; de band tussen het Oostblok en Sylvanië was daarmee symbolisch doorgeknipt.

Meewarig keek Gorbatsjov naar de militaire parade. Oost-Duitsland was op alle vlakken de beste leerling van de school geweest: economisch, militair en sportief. Op de Olympische Zomerspelen eindigde het land zowaar driemaal als tweede na de Sovjet-Unie, en zelfs eenmaal als eerste in de Winterspelen. En dat met een bevolking van slechts een vierde van West-Duitsland en een twintigste van de Sovjet-Unie! Bovendien werden een half dozijn Oost-Duitse wereldrecords als nimmer te breken beschouwd.

Niet enkel in de sport was het land een goed geoliede machine. Het had de meest waterdichte grenzen met het Westen, met de Berlijnse muur als wereldberucht orgelpunt. Die muur was in feite een honderd meter brede 'dodenstrook' tussen twee muren. In die dodenstrook stonden naast de wachttorens de meest perfecte combinaties van prikkeldraad, honden, automatisch afvurende geweren en verklikkers die vuurwerk in verschillende kleuren afschoten. In het bijhouden van landgenoten was Oost-Duitsland niet te overtreffen.

Het land wist niet enkel haar burgers binnen de grenzen te houden maar zelfs hun gedachten te controleren. Volgens Erich Mielke, voorzitter van de Stasi, was het belangrijker te controleren wat mensen dachten dan wat ze deden. En om te weten te komen wat de burgers zoal niet dachten, liet hij ze massaal schaduwen. De hoeveelheid uitgebreide absurde beschrijvingen van hoe een individuele burger zijn dag doorbracht, besloeg het volume van een reusachtige bibliotheek.

Met de burgers volledig onder controle had de communistische partij de mogelijkheid gekregen ze perfect in de hokjes te plaatsen van een ideale maatschappij. Iedereen kreeg een woonst, een job, gezondheidszorg, onderwijs en vermaak. De mensen hadden alles wat ze wilden. Of zo had het volgens het boekje toch moeten zijn. Want ondanks de verwoede pogingen van Mielke en zijn Stasi om de burgers te doen denken en voelen wat ze moesten denken en voelen, waren de Oost-Duitsers absoluut niet gelukkig.

Nikita Chroesjtsjov had ooit aan Kennedy voorspeld dat de communistische samenleving, perfect geolied en efficiënt als ze was, het Westen qua welvaart binnen de vijf jaar zou inhalen. De communistische leiders hebben nooit begrepen en er zich nooit bij neergelegd dat de Westerse, chaotische vrije markt onwaarschijnlijk meer welvaart produceerde. Dat kon toch niet, en dat kon toch zeker niet blijven duren?! Na nog eens twintig jaar vergeefs proberen, was Michail Gorbatsjov uiteindelijk de eerste die besloot dat er drastisch hervormd moest worden. Die hervormingen werden door de verschillende Oostbloklanden echter veel drastischer doorgevoerd dan Gorbatsjov ze bedoeld had.

De grote uitzondering was Oost-Duitsland; secretaris-generaal Erich Honecker had het niet hoog op met het initiatief van Gorbatsjov. Wat dachten de Sovjets de les te moeten spellen aan de beste leerling van de klas?! Honecker gaf in elk geval geen krimp; er kwam geen Perestrojka in Oost-Duitsland.

Aan de waterdichte Oost-Duitse machine zou niets veranderd zijn, ware het niet voor dat ene onverwachte, reuzegrote lek: de Oost-Duitsers die naar Sylvanië op vakantie gingen, vluchtten naar het Westen. Als maatregel werd eerst de grens tussen Tsjechoslowakije en Sylvanië gesloten en vervolgens die tussen Oost-Duitsland en Tsjechoslowakije. Het had niet mogen baten; de onschuldige herdenkingsmanifestaties van dominee Christian Führer in Leipzig waren tot manifestaties uitgegroeid van honderden duizenden en overgeslagen naar de andere steden.

Vanop de tribune hoorde Gorbatsjov de massa in de verte protesteren. Ze scandeerde zijn naam. Het versterkte zijn geloof dat hij het bij het juiste eind had. Dat maakte echter niet dat het protest een kans had; de Oost-Duitse regering had de wil en macht om alles bij het oude te laten. Want het apparaat was nog volledig intact. Vroeg of laat, waarschijnlijk in de winter, zouden de manifestanten met hangende poten voorgoed huiswaarts keren en de moed opgeven. Na Sylvanië en Christian Führer waren dus nog een pak meer mirakels nodig.

~

Hoewel geen man het die dagen drukker had dan Yuri Bezmenov, was hij toch bereid prins Frank Podborsky te ontvangen:
-"Welkom, Koninklijke Hoogheid. Waarmee kan ik u van dienst zijn?"
-"Ik heb net met mijn moeder gesproken. Ze huilde van angst en schaamte. Ze vertelde me dat ze verklapt heeft dat koning Willem de vader van Nikki en Klaus is!"
-"Intussen is me dat bevestigd door hun moeder," zei Bezmenov, "het was voor mij de grootste verrassing."
-"Waarom wist ik dat niet eerder?"
-"Koninklijke Hoogheid, toen koning Willem nog leefde, hebben hij en uw mama een intimidatie zonder weerga doorstaan, van brandstichtingen en verschrikkelijke ongevallen tot en met de ontvoering en de dood van de twee kinderen."
-"Met dat laatste hadden de Podborsky's niets, maar dan ook niets te maken!"
-"Waarom ontkent u niet meteen alles?" vroeg Bezmenov cynisch.
-"Luister, mijn vader heeft op zijn sterfbed gezegd dat hij daar niets mee te maken had. U moet me geloven, mijnheer Bezmenov!"
-"Ik begrijp het respect voor uw vader, maar u was nog veel te jong toen hij gestorven is."
-"Goed, mijnheer Bezmenov, wie wordt er koning of koningin, want tegen een rechtstreekse dochter van koning Willem kan ik niet winnen!"
-"Dat net u dat zegt, Koninklijke Hoogheid, u die beweert dat het koningshuis van Willem voor dat van Sylvia plaatsgemaakt heeft!" Podborsky was duidelijk paranoïde. Aan de oppervlakte was hij de man met de macht en de legitieme aanspraak op de kroon, maar diep in zich zag hij een gigantisch net van samenzweerders die hem alles zouden afnemen.
-"En dan is er gravin Tatiana. De zangeres!"
-"Koninklijke Hoogheid, wie beweert nu zoiets?"
-"De kranten; ze ontkent het niet!"
-"Met alle respect, Koninklijk Hoogheid, maar u zal dit moeten bekijken zoals ik, zoals een diplomaat. U moet beginnen met geen veldslagen aan te gaan die u niet kan winnen: als Anastasiya tegen u is, bent u sowieso verloren; zelfs uw eigen mensen verkiezen haar boven u." Podborsky was ergens blij dat iemand het eens formuleerde zoals hij het zelf aanvoelde.
-"U hebt jammer genoeg gelijk. Hoe is het mogelijk dat ik al mijn macht aan een stomme zangeres verlies?!"
-"Stom is ze niet," grapte Bezmenov, "ze is zelfs heel mondig!" Podborsky kwam echter meteen weer ter zake:
-"En vervolgens, mijnheer Bezmenov?"
-"Welnu, daarom laat u dat scenario links liggen; u vertrekt dus van het standpunt dat de zangeres niet tegen u is. Dat was trouwens duidelijk op het concert." Zo had Podborsky het nog niet bekeken.
-"Goed... en dan?"
-"U doet er alles aan om de zangeres niet te bruuskeren."
-"Gravin Tatiana dus."
-"Dat beweert u, Koninklijke Hoogheid."
-"Mijnheer Bezmenov, met alle respect, maar dat is toch duidelijk!" Hoe kon iemand daar nog aan twijfelen!
-"Goed, als u dat gelooft, dan bent u voornaam tegen haar. Uw kans bestaat er namelijk in dat zij enkel staatshoofd wil worden als de Verenigde Naties haar dat vragen."
-"En dat zullen de Verenigde Naties haar vragen, is het niet, mijnheer Bezmenov?"

-"Koninklijke Hoogheid, met alle respect, maar u loopt te hard van stapel. Daarnet zei u dat Nikki met zekerheid koningin zou worden, nu zegt u dat van gravin Tatiana."
-"Wat zegt de wet eigenlijk, mijnheer Bezmenov?"
-"De wet is in deze situatie van ondergeschikt belang; we gaan een nieuwe grondwet maken."
-"Goed, maar wat zegt ze?"
-"Bastaarden tellen niet mee; het is tussen u en de gravin." Dat gaf Podborsky verse moed.
-"En vervolgens?"
-"Binnen de Verenigde Naties staat een meerderheid achter de visie dat koningin Sylvia een regentes was en dat het koningshuis niet veranderd is. Dat maakt dat de gravin volgens de wet meer kans heeft."
-"Als zij wint, maak ik het haar oneindig moeilijk!" riep Podborsky, "weet u hoeveel macht ik in dit land heb?"
-"U zal het de zangeres moeilijk maken?" vroeg Bezmenov.
-"Ha, nu zegt u zelf dat ze de zangeres is! Welnu, ik geloof er niets meer van!" Podborsky werd gek.
-"Koninklijke Hoogheid, om het even over iets anders te hebben: wat zijn uw plannen inzake de toekomstige economie en de Sylvaanse munt?"
-"Daar hebben wij onze mensen voor." Podborsky had met andere woorden geen enkel idee. Zijn 'economie' was het afpersen van mensen, hoe arm ze ook waren. Mochten de grenzen verder versoepelen, zou hij als eerste drugs smokkelen of maken, casino's oprichten en bordelen exploiteren. Voor de rest zou hij de beginnende middenstand in het oog houden, ze 'veiligheid' verkopen of monopolies creëren in het ophalen van vuilnis. Het was ongelooflijk hoe je met een minderheid van een tiende van een procent de hele bevolking kon terroriseren. Als hij koning werd, had hij bovendien controle over politie en justitie. Het was louter een kwestie van zijn eigen mensen benoemd te krijgen. De volgende stap was de controle over de politieke partijen. Zou hij voor een proportioneel kiesstelsel gaan, met vele kleine zwakke partijen en hopeloze coalities, of voor een niet-proportioneel kiesstelsel, waarbij hij de macht over twee partijen moest zien te behouden. Hij kende de geschiedenis van Leopold I, die onder pseudoniemen zowel kolommen in de liberale als in de christelijke kranten schreef. De macht over de politiek behouden, was een kunst, maar het was de uitdaging waarop Podborsky sinds jaren mentaal voorbereid was.
-"Noem eens één iemand van die mensen, Koninklijke Hoogheid," vroeg Bezmenov, "ik zou als vertegenwoordiger van de Verenigde Naties graag met *haar* praten." Er was maar één iemand, en het was een *zij*; zoveel was duidelijk voor beide heren.
-"Luister, u spreekt *niet* met Nikki!" riep Podborsky, "alles wat ze over de economie te vertellen heeft, vertelt ze aan mijn moeder. Dat moet volstaan. Als ik ten onder ga, gaat zij ten onder. Letterlijk. En daarmee de Sylvaanse economie. Iedereen moet maar meewerken!"

~

Hoe hard Reinhard ook verlangde om Nikki te zien, hij mocht het paleis niet binnen. Sinds ze hem in de cel komen bezoeken was, had hij haar niet meer gezien. Hij had haar veel te vertellen, en vooral uit te leggen. Want intussen was hij zo dikwijls met vragen over Anastasiya aangeklampt geweest, dat Nikki ongetwijfeld vernomen moest hebben dat hij nog steeds naar de zangeres op zoek was. Hoe idioot en ondankbaar moest Nikki hem niet gevonden hebben! Gefrustreerd wachtte Reinhard tot Anoushka en Klaus uit het paleis kwamen. Dat ze met hun drieën de stad en het land verkenden, was meteen een tegemoetkoming aan Podborsky, die niet wou dat Anoushka enkel met Klaus gezien werd.

Anoushka vloog Reinhard om de hals. Terwijl ze door de Burcht stapten, vertelde hij opnieuw gretig over zijn vlucht naar Moskou en verblijf in de cel. Enkel met Klaus en Anoushka kon hij dat. Overal weerklonken dezelfde liedjes van dezelfde zangeres; alvast tot het congres was er geen kans dat daar verandering in zou komen.

De Burcht was de in de hoogte gelegen oude stad van Sylvanië. Ondanks de reusachtige oppervlakte was ze omwald door een dubbele rij van intacte, machtige muren en torens. Binnen de muren lagen onder meer de gotische kathedraal en verschillende paleizen, waaronder het koninklijke. Die eerste was, als grote uitzondering voor een kathedraal, nog tijdens de Middeleeuwen afgewerkt geraakt, en was perfect symmetrisch en homogeen in de flamboyante stijl van de laat-gotiek. Ondanks de enorme dimensies van de meest volumineuze der kathedralen, bevatte elk venster gebrandschilderd glas met kleurrijke religieuze en politieke taferelen. Het reliëf van de zuilen liep ononderbroken van de grond tot in de nokken van de gewelven.

-"Voor Sylvanië kan ik alvast één economie verzinnen," zei Reinhard: "toerisme!"

-"Dan zal er veel moeten veranderen," zei Klaus, "zoals de hotels nu zijn, en die zijn er sowieso al te weinig, trek je geen toeristen."

-"Hoezo?" vroeg Anoushka.

-"Om te beginnen zijn er geen badkamers en enkel een toilet per verdieping."

-"Dat begint al héél slecht!" lachte Anoushka.

-"Vervolgens hebben de Sylvaniërs geen enkel idee van hoe je gasten moet ontvangen. Vanmorgen maakte ik mijn keuze aan het buffet..."

-"Er was tenminste een buffet!" riep Anoushka.

-"Wel, ik kwam niet van de honger om, moet ik toegeven," zei Klaus.

-"Vertel verder, *schat*." Reinhard keek geïntrigeerd naar het meisje met wie hij opgegroeid was; het was raar om haar voor de eerste keer *schat* te horen zeggen. Klaus vertelde verder:

-"Nadat ik me bediend had, moest ik met mijn bord de trappen af naar de receptie. Daar noteerde een man alles wat ik gegeten had. Telkens ik me bediende, moest ik met mijn bord de trappen af en op."

Terwijl Klaus over zijn gastronomische ervaringen vertelde, liep het drietal het marktplein op. Spontaan kwamen Sylvaniërs naar hen toegelopen. Ze baden om de uitleg te mogen doen van de stad waarop ze zo fier waren. Anoushka en Reinhard moesten zich niet meer voorstellen. Klaus stelde zichzelf voor op een manier dat de Sylvaniers dachten dat hij een van hen was.

-"Klaus is de broer van de consul," zei Reinhard om hun reactie te zien. Ze keken met de grootste ogen:

-"U bedoelt de consul die Geller helpt met..." Klaus keek boos naar Reinhard. "Dan weet u wie Anastasiya is?" probeerden ze. Nog voor Klaus dat gerucht met succes kon ontkennen, waren ze omgeven door een massa volk. Elke dag waren er mensen die beweerden dat ze Anastasiya waren, en nog veel meer die haar zouden kennen, maar hier was voorwaar de broer van de consul! Iedereen wou in zijn buurt zijn, hem aanraken als was hij een heilige. Men smeekte om een foto of een handtekening. De toestand werd chaotisch en gevaarlijk.

-"In orde," riep Klaus, "hier is een voorstel: wij lopen hier nog een tweetal uren rond. Intussen geef ik jullie de kans om op een papiertje een boodschap aan Anastasiya te schrijven dat ik persoonlijk aan haar zal overhandigen. Hij had geen flauw benul hoe, maar zijn uitnodiging had wel het onmiddellijke gevolg dat de massa uit elkaar spatte om postkaarten te kopen.

Een van de toehoorders was een kunsthistorica, die de uitleg deed over het pronkstuk van het plein: een middeleeuws astronomisch uurwerk zo groot als een huis. De astronomische wijzerplaat toonde vijf soorten tijd: de plaatselijke tijd, de tijd gemeten in een verdeling van twaalf uren tussen zonsopgang en -ondergang, de tijd gemeten in een verdeling van vierentwintig uren die aangaf hoelang de zon verwijderd was van de zonsondergang, de plaats van de zon in de dierenriem en ten slotte de sterrentijd. Om het uur gingen boven de wijzerplaat twee kleine deuren open waarachter een parade van apostelen verscheen. Tot slot was er onderaan een aparte wijzerplaat met medaillons, die de maanden voorstelden en waarop voor elke dag een heilige werd aangeduid.

Terwijl het drietal door de smalle straten wandelde, omhoogkijkend naar de ononderbroken pracht van de kleurrijke barokgevels, werd Klaus aan een stuk door aangeklampt door Sylvaniërs die met neergebogen hoofd een kaartje afgaven. Klaus liet de tas open aan zijn schouder hangen zodat hij de kaartjes vlotter in ontvangst kon nemen. Op die twee uur dat ze in de Burcht rondliepen, moeten het er wel duizend geweest zijn.

Tegen de achtergrond van de meest prachtige stad ter wereld stak de huidige realiteit hard af, te beginnen met de armoede. Er waren bedelaars alom en zij die wel geld hadden, konden daar nauwelijks iets mee kopen in de rudimentaire winkeltjes, waar klanten hun aankopen zelf uit kartonnen dozen moesten graaien. In de weinige restaurants die voor Westerlingen goed genoeg waren, moest je wekenlang op voorhand reserveren. Vervolgens was er de intimiderende aanwezigheid van Russische legervoertuigen. Gedurende twintig minuten observeerde het drietal een Russische kazerne, die haar onderkomen in een der paleizen had. Voor de pracht van het paleis hadden de Russen enkel respect gehad voor zover het om niet nutteloos vernielen ging. Zonder schroom echter hadden ze muren gesloopt om plaats te maken voor poorten en veiligheidshutten. Het meest sinistere echter was het feit dat letterlijk om de minuut een Rus met telkens eenzelfde bruine aktetas de kazerne verliet of binnenging. Onvermijdelijk bedachten Klaus, Anoushka en Reinhard daar de meest afschuwelijke verhalen achter.

Aan de voet van de Burcht werd de brede rivier door de meest indrukwekkende middeleeuwse brug overspannen, waarop om de tien meter een reusachtig heiligenbeeld stond. Centraal uiteraard stond het beeld van Johannes van Nepomuk, de meest befaamde bruggenheilige in Oost-Europa. Aan het uiteinde van de brug stond de grootste bruggentoren van Europa, uit zowaar de twaalfde eeuw!

De prachtigste der Oost-Europese steden had echter geen toeristen. De reden waarom werd eens te meer duidelijk toen het drietal in een nieuw restaurant binnenstapte een eind buiten het centrum. De restauranthouder was een Sylvaniër die reeds in het midden van de omwenteling het geld van een West-Duitser gekregen had om het eerste moderne restaurant in Sylvanië te openen. Tot blijde verrassing van Klaus, Anoushka en Reinhard was het menu uitgebreid en was alles wat op de kaart stond, te krijgen. Alles werd echter asynchroon opgediend: op het moment dat Anoushka haar voorgerecht nog moest krijgen, kreeg Klaus reeds zijn hoofdgerecht geserveerd. Bestelde drankjes kwamen niet of bleven op de toog staan tot Klaus ze zelf ging halen. Op het einde van de avond kon de eigenaar de rekening niet maken omdat hij geen idee had van wat het drietal besteld had.

Laat op de avond kreeg het restaurant het bezoek van de maffia. Klaus volgde de dialoog tussen de man die 'bescherming' aanbood, en de uitbater die schrok van wat dat moest kosten.

-"Nu gaan we het met zekerheid weten!" zei Klaus tegen de andere twee. Hij stond recht.

-"Wat ga je doen, Klaus?" riep Anoushka verschrikt, "moei je daar toch niet mee. Blijf zitten!" Klaus sprak de gangster rechtstreeks aan:

-"Goedenavond, ik begrijp dat u een zakelijke partner wilt worden in ons restaurant?" Hij liet zijn hand snel heen en weer gaan tussen de uitbater en zichzelf.

-"En wie bent u?" vroeg de gangster, een beetje van zijn stuk gebracht.

-"Ik ben Klaus uit Gent, de broer van de consul." De gangster werd lijkbleek:

-"U bedoelt..."

-"Dat bedoel ik zeker. De consul, de heer Efim Geller, ikzelf en iemand wiens naam ik niet wil noemen, zijn begonnen met het investeren in restaurants en kleine handelszaken in de stad. Kan u even uitleggen welke diensten u aanbiedt? Of liever, mag ik uw naam en adres, dan contacteren we u zelf wel later."

-"Kent u werkelijk..." stamelde de man.

-"Die ken ik zeker; ik heb hier een zak met duizend kaartjes voor haar." Klaus toonde enkele van die kaartjes aan de man, die tot zijn afgrijzen vaststelde dat enkele van die kaartjes van Podborsky's aanhangers kwamen, mannen die net zoals hijzelf met hun geweten in de knoop lagen en een begin zochten om hun leven in een andere koers te sturen. "U kent dus iets van de horeca?" vroeg Klaus.

-"Wel, euh, zeker," zij de man die eigenlijk niets kende.

-"Waarom schrijft u ook geen kaartje?" vroeg Klaus, "ze zal nog veel mensen zoals u nodig hebben!" De man aarzelde even alvorens hij in een hoekje kroop met een paar velletjes papier en een pen. Hoewel hij in geen jaren geschreven had, deed hij alle moeite om zijn levensverhaal op papier te zetten, zich te excuseren, en de hoop uit te spreken dat ze hem zou vergeven en hem een nieuwe kans geven. Hoewel hij te oud was om te huilen, dropen de tranen langs zijn wangen. Hij besloot zijn brief met zijn naam en adres, en met de verontschuldiging dat hij nog niet over een telefoontoestel beschikte. Tot slot drukte hij het kaartje in Klaus' hand. Hij knikte nog eens snel naar de uitbater en elk van de gasten. Zonder nog een woord stapte hij naar buiten, waar hij zich met de handen op het gelaat dubbel plooide. Leunend tegen de muur bleef hij nog een minuut in die houding staan.

De volgende die nu de tranen in de ogen kreeg, was de uitbater. Ook hij schreef een kaartje. Het drietal mocht onder geen beding betalen, maar beloofde dat toch ooit op één of andere manier te zullen doen.

~

Podborsky voelde zich de speelbal; er gebeurden belangrijke dingen waarvan hij niets mocht weten. De Verenigde Naties bedachten voor Sylvanië een nieuwe economie, een nieuwe munt en bovenal een nieuw staatshoofd. Hij kreeg geen goed of slecht maar helemaal geen nieuws, alsof hij niet meetelde. De zangeres was niet voor of tegen hem, Bezmenov had nog geen kwaad woord gezegd en ook in de Sylvaanse kranten telde hij nauwelijks mee. Beschouwde men hem als het onvermijdelijke staatshoofd, of eerder als het onbelangrijke staatshoofd, omdat er een sterke democratie kwam waarin hij niets te zeggen zou hebben? Hij had geen enkel idee. Of was iedereen nu al zeker dat het Tatiana zou worden, zomaar of omdat iedereen behalve hij wist dat ze de zangeres was? Waarom was iedereen zo onverschillig? Waarom had hij geen vrienden op de plaatsen waar het telde, of zelfs vijanden die hij kon aanpakken? Hij werd op de vergaderingen van de verschillende departementen uitgenodigd. Maar buiten de beleefde knik en de titel 'Koninklijke Hoogheid' was hij lucht. Hij leefde in een griezelfilm waar niemand hem kon zien, zo leek het. Vroeg of laat zou het roulettewiel plots stilstaan en zou hij als een balletje in een hokje vallen. Hij wist niet welk. Om gek van te worden!

Nam niemand hem ernstig omdat hij enkel over de zangeres sprak terwijl alle anderen met ernstige dingen bezig waren? Bezmenov had hem aangeraden te doen alsof ze niet tegen hem was. Dat was makkelijk gezegd! Hier stond hij onder het zwaard van Damocles en moest hij doen alsof het niet zou vallen. Hoeveel achterstand had hij intussen op zijn rivale? Hij werd angstig bij het idee dat zij al die tijd heerschappen van de Verenigde Naties had ontvangen. Maar misschien kwamen ze haar enkel opzoeken om haar te motiveren, of om haar gerust te stellen. Waarom zocht ze de pers niet op zoals hij? Zo kon ze toch geen koningin worden?! Iets klopte gewoon niet. Misschien had ze de publiciteit niet nodig omdat... Daar was dat idee weer! Steeds diezelfde cirkel in zijn redenering, cirkels rond eenzelfde persoon, de persoon waaraan hij niet mocht denken.

Het had hem moeite gekost om tot bij haar te geraken. Rond het paleis waar Tatiana momenteel verbleef, stonden de witte tanks van de Verenigde Naties. Vanop tweehonderd meter moest hij zijn handlangers achterlaten om onder begeleiding van twee soldaten alleen naar het paleis stappen. Daar werd hij afgetast. Wat een vernedering; hijzelf kreeg geen enkele bescherming of erkenning!

Toen de grote dubbele deur voor hem opengemaakt werd, moest hij over twintig meter dik bordeauxrood tapijt naar gravin Tatiana. Ze zat in een koninklijk fauteuil en stond enkel kort recht om hem de hand te schudden. Hijzelf moest op een bijzetstoel plaatsnemen.

-"Dag Frank," zei ze sober. Dat was vroeger anders! Zij en haar familie hadden hun hele bestaan te danken aan het geld dat ze van hem gekregen hadden, voor zover hij wist tenminste; Podborsky had geen enkel idee van hun professionele bezigheden. Laconiek had hij de familieleden van koning Willem onderhouden, iets wat hij verplicht was te doen, in de hoop dat dat een extra reden was waarom ze zijn kant zouden kiezen.

Het probleem van Willems familie was dus onder controle geweest tot die verduivelde Verenigde Naties Tatiana opvisten.

-"Dag Tatiana," zei hij vriendelijk, "ik heb de beste herinneringen aan onze recente ontmoetingen."

-"Ik ook," antwoordde ze vriendelijk, "op de luchtdoop en..."

-"Hoe jammer dat we op de chasse-à-courre niet gedanst hebben," probeerde hij. Hij bestudeerde haar reactie.

-"Misschien wel, Frank; ik kan immers goed overweg met maskers!" Daagde ze hem uit?

-"Heb je met Reinhard gedanst?"

-"Natuurlijk; als er één ding is waarmee ik op Reinhard indruk kan maken, is het mijn danskunst!"

-"Als er een iets is waarmee een vrouw indruk op Reinhard kan maken, dan is dat door hem recht voor de raap te zeggen dat ze Anastasiya is!" Tatiana keek indringend naar Podborsky:

-"Zo gaat een vrouw niet te werk, Frank!" Ze hield hem voor de gek.

Welk onderwerp moest Podborsky als volgende aansnijden? Hij was hierheen gekomen vanuit een sterke positie: met zijn handlangers had hij de feitelijke macht in dit land. Zijn bedoeling was enkel om Tatiana te ontmoedigen. Hij had intussen door dat ze niet om de rol van koningin vroeg, en dat ze hier enkel was omdat het haar plicht was. Als hij ze zover kon krijgen dat ze aan de Verenigde Naties liet weten dat ze tegen het koningschap echt opzag, dan was dat voldoende. En haar ontmoedigen was niet moeilijk. Hij kon beginnen met te stellen dat aangezien er geen enkele andere economie was, de nieuwe economie van Sylvanië wel de zijne moest worden. En dat aangezien er geen geld voor een echte rechtsstaat was, Podborsky's organisatie voor een soort feodale orde moest zorgen. Hij wou haar uitleggen dat hij en zij als protagonist en antagonist aan het begin van een verschrikkelijke tragedie zaten, tenzij ze nu inbond, nu het nog kon. Wat kon haar antwoord zijn? Dat ze met veel ijver bij de Verenigde Naties zou pleiten om haar te helpen? Intussen moest ze toch doorhebben dat de Verenigde Naties enkel geïnteresseerd waren in een mooie grondwet als schaamlapje, maar niet in de burgeroorlog die daarop zou volgen?! Ze kon ook aan de Sovjets vragen om tussen te komen, maar dat was bij de duivel te biechten gaan; iedereen wou hen zo snel mogelijk het land uit.

Plots was het echter Podborsky zelf die ontmoedigd was. Van de ene seconde op de andere viel hij in een zwart gat. Hij was mentaal doodop van angst voor de zangeres en van het besef dat iedereen hem links liet liggen. Maar ook het blijven motiveren van de handlangers die liever de kat uit de boom keken, had hem uitgeput; het vergde tirannie om ze in de pas te laten lopen. Dat hij nu ook de controle in dit gesprek met Tatiana verloor, was de druppel die de emmer deed overlopen. Hij beleefde op dit eigenste moment zijn *to be or not to be*: de verschrikkelijke twijfel of hij op het ingeslagen pad verder wou blijven gaan.

Hij keek naar de vrouw vóór hem. Wat als zij de oplossing was in plaats van het probleem? Hoeveel makkelijker zou het niet zijn om zijn leven als een karretje achter het hare te spannen? Ze keek met een zachte glimlach naar hem. In haar lieve blik meende hij troost, bescherming en begeleiding te zien, volgens een droge Gentse professor de drie eigenschappen van een moeder, en tezelfdertijd de drie eigenschappen van iemand waarop je verliefd werd. Podborsky nam onbewust de vlucht naar voor door op slag verliefd op haar te worden. Hopelijk was het wederzijds.

-"Luister, Tatiana, ..." zuchtte hij. Hij sloeg rood aan.

-"Wat scheelt er, Frank?" vroeg ze. Ze kantelde haar hoofd naar rechts terwijl ze hem rustig aankeek.

-"We zijn altijd goed met elkaar opgeschoten."

-"Dat klopt," beaamde ze. Frank Podborsky was op zich een aantrekkelijke man. In de omgang was hij weliswaar steeds kort, droog en zakelijk, maar had dankzij de opvoeding door zijn moeder de uitstraling van een prins. Hij was enkel onaantrekkelijk in het gezelschap van zijn handlangers, de *louche typen* zoals ze in Gent genoemd werden. Tatiana was voorbereid op de vraag die hij haar nu stelde:

-"Ik besef voor het eerst, en hopelijk niet te laat, dat ik van je hou, Tatiana. Ik heb steeds mijn hart voor de liefde gesloten gehouden, maar nu ik zie hoe alles goed op zijn plaats valt tussen ons beiden, hoop ik vanuit het diepste van mijn hart dat je met me wilt trouwen." Hij wachtte nu op het belangrijkste antwoord in z'n leven.

-"Ik trouw niet met een maffialeider, Frank." Ze wond er geen doekjes om.

-"Dat begrijp ik, Tatiana, maar je moet me tijd geven. De hele regio heeft eeuwenlang dit soort toestanden gekend. Na de oorlog is het allemaal naar Sylvanië gekomen. We hebben nooit de kansen gekregen die het land nu krijgt."

-"Zoals welke, Frank?"

-"Wel, dat zijn de Verenigde Naties aan het uitzoeken, veronderstel ik."

-"Zij wel. Jij niet."

-"Ik word ook nérgens in betrokken; ik durf wedden dat jij al veel meer weet dan ik, en jij hebt nooit eerder een voet in het land gezet!"

-"En welke rol ga jij in de nieuwe economie spelen, Frank? Iedereen verder afpersen?"

-"Neen, integendeel; ik ben de enige die het allemaal kan doen ophouden."

-"Als we jouw vrienden de beste postjes geven, veronderstel ik." Podborsky zuchtte.

-"Neen, dat bedoel ik niet. Laat mij erover nadenken, Tatiana, alsjeblieft. Ik bedoel het goed. We vinden vast wel een oplossing."

-"In orde, Frank, maar we doen alles in de juiste volgorde: als ik koningin word, kuis jij eerst alles op. Daarna pas spreken we over trouwen!"

~

Het was niet de eerste keer dat ik een massa analyseresultaten verwerkte. Dat soort berekeningen werd doorgaans nog steeds op mainframes gedaan, maar de flexibiliteit die ik had om op mijn pc snel dingen in het programma te wijzigen, maakte dat ik sneller definitieve conclusies kon trekken. Mijn werk werd gewaardeerd; mijnbedrijven en gelukzoekers wisten me steeds regelmatiger te vinden.

De opdracht van wijlen koning Willem was echter op geen enkele manier te vergelijken met de normale opdrachten. Om te beginnen was er het bijzondere verhaal dat eraan vasthing: de mijn die in de vijfde eeuw door de Hunnen uitgebaat werd, kwam in de Middeleeuwen in handen van een ridderorde met een bijzonder wapenschild, en uiteindelijk in die van koning Willem. Hoewel die laatste zelf nooit goud vond, had hij in een alles of niets poging een dergelijk massale hoeveelheid boringen laten uitvoeren op en rond de site van Bilgund, dat ik er meer werk aan had dan aan alle andere opdrachten samen. Zonder Reinhards financiële inspanning was er gewoon geen enkele kans geweest dat er ooit iets met de stalen gebeurd zou zijn. Ze waren intussen reeds een tijdje bij de verschillende labo's. Met mondjesmaat bleven de resultaten binnenkomen.

Als geoloog, of tenminste wiskundige die in het departement Bodemkunde werkte, was ik van nature meer geïnteresseerd in waar de bodem vandaan kwam en wat er in de duizenden jaren mee gebeurd was, dan hoeveel goud of wat dan ook in elk staal gevonden was. Dat was ook wat klanten vroegen.

Ik was blij dat ik geen tussentijds rapport moest afleveren, want ik kreeg er kop noch staart aan. Nooit had ik sedimentaire lagen gezien die zo verhakkeld waren, alsof de bodem een ontelbaar keren samengeperst en gescheurd was. Op basis van de concentraties van twee dozijn mineralen moest ik een ingewikkelde driedimensionale puzzel oplossen, steeds gissingen makend over welk stukje bodem ooit waar gezeten moest hebben en hoe het verschoven was over de jaren. Op mijn pc kon ik de gevonden hoeveelheden voor elk mineraal afzonderlijk selecteren, de bodem in drie assen laten roteren en hypotheses formuleren. Mijn programma bracht mijn ideeën in beeld en liet me ze bijsturen. Maar de reconstructie zelf moest dus wel uit mijn hoofd komen. Er zat niets anders op dan er eindeloos mee bezig te zijn, tot ik een soort intuïtie kreeg en ik met de bodem als het ware meevoelde.

Ik haatte het wanneer Bezmenov mij opbelde met de vraag hoeveel goud ik al gevonden had. Ik was nog niet eens naar goud op zoek geweest! Ik liet mijn hoofd echter niet gek maken. Mijn taak was enkel de reconstructie, en als die zou uitwijzen dat de mijn uitgeput was, zoals dat gewoonlijk bij dat soort analyses het geval was, dan zou me dat niet minder gelukkig maken.

Naar de universiteit ging ik enkel nog om de analyses op te halen. Het werk op de pc deed ik bij Alexandra op het Fleur-de-Lys, waar ik intussen feitelijk woonde. Ze trok intussen goed haar plan in de wereld van de pc's. Uit de scholen waar we cursussen organiseerden, kwamen meer en meer getalenteerde programmeurs die de meest ongelooflijke kunstjes wisten uit te halen om de netwerken naar behoren te laten functioneren. Wat ooit als amateuristisch geknutsel in een klein kantoortje begon, was intussen een heuse industrie geworden!

Met de industrie van het spinnen en weven echter, ging het steeds slechter in Vlaanderen. Het Textielplan van de overheid had het probleem van de dure arbeidskosten enkel een decennium voor zich uitgeduwd. De verschillende producenten, waaronder de Vissermans, werden onverbiddelijk in het nauw gedreven. Prinses Kathrin de Vissermans had ze allemaal samengeroepen om een groot reddingsplan uit te werken.

Mijn dag eindigde met een glas dure wijn in het gezelschap van Alexandra. Zijzelf raakte geen druppel aan, me immer duidelijk makend dat de termijn liep en het grote moment dichterbij kwam dat ik de codes moest bovenhalen. Het hield me regelmatig wakker.

~

Podborsky vertrouwde niemand meer, van de Verenigde Naties en Bezmenov, tot Anoushka, zijn handlangers en zelfs zijn eigen moeder. Bij alles wat hem verteld werd, nam hij onmiddellijk het tegenovergestelde voor waarheid. Wat hem op de rand van een inzinking gebracht had, was dat hij net een blauwtje opgelopen had bij de enige dame waarop hij ooit verliefd geworden was. Zij had hem verteld dat ze pas met hem zou trouwen nadat zij koningin was en hij zijn organisatie ontmanteld had. Hij geloofde er niets van; ze wou gewoon zonder tegenstand koningin worden. Daarna zou ze een politiemacht op de been brengen en zijn hele organisatie met harde hand vernietigen. Van trouwen zou nooit meer gesproken worden, daar was hij zeker van.

Als een schim van zichzelf ging hij ijsberend van de ene vergadering naar de andere, schreeuwend tegen zij handlangers. Hij hoorde een leugen in elk verhaal. Was zijn organisatie voldoende robuust om deze storm te doorstaan? De maffia was niet meer of niet minder dan een verdeel en heers organisatie die elkeen netjes op zijn plaats hield; niemand wou van de ladder vallen om onderaan te moeten herbeginnen. Daarenboven was op dezelfde manier dat het feodale systeem achthonderd jaar stand gehouden had, Podborsky's machtspiramide via huwelijkspolitiek in steen gebeiteld. Tenminste, als het equivalent van de Franse Revolutie niet startte met Bezmenovs congres, de perfecte tegenhanger van de eed in de kaatszaal van Versailles.

Impulsief en onaangekondigd stormde hij het huis van Bezmenov binnen. Daar werd hem gevraagd om plaats te nemen in de wachtzaal. Opnieuw was hij blijkbaar niet belangrijk genoeg! Hij dronk afwisselend bier en koffie, een cocktail op maat van hoe hij zich voelde, vooral omdat het zo lang duurde!

Bezmenov werkte een gesprek met prinses Kathrin de Vissermans af. Naast het goede nieuws maakte ze zich zorgen om *iets*, een mysterieus voorwerp waarmee de Vissermans chanteerbaar was op een manier dat het haar gronden zou moeten afstaan en ipso facto alle gebouwen die erop stonden. Met de machtswissel in Sylvanië werd haar decennialange latente bezorgdheid nu acuut. Wat kon dat voorwerp in godsnaam zijn? Waarop kon de chantage slaan? Als het over een strafbaar feit ging, was er eigenlijk geen probleem, want het feit moet veel meer dan dertig jaar geleden gebeurd zijn. Als het feit van persoonlijke aard was, moest het bovendien slaan op een persoon die intussen wellicht gestorven was.

Toch baarde het gegeven Kathrin grote zorgen; haar overleden vader, de hertog Bernard Martin, was iemand geweest die veel te creatief was op de verkeerde momenten, en dat terwijl koning Willem wellicht vragende partij voor een creatieve oplossing geweest was. Ging het over een object of document, en was het reeds in de handen van Podborsky?

Nadat Kathrin afscheid genomen had, bedacht Bezmenov hoe hij dat te weten kon komen. Het gesprek met Podborsky verliep echter anders:

-"Kom binnen," riep Bezmenov. Hij liep om z'n bureau om zijn gast te ontvangen. "Welgekomen, Koninklijke Hoogheid, waarmee kan ik u van dienst zijn."

-"Koninklijk Hoogheid," herhaalde Podborsky, "ik hoor het u graag zeggen. Maar we hebben intussen te veel van die Koninklijke Hoogheden!"

-"Doe rustig," zei Bezmenov, "wat scheelt er?"

-"Ik ben het beu, mijnheer Bezmenov, absoluut beu! Hoort u dat?! Dit gaat eindigen in een oorlog nog voor het congres!" Het was het scenario dat Bezmenov het meeste vreesde: een burgeroorlog op het moment dat er geen grondwet of duidelijk staatshoofd was.

-"Laat me raden," zei Bezmenov, "u hebt schrik van Anastasiya."

-"Oh, mijnheer Bezmenov, bleef het maar bij Anastasiya! U hebt me kunnen overtuigen om haar uit mijn hoofd te bannen, maar nu blijkt dat iedereen tegen mij gekeerd is. Iedereén, begrijpt u dat?"

-"U wordt nochtans steeds aanzien als een kandidaat troonopvolger, Koninklijke Hoogheid."

-"*Een* kandidaat troonopvolger, u zegt het heel goed, mijnheer Bezmenov, namelijk de tweede kandidaat na gravin Tatiana. Zij zit al op een troon in een paleis bewaakt door tanks!"

-"Wij hoopten dat u en Tatiana het met elkaar konden vinden," drukte Bezmenov het eufemistisch uit.

-"Eerst wil ze koningin worden," riep Podborsky, "en daarna moet ik mijn machtsbasis vernietigen alvorens er sprake is van trouwen!"

-"Dat is toch niet onredelijk?!" probeerde Bezmenov.

-"U zou beter moeten weten, mijnheer Bezmenov. Geen enkele diplomaat zou met zoiets akkoord gaan!"

-"Bekijk het ook eens vanuit haar standpunt…"

-"Luister, mijnheer Bezmenov," onderbrak Podborsky hem, "ik ga niet meer bij Tatiana langs. Vanaf nu gebeurt alles op mijn manier; ík heb namelijk de macht in Sylvanië!"

-"En welke is uw manier, als ik vragen mag?"

-"Anastasiya schaart zich aan mijn kant!"

-"Hoe schikt u dat te doen?"

-"U vindt ze en verplicht haar mijn zijde te kiezen, op de televisie."

-"Koninklijke Hoogheid, u kan haar niet verplichten dingen te zeggen die ze niet wil; dat lijkt me een heel slechte strategie." Het was duidelijk dat Podborsky zich slecht op dit gesprek voorbereid had.

-"Och God, mijnheer Bezmenov, laat mij haar dan gewoon eens zien en spreken. Dat is mijn voorwaarde. Ik heb het gevoel dat ze aan mijn kant staat. Die knipoog tijdens het concert van Gent was voor mij, wist u dat?"

-"Anastasiya is dus niet Tatiana volgens u?"

-"Natuurlijk niet!" riep hij met hetzelfde gemak als hij op elk ander moment 'natuurlijk wel!' riep.

-"Ik noteer uw vraag," zei Bezmenov.

-"Mijn eis!"

-"Uw eis uiteraard. Excuseert u me, Koninklijke Hoogheid."

-"En vervolgens wil ik dat ze optreedt op het congres!" Bezmenov was compleet verrast:

-"Wilt U dat echt?!"

-"Ik wil dat ze het laatste woord heeft, of kan hebben als ze dat verkiest. Ik wil niet dat ze thuis zit op het moment dat de Verenigde Naties een beslissing nemen waarmee zij niet akkoord is."
-"U hebt plotseling heel veel vertrouwen in Anastasiya!" merkte Bezmenov op.
-"Het is u die me daarvan overtuigd heeft, mijnheer Bezmenov!" Bezmenov had het anders geformuleerd en bedoeld, maar goed.
-"U begrijpt dat niemand weet waar ze is?" zei Bezmenov.
-"Dat is úw probleem!" mijnheer Bezmenov, "ik wil haar zien, zo niet oorlog!"

~

De omstandigheden werden zelfs voor de sterkste persoonlijkheid teveel. Nikki was met de dood bedreigd, kon niet ontsnappen en had heel veel tijd om daarover na te denken. Alles wat er in haar kamer te lezen was, kende ze intussen van buiten. Aan tafel probeerde ze koningin Sylvia aan de praat te krijgen, maar zelfs met haar geraffineerde methodes lukte dat niet. Ze bracht het gesprek op de meest gevoelige onderwerpen, zoals de spanning rond het koningschap en de toekomst van Sylvia's enige nog levende kind, een mogelijke burgeroorlog, de intimiderende aanwezigheid van het Sovjet leger, en de eindeloze muziek van Anastasiya zelfs binnen de muren van het paleis. Het mocht niet baten. Wel stelde ze vast dat koningin Sylvia groot respect had voor haar werk als consul en op haar dringende instructies belangrijke zakenmensen contacteerde.

Nikki vertelde voor het overige over het Fleur-de-Lys, over hoe eeuwig welkom Sylvia daar bleef, en over hoe men haar op de laatste chasse à courre gemist had. Sylvia's ogen fonkelden, want ze wou terug naar Gent, weg uit dit arme land en deze hel. Maar niet vooraleer haar zoon de nieuwe baas op het paleis werd; ze wou dat het domein waar haar twee dode kinderen begraven lagen, in handen van de familie bleef. Niettemin merkte Nikki op geen enkel moment dat Sylvia het hoog ophad met haar zoon.

Maar buiten de maaltijden bleef er veel tijd over om te piekeren. Ze had een pc gekregen om teksten te schrijven, maar schrijven lukte haar niet, vooral omdat ze besefte dat alles wat ze schreef, gemakkelijk gekopieerd en gelezen kon worden terwijl ze aan tafel zat. Welke teksten schreef je dan? Teksten om Podborsky te misleiden waren uit den boze; hij was zo knettergek van de paranoia dat je niet wist of hij van wit spierwit of gitzwart zou maken. Het enige reële dat je kon bekomen, was dat hij nog gevaarlijker werd.

Ze dacht veel aan Reinhard met gemengde gevoelens. Ze hield van hem zoals elke vrouw van hem hield, maar ze twijfelde of hij ooit echt van haar zou houden. Ze besloot om haar hart gesloten te houden, op zijn minst tot hij de fantasie van de zangeres ontgroeid zou zijn. In de gevangenis had ze het gevoel gehad dat hij voor het eerst met beide voeten in het echte leven stond. Wat bleef daar van over?

Ze zette zich op een stoel aan het venster en legde het hoofd op de armen, klaar om onder het geluid van de ritselende bladeren en de geuren van de tuin een dutje te doen. De zon scheen. Ze had ooit geprobeerd om een gesprek aan te knopen met de wachters onder het raam. De mannen waren duidelijk geïnteresseerd om te praten met de dame die volgens hen het grote geheim kende. Maar nuttige informatie losten ze niet. Het waren bovendien elke dag andere wachters, als wou Podborsky bewijzen dat hij een intimiderend grote militie had. Sylvanië en Nikki zelf stonden een grauw lot te wachten.

In de verte nam ze het knusse geluid van een sportvliegtuig waar. Dat was eens iets anders! Hoewel het merkelijk naderde, kon ze tegen de blauwe lucht geen glimp opvangen. Plots verscheen het vanachter de daken laag en vlak voor haar. Ze zwaaide ernaar terwijl het twee kleine cirkels boven het park maakte. Tegen het zonlicht kon ze geen details waarnemen. Behalve dat het vliegtuig wiegde met twee korte rolbewegingen. Dat was voldoende; ze legde haar hoofd op de armen en droomde voor het eerst sinds lange tijd zoet.

~

Het nieuws sloeg in als een bom. Niemand had een optreden van Anastasiya op het congres durven verhopen, zeker niet op vraag van Podborsky! Speculaties tierden welig. Met twintigduizend kwamen de Sylvaniërs naar de luchthaven voor een bevestiging.

Alsof hij de nieuwe koning was, weerklonk een oorverdovend gejuich toen Efim Geller in de deuropening van het militaire vliegtuig verscheen. Geflankeerd door Russische paracommando's nam hij uitgebreid de tijd om naar de toeschouwers te zwaaien en hen met een kleine buiging voor de eer te danken.

Op de rode loper stond prins Podborsky klaar om Geller als eerste de hand te schudden. Triomfantelijk hield hij die secondenlang vast terwijl er tientallen foto's getrokken werden; wie kon nu nog tegen Podborsky zijn?

Hij beet echter op zijn lip toen de vragen enkel aan Geller gesteld werden: waar was Anastasiya? Was ze in veiligheid? Podborsky merkte hoe bij die vragen alle ogen kort in zijn richting keken, ook die van de militairen. De paranoia sloeg opnieuw toe. Had hij een fout gemaakt? Had hij het paard van Troje binnengehaald? Er was geen weg terug maar de afspraken waren duidelijk: hij zou binnenkort Anastasiya kunnen spreken, terwijl Nikki gevangen bleef tot hij de erkende troonopvolger was. Dat zou de garantie op succes moeten zijn. Het slechtste wat kon gebeuren, was dat Anastasiya grote eisen stelde, dat hij een echte economie op poten zou moeten zetten en zijn machtige organisatie ontmantelen. Misschien geraakte hij daar met veel excuses aan onderuit, of misschien ook niet. Hij huiverde bij het idee dat hij wel eens een arme, machteloze koning in een miezerig land kon worden.

Wat hem toch een beetje vertrouwen gaf, was dat de Verenigde Naties een bloedstaal van hem en zijn mama afgenomen hadden om de verwantschap met zekerheid te bewijzen; er was blijkbaar een nieuwe techniek uitgevonden om dat met precisie te doen. Aanvankelijk was hij boos geweest, had hij het als een affront gezien; hoe konden ze aan zijn afkomst twijfelen?! Maar men had hem gerustgesteld; de Verenigde Naties deden dit omdat ze het ernstig met hem meenden. Plots bedacht hij dat ze de bloedproef waarschijnlijk ook van Tatiana afgenomen hadden zonder het hem te vertellen, en dat het dat eigenlijk was wat hen interesseerde. Voor de zoveelste keer draaide men hem een rad voor ogen!

~

De secretaris-generaal van een communistisch land werd principieel niet afgezet; tot zijn dood moest hij over de goede orde binnen de instellingen waken, avonturiers tegenhouden en paleisrevoluties voorkomen. Hij had een macht waartegen niemand iets durfde te beginnen, zelfs niet, zoals dat bij de laatste drie leiders van de Sovjet-Unie het geval geweest was, wanneer hij gedurende een jaar op sterven lag.

Dat de grote uitzondering moest plaatsvinden in het land dat zich terecht als het meest succesvolle communistische land beschouwde, was zo onverwacht als tragisch. Oost-Duitsland had voor de hele wereld het communisme te kijk gezet met de gigantische protesten van mensen die naar het buitenland wilden. Volgens Gorbatsjov lag dat aan het feit dat het land het communisme op geen enkele manier wilde hervormen.

Egon Krenz was ten huize Erich Honecker naar de televisie aan het kijken, toen de telefoon rinkelde. "Het is voor u, Egon." Krenz was versteld dat hij zowaar Gorbatsjov aan de lijn kreeg, en geschokt toen die hem vertelde dat de man die nietsvermoedend naar de televisie aan het kijken was, 's anderendaags afgezet moest worden. Krenz zelf zou de nieuwe secretaris-generaal worden. In het gezichtsveld van Honecker moest Krenz de ijzige kalmte aan de dag leggen om niets van het drama te laten merken aan de man die hem vragend bekeek. En die niets te weten zou komen tot hij afgezet werd.

Dat gebeurde toen Honecker 's anderendaags de partijvergadering opende. Hij werd onmiddellijk onderbroken door iemand die om een stemming vroeg, een stemming zowaar over de afzetting van de secretaris-generaal. Honeckers grote ontkenning van de realiteit kon op geen betere manier geïllustreerd worden dan door het feit dat hij zijn rede verderzette alsof de vraag niet gesteld was. Toen echter de fragiele oude man onmiddellijk voor een tweede keer onderbroken werd, ging hij zitten als een toeschouwer die niet besefte dat het over hem ging.

Een uur later was de naar alle normen jonge Egon Krenz de nieuwe secretaris-generaal. Van alle leden van het Politbureau was hij wellicht de meest enthousiaste, meest optimistische communist. Hij was gedurende jaren de leider van de jeugdbeweging geweest en stond als enige van de partijleden in blauw hemd en zonder das op de foto's. De Sovjet-Unie had in hem de Gorbatsjov van Oost-Duitsland gezien, tenminste qua imago. De Oost-Duitse partij daarentegen zag in hem de man die het status quo moest redden, wat hijzelf ook meer wou dan gelijk wie.

Maar met de onervaren Krenz waren nieuwe onaangename verrassingen mogelijk.

~

Hoewel Anoushka's kamer zich in dezelfde vleugel als die van Nikki bevond, was er geen enkele mogelijkheid om elkaar te ontmoeten. De prinses verlangde ernaar om haar nichtje, achternichtje eigenlijk, moed in te spreken, haar te troosten en haar te vertellen over het congres. Hoe erg ze het ook vond voor Sylvanië, Anoushka kon niet anders dan te hopen dat Podborsky koning werd. Klaus had haar meerdere keren laten geloven dat de Verenigde Naties vooral geïnteresseerd waren in het uitblijven van een burgeroorlog, en dat Podborsky daarom de grootste kanshebber was om het nieuwe staatshoofd te worden. Dat de Verenigde Naties op die manier Sylvanië tot een nieuw Chicago van Al Capone veroordeelden, zouden ze er bijnemen.

De realiteit zag er echter anders uit: de kans dat Sylvanië een republiek werd, was weliswaar klein, maar die dat Tatiana koningin werd, des te groter, burgeroorlog of niet. Het zag er zelfs naar uit dat de Verenigde Naties zich op een oorlog voorbereidden; de militaire aanwezigheid van de Sovjet-Unie werd met de dag zichtbaarder. Anoushka probeerde keer op keer zichzelf en Klaus te overtuigen dat Podborsky en Tatiana het in Gent steeds goed met elkaar gevonden hadden, en dat ze er zeker van was dat die twee met elkaar zouden trouwen. Het was wellicht het enige scenario dat Nikki nog kon redden.

Aan die hoop kwam een einde toen er op de deur van Anoushka's kamer geklopt werd.

-"Kom binnen!" Frank Podborsky. Zucht.

-"Dag Anoushka, hoe stel je het? Geniet je van het mooie Sylvanië?"

-"Frank, hoe denk je dat ik het stel?" vroeg Anoushka weemoedig, "je bedreigt mijn nichtje met de dood!"

-"Luister, Anoushka, je moet jezelf in mijn schoenen plaatsen. Sinds ik Nikki gevangen hou, krijg ik dingen gedaan."

-"Zoals?" vroeg Anoushka verwonderd.

-"Ik krijg de zangeres te spreken; ze komt naar het congres! Ik weet zeker dat ze aan mijn kant staat."

-"Je bedoelt dat ze Nikki's leven wil redden."

-"Zie je wel; dankzij dit kleine manoeuvre krijg ik wat me toekomt!"

-"Wel, dat is dan goed nieuws, veronderstel ik," zuchtte Anoushka. "Waaraan heb ik je bezoek te danken, Frank?"

-"Ik moet de Verenigde Naties nog aan mijn kant krijgen. Het zit allemaal min of meer goed: met mij als koning komt er een vreedzame overgang, ik heb een oplossing voor de economie…"

-"De details van jouw economie worden me met de dag duidelijker," protesteerde Anoushka, "Sylvanië, de casino voor heel Oost-Europa, met alles wat daar bij hoort!"

-"Ja, en dan?! Een Las Vegas in het midden van Europa, wat is daar zo verkeerd aan? In elk geval: ik ben de enige met een economisch plan. Neem daarbij dat ik een eredoctoraat heb en verloofd zal zijn met een prinses."

-"Met mij?" vroeg Anoushka verontwaardigd, "waarom vraag je het niet aan Tatiana? Dat lijkt me veel verstandiger." Podborsky beefde. Anoushka had meteen door wat er gebeurd was. "Jij weet heus wel een vrouw te versieren, Frank: je probeert het eerst bij Tatiana, en van zodra je daar een blauwtje oploopt, sta je bij mij!"

-"Dat was onze afspraak, Anoushka: ik heb de universiteit gesponsord en de Vissermans van die Livicki afgeholpen…"

-"Dat laatste hebben we voornamelijk zelf moeten doen, maar goed."

-"In elk geval, jij zou aan mijn zijde staan tot ik koning werd."

-"In orde, Frank, wat wil je precies van mij?"

-"Kleed je onmiddellijk om; de pers staat beneden."
-"Frank!!"

~

De geschiedenis van de mensheid was een aaneenschakeling van momenten waarop de bevolking in doodsangst leefde over wat er de komende dagen te gebeuren stond: de Vikingen die vlakbij het dorp ontscheept waren, de Mongolen die de stad omsingeld hadden, de pest die intussen de helft van het dorp gedood had, de Gestapo die in de buurt naar Joden op zoek was, en eindeloos vele andere.

Van dat gevoel hadden alle hotelgasten alvast de smaak in de mond. Russische tanks verdedigden het gebouw dat de delegatie van de Verenigde Naties huisvestte alsook de buitenlandse pers en een aantal losse Westerlingen zoals Efim Geller, Klaus en Reinhard. De hele benedenverdieping met haar vele eet- en vergaderzalen kende permanent een drukte van jewelste. Alle tussendeuren waren open. In verschillende hoeken stonden mensen onder cameralicht, in de diverse kamers was er overleg, en wie niets te doen had, liep met een sandwich in de hand de verschillende ruimten binnen en buiten op zoek naar nieuws.

Klaus en Reinhard brachten het gros van hun tijd in de stad door. Het was wonderlijk hoe rustig een stad er in volle crisis kon uitzien. Er waren kleine spontane manifestaties, kranten met grote koppen, en werkloze mannen die in cafés druk met elkaar discussieerden. Het zag er onschuldig uit; je waande je gewoon in een kolkende zuiderse stad.

~

Het was eerlijk gezegd zalig om de aartsmoeilijke puzzel op te lossen. Het leven van een bodemanalist was soms zoals een spel of een hobby, waarbij je je eindeloos liet verdwalen in de complexe logica van de sedimentaire lagen. De dringende telefoontjes van Bezmenov beantwoordde ik met details van het onderzoek en met de vooruitgang die ik gemaakt had. Cijfers kon ik hem echter niet geven, evenmin als een datum waarop ik die zou hebben. Ik leefde in de waan dat het bij dit soort telefoontjes zou blijven tot ik de puzzel helemaal opgelost had.

Ik werd wakker geschud toen er een telefoontje van een heel andere aard kwam:
-"Dominique, kom onmiddellijk naar Sylvanië!"
-"Ik ben nog niet klaar met de analyses, mijnheer Bezmenov!"
-"Neem alles mee wat je nodig hebt. We hebben een hotelkamer met een pc."
-"Hetzelfde hotel als Reinhard?" Dat was iets om naar uit te kijken!
-"Inderdaad, als Klaus en Reinhard."
-"Kan je hen meteen ook pc's bezorgen?" vroeg ik.
-"Waarom?"
-"Dan kunnen ze meehelpen; Klaus kan gegevens invoeren en aan Reinhard maak ik wijs dat dit een gigantisch ingewikkeld computerspel is."
-"Alles wat je maar wilt, Dominique!"
-"Ik boek meteen een vliegtuig," zei ik. Maar dat was niet nodig:
-"Je wordt morgenvroeg opgehaald. We brengen je met een legervliegtuig naar hier."
-"Ok," stamelde ik. Een legervliegtuig!
-"En nog iets, Dominique: tegen het congres heb ik de cijfers nodig, hoe dan ook!"
Ik greep met de handen in het haar.

~

Het zoenoffer mocht niet baten; het ontslag van de secretaris-generaal maakte geen einde aan de betogingen. De Oost-Duitsers wilden naar het Westen. Aangemoedigd door het verdwijnen van Honecker, kwamen in alle steden de betogers de straten op in groeiende aantallen. Egon Krenz vaardigde verbod uit om op hen te schieten; hij vreesde een incident dat in het einde van het regime zou escaleren. Evenwel had hij intussen geen hoop meer dat alles vanzelf zou bedaren.

Daarom plande hij een buitengewone vergadering van het Centraal Comité. De vergadering zou drie dagen duren. Op de tweede dag zou een nieuwe reiswet besproken worden die de burgers naar het Westen zou laten reizen. Onder bepaalde voorwaarden. Met bepaalde termijnen. Met een visum. Dat moest allemaal nog goed uitgedacht worden. Want wat hij uiteraard niet wou, was dat het land leegliep zoals dat vóór de bouw van de Berlijnse muur het geval geweest was.

~

Toen Klaus en Reinhard terug in het hotel waren, zochten ze gewoontegetrouw Efim Geller op. Hij was de meest bevraagde man. Zijn antwoord was steeds en aan iedereen hetzelfde: "De oplossing voor Sylvanië moet van jullie komen. Anastasiya kan de beslissing hooguit steunen; verwacht niet van mij dat ik jullie vertel wie koning of koningin moet worden, of dat er een republiek moet komen, of hoe de economie er moet uitzien, of hoe Podborsky aangepakt moet worden. Anastasiya heeft geen leger. Ze heeft gezag, ok, maar dat gezag mag geen substituut voor een goed plan zijn; gezag is immers tijdelijk."

Vandaag had hij echter groot nieuws: er was een akkoord over het optreden van Anastasiya op het congres.

-"Binnen een paar minuten is er een interview met Podborsky op de televisie; hij wil zelf het hele verhaal vertellen."

-"Anastasiya is dus wel degelijk terecht? Waar zat ze al die tijd verscholen? Of was ze toch in het Westen geraakt?" Op die vraag gaf Geller geen antwoord.

Zoals elke dag overhandigde Klaus hem het verse pak kaartjes dat hij in de stad gesprokkeld had. Reinhard vroeg aan Geller of de vorige kaartjes reeds in het bezit van Anastasiya waren.

-"Ze zijn in goede handen," was zoals steeds het antwoord.

Het interview met Podborsky was plots belangrijker dan het congres; iedereen in het hotel ging op zoek naar een televisie. Voor velen was het een goed moment om eindelijk iets te eten. Een man met heel dikke buik hapte agressief in een stokbrood met garnaalsalade, waarna hij zijn handen aflikte. Vervolgens voelde hij zich verplicht de grond voor zijn voeten schoon te maken met het servet waarvan hij nu pas vaststelde dat hij een stuk verorberd had. Hij duwde zijn bril weer op zijn plaats om gespannen te kijken naar hoe Podborsky zich liet ontvangen.

De bedoeling van het interview was meteen duidelijk. Tegen de achtergrond van een barok baldakijn namen Podborsky en Anoushka naast elkaar plaats op stoelen met vergulde armleuningen. Het geheel had voor een troon kunnen doorgaan. Podborsky droeg het sobere zwarte pak met blauwe das van een moderne koning. Anoushka van haar kant had een groen avondkleed aan.

Reinhard sloeg de arm om Klaus om hem gerust te stellen: "Je weet dat ze nooit met hem zal trouwen, Klaus." Klaus knikte maar de sussende woorden maakten hem niet minder triest.

-"Koninklijke Hoogheid, of Hoogheden, zal ik maar zeggen, ..." Het was een diplomatische truc om aan het verschil in aanspreektitels onderuit te komen; Anoushka was immers geen 'koninklijke'. De reporter vervolgde: "...hartelijk dank om ons te ontvangen."

-"Wel, dat is met het grootste plezier; het is immers *onze* plicht..." Onze?! Anoushka keek even naar Podborsky. "... dat wij u op de hoogte houden van wat er in deze uitzonderlijk tijd te gebeuren staat." De reporter begon met een makkelijke voorzet:

-"Wij hadden begrepen dat u iets wou aankondigen vandaag."

-"Inderdaad; het zal geen verrassing zijn dat prinses Anoushka en ikzelf u graag laten weten dat wij ons nog vóór het congres zullen verloven." De camera zoemde in op de beleefde glimlach van Anoushka.

-"Och goede God, Reinhard," zuchtte Klaus, "ik weet wat je nu zal zeggen, maar dit gaat helemaal de verkeerde richting uit. Denk je dat hij zomaar de verloving zal afbreken van zodra hij koning is?"

-"Laten we gewoon luisteren naar wat hij nog zegt nu," was het enige wat Reinhard kon zeggen, "trouwens, misschien kan Anoushka iets voor Nikki doen!"

-"Ook Nikki nog!" zuchtte Klaus.

-"Momenteel hebben jullie weinig tijd voor elkaar," merkte de reporter op.

-"Dat is zo," bevestigde Podborsky rustig, "maar de prinses verveelt zich niet; zij wordt vergezeld door de twee beste chaperons die men zich kan voorstellen: een neef van haar en een quasi-neef van haar, baron Reinhard Forel, met wie ze samen opgegroeid is. Is dat niet zo?" vroeg hij aan Anoushka.

-"Dat is zeker zo..." antwoordde Anoushka. Podborsky wou haar onderbreken maar zij ging rustig verder: "Klaus is inderdaad mijn *achter*neef. Hij is professor aan de Rijksuniversiteit Gent en de leidende autoriteit in alles wat met Sylvanië te maken heeft, behalve de economie, maar dat wordt ruimschoots goedgemaakt door zijn zus, de consul. Ik raad u trouwens aan om vóór het congres een uitgebreid interview met haar te hebben." Het was een poging maar de reporter hapte niet toe. Podborsky sprong onmiddellijk in het gat van de conversatie:

-"En ikzelf heb het natuurlijk druk met de voorbereiding van het congres. Ik kan u met trots aankondigen dat ik erin geslaagd ben Anastasiya te laten optreden op het congres." Dat was nieuws! De reporter slikte even:

-"Daar willen we natuurlijk alles over weten! Wie heeft de beslissing genomen?"

-"Ik heb persoonlijk aan de heer Geller gevraagd of een optreden mogelijk was, en..."

-"Is Anastasiya in het land?" vroeg de reporter enthousiast.

-"Ik heb eerstdaags een gesprek met haar," antwoordde Podborsky. Anoushka keek met grote ogen naar hem; die eer had nog nooit iemand gehad! Stond Anastasiya zomaar achter zijn koningschap?

-"Waar houdt ze zich op?" vroeg de reporter dringend.

-"Dat kan ik u niet zeggen omwille van haar veiligheid," antwoordde Podborsky. Het was de vos die de passie preekte. In realiteit wist hij het niet. De reporter ging voor de camera staan:

-"Groot nieuws, beste mensen: Prins Podborsky weet ons net te vertellen dat Anastasiya in het land is, veilig en wel, en dat zij zal optreden op het congres. Naar wij mogen afleiden uit de voorliggende situatie, is Anastasiya dus niet gravin Tatiana." Podborsky beet op zijn lip; vanaf nu ging het interview enkel over Anastasiya.

-"Wat heeft u bewogen om Anastasiya op het congres uit te nodigen, Koninklijke Hoogheid?"

-"Ik vind het belangrijk dat Anastasiya haar zegen over de nieuwe grondwet geeft," zei Podborsky, waarmee hij haar feitelijk boven de grondwet plaatste. "Maar bovenal," ging hij verder, "moet de dag van het congres de nieuwe jaarlijkse nationale feestdag worden, en wat is een feest zonder Anastasiya?"

-"Welk nummer zal ze opvoeren? Zal ze het publiek toespreken? Zal ze haar masker afnemen?" was het enige wat de reporter nog interesseerde. Podborsky had geen antwoord op die vragen.

De reporter vergat de afgesproken vragen te stellen waarop Podborsky een pasklaar antwoord had. Andermaal stond die laatste in de schaduw. Het maakte hem gek.

~

Alexandra en prinses Kathrin de Vissermans kwamen mee naar Sylvanië. Tijdens onze reis werden Sebastian, Miranda en Laetitia opgevangen door de ouders van Reinhard. Als we de nieuwsberichten mochten geloven, vlogen we recht de hel in: *Sylvanië staat op ontploffen!* De ontvangst sprak dat niet tegen: Alexandra en ik werden in een legervoertuig naar het hotel gebracht. Het voelde zeer grimmig, tot Alexandra naar een groep mensen wees die samengeschoold waren rond... Reinhard en Klaus! Van halthouden was echter geen sprake. "Ik wed dat Reinhard hier intussen zo populair is als in Gent!" zei Alexandra. De bagage van Alexandra en mezelf werd met het grootste respect naar onze suite gebracht; iemand moet verteld hebben dat ik een schat bijhad.

Prinses Kathrin zou net zoals haar dochter in het koninklijk paleis logeren. In plaats van de butler te volgen, rende ze plots de trap af en stormde ze de eetplaats binnen waar koningin Sylvia en Nikki in stilte aan het dineren waren. Koningin Sylvia kon niet anders dan Kathrin aan tafel uit te nodigen, tegen alle bevelen van Podborsky in. De drie dames waren eigenlijk blij met de situatie; Sylvia en Kathrin waren sinds hun jeugd goede vriendinnen, terwijl Nikki blij was dat ze eens iemand te zien kreeg die converseerde.

Nikki hoorde op die manier voor het eerst over het congres. Kathrin was echter zo ingenomen met haar complexe dossiers, dat ze de precieuze tijd die ze met Nikki had, gebruikte om over zaken te praten. Het werd een heel lang en ingewikkeld gesprek. Koningin Sylvia hoorde toe en besefte dat deze twee dames zoveel meer dan haar voor de economie van Sylvanië betekenden, dat ze zich schuldig en onbeholpen voelde. Wat deed ze nog in dit land? Na het congres zou ze naar Gent terugkeren.

Podborsky was razend toen hij over de ontmoeting hoorde, die meteen de laatste was; Kathrin en Anoushka moesten in het vervolg in een aparte plaats eten.

~

Ondanks de massale betogingen had Oost-Duitsland een volgend mirakel nodig om nog vóór de winter uit de wurggreep van het apparaat te geraken. Dat kwam er toen Gehrard Lauter aangeduid werd om de nieuwe reiswet op te stellen. De toelating om naar het Westen te reizen, was het enige waar de manifestanten nog oren naar hadden. Het initieel kader van de nieuwe reiswet ging enkel over de toestemming om via Tsjechoslowakije naar het Westen te *emigreren*; van *reizen* als dusdanig was geen sprake.

Er zat bovendien een addertje onder het gras: van zodra een Oost-Duitse burger om de toestemming vroeg, zou hij daar zes weken moeten op wachten. Tijdens die zes weken zou de burger in kwestie alvast niet durven te manifesteren. Dat moest de regering de ademruimte geven om zich te herorganiseren, nieuwe protesten te verhinderen en een manier te vinden om de stroom uitwijkelingen in te perken, zoals intimidatie door de Stasi.

Twee dagen eerder echter was Gehrard Lauter het slachtoffer geworden van een standaard mechanisme in het communisme: op de televisie had hij als individu de blaam gekregen voor iets wat eigenlijk de schuld van het systeem was. Men noemde hem te conservatief. Omdat hij op het punt stond gedegradeerd te worden, nam hij nu een uiterst progressieve houding aan: om te beginnen stelde hij een reiswet voor die het mogelijk maakte een tijdelijk bezoek aan West-Duitsland te brengen in plaats van enkel een definitief. Bovendien stelde hij voor dat dit mogelijk zou zijn via de directe grenzen met West-Duitsland, en dus ook met West-Berlijn.

Tegen de hevige protesten van zijn drie gesprekspartners in, hamerde hij zijn idee in een wetsvoorstel. Wat hij wel behield, was de noodzaak van een uitreisvergunning, wat van de fantastische nieuwe reiswet de bedoelde lege doos moest maken.

~

In een cursus had Bezmenov geleerd dat het in een complexe situatie belangrijk was dat alle partijen met open kaarten rond de tafel zaten. Om dat te illustreren had hij een spel gespeeld waarbij alle speler een aantal stukken grond op een dambord bezaten maar andere objectieven hadden: de ene moest een rij van vijf gronden bemachtigen, de andere een vierkant van drie op drie, nog een andere wilde tien gronden eender waar, enzoverder. De puzzel was enkel op te lossen wanneer iedereen aan iedereen zijn objectieven duidelijk maakte in plaats van ze geheim te houden.

Maar een grondwet voor Sylvanië opstellen, werd onvermijdelijk een slecht gespeeld spel. Er waren vele partijen en ze hadden onduidelijke objectieven. Neem bijvoorbeeld Podborsky: was het hem vooral om de macht te doen, wou hij door koning te worden zijn aandeel in de Vissermans behouden, of wou hij het koningschap vooral voor het prestige? Was hij geïnteresseerd in een andere economie dan de zijne? Wou hij absoluut het behoud van zijn organisatie?

Of Tatiana: was zij de zangeres, en zo ja, zou ze dat ooit uitspelen? Hield ze eigenlijk van Podborsky? Wou ze echt koningin worden? Ze was alle dagen te zien op het gelijkvloers van het hotel, waar ze door lobbyisten flink benaderd en gesteund werd. Ze groeide in de rol.

Of Kathrin de Vissermans: was zij op zoek naar een nieuwe economie in Sylvanië, of was ze hier vooral om Podborsky op een of andere manier van bij de Vissermans weg te houden? Ze straalde angst uit, maar van wat?

Of Geller: wou hij de identiteit van Anastasiya niet bekend maken om louter commerciële reden, of omdat Anastasiya eigenlijk geen interessante persoonlijkheid had? Kon het zelfs niet zijn dat meer dan één meisje de rol van Anastasiya speelde?

Of de Sovjets: waarom domineerden zij met militairen het straatbeeld? Waren zij hier om de uiteindelijke grondwet te verdedigen, welke die ook werd? Wilden ze absoluut dat Sylvanië in het Warschaupact bleef? Stond het leger volledig achter Gorbatsjov? De Sovjets lobbyden voor een republiek, een ideologische kwestie, maar hoe belangrijk was dat echt voor hen?

Ondanks het kluwen moest het dambord juist verdeeld worden, zo niet dreigde er armoede, chaos of geweld. Slechts enkelen wisten dat Klaus en Nikki bastaarden van Willem waren, en dat wilde Bezmenov zo houden; de situatie was al ingewikkeld genoeg. Het werd dus Podborsky, Tatiana, een West-Duitse deelstaat of een republiek. Het interview van Podborsky met Anoushka had die eerste een duwtje in de rug gegeven. Maar als hij het niet werd, hoe moest Nikki gered worden?

De officiële munt moest de Duitse Mark worden, met dien verstande dat Sylvanië helemaal geen zeggenschap in het muntbeleid kreeg. Dat wou zeggen dat als de Mark te sterk was, Sylvanië moeite zou hebben om te exporteren.

Iedereen op het gelijkvloers werkte aan zijn eigen constructie. Alternatieve plannen werden uitgewerkt. Het ging om steeds meer afspraken en om steeds meer geld.

~

In het hectische hotel was ik de enige die niet voortdurend heen en weer liep. Alexandra en ik beschikten over een suite waar vier pc's voor ons opgesteld stonden. De gegevens die ik op diskette meegebracht had, waren intussen opgeladen. Alexandra, Klaus en Reinhard hielpen me met het invoeren van de analyserapporten.

Die laatste was erop gebrand om aan het puzzelwerk te beginnen. Regelmatig bestudeerde hij de driedimensionale grafiek waarop de verschillende mineralen aangeduid stonden. Door te filteren op een mineraal kreeg je iets meer inzicht in de structuur van de bodem. Reinhard veranderde regelmatig de parameters waardoor je de grafiek vanuit andere hoeken kon bekijken. Maar de bodem bleef een ongelooflijke wirwar van brokstukken.

Ten slotte was er mijn onvermijdbaar telefoontje: "Of ik goud gevonden heb, mijnheer Bezmenov? Ja, maar ik weet niet hoeveel en waar je zou moeten beginnen. En of het zelfs enigszins de moeite is."

~

Prinses Kathrin de Vissermans had zonder moeite toegang gekregen tot de bibliotheek en persoonlijke archieven van koning Willem. Ze zou het nooit toegeven maar het was de belangrijkste reden waarom ze naar Sylvanië gekomen was. De bibliotheek was een langwerpige zaal van twee verdiepingen hoog. Langs de wanden stonden de boekenrekken, in de hoogte enkel onderbroken door drie gaanderijen. Buiten de strakke lijnen zonder franjes had het donkere meubelhout vooral veel inlegwerk van zwart-witte geometrische motiefjes. Op de eikenhouten vloer stonden naast een leeshoek aan een raam, een lange tafel en het bureau van koning Willem. Achter dat bureau ten slotte stond een kast met zijn persoonlijk archief.

Kathrin zag geen spoor van een gebruik door Igor of Frank Podborsky, of door Sylvia. Na de dood van Willem hadden de drie blijkbaar alles op hun manier gedaan, zonder eerst uit te pluizen hoe Sylvanië precies in elkaar zat. Het resultaat was te zien in het huidige straatbeeld. Maar voor Kathrin was de desinteresse vanwege de Podborsky's een geruststelling; hopelijk hadden ze het dagboek van koning Willem niet grondig gelezen.

In dat dagboek ging Kathrin op zoek naar wat ze absoluut wou weten. Ze sloeg het meteen open op zes juni 1944, de datum waarop de hertog en koning Willem hun verhitte discussie hadden. Hoewel het bezoek netjes in het dagboek vermeld stond, werd er met geen woord over de gronden van de fabriek gerept. De hertog had het verhaal toch niet verzonnen?

Kathrin bekeek de voorafgaande dagen. Koning Willem had het druk gehad als Gauleiter, maar had toch de tijd gevonden om veelvuldig bij de hertog langs te gaan. De bezoeken klopten volledig met wat Kathrin in het dagboek van haar vader gevonden had. In tegenstelling tot de beslissende dag werd er in de voorafgaande ontmoetingen heel hevig over de gronden gediscussieerd, over hoe Willem vroeg of laat betaald wou worden voor de geleende gronden, waarop de hertog lichtzinnig de fabrieken gezet had. In de bewuste finale discussie had haar vader *iets* aan Willem overhandigd waarmee die op elk moment de hand van de hertog kon forceren. Willem had met die garantie vrede genomen en sindsdien het onderwerp nooit meer aangeraakt.

Waarom Willem tussen het einde van de oorlog en zijn dood nooit het geld voor de gronden opgeëist had, was niet precies te achterhalen. Voor de hand liggend is het feit dat het met de voorloper van de Vissermans, het bedrijf Gandaweave, slecht ging. Er werd pas opnieuw geld verdiend na de uitvinding van de luchtgetouwen en de hereniging van Gandaweave en Looms International tot de Vissermans. Hoewel Willem in zijn laatste levensjaren dat herstel nog mocht meemaken, heeft hij de hertog niet verplicht de gronden te verkopen. Wachtte hij rustig af omdat hij het geld niet onmiddellijk nodig had?

De andere uitleg was dat als burger van Sylvanië Willem zijn recht op de gronden niet kon doen gelden. Sylvanië had net zoals alle andere communistische landen de aandelen in haar bedrijven verbeurd verklaard, waardoor vele mensen in het Westen gedupeerd waren. Als tegenmaatregel werden alle aanspraken van die landen op Westerse bedrijven verbeurd verklaard. Willem kreeg een uitzondering voor wat de aandelen in de Vissermans betrof, maar niet voor de gronden. Voor zover Kathrin wist, hadden op het einde van de oorlog de gronden zelfs niet op de onderhandelingstafel gelegen. Waarom niet? Had Willem zijn hand niet willen overspelen? Had hij schrik de gronden formeel verbeurd verklaard te zien? Was zijn lening aan de hertog 'onder de tafel' gebeurd? De reden speelde nu geen rol meer.

Waarom vermeldde Willem de garantie niet in zijn dagboek? Uit schrik dat iemand de garantie om zeep zou helpen? De garantie moet met chantage te maken hebben gehad. Gesteld dat de hertog iets aan Willem gegeven had waarmee hij nadien gechanteerd kon worden, moest Willem vrezen dat iemand anders vroeg of laat het chantagemiddel zou vinden en tegen de hertog gebruiken, zodat Willem het daarna zelf niet meer kon gebruiken.

Wist Podborsky van het chantagemiddel en wachtte hij gewoon tot hij koning was? Kathrin achtte dat onwaarschijnlijk. Maar wat als het chantagemiddel vroeg of laat per toeval gevonden werd? In een niet-communistisch Sylvanië was het dan zeker dat de Vissermans de gronden en de fabrieken zou verliezen. Dat was Kathrins meest zwarte nachtmerrie.

Maar wat als de chantage enkel de persoon van de hertog betrof, een schandaal waar niemand nog om gaf? Dat was de vraag die Kathrin zich duizendmaal gesteld had. Haar intuïtie vertelde haar echter dat de hertog veel te creatief in dergelijke constructies was. Het feit dat Willem met de regeling bijzonder tevreden was, verraadde dat. Ze moest het chantagemiddel dus vinden. Velletje per velletje ging ze door de archieven van Willem, dag na dag, tussen haar officiële bezigheid in: een nieuwe economie voor Sylvanië vinden.

Anoushka kwam regelmatig langs. Klaus en zij vonden het raadzaam om tot het congres Podborsky niet op stang te jagen door samen gezien te worden. Van Sylvia hadden ze een vrijgeleide brief gekregen om Bilgund te bezoeken, maar dat moest dus wachten. Omdat ze weinig om handen had, wou ze haar mama helpen. Voorlopig hield Kathrin die boot echter af; Anoushka zag Podborsky immers te vaak. Kathrin drukte haar op het hart dat ze niet met die laatste over de archieven mocht praten.

~

Gehrard Lauter verwoordde zorgvuldig de nieuwe reiswet en schreef een afzonderlijk document ter rechtvaardiging. Daarin legde hij uit dat het niet logisch was een reiswet te maken die stelde dat Oost-Duitsers enkel naar West-Duitsland mochten *emigre-*

ren; wat was er immers verkeerd aan ze te laten terugkomen na een louter bezoek? Volgens de nieuwe reiswet konden de Oost-Duitsers bovendien via de rechtstreekse grenzen met West-Duitsland reizen, niet enkel via Tsjechoslowakije.

Hij hoefde niet uit te leggen dat de nieuwe reiswet alle opties voor de regering openhield, inclusief het uitstellen of weigeren van uitreisvergunningen. Als je een paar mensen tegen Kerstmis naar West-Duitsland liet reizen, zouden de anderen des te meer geduld opbrengen. Divide et impera: sommigen liet je snel gaan, anderen moesten een beetje geduld hebben, en nog anderen veel meer. Het belangrijkste resultaat moest zijn dat niemand ondertussen nog durfde te betogen uit vrees nooit de vergunning te krijgen.

Wat hij ook zorgvuldig uitlegde en duidelijk onderaan de reiswet schreef, was dat die niet openbaar gemaakt mocht worden vóór vier uur 's ochtends. Evenwel kon hij niet voorkomen dat een van zijn gesprekspartners met de reiswet naar de ambassade van de Sovjet-Unie getrokken was. Dat was niet te vermijden; je bij de Russen populair maken, was belangrijk voor je carrière. Maar welk kwaad konden de Russen doen?

~

De eer waar elke mens in Sylvanië en ver daarbuiten van droomde, viel exclusief te beurt aan Podborsky. Waar het gebeuren zich initieel presenteerde als een blokje in zijn drukke agenda, was het intussen zo monumentaal belangrijk geworden, dat hij alle andere afspraken die dag en de dag daarvoor geschrapt had. Twee etmalen lang had hij aan niets anders kunnen denken. Hij had zich maniakaal voorbereid; elke vraag die hij wou stellen, had hij geoefend. Hij was de dag voordien naar de kapper geweest, en opnieuw net voor de ontmoeting. Een kleermaker had hem piekfijn uitgedost. Zijn schoenen had hij zelf gepoetst en opgeblonken alsof hij niemand anders daarmee vertrouwde. Sakkerend was hij van de ene naar de andere spiegel gelopen, zijn teksten repeterend. Iedereen kreeg verwijten of bevelen naar het hoofd geslingerd.

Na een droge, korte klop stapte hij bij Nikki binnen:
-"Frank?" Hij sloeg de begroetingen of verontschuldigingen over:
-"Straks zie ik de zangeres, Nikki. Wat zeg je daarvan?"
-"Eindelijk! Wat ben ik blij voor jou, Frank. Ik pak onmiddellijk mijn koffers!"
-"Niet zo snel; jij blijft hier tot ik koning ben!"
-"Dat was niet de afspraak, Frank; je wou enkel Anastasiya zien!"
-"Ík maak hier de afspraken en ik wijzig ze zo dikwijls ik wil!"
-"Dan is het geen afspraak, Frank! Als het niet is om me vrij te laten, waarom ben je hier dan?"
-"Je kan me nu wel vertellen wie ze is, Nikki. Wie is Anastasiya?"
-"Vraag het haar straks zelf, Frank, en doe haar de groeten van mij!" Dat was te voorspellen.
-"Wat zal ze me vertellen, Nikki?" smeekte hij, "wat wil ze?"
-"Frank, ik weet helemaal van niets en dat is omdat jij dat zo wilt. Stel me gelijk welke vraag uit alle boeken die hier liggen, maar vraag me niets over wat hierbuiten gebeurt."
-"Hoe moet ik ze aanspreken, Nikki?" Die laatste keek naar hem met een blik van spot en medelijden. Ze hield het hoofd schuin en zei zachtjes:
-"Spreek ze aan als een koningin, Frank; je weet maar nooit!"

~

Reinhard was volledig in de transformaties opgegaan; ik had in Gent met een systeem geëxperimenteerd waarbij je zelf alle kleine bewegingen van de bodem kon proberen reconstrueren als een cascade van verschuivingen en draaiingen. Reinhard had begrepen dat we best van de hypothese vertrokken dat het goud ooit in een perfect horizontale laag op de bodem van een meer gelegen moet hebben, en dat we moesten reconstrueren hoe die bodem in de positie van vandaag geraakt was.

Voor hem was het een spel zoals een ander. Telkens hij een juiste transformatie raadde, riep hij me trots naar zijn pc om zijn vondst te bewonderen. Hij moest toegeven dat het veruit de moeilijkste puzzel was die hij ooit op zijn bord gekregen had, maar de wetenschap dat als het hem lukte, hij —nog een keer — wereldberoemd zou worden, gaf hem onmetelijk veel energie.

Dat wereldberoemd worden gold enkel in het geval er nog een hoeveelheid goud in de bodem zat die de moeite waard was. De mijn was niet voor niets al heel lang gesloten. Hoe prachtig Reinhards transformaties ook waren, voorlopig verklaarden ze perfect waarom de mijn dicht was. Ikzelf had samen met Klaus het invoeren van de laboresultaten voltooid. Zes ogen stonden nu op Reinhards pc gericht.

Tot er in de straat wat aan de hand was. Verschrikt keken we door het venster: een stormloop van een zee van mensen op het hotel! Was dit de revolutie? De schrik sloeg me om het lijf. Mijn borstkas spande zich zo hard op, dat ik moeite had om te ademen.

-"Kunnen we hier weg?" vroeg ik dringend. "Kom mee, we moeten ons haasten!" Ik belde met bevende handen naar de receptie. Een bezette telefoon. Ik rende terug naar het venster. "Wat gebeurt er?"

-"Niets aan de hand, Dominique," zei Klaus. De menigte was intussen stil komen te staan tussen de tanks voor het hotel. Sommigen hadden Reinhard aan het venster zien staan en juichten. Als een koning zwaaide hij naar hen. Voor wie waren ze gekomen? Toch niet voor hem?!

Het antwoord kwam uit de verte: een indrukwekkend konvooi met loeiende sirenes en zwaailichten baande haar weg tussen de menigte. Tussen twee van de politievoertuigen reed een zwarte, gepantserde Mercedes met geblindeerde ruiten. De menigte stormde er naartoe maar hield uiteindelijk een respectvolle halve meter afstand. Ze riep en zwaaide naar de onzichtbare inzittenden.

Toen de wagen voor het hotel halt hield, werd eerst de linker achterdeur opengemaakt. Daaruit verscheen Efim Geller. Het publiek schreeuwde voor een eerste maal zijn geluk uit. Ze zat in de wagen! Sinds Podborsky het gesprek met Anastasiya aangekondigd had, zonder te zeggen waar en wanneer dat gesprek zou plaatsvinden, had iedereen op de uitkijk gestaan, vooral aan de luchthaven, het paleis en het hotel. Niemand had opgemerkt waar en hoe het konvooi ontstaan was, maar van zodra het zich manifesteerde, verspreidde het nieuws zich als een vuurtje.

Geller volgde de chauffeur naar de rechter achterdeur. Daaruit kwam Anastasiya met een sprong tevoorschijn. Ze droeg een zwart lederen pak en een zwart masker. Het publiek deinsde met ontzag twee meter achteruit; er was niemand die haar iets durfde te vragen of geven. In een flits stond ze op het dak van de limousine. Met de rechterhand zwaaide ze in elke richting naar de toeschouwers, waarna ze onbewogen op het dak bleef staan om de huldiging in ontvangst te nemen. Na de golf van hysterie sprong ze van het dak en verdween ze in één beweging in het hotel.

~

-"Wel, Reinhard, ze zwaaide niet naar u," merkte ik droog op.

-"Maakt helemaal niets uit, Dominique. Ik ben helemaal over Anastasiya heen; dat hoofdstuk is afgesloten." We keken in ongeloof naar hem.

-"De druiven zijn te *zuur*," merkte Klaus op. Het was iets wat Reinaert de Vos zei toen de druiven eigenlijk te *hoog* waren om erbij te kunnen.

-"Neen, in het geheel niet," antwoordde Reinhard, "en ze had mijn hangertje trouwens niet aan."

-"Dat heb je dan wel opgemerkt!" plaagde Klaus hem.

We observeerden verder de straat. Een aantal mensen zwaaiden met kaartjes in de hand naar Klaus. Hij liep de trappen af naar beneden en vervolgens de straat op om ze op te halen. Toen hij weer boven was, was hij net op tijd voor het volgende tafereel.

Door de dichte drommen van mensen baande een volgende limousine zijn weg. Ze werd voorafgegaan door een open jeep met daarin vier mannen die luid riepen en gesticuleerden, iedereen dringend aanmanend om plaats te maken. De voertuigen probeerden de snelheid te handhaven die overeen kwam met de waardigheid van de persoon die ze vervoerden.

De mensen stoven uiteen, elkaar meetrekkend aan de hand. Je hoorde schreeuwen in paniek en beschuldigingen aan het adres van de roekeloze bestuurders. Eén dame ontsnapte niet; ze had net haar twee kinderen in veiligheid gebracht, het tweede gegooid zelfs, toen ze door de jeep aangereden werd en gewond op de grond bleef liggen. Onmiddellijk werden de twee voertuigen aangevallen door razende mensen.

-"Klaus, bel de hulpdiensten!" riep Reinhard, "Dominique, zoek iets wat kan dienen als draagberrie!"

-"Reinhard, waar ga ik..." protesteerde ik, maar hij was reeds vertrokken. De knallen van mitrailleurs deden alles in onze kamer daveren. Goede God! Ik klampte iedereen aan. Draagberries, hadden ze dat zelfs in dit hotel?!

Reinhard was intussen naar de jeep gespurt. Hij riep en kreeg plaats. Hoewel men een paar kogels boven zijn hoofd afvuurde, kroop hij zonder aarzelen op de motorkap om de menigte toe te spreken. Die werd meteen stil.

-"Hou afstand! Iemand dokter of verpleegster?" riep hij. De mensen die rond het slachtoffer stonden, staken hun hand op. Hij glimlachte. Andere mensen ontfermden zich over de radeloze kinderen van de dame. Vanachter een venster van het hotel sloeg een gemaskerde dame het tafereel gade.

Intussen had ik hemel en aarde bewogen om toch met iets naar de plaats van het ongeval te trekken; een conciërge had een verbandkist en een paar dekens mee gegraaid en me vergezeld naar de wagen. De gewonde dame was bij bewustzijn en probeerde in de eerste plaats haar kinderen gerust te stellen. De paramilitairen, of wie ze ook waren, zaten passief in de jeep. De chauffeur sprak zenuwachtig door de walkietalkie met de passagier in de limousine.

Naar die passagier stapte Reinhard toe. De chauffeur van de limousine sprong uit de wagen om zijn baas te beschermen. Reinhard deed echter teken dat hij geen agressieve bedoelingen had en opende de deur:

-"Kom, Frank, ik breng je naar het hotel." Podborsky aarzelde; hij keek met angst naar de massa. "Ik loop met je mee, Frank." Podborsky stapte uit onder awoertgeroep. Reinhard kalmeerde de massa en gebood de handlangers om niet mee te komen. Tot consternatie van Podborsky gehoorzaamden ze hem. Oh, hoe voelde hij zich nietig op dit moment!

-"Dank je, Reinhard," stamelde hij toen ze bij het hotel aangekomen waren.

Daar werd Podborsky door Efim Geller opgewacht, die op zijn uurwerk keek; wie durfde in 's hemelsnaam Anastasiya op zich te laten wachten?! Het maakte Podborsky des te meer zenuwachtig. Hij kreeg een briefing. Anastasiya zou hem ontvangen in een schaarsverlichte kamer, gemaskerd. Ze zou zelf beslissen op welke vragen ze zou antwoorden. Podborsky kreeg vooral de raad haar niet boos te maken. Natuurlijk niet.

Aarzelend stapte hij de laatste tien meter naar de kamer. De angst overviel hem. Zijn armen en benen voelden als spaghetti. Hij ademde sneller.

-"Bent u er klaar voor, Koninklijke Hoogheid?" vroeg Geller. Eigenlijk niet. Hij stapte de kamer binnen. Ze zat met een breed hoofddeksel en masker in een hoek bij het venster. Op anderhalve meter vóór haar comfortabele zetel stond een stoel.

In wat een eeuwigheid leek te duren, stapte Podborsky van de deur naar de stoel en nam plaats.

-"Dag Anastasiya, het is me een grote eer." Ze antwoordde niet maar bekeek hem alsof zij hem voor het eerst zag, haar hoofd zachtjes naar beneden buigend om met gespleten ogen naar hem te staren. Ze liet op die manier vijftien gruwelijke seconden voorbijgaan.

-"Hoe stelt de gewonde dame het, Koninklijke Hoogheid?" De zangeres' intonatie, met zwaar gearticuleerde medeklinkers, was meteen herkenbaar, meer herkenbaar dan Podborsky verhoopt had.

-"Tatiana?" vroeg hij voorzichtig. Anastasiya antwoordde niet. Hij kon niet anders dan op haar vraag te antwoorden:

-"Ik weet het niet," antwoordde hij beschaamd, "hebt u gezien wat er gebeurd is?" Ze knikte. Oh, hoe erg! Ze had gezien hoe Reinhard de situatie in handen genomen had, met succes bevelen aan zijn handlangers gegeven had, en hem naar het hotel geëscorteerd had. Hij had plots geen kaarten meer in de hand.

-"Laat Nikki vrij, Koninklijke Hoogheid!" zei Anastasiya streng. Podborsky kreeg als het ware een epileptische aanval. Zijn lichaam sloeg heen en weer tegen de armleuningen van de stoel. In zijn hoofd vond een gevecht plaats tussen de twee absolute uitersten: hij mocht Anastasiya absoluut niet boos maken en tezelfdertijd Nikki niet vrijlaten. Hij kon geen woord uitbrengen. Anastasiya boog opnieuw het hoofd naar beneden, vragend om een antwoord. Podborsky plantte de ellebogen op de knieën en boog voorover om zijn gezicht op de handen te laten rusten. Hij ademde hevig zonder een woord uit te brengen. Verloor hij op dit eigenste moment het koningschap? De paniek sloeg toe:

-"W… wat krijg ik…" hij stopte zijn zin. Hij durfde het niet aan met Anastasiya te onderhandelen. Hij slaagde er op geen enkele manier in het belang van dit gesprek te relativeren en zijn kalmte te herwinnen. De geschiedenis van zijn gemoedelijke gesprekken met Tatiana werd volledig gewist. Zij speelde *toen* toneel maar niet nu! Momenteel zat hij bij de persoon die ze echt was. Keek ze ontstemd? "Luister, Tatiana," zei hij, "hoeveel respect ik ook voor u heb, Nikki vrijlaten is de dood. De wereld zal rond mij in elkaar storten." Hij wachtte nu op een belofte maar kreeg ze niet.

-"Ik heb Nikki nodig voor mijn optreden op het congres."

-"Oh, alstublieft, Tatiana, het gaat slechts om twee liedjes." Hij stond op het punt te huilen. Zou ze zich tegen hem keren? Hij deed nu plots iets wat hij gepland had:

-"Voor wie was de knipoog in Gent?" vroeg hij in het Russisch. Tatiana kende toch geen Russisch?! Anastasiya antwoordde hem keurig in dezelfde taal:

-"Voor wie denkt u, Koninklijke Hoogheid?" Was ze toch niet Tatiana? Ach, de twijfels! Had hij nu werkelijk geen enkele grond meer onder zijn voeten?!

-"Bent u wel Tatiana?" vroeg hij wanhopig. Zoals verwacht kreeg hij geen antwoord. "Staat u achter mijn koningschap?" Dat was de ultieme vraag.

-"Ik sta achter de beslissing van de Verenigde Naties," antwoordde ze droog. Maar welke was de beslissing?

-"Wilt u zelf koningin worden?" probeerde Podborsky. Hij bedacht onmiddellijk dat dat een domme vraag was. Als ze koningin wou worden, was ze dat toch al lang, zonder de Verenigde Naties?! Alhoewel, zo eenvoudig was het misschien niet, zeker niet toen de communisten er nog waren. En zouden de Verenigde Naties akkoord zijn met een loutere zangeres als koningin, mocht zij toch niet Tatiana zijn? Hij rechtte zich; misschien had hij toch de juiste vraag gesteld.

Anastasiya glimlachte enkel.

~

Op het moment dat alle gegevens ingevoerd waren, zat Klaus' werk op het hotel erop. Ik had hem voorgesteld om mee te werken aan de transformaties, het "spel" waar Reinhard mee bezig was, maar dat was helemaal Klaus' ding niet; hij had helemaal geen gevoel voor aardverschuivingen. Ik kon het hem moeilijk kwalijk nemen.

Omdat Anoushka nog steeds haar mama niet mocht helpen, verveelde ook zij zich. Zij en Klaus besloten een afspraak na te komen die al lange tijd in hun agenda stond: een bezoek aan een instelling voor mentaal gehandicapten. Dat kon Podborsky hen toch niet kwalijk nemen?!

Ze merkten meteen dat ze gevolgd werden. Toen ze bij de instelling kwamen, stapte Klaus meteen op zijn achtervolgers af en nodigde hen uit om samen de instelling te bezoeken. De handlangers waren verrast maar stemden in; dat kon de baas toch enkel goedvinden?!

Ze werden ontvangen door een zuster. De instelling dateerde van voor de tijd van de communisten, die enerzijds verveeld zaten met het feit dat de Kerk de verzorging van de gehandicapten organiseerde, maar anderzijds moesten toegeven dat het klooster de meest perfect werkende 'communistische' instelling van het land was; iedereen werkte er voor elkaar, geheel zoals Karl Marx dat gedroomd had. De initiële repliek op dat argument was dat de zusters daar niet uit eigen keuze waren, maar omdat ze door de patriarchale machtsstructuren van de Kerk geïndoctrineerd en onder druk gezet waren. Uit vrees echter van het boemerangeffect van die argumentatie, vluchtten de communisten weg van de filosofische knoop en lieten ze de instelling doen wat ze altijd gedaan had.

Podborsky's handlangers hadden geen idee gehad van wat de instelling precies deed, en schrokken bij het zien van het hectische gedrag van de bewoners. Sommigen van hen hadden de behoefte om om de haverklap en om geen enkele reden luid te schreeuwen, anderen hadden een stevige helm op en bonkten met het hoofd op de muur. De handlangers maakten er hun strategie van om minstens op drie meter afstand te blijven van alles wat bewoog.

Na de introducties, waarbij Zuster Overste het niet kon laten om te schelden op de handlangers — zo te zien was dat een gangbare praktijk in Sylvanië —, sloten ze aan bij een geplande wandeling voor de bewoners. Anoushka, Klaus en de handlangers kregen elk een rolstoel om te duwen. Die laatsten waren wonderlijk verrast dat een taak die ze zich voorheen nooit hadden kunnen voorstellen, hen op een of andere manier gelukkig maakte. Ze werden met de minuut meer ontspannen, vertelden grappen en lachten.

Klaus merkte echter wel dat deze handlangers hem niet aanklampten over de zangeres. Ze moesten tot de binnenste cirkel van getrouwen behoren waarop Podborsky altijd kon rekenen. Klaus huiverde bij het idee; zijn zus werd waarschijnlijk door dit soort mensen bewaakt. Wat er ook gebeurde, zij zouden de instructies van de baas opvolgen.

Betekende dat ook dat hij en Anoushka in gevaar waren? Het zag ernaar uit dat ze vroeg of laat een historische crisis in levende lijve zouden beleven. Zoals een soldaat die naar de oorlog trok, moest hij leren leven met overlevingskansen. Hoe snel had hij in de oorlogsliteratuur niet over dit soort angsten heen gelezen? Het woord *moed* had steeds op zichzelf gestaan, zonder vernoeming van waarop het sloeg: de gruwelijke angst voor de plotselinge pijl, de pijn, de marteling of de dood. Maar hoeveel mensen hadden eigenlijk angst lang op voorhand? Was de angst niet het droeve lot van de intellectueel? Was optimisme niet een aangeboren remedie voor de anderen?

Verdwaald in die filosofie, had Klaus aanvankelijk niet door dat er halt gehouden werd aan een monument. Zuster Overste wou het belangrijkste verhaal uit de geschiedenis van de instelling kwijt:

-"Lang geleden zijn twee kinderen uit de instelling verdwenen."

-"In welk jaar?" vroeg Klaus uit professionele gewoonte.

-"In de lente van 1962, zoals je kan zien op het monument. Ik heb het zelf meegemaakt," antwoordde Zuster Overste. Ze vertelde voluit. "Een maand eerder werd ons de lijst van alle bewoners opgevraagd. Voor elk van hen moesten we bovendien een antwoord geven op dozijnen vragen, zoals hoe vaak ze familiebezoek kregen, wat het beroep van hun ouders, tantes en nonkels was, of er tussen die mensen leden van de communistische partij waren, enzoverder. We hadden er een slecht gevoel bij. Hitler heeft destijds de gehandicapte kinderen laten vermoorden waarvan hij zeker was dat niemand doortastend naar de doodsoorzaak zou vragen. Maar we moesten destijds, evengoed als vandaag, onze gevechten kiezen; met de overheid kon je maar in beperkte mate ruzie maken. We antwoordden nauwkeurig op de vragen, ook voor Maria en Dimitri." Ze wees naar de namen op het monument.

-"Hoe oud waren ze?" vroeg Klaus.

-"Maria was vijf jaar, Dimitri vier," antwoordde de zuster. "Toen kwam er een dokter. Hij deed ons een lang verhaal over een heel bijzondere aandoening van de familieleden van Maria en Dimitri. Hij kwam de kinderen voor een dringend onderzoek ophalen. We begrepen niets van zijn wetenschappelijke uitleg. Hij beloofde ze dezelfde week terug te brengen. We wilden met hem meegaan, maar auto's waren nog schaarser dan vandaag in Sylvanië. Hij vertrok zonder een document achter te laten. We hebben Maria en Dimitri nooit meer weergezien," snikte de zuster.

-"En hebben jullie de dokter nog teruggezien?" vroeg Anoushka.

-"Die heeft ons aan het lijntje gehouden. Hij sprak over een transplantatie, iets waar hij voordien niet over gesproken had. Vervolgens sprak hij over een moeizaam herstel. Daarna over een overplaatsing naar Hongarije. Hoe harder we zochten, hoe verder de kinderen zaten. We weten vandaag niet of Maria en Dimitri nog in leven zijn." Hoewel iedereen hetzelfde besluit trok, opperde niemand het.

-"De zoektocht is voorbij? Heeft hij wat opgeleverd?" vroeg Klaus.

-"De zoektocht is al heel lang voorbij; in het Oostblok zoek je niet lang naar dingen die je niet mag weten. Hij heeft slechts één resultaat opgeleverd: er was een rode draad. Alle instellingen waar de kinderen verbleven, hadden een band met Igor Podborsky, de vader van Frank."

Bij het afsluiten van hun bezoek overhandigden Klaus en Anoushka de cheque die ze meegebracht hadden. Voor hen eindigde de namiddag evenwel op een heel sombere noot: de zuster vertelde hen dat de meeste van de gehandicapte kinderen uit families met inteelt kwamen: "Mensen onderschatten het gevaar," beweerde ze, "trouw niet met een neef of nicht, en zelfs niet met een achterneef of -nicht!" De twee keken naar het plein vol gehandicapte kinderen. Anoushka snikte.

~

De uitbaatster van het hotel deed haar dagelijkse werk alsof er niets aan de hand was. Hoewel Bezmenov haar regelmatig belde, kreeg hij geen enkel stukje informatie los dat cruciaal kon zijn voor het oplossen van de moeilijke puzzel waar hij voorstond. Het feit dat Willem de vader van Nikki en Klaus was, had hij bijvoorbeeld niet van haar maar van Klaus en Anoushka vernomen. Op zich was het niet onlogisch dat ze dergelijk gevaarlijke informatie achtergehouden had; waren bastaarden in aanmerking gekomen, was Nikki een concurrent voor Podborsky geweest.

Bezmenov van zijn kant sprak openlijk met Cassandra over de stand van zaken. Hij probeerde haar gerust te stellen. Podborsky had alle kansen om koning te worden voor de eenvoudige reden dat de Verenigde Naties geen burgeroorlog wilden met daarin een belangrijke rol voor het Sovjet leger. Ze wilden vrede, aan welke prijs ook, en ze wilden de Russen voorgoed het land uit; dat was de enige voorwaarde voor belangrijke financiele steun vanwege de Wereldbank. Nikki was dus zo goed als gered. Cassandra huilde echter hevig bij het horen van het verhaal. Ze was ontroostbaar. Iets klopte niet; wat wist zij nog dat hij niet wist? Ze verklapte het niet.

Hij nodigde haar tevergeefs uit om naar Sylvanië te komen en zelf vast te stellen hoe het eraan toeging.

-"Ik wil niet naar Sylvanië komen als ik Nikki niet kan zien."

-"Ik begrijp het," antwoordde Bezmenov, "ik zal naar een manier zoeken waarop je ze toch kan zien."

Hij veranderde het onderwerp en vertelde over de wijziging van de reiswet in Oost-Duitsland; die kon op elk moment aan het Zentralkomitee voorgesteld worden. Jeltsin had aan Bezmenov gevraagd of hij iets met die informatie kon doen. Cassandra hield meteen op met snikken.

~

Na de sinistere uitstap huilde Anoushka haar verdriet uit bij haar mama.

-"Dat klopt niet wat die zuster gezegd heeft," troostte Kathrin haar, "er zijn zovele mensen die binnen hun ruimere familie getrouwd zijn. Zusters hebben soms onbewust de gewoonte het geluk niet te gunnen aan de mensen rondom hen. Het wil niets zeggen."

-"Die Zuster Overste wist niet eens dat Klaus en ik achternicht en -neef waren!"

-"Jawel; zij heeft het je waarschijnlijk zelf op de televisie zien zeggen!" Dat kon kloppen, moest Anoushka toegeven.

-"Die verschrikkelijke zusters!"

-"Daar kan elk meisje op internaat van getuigen!" zei Kathrin, "maar voor de kloosterorden moet je respect hebben. Tot voor kort waren die instellingen de enige die onderwezen en de zieken verzorgden. Dankzij hen hebben ook vele belangrijke boeken uit de Klassieke Oudheid de tijden overleefd. Zonder hen zat de mensheid nog steeds in een wereld van enkel kommer en geweld."

-"Dus je denkt dat Klaus en ik kunnen trouwen?" vroeg Anoushka hoopvol.

-"Trouwen zeker! Maar kinderen krijgen ook!" Anoushka keek met hernieuwde hoop naar haar mama.

Met dat probleem van de baan, bedacht Anoushka dat ze zich schielijk verveelde. Haar uitstap met Klaus was bij Podborsky niet in goede aarde gevallen.

-"Kan ik je echt niet helpen met datgene waarmee je al zolang bezig bent hier?" vroeg Anoushka. Kathrin zuchtte. Wat was de kans dat haar dochter iets aan Podborsky zou verklappen? Wellicht nog kleiner dan de kans dat ze een gouden ingeving had.

-"Goed, Anoushka. Zet je aan tafel; ik leg het je helemaal uit." Anoushka was blij met het belangrijke verhaal dat ze te horen zou krijgen.

-"Je herinnert je nog dat ik je ooit verteld heb dat de koninklijke familie van Sylvanië eigenaar is van de gronden waarop de fabriek staat?" Dat verhaal zat ver; het enige wat ze zich concreet herinnerde, was dat dat de reden was waarom ze zich in Sylvanië moest interesseren en op de hoogte blijven van waar Podborsky mee bezig was. Maar die gronden waren toen geen echt probleem, had ze besloten.

-"Je hebt het me verteld, mama, maar ik ben de details vergeten."

-"Ik heb je de details niet verteld, Anoushka. Ik heb je enkel verteld dat er geen probleem was zolang in Sylvanië de communisten aan de macht waren."

-"Nu dus wel?"

-"Nu wel. Op de huidige situatie heb ik me gedurende jaren met advocaten voorbereid. Ik denk dat ik kan verhinderen dat de Vissermans onmiddellijk de gronden, met de fabrieken, aan Podborsky verliest. Er zit een redelijke schikking in..."

-"Maar..."

-"Er is inderdaad een groot probleem. Mijn vader, de hertog, heeft *iets* aan koning Willem gegeven waarmee die laatste de verkoop van de gronden onmiddellijk kan afdwingen. Ik heb me suf gezocht naar wat het is: zijn dagboeken..."

-"Wat voor iets, mama?"

-"Ik heb geen enkel idee maar ik heb het gevoel dat het niet over chantage op de persoon van de hertog gaat. Maar wat het ook is, Anoushka," drukte haar mama haar op het hart, "als je het ooit vindt, moet je het onmiddellijk vernietigen; alles gaat hier veel te snel tegenwoordig!" Anoushka hield plots in volle verbijstering de handen voor de mond. Ze staarde met grote ogen naar haar mama. Tranen sprongen eruit. "Wat scheelt er Anoushka?"

-"Ik weet wat het is, mama! Jouw verhaal verklaart alles! Maar ik kan het onmogelijk vernietigen, mama; het betekent álles waarvoor ik sta!" Ze begon te huilen. De slechte nieuwtjes volgden elkaar te snel op.

~

In tegenstelling tot een gewone puzzel kwamen er steeds meer puzzelstukjes bij. Bezmenov wist niet meer waar zijn hoofd stond. Op dit moment was hij in overleg met grondwetspecialisten. Alsof een grondwet nog niet ingewikkeld genoeg was, waren er in Sylvanië te veel onbekende factoren om er een te maken. Dus werd er een grondwet met verplichte, optionele, elkaar uitsluitende en alternatieve paragrafen gemaakt. Daarbij behoorde een uitgebreide instructie van in welke volgorde de beslissingen gemaakt moesten worden. Bezmenov was er op die manier in geslaagd om een proces op te stellen om aan elke mogelijke wens tegemoet te komen... van zodra er ooit iets beslist zou worden. Van dat laatste was nog geen sprake vlak vóór het congres waarvan de datum wel vaststond.

Bezmenov was zijn volgende zet aan het bestuderen toen hij het even onverwachte als urgente bezoek van Frank Podborsky kreeg. Ah neen, niet opnieuw, en niet nu! Maar hij moest hem ontvangen; de prins was de belangrijkste, meest onberekenbare factor, en kwam steeds met nieuwe overtuigingen, angsten en bluf. Wat werd het deze keer? Het antwoord kwam meteen:

-"Nu weet ik het zeker; het is Tatiana!" Bezmenov reageerde geschokt. De prins had het met heel veel overtuiging gezegd.

-"U bedoelt Anastasiya, neem ik aan, Koninklijke Hoogheid? Dat wordt iets om rekening mee te houden, hoewel ik niet eens weet hoe! Maar hoe bent u dat te weten gekomen? Bent u heel zeker?"
-"Ik weet het gewoon! Ik heb net met Anastasiya gesproken. Het is gewoon honderd procent zeker dat zij Tatiana is!"
-"Hebt u zolang met haar gesproken en ze zo goed gezien?" vroeg Bezmenov.
-"Neen, ik heb haar niet lang gesproken! En ik heb haar slechts in het schemer gezien! Maar zij is het en nu brengt niets of niemand me nog van mijn stuk! Wanneer houdt iedereen eens op met me een rad voor de ogen te draaien? Ik vertrouw niets meer van wat jullie aan het doen zijn. Waarom wacht ik zelfs het congres nog af? Weet u hoeveel wapens ik heb, mijnheer Bezmenov? Ik ben niet dom!"
-"Wees niet zo bezorgd, Koninklijke Hoogheid, ik haal Geller erbij." Bezmenov pleegde een telefoontje. "Ik begrijp eigenlijk niet waarover u zich zorgen maakt."
-"Dat Tatiana koningin wordt! Dat de Russen hier de macht grijpen! Is dat voldoende om me zorgen over te maken, mijnheer Bezmenov?"
-"Maar waarom denkt u dat Tatiana koningin wordt? Laat me u iets uitleggen…"
Net op dat moment kwam Efim Geller binnen. De man was verdacht rustig voor iemand die een optreden organiseerde voor artiesten die zogezegd zoek waren, en zonder Nikki, die hij zogezegd niet kon missen. Podborsky probeerde Geller te vangen:
-"Goeiedag mijnheer Geller. We zien elkaar te weinig. De heer Bezmenov vertelde me net dat Tatiana Anastasiya is."
-"Ah, dan heeft hij naar de televisie gekeken! Hoewel, ik weet niet wat de televisie tegenwoordig zegt, moet ik toegeven, behalve dat de beelden van wat ze vóór het hotel gedaan heeft, de wereld rondgegaan zijn. Dat belooft voor de verkoop van platen en merchandising!"
-"Hou me niet voor de gek, mijnheer Geller, ik ga me niet laten inpakken door een kandidaat-koningin die op het laatste moment ook nog eens Anastasiya blijkt te zijn!"
-"Ik denk eerlijk gezegd niet dat mijnheer Geller op het congres de identiteit van Anastasiya bekend zal maken," zei Bezmenov, "daar is een commercieel belang mee gemoeid dat groter is dan Sylvanië."
-"Jullie verdomde J…," hield Podborsky zich net intijds in, "wat bent u eigenlijk van plan te doen als uw zangeres hier op de troon zit? Dan is het gedaan met platen en optredens!"
-"Ik heb geen zin in een bij de haren getrokken discussie, Koninklijke Hoogheid," zei Geller, "ik heb enkel een eenvoudig voorstel: u laat Nikki *op voorhand* vrij, en ik beloof u dat Anastasiya uw kandidatuur steunt."
-"Ik geloof er niets van!" riep Podborsky, "Nikki komt onder geen enkel beding vrij, en ik denk zelfs dat ik het congres niet langer afwacht!"
-"Laat me u overtuigen van uw kansen," probeerde Bezmenov Podborsky te bedaren. Hij had liever niet op deze manier in zijn kaarten laten kijken, maar hij moest de razende prins kalmeren voor die naar buiten ging en God weet wat aanrichtte. "Bekijk deze tekst. Het is een stuk van wat uw moeder op het congres zal voorlezen."
-"Waar is de rest van de tekst?" vroeg Podborsky onmiddellijk.
-"De rest van de tekst is nog niet goedgekeurd. Die gaat over de economie en…"
-"Gaat die over mij?"
-"Neen, behalve het resultaat van de bloedproeven. Een formaliteit."
-"Zeg wel, een formaliteit. Wat een idiotie! Zie maar dat die Tatiana…" hij zweeg plots om de tekst te lezen. "Dit is fantastisch!" riep hij verheugd, "wordt dit echt voorgelezen, of hebt u dit…"
-"Koninklijke Hoogheid, u bent hier binnengevallen op het moment dat die tekst reeds deel uitmaakte van het officiële dossier. Kijk, er staat een stempel op met handtekeningen, een volgnummer, een versienummer, en een datum." Hij gaf Podborsky de tijd om zich rekenschap te geven van de authenticiteit van de tekst.
-"Dat ziet er dan heel goed uit!" besloot de prins, op minder dan een minuut van depressief naar euforisch.

-"Er is slechts één belangrijk ding dat u moet doen," zei Bezmenov, "verloof u met Tatiana en trouw met haar nadat ze koningin is. Kom aan al haar eisen tegemoet."
-"Geen sprake van!" schreeuwde Podborsky, "ik heb net verkondigd dat ik me verloof met Anoushka. Ik ga me niet belachelijk..." Hij keek naar Geller. Die knikte om te kennen te geven dat dat hetgeen was wat Podborsky nu echt wel moest doen. Die laatste werd lijkbleek. Dus toch! Nu had hij geen keuze meer.

~

Aardbevingen verbrokkelden enkel de bovenste lagen van de bodem. In die bovenste lagen hadden de analyserapporten goud gevonden. In de lagen daaronder niet. Gedurende al die tijd hadden we de verbrokkeling slechts gedeeltelijk kunnen reconstrueren. Maar dat had geen spectaculaire hoeveelheid goud opgeleverd; de oppervlakte was naar alle maatstaven degelijk ontgonnen geweest.

Reinhard was vergeten dat het om goud ging. Het spel was het volledig reconstrueren van alle geologische bewegingen die plaatsgevonden hadden, en dat was wat hij absoluut zou doen. De gegevens diep onder de oppervlakte waren makkelijker om mee te werken. Reinhard maakte met rasse schreden vooruitgang in de reconstructie. Waar die ook goed voor was.

Ik zat er voor spek en bonen bij. Aan Bezmenov had ik mijn pessimisme laten blijken. Of er extra boringen moesten gebeuren? Op die vraag had ik geantwoord dat ik dat niet kon uitsluiten. Bezmenov had daarop in Bilgund het materiaal voor een proefboring en een analyse laten klaarzetten; er hing veel van af. Elke kans was er een, zei hij, terwijl ik geen idee had waar die kans vandaan moest komen. We waren ervan uitgegaan dat de goudlaag zich op de bodem van een meer gevormd had. Maar zoals het er nu uitzag, was dat meer daar te klein voor geweest. Had het goud zich toch op een andere manier gevormd?

Elke avond liet Alexandra me mijn zorgen vergeten. Er was die dag een lange brief van Sebastian, die wonderwel voornamelijk aan mij gericht was. Er stonden tekeningetjes in en verhaaltjes over zijn zusjes. Maar hij had het vooral over alle spelletjes en raadsels die ik hem getoond had. Alexandra was vertederd; onze relatie was beter dan ooit. Behalve dan dat het aftellen verderging; ze dronk nog steeds geen druppel alcohol...

~

Een totaal aangedane Anoushka kwam onze suite binnengewandeld. De deur stond steeds open. In het begin hadden we die zorgvuldig gesloten gehouden omwille van het groot belang van ons onderzoek, maar nu ons onderzoek op een flop aan het eindigen was...

-"Dominique, moet je nu eens zien!" zei Reinhard, naar zijn pc wijzend. Toen pas zag hij Anoushka.
-"Anoushka, wat scheelt er?"
-"Het is verschrikkelijk, Reinhard, maar ik mag je er niet over spreken."
-"Anoushka, je hebt nooit iets voor mij verzwegen. Heeft het iets met Klaus te maken? Of met Podborsky?"
-"Niet met Klaus, Reinhard, en hopelijk..., hopelijk niet met Podborsky. Waar is Klaus?"
-"Hij is sandwiches gaan halen; het is hier geen paleis!" Dat bracht een flauwe glimlach op de lippen van Anoushka.
-"Hoe stellen jullie het?"
-"We kunnen niet klagen eigenlijk. Dominique heeft me een soort spel gegeven om goud te zoeken. Nu ja, we hebben niets gevonden, maar het is wel leuk om de puzzel op te lossen. Moet je eens kijken wat ik net gevonden heb..."
-"Net op dat moment kwam Klaus met sandwiches binnen, voldoende voor de volgende vierentwintig uur, zo leek het wel."
-"Anoushka!" riep Klaus verrast. Hij zette het dienblad op de tafel en trok haar tegen zich aan. "Wat ben ik blij dat je gekomen bent! Hopelijk ben je Podborsky niet op het lijf gelopen, want die is nu om de haverklap op het hotel."

-"Het enige wat hij doet, is zagen, Klaus."
-"Wees toch maar voorzichtig met hem, Anoushka! Bezmenov geeft iedereen doorlopend instructies over hoe we Frank moeten aanpakken." Anoushka kwam ter zake:
-"Klaus, we moeten dringend naar… " Ze fluisterde iets in zijn oor.
-"B…?!" Ze drukte haar hand op zijn mond. "Waarom precies nu?" vroeg hij.
Anoushka gaf geen verdere uitleg. Klaus pakte zijn koffer en vertrok. Reinhard en ik keken hen met verwondering achterna.
-"Waar zijn ze naartoe, denk je?" vroeg ik.
-"We weten allebei van niets, Dominique, dat is waarschijnlijk het beste. Kom liever eens kijken!"
Hij liet de pc de simulatie uitvoeren. Och God, kon dit echt gebeurd zijn? Diep onder de bodem liepen de sedimentaire lagen quasi verticaal!
-"Wat met de bovenste laag, Reinhard?" vroeg ik onmiddellijk.

~

Klaus en Anoushka liepen Podborsky tegen het lijf op het moment dat hij andere zorgen om het hoofd had. Hij werd gefouilleerd voor hij Tatiana's suite binnen mocht. En hij moest wachten. Pas na een half uur kwamen twee Japanners in grijs pak en das haar kamer uit. Tatiana was reeds zaken aan het doen! Podborsky fulmineerde.
Toen hij eindelijk binnen mocht, zag hij dat haar kamer een reusachtige verzameling aan gelukwensen en geschenken bevatte. Net zoals dat bij Anastasiya het geval geweest was, zat ze in een comfortabele zetel terwijl hijzelf op een beklede stoel moest plaatsnemen. De ene vernedering na de andere. Hij zou nu dit probleem voorgoed oplossen. Daarvoor moest hij enkel nog één keer door het slijk, dieper dan ooit tevoren.
-"Dag Frank," zei Tatiana verwonderd, "waaraan dank ik je komst?"
-"Geller heeft me net gezegd dat jij Anastasiya bent."
-"In orde," zei Tatiana. Podborsky werd heel zenuwachtig:
-"Kan je dat op zijn minst bevestigen?"
-"Frank, je begint steeds met te zeggen dat je iets zeker weet, om daarna om een bevestiging te vragen. Het heeft geen enkele zin dat ik dat doe; je gelooft toch wat je wilt geloven, en van zodra je naar buiten stapt, geloof je weer het tegenovergestelde."
-"Goed, goed," zuchtte Podborsky.
-"Laat ons gewoon uitgaan van de veronderstelling dat ik Anastasiya ben; dat is het eenvoudigste. Wat wil je?"
-"Ik wil tegemoet komen aan jouw voorwaarden voor een huwelijk nadat jij koningin bent."
-"Frank, dit kom je mij vertellen nadat je jouw verloving met Anoushka aangekondigd hebt?! Het antwoord is neen, Frank; wat dacht je wel?!" Hoewel hij zich aan deze reactie verwacht had, raakte het hem dieper dan hij vermoed had. Dit was het sleutelmoment in zijn leven. Zonder dat hij dit gepland had, ging hij vlak voor haar voeten op zijn knieën zitten.
-"Mijn diepste verontschuldigingen, liefste Tatiana, dat ik je op die manier gekwetst en voor schut gezet heb. Als je een reden voor mijn totaal fout gedrag wil aanvaarden, laat het dan zijn dat ik momenteel een verschrikkelijk moeilijke periode meemaak." Tatiana was onthutst te zien hoe de machtige man plots aan haar voeten lag. Het was erotiserend. Ze liet hem verder praten. "Ik hou van je, Tatiana, vanuit het diepste van mijn hart. Ik heb me nog nooit zo ongelukkig gevoeld als na onze vorige ontmoeting. Je bent bloedmooi, heel verstandig, oneindig lief en charmant, je kan goed dansen, en je hebt je ontpopt als doortastende zakenvrouw. Je hebt de klasse die enkel een gravin kan hebben. Hoe kan het anders dan dat ik verliefd ben op jou? Trouw met mij, Tatiana, ik kom aan al jouw voorwaarden tegemoet."
-"Aan al mijn voorwaarden, Frank?"
-"Aan al jouw voorwaarde, Tatiana, behalve…"
-"de vrijlating van Nikki," vulde Tatiana hem aan.
-"Je moet me begrijpen, Tatiana, alsjeblieft. De gevangenschap van Nikki is als een talisman geworden. Het heeft me volledig in de greep; het is alsof ik ze niet zou kunnen

vrijlaten als ik dat zelf zou willen, alsof ik zeker ben dat iedereen rondom me plots in de duivel zal veranderen op het moment dat ze vrijkomt."
-"Je draait de zaken wel om, Frank!"
-"Akkoord, Tatiana, maar Nikki komt vrij van zodra alles geregeld is. Het is honderd procent zeker dat jij koningin wordt, zeker als ik met je trouw."
-"Jij doekt je bende op, Frank?" Het antwoord had hij klaar:
-"Ik laat ze alle wapens inleveren en zoek voor hen jobs in de nieuwe economie." Beiden waren zich niet bewust van het feit dat ze geen enkel idee hadden van welke die nieuwe economie wel moest worden. Tatiana rechtte zich in haar zetel; ze was merkelijk verrast door het gemak van de enorme toegift.
-"Wanneer, Frank?" vroeg ze.
-"Van zodra we trouwen."
-"Van zodra ik koningin ben, Frank, en op voorwaarde dat ik onmiddellijk koningin word, terwijl de Russen nog in het land zijn." Podborsky besefte dat hij deze keer niet te lang mocht nadenken; dit was zijn laatste kans.
-"In orde, van zodra jij koningin bent, op voorwaarde dat ons huwelijk in de grondwet staat," bedacht hij op het moment zelf. Oh, wat was hij gelukkig met die vondst!
-"Ik schrijf de grondwet niet, maar ga ervan uit dat de Verenigde Naties oren hebben naar je vraag. Wat met uw mama?"
-"Die treedt onmiddellijk af; ze keert naar Gent terug. Als de bloedlijn van Willem gevolgd wordt, is zij de facto illegitiem koningin. De reden waarom ze koningin bleef, had te maken met de begraafplaats van haar twee eerste kinderen, met wiens dood mijn vader niets te maken heeft, voeg ik daar graag aan toe."
-"Ik geloof je, Frank."
-"We verloven ons de dag voor het congres, als je dat goedvindt."
-"Ik vind het zeker goed, Frank."
Podborsky slaagde een zucht van verlichting. Hij zag een nieuw leven, een ander dan hij zich voorgesteld had, rustiger, braver, en aan de zijde van een vrouw die hij graag zag. Misschien wende het wel.
-"Dank je, liefste Tatiana, het is de gelukkigste dag van mijn leven," besloot hij. Ze stond op en wandelde aan zijn arm tot aan de deur. Van één zaak wou Podborsky plots nog zeker zijn: "Nog één vraagje, liefste: wat is dat eigenlijk met die bloedproef?"
-"Die heb ik ook moeten ondergaan," lachte ze, "ik vond het ook raar, maar je moet je in de plaats van de Verenigde Naties stellen: ze willen geen enkel risico dat het koningschap van jou of van mij ooit aangevochten wordt. Je hoeft het dus niet als een persoonlijk affront op te nemen."
-"En heb jij al resultaat? Ik nog niet."
-"Neen, maar ik heb er alle vertrouwen in dat ik de dochter ben van de broer van koning Willem. En als ik jou was, zou ik me eerlijk gezegd nog minder zorgen maken."
Maar aan zorgen had Podborsky geen gebrek:
-"Jij kan toch moeilijk optreden vlak voor je gekroond wordt?"
Op die vraag gaf Tatiana geen antwoord. Ze namen afscheid. De eerste kus zou ooit moeten volgen. Ze keek hem achterna. Alles liep precies zoals ze het wou.

~

De sfeer op de benedenverdieping van het hotel deed me aan de film Casablanca denken. Het rook er naar het zweet van mensen die leefden van elkaars opinies en tegenstrijdige geruchten. Het was alsof elkeen ervan overtuigd was dat zijn carrière afhing van hoe heftig hij kon discussiëren en met de armen zwaaien. Tussen de lege wodkaglazen en restanten van sandwiches stonden glazen bier met nog een kluts in.
Iedereen meende dat er tegen het congres een nette oplossing zou zijn. Het was zoiets als de Olympische Spelen: die vonden op een of andere manier altijd plaats, ongeacht de achterstand, de financiële problemen of de software bugs. Ze vergaten echter dat er ook zoiets als een slecht congres bestond, zoals op Jalta, waar een half continent aan de Sovjet-Unie cadeau gedaan werd.

Net zoals iedereen die zich op de benedenverdieping liet zien, kreeg ik een microfoon onder de neus geschoven.

-"Mijnheer Gevaert, wat gebeurt er momenteel?" vroeg de journalist, die waarschijnlijk honderd keer meer aan mij kon vertellen dan ik aan hem. Het was de typische open vraag van iemand die niet meer wist wat hij aan wie moest vragen.

-"Wat zou u graag weten?" Dat vond de journalist een moeilijke vraag.

-"Euh wel, wat gebeurt er bijvoorbeeld met de kaartjes die iedereen aan Klaus gegeven heeft," probeerde hij, "heeft Anastasiya ze al gelezen?"

-"Dat vraagt u beter aan Efim Geller," antwoordde ik hoewel ik wist dat de journalist van die laatste geen antwoord zou krijgen. Maar blijkbaar was ik wel de eerste die gezegd had dat Geller intussen in het bezit van de kaartjes was. De journalist slaagde erin een lange kolom uit mijn ene zinnetje te puren.

In een van de zalen was Bezmenov nog eens het rondje van de onmogelijkheden aan het maken. De Russen en de Duitsers hadden vooral gaspijpleidingen in gedachten. Het gas zou los door Sylvanië lopen in ruil voor een sterke munt, wellicht een te sterke munt, maar creëerde geen nieuwe economie.

Mijn plotse verschijnen veranderde de sfeer in de zaal. Nog voor ik twee passen binnengezet had, veerde Bezmenov onmiddellijk uit zijn stoel en nam hij me vast bij de arm.

-"Vertel het me Dominique, je hebt iets gevonden!"

-"Als er goud is, is het buiten beeld, mijnheer Bezmenov. De sedimentaire lagen onder de laag waar vroeger goud was, duiken recht de diepte in. De goudlaag volgt zo goed als zeker die lagen. De enige vraag is: hoe groot was het meer?"

-"Je hebt de extra proefboring nodig!" raadde hij meteen.

-"Ik wil vooral een diepe boring, mijnheer Bezmenov. Hier is de instructie."

-"We hebben alles klaarstaan, Dominique!"

~

Nu mocht er niets meer mislopen. Podborsky wou niet dat Anoushka nog opdook vóór of tijdens het congres. Hij liet ze zoeken, tevergeefs. Dat hij ze niet vond, maakte hem opnieuw paranoïde; als hij alles met de ene persoon in orde bracht, gebeurde er iets met de andere. Hij ging zelf op zoek. Hij stormde het hotel binnen en vervolgens onze hotelkamer.

-"Waar is Anoushka?" vroeg hij dringend. Toen hij Klaus niet zag, vroeg hij meteen: "En waar is Klaus?" Tot hij merkte dat er koffers gepakt waren; hij had een neus voor dat soort dingen. "Waar zijn ze naartoe?" Podborsky was iemand die je niet kwader dan nodig moest maken. Ik was alleen in de kamer met de gouddossiers en wou hem zo snel mogelijk weg.

-"Anoushka wou zo snel mogelijk ergens naartoe," zei ik, "ik weet niet waarom."

-"Weet je naar waar?"

-"Ze wou dat niemand het wist. Ze fluisterde het in Klaus' oor, en die heb ik iets horen herhalen dat als 'België' klonk." Ik hoopte dat ik daar niets verkeerds mee gezegd had.

-"Nonsens! Ze zijn niet naar België! Wat zijn ze aan het doen? Heeft het iets te maken met al die kaartjes die hij aan het verzamelen is? Daar wil ik hem ook nog eens over spreken!"

Hij greep de telefoon en belde naar het paleis. Of ze hem met zijn moeder konden verbinden. Hij was boos dat hij dat nog moest vragen.

-"Hallo mama, weet je al iets?"

-"Prinses Kathrin heeft geen enkel idee, zegt ze." Natuurlijk heeft ze geen enkel idee! Podborsky ademde heviger; iemand was hem duidelijk weer een peer aan het stoven! "Maar ik heb een vermoeden waar ze naartoe zijn," voegde Sylvia daaraan toe, "Bilgund."

-"Bilgund?" Ik schrok toen ik het Podborsky hoorde herhalen. "Wat is Bilgund en waarom zijn ze daar?"

-"Het is een koninklijk domein dat niet meer gebruikt wordt. Ik heb ze een vrijgeleide gegeven om daar een oud wapenschild te zoeken. Klaus is beroepshalve geïnteresseerd."
-"Een wapenschild? Op dit moment?"
-"Wel, Anoushka en Klaus hebben niet veel omhanden."
-"Ik geloof er niets van... maar wacht eens even..."
-"Dominique, jij had *België* verstaan. Ben je zeker dat het niet *Bilgund* was?" Ik schrok. Dat was voldoende:
-"Mama, ze zijn inderdaad naar Bilgund. Waar ligt dat?" Sylvia gaf de aanwijzingen. Het was ver van de stad, en het soort plaats waar niemand naartoe trok die daar niets te zoeken had.

Zonder mij te danken verliet hij de kamer.

~

-"Yuri, ik kom naar Sylvanië; ik wil mijn dochter absoluut nog één keer zien."
-"Waarom ben je zo angstig, liefste; we zijn heus alles aan het regelen. Podborsky zal Nikki vrijlaten."
-"Je begrijpt het niet, Yuri: ik wil haar absoluut zien vóór het congres!"
-"Ik probeer het met Podborsky te regelen. Kom gerust naar Sylvanië."

~

Anoushka en Klaus hadden de boswachter gevonden die verantwoordelijk was voor het koninklijke domein van Bilgund. De man was vereerd met het bezoek. Hij vertelde meteen:
-"Koning Willem heeft dit domein destijds aan mijn vader toevertrouwd. We hebben nooit geweten waarvoor het gediend heeft, of waarom Koning Willem niet wou dat iemand hier ooit een voet binnenzette. Ik kan u met trots verklaren dat we gedurende al die jaren de wil van onze grote koning gerespecteerd hebben."

Ze stapten voorzichtig over het oneffen pad in het rommelige terrein. Buiten de stenen brokstukken verraadde niets dat dit ooit een mijn geweest was. Het geheel had intussen een laagje bovengrond verzameld waarop hoog gras groeide.

Het was er niet stil.
-"Wat doen die machines hier?" vroeg Klaus.
-"Proefboringen. Ze zijn pas begonnen. Dit is nog nooit eerder gebeurd."
-"Van wie komt de opdracht?"
-"De Verenigde Naties; ze denken dat hier nog goud ligt," lachte de man hoofdschuddend.

Ze kwamen aan het centrale gebouw, dat Klaus meteen herkende!
-"Het klopt!" riep hij meteen. Tot verwondering van de boswachter vond Klaus zijn weg vlot rond het gebouw. Hij kondigde allerlei details aan, zoals kraantjes en luikjes, die er daadwerkelijk bleken te zijn.
-"Bent u hier ooit eerder geweest?" vroeg de boswachter ontsteld.
-"Ik heb hier twee of drie jaar gewoond," zei Klaus, "en u mag er trots op zijn dat uw vader dat verhaal zelfs niet aan u verklapt heeft!"
-"Dat kan niet," zei de boswachter, "hier heeft nooit iemand gewoond!"
-"Wel, omdat uw vader zo goed een geheim heeft kunnen bewaren, vertrouw ik u ook een geheim toe."
-"In orde," zei de boswachter, nog helemaal niet overtuigd.
-"Mijn mama was Cassandra, de vriendin van koningin Sylvia."
-"Daar heb ik nog nooit van gehoord," zei de man, "maar ik geloof u; uw vrijgeleide brief komt immers rechtstreeks van onze koningin."
-"Welnu," zei Klaus, "koning Willem had een relatie met mijn moeder, en heeft ze hier met zijn twee kinderen verstopt." Het duurde even vooraleer die wetenschap tot de man doordrong.
-"Dan... bent u de zoon van koning Willem, Sire!" Hij maakte spontaan een buiging. Daarna draalde hij; de man vond hij dat hij nog iets meer moest doen, maar kon niet

onmiddellijk verzinnen wat. "U bent onze nieuwe koning!" riep hij ten slotte, "weten de Verenigde Naties dat?"

-"Mijn oudere zus wordt niet de nieuwe koningin," verbeterde Klaus hem. De man was ontgoocheld.

-"Toch niet Podborsky?"

-"We zullen het snel weten," antwoordde Klaus.

Hoe graag de boswachter het gebouw ook langs de binnenkant wou zien, op vraag van Klaus en Anoushka bleef hij buiten wachten. Gelaten keek hij naar de reusachtige boor in de verte, die zijn weg diep in de grond vond. Zijn hele leven lang had hij dit geheimzinnige gebouw gekoesterd, in de hoop dat er ooit eens iets zou gebeuren. Er gebeurde plots veel en tegelijk. En de dag was pas begonnen.

Voor Klaus was een intiem moment aangebroken; kamer na kamer liet hij zijn herinneringen terugkomen. Hoe vreemd was het hoe de prilste jeugdherinneringen bewaard bleven, ook al verwaarloosde je ze voor heel lange tijd. In elke kamer kon hij details voorspellen, zoals de vorm van de knopjes van de verlichting en de platte roodzwarte steentjes rond de haard. Waarschijnlijk had hij als kind zijn vingertjes overal langs gestreken om de tijd te doden.

~

-"Wat zeg je dat ze aan het doen zijn?" vroeg Podborsky aan de telefoon.

-"Wel, baas, ze zijn het gebouw van Bilgund binnengegaan, ik heb geen idee waarom, maar in de buurt zijn ze naar goud aan het boren."

-"Naar goud?? Arresteer Klaus en prinses Anoushka. Ik kom meteen af!" Hoe was het zelfs mogelijk dat hij daar niets van wist?

Hij belde tevergeefs naar Bezmenov; vroeger haalde men die nog uit een vergadering voor hem, maar nu dus niet meer. Podborsky werd met de dag minder ernstig genomen. Nu waren ze zowaar naar goud aan het boren op een koninklijk domein, een domein van hem! Hij maakte zijn rekening: was dat goud voor hem of voor Tatiana, of zouden de Verenigde Naties verplichten het goud af te staan? Hij moest proberen dat apart te onderhandelen. Maar wou überhaupt iemand nog met hem onderhandelen nu hij een aanhangsel van Tatiana werd en hij binnenkort zijn milities kwijt was? En was er wel goud?

~

Eindelijk nog eens een persconferentie, moeten de journalisten op de benedenverdieping gedacht hebben. Bezmenov had ze een kwartier eerder aangekondigd. Bij gebrek aan zekerheden, en onder druk van kijkers en lezers, hadden verschillende journalisten zich aan de meest uiteenlopende voorspellingen gewaagd: uiteraard werd het een republiek! Uiteraard werd het Podborsky! Uiteraard bleef het Sylvia! Uiteraard werd het Tatiana! Uiteraard wou Anastasiya de eerste president worden! Uiteraard kwam er een referendum! Uiteraard werd Bezmenov regent! Uiteraard kwam er een burgeroorlog! De opinies sloten aan bij wat het publiek van de krant of zender graag wilde horen: geen kapitalisme! Geen communisme! Traditie! Vernieuwing! Om de waarheid te achterhalen, baseerden sommige journalisten zich op peilingen, waarbij aan de met stomheid geslagen Sylvaniërs gevraagd werd wat zij dachten dat het zou worden. Nu kwam echter de afrekening met de waarheid.

Bezmenov beloofde dat hij het kort zou houden, terwijl iedereen in de zaal liefst wou dat hij achtenveertig uur aan een stuk door praatte.

-"Koningin Sylvia zal tijdens het congres aftreden." Een schokgolf ging door de toehoorders; het congres zou het niet bij de status quo ante laten. Die was er trouwens sowieso niet; de regering was het land uit gevlucht.

-"Ten voordele van wie?" werd er onmiddellijk gevraagd.

-"Daarover wordt nog gediscussieerd," was het enige wat Bezmenov kon antwoorden.

-"Wat ligt in de balans?" Daarover wou Bezmenov niets zeggen. Voor elke denkbare mogelijkheid waren er vandaag nog voorstanders. In een persconferentie een aantal van die mogelijkheden bruutweg elimineren, zou aanleiding tot bittere coalities geven.

-"Vervolgens wil ik u de verloving aankondigen..." dat wisten de journalisten al, "... tussen prins Frank Podborsky en gravin Tatiana van Sylvanië."
-"Tatiana??" riep iedereen als uit één mond.
-"Gravin Tatiana, inderdaad," bevestigde Bezmenov. Een stijgend geroezemoes ontaarde in lachpartijen en respectloze kreten aan het adres van Podborsky. Bezmenov vroeg iedereen om respect te hebben voor de beslissing die van grote verantwoordelijkheidszin vanwege de prins getuigde. Het bracht de toehoorders nog meer aan het spotten.
-"Hebben de Verenigde Naties het gebeuren eigenlijk nog onder controle?" vroeg iemand. Bezmenovs geloofwaardigheid kwam in het gedrang. Het laatste wat nu mocht gebeuren, was dat de vertegenwoordiger van de Sovjet-Unie uitgerangeerd werd; dan kwam er zelfs geen congres. Hij hapte naar adem.

~

-"Jij en Nikki worden echt verstopt, Klaus!" zei Anoushka toen ze op het zolderkamertje kwamen. Klaus herkende het volledig. Euforisch knielde hij neer bij het gordijn met het wapenschild.
-"Helemaal zoals ik het getekend had, Anoushka!" Met trillende handen streek hij over de stof, elk detail bestuderend van de knielende ridder die het goud op de handen aanbood aan zijn heer. "Het eigenlijke wapenschild moeten we absoluut terug zien te vinden, Anoushka; het moet het mooiste zijn dat er is!"
Anoushka was echter naar iets heel anders op zoek. Nadat ze tevergeefs de lichtschakelaar geprobeerd had, stapte ze naar het paneel naast het venster en blies ze het stof eraf. Het hart klopte in de keel toen ze het herkende.
-"Klaus!" riep ze.
-"Is het..." Met bevende handen draaide ze het paneel naar het zonlicht. "De Rechtvaardige Rechters! Is het het echte?" Anoushka knikte, ging totaal verslagen op de grond zitten en huilde.
-"Dit is vreselijk, Klaus, dit is het meest afschuwelijke dat me kon overkomen. Dit paneel heeft de hertog aan koning Willem gegeven als garantie dat hij ooit voor de gronden zou betalen. Kan je je voorstellen dat Podborsky dit te weten komt en dit in Gent vertelt? Mijn mama zal volledig met de rug tegen de muur komen te staan. We kunnen de fabrieken niet zomaar aan Podborsky geven, Klaus. Ik moet het paneel vernietigen!" Met trillende handen rommelde ze tussen een paar verroeste ijzeren voorwerpen die op de grond lagen. Klaus hield haar tegen.
-"Kom, Anoushka, daar zijn we bijlange nog niet aan toe; niemand hoeft te weten te komen dat het hier staat, en zelfs als Podborsky het vindt, weet hij nog niet waarover dit gaat. Wedden dat hij het schilderij niet eens herkent?"
-"Het gaat allemaal slecht aflopen, Klaus, alles, Nikki, jij, ik, het congres en ook dit. Ik moet doen wat ik kan doen, me voor één keer in mijn leven nuttig maken!" Ze barstte uit in een luide huilbui, waardoor ze des te makkelijker te vinden was. De deur ging plots open.
-"Prinses Anoushka, Klaus, jullie zijn beiden gearresteerd in naam van prins Frank Podborsky," zei de bezoeker droog. Hij richtte een pistool op hen. Anoushka en Klaus waren volledig in shock; Klaus werd onwel en zette zich op de grond. Anoushka hurkte onmiddellijk naast hem en schreeuwde zijn naam uit.

~

Die dag kregen twee mannen het volledig onverwacht telefoontje waarmee ze in de geschiedenisboeken zouden belanden. De ene heette Ricardo Ehrmann, een Italiaanse journalist die voor het Italiaanse persagentschap ANSA in Berlijn werkte. Zijn ouders waren Poolse Joden die na hun huwelijksreis in Italië gebleven waren, waar ze nadien, samen met de kleine Riccardo, in een concentratiekamp opgesloten werden. Gelukkig had de familie Ehrman de gruwelen van de oorlog overleefd.
Het telefoontje aan Ehrman kwam van iemand die zich enkel identificeerde als de *Man van de Onderzeeër*, de bijnaam voor de onder een meer gelegen inlichtingendienst in Oost-Berlijn. Voor Ehrmann was de *Onderzeeër* voldoende om de man ernstig te

nemen. Zijn gesprekspartner sprak Ehrmann over de nieuwe reiswet, over de vraag die Ehrmann daarover moest stellen, en de heel specifieke manier waarop. Het was grondig doordacht. Kwam dit daadwerkelijk van de Onderzeeër?

De tweede man die een dergelijk telefoontje kreeg was Peter Brinkmann, een journalist van de Hamburger Morgenpost. Hij werd op de hoogte gebracht van wat aan Ehrmann verteld werd, en kreeg de opdracht op een heel specifieke plaats te gaan zitten.

~

-"Klaus, word wakker, alsjeblieft, Klaus!" weende Anoushka. Ze had hem op de grond gelegd. Hij ademde nog duidelijk. "Alsjeblieft, Klaus, word wakker!" riep ze met hoge stem.

Een eeuwigheid leek verstreken sinds de man met het pistool hen achtergelaten had. Anoushka had aan niets anders kunnen denken dan aan Klaus. Ze schoof het gordijn opzij en zette het venster open. Verse lucht stroomde binnen. Anoushka haalde diep adem. Hopelijk was dat het wat Klaus nu nodig had.

Het licht viel op de Rechtvaardige Rechters. Nu pas besefte Anoushka dat ze iets moest ondernemen. 'Ik moet het vernietigen,' vertelde ze zichzelf, 'ik moet het zo grondig vernietigen dat niemand kan beweren dat het hier ooit gestaan heeft. Hoe moeilijk kon dat zijn? Ze nam een aanloop om het doek alvast van zijn kader te schoppen. Alsof vastgegrepen door een metalen voetboei, weigerde haar lichaam echter dienst. 'Ik kan het niet,' huilde ze, 'Klaus, help me alsjeblieft. Word wakker, Klaus; jij moet het doen!' De frustratie klonk door haar schokkende huilbui.

Ze hoorde gestommel; iemand kwam heel snel de trap op. 'Nu moet ik het doen!' overtuigde ze zichzelf. Toen de deur openging, glipte het schilderij van tussen haar bevende handen daverend op de grond. Podborsky!

-"Wat doen jullie hier?" vroeg hij. Hij liet onmiddellijk het schilderij meenemen. Anoushka stortte in elkaar.

-"Geef ons water, Frank," smeekte ze, "red Klaus!"

-"Vertel ons eerst het verhaal van dat goud!" Oh, als het enkel dat maar was!

-"Met veel plezier, Frank: Dominique en Reinhard denken dat er goud in de bodem zit. Meer weet ik niet."

-"Hoe zou dat zelfs kunnen?" Verbijsterd luisterde hij naar het volledige verhaal. Met een kort bevel liet hij water halen. "En dat allemaal achter mijn rug?!"

-"Frank, we hebben de locatie pas gisteren gevonden, op basis van dat schild." Ze wees naar de gordijnen. Dat was slechts een kleine leugen. Podborsky pikte er in elk geval niet op in. "We zijn hier nog nooit eerder geweest, geloof me. We waren hier enkel voor de jeugdherinneringen van Klaus." Podborsky herwon zijn kalmte. Hij smaalde nu:

-"Verstopt op deze zolder zat dus de maîtresse van koning Willem en zijn twee bastaarden," spotte hij, "wel, het lijkt me passend!" Podborsky wist het al!

-"Nikki en Klaus hebben geen enkele ambitie, Frank," probeerde Anoushka hem gerust te stellen.

-"Dat geloof ik graag," lachte Podborsky, "Nikki weet dit om te beginnen niet eens!" Voor het eerst sinds lange tijd was hij in controle van de situatie. "En wat met dat schilderij?"

-"Ik was het uit de weg aan het zetten. Oh, Frank, alsjeblieft, haal ons wat water; niets werkt in dit huis." Hopelijk besteedde hij geen verdere aandacht aan het schilderij.

-"Luister, Anoushka, jullie krijgen alles wat jullie nodig hebben tot de goede afloop van het congres. Maar jullie blijven hier!"

Anoushka huilde nu luidop, op een manier die ze nooit voor mogelijk had gehouden. Ze voelde de wereld van onder haar voeten verdwijnen. Gedurende dagen zou ze zich zorgen moeten maken om het schilderij, om wat er in Gent zou gebeuren, en om haar leven en dat van Klaus. "Oh, Klaus," huilde ze opnieuw, "word wakker!"

~

De Verenigde Naties hadden hun vertrouwen gegeven aan een nieuw soort bloedonderzoek. De voortrekker was een professor uit Leuven. Hij had drie dozijn genummerde, anonieme bloedstalen gekregen, veel meer dan het aantal personen waarover het ging; er zaten immers ook stalen tussen die louter dienden om te verifiëren of de methode van de professor werkte. De extra stalen kwamen van mensen die niets met de kwestie in Sylvanië te maken hadden, maar waarvan het onderlinge bloedverwantschap vaststond. Tevens zaten er bewust dubbele stalen tussen om de herhaalbaarheid van het onderzoek te testen. Voor de professors nieuwe technologie vormde het geheel een indrukwekkende uitdaging.

Parallel met zijn werk was er een onderzoek op basis van bloedgroepen gebeurd. Na de bekendmaking bij de Verenigde Naties van de resultaten van dat laatste onderzoek, werden daar vreemde ogen getrokken, wat aanleiding gegeven had tot het nemen van extra bloedstalen.

De professor wist wel van het parallelle onderzoek maar niet van de resultaten. Voor hem was het nu kwestie om die op zijn minst niet tegen te spreken; zijn reputatie hing ervan af. Zonder het te beseffen echter had hij veel meer gedaan dan het bevestigen van de resultaten van het op bloedgroepen gebaseerde onderzoek. De extra informatie die uit zijn onderzoek kwam, was zelfs schokkend. Hij kreeg een uitzinnige directeur aan de lijn, die zei dat hij dit resultaat niet naar de Verenigde Naties durfde op te sturen. De professor, die niet mocht niet weten over wat of over wie het ging, concludeerde dat zijn nieuwe techniek volledig de mist ingegaan was. Met statistische percentages over onzekerheden probeerde hij zijn reputatie bij de directeur te redden. "We veranderen alle nummers en u herbegint het onderzoek!" gebood die laatste.

Bezmenov smeekte intussen tevergeefs om de resultaten.

~

Ander nieuws liep echter wel snel, veel te snel zelfs. Podborsky had op de achterkant van de Rechtvaardige Rechters een brief met de belofte van de hertog gevonden. Wat een triomf! Hij maakte de vondst onmiddellijk wereldkundig. Het schilderij werd door de experten bewonderd en authentiek bevonden. Gent stond in rep en roer, maar het schilderij was er nog niet.

De abt van de abdij in Drongen las over hoe het paneel van de hertog naar koning Willem gegaan was, en over hoe men zich afvroeg op welke manier het in de eerste plaats tot bij de hertog geraakt was. Aan iedereen die het horen wilde, vertelde hij daarom het verhaal van hoe het paneel ooit door de dief in Drongen verborgen werd, hoe het daar gevonden werd toen men in diezelfde ruimte Joden verstopte, en hoe de paters het schilderij daarom bij de hertog ondergebracht hadden. Het was oorspronkelijk de bedoeling geweest het schilderij na de oorlog openbaar te maken, tot echter de hertog het gebruikte als zakelijke waarborg. Over het verhaal van Cassandra en de twee kinderen in Seraing vertelde hij niets, vooral omdat hij persoonlijk de registers in Seraing had laten vervalsen.

Pas op het moment dat iedereen op de terugkomst van het paneel voorbereid was, publiceerde Podborsky de brief en stelde hij zijn voorwaarden: hij moest eigenaar van de gronden en ipso facto de fabrieken worden vooraleer het paneel ooit naar Gent zou terugkeren. Tezelfdertijd mobiliseerde hij Livicki om de Vissermans onder extra druk te zetten. Voor Livicki was dit de uitgelezen kans om te schitteren. Na de verschrikkelijke kaakslagen aan het communisme in het Oostblok, lag zijn organisatie immers op apegapen. Maar nu had hij eindelijk een initiatief zoals geen ander; heel Gent stond achter hem!

~

Anoushka had een tijdje gewacht om Klaus het slechte nieuws te vertellen. Geduldig had ze hem laten bijkomen, hem te eten en te drinken gegeven, en hem toegedekt. Intussen hadden ze toestemming gekregen om zich doorheen het hele huis te bewegen en in de onmiddellijke buurt daarbuiten. Ze werden bewaakt door twee mannen die niet wisten wie Klaus en Anoushka precies waren en daar ook geen belangstelling in hadden. Het enige wat Podborsky interesseerde, was dat Anoushka niet op de verloving of het congres verscheen, wat, gegeven het feit dat Klaus en Anoushka hun auto kwijt waren, reeds gegarandeerd was, bewakers of geen.

Zo kregen de twee plots veel meer tijd dan ze gehoopt hadden om in het fascinerende huis herinneringen op te halen, en om te speculeren over wat er aan het gebeuren was. Klaus was blij dat Anoushka de Rechtvaardige Rechters niet vernietigd had. Het stak haar een hart onder de riem. Wist Podborsky zelfs dat het om het beroemde paneel ging, vroegen ze zich af. Waarschijnlijk niet, laat staan dat hij wist hij waarvoor koning Willem het had willen gebruiken.

Ze waren getuige van hoe de telefoon hersteld werd en hoe die enkel diende om de resultaten van de proefboring naar mij door te bellen. Op verschillende momenten hoorde ik ze op de achtergrond roepen om mijn aandacht te trekken. Ik was elke keer blij hen te horen, want dat ze net als Nikki gevangen gehouden werden, was me duidelijk.

Reinhard was intussen over Bilgund gevlogen om de situatie in te schatten. Anoushka en Klaus hadden naar hem gezwaaid. En nadat Klaus hen verteld had wie de vliegenier precies was, hadden ook de bewakers gezwaaid. Reinhard had zijn bezoek met een stukje acrobatie afgesloten.

Klaus en Anoushka zelf kregen we echter niet aan de lijn. Ze bezoeken was evenmin mogelijk; volgens Reinhard was de weg versperd. Hij had tevergeefs bij Bezmenov gesmeekt om ze te laten bevrijden. "Het recept voor een oorlog," had Bezmenov geantwoord, "wacht rustig het congres af; alles komt in orde!"

~

De smeekbedes bij Bezmenov kwamen van overal; dankzij connecties geraakten gelukkigen tot bij de man die daar eigenlijk geen tijd voor had. Niettemin koesterde hij heel veel medeleven voor de mensen die met de komst van het communisme hun bezittingen verloren hadden, alsook voor de politieke gevangenen en voor de ambtenaren die voor hun bestaan vreesden. Hij noteerde de grieven en beloofde dat van zodra het land op orde gezet was, hij hun dossiers persoonlijk een duwtje in de juiste richting zou geven. Als hij op dat moment nog iets te zeggen zou hebben, bedacht hij daarbij.

Hij had prinses Kathrin ontboden omwille van de speech die zij 's anderendaags zou geven. Het was de enige waarvan de inhoud reeds vaststond, wat in deze omstandigheden een enorme verdienste was.

-"Mijnheer Bezmenov, u móet me helpen!" Het was de vraag van iemand waartegen je geen neen zei. Hij wist niet onmiddellijk wat hij moest antwoorden. Hoe zou Cassandra dit oplossen, vroeg hij zich af zoals hij dat de laatste tijd dikwijls deed. Maar Cassandra zou pas morgenochtend toekomen *om haar dochter nog eenmaal te zien*. Zijn gedachten dwaalden af. Wat moest hij antwoorden op de vraag van de prinses? "Ze zullen de fabrieken vernielen tot ik dat schilderij terugbezorg!" riep ze. Voor een zeldzame keer kon ze haar stem niet bedwingen.

-"Hoogheid," antwoordde Bezmenov, "ik doe mijn uiterste best om het schilderij uit de handen van de koninklijke familie te houden."

-"Anoushka heeft toch recht op de helft van het schilderij; zij heeft het toch gevonden?! Of kan u het niet als oorlogsbuit beschouwen; koning Willem was Gauleiter voor de nazi's toen hij het schilderij meenam, wist u dat?"

-"Podborsky beweert dat hij het zelf gevonden heeft," zei Bezmenov, "ik beweer niet dat je de procedure niet kan winnen,…"

-"Procedure, lieve help, mijnheer Bezmenov, tegen dan is alles kapot!"

-"Kan uw vriend, burgemeester baron Anthony de Hoedemaecker, de politie niet inzetten?"

-"Het is hopeloos, mijnheer Bezmenov, de bevolking is hysterisch! Kent u de geschiedenis van dat schilderij, de verhalen, de zoektochten?"

Bezmenov dankte Kathrin voor het uitstekende werk dat ze voor Sylvanië en het congres gedaan had, en verzekerde haar dat iedereen binnen de Verenigde Naties aan haar kant stond en een compromis à la Belge zou zoeken. Lieve God!

~

Voor het eerst in meer dan vijfentwintig jaar zou de bijeenkomst van het Zentralkomitee van de Sozialistische Einheitspartei Deutschlands liefst drie dagen duren. Met die noeste arbeid hoopte het partijbestuur de *Genossen* ervan te overtuigen dat het aan hun verwachtingen tegemoet zou komen. Het water stond aan de lippen; er was geen betoging meer die kleiner was dan het kwart van een hele stad. En de betogingen vonden plaats in elke stad.

Van de individuele angst bij de leden van het Zentralkomitee viel echter niets te merken. Hoe wonderlijk was het telkens opnieuw dat gelijkgestemden zo snel hoop vonden in groep, en zo veel meer dan enigszins realistisch. Het was zoals in de laatste dagen van de oorlog, toen de Nazitop tegen beter weten in hernieuwde moed ging zoeken in de bunker van Hitler.

In tegenstelling tot typische dictaturen leefden de Oost-Duitse leiders naar alle maatstaven sober. Ze hadden het comfort van laat ons zeggen een gemiddelde advocaat of huisdokter in het Westen, en verdienden zelfs minder dan de excellente wetenschappers, atleten of kunstenaars in hun eigen land. De eigen bevolking verweet hen dan ook geen kleptocratie.

De leiders koesterden zich in die soberheid, die hen de morele hoge grond gaf alsook het gevoel dat de problemen onmogelijk bij henzelf konden liggen. Om dezelfde reden vergaderden zij in strakke zalen met goedkope meubelen en zonder noemenswaardige decoratie. Als zij paleizen betrokken, werd de luxe in grote mate achter kunstmatige wandjes verstopt en werden antiek stoelen met sobere stof overtrokken.

En zo vond de bijeenkomst van het Zentralkomitee plaats aan een langwerpige tafel met een goedkoop, lichtbruin gelamineerd oppervlak, in een zaal met lichtgroen voltapijt en schelle verlichting. De leden droegen pak en das en zaten netjes naast elkaar aan dezelfde kant van de tafel, gericht naar de persoon die het woord nam. Als het geen stijl uitstraalde, zag het er op zijn minst modern en dynamisch uit.

Maar de inhoud van de vergadering was geenszins modern of dynamisch; er werd over alles behalve concrete maatregelen gesproken. Dat frappante fenomeen was ook zichtbaar op de Oost-Duitse nieuwsuitzendingen, waar een kwart van de inhoud over ontmoetingen met buitenlandse communistische leiders ging, een kwart over de sportverdiensten van het land — en dat waren er reusachtig veel; zo won het kleine land recent de Olympische Winterspelen! — , een kwart over nieuwgebouwde woningen, en een kwart over de politieke structuren *die de concrete maatregelen zouden moeten nemen*. Maar over die maatregelen zelf ging het dus nooit.

En dus ook niet op deze cruciale bijeenkomst van het Zentralkomitee. De eerste dag begon met de bekendmaking van een telegram van Egon Krenz aan Gorbatsjov, en van een gesprek van Egon Krenz met de andere Oost-Europese leiders. Vervolgens werden de 'bijdragen van de bevolking aan het Zentralkomitee' besproken, en daarna de voorstellen van het Onderzoekscollectief aan de Academie der Wetenschappen. De rest van de voormiddag ging over de mogelijke kandidaten voor de vacatures in de politieke structuren.

In de namiddag werd er over de kaderpolitiek van Egon Krenz gesproken, opnieuw over de postjes dus. Daarop volgde een toespraak over de oprichting van het Nieuwe Forum, een initiatief om op een vernieuwende manier met de bevolking te spreken. En dat terwijl die al heel massaal en luid aan het spreken was!

~

Sinds hij de proefboringen met eigen ogen gezien had, was de mogelijke enorme schat in zijn achtertuin de grootste bekommernis van Podborsky. De Russische militairen aan mijn deur lieten hem echter niet binnen omdat ik het te druk had.

-"Hoeveel, Dominique, zeg het me!" riep hij door het deurgat.

-"Ik word gek van de stress, Koninklijke Hoogheid!" Alexandra had me bijgebracht dat het gebruik van de juiste aanspreektitels wel degelijk zijn nut had.

-"Hoezo, stress?" Dingen waren altijd eenvoudiger voor mensen die er niets van kenden.

-"Ik kan niet werken onder stress; ik krijg krampen in mijn borstkas. Ik zou wijn willen drinken, maar dan ik niet meer nadenken en rekenen. Dit is verschrikkelijk ingewikkeld en ik heb te weinig tijd!" Ik toonde hem ettelijke bladzijden met berekeningen.

-"Heb je geen algemene voorlopige conclusies, Dominique?"
-"Zo zit ik niet in elkaar, Frank, euh... excuseer me, Koninklijke Hoogheid. Ik trek geen voorlopige conclusies. Het werk moet gewoon áf!" Ik gaf er me op dat moment rekenschap van dat ik niet eens de goudprijs kende! De militairen haalden hem weg van bij de deuropening.

~

Over een periode van twee uur, en onder luid applaus en gejuich van de mensen op straat, dwarrelden de gemaskerde actrices het hotel binnen, waar ze hetzelfde respect kregen. Ze spoedden zich naar boven. Onder hen Anastasiya, of misschien ook niet. Speculaties alom. Er werd zowaar een hele verdieping voor hen vrijgemaakt. Het waren in de eerste plaats onfortuinlijke journalisten die plaats hadden moeten ruimen. Zij zouden de laatste nacht vóór het congres in de lobby moeten doorbrengen. Het hotel had intussen iets van een geïmproviseerd vluchtelingenkamp; men plooide zich dubbel om in de minimale menselijke behoeften te voorzien.

~

Omdat Podborsky zich 's avonds met Tatiana zou verloven, riep hij in de namiddag zijn handlangers naar het paleis voor hun finale instructies. Dat deed hij in de ruime hal waar 's anderendaags het congres zou plaatsvinden. Hij bekwam dat de installateurs gedurende een half uur de ruimte verlieten. De deuren werden gesloten.

Hij had niet de gewoonte ze in grote getale toe te spreken. Liever reed hij kriskras door het land om elke zaak in beperkt gezelschap uit te leggen; hoe minder zijn handlangers het grotere plaatje kenden, hoe beter. Op de vooravond van een nieuwe grondwet echter kon hij niet anders dan ze collectief gerust te stellen. Ze waren met honderd, het aantal waarin de Verenigde Naties toegestemd hadden, en zouden morgen twintig procent van het publiek uitmaken.

Er was een uitgesponnen akkoord gesloten tussen de Verenigde Naties, die a priori geen enkele handlanger in het publiek wilden, en Podborsky, die hoopte de Verenigde Naties te intimideren met zijn machtsvertoon. Beide partijen waren overeen gekomen dat noch de handlangers, noch de politie wapens zouden dragen. Toen de discussie over het aantal ging, was Bezmenov met het hoogst eigenaardige voorstel gekomen dat Podborsky met honderd handlangers mocht komen, *als de Verenigde Naties die zelf mochten kiezen.*

Podborsky had lang van dat voorstel wakker gelegen. Toen de communisten aan de macht waren, waren ze erin geslaagd om zijn organisatie volledig in kaart te brengen; in zoiets waren ze nu eenmaal heel goed geweest. Nu bleek voor het eerst dat zij, of iemand anders, de handlangers in bepaalde categorieën ingedeeld hadden. Hij had echter geen enkel idee welke die categorieën konden zijn: agressief tegenover minder agressief, loyaal tegenover minder loyaal, sterk tegenover zwak... Het had zijn paranoia verhoogd. Uiteindelijk had hij bekomen dat hij een lijst van duizend namen mocht neerleggen. Daaruit kozen de Verenigde Naties er dus honderd.

Voor hem zaten nu die honderd mannen, stuk voor stuk te vertrouwen had hij altijd gedacht. Tot ze geselecteerd werden door de Verenigde Naties. Zijn ogen spiedden door de zaal, op zoek naar blikken van onverschilligheid of cynisme. Maar wat hij zag, stelde hem gerust: ogen van hebberige mannen die wisten wat ze hadden en waard waren. Met vertrouwen begon hij aan zijn betoog:

"Morgen wordt het de mooiste en belangrijkste dag uit ons bestaan." Hij noemde ze geen vrienden, kameraden of mannen; de gesprekken met hen waren altijd direct en zonder franjes geweest. "Jullie of jullie ouders zijn na de oorlog vanuit heel Oost-Europa naar dit kleine arme land gevlucht uit schrik voor Stalin. Daarom zijn we talrijk en krijgen we morgen onze zin!" Hij hoorde goedkeurend gemompel. "Ik weet dat jullie schrik hebben van de nieuwe economie, welke ze ook zullen verzinnen," zei hij spottend. Zijn toehoorders schoven op hun stoelen; dit was uiteraard het gevoelige onderwerp. "We spelen het spel mee tot ze voorgoed weg zijn, de Verenigde Naties, de pers en al de rest. Daarna is het weer aan ons, aan de échte economie!" Een paar toehoorders klapten in de handen. "En die zal nog beter lukken dan vroeger!" Iedereen wist wat hij bedoelde: de bevolking zou minder arm zijn dan onder het communisme, en politiek en justitie makkelijker te bewerken. "We vertrekken trouwens onder een goed gesternte: jullie hebben alvast gehoord van het feit dat *ik* binnenkort de enige eigenaar word van de Vissermans. Maar wisten jullie al dat ze net goud ontdekt hebben in Bilgund?" Niemand van de aanwezigen had ooit van Bilgund gehoord. Dat klaarde hij snel op. De belangstelling was plotseling groot. "Ze dachten te kunnen boren op een koninklijk domein zonder dat ik dat te weten kwam!" lachte hij. "Toen ik ze ontdekte, bleek het dat ze al een heel lange tijd de volledige bodem in kaart aan het brengen waren. Over hoeveel goud het gaat, zullen we morgen te weten komen, maar geloof me: het gaat om véél goud, want ze zijn héél diep aan het boren!" Een motiverende speech hoefde niet ingewikkeld te zijn.

Hij hield halt en wachtte geduldig tot er voldoende anticipatie was voor wat hij nu ging zeggen. Uit de knikkende hoofden kwam een geroezemoes dat optimistisch klonk. Ze waren klaar om het vervolg te horen. "Morgen moeten we het echter consequent spelen. Om te beginnen komt de consul onder geen enkel beding haar kamer uit; tot dusver is haar gevangenschap onze grootste troef geweest. Dat moet zo blijven tot de afloop van het congres. Daarom zullen vier van jullie, mét wapens, de ingang van haar kamer bewaken, en zullen er nog eens vier onder haar venster staan. De enige manier waarop ze vóór het congres uit haar kamer komt, is *dood*. Is dat duidelijk?" De toehoorders knikten. "Jullie moeten haar met een attitude bewaken dat het voor iedereen duidelijk is dat jullie bij de minste onregelmatigheid haar kamer induiken om ze dood te schieten. Ik wil de Russen niet het idee geven dat ze een commando moeten proberen. Van zodra jullie íets vreemds opmerken, mag alvast één iemand in haar kamer gaan om af te wachten wat er precies gebeurt." 'Het is al goed, baas; we hebben het begrepen,' leek iedereen te zeggen. Podborsky wou daar nog meer details aan toevoegen, maar zag in dat hij de lijn van de verveling overschreden had.

"Goed," ging hij verder, "in het land staan we klaar om een oorlog te voeren, maar het succes begint op het congres zelf; we moeten absoluut vermijden dat er een andere leider aangesteld wordt dan de gravin, samen met mij welteverstaan. Want zolang er geen leider is, weet de vijand niet naar wie hij moet luisteren en voor wie hij moet vechten." Zijn toehoorders vonden dat logisch. "Welnu, op het congres moeten jullie jullie aanwezigheid laten opmerken; ik wil een ruige bende zien die heel veel kabaal maakt bij alles wat gezegd wordt. Geen geweld maar des te meer intimidatie." Een kolfje naar hun hand. "Houd jullie echter klaar voor de speech van Bezmenov die volgt op de speech van de koningin; mocht die de foute richting uitgaan, moeten wij onmiddellijk het podium bestormen. Op dat moment begint de oorlog. Is dat duidelijk?" Ze knikten.

"Dan nodig ik jullie nu uit op mijn groot verlovingsfeest. Breng de dames mee!" Dat oogstte een ovatie.

~

Klaus en Anoushka hadden niets buiten elkaar. Ze hadden van hun verblijf in Bilgund een vooruitgeschoven huwelijksreis kunnen maken, ware het niet dat ze het zwaard van Damocles boven het hoofd voelden hangen.

-"Ben je weer de telefoonkast aan het onderzoeken, Klaus?"
-"Het zou ons eens van pas kunnen komen."
-"Hoezo, wil je het saboteren? Wil je ontsnappen?"
-"Ik wil onze opties openhouden, Anoushka; vergeet niet wij nu even kwetsbaar zijn als Nikki."
-"Maar onze situatie is anders, Klaus; Nikki is een gijzelaar, terwijl wij hier enkel zitten omdat Podborsky mij vanavond of morgen niet wil zien opduiken."
-"We zien wel."

Klaus knoopte regelmatig een gesprek met de bewakers aan, aan wie hij meer over Sylvanië kon vertellen dan zijzelf. Er ontstond een vriendschappelijke band. Klaus kwam veel te weten over hoe de maffia in Sylvanië te werk ging. Het was duidelijk dat deze mannen heel loyaal aan Podborsky waren; ze spraken met groot lof over hem en zijn toekomstplannen. Voor geen enkele van de andere prominenten die momenteel in de hoofdstad waren, hadden ze een goed woord over, ook niet voor Tatiana en zelfs niet voor koningin Sylvia.

Anastasiya was de uitzondering. Elk tweede liedje op de radio was er eentje van haar. Podborsky had Anastasiya steeds aan zijn kant gewaand; tenminste, zo had hij dat aan iedereen gecommuniceerd. Het had het voor hem ongewenste effect gehad dat niets zijn handlangers nog tegenhield om haar als een idool te vereren. Het was een kaart die Klaus en Anouschka op het meest precaire moment hoopten uit te spelen.

~

Hoewel nog niet alle beslissingen genomen waren, gaf Bezmenov zijn laatste persconferentie. Droog deelde hij mee dat het congres 's anderendaags in het koninklijk paleis zou plaatsvinden, wat iedereen reeds wist, en dat alle bezoekers op voorhand geregistreerd moesten zijn; iedereen zou een pas met foto krijgen en op wapens gefouilleerd worden.

Tijdens het congres zou een nieuwe grondwet bekendgemaakt worden, gebaseerd op de Beierse. Er ontstond geroezemoes in het publiek. Werd Sylvanië een protectoraat van West-Duitsland, zoals bijvoorbeeld Puerto Rico dat was van de Verenigde Staten? Wou dat dan zeggen dat er dan helemaal geen staatshoofd zou komen?? Op die vragen wou Bezmenov geen antwoord geven: "Alle mogelijkheden liggen nog op tafel, maar we zullen het niet verder zoeken of niet moeilijker maken dan nodig."

Hij voedde de speculaties echter door te stellen dat het congres zou beginnen met de beslissing over de nieuwe munt. Als dat de Duitse Mark werd, effende dat wellicht het pad voor aanhechting bij West-Duitsland. Vervolgens zou het congres de krijtlijnen voor de nieuwe economie uittekenen. Trots vertelde Bezmenov dat prinses Kathrin de Vissermans een tekst zou voorlezen die uitstekende perspectieven bood. "En dat is toch het allerbelangrijkste," probeerde hij zijn optimisme te verspreiden.

Dat lukte nauwelijks; de vrede in het land stond of viel met of Podborsky gelukkig was, en daarover had Bezmenov nog niets gezegd. Als volgende kondigde hij een optreden van Anastasiya aan, als intermezzo. Iedereen besefte dat het iets anders zou worden dan een intermezzo; het optreden van Anastasiya voegde op zich een enorm gewicht aan het congres toe. Wie was ze? Op die vraag kwam andermaal geen antwoord. Zou ze zich eindelijk bekendmaken? Bezmenov zei van niet. Wat zou ze zingen? Niet het 'Sylvania Freedom,' maar wat precies wel, wist hij niet te zeggen.

Na het intermezzo zou de koningin de nieuwe grondwet bekendmaken. Dat de moeder van Podborsky de nieuwe grondwet voorlas, was de beste garantie op vrede. Bezmenov vertelde dat de prins een stuk van de tekst gelezen had, en dat die hem bijzonder goed bevallen was. Een goedkeurend gemompel ging door de toehoorders.

Bezmenov zei verder niets over een kroning of over een andere plechtige aanstelling van het staatshoofd. Dat moest vallen onder de 'praktische mededelingen' op het einde van het congres, zoals wanneer en hoe de eerste verkiezingen zouden plaatsvinden.

~

Tussen de installaties die voor de volgende dag in gereedheid gebracht waren, was er nog ruimte genoeg voor een spetterend verlovingsfeest. De gegadigden op de receptie bestonden uit een curieuze mengeling van diplomaten in een pas gestreven pak, journalisten die een hemd droegen dat veertien dagen in een koffer gezeten had, en de handlangers van Podborsky. Die laatsten waren verrassend keurig gekleed maar onderscheidden zich door de gretige aanval op de hapjes. Ze stapelden ze op op hun arm uit schrik er te weinig te krijgen.

Reinhard was aanwezig op de receptie. Ik had hem mijn kamer uitgestuurd omdat ik me op de resultaten van de proefboring moest concentreren. Die werden me met mondjesmaat doorgebeld. Elke keer hoorde ik de luide stemmen van Klaus en Anoushka op de achtergrond. Ik wou hen niet laten aanmanen om te zwijgen maar het maakte wel dat de communicatie een stuk moeizamer verliep, tot frustratie van de laborant aan de andere kant van de lijn. De man had het heel druk; de analyses zouden de hele nacht doorgaan.

Alexandra verzorgde me en kalmeerde me. Waar mogelijk nam ze een stuk van mijn werk over. We ruilden regelmatig diskettes. Ik zocht enkel mijn bed op om als een baksteen in slaap te vallen en door Alexandra twee uur later gewekt te worden. Als dit goed afliep, werd het het verhaal van ons leven.

Op de receptie werd Tatiana reeds als koningin behandeld. Om die reden stelde niemand haar vragen. Wel werd er nota gemaakt van haar luchtige, persoonlijke conversatie met Reinhard. Die laatste overtuigde haar zowaar om samen een bezoekje te brengen aan Nikki boven. Een nochtans drieste Podborsky durfde hen niet tegen te houden. Tatiana scoorde een psychologische overwinning: zij was nu de baas! Nikki vloog Tatiana en Reinhard om de hals. Ze kreeg een snelle update van de situatie, voor het verschil dat dat kon maken.

~

De professor had twee uur eerder de resultaten voor de tweede set gegevens ingediend. Het waren dezelfde gegevens maar ze droegen een ander nummer. De directeur had er enkele notabelen als getuige bijgehaald en hen uitgelegd wat hij nu zou doen. Samen met hen sorteerde hij de resultaten volgens de nummers die hetzelfde bloedstaal aanduidden overheen beide proeven. Die resultaten kwamen wonderwel overeen, waarmee de professor bewezen had dat zijn methode voldoende betrouwbaar was. De directeur werd echter lijkbleek; hij had liever niets te maken met wat er nu te gebeuren stond. Maar hij had geen keuze. Terwijl de professor reeds lang in bed zat, onbewust van wat hij net aangericht had, probeerde de directeur koortsachtig Bezmenov te bereiken.

~

Yuri Bezmenov was trots op zichzelf; in de uurtjes voor de verloving had hij alles voor elkaar gekregen. In de huidige omstandigheden had hij de beste oplossing voor Sylvanië gevonden. Alles zou morgen van een leien dakje lopen. Hij had het programma van het congres aangepast om dat te bewerkstelligen. Iedereen kwam hem feliciteren. De eindconclusie was nog niet officieel bekendgemaakt maar de geruchtenmolen deed volop zijn werk.

Vanuit het midden van de zaal bekeek hij het melodramatische spektakel van een prins die een gravin ten huwelijk vroeg. Podborsky bood Tatiana een ring aan die geen enkele twijfel liet bestaan over zijn macht en status. Tatiana liet het zich welgevallen. Het was soms vreemd hoe een man en een vrouw elkaar voor het leven vonden, bedacht Bezmenov. Misschien was het zelfs altijd vreemd, had elk koppel zijn uniek verhaal, zoals Cassandra en hij. Hij keek uit naar haar komst morgenochtend. Ze wou nog eenmaal haar dochter zien, had ze gezegd. Welnu, ze had niets te vrezen. Dat wist hij met zekerheid sinds een uur. Vannacht zou hij voor het eerst in lange tijd goed slapen. Morgen was hij de held. Daarna zou hij met Cassandra een mooie reis maken.

Er was echter nog iets: de bloedproeven. De resultaten waren eigenlijk zo voorspelbaar als onbelangrijk, maar omdat een omhooggevallen diplomaat van de Verenigde Naties daar ooit een staatszaak van gemaakt had, waren ze een essentieel onderdeel van het hele compromis geworden. Zo ging dat. Geen probleem echter; de directeur had met de hand op het hart beloofd dat hij de resultaten op tijd zou bezorgen. Er was uitstel geweest; het had te maken gehad met een nieuw soort bloedonderzoek, en een professor die daarmee in de wereldpers wou komen. Nu herinnerde Bezmenov het zich weer: de diplomaat die de bloedproeven geëist had, was een Belg uit Leuven geweest. Natuurlijk!

Koningin Sylvia gaf een toast ter ere van de kersverse verloofden. Het was een speech die Bezmenov goedgekeurd had. Omdat hij hem niet voor de vijftiende maal wilde zien of horen, koos hij dit moment om even naar het hotel te telefoneren. Daar waren enkel twee telefoontjes binnengekomen. Hij zou zich de volgende twintig minuten voor de rest van zijn leven herinneren. Alsook de volgende nacht.

HET CONGRES

Hij had nauwelijks de tijd gehad om te slapen en had de zwaarste dag van zijn leven voor de boeg. Toch stond Yuri Bezmenov vroeg op om Cassandra aan de luchthaven op te halen. De limousine stond reeds naast het toestel toen de ladder aangereden werd en de deur zich opende. Een duidelijk aangedane Cassandra daalde af. Bezmenov kuste en omhelsde haar, en drukte haar tegen zich aan. In de auto naar het hotel deed Cassandra haar dringende, meest onwaarschijnlijke verhaal, waarop Bezmenov tot haar verrassing "ik weet alles, liefste" antwoordde. "Ik ga Nikki toch te zien krijgen?" Bezmenov knikte. Enigszins gerustgesteld vertelde ze vervolgens over Riccardo Ehrmann en Peter Brinkman.

~

Links vooraan in de perszaal stond een microfoon opgesteld. Daags voordien was hij enkel gebruikt geweest door Oost-Duitse journalisten, die een aantal kritische vragen over de eerste dag van de bijeenkomst van het Zentralkomitee gesteld hadden. Ze hadden althans kritisch moeten lijken. De Westerse journalisten waren geenszins onder de indruk geweest.

Riccardo Ehrmann en Peter Brinkman betraden de zaal vele uren voor de persconferentie van de tweede dag. De twee mannen kenden elkaar niet. Ze waren elk verbaasd de andere precies hetzelfde te zien doen: beide heren hingen immers hun vest op een stoel vlakbij de microfoon. Ze dachten hetzelfde maar zeiden niets.

~

-"Dominique, het is voor jou!" Alexandra schudde me wakker.
-"Is het belangrijk?"
-"Het is mijnheer Bezmenov!" Oh, God! Ik strompelde recht en nam de telefoon op. "Hallo, met Dominique."
-"Dominique, heb je de cijfers?"
-"Ik heb er eindelijk vat op, mijnheer Bezmenov. Er is veel goud."
-"Hoeveel, Dominique?" Dat kon ik hem niet zeggen. In plaats daarvan gaf ik hem een ingewikkelde uitleg over volumes en dichtheden, en hoe dat allemaal uit te rekenen was met integralen. "Luister, Dominique, dit is de belangrijkste dag van mijn leven, van jouw leven en van heel Sylvanië. Ik ga niet meer proberen je te begrijpen. Ik laat je binnen drie uur zelf de uitleg doen. Maar wees duidelijk, Dominique! En vooral: geen fouten!" Hij legde de telefoon neer.
-"Wat zei hij?"
-"Drie uur, Alexandra. Ik kan zelfs niet nadenken!"
-"Ok, Dominique, dit is wat jij gaat doen: jij slaapt nog twee uur. Ik leg intussen alles klaar. Daarna geef je alles wat je hebt om duidelijk uit te leggen hoeveel goud er is."
-"Ik weet niet hoeveel goud er is, Alexandra!"
-"Sst, maak je geen zorgen." Ze kwam tegen me aan liggen tot ik in slaap viel.

~

De veiligheidsinstallaties van de luchthaven waren naar het paleis gebracht. Onder toezicht van een indrukwekkend aantal Russische soldaten werd iedereen dubbel geverifieerd op identiteit en bezit van wapens. Na de inspectie deponeerde elkeen zijn spullen op een van de vijfhonderd klapstoeltjes alvorens zich te bedienen van drank en sandwiches. Een dozijn journalisten probeerde nieuws te puren bij de groepjes van etende en druk discussiërende aanwezigen. Het enige nieuws was dat iedereen wist wat hij wou maar niemand wat het zou worden.

Podborsky's honderd gegadigden kwamen de zaal binnen om de plaatsen in te palmen die de baas hen de dag voordien toegewezen had. Ze droegen goedkope zwarte pakken met wit hemd en bruine of zwarte das. Nadat ze zich ruimschoots van eten en drank bediend hadden, zetten ze zich op twee meter van elkaar neer. Dat maakte dat ze hun gesprekken luid voerden. Zonder enige scrupule spraken ze de andere aanwezigen aan om hen diets te maken dat deze dag de nieuwe nationale feestdag zou worden, de dag dat prins Frank Podborsky koning werd, vertelden ze daar onnodig bij. Elkeen kreeg luid de vraag wat hij daarvan vond.

Tussen het publiek en het podium was er een ruime opening voorzien. Daarin stond enkel een tafel voor de vijf gedelegeerden van de Verenigde Naties, als een soort jury, zo leek het. Was het echt zo dat deze mensen tijdens het congres zelf nog beslissingen moesten nemen?!

Hectische geluiden buiten de zaal verraadden dat prominenten hun intrede maakten. De eerste was slechts Reinhard. Hij ging rond en schudde iedereen de hand. Op zijn manier veranderde hij de stemming in de zaal. Sommige van Podborsky's handlangers kropen beschaamd in elkaar en hoopten dat hij hen niet herkende... omdat ze ooit een kaartje aan hem afgegeven hadden. Terwijl hij zich van een tas koffie bediende, merkte hij op dat alle voorzieningen uit onschadelijk plastiek of karton gemaakt waren. De reden daarvoor werd hem plots duidelijk. Omdat hij de ernst van de situatie besefte, zette hij zich helemaal rechts achteraan de zaal.

Voor prinses Kathrin de Vissermans was een plaats op de eerste rij voorbehouden. Haar gedachten sloegen het congres over. Hoe zou ze na het congres onderhandelen met koningin Tatiana, of veel erger, met de prins-gemaal? Ze had net met haar man Robert gebeld. Het zag er niet goed uit. Wanhopig om verdere vernielingen een halt toe te roepen, had hij reeds een onmiddellijke en voorspoedige oplossing voor de Rechtvaardige Rechters beloofd. Dat was niet verstandig geweest; het had enkel de onderhandelingspositie van Podborsky, want hij zou het uiteindelijk wel zijn, versterkt.

Een zee van flitslichten kondigden de sterren van de dag aan. Onder groot gejuich en handgeklap kwamen gravin Tatiana en prins Podborsky de zaal binnen. Die laatste schudde met de vuist naar zijn kompanen: 'we zijn er bijna!' Tatiana was dolblij Kathrin terug te zien; ze had de mooiste beelden uit haar jeugd voor ogen. Nadat ze met tranen in de ogen de prinses drie kussen gegeven had, nam ze naast haar plaats en nam ze haar bij de hand: "Ik breng het allemaal wel in orde!" Podborsky was duidelijk niet akkoord met het plaatje en snokte kort aan Tatiana's andere hand: niets beloven!

~

Klaus en Anoushka zaten gemoedelijk naast hun bewakers naar dezelfde radio te luisteren. Ze hoorden hoe de vertegenwoordigers van de Verenigde Naties binnenkwamen en plaatsnamen aan de tafel in de open ruimte tussen het podium en het publiek. "Wat zou hun taak nu nog zijn?" vroeg de reporter zich af, "het kan toch niet anders dan dat alles reeds beslist is?!" En wat die beslissing was, leed volgens de reporter geen enkele twijfel.

Als laatste kwam koningin Sylvia binnen, in het gezelschap van Yuri Bezmenov, zonder Cassandra. Dat merkte Klaus niet op; hij wist niet beter dan dat zijn mama nog in Gent was.

~

De enige die van niets wist, was Nikki. Alles wat Reinhard haar had kunnen vertellen, was dat er een congres kwam en dat Podborsky prins-gemaal zou worden naast Tatiana. En dat ze dus veilig was. Het bezoek had Nikki veel plezier gedaan. Ze kon nu niet anders dan de uren af te tellen. De bewakers zaten talrijker dan ooit buiten haar deur en beneden het venster. Die ochtend had ze voor het eerst in haar kamer moeten ontbijten. Ze hoopte dat dat geen slecht voorteken was.

~

Alexandra moest beslissen wat ze mee zou nemen. Behalve de berekeningen had ze mijn werk goed gevolgd. Ze had door boeken gesnuisterd met getallen over geologische vondsten. Regelmatig had ze geprobeerd me op overeenkomsten te wijzen, maar dat was niet de manier waarop ik de zaken aanpakte: alles viel te berekenen en dat was hoe het moest gebeuren. Ik had er enkel de tijd niet voor gehad.

Ze bekeek opnieuw de getallen in het boek; de overeenkomst was te groot. Als ze me maar van mijn koppigheid kon afbrengen... Ze kleefde een hechtpleister op de zijkant van het bewuste blad en kleurde die rood. Tezamen met het boek nam ze de laatste berekeningen mee. En lege transparanten natuurlijk, en een zwarte stift, want daar had ik expliciet om gevraagd.

Ze kuste me zacht wakker.

~

Koningin Sylvia had nog geen tijd genomen om Cassandra te ontvangen; ze was niet erg opgezet met de aanwezigheid van Willems maîtresse, zeker vandaag niet. Maar uiteraard had ze begrip voor de dame die voor het leven van haar gevangen dochter vreesde. In een eclatant goud- en roodkleurig salon met breed zicht op de diepe Franse tuin kreeg Cassandra een kop thee aangeboden. Vlakbij zag ze vier gewapende mannen die heel af en toe naar boven keken of alles nog in orde was. Cassandra behoefde geen uitleg. Ze dacht integendeel na over wat ze precies aan Nikki zou zeggen. Als ze nog de kans kreeg haar te zien; Podborsky stond immers geen enkel bezoek toe.

~

Het licht boven de toeschouwers doofde gedeeltelijk om het begin aan te kondigen. Iedereen wachtte nu op de openingsrede van Bezmenov. Die bleef echter aan de tafel van de Verenigde Naties zitten alsof hij zelf op iets wachtte. De spanning steeg. Podborsky hield niet van verrassingen en zeker vandaag niet. Terwijl hij angstvallig rondkeek, doofde het licht helemaal.

Een rocknummer van Anastasiya, nu al! Onder het geflikker van wervelende spots kwamen de in het zwart geklede danseressen met witte maskers uit de coulissen en voerden op vooraf opgenomen muziek en zang een spetterende choreografie uit. Het publiek juichte en klapte in de handen. "Loopt Anastasiya op het podium?" vroeg Podborsky ontsteld aan Tatiana, "ik was nochtans zeker dat jij het was!" Terwijl hij op zijn stoel schoof, lachte Tatiana enkel en genoot ze van het spektakel. Ze zwaaide geestdriftig naar de actrices. "Maar je weet duidelijk wel wie op het podium staat!" riep Podborsky. Natuurlijk wist ze dat!

Op het einde van het lied gingen de danseressen stokstijf in een open V formatie staan met de blikken naar de zaal gericht. Op het moment dat de gewone lichten boven het podium aangingen, onderzochten de camera's met scherp de individuele danseressen, vooral het meisje dat centraal achteraan in het punt van de V stond. Als Anastasiya op het podium stond, stond ze daar. Geen van de meisjes bewoog echter, ook niet het centrale meisje achteraan. Iedereen werd gegrepen door het plotse besef dat het hele congres van de eerste tot de laatste minuut zou plaatsvinden onder de vleugels van Anastasiya. Het was een beklijvend zicht en meteen bittere ernst. De handlangers van Podborsky grepen naar hun kraag en de vertegenwoordigers van de Verenigde Naties zetten zich rechtop in hun stoel.

Hoe langer Anastasiya niet zong of zich op een andere manier kenbaar maakte, hoe meer de blikken zich op Tatiana richtten. Podborsky zat versteend op zijn stoel; als ze nu rechtstond en het podium opstapte, pleegde ze een succesvolle staatsgreep. Die had ze echter niet nodig. Ze glimlachte ontspannen naar de camera's.

Yuri Alexandrovich Bezmenov opende het congres. Hij dankte de danseressen en Efim Geller, die het perfecte schouwspel à l'improviste in elkaar gebokst had. Tevens dankte hij in naam van Anastasiya alle toeschouwers en alle kijkers thuis die een kaartje aan Anastasiya hadden laten afgeven. Hij zei dat de kaartjes achteraan in de zaal ter beschikking bleven. Kaartjes voor Anastasiya?! Daar wist Podborsky helemaal niets van! Waarom had niemand hem daarover iets gezegd?! "Wist jij van die kaartjes?" vroeg hij aan Tatiana. Wat een tragikomische vraag, besefte hij zelf.

~

Bezmenov dankte vervolgens allen die aan de voorbereiding meegewerkt hadden en bracht hulde aan de dappere koningin, die reeds langer dan een kwart eeuw als weduwe het land bestuurde. Vervolgens schetste hij de context van het gebeuren: de communistische regering was gevlucht en secretaris-generaal Gorbatsjov van de Sovjet-Unie had besloten het kleine land uit het Oostblok te laten vertrekken. Dat hij dat uit vrije wil gedaan had, moest blijken uit de nog steeds grote militaire aanwezigheid van de Sovjet-Unie en uiteraard uit het feit dat de Rus Bezmenov het congres voorzat.

De nieuwe staat had echter een grondwet nodig. Hij dankte de Belgische grondwetspecialisten die hem hadden opgesteld en met succes hadden laten goedkeuren. De grondwet en de wetten waren volledig op West-Duitse leest geschoeid en zouden voor vlotte handelsbetrekkingen tussen beide landen moeten zorgen. Podborsky mompelde; hopelijk viel het woord "West-Duitsland" niet te dikwijls meer!

Het enige wat nog aan de nieuwe grondwet ontbrak, waren de artikelen over het nieuwe staatshoofd. Bezmenov zette de verschillende alternatieve keuzen naast elkaar: een erkenning van koningin Sylvia's eigen dynastie, een voortzetting van de dynastie van koning Willem, een republiek, of een nieuw West-Duits 'land', zoals de deelstaten van de West-Duitse confederatie genoemd werden. Het publiek reageerde nauwelijks; het was een uitgemaakte zaak. Bezmenov boomde door op de meest evidente keuze:

-"De oudste broer of zus van koning Willem was Hendrik, die op zijn beurt een legitieme dochter heeft." Tatiana hoorde zich voor het eerst een *legitieme* dochter genoemd worden. Ze trok een meewarige blik. "De keuze van het congres inzake het staatshoofd zal vallen nadat de verschillende kandidaten en andere sprekers aan de beurt geweest zijn; we willen immers zeker zijn dat Sylvanië levensvatbaar en stabiel is." Met andere woorden: West-Duitsland wou geen Derde Wereldland aan z'n deur, met om de haverklap burgeroorlogen en stromen vluchtelingen. "Ten slotte," zei Bezmenov, "is het congres zo voorzichtig geweest bloedproeven te laten afnemen." Omdat eerder het woord *legitiem* gevallen was, klonk dat logisch in de oren van de aanwezigen. "De resultaten zijn gisteravond binnengekomen en worden momenteel aan het dossier toegevoegd."

-"Waarom komen ze niet meteen met hun beslissing?" protesteerde Podborsky. Tatiana suste hem. De hele bedoening zinde hem niets. Tot deze morgen was er gewoonweg geen enkele andere mogelijkheid dan dat Tatiana koningin en hij prins-gemaal werd. Nu kwam Bezmenov met liefst vier alternatieven af! Hij ging naar de achterkant van de zaal om een koffie. Onderweg knikte hij naar Reinhard. 'Die speelvogel ziet eindelijk eens wat bloedige ernst is,' dacht Podborsky, 'en het is hier bijlange nog niet gedaan!'

Hij kwam bij de koffie. Wat was dat? De kaartjes waarover Bezmenov gesproken had. Hij las de melige tekst, die stelde dat 'het kaartje met je persoonlijke boodschap aan Anastasiya afgegeven zal worden.' Wat een nonsens! Zoals het er echter uitzag, waren de kaartjes wel gebruikt door de elitaire mensen in de zaal. Of door zijn eigen handlangers. Dat zouden ze toch niet doen, de imbecielen?! Hij had zin om zelf een kaartje te schrijven, een kwaad. Misschien toch beter niet.

De ergernis hield aan. Bezmenov somde nu droogweg alle eigendommen van de Sylvaanse staat en haar koningshuis op, met daaronder het koninklijk paleis, de Rechtvaardige Rechters en Bilgund. Een inboedelverdeling! Met zijn scharlaken rode vest met medailles en gouden epauletten trok Podborsky meer aandacht dan hem lief was; men moest niet in de gaten hebben hoe boos hij was. Hij keerde derhalve onmiddellijk naar zijn plaats terug.

~

Voor Gehrard Lauter zat het werk erop. Hij had een paar vliegen in één klap gevangen: om te beginnen had hij de geniale manier bedacht en uitgewerkt om de bevolking te kalmeren: ze zou naar West-Duitsland mogen reizen... mits lang en braaf geduld. Tezelfdertijd was hij nu de held in plaats van de conservatieve boosdoener. Persoonlijk bracht hij het wetsvoorstel naar het Haus am Werderschen Markt. Het tweede grootste gebouw van Berlijn was met zijn strakke Art Nouveau lijnen de perfecte locatie voor de ambitieuze communistische regering, die dankzij zijn document een nieuw leven beschoren was. Dat was althans de bedoeling.

~

Ze was met grote plannen en veel geestdrift naar Sylvanië gekomen. Om het congres met een positieve noot te laten starten, de enige verwachtten velen, werd ze als eerste spreker aangekondigd. Het was echter met onverschilligheid dat prinses Kathrin de Vissermans zich naar het spreekgestoelte begaf; ze had op dit moment andere, veel grotere problemen. Niettemin bleef de kwaliteit van de tekst dezelfde.

Wat Sylvanië buiten een staatshoofd vooral nodig had, was een nieuwe economie. Dat was wat Kathrin hen bracht. Het restant van alle Belgische spinnerijen en weverijen zouden naar Sylvanië verhuizen. Waar de arbeidsplaatsen in België zwaar gesubsidieerd moesten worden, waren ze hier nog goedkoper dan in Turkije, China, Tunesië of Marokko. België zelf genoot op dat moment van de beste economie sinds de jaren zestig; de verloren jobs zouden snel herwonnen worden.

Kathrin las de lijst van investeringen droog voor. Meteen stelde ze echter ook voorwaarden: een stevige rechtsstaat, inclusief een actieve strijd tegen de maffia, met wat dat betrof, harde garanties, inclusief blauwhelmen. De toehoorders knepen in hun kin, niet in het minst de getrouwen van Podborsky. Het akkoord daarover was reeds rond, voegde Kathrin daaraan toe; ze had de Verenigde Naties tegen de muur gezet: dat of niets. Sovjet blauwhelmen zouden de klus klaren. Podborsky kookte van woede:

-"Hoe durven ze!"

-"Hiermee was je toch akkoord gegaan?" vroeg Tatiana minzaam. Voor Podborsky werd het ingewikkeld; hoe moest hij voor zijn bende een plaats in de nieuwe economie vinden als de multinationale ondernemingen beschermd werden? Het bij de middenstand proberen, die in de nieuwe economie hopelijk rijker werd dan voorheen? Zouden de blauwhelmen iets tegen afpersing ondernemen? Zouden ze het zelfs willen weten of in de gaten hebben? Hij voelde de ogen in de rug van de honderd handlangers die van hem een oplossing verwachtten.

Prinses Kathrin oogstte groot applaus. Ze had meteen de weg gebaand voor de politieke sprekers.

~

Ik wou aanvankelijk niet naar Alexandra's boek kijken; ik kon perfect de vorm en massa zelf uitrekenen. Het was een volume dat niet eens zo grillig was, met een lineair variërende dichtheid. Hoe moeilijk kon het zijn? Alexandra liet me doen; misschien lukte het me wel.

De mama van Klaus en Nikki hield ons gezelschap. Intussen was ze al aan haar derde kopje thee. Ze las geen boek of krant want haar gedachten waren bij Nikki. Maar ook bij Riccardo Ehrmann en Peter Brinkman; mocht dát eens lukken!

~

Van de Duitsers werd gezegd dat ze de blik steeds op het Oosten richtten. Reeds in het jaar 1201 trokken Duitse ridders naar Riga en hoger voor de grote kerstening van Oost-Europa. Daar zijn ze tot aan de Tweede Wereldoorlog gebleven, eerst als ridders, daarna als handelaars en landeigenaren. Hun invloed was intussen niet enkel in de Baltische staten groot, maar evenzeer in Roemenië, Hongarije en Bulgarije. Die markten kwamen binnenkort helemaal vrij, zo hoopten ze. Ze hadden de verschillende landen reeds met grote kredieten aan zich gebonden. Het kleine handelsstaatje Sylvanië moest het ideale opstapje worden.

Begeesterd nam Hans-Dietrich Genscher het woord. De plannen van prinses Kathrin de Vissermans waren de perfecte start voor Sylvanië, zo begon hij. Hij feliciteerde de prinses, die zichtbaar andere zorgen had. Maar West-Duitsland had zoveel daar bovenop te bieden. Hij had het over een aansluiting van Sylvanië op de Duitse infrastructuur van wegen, energie, communicatie en spoorlijnen. Voor het kleine landje zag het er allemaal fantastisch uit, hoe fier het ook op zijn onafhankelijkheid was. Daarenboven kon Sylvanië moeilijk neen zeggen tegen de sterke Mark. Een aansluiting als nieuwe deelstaat van West-Duitsland lag voor de hand, liefst zonder koning of koningin. Genscher oogstte groot applaus bij de Sylvaanse intelligentsia in de zaal, die de onmiddellijke en zekere welvaart boven het avontuur van de onafhankelijkheid verkozen.

Nieuwsgierig naar hun reactie draaiden de camera's zich naar het koningskoppel. Naast de lijkbleke Podborsky applaudisseerde een glimlachende Tatiana voor Genscher. Maakte ze daardoor een goede of een slechte indruk? De puzzel werd toch nog ingewikkelder dan iedereen gedacht had. De vertegenwoordigers van de Verenigde Naties overlegden.

~

Terwijl de volgende voordracht plaatsvond, zaten we met z'n allen bijeen in het salon. Voor het eerst en tot haar grote ontzetting kwam prinses Kathrin te weten dat ook Anoushka in gevaar verkeerde. Podborsky z'n zin geven om daarna met z'n allen naar België terug te keren en Sylvanië te vergeten, was wat iedereen in het salon het beste idee vond. De enige die haar mening voor zich hield, was Cassandra. Haar blik was niet afwezig maar nadenkend en rekenend.

Reinhard was van het gebeuren bijzonder onder de indruk en beefde zelfs. Dit kwam nooit goed. Op eigen houtje ging hij Nikki opzoeken. Onderweg op de brede trappen praatte hij zich in het Russisch voorbij twee Russische wachters, die sympathie voor de man koesterden die op het Rode Plein geland was. Onverbiddelijk stopte zijn onderneming echter aan Nikki's deur, waar liefst vier van Podborsky's zwaargewapende getrouwen stonden. Zij hadden geen enkele belangstelling voor wie Reinhard was of wat hij te vertellen had. Het was de eerste keer dat hem zoiets overkwam en bevestigde enkel zijn vrees. "Laat mij haar gewoon een minuut zien," smeekte hij. Op het moment dat hij weggeduwd werd, riep hij zo luid hij kon de woorden die nooit eerder over zijn lippen kwamen: "Nikki, ik hou van jou!"

~

De derde voordracht kwam vanwege de burgerbeweging die een republiek nastreefde. Zij vertegenwoordigde de ambtenaren die vreesden geen nieuw stekje te vinden in de vrije markt. De beweging beoogde een bestel dat van het huidige vertrok, maar dat via democratische verkiezingen, échte democratische verkiezingen deze keer, zachtjes een nieuwe richting zou inslaan. Ze trok daarbij de kaart van Gorbatsjov, waarbij ze beloofden de kampioenen van de hervormingen te worden.

Het was goed bedoeld maar ongeveer het laatste wat iedereen wou buiten zijzelf. Prinses Kathrin en Genscher hadden zelfs hun kat naar het betoog gestuurd. De beweging had uiteindelijk enkel de Sovjet-Unie aan haar zijde, die echter op dat moment wel de partij met de macht was.

~

In Bilgund luisterden Klaus en Anoushka gespannen naar de radio; nu kwam de toespraak van de toekomstige koningin. Gravin Tatiana had niet moeten oefenen om met een koninklijke présence op het podium te stappen en het woord te nemen. Ze nam de microfoon van zijn staander en sprak de menigte toe zonder de geschreven tekst voor zich. Hoewel ze hem woord voor woord van buiten kende, leek het alsof elk woord spontaan en vanuit het diepste van haar hart kwam. Wat een optreden!

De tekst ging over haar intenties als koningin, maar ook over hoe ze een deel van haar jeugd in Sylvanië doorgebracht had en wat ze zich daarvan herinnerde. Ze zei dat ze goed met prinses Kathrin bevriend was en haar economische plan met succes zou verwezenlijken. Uiteraard stond ze volledig achter de grondwet en rekende ze op een goede samenwerking met West-Duitsland. Ze keek naar haar toehoorders op een manier dat elk individu zich herkend voelde.

Ze oogstte gejuich en een daverend applaus. De vertegenwoordigers van de Verenigde Naties waren opgelucht en gelukkig. Als kers op de taart ging ze bij de danseressen langs, die hun strakke houding lieten varen om Tatiana bij de hand te nemen en geluk toe te wensen. Onmiddellijk daarna verliet ze het podium, eigenaardig genoeg via de coulissen. Bezmenov keek haar achterna en kondigde meteen de volgende spreker aan.

~

Het was een noodzakelijk kwaad: omdat hij kanshebber was om het nieuwe staatshoofd te worden, namelijk in het geval Sylvia's eigen dynastie erkend zou worden, kwam prins Frank Podborsky als volgende het podium op. Vanuit de zaal kreeg hij meer bijval dan iedereen, maar niet het hartverwarmende bijval dat vertrouwen inboezemde; zijn getrouwen stampten hard met beide voeten op de grond terwijl ze riepen en op hun vingers floten.

Hij kon er die dag niet knapper of prinselijker uitgezien hebben. Met veel stijl las hij de tekst voor die alle partijen even zorgvuldig opgesteld als gecontroleerd hadden, en die vooral onderschreef wat Tatiana eerder gezegd had. Zijn hoofd was evenwel niet bij wat hij declameerde; nog steeds onder de indruk van haar toespraak, stond hij meer voor haar in bewondering dan ooit tevoren. Zijn ogen zochten haar. Waar was ze?

Met een eerlijk applaus werd hij voor zijn knappe spreekbeurt beloond. Omdat hij hun reactie belangrijker vond, draaide hij zich onmiddellijk naar de danseressen. Die bleven echter stil en stokstijf staan. Dat gaf hem een schok. Wat gebeurde er? Hij wou meteen naar Tatiana op zoek maar Bezmenov bracht hem onder de luide ovatie van zijn handlangers persoonlijk naar zijn plaats terug. Bezmenov kondigde onmiddellijk daarop de resultaten van het goudonderzoek aan. Dat had Podborsky's aandacht! Zijn zoektocht naar Tatiana zou nog even moeten wachten!

~

Omdat ze net Reinhard met harde hand aangepakt en teruggestuurd hadden, had Podborsky het volle vertrouwen in de vier bewakers. De opdracht bleef even eenvoudig: niemand komt binnen, Reinhard niet, Bezmenov niet, Sylvia niet, Tatiana niet, Geller niet, Cassandra niet... Podborsky had zijn hersenen uitgewrongen om de lijst exhaustief te maken. De bewakers hadden de ogen opgeslagen: 'We hebben het begrepen, baas. Het komt in orde!' Podborsky schakelde zijn walkietalkie uit.

Eén naam was hij echter vergeten. Groot was derhalve de consternatie bij de wachters toen drie mensen de trap opliepen: Cassandra, Geller en... Anastasiya!! Tevergeefs probeerden ze de baas te contacteren.

Het drietal liep naar de deur alsof er niets aan de hand was, Anastasiya als eerste. De wachters waren versteend. Ze vonden hun stem pas terug nadat Anastasiya en Cassandra binnen waren en de deur achter zich gesloten hadden.

-"We mochten niemand binnenlaten!" protesteerden ze. Geller, die bij de bewakers gebleven was, legde het geduldig uit:

-"De dame is uit België gekomen om haar dochter te zien; dat is alles."

-"We zullen onmiddellijk Podborsky inlichten!"

-"Doe dat gerust. Let wel dat hij momenteel naar de uiteenzetting over het goud aan het luisteren is." Dat was voor de bewakers voldoende excuus om hun baas niet te vertellen dat ze iemand binnengelaten hadden. Een van hen dacht al een stap verder en draaide zenuwachtig om de as:

-"Mag ik haar om een handtekening vragen?"

-"Neen, dat mag niemand, maar u mag wel een kaartje aan haar afgeven." Geller haalde vier kaartjes en een pen boven. De mannen keken aarzelend naar elkaar. Uiteindelijk durfde niemand van hen er eentje te schrijven.

Ze waren opgelucht toen Anastasiya weer naar buiten kwam, evenwel zonder Cassandra. Die eerste keek de mannen indringend aan en deed teken dat ze moeder en dochter met rust moesten laten. De bewakers knikten gedwee.

~

Nu even doorbijten. Mijn hoofd gonsde van het feit dat ik te weinig geslapen had. Alexandra inspecteerde mijn pak voor ze me naar het podium liet stappen. "Kijk toch eens naar die pagina!" smeekte ze me voor de zoveelste keer.

Bezmenov leidde me kort in. Hij zei dat Bilgund een oude goudmijn was die bij nader onderzoek nog goud bleek te bevatten. Met vertrouwen beklom ik het podium; aan een groot publiek iets ingewikkelds uitleggen, schrok me niet af. Het was mijn vak.

Ik schetste de reden van het onderzoek: "In de oude goudmijn van Bilgund had Koning Willem proefboringen laten uitvoeren." Het vernoemen van Willems naam werd begroet met een opgewekt geroezemoes. "Welnu, aangezien hij veel in Gent was, liet hij de stalen onderzoeken door professor Geller van de faculteit bodemkunde." Opnieuw reactie, nu bij de naam Geller. "Toen echter professor Geller door de nazi's opgepakt werd, kwam het onderzoek meer dan veertig jaar stil te liggen. Gelukkig besloot baron Reinhard Forel het onderzoek verder te zetten en volledig te bekostigen. U kan hem zelf vragen waarom." Reinhard trappelde zenuwachtig ter plaatse; hij wou niet aan het feit herinnerd worden dat hij dat voor de zangeres gedaan had. Terwijl hun blikken hem zochten, klapten de mensen kort in de handen. Reinhard zelf bleef onbewogen achteraan in de zaal zitten. Omdat ik al driemaal succes geoogst had met het noemen van namen, besloot ik voor het volle pond te gaan: "Voor wie het probeerde te raden, professor Geller is wel degelijk de vader van Efim Geller,..." opnieuw geroezemoes. En om de klus helemaal af te maken: "...de manager van Anastasiya." Daar volgde een uitbarsting van vreugde op. Ik had hun aandacht.

Ongerust over Tatiana's afwezigheid, zette Podborsky zijn walkietalkie aan en belde hij rond. Zowaar Nikki's bewakers wisten waar ze was:
-"Wat, Tatiana is Nikki gaan bezoeken??"
-"Wel, ja, tenminste als Tatiana Anastasiya is."
-"Natuurlijk is ze dat, idioten! Wat ging ze bij Nikki in godsnaam zoeken?" Hij kreeg de uitleg. Wat een rare bedoening. Ok, als het dat maar was. Maar waar bleef ze intussen? Eerst luisteren naar de goudvondst. Kom op, Dominique, een cijfer!

Maar gewoon een cijfer noemen zonder de uitleg te geven van hoe ik eraan kwam, lag niet in mijn aard. Ik had trouwens geen cijfer. Ik deed rustig de hele uitleg van de sedimentaire lagen en hoe die over de tijden verschoven waren. Met een stift maakte ik verschillende tekeningen op transparanten, die op een snel opgesteld scherm achter mij gepresenteerd werden.

Ik toonde hoe de lagen helemaal naar beneden bogen, en hoe de oorspronkelijke goudlaag dat evengoed moest gedaan hebben, behalve dat het buiten het bereik lag van de proefboringen van Willem. Dat was de reden geweest voor de extra proefboring.

Vervolgens haalde ik cijfers boven, coördinaten van de omtrek van de goudlaag en dichtheden. Ik probeerde de berekeningen te vervolledigen zoals ik dat voor een klas universitairen deed. Maar ik was moe. Ik sloeg aan het sukkelen, transparant na transparant. Ik produceerde cijfers die nog meer berekeningen nodig hadden. Niemand begreep er nog iets van. Bezmenov was radeloos:
-"Dominique, een cijfer, nu!"

In een laatste wanhoopspoging greep ik naar Alexandra's boek. Ze had met een klever aangeduid wat haar aandacht getrokken had. Ik controleerde cijfers, de geologie... dit was als het ware een doorslag!
-"Wel, beste mensen, hartelijk dank voor jullie geduld. Ik kan jullie nu bevestigen dat de goudlaag quasi identiek is aan een eerdere gedocumenteerde vondst in..." Ik zocht de referentie op en kon mijn ogen niet geloven, "Johannesburg."

Johannesburg?! Het publiek veerde recht in euforie. We hebben geld! We blijven onafhankelijk! Sommigen stormden naar buiten. Mijn uitspraak kelderde de goudprijs met twintig procent op een uur tijd. Bezmenov en de andere gedelegeerden van de Verenigde Naties kwamen naar me toe:
-"Ben je daar zeker van, Dominique?" Ik hernam mijn berekeningen. Ze bevestigden enkel wat ik gesteld had.

~

Amper twee weken was Egon Krenz secretaris-generaal van de partij, toen hij op de tweede dag van de bijeenkomst van het Zentralkomitee het papier met de nieuwe reiswet aangereikt kreeg. De hele bijeenkomst was opnieuw over alles behalve concrete maatregelen gegaan, zoals de voorbereiding van de vierde partijconferentie en de twaalfde partijdag. Partijdag, partijconferentie, Zentralkomitee: dezelfde mensen in dezelfde vergaderingen over niets. Het was te vergelijken met verveelde familieleden die bij elk restaurantbezoek over het vorige en het volgende restaurantbezoek spraken.

Uiteraard was het ook over de Kaderpolitik gegaan: de verkiezing van de leden van het Politbureau en van de secretaris voor het Zentralkomitee. Tot slot over persoonlijke sancties voor slechte medewerkers. Gehrard Lauter was daar niet bij, want hij had de prachtige nieuwe reiswet opgesteld.

Met de nieuwe reiswet zwalpte de vergadering plotseling van het ene extreem in het andere: van nutteloze bezigheid tot iets wat zo concreet en groot was dat het het hele land onderuit kon halen. De onervaren Krenz onderwierp de nieuwe reiswet nauwelijks aan een debat. In plaats daarvan bewees de kersverse secretaris-generaal zijn dynamisme door de reiswet kort te presenteren en hevig te verdedigen. Hij noemde het een politieke atoombom. De leden van het Zentralkomitee keken verstomd naar hem.

Hoewel de nieuwe reiswet nog niet gestemd was, was de politieke atoombom alvast iets om mee te zwaaien. En Krenz was nog niet aan zijn laatste onvoorzichtigheid van die dag.

~

Er was heel wat tumult. De Sylvaniërs in het publiek konden hun geluk niet geloven en overlegden wat dit allemaal voor hun land betekende: de sterkst mogelijke munt denkbaar en een bodemloos vat om uit te lenen. Ook het niet meer van West-Duitsland afhankelijk zijn was een grote opluchting. Sylvanië zou beginnen met de grote Duitse leningen terug te betalen. De West-Duitsers van hun kant waren eigenlijk ook gelukkig; een rijke buur was even goed als een deelstaat. Hun vrees voor een massale migratie van schooiers en dieven lieten ze varen. Tot slot zagen de socialistische republikeinen van Sylvanië de goudmijn als een fortuin dat de regering vrij kon besteden.

Maar voor dat laatste scenario staken de Verenigde Naties snel een stokje: het goud werd eigendom van de nieuwe Nationale Bank van Sylvanië, die op haar beurt voor de helft eigendom werd van de huidige koninklijke familie, en voor de andere helft van de vinder, of tenminste de financier van de vondst, baron Reinhard Forel. De Verenigde Naties hoopten daarmee te voorkomen dat Podborsky of de republikeinen het alleenzeggenschap over het goud zouden krijgen.

Alle gezichten draaiden zich nu naar Reinhard, terwijl die zich afvroeg waarvoor een nationale bank eigenlijk diende. Bezmenov nam Reinhard snel onder vier ogen om hem duidelijk te maken dat zijn aandeel een enorme verantwoordelijkheid inhield: de bank beschermen tegen Podborsky, die als lid van de koninklijke familie op de andere vijftig procent zou springen. Reinhard begreep er niets van.

Podborsky van zijn kant was razend. Een nationale bank was een instelling die in principe kortetermijnkredieten verstrekte aan heel betrouwbare debiteuren. Met een eindeloze goudvoorraad achter zich kon de bank zich veel risico's permitteren en een monetair beleid voeren dat een grote hoeveelheid geld in circulatie beoogde. Commerciële banken zouden op die manier gemakkelijk geld kunnen lenen van de nationale bank, om dat vervolgens uit te lenen aan ondernemingen en particulieren. De eigenaars van de bank, zijnde Reinhard en welke vertegenwoordiger van de koninklijke familie dan ook, zouden het moeten stellen met de dividenden van de nationale bank. In principe waren die gelijk aan de gewonnen intresten minus de kosten en de verliezen door faillissementen van debiteuren. De aandeelhouders zouden enkel aan het goud zelf kunnen mits toestemming van de regering, wat uiteraard neer zou komen op een enorme koehandel: het goud zou eerst de putten van de overheid moeten vullen, zoals dat kort daarvoor in België gebeurd was. Alles bij elkaar genomen zouden de aandeelhouders dus relatief weinig aan de mijn verdienen.

Podborsky liep naar de tafel van de Verenigde Naties:

-"Het is mijn goud!" riep hij, "begrijpen jullie dat?!" Hij sommeerde zijn getrouwen, die nu alle honderd recht stonden uit hun stoelen. Bij de andere aanwezigen heerste de grootste verschrikking. Podborsky had de walkietalkie in de hand; we waren op een seconde van een burgeroorlog.

-"Koninklijke Hoogheid, hebt U alstublieft nog even geduld," zei Bezmenov, "we hebben zelf pas vernomen hoeveel goud er is. U hebt natuurlijk gelijk: we zullen dit voor het einde van de vergadering volledig herbekijken." Bezmenov kon niet anders.

-"Onthoud: geen vrede tot ik het goud heb!" Podborsky keek over de hoofden van de gedelegeerden en riep zijn kompanen aan tot kalmte: 'Even geduld nog. Ga zitten!'

~

-"Zit al dat goud hier?" vroegen de bewakers in ongeloof.

-"Zo heb ik het ook begrepen," zei Klaus, "daar waar die kraan staat, loodrecht de grond in."

-"Wat kwamen jullie hier eigenlijk doen?"

-"Jeugdherinneringen opzoeken," zei Klaus, "mijn moeder was hier conciërge vroeger." Dat was er niet zover naast.

-"En hoe kent de baas jullie?" Deze mensen wisten werkelijk van niets. Klaus hield het zo:
-"Hij dacht dat wij inbrekers waren."
-"Wel, jullie zien er in elk geval niet als inbrekers uit," lachten de mannen.

Het gesprek werd onderbroken door nieuws op het congres. Bezmenov en de afgevaardigden van de Verenigde Naties hadden zich teruggetrokken voor een finale bespreking. Dan kwam nu... het intermezzo!

OPSCHUDDING

Het was alsof alle deelnemers voor het intermezzo gekomen waren, en alsof de hele wereld voor het intermezzo op deze reportage afgestemd had. Aan de luide uitbarsting in het publiek te horen, leek het niet voor de start van een nieuw land gekomen te zijn, maar voor een optreden van Anastasiya!

Het licht in de zaal doofde om plaats te maken voor de spots. De lange intro van een countrynummer hief aan. Iedereen herkende het meeslepende liedje meteen. Er volgde een nieuwe uitbarsting van gejuich vanwege de menigte die nu enkel wachtte op...

Daar was ze, aan de arm van Efim Geller. Een hysterische vreugdekreet ging door het publiek. De danseressen begonnen alvast aan het nummer terwijl Geller zich van het podium haastte en Anastasiya in de donkere zaal keek. Er was geen beter nummer dan dit om het unieke timbre van haar stem tot z'n recht te laten komen, alsook de snelle wisselingen in volume. De reporters zwegen opdat niemand een seconde zou missen van dit indringende, emotionele moment. Ze vertaalde de hoop van het land.

Podborsky was zo verliefd als hij machteloos was. Welk ongelooflijk talent had zijn liefste Tatiana! Hopelijk zette ze nu haar masker af om hem nadien publiekelijk in de armen te nemen. Dat was wat hij nu meer wenste dan wat hij ooit gewenst had. Met grote verwachting keek hij uit naar het einde van het nummer.

Ze stond nu in het midden van de andere danseressen, met een rood masker in plaats van een wit. De spots zwaaiden door de zaal gedurende een moment van acrobatie. Geller was trots dat hij het, ondanks de moeilijke omstandigheden, voor elkaar gekregen had om op dit belangrijke podium het nummer uitgevoerd te krijgen. Vanop de grond schuin voor en beneden het podium knikte hij mee op de cadans van de muziek.

Reinhard keek naar de vrouw voor wie hij de gekste dingen uitgehaald had, van het financieren van de bodemanalyse van Gellers vader en het laten maken van een peperduur juweel, tot de vlucht naar Moskou. Het enige antwoord dat hij ooit van haar gekregen had, was de dans: "Dank je, maar je moet me vergeten, Reinhard!"

Hoewel hij uiteraard nog steeds onder de indruk van haar was, was er intussen iemand anders die zijn hart veroverd had. En aan wie hij dat twee uur eerder openlijk toegegeven had. Hij hoopte dat het wederzijds was. Hij dacht aan haar terwijl hij applaudisseerde voor Anastasiya. Van één ding was hij echter zeker: Tatiana was Anastasiya niet!

Het gejuich en applaus duurde zo lang als het liedje zelf. Het publiek scandeerde "Anastasiya Regina! Anastasiya Regina!"

"Kom op, Tatiana," prevelde Podborsky, "welke is een mooiere manier om koningin te worden? Neem je masker af!"

Het was Anastasiya zelf die het publiek tot volledige stilte bracht. Met een machtige stem en zonder microfoon sprak ze de zaal, het land en de wereld toe. Ze zei echter niet meer dan dat ze het volste vertrouwen in de Verenigde Naties had. Podborsky was ontgoocheld. Het publiek hernam het scanderen. Na een korte bezinning riep Podborsky mee, er plots van overtuigd dat Tatiana het goed aanpakte: "Anastasiya Regina! Anastasiya Regina!"

~

Hoewel hij een dag vrijaf genomen had, gaf Günter Schabowski een vermoeide indruk toen hij langs het Zentralkomitee passeerde. Straks wachtte hem een lastige persconferentie. Egon Krenz gaf zijn persoonlijke kopie van de nieuwe reiswet aan Schabowski en lichtte die snel toe: een politieke atoombom.

Egon Krenz had daarmee de zoveelste onvoorzichtigheid begaan. Niet enkel had hij een wetsvoorstel gesteund dat Lauter volledig gewijzigd had ten opzichte van de oorspronkelijke opdracht, maar had hij Schabowski ook niet verteld dat de wet nog niet gestemd was, of dat die pas 's anderendaags openbaar gemaakt mocht worden, nadat de grenspolitie geïnformeerd was.

Schabowski van zijn kant trok zich weinig van het papier aan. Hij maakte een lijst met punten die hij op de persconferentie zou bespreken. De reiswet zat daar niet tussen, politieke atoombom of niet.

~

De danseressen begaven zich terug naar hun plaatsen in de V. Merkwaardig genoeg bleef ook Anastasiya op het podium. Geller reikte haar een stapel kaartjes aan. Terwijl ze de kaartjes bekeek en na elk kaartje in de zaal pierde, ging een rilling door de zovele mensen die hun ziel blootgegeven hadden. Podborsky vouwde intussen de handen open, de schouders optrekkend: 'Wat ben je nu met die kaartjes van plan, Tatiana? Laat het hier vooruitgaan!'

~

Onderweg naar de persconferentie zat Günter Schabowski naast Gerhard Beil, die de hele vergadering van het Zentralkomitee bijgewoond had. Merkwaardig genoeg spraken ze met geen woord over wat er gezegd geweest was. De laatste kans opdat Schabowski de ware toedracht van de reiswet te weten kwam, was daarmee als bij mirakel verkeken.

~

Gracieus zette Anastasiya twee stappen naar rechts om plaats te maken voor koningin Sylvia. Die laatste kwam nu in het midden van het podium te staan, aan de linkerkant geflankeerd door Bezmenov. De algemene verlichting doofde. Enkel Sylvia, Anastasiya en Bezmenov stonden in het licht van de schijnwerpers. Een heel emotioneel moment was aangebroken: koningin Sylvia zou aftreden. Ze kreeg een tekst die veel langer was dan het stuk dat ze ingeoefend had. Ze wachtte tot het gewicht van het moment bij iedereen doorgedrongen was. Nu nog een laatste inspanning en haar lang, lastig mandaat van koningin was achter de rug. Anastasiya wierp haar een moedgevende glimlach. Bezmenov daarentegen zweette hevig; hij kende de tekst. Als enige.

~

Hoewel de zaal bomvol zat, hadden Peter Brinkman en Riccardo Ehrman het plaatsje teruggevonden dat ze voor zichzelf gereserveerd hadden. In de zaal zaten de beste journalisten van de hele wereld. Net buiten de Berlijnse muur stond een televisietoren opgesteld speciaal voor het evenement.

Waren ze allen voor niets gekomen? Zou de persconferentie zo saai worden als de dag voordien? Het enige waarop de aanwezigen hoopten, was een uitleg over de geplande aanpassing van de reiswet. Maar die uitleg stond niet op de agenda van Günter Schabowski.

Zichtbaar vermoeid nam die laatste plaats achter een brede houten tafel, die, net zoals elk ander meubilair in Oost-Duitsland, wars was van enige uitstraling, klasse of kwaliteit. Ze stond voor een lichtgroene egale muurbekleding, die zonder enige decoratie tot tegen het hoge plafond reikte. Alle zalen in Oost-Duitsland zagen er identiek uit. Iemand had ooit besloten dat dit soort meubelen en dit soort kleuren de sereniteit brachten om geconcentreerd over de goede werking van het communisme na te denken.

Evenwel straalde Schabowski de minzaamheid en klasse uit van een zeer intelligent man, wat niet van de mensen gezegd kon worden die hij aan het publiek voorstelde: links naast hem zat Gerhard Beil, de minister van Buitenlandse Handel, die verwaarloosd had Schabowski te waarschuwen voor het feit dat de reiswet nog niet gestemd was. Rechts van Schabowski zat eerst Manfred Banaschak, een communistische theoreticus wiens enige rol het was rustpauzes voor Schabowski in te lassen met langdradige tussenkomsten over de werking van de structuren. Verder rechts zat Helga Labs, een gezwinde, mooie en intelligente dame. Zij was voorzitster van de onderwijsvakbonden en moest voor de opsmuk van het tafereel zorgen.

Schabowski zette het archetype van de nietszeggende verklaring neer. Heel gewichtig poneerde hij het feit dat meer leden dan ooit tevoren hun mening hadden mogen zeggen op een vergadering van het Zentralkomitee: liefst zestien. Het enige belangrijke besluit was dat er een maand later een partijconferentie zou volgen, waar dan wel concrete maatregelen genomen zouden worden, moest iedereen veronderstellen.

De burgers uit Oost-Berlijn trokken hun besluit veel sneller dan de Westerse journalisten en stemden hun televisie op een heel ander spektakel af...

~

Koningin Sylvia had geen kroontje aan; ze liet er geen twijfel over bestaan dat ze gekomen was om af te treden. Het plotse besef dat de dappere koningin hen zou verlaten, was te veel voor de Sylvaniërs. Met tranen in de ogen hoorden ze Sylvia haar moeilijke regeerperiode samenvatten. Ze legde uit hoe ze de communisten de ene fout na de andere zag maken, terwijl ze zichzelf verantwoordelijk voelde voor de resulterende armoede. Uiteindelijk was haar enige rol gedurende vijfentwintig jaar het resterende aanknopingspunt te zijn met 's lands roemrijke verleden, en de hoop te symboliseren dat alles zich ooit zou herstellen.

"Dat moment is nu aangebroken," zei ze beslist. Ze dankte een voor een de verantwoordelijken voor de nieuwe kans die het land op korte tijd gekregen had: Michail Gorbatsjov en Boris Jeltsin voor de Glasnost en de Perestrojka, die overal in Oost-Europa de dingen in beweging gezet hadden, aartshertog Otto van Oostenrijk voor het concert aan de grens, en..." ze keek naar rechts en hield even halt. De toehoorders trokken op voorhand grimassen van ontroering. "Anastasiya." De staande ovatie gemengd met luide stemmen leek nooit te zullen eindigen. Anastasiya had ervaring met grote emoties en gaf de menigte de kans haar energie kwijt te raken. Daarna strekte ze de armen voor zich uit en werd het weer stil.

Sylvia dankte Yuri Bezmenov voor het succesvolle congres. Het publiek juichte hem even hard toe als Anastasiya, minder emotioneel, ludieker, maar even gemeend. Hij knikte met een grote glimlach. Het zweet droop hem echter van het aangezicht; er scheelde iets wat niemand wist. Vervolgens dankte ze de architect van de economische relance, haar beste vriendin prinses Kathrin de Vissermans, bij wie ze altijd als een koningin ontvangen werd, grapte ze. Tot slot deed ze de eloge van de jonge mensen die uit Gent gekomen waren: gravin Tatiana, prinses Anoushka, Klaus, Nikki, mezelf en baron Reinhard. In een stuk tekst dat ze duidelijk nog niet eerder gezien had, zette ze merkwaardig genoeg die laatste op het hoogste voetstuk. Ze vertelde over zijn liefdadigheid, over hoe iedereen in de stad hem had leren kennen en van hem hield, over zijn belangrijke vlucht naar Moskou en zijn aandeel in de goudvondst. Het publiek beaamde wat ze vertelde. Opnieuw merkwaardig was dat hij naar voren geroepen werd en persoonlijk bedankt werd door de koningin. Hij ging op de knie zitten en gaf haar een handkus. Bezmenov had geen beter beeld kunnen verhopen. Het was geniaal bedacht door de dame die nog steeds boven zat.

~

Ook hun bewakers waren tot tranen toe bewogen. Klaus en Anoushka kregen ongevraagd de uitleg over alle mensen die de koningin vernoemd had. De reporter had bovendien een blik gezien tussen Anastasiya en Reinhard. "Weet je, Reinhard is de enige die weet wie Anastasiya is!" zei de ene bewaker stellig. "Natuurlijk niet," zei de andere, "iedereen weet intussen wie Anastasiya is!" De vier deden een weddenschap onder elkaar. Klaus mocht het geld bewaren. Anoushka zou moeten beslechten over de winnaar.

~

Koningin Sylvia kwam nu aan het sombere stuk dat Podborsky vooraf had mogen lezen: "Beste aanwezigen, straks zullen de Verenigde Naties de beslissing over mijn opvolging bekendmaken. Het is belangrijk dat nadien geen feiten aan de oppervlakte komen waarvan iedereen denkt dat ze tot een andere beslissing geleid zouden hebben. Over deze feiten zal ik het nu hebben." Oei, waar ging dit over? De aanwezigen schrokken; ze hadden zich aan een feestelijk vervolg verwacht. Bezmenov was heel gespannen, terwijl Anastasiya verwonderd naar de koningin keek.

"Ik moet het hier hebben over mijn vriendin, mijn vroegere vriendin om eerlijk te zijn, Cassandra. Deze dame heeft me gezelschap gehouden tijdens mijn eerste jaren in dit prachtige land. Ze was erbij toen ik mijn kinderen met koning Willem kreeg." Sylvia kon zo in tranen uitbarsten, maar zoals het een ware koningin betaamde, hield ze stand.

"Er gebeurden in die periode akelige dingen op het paleis. Willem vreesde in de eerste plaats voor de kinderen."

Hoewel hij de tekst kende, verloor Podborsky zijn plechtige houding; hij boog voorover, plaatste de ellebogen op de knieën en liet de kin op de handen rusten. Iedereen wist wat er in de jaren vijftig op het paleis gebeurd was: omdat koning Willem na de dood van de Podborsky koningin met Sylvia hertrouwd was in plaats van met een andere Podborsky, had Igor Podborsky een subtiele intimidatiecampagne tegen koning Willem gevoerd. Waarom was dit vreselijke verhaal vandaag nodig?

"Welnu, Cassandra is in 1959 plotseling vertrokken, zonder iemand te vertellen waarheen. Ik heb mijn beste vriendin overal gezocht. Ze was niet in Sylvanië maar ook niet in Gent. Hoe kon dat in 's hemelsnaam?"

~

-"Dat kan niet," zei Klaus tegen Anoushka, "1959 is ná de geboorte van Nikki en mij! Waarom moet koningin Sylvia dit aan het publiek wijsmaken?"

-"Misschien ben je drie jaar jonger dan je dacht!" lachte Anoushka. Ze luisterden aandachtig verder.

~

Terwijl iedereen zich afvroeg wat die Cassandra eigenlijk met dit congres te maken had, sprak Koningin Sylvia nu over Seraing: "Tot 1963, het moment dat ze met haar twee kinderen, Klaus en Nikki, die u kent als de consul van Sylvanië,..." De reporters waren in alle staten: de consul, de coördinator van Anastasiya, was warempel de dochter van de beste vriendin van koningin Sylvia! De danseressen lieten even hun strakke houding varen om naar elkaar te kijken. Anastasiya zelf bleef plechtig voor zich uitkijken. "...en zonder echtgenoot in Gent was toegekomen," vervolgde Sylvia, "heb ik niets meer over Cassandra gehoord. Ik had argwaan. Ik heb het verleden van haar en de kinderen laten natrekken. Haar laatste verblijfplaats was Seraing geweest, een gemeente aan de oever van de Maas nabij Luik met een heel zware staalindustrie. Daar was geen goede uitleg voor; wat ging ze in godsnaam daar zoeken? Alle registers waren bovendien vervalst: Cassandra zou op 31 december 1956 in Seraing toegekomen zijn, terwijl ze pas in 1959 het paleis verlaten had. Haar naam was als laatste bijgeschreven in het register van 1956, in een ander geschrift."

Het publiek was nieuwsgierig. Als het verhaal niet belangrijk was, was het op zijn minst spannend. Iedereen hing aan de lippen van de koningin.

"Ook de geboorteregisters waren vervalst. Nikki zou geboren zijn op 30 december 1957, de laatste geboorte van het jaar in Seraing, en Klaus op 31 december 1958."

~

-"Klaus, hoe vervelend voor je!" riep Anoushka.

-"Sst!" maande Klaus. De wachters hadden echter enkel aandacht voor de radio.

Sylvia vertelde verder:

-"De waarheid is niet enkel dat Cassandra niet in 1956 in Seraing toegekomen is, maar zelfs niet in 1959! Want ik heb kort geleden vernomen dat Cassandra in 1959 niet naar Seraing vertrokken is, maar naar Bilgund! Zoals jullie intussen vernomen hebben, is Bilgund een koninklijk domein waar vroeger goud ontgonnen werd. De gebouwen hadden geen enkele bestemming meer, tenzij... iemand te verstoppen!" De koningin was opgelucht dat ze het onrecht dat haar aangedaan was, eindelijk aan de kaak kon stellen.

-"Horen jullie dat?" vroegen de bewakers, "Cassandra zat híer verstopt!" Ze legden gelukkig geen enkel verband met het feit dat Klaus hen eerder verteld had dat hij hier was omwille van jeugdherinneringen.

-"Ongelooflijk," riep Anoushka, "hoe spannend!"

~

Bezmenov was blij dat Cassandra nog steeds niet naar beneden gekomen was, dat ze bespaard bleef van camera's die op haar zouden inzoomen. Sylvia ging verder:

-"Vroeger heb ik me dikwijls afgevraagd waarom mijn echtgenoot Willem zo dikwijls naar Bilgund ging. Had ik toen maar geweten dat Cassandra zich daar bevond!"

Nog voor iedereen het kon raden, zei Sylvia:
-"Tijdens een van mijn maaltijden met Nikki, de consul, is een bloedstaal van haar afgenomen. In Leuven is met de modernste technieken bewezen dat zij, en wellicht ook haar broer Klaus, de kinderen van Willem zijn!"

Het publiek krijste van verbazing. De aanwezigen keken naar elkaar in ongeloof. Willem had kinderen! Het besluit stond vast: het land was eruit! Er volgde een gemompel dat groeide in volume, tot iemand riep: "Nikki regina!" De zaal nam de kreet onmiddellijk over: "Nikki regina! Nikki regina!" Het klonk uitzinnig. Dezelfde extase heerste in de straten en op de pleinen van Sylvanië. Geen Podborsky! "Nikki regina! Nikki regina!"

De aanwezigen werkten zich in een trance, minutenlang. Koningin Sylvia was verbouwereerd; zou het congres op een volksstorm eindigen die de bastaarddochter van Willem op de troon zette? Wat een kaakslag! Ze keek wanhopig naar Bezmenov. Podborsky van zijn kant riep: "Tatiana, doe iets!" Hij keek angstig achterom naar zijn kompanen. Die riepen gelukkig niet mee; hij had ze zorgvuldig geselecteerd! Maar dit mocht niet lang meer duren. "Tatiana, doe toch iets!"

Uiteindelijk bracht Anastasiya met een eenvoudig handgebaar de stilte terug. Podborsky begreep plots haar tactische aanpak: had ze eerder haar masker afgenomen, dan had ze wellicht niet zoveel macht gehad als nu. Hij was opnieuw bijzonder onder de indruk; wat een prachtige vrouw!

~

Sylvia kon haar misprijzen niet verstoppen tijdens het vervolg van het betoog:
-"Cassandra had haar plannetje klaar: haar dochter koningin van Sylvanië maken. Ze heeft ze persoonlijk opgevoed, haar alles over Sylvanië geleerd en haar regelrecht op het pad van de diplomatie gestuurd. Haar zoon Klaus werd professor, de leidende autoriteit in Europa voor alles wat met Sylvanië te maken heeft." Sylvia besefte niet dat ze de positie van Nikki enkel versterkte op die manier.

-"De Verenigde Naties en ikzelf vinden dat deze feiten geweten moeten zijn vooraleer op een ordentelijke wijze voor een nieuw staatshoofd gekozen kan worden. De keuze van de Verenigde Naties houdt dus wel degelijk rekening met het bestaan van de bastaardkinderen; daar moet nadien niet meer over gesproken worden. Maar de beslissing is even duidelijk: kinderen die buiten het huwelijk geboren zijn, tellen niet mee!"
Er klonken luide proteststemmen uit het publiek, zelfs awoertgeroep. Anastasiya moest opnieuw tot kalmte manen. "Dat is de eeuwenoude regel," legde Sylvia uit, "en die er is voor een goede reden: vermijden dat uit het niets al dan niet vermeende bastaarden opduiken die tweedracht zaaien en de staat ondermijnen. Welnu, deze regel wordt ook vandaag toegepast!"

Podborsky was tevreden. De aller moeilijkste passage was achter de rug en hij had ze overleefd, dankzij zijn liefste, schitterende Tatiana!

~

Ook de volgende passage kende Podborsky. Ze lag politiek minder gevoelig maar was des te moeilijker voor Sylvia:
-"Nu moeten we het mysterie uitklaren rond de ontvoering en de dood van de twee liefste kinderen van Willem en mezelf: Victoria en Nicolas. Het toekomstige staatshoofd mag immers niet besmet zijn met de geruchten daarrond." Dat ging dus over de rol van Franks vader in deze kwestie. Koningin Sylvia pauzeerde even om zich op te monteren voor de moeilijke passage. Anastasiya keek haar aan om haar moed te geven.
-"Hun verkoolde lichamen waren enkel te herkennen aan restanten van hun kleding."
Sylvia snikte reeds na de eerste zin. Podborsky deed teken naar zijn moeder: 'Kom op, mama, praat je erdoor!' "Elke dag heb ik hun graf bezocht, meer dan vijfentwintig jaar lang," ging ze verder. Het was iets wat niet in haar tekst stond. Bezmenov maakte zich zorgen. In de zaal werd gemompeld.
-"Moordenaar!" riep iemand. Podborsky verloor zijn kalmte en draaide zich om:
-"Mijn vader had daar níets mee te maken!" antwoordde hij met luide stem. Hij draaide zich opnieuw naar zijn moeder en deed teken: 'Kom op, lees het vervolg!'

Sylvia nam het volgende blad:
-"De Verenigde Naties hebben bevestigd dat prins Igor Podborsky niets met de dood van de kinderen te maken had." Bezmenov knikte ter bevestiging. Er ging een awoertgeroep door het publiek. Niemand geloofde iets van de flauwe poging om de naam van de Podborsky's te zuiveren. Het protest hield aan. Opnieuw was het Anastasiya die de gemoederen moest bedaren.
-"De prins had evenmin iets met de ontvoering van de kinderen te maken," vervolledigde Sylvia. Vele aanwezigen gooiden een neerklappende hand: 'We geloven er niets van!'
Maar uiteindelijk overleefde Frank Podborsky de passage zonder kleerscheuren. Hij was opgezet met de Verenigde Naties; de tekst was precies zoals hij hem gezien had. Het vervolg van de tekst hadden echter noch hij, noch de koningin vooraf gelezen.

~

Sylvia las met verontwaardiging de volgende zin vooraleer ze hem uitsprak. Wat een gebrek aan respect! Boos keek ze naar Bezmenov. 'Waar is dit goed voor? Moet ik dit echt voorlezen?!' Ze las: "De Verenigde Naties hebben de mogelijkheid laten onderzoeken dat het niet de koningskinderen waren die verbrand waren, maar dat iemand andere kinderen de kleren van Victoria en Nicolas had aangedaan vooraleer ze te verbranden." Wat een absurditeit! De Verenigde Naties hadden hun werk te grondig gedaan. Vooraleer ze de rest van de kwalijke passage voorlas, liep ze naar het tafeltje waar haar glas water stond.

~

De bewakers spotten met de hypothese:
-"Waar halen ze het, hahahahaha! Kinderen eerst de verkeerde kleren aandoen en ze vervolgens verbranden. Welk nut kan zoiets hebben?"
-"Het zou wel eens kunnen!" zei Klaus spontaan.
-"Hoezo, hoe weet jij dat?" vroegen de bewakers hem.
-"Wel, kort voordien zijn twee kinderen verdwenen uit een instelling die we bezocht hebben. Er werd aan de Zuster Overste verteld dat de kinderen tot in Rusland weggebracht waren."
-"Nu, jij hebt wel heel veel aanleg voor fantasie!" zeiden de bewakers.
-"Herinner jij je de datum nog Klaus?" vroeg Anoushka verbaasd.
-"Het is mijn beroep om datums te onthouden," zei Klaus, de vinger in de lucht stekend, "op de gedenksteen stond de dag dat ze meegenomen werden: 8 juni 1962."
-"En wanneer zijn Victoria en Nicolas teruggevonden?" vroeg Anoushka. Ze durfde niet te verklappen dat ze het wist omdat ze het graf aan het paleis bezocht had; de bewakers mochten immers niet raden wie ze was.
-"Dat hebben we op school moeten leren," zei een van de bewakers fier, "en ik weet het nog: Victoria en Nicolas zijn teruggevonden op 22 juli 1962." Hij was plots zelf verbaasd: "Dat was anderhalve maand later. Verdorie, het zou nog kunnen ook!"
-"Ja, maar waar komen die kleren dan vandaan?" protesteerde de andere, "wie kon die uit het paleis gehaald hebben?" De beide mannen besloten dat het een toeval was dat beide datums zo dicht bij elkaar lagen.

~

Koningin Sylvia bevestigde min of meer die conclusie: "De rapporten van de Verenigde Naties wijzen echter uit dat er geen enkel herkenningspunt is buiten de paar restanten van de kledingstukken. Er is geen enkele technische mogelijkheid om de evidente conclusie tegen te spreken dat het om Victoria en Nicolas ging." Podborsky was gerustgesteld. Waar de Verenigde Naties het in 's hemelsnaam gingen zoeken! Hij zette zich dieper in zijn stoel. Het ergste was gepasseerd; nu was het enkel nog uitbollen naar het koningschap. Hij knipoogde naar de zangeres: 'nog even en we zijn er!'

~

Maar de Verenigde Naties waren nog niet aan het einde van hun ijver gekomen. Sylvia vertelde nu dat men met zekerheid had willen vaststellen wie de moeder van de bastaardkinderen Nikki en Klaus was:

-"Gegeven het feit dat Cassandra met de geboortedatums van haar kinderen gesjoemeld had, achtte men het niet uitgesloten dat het niet haar kinderen waren." In de zaal keek men op z'n uurwerk; wanneer kwamen de Verenigde Naties eindelijk tot de essentie?! Podborsky keek met een sympathiserende glimlach naar de verveelde gezichten in de zaal en sloeg even de ogen op.

-"Het bloedstaal van Nikki werd grondiger onderzocht," vervolgde Sylvia, "dat ze de dochter van Willem was, werd opnieuw bevestigd."

Sylvia's stem werd plots stiller terwijl ze sneller las. Haar hoofd ging snel heen en weer over de regels die Bezmenov pas die ochtend geschreven had. Ze vergat dat ze voor een publiek sprak:

-"Het volledige verhaal werd na dit nieuwe bloedonderzoek plots duidelijk: Willem heeft op een bepaald moment Cassandra weggestuurd. Ik mocht niet weten waar ze was."

Sylvia ging plots heel heftig ademen. Haar stemde beefde terwijl ze begon te wenen: "Nadat Cassandra twee maand in Bilgund was, heeft hij, zonder mezelf op de hoogte te brengen, uit schrik dat ik het niet zou willen of het zou verraden,..." Sylvia's lichaam maakte een spastische beweging. Ze slaakte een schrille gil en viel flauw. Als een bliksemschicht dook Anastasiya onder haar lichaam om het op te vangen. Onmiddellijk kwam er hulp.

~

Na de ontgoochelende uiteenzetting van Günter Schabowski was er tijd voor vragen. Dat gebeuren was een fenomeen op zich. Het perscentrum van Oost-Berlijn zat om te beginnen barstensvol. Journalisten zaten zelfs op de rand van het podium. Vanaf de tafel van Schabowski liepen dozijnen draden de zaal in. Het was er ook warm; Peter Brinkmann en Riccardo Ehrmann hadden hun jas op de stoel laten hangen.

Hoewel in de zaal overwegend buitenlandse journalisten zaten, waren het de Oost-Duitse journalisten die het meeste van zich lieten horen. Hun rol was drieërlei: ten eerste moesten ze de tijd van het vragenuurtje zoveel mogelijk vullen met vragen die Schabowski kon overleven. Dat begon met de journalist die vroeg waarom men de volgende maand geen bijzonder partijcongres ingepland had in plaats van een algemeen. Alle Westerse journalisten hadden er het raden naar wat het verschil kon zijn.

Ten tweede moesten ze aan het buitenland bewijzen dat de Oost-Duitse pers onafhankelijk en kritisch was. Zo was er een vraag over de afwezigheid van vrouwen in de top van de politiek. Een journalist van Neues Deutschland stelde zelfs een grappige vraag over de personencultus van de intussen afgezette Honecker, die ooit liefst vierentachtig keer met een foto in dezelfde krant stond.

Hun derde taak was echter de meest belangrijke: ze moesten na elke vraag van de buitenlandse pers onmiddellijk één of twee extra vragen stellen, zodat Schabowski kon kiezen op welke vragen hij antwoordde.

De vermoeide Schabowski wist zich op een minzame en intelligente manier door alle vragen te worstelen. Manfred Banaschak, die rechts van hem zat, nam het werk af en toe over door het te hebben over de structuren waarmee de problemen aangepakt zouden worden. Gerhard Beil, die links van Schabowski zat, zei dat Oost-Duitsland meer wou exporteren. Helga Labs van haar kant zei met een guitig snoetje dat vrouwen in de politiek meer moed moesten hebben.

Over de reiswet was evenwel nog niets gezegd, terwijl er slechts tijd restte voor nog twee vragen...

~

Koningin Sylvia was weer bij haar positieven gekomen en zat passief op een stoel twee meter achter Bezmenov. Anastasiya zat met een knie op de grond naast haar en hield haar bij de hand. De ophef was groot; iedereen wachtte met ongeduld op de uitleg.

Bezmenov kon niet anders dan het verhaal zelf te vertellen:

-"Na een aantal ongevallen en vergiftigingen op het paleis, heeft koning Willem, uit wanhoop voor hun veiligheid, Victoria en Nicolas ondergebracht bij Cassandra." Bezmenov laste een rustpunt in.

Een luide kreet van ontzetting ging door het publiek; koning Willem had de kinderen zelf ontvoerd! Zonder iets aan Sylvia te vertellen! Hoe wanhopig kon hij geweest zijn?! Podborsky veerde uit zijn stoel, draaide zich om en riep luid naar het publiek:
-"Zien jullie nu wie de kinderen ontvoerd heeft? Geloven jullie het nu?!" Triomfantelijk keerde hij zich naar Bezmenov:
-"Vertel verder, mijnheer Bezmenov, hoe zijn de kinderen aan hun einde gekomen?" Want Podborsky was er zeker van dat zijn vader de kinderen ook niet vermoord had.

~

De reporter was in alle staten:
-"Koning Willem heeft vlak voor hij zelf verongelukt is, de kinderen in veiligheid proberen brengen! Weet Bezmenov ook hoe ze gestorven zijn? We vernemen net dat Cassandra deze ochtend in Sylvanië toegekomen is. Heeft ze ter elfder ure het volledige verhaal aan Bezmenov verteld? Waar is ze? Krijgen we haar vandaag nog te zien?"
De wachters waren blij voor hun baas:
-"Zien jullie nu dat de Podborsky's er niets mee te maken hadden?" Anoushka knikte; ze begreep er helemaal niets meer van.
Klaus had een eureka-moment:
-"Victoria Regina Sylvia! Dat is de reden waarom mijn moeder de paarden van de Rechtvaardige Rechters zo genoemd heeft: Victoria Regina! Ze zou Victoria beschermen tot ze koningin was!" Maar Anoushka had ook iets opgemerkt:
-"Er is ook iets verdacht aan de namen van de kinderen, Klaus: Victoria en Nicolas."
-"Wat?"
-"Het schoot me daarnet te binnen; laat me nadenken."
-"Waarom heeft koning Willem trouwens de Rechtvaardige Rechters op een zolderkamertje in Bilgund verborgen?" vroeg Klaus.
-"Om dezelfde reden dat hij de kinderen daar verborgen heeft?" probeerde Anoushka. Klaus werd wit:
-"Je meent het niet, Anoushka, je denkt toch niet dat…" Onmiddellijk liep Klaus het gebouw binnen naar het telefoonkastje. Hij wist precies wat hij moest doen. De bewakers hadden geen oog voor hem.

~

Omdat hij de bui intussen zag hangen, kwam Podborsky vlak voor het podium staan. Een dozijn handlangers stond onmiddellijk aan zijn zij.
-"Kom op, mijnheer Bezmenov," riep hij, "we willen nú weten wat er met de kinderen gebeurd is!"
Bezmenov deed zijn uiterste best om niet te verraden dat hij schrik had. Opdat iedereen in de zaal en in de wereld de boodschap meteen zou begrijpen, haalde hij diep adem en sprak hij heel geconcentreerd:
-"De bloedstalen hebben met herhaalde bevestiging uitgewezen dat Nikki de dochter is van zowel koning Willem als koningin Sylvia." Podborsky verstijfde.
Een oorverdovend gejuich steeg uit de massa. Mensen omhelsden elkaar in tranen en schreeuwden: "Nikki regina! Nikki regina! Nikki regina!" De zaal daverde op de cadans van de spreekkoren. Iedereen stond recht, klapte op maat en stampte met een voet op de grond, uitdagend kijkend naar Podborsky: "Nikki regina! Nikki regina!" Het hield niet op, net zomin als in de straten van Sylvanië, waar mensen aan het dansen gingen. Ze hadden de koningin van hun dromen. Er gingen zowaar klokken luiden!
Bezmenov kreeg niet meer de kans de rest van het verhaal te vertellen: koning Willem had enkel zijn vriend hertog Bernard Martin van de situatie in Bilgund ingelicht. Toen Willem kort nadien in een van de akelige ongevallen op het paleis om het leven kwam, smokkelde de hertog Cassandra en de koningskinderen naar Seraing. Cassandra bleef voldoende lang in Seraing opdat het plausibel zou zijn dat de kinderen daar geboren waren. De huidige abt van de abdij van Drongen hielp met het vervalsen van de registers, maar wist niet beter dan dat de hertog de vader was. Cassandra verhuisde uiteindelijk naar Gent, eerst in de buurt van het Fleur-de-Lys, waar Klaus en Nikki een deel van hun jeugd beleefden. Toen na de dood van haar man Igor Podborsky Sylvia

regelmatiger naar Gent kwam, besloot Cassandra alle banden met de familie te verbreken om te vermijden dat Sylvia de kinderen herkende. Ze verhuisde met de kinderen naar het hotel dat ze uitbaatte. Meteen had ze zich opgegeven als spionne die alles over Sylvanië wist en Russische kende, en had ze haar hotel aantrekkelijk gemaakt voor Oost-Europese apparatsjiks zoals Bezmenov. Tevens werd de precieze reden duidelijk waarom Cassandra nog een keer 'haar' dochter wou zien; vanaf nu was Nikki iemand anders' dochter!

Na de dood van Willem zaten de Podborsky's op rozen: Igor was getrouwd met de koningin en samen hadden ze een troonopvolger, Frank. Opdat die laatste op zijn weg naar het koningschap niet gehinderd zou worden door het bestaan van twee vermiste koningskinderen, liet Igor twee kinderen uit een instelling weghalen, deed hij ze de kleren van Victoria en Nicolas aan, en liet hij ze vermoorden en verbranden. Hij stuurde vervolgens een anonieme brief die het graf aanwees.

De honderd handlangers keken volledig van hun stuk gebracht naar Podborsky: 'Wat nu, baas?'

~

-"Hoor je dat, Klaus?" riep Anoushka, "Klaus, waar ben je?" Ze liep naar binnen en vond hem in de kleine bergruimte achter de keuken. "Heb je het gehoord, Klaus?"

-"Ik ben de zoon van Sylvia," raadde Klaus nuchter.

-"We zijn helemaal geen familie van elkaar, Klaus!" was het eerste waaraan ze dacht, "geen kozijnen, en zelfs geen achterkozijnen!" Ze vloog hem om de hals en kuste hem hevig. "We kunnen samen kinderen krijgen; ik ben zo gelukkig!" Ze kuste hem opnieuw. "Wat doe je in dat telefoonkastje, Klaus?"

Ze werd afgeleid door iets wat haar te binnen schoot: "Natuurlijk, ik heb het weer! Cassandra heeft je Klaus genoemd als afkorting van Nicolas!"

-"En Nikki?"

-"Nikki is Grieks voor overwinning, Klaus: Νίκη, in het Latijn Victoria!"

~

Was Anastasiya akkoord dat Nikki koningin werd? Terwijl iedereen wachtte op haar reactie, bleef ze onverschillig naast koningin Sylvia zitten. Podborsky bespeurde verslagenheid in haar. Waarom probeerde Tatiana geen koningin te worden als Anastasiya?! Ze kon Nikki verslaan, gemakkelijk zelfs. Hoe koppig kon ze zijn?!

-"Tatiana, doe iets!!" riep hij. Vervolgens keerde hij zich om en riep hij naar de zaal: "Tatiana is Anastasiya!" maar de rumoerige zaal luisterde niet naar hem. Hij scandeerde dan maar zelf "Tatiana regina! Tatiana regina!" zijn honderd handlangers aanmanend om hetzelfde te doen: "Tatiana regina! Tatiana regina!"

Het publiek was verward. Was Anastasiya Tatiana en wou ze zelf koningin worden? Die boodschap had gehoor. "Tatiana regina!" was nu steeds luider te horen, tot Anastasiya rechtop ging staan en met een streng neerwaarts handgebaar de zaal kalmeerde. Ze stond resoluut achter de beslissing van de Verenigde Naties, welke dan ook. Podborsky, razend van onmacht, liep tot tegen het podium en begon nu te smeken: "Tatiana, asjeblieft, je moet geen schrik hebben om koningin te worden; ik regel alles!" Maar ze gaf geen krimp.

Podborsky moest nu de beslissing van z'n leven nemen. Zijn moeder was nog steeds half buiten westen en Tatiana liet begaan. Wat moest hij doen? Het podium bestormen terwijl Anastasiya daar stond? Dat durfde hij niet aan zijn kompanen te vragen.

Maar Nikki zou koste wat kost geen koningin worden; dat kreng had haar leven lang al in zijn weg gestaan! De ultieme buit zou ze niet binnenhalen; als hij ten onder ging, dan Nikki ook! In een ogenblik van blinde woede schreeuwde hij twee bevelen door de walkietalkie: "Dood Nikki nu en laat Klaus vermoorden in Bilgund!" De teerling was geworpen. Hij schreeuwde vervolgens nog een aantal andere bevelen. Overheen het hele land hielden zijn milities zich klaar.

~

De bewakers aan Nikki's deur schrokken van het korte, krachtige bevel: Nikki doden. Tegenstanders liquideren was niet iets waar ze van terugschrokken, maar dit hadden ze helemaal niet meer verwacht. Ze kenden Nikki intussen al lang; elke dag brachten ze de charmante, bloedmooie vrouw driemaal naar de eettafel en terug. Haar deur had steeds opengestaan, behalve vandaag omdat Cassandra binnen was. De bewakers moesten nu de koningin in spe vermoorden. Hopelijk wist de baas wat hij deed.

Haar deur was op slot, voor de eerste keer. Ze besefte duidelijk wat er stond te gebeuren. Nikki reageerde niet op de vraag om de deur te openen. Hoe idioot zelfs om die vraag te stellen, beseften de bewakers. Met geweld dan maar; met de voet vooruit gooiden ze hun volle gewicht op het slot. Toen de deur geen krimp gaf, beseften ze dat die gebarricadeerd was. De knal was tot in de perszaal hoorbaar toen ze het slot aan flarden schoten. Een van de bewakers kreeg de terugkaatsende kogel in de arm en viel kermend op de grond. Zijn compagnons vloekten. Dit was slecht begonnen! Wat moesten ze nu met hém doen?

Terwijl de gewonde kermend zijn weg naar beneden vond, kwam er versterking om beweging in de massieve deur te krijgen; tegen de andere kant stonden immers alle meubelen van de kamer opgestapeld. De bewakers hadden eerder zoiets gehoord maar er geen erg in gehad. Nikki moest geweten hebben wat haar te wachten stond, beseften ze nu, maar dit was een hopeloze poging om zich te redden. "Haar deur is gebarricadeerd, baas," zei een van hen in de walkietalkie, "maar we krijgen ze wel open... in orde, baas, zo snel mogelijk."

~

Koningin Sylvia, totaal overstuur, had terug besef van wat er aan het gebeuren was: Frank wou Victoria en Nicolas vermoorden nu zij hen pas teruggevonden had! Die eerste was buiten zichzelf en voor geen rede vatbaar; hij zag zijn moeder zelfs niet staan. Prompt liet Sylvia hem arresteren, evenwel zonder succes. Er volgde een massaal gevecht: woedende Sylvaniërs en agenten namen het op tegen de professionele geweldenaars van Podborsky. Die laatste, omringd door een cordon van zijn kompanen, bewoog zich naar de zijkant van de zaal waar Reinhard zat, blind instructies schreeuwend in zijn walkietalkie. Net zoals een Middeleeuwse vorst probeerde hij meer klappen uit te delen dan gelijk wie. Hij was verbeten, volledig in de steek gelaten door Tatiana, en uiteraard door zijn eigen moeder. Maar hij geloofde in zijn kansen; als hij het congres in een puinhoop kon veranderen en Nikki uit de weg was, was de overwinning aan wie het het langste volhield, en dat kon hij jaren als het moest!

Russische soldaten bewogen zich intussen naar Nikki's kamer om haar te ontzetten.

~

"Salo Bernstein, Ossip Bondarevsky, Igor Flohr," klonk het plots door de zaal. Iedereen herkende de stem en keek naar het podium. Anastasiya had de microfoon in de hand en las namen voor. Ze keek rond in de zaal en wenkte. Drie handlangers van Podborsky trokken lijkwit. Anastasiya had hun kaartjes in de hand! Tegen hun wil in, als door een magneet aangetrokken, bewogen ze zich door de woelige menigte tot vlak voor het podium. Anastasiya bukte zich om hun handen aan te raken en hen zacht toe te spreken. De mannen knikten; ze keerden niet meer terug naar de zaal.

"Alexander Kostic, Boris Vidmar, Milan Tolush" Voor Podborsky werd het duidelijk dat uit de lange lijst van namen die hij gegeven had, Bezmenov net die kompanen had toegestaan om het congres bij te wonen waarvan Anastasiya een kaartje ontvangen had. Of tenminste zoveel mogelijk. Podborsky was geschokt maar stond te ver van het podium om te protesteren; zijn verloofde was verduiveld zijn trouwste kompanen aan het afwerven!

~

De Russische soldaten kwamen niet dichterbij. In de traphallen werd op hen geschoten en ze hadden geen granaten bij. Het was gewonnen spel voor Podborsky's kompanen, die nu met krachtige, gesynchroniseerde korte stoten op Nikki's deur inbeukten. Hoewel er van de andere kant tegengeduwd werd, opende de deur zich beetje bij beetje.

~

In de zaal was de chaos totaal; er werd nu met de opklapbare stoeltjes geklopt en gegooid. Verschillende gewonden lagen languit op de grond en werden uit het gewoel

weggesleurd. Op twee meter van Podborsky stond Reinhard tegen de muur gedrukt, ingesloten door het gewoel. Hij beschermde het hoofd terwijl hij af en toe een verdwaalde vuistslag op de ribben kreeg. Podborsky van zijn kant vocht als een leeuw, zijn kompanen opjuttend.
-"Is Nikki dood?" schreeuwde hij in de walkietalkie.
-"Nog niet baas, maar de deur is bijna open."
-"En Klaus?"
-"In Bilgund wordt niet opgenomen."
-"Niet opgenomen?! De idioten! Waar betaal ik ze eigenlijk voor?! Blijf verder proberen!"

~

In haar laatste daad als koningin vroeg koningin Sylvia aan de politie om de zaal te verlaten en de wacht aan de deuren te houden tot na het einde van de plechtigheden. Zich afduwend van hun belagers stapten de agenten achterwaarts naar buiten. Het geweld in de zaal maakte nu plaats voor scheldtirades en een heen en weer spervuur van luide kreten: "Podborsky nooit!" "Nikki nooit!"

Anastasiya had weinig oog voor het gebeuren. De gemaskerde zangeres bleef rustig namen voorlezen: "Borislav Trifunovic, Petar Filip, Miroslav Ivkov." Geknield en voorovergebogen bleef ze praten met hen die reeds haar kamp gekozen hadden. In hun ogen zag ze de hoop maar nog veel meer de angst; als Podborsky vandaag won, zouden ze geëxecuteerd worden.

Te midden van het tumult trad koningin Sylvia af; ze las enkel nog de slotzin van haar rede voor. Niemand luisterde echt. Wat een dramatisch moment in de geschiedenis van het land had moeten worden, werd een non-event waar zelfs Sylvia niet met haar gedachten bij was. Onmiddellijk daarna vroeg ze aan de dichtstbijzijnde agent of haar dochter gered was. Zonder het antwoord af te wachten, rende ze naar buiten. Ze hoorde geweerschoten in de traphallen en werd op een afstand gehouden. Angstig luisterde ze naar wat er aan het gebeuren was.

Om een machtsvacuüm te voorkomen, riep Bezmenov namens de Verenigde Naties Victoria uit tot nieuwe koningin. Dat had wel de aandacht van het publiek; de aanwezigen werden plots stil en wachtten op haar verschijnen. 'Waar blijft Victoria?' was nu de vraag die de wereld rondging. De handlangers keken vertwijfeld naar hun baas; als Nikki levend uit haar kamer kwam, was alles verloren. Hij antwoordde heel verzekerd: "Geen zorgen; ze kan niet ontsnappen. Ze is waarschijnlijk al dood." Omdat Podborsky en zijn getrouwen de zaal niet konden verlaten, lag hun lot in de handen van Nikki's bewakers, die een dergelijke eenvoudige klus toch onmogelijk konden verprutsen?!

~

Koningin Sylvia werd net zoals iedereen uit de buurt weggetrokken toen een groep Russische paracommando's het paleis binnenstormden. Er was geen ogenblik te verliezen. Terwijl de andere Russen zich terugtrokken, schoten ze een granaat tot boven in de trapzaal. Na de daverende knal doken ze onmiddellijk door de stofwolk. Ze waren te laat.
-"Hou op met schieten," riep Cassandra, "we geven ons over!" De bewakers wurmden zich door de deur en strompelden over de meubelen. Ze vingen nog een spiegel op die van het dressoir viel, voor ze verwonderd door de kamer renden. Waar was Nikki? Ze zagen hoe Cassandra aan het open venster over de vensterbank leunde. Nikki was toch niet uit het venster geklommen?! Terwijl een wachter bij de deur bleef staan, liepen drie anderen angstig naar het venster. Ze trokken Cassandra ruw opzij.

Onder het venster zagen ze enkel hun collega's staan.
-"Waar is Nikki?" riepen ze naar beneden.
-"Hoezo, jullie hebben haar toch niet laten ontsnappen?!" was het verbouwereerde antwoord, "hebben jullie al in de badkamer gekeken? Haast jullie!" Het kabaal in de gangen naderde. Het was nu of nooit; nog twee granaten en de Russen stonden oog in oog met hen.

Op het moment dat de drie wachters zich naar de deur van de badkamer draaiden, opende die zich. De mannen schrokken zich te pletter:
-"Goedenavond, heren!"

~

Succes was een kwestie van voorbereiding en geluk. Zowel Vauban als Napoleon ontsnapten miraculeus aan kogelregens om nadien beroemd te worden. Vandaag had ook Riccardo Ehrmann een mirakel nodig. Sinds het begin van het vragenuurtje probeerde iedereen vragen te stellen. Van de journalisten die door Schabowski aangeduid werden, was geen enkele van het feit op de hoogte geweest dat er een nieuwe reiswet was.

Met nog twee vragen te gaan echter, wimpelde Schabowski twee Engelse journalisten af om het woord te geven aan de perfect voorbereide Ehrmann. Zoals het een Italiaan betaamde, was hij met zijn driedelig donkerblauwe pak de meest keurig geklede man in de zaal. Hij gaf een onschuldige indruk.

Het geheim van het succes van zijn vraag lag in het feit dat hij ze als een beschuldiging formuleerde: "Mijnheer Schabowski, u hebt over fouten gesproken. Gelooft u niet dat het een grote fout was, dit ontwerp van een reiswet, dat u enkele dagen geleden voorgesteld hebt?" Het was net tegen dit soort lastige vragen dat de Oost-Duitsers een verdedigingsgordel georganiseerd hadden, met Oost-Duitse journalisten die extra vragen stelden, en met Manfred Banaschak die lange nietszeggende antwoorden gaf.

Die verdediging kreeg echter geen kans omdat de vermoeide Schabowski geïrriteerd was door de beschuldiging en daarom onmiddellijk antwoordde. Hij begon met een voorzichtige benadering: "Neen, dat geloof ik niet. Wij beseffen wat momenteel leeft bij de bevolking: hun verlangen om te reizen,..." Hij sloeg de ogen naar boven, inspiratie zoekend voor het vervolg van zijn antwoord, "...of om Oost-Duitsland te verlaten," voegde hij daar met een knik van het hoofd aan toe. Vervolgens ontweek hij de vraag door te verwijzen naar alles wat eerder in de persconferentie gezegd was: de maatschappij zou vernieuwd worden. Hij hoopte dat de mensen het daardoor niet meer nodig zouden vinden om via emigratie hun persoonlijke problemen op te lossen. "We moeten echter vele stappen zetten en we kunnen ze niet allemaal op hetzelfde moment zetten," ging hij verder.

Was Schabowski aan het vertellen dat er geen nieuwe reiswet was? Riccardo Ehrmann en Peter Brinkmann hadden het nochtans anders vernomen. Schabowski had zijn antwoord daarbij kunnen laten, maar nog steeds geprikkeld door de beschuldiging ging hij een stap verder: "De kans dat we door een uitbouw, legalisering en vereenvoudiging van de reismogelijkheden de mensen uit een psychologische druk kunnen bevrijden... veel van de stappen daaromtrent hebben we ondoordacht genomen, dat weten we, door gesprekken met mensen die willen terugkomen, door gesprekken met mensen die zich na hun verhuis naar West-Duisland in een moeilijke situatie bevinden." Schabowski probeerde de Oost-Duitse kijkers ervan te overtuigen dat er in West-Duitsland geen plaats voor hen was: "De opvangcapaciteit van West-Duitsland is overschreden. Er zijn geen jobs voor de vluchtelingen; ze zitten in een tent of noodopvang en hangen als werklozen rond."

Schabowski was zich echter bewust van het feit dat hij nog steeds niet op Ehrmanns beschuldiging geantwoord had: "Wij willen, zoals gezegd, door een reeks van nieuwe mogelijkheden, inclusief de reiswet, de burger de kans geven de soevereine beslissing te nemen om te reizen waarheen hij wil. We zijn echter bezorgd dat de nieuwe reiswet..." Hier stak Schabowski de vinger op: "Let op, het gaat voorlopig slechts om een voorstel..."

Maar onmiddellijk daarop sprak hij om een onbegrijpelijke reden zichzelf tegen: "Inderdaad werd, voor zover ik weet, een beslissing genomen vandaag waarbij een aanbeveling van het Politbureau overgenomen werd. Het gaat over een passage die zegt dat een permanente emigratie naar West-Duitsland enkel mogelijk is via derde landen. Die passage werd veranderd: het kan nu ook rechtstreeks via de Oost-Duitse grenspunten."

Dit was waar Ehrmann op gewacht had! Onmiddellijk vroeg hij:
-"Wanneer wordt deze wet van kracht?" Nog voor Schabowski hierop kon antwoorden, riep Peter Brinkmann:
-"Onmiddellijk?" Schabowski krabde nu aan het hoofd en zette zijn bril op. Hij haalde het document boven dat Egon Krenz hem gegeven had en hij nog niet gelezen had. Hij brabbelde zich nauwelijks verstaanbaar door de passages die stelden dat reizen naar het buitenland mogelijk was voor om het even welke reden. Wat helemaal niet te verstaan was, was dat de reislustigen een visum moesten krijgen van de Oost-Duitse overheid.
-"Reizen naar het buitenland zijn mogelijk via alle grenspunten," las hij tot slot voor.
-"Vanaf wanneer?" werd er gevraagd vanuit de zaal. Schabowski bladerde door de tekst.
-"Onmiddellijk?" riep Peter Brinkmann opnieuw. Schabowski haastte zich:
-"Volgens wat ik begrijp... is dat onmiddellijk, met onmiddellijke ingang."
-"Doorslaggevend is de inhoudelijke verklaring," gooide Banaschak daar nietszeggend tussen.
-"De ministerraad moet dat nog beslissen," zei Beil zachtjes tegen Schabowski. Maar het was te laat.
Weinigen onder de reporters beseften het potentieel van Schabowski's geklungel. Bovendien keek de Oost-Duitse bevolking op dat moment naar een heel andere gebeurtenis...

~

De tien minuten geduld die Bezmenov gevraagd had, waren intussen ruimschoots overschreden. De spanning in de zaal viel te snijden. De meerderheid van de toeschouwers stond op de vertrappelde klapstoeltjes in het midden en aan de rechterkant van de zaal. Twee groepen stonden met opgestroopte hemdsmouwen tegenover elkaar. Sommigen onder hen hadden een verbeten grimas die pijn verbeet. Aan de linkerkant van de zaal zaten zij die zich afzijdig gehouden hadden, nog op stoeltjes, zenuwachtig naar rechts kijkend. De vertegenwoordigers van de Verenigde Naties waren moedig aan hun tafel blijven zitten. Er hing een sterke zweetgeur. De succesvolle afloop van het congres hing aan een zijden draadje.

Podborsky had vooral oog voor de afvalligen die bij Anastasiya stonden. Vanop afstand bedreigde hij hen, tot Anastasiya een strakke hand naar hem uitstak: 'Hou jij je gedeisd!'. Hij schrok. Zijn kompanen keken naar hem; durfde hij het tegen Anastasiya op te nemen? Ze wisten niet of ze dat zelfs wilden. Podborsky verkrampte; het was de stap die hij niet durfde te zetten.

Anastasiya had finaal twintig van Podborsky's honderd kompanen aan haar kant staan, twintig mannen die lijf en leden op het spel zetten om hun hart te volgen. En die eigenlijk gehoopt hadden dat ze met een groter aantal zouden eindigen.

De zaal werd onrustig; de twee partijen begonnen weer naar elkaar te roepen. Als de gewelddadigheden opnieuw uitbraken, werd de machtsoverdracht een mislukking, kwam er chaos en waarschijnlijk een burgeroorlog. Bezmenov keek vragend, haast smekend naar Anastasiya; ze knikte. In een flitsende beweging zette ze zich recht, draaide ze zich met de rug naar het publiek en kruiste ze de armen boven het hoofd. Sylvanië Freedom! Een oorverdovend gejuich; zelfs de kompanen van Podborsky hielden zich niet in. Het lied dat de bevrijding van het land aangekondigd had, en gespeeld werd vlak nadat de communistische regering het land verlaten had, ging door het hart van elke Sylvaniër. Dat ze nu op punt stond het te zingen, betekende enkel groot nieuws voor het land. Onmiddellijk doofden de lichten in de zaal en stond Anastasiya in het midden van de spots. De muziek van de intro hief aan. De danseressen kwamen in beweging. Anastasiya bleef in dezelfde houding staan, op die manier de intro rekkend. Waarop of op wie wachtte ze? Of twijfelde ze?

~

Net zoals hun bewakers zaten Anoushka en Klaus aan de radio gekluisterd. Sylvania Freedom! Wat was er aan het gebeuren? Waar bleef Nikki? Leefde ze zelfs nog, was een terechte vraag die de reporter stelde. Anoushka schrompelde ineen van angst:
-"Ach, neen, Nikki!" snikte ze. "Wat als ze jou ook willen vermoorden, Klaus?" bedacht ze onmiddellijk.
-"Alvast niet via de telefoon," zei Klaus droogjes, "en Nikki is niet dood."
-"Hoe weet jij dat?!"

~

In de zaal steeg de spanning ten top. Geduldig hield Anastasiya haar houding aan tot de hele wereld op het puntje van de stoel ging zitten. De danseressen gingen moedig door met de wervelende, fysiek lastige sprongen en spurtjes van de intro. Anastasiya had in het verleden dikwijls de intro gerekt, maar nog nooit zo lang.
"Beste mensen in de zaal, in Sylvanië en in de wereld," zei Bezmenov, "het is me de grootste eer om de komst van het nieuwe staatshoofd van Sylvanië aan te kondigen: koningin Victoria!" In het hele land grepen mensen elkaar bij de arm en keken met open mond en ingehouden adem naar het scherm. Zou het uiteindelijk toch gebeuren? Je zag hun lippen bewegen: "Nikki Regina!"

~

Klaus kon zich niet meer bedwingen; het geheim dat hij altijd bewaard had, kon hij niet meer voor zich houden:
-"Kom op, moedig zijn, nú, Nikki!!"
-"Wat, in 's hemelsnaam, Klaus?" vroeg Anoushka.

~

Podborsky greep naar de borstkas. De komst van Victoria?! Nikki was ontsnapt! Dat was toch onmogelijk?! Hij greep naar zijn walkietalkie:
-"Wat is er met Nikki gebeurd?"
-"Ze is niet meer in de kamer, baas."
-"Niet meer in de kamer??"
-"Wel, baas, het is zo gebeurd: Anastasiya is binnengekomen met Cassandra..."
-"Dat wist ik al! En Anastasiya is Tatiana!" schreeuwde Podborsky.
-"Wel, baas, Anastasiya was Tatiana toen ze de kamer binnenging."
-"Je bedoelt toch niet..."

~

Traag zakten de gekruiste armen; het Sylvania Freedom zou nu echt beginnen. De toeschouwers kregen kippenvel van het drama. Wisselend keken ze naar de deur, Anastasiya en Bezmenov. Waar bleef ze?
Anastasiya's handen zakten niet verder; ze friemelden aan het hoofd. Ze nam toch haar masker niet af?? Een schokgolf ging door de wereld; het was de Apocalyps en heiligschennis tezelfdertijd. Het licht van de spots schitterde in de lange zwarte haren die in hun volle volume over haar rug vielen. Vijf seconden gaf Anastasiya zich de tijd voor het grootste moment voor zichzelf en Sylvanië. De danseressen gingen vóór haar op een knie zitten met het hoofd naar beneden geknikt als eerste eerbetoon.
"God, laat het..." smeekten de mensen. En ze was het! In een flits draaide ze zich om en zong ze. De furie straalde uit de ogen van de vrouw die gevangen gezet geweest was. Met gebalde vuist begon ze aan het Sylvania Freedom. Ze schreeuwde de bevrijding uit, van zichzelf en van het land. Van ver zocht ze agressief naar de ogen van haar belager.

~

Klaus viel huilend in de armen van Anoushka:
-"Ze heeft het gedaan, Anoushka, ze heeft het gedaan!"
-"Jij wist dit?! Hoelang?"
-"Heel m'n leven. Luister hoe geweldig ze zingt vandaag! Oh, Anoushka, ik ben zo gelukkig!"
-"En jij die altijd zei dat je bij haar was tijdens de concerten!" riep Anoushka.
-"Dat was mijn rol, Anoushka, ik moest iedereen een rad voor de ogen draaien!"

-"Is Anastasiya echt onze nieuwe koningin?" vroegen de bewakers om zeker te zijn. Klaus bevestigde. Ze hadden moeite hun vreugde onder tafel te steken, wat deze onverwachte situatie ook voor hun baas mocht betekenen.

~

Het was net zo goed de rol van Tatiana geweest. Als danseres had ze op momenten Anastasiya's rol gespeeld om Nikki de kans te geven zich als zichzelf te tonen terwijl 'Anastasiya' meedanste op het podium. Efim Geller had Tatiana ook voor Anastasiya laten doorgaan terwijl Nikki gevangen was. Het belangrijkste was dat Podborsky op geen enkel moment in de mot had dat Nikki Anastasiya was.

Nadat de bewakers afgedropen waren, bleven Tatiana en Cassandra achter in de kamer. Ze feliciteerden elkaar. Samen waren ze de kamer binnengekomen, hadden ze Nikki in een mum van tijd uitgelegd dat ze de dochter van Sylvia was, dat ze koningin zou worden, en hoe ze het moest aanpakken. Ze hadden de kaartjes meegebracht waarmee Nikki de handlangers van Podborsky moest afwerven. Enkel Efim Geller en Bezmenov waren op de hoogte geweest. Van zodra Nikki het pak van Anastasiya inclusief masker had aangetrokken, was ze als Anastasiya, de echte Anastasiya, met Efim Geller de trappen afgedaald naar het podium.

Het laatste stuk was het moeilijkste en gevaarlijkste geweest: ervoor zorgen dat de bewakers zo laat mogelijk de verwisseltruc vaststelden; Nikki moest immers zoveel mogelijk tijd krijgen om Podborsky's handlangers aan haar kant te krijgen.

Cassandra had het hele plan uitgedacht, net zoals de rol van Riccardo Ehrmann en Peter Brinkmann op de persconferentie die op dit eigenste moment in Berlijn plaatsvond. Onmiddellijk ging ze op zoek naar nieuws daarover.

~

Terwijl ze zong, eiste de koningin haar land op. Ze gaf teken dat de zaalverlichting aangestoken moest worden. Van zodra ze Podborsky gelokaliseerd had, sprong ze van het podium. Voorafgegaan door de twintig mannen die haar kant gekozen hadden, waadde ze de zaal in, recht op hem af.

Voor haar ogen vochten de gewone Sylvaniërs met hernieuwde kracht tegen de gangsters. Achter de rug van Podborsky, tegen de muur gedrukt en verstijfd van angst, stond Reinhard. Niemand had oog voor hem. Had hij durven kijken, zou hij gemerkt hebben dat hij de gouden kans had Podborsky buiten westen te slaan. In plaats daarvan bad hij enkel opdat dit zo snel mogelijk mocht ophouden.

Podborsky vocht voor zijn leven, instructies roepend, zijn trouwste kompanen opjuttend. Die laatsten streden in de algemene richting van de nieuwe koningin, blind vuistslagen uitdelend aan wie hen in de weg stond. Want wie haar vanop afstand in de ogen durfde te kijken, onderging de bliksemslag van haar woedende, elektrisch geladen blik, werd verlamd, geraakte vertwijfeld en werd uiteindelijk getroffen door een vuistslag.

Op het moment dat de linies geen vooruitgang meer maakten, baande ze zich resoluut, nog steeds zingend, een weg recht naar Podborsky. Alsof ze Mozes was, ging de mensenzee uiteen. Op het moment dat ze recht voor hem stond, onderbrak ze het lied: "Arresteer die man!". Het spektakel bevroor. Podborsky kon geen woord uitbrengen. Omdat de twee antagonisten op een meter van elkaar stonden, was iedereen in de buurt verplicht onmiddellijk de winnaar te kiezen. De angst en de tragiek van het moeten maken van een keuze op leven of dood, vertrok voor een seconde alle gezichten. Nikki deed een dringend, aanmanend teken naar de man die vlakbij Podborsky stond. Tot verbijstering van die laatste werd hij door zijn directe getrouwen vastgegrepen en naar buiten getrokken. Daar werd hij effectief gearresteerd. Radeloos en met ogen die om vergiffenis vroegen, keken zijn handlangers nu naar Nikki. Ze keek iedereen rondom zich een voor een aan.

De oorlog eindigde zo snel als hij begonnen was. De muziek hernam en de wereld wachtte op het finale refrein van het Sylvania Freedom. Plots echter stak Nikki de hand in de lucht omdat Cassandra recht naar haar toe kwam gelopen. De muziek temporiseerde terwijl die laatste Nikki iets in de oren riep. Het nieuws was te mooi om waar te

zijn, maar zou haar mama ooit over zoiets liegen? Nikki concentreerde zich om de belangrijkste zin uit haar leven zeggen, in het Duits:
"Lieve mensen uit Oost-Berlijn, zonet heeft Günter Schabowski op de persconferentie gezegd dat jullie zonder enige voorwaarden de grens mogen oversteken. Vanaf nu! Begeef jullie onmiddellijk naar de grenspunten met West-Berlijn en eis jullie recht op. Jullie zijn vrij. Breek de muur af!"
Onmiddellijk daarop omarmde ze haar mama en gaf ze haar een kus. De dame die altijd de schaduw opgezocht had, werd ondanks zichzelf wereldberoemd.

~

Was het echt waar? Onmiddellijk zochten de Oost-Berlijners Westerse golflengten op. Schoorvoetend kwamen ze vervolgens naar buiten:
-"Hebben jullie het ook gehoord?"
-"Het klopt," zei iemand anders, "Radio Liberty zegt hetzelfde."
-"ARD ook." Ze besloten om vanop een afstand de grens gade te slaan.
De mirakels bleven zich opstapelen: de Grenzpolizei kreeg die avond uitzonderlijk geen telexberichten wegens een panne, terwijl de leden van het Zentralkomitee op dat moment in de wagen naar huis zaten. Toen de eerste burgers vragen stelden, had Harald Jäger, die die avond voor de grens verantwoordelijk was, geen enkel antwoord.

~

Reinhard was verslagen. Vanuit de nis waar hij beschutting gevonden had, zag hij hoe Nikki triomfantelijk om haar as draaide en zwaaide naar een uitzinnig publiek. Ze was nu het centrum van de wereldgeschiedenis. Als het waar was wat ze vertelde, en natuurlijk was het waar, was de Berlijnse muur aan het vallen, waarmee ze de fatale klap aan de dictatoriale regimes van een half continent had uitgedeeld.
Hoe idioot was hij niet geweest door voor haar ogen te pronken met zijn aanpak van Anastasiya, door een macramé hartje voor haar te knutselen en met haar gevoelens te spelen, door haar te willen domineren? Hoeveel kansen had ze hem niet gegeven om op een normale manier met haar om te gaan? Toen hij uiteindelijk verliefd op haar werd, was de maat voor haar reeds vol geweest; in Moskou had ze haar diplomatieke troeven, haar levenswerk te grabbel moeten gooien om hem uit de gevangenis te halen.
Wat niemand voor mogelijk gehouden had, was gebeurd: Reinhard was in de liefde verslagen. Ze droeg op het meest glorieuze moment van haar leven niet zijn prachtige juweel, natuurlijk niet. Gelukkig had ze hem nog niet gezien. Hij bleef diep in zijn hoekje schuilen terwijl de massa haar smeekte om het laatste refrein van Sylvania Freedom te zingen.
Na een lange onderbreking begon ze eraan. Oh, wat een machtige stem en intonatie! Zoals steeds wanneer ze Anastasiya was, benadrukte ze zwaar de medeklinkers, en net als die keer dat ze met Reinhard danste, betoverde ze de hele zaal met haar sierlijke bewegingen. Ze keek naar boven, naar het podium en naar Sylvia, die oneindig fier op haar teruggevonden dochter was. Ze omarmde Cassandra om haar te kennen te geven dat zij haar dochter niet kwijt was. De wereld was van Nikki.
Gelaten sloot Reinhard de ogen voor de zon die te hard schitterde, nadenkend over zijn toekomst... als bankier. Ook dat nog; hoe moest hij daaraan beginnen? Hij bezat vijftig procent, tegenover de vijftig procent van... De zon was genaderd; hij merkte hoe de mensen in zijn buurt zenuwachtig plaats maakten. Hij voelde de warmte van haar stem terwijl ze haar laatste woorden scandeerde: "Sylvania, I ... Love... You!!" Hij opende de ogen. Ze stond vlak vóór hem. Hij keek recht op het macramé hartje dat ze om haar nek droeg.
Terwijl hij dacht dat hij dood was en droomde, volgde de wereld zijn reactie. Hij durfde haar niet in de ogen te kijken. Toen haar rechterhand zijn linkerhand vastnam, groeide zijn vertrouwen. Aarzelend liepen zijn ogen over haar hals, haar glimlachende lippen, haar neus, en tenslotte... haar ogen. Die keken lief, verliefd zelfs. Reinhard was buiten zichzelf; ze meende het! Ze zag hem graag! Ze hield haar hoofd schuin: "Kom mee, Reinhard!"

Ze trok hem mee door de applaudisserende en juichende menigte. Uit alle macht probeerde Reinhard zijn pak recht te trekken. Zijn armen en ribben deden pijn van de klappen en porren waarin hij tijdens de vechtpartij gedeeld had. Tevergeefs probeerde hij zijn tranen van ontroering te bedwingen.

~

Aan de grensovergang in de Bornholmer Straße zaten vier politieagenten in een kleine auto te midden van tienduizenden Oost-Berlijners die wachtten tot de slagbomen opengingen. Door de luidsprekers die op het dak gemonteerd stonden, probeerde de chauffeur de menigte uit te leggen dat er een visum nodig was. Niemand had echter oren voor de man die beweerde dat Anastasiya het verkeerd voorhad.

Harald Jäger stond voor de beslissing van zijn leven: de mensen doorlaten of erop schieten. Hij belde naar de Staatsveiligheid en kreeg het antwoord dat het onmogelijk over zoveel mensen kon gaan als hij beweerde. Het was het typische antwoord van een machteloze apparatsjik.

Op hetzelfde moment presenteerde zich een Oost-Duits koppel aan de grensovergang bij Waltersdorf-Rudow. Het deed de eenvoudige uitleg van wat het op de televisie gezien had en werd merkwaardig genoeg zonder veel protest doorgelaten. Zij waren de eersten die die nacht West-Berlijn bezochten. In hun paspoort werd echter een stempel gezet die betekende dat ze nooit meer terug mochten komen, en dat terwijl ze drie kinderen hadden die thuis lagen te slapen.

~

Op het podium viel iedereen in elkaars armen onder luid handgeklap. Bezmenov en Cassandra waren de eersten die felicitaties toegejuicht kregen toen hun beider handen samen de lucht ingingen. De wereld zou alles te horen krijgen over de KGB'er die voor de spionne gevallen was om vervolgens Sylvanië te redden.

Sylvia had veel goed te maken bij haar dochter Victoria, de naam die koningin Anastasiya nooit meer zou gebruiken, terwijl ze voor haar vrienden Nikki bleef. Ze omhelsde haar minutenlang, honderdmaal om vergiffenis vragend. Nikki antwoordde dat ze het allemaal perfect begreep. Ze rekende erop dat Sylvia alles over de vader zou vertellen die ze zich niet meer herinnerde. Sylvia knikte heftig, nog steeds snikkend, in de nek van Nikki.

Prinses Kathrin de Vissermans vroeg intussen dringend aan Reinhard of ze de Rechtvaardige Rechters meekreeg. Bezmenov mengde zich in het gesprek en zei met gewichtige stem dat de aandelen in de Vissermans die de koninklijke familie toekwamen, alsook de Rechtvaardige Rechters, naar die andere erfgenaam van koning Willem gingen.

"Waar is hij trouwens?" vroeg iedereen zich plotseling af.

EPILOOG

-"De telefoon doet het nog steeds niet," zei de meest ijverige van de twee bewakers. "Is er nog nieuws van de baas?"
-"Hij is naar een Russische militaire gevangenis gebracht."
-"Verdomd; geen kans dat we hem daaruit krijgen!"
Beide bewakers waren bang. Welke toekomst stond hen te wachten? Ze keken naar de hemel.
En die gaf raad. In de verte verschenen vijf helikopters met dubbele rotor, voorafgegaan door een zwaar, intimiderend gedreun.
-"Russen!"
-"Zie dat ze ons niet zien; ze komen waarschijnlijk voor het goud! Zorg dat de gevangenen de aandacht niet trekken!" De mannen duwden Klaus en Anoushka mee naar binnen en deden de deur op slot.
Vier helikopters hielden halt boven het verhakkelde veld van de oude goudmijn. Uit elk van hen kwamen twaalf paracommando's afgedaald. Wat een machtsvertoon! De bewakers sidderden als een rietje.
-"Die komen toch niet voor ons?!"
-"Jullie zijn onze gijzelaars, wie jullie ook zijn!" zwoer de andere, "we eisen een helikopter en een vrije aftocht naar... naar..."
-"Luister," zei Klaus, "Ik ken Russisch; ik zal met hen gaan praten."
De vijfde helikopter was intussen geland.
-"Ok, jij gaat met hen praten. Wij willen onze vrijheid, dat is onze enige eis. De jongedame blijft hier!"
Klaus liep de Russen tegemoet. Met een verrekijker werd hij geobserveerd door zijn bewakers.
-"Moet je eens kijken, die Russen lijken schrik van hem te hebben; één van hen gaat met hem praten terwijl de vijftig anderen op minstens vijf meter blijven staan."
De soldaten maakten vervolgens wijd plaats om de groep door te laten die uit de vijfde helikopter gekomen was.
-"Dat is... de moeder van de baas!"
-"Wat komt die hier doen?"
-"Ze omhelzen elkaar! Dat... dat..."
-"Wie is uw vriend eigenlijk?" Anoushka glimlachte enkel.
-"En wie is de vrouw met het... kroontje?"
-"Is Nikki meegekomen?" vroeg Anoushka, "toe, laat mij haar zien. Het is mijn nichtje! Wel niet echt mijn nichtje... toe, ik wil haar zien!" Anoushka maakte grote zwaaibewegingen van ver. Het laatste beetje bloed onttrok zich aan de huid van de bewakers:
-"Loop er maar naartoe." Anoushka gooide de deur open en spurtte naar Nikki. Onder de glimlach van Klaus omhelsden Nikki en Anoushka elkaar een minuut lang.
-"Ik heb zoveel schrik voor je gehad!" zei Anoushka, "en proficiat, Nikki! Hoe je dat voor ons verborgen hebt kunnen houden!"
-"En wie is dat?" De bewaker gaf zijn verrekijker door, "hij doet ons teken om af te komen."
-"Dat is Reinhard."
-"Baron Reinhard?"
-"Wel, je moet hem Reinhard noemen; ik heb vorige zondag een pint met hem gedronken, en... Och, God ik hoop dat hij niet..."
Maar toen ze dichterbij kwamen, zagen ze dat koningin Anastasiya wel degelijk met het kaartje in de hand stond:
-"Mato Damjanovic?" vroeg Nikki. Een van de bewakers stak zijn hand op. "Hoe gaat het intussen met uw dochter?" De bewaker viel op zijn knieën voor haar, boog voorover en begon te schreien:

-"Heb medelijden met mij, Koninklijke Hoogheid!"
-"Sta recht. Vertel me hoe het met uw dochter gaat."
-"Ze heeft een operatie nodig, maar laat dat uw zorg niet zijn!"
-"Kom beiden morgen naar het paleis, in uniform!" gebood Nikki.
De groep bezocht het huis. Cassandra legde uit waar de bedjes van Nikki en Klaus gestaan hadden, en het schilderij met de paarden...
-"Victoria Regina Sylvia," vertelde Klaus.
-"Jij weet dat nog!" zei Cassandra verbaasd.
-"Dat is echt wel het enige wat ik me herinner!" zei Klaus.
-"Heb je de paarden echt zo genoemd?" vroeg Sylvia ontroerd. De twee vroegere vriendinnen vielen elkaar in de armen.

~

De Grenzpolizei, of Grepo's zoals ze ook genoemd werden, hadden hun gezag verloren. De burgers lachten hen uit: "Waar hebben jullie schrik van? Wij willen gewoon eens de grens oversteken. We komen nadien heus wel terug!" De massa begon te drummen. Als een eerste toegift liet Harald Jäger de mensen een voor een door, waarbij een Grepo een stempel in de pas zette die betekende dat de burger in kwestie nooit meer terug mocht keren.

Het eenzame koppel dat eerder aan de grensovergang bij Waltersdorf-Rudow doorgelaten werd, werd door een West-Berlijnse taxichauffeur opgemerkt en kreeg een gratis rondrit in de stad. Daarna stak het koppel de brug weer over naar huis. De Grepo belde naar Harald Jäger met de vraag of het paar opnieuw het land binnen mocht.

Het hele systeem had zichzelf ingehaald. De Berlijnse muur was gebouwd om Oost-Duitsers in eigen land te houden. Als extra afschrikmiddel werd gesteld dat wie naar het Westen trok, nooit meer mocht weerkeren. Voor het eerst in het achtentwintig jaar bestaan van de muur, wilden twee mensen nu terug. Harald Jäger moest opnieuw een moeilijke beslissing nemen, want het koppel argumenteerde dat het drie kinderen thuis had. Jäger besloot op dat moment dat iedereen mocht weerkeren naar Oost-Berlijn. En zo werd bij de eerste gelegenheid dat hij toegepast moest worden, de wet van de definitieve uitwijzing afgeschaft.

In West-Berlijn werden de Oost-Duitsers als helden ontvangen. Het werd een feest zonder voorga. West-Berlijners kropen bovenop de muur die eigenlijk op Oost-Duits grondgebied stond, de Grepo's negerend die hen vroegen om van de muur te komen.

Op dat moment telefoneerde Stasi-minister Erich Mielke naar secretaris-generaal Egon Krenz:
-"Hoe wilt u de situatie oplossen?" Erich Mielke was de verpersoonlijking van het machiavellistische streven naar de perfecte communistische samenleving. Het geweld in zijn leven was begonnen met twee politieke moorden in 1931, waarna hij vluchtte naar de Sovjet-Unie en meewerkte aan de politieke zuiveringen van Stalin. Hij overzag de oprichting van politiestaten over de hele wereld. In 1957 werd hij voorzitter van de Stasi, een organisatie die meedogenloos elke burger volgde en hem in een keurslijf dwong. De hermetisch gesloten Berlijnse muur en het IJzeren Gordijn waren zijn levenswerk. Nu stortte alles in elkaar. Zijn belangrijkste probleem was dat Moskou een hervormd communisme wou, en absoluut niet achter het geweld stond dat nodig was om het absolutisme in Oost-Duitsland te behouden. Maar misschien als hij de toestemming van de secretaris-generaal kreeg...
-"Hoe zou u het dan willen oplossen?" vroeg Egon Krenz, die wars was van moeilijke beslissingen.
-"U bent de secretaris-generaal," antwoordde Mielke. Nadat de bal driemaal over en weer gekaatst was, was het duidelijk dat de val van de Berlijnse muur niet met geweld gestopt zou worden.

De vertwijfeling bij de bange, onzekere en vooral onervaren Egon Krenz maakte dat zes uur na Anastasiya's oproep Harald Jäger nog steeds geen instructies gekregen had. Met een zucht maakte hij in z'n eentje de belangrijkste beslissing in de geschiedenis van het Oostblok: hij zette de slagbomen wijd open.

~

Alexandra had Sebastian, Miranda en Laetitia naar Sylvanië laten komen om mee te genieten van de vele feesten die daar nu plaatsvonden. Ze mochten in de suite lopen van de drie verschillende huwelijksvieringen in de kathedraal, te beginnen met het huwelijk van Cassandra en Bezmenov. De eenvoudige hoteluitbaatster die haar hele leven weggecijferd had om de koningskinderen te beschermen, trouwde met Gents meest charmante vrijgezel. Hij aanbad haar. De dame die zo subtiel zijn persoonlijkheid en leven veranderd had, van hem de grootste held gemaakt had, verblufte hem elke dag met de diepe culturele en politieke kennis van zijn eigen land. Ze wist gewoon alles wat hij ooit hoopte te leren.

Haar rol als spionne eindigde samen met de val van de Berlijnse muur. Ze verliet het hotel om samen met Bezmenov in de diplomatie te gaan, fladderend over alle Europese hoofdsteden. Overal werden ze als koningen ontvangen. Ze hadden een eigen appartement zowel bij Klaus en Anoushka in het Fleur-de-Lys als in Nikki's paleis.

Vervolgens was er het huwelijk van prins Nicolas, zoals hij zich liet noemen, met prinses Anoushka. Ik heb haar nooit zo verliefd gezien als die dag, doodgelukkig dat ze kon trouwen met de neef die geen neef meer was. Naast uiteraard prins en prinses Robert en Kathrin de Vissermans en koninginnen Sylvia en Anastasiya, werd de plechtigheid vereerd met de aanwezigheid van de voltallige hogere adel uit heel Europa. Het was een moment waarop ik vreesde dat ik mijn goede vriend Klaus nooit meer terug zou zien. Gelukkig bleef hij gewoon verbonden aan de Rijksuniversiteit Gent, waar hij me hielp met het verdelen van de dotaties die ik jaarlijks kreeg naar aanleiding van de goudvondst. Hij had het talent om dit te doen zonder vijanden te maken. Daarnaast stichtte hij in Sylvanië een volwaardige universiteit, terwijl Anoushka een museum oprichtte. Hoewel het koppel in een der armen van het Fleur-de-Lys ging wonen, was het een kwart van de tijd bij Nikki terug te vinden.

Als sluitstuk was er natuurlijk het huwelijk van baron Reinhard met koningin Anastasiya. Vóór de viering werden ze gedurende twee uur in een gouden koets rondgereden om aan alle Sylvaniërs de kans te geven een glimp op te vangen. Aan alle gevels van de stad hingen grote banieren, speciaal voor de plechtigheid gemaakt en door iedereen gekocht. De feestelijk geklede burgers riepen en applaudisseerden voor de koningin van hun dromen. Reinhard zat er bedeesd bij. Hij was er op een onwaarschijnlijke manier in geslaagd om het hart van de zangeres te veroveren. Had hij eigenlijk ooit echt in zijn kansen geloofd, vroeg hij zich af, of was zijn jacht op haar een ijdele bezigheid geweest, een excuus om nooit uit zijn Casanova rol te moeten stappen? In elk geval had hij zich nooit ingebeeld dat haar te veroveren, een dag en een leven zoals dit betekende. Zij zou het nu allemaal oplossen: de economie, de nationale bank,... waar eindigde het lijstje zelfs? Hij hield haar hand stevig vast.

Op het staatshuwelijk waren de staatshoofden aanwezig van alle landen die hun onvoorwaardelijke steun aan het eerste bevrijde land van het Oostblok toegezegd hadden. Op de eerste rij zaten Gorbatsjov en Jeltsin. Die eerste werd in zijn hervormingen voortgestuwd door zijn onmetelijke populariteit in het Westen, terwijl die laatste reeds lang geen communist meer was. Ze waren fier op wat ze verwezenlijkt hadden; het was duidelijk dat de andere landen dezelfde weg op moesten, inclusief de Sovjet-Unie zelf. De grote afwezige was Egon Krenz, die op dat moment een grondwet bedacht die het behoud van Oost-Duitsland als onafhankelijk en leefbaar land een kans moest geven. Quod non.

Na de feesten ging het snel. Als een ijzeren dame sloot Nikki contracten af met Westerse bedrijven die tienduizenden arbeidsplaatsen in het land creëerden. Zonder enig gevaar voor devaluatie stond de nationale bank gul de leningen toe die in een mum van tijd alle moderne infrastructuur naar Sylvanië brachten. Het land verrees uit zijn as nog voor iemand een plan gemaakt had.

~

Op Gellers podium nam de nicht van koning Willem de plaats in van de dochter. Geprezen om haar moed en plichtsbewustzijn, werd gravin Tatiana beloond met de rol die ze altijd had willen spelen, en voortaan zonder masker.

~

De zonovergoten dag in Gent had de meest zalige in mijn leven moeten worden. Geduldig hadden Alexandra en ik aangeschoven om het Lam Gods met de echte Rechtvaardige Rechters te zien, en de gids die het paneel in het verre Sylvanië gevonden en naar de Sint-Baafskathedraal teruggebracht had. Ze straalde; volgens Alexandra was ze reeds in verwachting. Kanunnik Collin glunderde; met de reusachtige opbrengsten van de bezoeken kon hij eindelijk het orgel laten restaureren.

Prinses Anoushka van Sylvanië vloog ons om de hals. Voor de verandering vertelde ze aan de bezoekers het hele verhaal van de goudvondst, over hoe Reinhard absoluut het werk van Geller senior had willen voortzetten, en waarom, en over hoe Klaus en ikzelf hopeloos de puzzle hadden proberen oplossen, tot Reinhard zelf de oplossing gevonden had. Ze vertelde het met zoveel animo en plezier dat niemand doorhad dat ze op het einde van de rit helemaal niets over het Lam Gods verteld had!

Het was de dag dat ik aan Alexandra mijn groot geheim moest verklappen; daar had ze me steevast aan herinnerd. Gedurende twee maand had ze geen druppel alcohol aangeraakt. Ik had geen enkele uitvlucht meer. 's Avonds zouden we onder ons tweetjes gaan eten. Dan zou het moeten gebeuren. Voorlopig echter liepen we met de drie kinderen langs de kunstwinkeltjes in Onderbergen, op zoek naar een schilderijtje.

We bleven staan voor een oogstrelend werkje van een zekere Willem Pie. De man wist met diepe rode kleuren een ongekende warmte in stadstafereeltjes te brengen. We kregen echter geen tijd om te twijfelen. De zaakvoerster stak ongevraagd een eindeloze monoloog af, die, buiten het eenmalig vernoemen van de naam van de kunstenaar, niets met dat of een ander kunstwerk te maken had.

Als het een doelbewuste verkooptechniek was, was het de meest onwaarschijnlijke. Ze stak een ellenlang verhaal af over hoe ze vruchteloos geprobeerd had om kinderen te krijgen 'tot het bed kraakte'. Vervolgens wees ze naar Sebastian, Miranda en Laetitia en zei ze dat die 'toch zo goed op hun papa leken'. Hoe vreselijk gênant! Zelfs nadat we betaald hadden, hield de dame niet op. We vluchtten de winkel uit, richting het Fleur-de-Lys, waar we de kinderen bij tante Laetitia afzetten. Nu haar eigen zoon naar Sylvanië verhuisd was, zag ze de drie kinderen des te liever komen.

~

Alexandra had zich piekfijn opgesmukt en het mooiste pak aangetrokken voor een etentje in een jazz club. We hadden de beste plaatsen, te midden van vele opgewekte mensen, die net zoals wij lachten, dronken en dansten. Iedereen was in feesttenue. Het was onze mooiste avond samen sinds het grote avontuur in Sylvanië. We hadden genoeg om te vieren: ons samenzijn, de uitstekende pc business, de succesvolle omschakeling van de Vissermans naar werkplaatsbesturingen...

Maar daarvoor waren we hier niet. Dit was de avond waarop ik haar de sleutel zou geven tot de informatie waar haar gemoedsrust van afhing. Die informatie stond op een diskette die ze van een detective gekregen had, volstrekt illegaal. En onverstandig; door dit soort dingen te doen, maakte ze zichzelf chanteerbaar. Het had haar niet tegengehouden.

De detective had haar ook verteld dat ik het was die het programma geschreven had en nog steeds onderhield. Toen ik het programma schreef, was ik ongeveer de enige programmeur op pc's in het Gentse, wat, gecombineerd met mijn academisch statuut, aan verschillende instellingen het vertrouwen gegeven had dat ik snel en goedkoop een handig programmaatje kon schrijven. Aangezien de programma's in de meeste gevallen over persoonlijke gegevens gingen, beloofde ik ook veiligheid: de toegang tot het programma was met een paswoord beveiligd, en de gegevens in de bestanden waren versleuteld. Hoewel het strikt genomen niet mocht, bezat ik een superpaswoord en een supersleutel waarmee ik mijn klanten ten allen tijde kon depanneren. Ze stelden me er nooit vragen over.

Aangezien ik haar reeds verklapt had dat ik de supersleutel bezat, wist ze nu met pertinente zekerheid dat ik de gegevens tevoorschijn kon toveren waarnaar ze aan het zoeken was sinds de dood van haar echtgenoot Alex. Het waren echter gegevens die ik haar om persoonlijke redenen absoluut niet had willen geven. Ik had me achter het excuus van de professionele ethiek verstopt. Maar toen ze begon te drinken, had ik me laten verleiden tot het beloven van de sleutels als ze gedurende twee maand de drank zou laten.

Ze had haar belofte gehouden. Mijn laatste verdedigingslinie bestond nu uit het feit dat ik kon eisen enkel de supersleutel te geven voor de gegevens die ze nodig had, en niet voor alle bestanden van mijn klanten. Dat betekende dat ze me zou moeten vertellen waarover het ging, wat ze niet graag zou doen omdat het me zou kwetsen.

Vanavond mocht ze volgens de afspraak opnieuw alcohol drinken, wat het lastige gesprek makkelijker zou maken. Op zijn minst zou ze durven zeggen over welk bestand het ging. Hopelijk hielp het ook mij om dit gebeuren te overleven.

Onmiddellijk na het hoofdgerecht viel er een ongemakkelijke stilte in onze conversatie. Alexandra had aan de ober gevraagd nog even te wachten met het nagerecht. Ze keek naar mij; had ik de sleutels bij? Wou ik ze aan haar overhandigen?

-"Ik heb de sleutels bij, Alexandra. Welke heb je nodig? Waar ben je naar op zoek?" Ze had me in het verleden al verteld dat ze dat niet wou verklappen. Ze aarzelde.

-"Je mag je niet gekwetst voelen, Dominique, maar het is een vraag die me heel m'n leven wakker zal houden."

-"Waarom moet ik me gekwetst voelen?" vroeg ik. Zou ze het echt durven zeggen?

-"Ik zoek een man, Dominique". Ik reageerde geschokt. Onmiddellijk legde ze echter haar hand op de mijne. Ik vroeg me af of ik er wel verstandig aan deed om komedie te spelen.

-"Je zoekt een man," herhaalde ik.

-"Je zal me gek verklaren. Ik zoek een heel specifieke man. Ik heb hem nooit ontmoet en ik ken zijn naam niet. Als ik hem ooit vind en ontmoet, is de kans klein dat ik van hem zal houden. Maar het zal pas na die ontmoeting zijn dat ik het verleden achter me kan laten."

-"Wat als je hem ooit vindt?" vroeg ik zenuwachtig.

-"Dan hoop ik dat hij is zoals ik me inbeeld."

-"Hoe?"

-"Een goede man, familiaal, niet gehuwd... zoals jij," lachte ze.

-"Heb je die man gezocht toen Alex nog leefde?"

-"Neen, helemaal niet, maar na zijn dood ben ik me dat soort dingen beginnen afvragen. Het werd een obsessie; nu móet ik het weten!"

-"Blijkbaar," stelde ik vast, "wat een gek verhaal!"

-"Eigenlijk is het een logisch verhaal, maar ik wil het niet vertellen tenzij strikt noodzakelijk, uit respect voor mijn overleden man, mijn kinderen, en... jou," voegde ze daaraan toe. Dat was inderdaad heel logisch, wist ik.

-"En de naam van de man die je zoekt, staat op een diskette?" Die had ze zowaar meegebracht! Ik bekeek de 3,5 inch diskette, een zwart plastieken vierkantig omhulsel met een paar metalen onderdelen, en met een rood-wit klevertje waarop enkel drie uitroepingstekens stonden. De symboliek van "drie" was me meteen duidelijk. "Je hebt de inhoud al bekeken?"

-"Een rotzooi van letters en cijfers. Ik heb de sleutel nodig, jouw sleutel... Je hebt die toch?!" Nu moest ik de waarheid vertellen:

-"Het wordt tijd dat ik je mijn verhaal vertel." Ze luisterde, weliswaar in de hoop dat ik bij het onderwerp bleef. "Je hebt mij enkel als verstokte vrijgezel gekend. Daar was een reden voor: ik had zo weinig zelfvertrouwen dat ik vreesde dat elke relatie stuk zou lopen op mijn onvermogen iets te bakken van mijn leven. Maar er was een belangrijkere reden: ik werd smoorverliefd op een veel te hoog gegrepen meisje, bloedmooi, sportief en uiterst intelligent..." Dat maakte Alexandra razend nieuwsgierig:

-"Dat wist ik niet! Jij?! Wie?" Ik antwoordde niet op haar vraag.

-"Wat is er met haar gebeurd?"
-"Zij trouwde en ik rouwde." Alexandra keek sip. "Maar ik vergat haar niet, integendeel. Met haast religieuze toewijding studeerde en werkte ik, in de hoop dat dat op één of andere manier het tij zou doen keren."
-"Je wou ze alsnog veroveren?!"
-"Ik weet het niet; ik vond dat het lot me nog iets tegoed had."
-"Heb je ze nog gezien?" Hoe ironisch! Ik schudde enkel het hoofd; ik gaf te kennen dat ik daar niet wou op antwoorden.
-"Wel, als de niet aflatende werker hebben we je steeds gekend. En, is je lot verbeterd?" Ik antwoordde opnieuw niet op de vraag.
-"Om verder te gaan," zei ik, "hield ik van wiskunde en computers, en die twee gaan soms goed samen, zoals je weet..."
-"Geologisch onderzoek…"
-" … en encryptie van gegevens." Ze kon niet onderdrukken dat ze blij was dat ik naar het onderwerp teruggekeerd was:
-"Welke gegevens?" Dat was natuurlijk wat ze heel precies wou weten.
-"Oh, ik denk dat je je in Gent geen delicate gegevens kan voorstellen of ik heb ze versleuteld."
-"Deze dus ook?" vroeg ze hoopvol.
-"Op basis van drie uitroepingstekens kan ik dat moeilijk zeggen." Ik wou dat zij het onderwerp als eerste aansneed.
-"Klinieken?" Ze keek hoopvol, maar preciezer zou ze niet worden. Ik knikte.
-"Ik ga mijn portable uit de auto halen," zei ik.
-"Ga je hier in de jazzclub…?" Natuurlijk zou ik dat; in deze omstandigheden zou ze het nieuws het beste verteren. Binnen de minuut was ik weer met het toestel. Ik klapte het open. Het scherm was zwart, buiten een kleine oranje 'C:\' links onderaan. Alexandra keek met ingehouden adem toe. In de jazzclub ging het feest gewoon door; de schuiftrompetten overstemden alle gesprekken. Iedereen keek naar het podium, behalve wij dus.
-"Ik start het encryptieprogramma op." Voor een zeldzame keer zou het omgekeerd werken. Het vroeg om een sleutel. Alexandra keek vragend naar mij. Ik nam mijn diskette. Ze zag er net zo uit als die van Alexandra, maar de mijne had een groen etiket. Met open mond keek ze naar hoe ik de diskette in de gleuf liet verdwijnen en hoe het scherm reageerde. Het programma was gelukkig met wat er op de diskette stond, want het liet me nu kiezen tussen een half gros sleutels. "Kies maar!"
-"Hoezo?"
-"Je kan kiezen tussen alle klinieken van Gent. Druk op de pijltjes." Ze draaide het scherm naar zich toe; ik mocht niet weten over welke kliniek het ging. Met grote anticipatie scrolde ze door het lijstje. Ze had snel door dat het lijstje alfabetisch gerangschikt was, en drukte als een bezetene op de neerwaartse pijl. De ober vroeg of we nog iets wilden drinken. Zij hoorde hem niet maar ik bestelde een tripel; die zou ik nodig hebben!
-"De kliniek staat ertussen!" riep ze blij, "ik heb ze aangeduid."
-"Druk nu gewoon op de enter-knop." Het programma vroeg nu droogweg om een bestand.
-"Bestand?"
-"De gegevens," antwoordde ik. Ik stopte haar diskette met rood-wit etiket in de gleuf. Mijn hart klopte sneller.
-"Het bevat drie bestanden," zei Alexandra, "ik weet niet welke het juiste is." Ik mocht even naar de nietszeggende namen van de bestanden kijken.
-"Die drie bestanden verwijzen naar elkaar. Klik op het eerste." Ze vroeg zich even af hoe ik dat wist maar stelde de vraag niet; wellicht werkte het in alle klinieken op dezelfde manier, besloot ze.

Het eerste bestand opende zich. Alexandra was volledig betoverd door hoe de dekselse onleesbare lettertekens plotseling getemd waren en netjes in kolommen stonden. De grote waarheid leek plots dichtbij. Maar toen was ze ontgoocheld:
-"Enkel cijfers en codes."
-"Laat zien," zei ik. Ze scrolde de lijst door tot de kolomtitels uit het zicht verdwenen waren.
-"Ik wil echt dat niemand weet waarover dit gaat," zei ze, "het is mijn diepste geheim. Je moet het niet persoonlijk nemen."
-"Ik heb ook een diepste geheim; ik begrijp je." Ze was toch even verwonderd; ik had dus een geheim dat nog dieper was dan een of ander vriendinnetje uit mijn jeugd. Dit werden delicate seconden. Ik deed alsof ik het scherm bestudeerde. Alexandra keek me gespannen aan.
-"De eerste kolom is een rijksregisternummer, dat herken je zo. Waarschijnlijk dat van de patiënt. Ben jij de patiënt?" Haar ogen sloegen op; ze twijfelde een seconde of zij eigenlijk de patiënt was.
-"Ja."
-"Het rijksregisternummer staat op je identiteitskaart." Die haalde ze meteen boven.
-"En de codes in de volgende kolommen?"
-"Dat zijn allemaal korte codes, behalve een datum en één lange code. Vermoedelijk verwijst die laatste door naar de eerste kolom in het volgende bestand." Ze begon als gek te scrollen. Het was een heel lange lijst, gesorteerd op datum. Op goed geluk haar rijksregisternummer vinden, was te omslachtig. Dus zocht ze op datum. Op het moment van de waarheid moest ze de datum blijkbaar nog reconstrueren. Ze keek omhoog en knikte met haar hoofd terwijl ze rekende. Razend stortte ze zich vervolgens op de pijltjes. Ik toonde haar hoe ze met pagina's tegelijk kon scrollen. Ze ging als een bezetene tekeer...
-"Gevonden, datum én mijn rijksregisternummer!!" Ik dronk twee slokken van mijn trappist terwijl ze een pen bovenhaalde en nummers noteerde op een bierviltje. Ze wou meteen naar het volgende bestand op de diskette. Nu zou het snel gaan. Ik legde mijn hand op de hare:
-"Weet je, als computerspecialist kwam ik overal." Ze was verveeld dat ik net nu een verhaal wou vertellen, maar ze luisterde. "Men gaf me toegang tot alles, omdat ik gewoon alles moest weten: dossiers, microfiches, printers, maar ook... labo's." Van zodra ik zweeg, deed ze het tweede bestand open. Dat was gesorteerd op een lange code van precies de lengte van de codes die ze genoteerd had.
-"Yes!!" riep ze. Ze had mijn hulp niet meer nodig. Ze vond opnieuw een lang nummer in één der kolommen, en besefte dat die zou verwijzen naar het laatste bestand. Ze kon niet wachten. Maar opnieuw nam ik haar bij de hand:
-"Luister Alexandra, het is heel belangrijk dat ik je dit vertel."
-"Nu?" Ik knikte. Ze deed ondanks haar nieuwsgierigheid haar volledige best om naar mij te luisteren. We waren elkaars soulmate, behalve blijkbaar wanneer het over het allerdiepste van onze zielen ging.
-"Op een bepaalde dag kwam het meisje van mijn dromen met haar man in één van de klinieken. Het meisje zag me niet. Omdat ik als informaticus tot alles toegang had, presenteerde zich een magische kans." Ik begon te snikken van de spanning en de angst. Alexandra vergat de diskette.
-"Heb je iets verkeerds gedaan? Wil je zeggen waarover het ging?"
-"Ja, ik heb iets verkeerds gedaan, en neen, ik wil niet zeggen waarover het ging."
-"Heel verkeerd?"
-"Op het randje van heel verkeerd waarschijnlijk."
-"Is er schade?"
-"Neen, integendeel zelfs," zou ik zeggen. "Maar het was immoreel."
-"Waarom heb je het gedaan?"
-"Om eerlijk te zijn, het heeft me jaren gelukkig gemaakt. En nog steeds. Het was een enorme troost."

-"Dan was het toch zo erg niet?"
-"Dat weet ik niet, Alexandra. Dat weet ik niet." Ze gaf me rustig de tijd om mijn hart uit te storten, maar ik zei niets meer.
-"Ik dacht dat je nieuwsgierig was naar het derde bestand," zei ik gemaakt lachend.
-"Gaat het? Mag ik?" Ik moedigde haar aan. In een mum van tijd had ze haar weg gevonden door het derde bestand. Toen ze het nummer gevonden had, ademde ze hard in van de spanning. En nu. De rij had weer enkel korte codes en één lange code. Maar nu was er geen volgend bestand meer. Ze keek radeloos.
-"Wat scheelt er?" vroeg ik. Terwijl ze aarzelde om om hulp te vragen, ging haar een licht op. Ze herkende het formaat van een rijksregisternummer. Dat was van de man die ze zocht!
-"Yes!! Ik heb hem gevonden!! Enkel zijn rijksregisternummer, maar dat is al een hele stap! Oh, wat ben ik blij! Waar kan ik dat opvragen?" Ik wou niet dat ze dat rijksregisternummer ergens zou opvragen, of zou laten opvragen door haar detectives. Dat zou een nog grotere catastrofe geweest zijn.
-"Bekijk het nummer eens goed. Zie je niets merkwaardigs?"
-"Drie getallen, gescheiden door een punt. Daarna een streepje en vervolgens weer twee getallen, gescheiden door een punt."
-"Bekijk de eerste drie getallen." Nu dronk ik de trappist helemaal op.
-"62.06.22 Het zou een datum kunnen zijn," zei ze onmiddellijk.
-"Het is een datum..." Ik besloot te zwijgen. De cijfers leken haar iets te zeggen.
-"Het is een omgekeerde datum, dus de maand staat in het midden, en de dag staat achteraan. Tweeëntwintig juni... hé, dat is jouw verjaardag!" Ze lachte om het toeval. "En... jij bent toch van tweeënzestig?" Ik keek haar recht in de ogen terwijl ik haar mijn identiteitskaart overhandigde. Ze keek er eerst niet naar.
-"Jij?! Jij?!?!" riep ze. Nu pas verifieerde ze.
-"Het spijt me."
-"Was jij echt de..."
-"Ja, ik was de donor."
-"Jij bent dus..." ze kreeg het niet gezegd.
-"Het is inderdaad zoals de dame in de antiekzaak observeerde: ik ben de biologische vader van Sebastian, Miranda en Laetitia."
Ze was in volledige shock terwijl ik door de hel ging. Gedurende minuten, althans zo lang leek het, bekeek ik haar gezicht door mijn vingers, wachtend op haar verdict. Dit was het belangrijkste kantelpunt in mijn leven. Haar expressie wijzigde om de haverklap: eerst versteende ze in ongeloof, en vervolgens kneep ze haar ogen toe in afschuw, alsof ze zich aangerand voelde. Ik voelde me echt vreselijk. Vervolgens hield ze de hand voor de mond in vertwijfeling. Haar ogen draaiden naar rechts toen ze de gevolgen raamde voor haar overleden man, voor haar kinderen en voor zichzelf. Heel even keek ze geïntrigeerd naar mij, maar onmiddellijk daarna stopte ze het volledige gezicht in de handen.
-"Hoe?" vroeg ze ten slotte.
-"Ik heb het je net verteld: ik had toegang tot alles: laboratoria, flesjes, klevertjes, printers, archieven, en uiteraard computerbestanden."
-"Maar waarom, Dominique?"
-"Wel..." Ze had echter plots het hele verhaal door:
-"Wacht even, ík ben het meisje waar je al sinds je jeugd verliefd op bent?" Ik knipperde enkel met de ogen tussen de vingers. Dat vertederde haar en ze glimlachte zowaar. "Daar heb ik nooit iets van gemerkt!" De ergste momenten waren achter de rug. "Wat had je weer over dat meisje gezegd: 'bloedmooi, sportief en uiterst intelligent'? Zonder erover na te denken stond ze recht, nam ze me vast, en kuste ze me innig en lang. We trokken de aandacht.
-"An applause for the happy couple!" riep de zwarte man vanachter de piano.

www.ingramcontent.com/pod-product-compliance
Lightning Source LLC
LaVergne TN
LVHW091719070526
838199LV00050B/2466